本书受中央高校基本科研业务费专项资金、
中国政法大学交叉学科培育与建设计划资助出版

法治的哲学之维

第 5 辑

中国政法大学人文学院哲学系 编

本辑主编 文 兵 李 璐

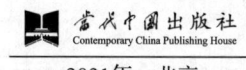

2021年·北京

图书在版编目(CIP)数据

法治的哲学之维.第5辑／中国政法大学人文学院哲学系编；文兵，李璐主编.－－北京：当代中国出版社，2021.2

ISBN 978-7-5154-1092-0

Ⅰ.①法… Ⅱ.①中…②文…③李… Ⅲ.①社会主义法制—建设—研究—中国②法哲学—中国—文集 Ⅳ.① D920.0-53 ② D90-53

中国版本图书馆 CIP 数据核字（2020）第 266059 号

出 版 人	曹宏举
责任编辑	姜楷杰　宋卫云
责任校对	康　莹
印刷监制	刘艳平
封面设计	古涧千溪
出版发行	当代中国出版社
地　　址	北京市地安门西大街旌勇里8号
网　　址	http://www.ddzg.net　邮箱：ddzgcbs@sina.com
邮政编码	100009
编 辑 部	（010）66572264　66572154　66572132　66572180
市 场 部	（010）66572281　66572161　66572157　83221785
印　　刷	北京润田金辉印刷有限公司
开　　本	787毫米×1092毫米　1/16
印　　张	28.75印张　1插页　542千字
版　　次	2021年2月第1版
印　　次	2021年2月第1次印刷
定　　价	99.00元

版权所有，翻版必究；如有印装质量问题，请拨打（010）66572159转出版部。

《法治的哲学之维》丛书编委会

编委会主任 李德顺

编委会成员 孔 红 李 璐 孟彦文 倪寿鹏
王 洪 王建芳 王心竹 文 兵
俞学明 张丽清

本辑主编 文 兵 李 璐

当前最紧迫、前沿的基础理论建设任务之一——
厘清马克思主义法治观

谈到国家治理问题,我们就想到建立一个法治国家。中共十五大正式提出了我们要"依法治国,建设社会主义法治国家",直到十八届四中全会,党中央正式作了一个全面实施依法治国的决议。其中规定,要以中国特色社会主义法治理论体系为指导来建设法治中国。这些是党史和国史上前所未有的。

那么,什么是法治,什么是中国特色社会主义法治,它的理论体系是怎样的,这是亟待要完成的理论任务。2017年5月4日习近平同志到中国政法大学考察,学校领导主动请缨:能不能由中国政法大学牵头,和全国的专家联合起来完成这个任务?习近平同志当场就拍板敲定了。接下来,就是我们怎么做的问题了。

笔者曾提出一个想法:中国特色社会主义法治理论体系,应该立足于"中、西、马"三大思想理论资源。在中国政法大学,以张晋藩教授为代表,长期研究中华法系。习近平同志对此很重视,在座谈会上专门请张晋藩做了六分钟的发言。张晋藩只讲了"民为邦本、本固邦宁"的道理。笔者认为,这是今天"人民主体"原则的中国传统思考先声。但是,用中国传统法制的思想能不能完全指导建设中国特色社会主义法治体系呢?显然不能。那么完全用西方的法治理论和经验来指导呢?西方的理论和实践也是派别林立的,如大陆法系、英美法系,自然学法学派、实证主义法学派,等等,经常唇枪舌剑。按照某些人对西方经验的理解,要搞法治就得实行西式的宪政、多党制、司法独立等,总之就是不要从中国实际出发。然而现实却是,正是中国共产党提出并坚持要实现法治,于是那些西方的套路就显得格格不入了。

坚持党的领导,在理论上就是要以马克思主义为指导。那么,马克思主义的法治理论是怎样的?马克思主义究竟怎样理解法律和法治?这实际上是当前最紧迫、最重要、最前沿的基础理论建设任务之一。然而这里似乎有一个理论空白。笔者问了一些研究法理学的专家。他们说,马克思主义法学现在已经不大有人谈了,因为过去的马克思主义法学,实际是由苏联的维辛斯基法学所垄断。如今维辛斯基法学已经被历史否定了,人们就以为马克思主义没有法学,似乎马克思主义原本就是不讲法和法治的。

这个错觉是怎样形成的?笔者看了一下维辛斯基法学,发现它的确不是马克思主义。维辛斯基法学的错误,是把马克思主义关于"国家"的定义,原封未动地直接照搬到法和法律上。比如,"法是阶级斗争不可调和的产物","法是统治阶级利益和意志的体现","法是阶级统治的暴力工具","法与阶级同生死、共存亡",等等。这一套概念大家很熟悉,在列宁的《国家与革命》及其引用的恩格斯论述里,都能找到,原本是指"政治国家",并不是指"法"的。那么"法"和"国家"到底什么关系?是不是同等的概念?似乎从未弄清楚,反而被混淆和颠倒了。这种错误观念至今还在束缚着很多人的头脑。

维辛斯基法学的主要错误和危害,一个是强烈的宗派主义情结,另一个是根深蒂固的"法律工具主义"思维方式。以为法只是一种统治工具,使得有些人脑袋里的法治,就不会超过"依法治刁民"的层次,达不到马克思主义的精神境界,更不能把握社会主义法治的精神实质。可以旗帜鲜明地说,这不是马克思主义。维辛斯基法学把马克思主义搞歪了,造成了一段历史悲剧,是应该吸取教训的。

实际上,马克思、恩格斯本人从来没说过法只是阶级社会的存在物。他们都曾谈到,在有阶级之前的原始社会,人类社会的生活就是要有秩序、有规则,即有"法"的;阶级消灭了以后,很多问题仍要用法来解决,甚至到法庭上来审理。所以马克思主义的本意,从来不是把阶级性看作法的永恒本性。因为阶级本身只是人类历史一定阶段上的存在,并非永恒的。而法治的本质,是符合社会规律的"规则之治";社会主义法治的本质,归根到底是"人民当家作主的规则之治";中国特色社会主义法治的本质,则是"党领导人民当家作主的规则之治"。这才应成为马克思主义的理论传统。

所以笔者认为,我们讲马克思主义,不能仅仅是歌颂马克思主义多么科学、正确、伟大,也要有问题意识,更要认真提出和回答具有时代性的问题。比如究竟什么是马克思主义的法治观?如果马克思活着的话,他对这个问题决不会轻易放过,而是会说:"这里就是罗陀斯,就在这里跳吧!"

中国政法大学终身教授　李德顺

目 录

政治哲学与法哲学

徐龙飞丨自然理性与自然法作为世界的整体秩序
　　　　——论实证法先驱奥康的法哲学思想 / 002
宫　睿丨拉兹的价值的社会依赖性理论及其意义 / 037
泮伟江丨社会中的法律
　　　　——重估哈特法理学中的社会理论面向 / 047
刘叶深丨为权利优先性辩 / 062
王心竹丨王道与王权天理
　　　　——北宋《春秋》学中的王道思想浅析 / 082
王威威丨"以力得富"与"以法为教"
　　　　——韩非子的富民与教民思想 / 090
吕明烜丨前《王制》学：《礼记》之前的《王制》/ 104

康德与黑格尔法哲学专题

朱学平丨通古今之变　推陈以出新
　　　　——黑格尔法哲学的问题、创新与意义 / 116
罗朝慧丨个人的基本道德权利与法
　　　　——黑格尔辩证法视野中的道德（morality）/ 135
方　博丨所有权是如何可能的？
　　　　——康德法哲学中的一个先验演绎 / 147
李哲罕丨早期德国法治国观念的产生与发展
　　　　——以康德和费希特为主要考察对象 / 161
薛丹妮丨关于私人财产所有权的当代哲学批判 / 172
吴照玉丨现代国家启蒙的辩证法：从卢梭到马克思 / 183

当代中国法治理论与实践

王松苗 | 从"三个根本性变化"看改革开放与法治建设 / 196
文 兵 | 超越"市民社会",重思权利与权力的关系 / 203
赵志刚 金鸿浩 | 工具再造:政法智能化战略下的智慧检务实践思考 / 213
刘 峥 刘知行 | 人民陪审员制度的价值指向与实践契合 / 223
倪寿鹏 | 孔子、马克思与法治
　　　——论法治话语的两种非典型构境 / 232

法治思维与法律推理

雷 磊 | 法律程序为什么重要?
　　　——反思现代社会中程序与法治的关系 / 242
孔 红 | 反面推论的逻辑分析 / 279
[美] 弗兰克著 姚远译 | 三维度的法律思维 / 293
沈宏彬 | 反对形式法治 / 310
孟媛媛 郑玉双 | 法治、相互责任与忠诚:基于第二人称视角 / 326
王金霞 | 论法治思维和日常思维之间的比较 / 341

法文化史

张 生 | 中国近代的民事判例述要 / 356
张丽清 | 近代中国权利观念特性及其分析 / 365
赵晓华 | 晚清灾荒中的妇女拐卖及法律惩处 / 375
罗世琴 | 魏晋复仇文学作品中的司法审判及其叙写 / 384
崔蕴华 | 文学、舆情与案件:近代化视野下的多元公案书写
　　　——以小说《春阿氏》为中心 / 395
黄 涛 | 欲望与法治
　　　——读刘震云《我不是潘金莲》/ 411
胡小进 | 肯定性行动与逆向歧视
　　　——美国最高法院的宪法解释 / 429

会议综述

陈 聪 王盛蕾 | 中国政法大学首届政治哲学和法哲学会议综述 / 440
陆帅文 李 璐 | 世界哲学大会法哲学专场研讨会综述 / 446

政治哲学与法哲学

自然理性与自然法作为世界的整体秩序
——论实证法先驱奥康的法哲学思想

徐龙飞

零、引入：我们面临什么问题？

就整体的时代背景而言，在考量1277年对于极端亚里士多德主义的谴责的同时，从哲学史的角度、特别是从哲学家的品性来看，我们庶几能够说，在邓·司各特（1266—1308）对于托马斯·阿奎那尖锐批评之后，在思维方式上，经院哲学的终结始于威廉·奥康（Wilhlem von Ockham，或 W. Occam 约1288—约1349）。

而中世纪哲学、特别是经院哲学这样概括性的术语，实际上并非十分准确，好像概括了某一类哲学的特点，好像有一类专门的哲学领域叫经院哲学、甚或在整体的学术气质与风格上还具有一种统一性，其实这一术语本质上不过仅仅是一种从时间、从时代角度的权宜表述而已，如果我们考察它所概括的时代中的具体的人物的话，那么，即使仅仅考察从安泽尔莫到奥康这期间的经院哲学，我们也能立即感知到，这其中的学者各具学术语言之表述习惯、各具思维之方法、各具遗世独立之思想，其复杂性难以一言以蔽之；尽管他们都是基督宗教哲学家、神学家，然而他们并非仅仅是信仰者、祈祷者——尽管信仰与祈祷在人性的品性中十分重要——更非幼稚的信仰者、祈祷者，而是以精湛的术语、缜密的方法，提出信仰与理性相结合的纲领、提出理性论证的学术诉求与科学原则，邃密探幽、深度思考；尤其到经院哲学的高峰时期，他们清晰知道信仰与理性的区别与联系，他们清晰知道哲学与神学各自之边陲与接壤，他们清晰知道哲学的诉求与界限，他们并非信仰主义者（并非唯信仰论者）、并非要以神学限定哲学，安泽尔莫似乎更在乎信仰与神学，托马斯将哲学与神学和谐地联系在一起，奥康似乎更凸显这两个学科原则各自的特点，针对之前的经院哲学的观点，奥康提出新的理性的标准（状态）、新的现实的概念以及个体的经验与自由的经验。

奥康不仅以其著名的"剃刀论"、而且借助对于唯名论的更新而留名于哲学史,在唯名论者看来,仅仅存在单一的、特殊的、而非普遍的事物;在这个意义上,从法哲学的角度来看,就不能有一种真实存在而普遍适用的自然法则,就不能有被赋予、被给出的自然法,而至多仅仅能够有理论产出的自然法;于是彰明较著的是,这样的自然法不仅在理论价值上大大低于被设置的实证法,而且在实践上也无力与实证法相抗衡,如同德国当代著名法学家、法哲学家亚瑟·考夫曼(Arthur Kaufmann)所正确指出的,唯名论因此也一直就是实证法学的开路者、铺路者①,而奥康亦可被视为实证法之先驱、甚或实证法之鼻祖。

既然奥康对于法哲学而言如此之重要,那么我们在此所面临的问题不外乎是:究竟什么是奥康法哲学思想的基础?或曰:奥康法哲学的出发点及其思维方式的意义与特点究竟是什么?作为实证法鼻祖的奥康如何理解自然法?自然法与实证法究竟是什么关系?权力、特别是统治的权力在他的思维体系中究竟意味着什么?本文尝试从奥康的神—哲学出发,首先探讨作为其法哲学思维基础的上帝观与认知方式,进而围绕上述问题而转入对于其自然法等法哲学核心概念的阐释与分析,并最终作一简短之收束。

一、奥康的神—哲学:法哲学的基础

1. 神—哲学作为其法哲学的出发点与思维方式

奥康在经院哲学的晚期所面临的问题是:究竟神学是不是一门科学?他区分两类神学,一个是神学自身(theologia in se),另一个是"我们的神学"(theologia nostra),亦即人所能够具有的神学。在他看来,能够被人所研究的神学,初看起来,似乎并非严格意义上的科学,似乎原因在于,首先,"我们的神学"的原则并非认知的、而是信仰的对象;其次,"我们的神学"的真理,并非三段论推理过程的结论,而是被启示所确定的,这是更高程度与质量的真理,并非什么人都能理解的,否则,不信仰基督宗教的人通过学术的学习与练习、通过三段论的推理演练,也能以彰明较著性而认知神学的真理了;然而这并非意味着神学不是严格意义上的科学,神学的真理自身毕竟能够被认知,只是这真理对于我们而言并非通过论证而获得的,这并非神学本身的问题,而是人的认知能力的有限性与限定性的问题,奥康强调说,神学的尊

---

① Siehe Arthur Kaufmann, Über Gerechtigkeit. Dreißig Kapitel praxisorientierter Rechtsphilosophie. Carl Heymanns Verlag KG. Köln Berlin Bonn München 1992. S. 7. 此外:本文所说的"实证法",在汉语中亦有"设置法""制定法"以及"实定法"等表述;又:本文所有引文皆笔者自译,译文中所给出的方括弧中的文字,是引文原文中所省略、而根据原文之上下文在中文译文中所必须补充的;谨此说明,下不另注。

严（dignitas）从来都不可能被中断，只是它无法被我们完美地研究而已[①]，神学自身在严格的意义上就是科学，只是对于我们而言不是而已，因为我们在严格的意义上仅仅能够作为论证的过程而从事科学；神学原本就是各种原则、命题等的被纳入秩序的有机结合，即使在"我们的神学"中也有认知的确切性。奥康的概括甚至更尖锐于托马斯，在他看来，哲学是通过严格的论证方法而以概念标识其对象领域、以科学原则标识其内容，神学则作为由人所从事的发现真理的形式，以信仰为其原则对象。

如果奥康说神学并非科学，那么这在中世纪晚期（十四世纪早期）不仅仅是令人不敢苟同而颇具勇气的表述，不仅仅是高自标格的表述，而且更是严格而颇具自身意义的表述，原因在于，奥康有其更为严格的"科学"术语之理解，在他看来，神学并非严格意义上的科学，或曰：并非狭义上的科学，这并非是否定神学、以至于甚至否定哲学这两个领域，而是要重新认识它们，他认为，由于上帝并非仅仅哲学家与神学家的上帝，而是所有人的上帝，于是至少神学（甚至哲学）这一领域应当被重新理解、以至于重新建构；前此为止被普遍接受的科学概念受亚里士多德影响，主张认知者必须论证其结论，譬如托马斯·阿奎那就认为，神学不仅是科学，而且是人的认知的最高形式，其最高原则在上帝之中，而人则知道由这些原则而来的结果、结论，当然，如果人自己执意认为他由于信仰而知道结果或结论，这也未免天真，探知这些结果或结论是理性的诉求，人必须论证其所知之结果，或曰：必须通过论证而得出结果；而奥康则认为，科学并非历数事实，并非事实的堆积，而是普遍与必然的认知，而这样的认知必须能够回溯到一些基本原则，也就是说，能够通过一些原则而获得（甚至重复获得），但是这样的科学理解对于神学究竟意味着什么，一时间并非能够一目了然；在奥康看来，由于信仰并非、亦不需要显而易见的论证，是人的意志的命令，因而神学的任务在于捍卫并加强这一以意志为论证的信仰；这似乎呈现出哲学不仅在托马斯的十三世纪时代、而且在十四世纪时所依然具有的某种重要性，论证被更多地需求，论证的水平被要求有所提升，术语的精确度所具有的意义能够被更多地认识到，亚里士多德必须被更加精研，在这一基础上，奥康提出其思维之原则，首先，避免多余的东西（所谓奥康的剃刀），许多术语并非意味着许多认知，真正的哲学本体论与形上学并非生活在骄奢淫逸甚至不知所云的术语之中。其

[①] Siehe Wilhelm von Ockham, Ordinatio: "Dico quod non derogat dignitati theologiae nostrae quod conclusiones non sciuntur evidenter, sicut nec derogat dignitati notitiae principiorum theologiae quod ipsa non sciuntur evidenter." Ord., Prol., q. 7 (Opera Philosophica et Theologica. Band I, S. 199. Edtor, St. Brown, St. Bonanenture N. Y. 1970).

中译如下："我认为，没有什么可规限我们的神学的尊严，因为诸多结论并非彰明较著地被认知的，如同没有什么可规限神学认知的诸多原则的尊严，因为这些原则并非彰明较著地被认知的。"

次，每一个呈现为显而易见、彰明较著、不言自明的认知（或思想等），都要检视，它是借助自身而是不言自明的、抑或是被推论而出的，如果是不言自明的，那么就有可能是通过自身概念而清晰的，如果是被推导而出的，那么就有可能被回溯到不言自明的概念中、或者人的经验之中，而经验则必须是对于对象的直接经验以及经验的理解（notitia intuitiva），在奥康看来，只有直接经验以及直接经验的理解（cognition intuitiva 或 cognitio abstractiva）才有可能是认知，这其中也透析出亚里士多德的思维痕迹，奥康以亚里士多德的思维作为批判的剃刀，亦即认知始于感知，而奥康思考的问题在于，一个认知如何才能成为必然的？并且是在严格的意义上是可知的？换言之：如何才能超出经验而成为形上的呢？如果借助自身就是明确的、不言自明的，那么是否自身就是概念呢？如若不是，而又如何成为概念呢？而一个纯粹不言自明的概念是否具有现实对象的内涵呢？而所有的现实对象又未免都是偶性的呢？奥康批评传统的上帝论证，然而依然认为哲学的原则作为一个学科（科学）的原则是稳固的。其三，要考量事物是否有内在的矛盾，要考量人的感官知觉所自然感知到的事物是否真的存在、是不是人所感知到、所认知到的本质[①]，在事实上相关联的事物可能并非总是、或并非总是必然相关联，人从自然中获得的经验并非一定都成为认知以及认知原则，人的日常生活很可能是诸多偶然事实的总和，而在上帝之中则毫无内在矛盾。

奥康对于哲学与神学的理解，使得哲学科学化的过程得以完成，使得自然理性所获得的认知赢得了科学的地位，为其后的近代哲学与自然科学在科学理论上准备了思维的路径。

就奥康整体思想的、特别是其认知理论的出发点而言，其哲学思维与其神学思维无法分离，这一点对于理解他的法哲学思想十分重要；奥康在其神学基础上将他所理解的上帝展开在哲学中、展开在概念中；其上帝形象是自由与全权的形象，上帝的自由与全权在神学中是不言自明、毋庸讨论的，在哲学中亦同样如此，奥康的上帝概念是"绝对能力"、"绝对权能（potentia absoluta）"，上帝的意志原本就是自由的，并且是在全权的与整体的意义上是自由的[②]，这一自由也意味着反驳的自由，既不被任何可能性、必然性所规限，亦不被其神性本性中的理念所束缚。上帝的全能呈现在两个方面，一则能够造就一切可能者

[①] Siehe Kurt Flasch, Das philosophische Denken im Mittelalter, Stuttgart 1986. S. 441-453. K. Flasch 在此特别指出，奥康的这一问题，亦即人感官感觉到的事物是不是真实的等问题，本质上来自于神学，也就是人们在弥撒中所看到的面饼究竟是面饼、还是基督圣体；这一问题不仅引发了神学中关于上帝全能问题的讨论，而且引发了关于认知论的讨论，亦即在思维中的存在究竟是不是真实而现实的存在等等，这种哲学上的思考成为笛卡尔、康德思想的先驱；特别请参见此书453页。

[②] Siehe Jan P. Beckmann, Wilhelm von Ockam. München 1995. S. 36 ff. Jürgen Miethke, Ockams Weg zur Sozialphilosophie. Berlin 1969. S. 138 ff.

（潜能者）为现实存在者，再则能够将一切纳入他所决定的方向与秩序中①；唯一不可能的是，上帝在自身矛盾中存在与行为，这样说的理由在于，这意味着涤除了上帝的绝对全能、涤除了他的反驳的自由，就此，奥康说：

"我首先所论证的是信仰的要义：'我信全能者'，我这样理解他，以至于神性权能的任何一个属性都历历在目，而唯独不包括内在矛盾。"②

上帝的意志就是他的善，上帝的意志、善、理性等仅仅是人的思辨而已，上帝神性属性的所有方面是一个整体，在其内在并不存在任何区分，无论是在本质与意志之间，抑或是在意志与理性之间③；上帝无需他者而仅仅凭借自身就可如此这般、或如彼那般的创造并改变世界，而世界在上帝面前则是偶性的存在、是偶在的，然而尽管其偶在性，世界亦并非混沌无序、并非任意而随意被建构的，而是被纳入秩序而有序的；上帝无可限定而完全自由的全能是世界存在的必然条件、必然规限，上帝从来都是依照其秩序而行为的，大凡他出自其自由而作为秩序所设置的，大凡他为此所给出的例外的，都是其至善的满溢、都是其势如涌出的至善，世界是依照确定的秩序结构而被创造的，当然，这并非意味着世界秩序的轮空与自然理性的闲置，而是自由就意味着秩序，秩序同时也意味着自由，受造的世界具有秩序的能量、"秩序的权能（potentia ordinata）"，人类具有其自然理性。

奥康的神—哲学论证约略具有如下四个方面的意义：

第一个方面，从其所设置的概念之间的关系来看，上帝作为"绝对权能"与世界作为"秩序权能"，这两者之间亦存在相应之关系，在任何律则限定之外而能行为的，就意味着依据绝对全能而行为，在律则框架限定之内、特别是在"绝对全能"所赋予的律则框架限定之内才能行为的，就是依据秩序权能而行为；

第二个方面，从奥康的神学论证的前提来看，世界的结构以及现实存在的结构，并非一种必然自身完足而无可变端的结构系统，如果真是这样的话，那么这就与上帝的自由及全权相矛盾，世界作为存在是偶性的自由存在，只有在谈到他来自上帝本身时，才能在回溯其本源的意义上谈其必然性；

---

① Siehe Hubert Schröcker, Das Verhältnis der Allmacht Gottes zum Kontradiktionsprinzip nach Wilhelm von Ockam. Berlin 2003. S. 44-49.

② Siehe Wilhelm von Ockham: "Quod probo primo per articulum fidei: *Credo in Deum Patrem omnipotentem*. Quem sic intelligo quod quodlibet est divinae potentiae attribuendum, quod non includit manifestam contradictionem." (Guillelmi de Ockham Opera thologica. IX, S. 604, Z. 9-13. Hrsg. unter der Leitung des Institutum Franciscanum. St. Bonaventure, New York 1967 ff.) 此外，亦请参见 Jürgen Miethke, Ockams Weg zur Sozialphilosophie. Berlin 1969. S.140。

③ Siehe Wilhelm von Ockham: "Nulla penitus est distinctio inter essentiam et voluntatem nec inter voluntatem et intellectum." (Guillelmi de Ockham Opera thologica. IV, S. 664, Z. 9 f. Hrsg. unter der Leitung des Institutum Franciscanum. St. Bonaventure, New York 1967 ff.)

第三个方面，其神学论证对于哲学的意义在于，它为哲学提出了双重的思考，一则，世界不再能够被理解为有其存在必然性、永恒性以及自身完足性，而是呈现为一种可能性的存在，再则，人的理性不仅不再将世界的存在思考为一种必然的存在，而是将其思考为一种可能性的存在，并且理性也不再被理解为能够必然掌控世界秩序的主宰，而且理性本身也被视为是有界限的，并且是其本身思维能力的界限、甚或是终结；

最终第四个方面，尽管理性似乎有认知永恒真理的内在能力，然而理性依然有可能被理解为并非由自身就是必然的、而是受造的偶性存在。

从时代、针对的问题以及思维方式上来看，奥康似乎能够被视为最后一位经院哲学家，甚或被视为唯名论者，然而从其学术的气质与风格来看，却是迥然不同者，他处于经院哲学的晚期，尽管他尖锐批评托马斯、司各特等，以至于与他们有千丝万缕之联系，然而无论在探讨的主题上、抑或在思维的形式上，他都与高峰时期的经院哲学判然有别，当托马斯还将经典伦理学视为本体论的时候①，奥康则有所变化、甚或已然大相径庭，无论是在本体论主题上（譬如关于存在的讨论）、抑或是在概念与术语的应用上，他与前辈学者似乎都格格不入，在这个意义上他似乎又并不是一个唯名论者，以至于从唯名论的角度来看他甚至都能够被视为一个唯名论的异见人士，这样说的原因在于，即使在唯名论中，其探讨本体论的方式亦有所不同，不仅探讨其建构、而且探讨其可能性，也就是说，其学术的注意力所关注的本体论主题已经有所变化；根据传统的本体论存在学说，存在着普遍、甚至最普遍，而唯名论则认为，普遍并不具有现实的状态，并且唯名论这一术语就来自于这一主导观点，这表明，概念的变化导致经院哲学对于普遍问题的理论的阐释有所变化；奥康并未将司各特的存在单一论融入他的普遍性问题来讨论，而是将其置于一个神学本位的本体论中而提出：是否对于上帝与受造物而言普遍就是单一的②，这虽然还是在探讨存在（ens）、并且在这个意义上依然能够被称为唯名论，然而其分殊则在于，当存在是普遍的时候，似乎就丧失了本体论的重要性，以至于无法阐释现实存在的意义；奥康将普遍问题置于"诸多事物本性中的存在（esse in rerum natura）"与"灵魂中的存在（esse in anima）"所构成的关系中来探讨，亦即置于这两者所构成的传统的张力域中来讨论，

---

① Siehe Thomai von Aquin, STh I-II 18, 1: "De bono et malo in actionibus oportet loqui sicut de bono et malo in rebus, eo quod unaquaeque res talem actionem producit, qualis est ipsa."
中译如下："关涉诸多行为中的善与恶必然要说到诸多事物中的善与恶，由此，任何一个事物如此这般引出一种行为，如同这个事物自身所是的。"亦请参见 W. Kluxen, Philosophische Ethik bei Thomas von Aquin. Mainz 1964. S. 166.

② Siehe Wilhelm von Ockham, Ordinatio: "Utrum aliquod universale sit univocum Deo et creaturae." Ord., I d. 2 q. 9 (Opera Philosophica et Theologica. Editor, St. Brown, St. Bonanenture N. Y. 1970).
中译如下："是否任何一个普遍对于上帝与受造物而言就是单一的。"

当然，他也并未将外在世界的现实存在降低到无足轻重的程度，以至于这样的存在仅仅是一种物性（物化）的存在而已，以至于本体论主题丧失了意义；他尤为看中的是概念的清晰性，这种概念的条分缕析、条畅贯通，不同于前此为止的形上学传统。奥康单一性（univocum）这一概念限定自身就有不同之含义，首先，在狭义上，它与其他一些概念享有共同的因子，都具有"在所有事物中的完美相似性而没有任何不相似性"，这是单一性最独特的种相（species specialissima）；其次，这一最独特的种相本质上是一种中间状态，亦即在完美的相似性与完美的不相似性之间的状态，其中等同性（aequivocum）并未被完全排除；最终，这一单一性甚至具有一种最弱的相似性的形式，这一形式既不具有质料的、亦不具有偶性的本质。在这样的概念意义上，单一性似乎与类比概念相一致（analogia），所谓类比指的至多是相似的形式（aequivocatio a consilio）而已，存在概念由此而被理解为面对其他所有相互之间不同的存在者时而具有它们的共同性却又不同于所有这些存在者的一个他者，由此，关于上帝认知的可能性就要求一种存在的单一性，而并非多种因子的集合，并且由于上帝并非人在哲学上通过直觉而能认知的，因而这样的认知仅仅是在普遍概念之中的认知，没有这样清晰的概念，这样的认知也是不稳定的；更何况单一性并非能够标识其他任何现实存在的具体事物[①]，恰恰由于这一点，单一性与现实的共同性具有现实的相似性[②]，也就是说，如果存在（esse, ens）是单一性的（univocum），那么单一性（univocatio）就不涉及任何现实事物的现实因素，于是存在本身就是一个概念、一个单一概念，也就是说，它并非一个种属概念，而是自身概念，这恰恰就是上帝的存在、甚或就是上帝概念；这并非一个为了实存、实体（pro substantia vel accidente）

[①] Siehe Wilhelm von Ockham, Ordinatio: "Nullum univocum est de essentia suorum univocatorum, nec ponit aliquid in eis realiter, nec facit compositionem cum eis." Ord., I d. 2 q. 9 (Opera Theologica. Band II. Editor, St. Brown, St. Bonanenture N. Y. 1970).

中译如下："没有任何单一性是关涉它们的单一性的本质的，既不在其中现实地设置任何东西，亦不造就与它们的集合。"

译注：在此，"既不在其中现实地设置任何东西"中的"其中"，指的是在诸多单一性中；"亦不造就与它们的集合"中的"它们"，指的同样是这些单一性。

[②] Siehe Wilhelm von Ockham, Ordinatio: "Universaliter nihil quod est a parte rei est univocum accipiendo univocum stricte, quia nihil est in creatura, nec essentiale nec accidentale, quod habeat perfectam similitudinem cum aliquo quod realiter est in Deo." Ord., I d. 2 q. 7 (Opera Philosophica et Theologica. Band II. Editor, St. Brown, St. Bonanenture N. Y. 1970).

中译如下："普遍而言，事物的任何一部分在可接受的严格单一性的意义上并不是单一性的，因为没有什么在受造物中，既无本质、亦无偶性，以至于它享有与另一在上帝中实存者完美的相似性。"

译注：在此，"在上帝中实存者"亦可译为"现实地存在于上帝中者"，其中"现实地"在拉丁文原文中是副词"realiter"，形容动词"est"，亦即"存在"；所谓"在上帝中实存者"或"现实地存在于上帝中者"，指的是上帝的完美。

或偶性的概念，而是为了精神中的概念（pro conceptu in mente）[1]。

也正是在这个意义上，上帝并非某种对象概念，也并非某种看上去空无内涵的概念，上帝概念作为唯一的单一概念，超出一切质料性，超出一切种属，超出一切范畴，是人无法定义的概念，我们至多能够说，这是一个同等性名号，并且在所有述谓中仅仅能够被单一性所表述，这样的述谓是绝对述谓，换言之，也仅仅是被这一单一性述谓的名号所表述[2]，也就是说，任何现实存在（物性的存在）与理性存在（精神的存在）都不具有单一性，都无法表述上帝[3]，上帝存在不能被其他任何述谓所表述，而只能被存在自身或与之等同的单一性所述谓，这样的上帝论似乎可称之为存在单一论（univocatio entis, univocum entis）的上帝论，因为存在（ens）并非是表述诸多事物的，除非是表述事物的名号[4]。

也正是在这个意义上，被包括柏拉图、亚里士多德以及大阿尔伯特、托马斯·阿奎那、大师埃克哈特、甚至邓·司各特在内的历代哲学家、经院哲学家所奉为圭臬的类比论或存在类比论（analogia, analogia entis）[5]，似乎一时丧师失地，因为在奥康存在与述谓概念的理解中，一切类比，无论在方法上、抑或在内容上，都毫无意义，无法令人真正理解上帝概念、存在概念；除非我们将单一论视为类比论的一个形式，那么奥康似乎才能与托马斯等统合起来。

就奥康的上述论证而言，从哲学史、问题史的角度来看，在经院哲学中、特别是十三、十四世纪的经院哲学，对于个体事物的理性认知是不是可能的，有着激烈的讨论，其出发点在于对亚里士多德《物理学》的理解："理性是普

---

[1] Siehe Wilhelm von Ockham, Ordinatio: "Dicendum est de quibusdam communibus omnibus, sive sint res quae non sunt signa, sive sint signa, cuiusmodi sunt 'ens' et 'unum'." (Summa logicae I, 38. Opera Philosophica. Band I, 106. Edtor, St. Brown, St. Bonanenture N. Y. 1970).
中译如下："就所有普遍性而言，必须说的是，它们或者是无法成为象征的事物，或者是象征，它们的形式则是'存在'与'至一'。"

[2] Siehe Wilhelm von Ockham, Ordinatio: "Tamen non obstante quod sic sit unus conceptus communis omni enti, tamen hoc nomen 'ens' est aequivocum, quia non praedicatum de omnibus subicibilibus, quando significative sumuntur, secundum unum conceptum, sed sibi diversi conceptus correspondent." Summa logicae I, 38 (Opera Philosophica et Theologica. Band I. Edtor, St. Brown, St. Bonanenture N. Y. 1970).
中译如下："尽管如此，没有什么可阻碍一的概念对于每一存在而言都是普遍的，尽管如此，这一名号'存在'就是等同性，因为并不存在来自所有主词的述谓，这些主词可被标志性地依据一的概念而归类，而是以各自不同的概念而回应之。"

[3] Siehe Wilhelm von Ockham, Ordinatio: "Nihil est univocum enti reali et enti rationi." Ord. I d. 3 q. 8 (Opera Philosophica et Theologica. Band II. Edtor, St. Brown, St. Bonanenture N. Y. 1970).
中译如下："没有什么现实存在与理性存在享有单一性。"

[4] Siehe Wilhelm von Ockham, Ordinatio: "'ens' non dicitur de eis nisi secundum nomen tantum." (Opera Philosophica et Theologica. In praedic. 2 § 10. Band II, 41. Edtor, St. Brown, St. Bonanenture N. Y. 1970).
中译如下："'存在'并非被事物所表述，除非它关涉的是事物的名号。"

[5] Siehe Panenberg, Analogie und Offenbarung.

遍的，而感知则是部分的。"① 其通常的诠释在于，感觉关涉单一的个体事物，而理性则从想象的图景中抽象出普遍概念，以至于普遍作为理性原本而首要的对象必须被关注、甚或必须被首先关注。众多观点的趋同在于，存在着对于任何一个单一（个别）事物的理性认知与直觉认知，而对于究竟孰先孰后这一问题，答案则有所不同，与司各特、特别是与托马斯②不同的是，奥康并不认为，普遍是理性最先认知的，在他看来，首先，单一个体事物并非仅仅感官感知的、而且也是理性认知的对象，对于单一事物的理性认知也是事实；其次，单一个别事物的认知方式下车伊始就关涉直觉认知，直觉认知独自就能够理解偶性的事物；其三，人的所有认知都起始于对于个别事物的直觉。也就是说，个别不仅将理性推动到认知行为中，而且还是认知行为的关涉点，单一个别对象诱发直觉认知，是人的认知内涵的基础③。

于是，外在于精神的现实存在，奠基于个体单一事物，也就是说，奠基于个体的质量与属性（substantia），奥康此论的出发点在于，他认为，在亚里士多德的十种范畴中，只有这两个享有可能性的自身存在，而语言中的语音和概念则是这一现实可能性的征象，能够令人关联起对象并理解之。奥康在其《逻辑大全》（Summa Logicae）中认为，概念或术语必须进入句子或命题，其意义指称必须在句子或命题中才能呈现出来，这是一种纯粹外向、外展或外显的语义学说，而意义指称始终与存在设置论相关联④，这样的意义指称学说使得概念的内涵与其所指称的具体对象对应起来；在这个意义上，不仅语言的表述、而且概念与术语，都提示出思维与认知在对应于语言时的意义指称，于是奥康的存在设置论（suppositio）、概念的语义分析就能够成为本体论

---

① 参见亚里士多德《物理学》189a 7："Intellectus est universalium, sensus autem est particularium."

② Siehe Summa theologiae. I-II, 50, 4.

③ Siehe Wilhelm von Ockham: "Ideo dico aliter ad quaestionem: Et primo, quod singulare intelligitur; secundo, quod prima notitia singularis est intuitiva; tertio, quod singular primo intelligitur."
中译如下："由此，就这一问题而言，与他者不同，我认为：第一，单一个别的事物被认知；第二，对于单一个别事物的最初的认知是直觉的；第三，单一个别的事物首先被认知。"
Wilhelm von Ockham, Scriptum seu Reportatio in IV libros Sententiarum. Texte zur Theorie der Erkenntnis und der Wissenschaft. Lateinisch-Deutsch. Herausgeben, übersetzt und kommentiert von Ruedi Imbach. Philipp Reckam jun. Stuttgart 1984. Text 23, Frage 6, S. 170.

④ Siehe Wilhelm von Ockham: " 'Significare' multipliciter accipitur apud logicos. Nam uno modo dicitur signum aliquid significare, quando supponi vel natum est supponere pro illo, ita scilicet, quod de pronomine demonstrante illud per hoc verbum 'est' illud nomen praedicatur. Et sic 'album' significat Sortem. Haec enim est vera 'iste est allbus' demonstrando Sortem. Sic 'rationale' significat hominem. Haec enim est vera 'iste est rationalis' demonstrando hominem. Et sic de multis aliis concretis. Aliter, accipitur 'significare', quando illud signum in aliqua propositione de praeterito vel de future vel de praesenti vel in aliqua propositione vera de modo potest pro illo supponere. Et sic 'album' non tantum significat illud, quod nunc est album, sed etiam illud,quod potest esse album. Nam in ista propositione 'album potest currere' accipiendo subiectum pro eo, quod potest esse, subiectum supponit pro his, quae possunt esse alba."

哲学与认知论哲学批判的工具①。

从思维方式上来看，奥康严格的科学概念上承亚里士多德，同时又被他用来作为思维的探测仪，以判断、分析并批评传统学术、传统科学（特别是传统学术概念、传统科学概念）的蕴涵力、承载力，以为进一步的学术认知赢得新的基础；奥康以其神学的前提而在哲学思维中、特别是针对柏拉图—亚里士多德的传统及其在中世纪经院哲学中的再度呈现，而就存在理论、认知理论以及语言理论提出了批判性的问题与问题的设置，哲学并非与对象自身、而是与关于对象的表述相关联，这样的理性批判不仅在神学中、而且在哲学中都引发直到今天都持续不断的思考与探讨。

从思维方式所具有的特性来看，奥康在其《逻辑大全》中强调，最为重要的在于，要正确认知语言表述的意义，神学与哲学的许多问题的产生，大多在于术语和概念的错误使用与阐释，而术语和概念是某种象征，在一个句子或命题中能够为了某物而存在、能够设置某物（supponere）；在这样的意义上，奥康强烈且持续批评经院哲学的高峰托马斯所代表的观点，亦即认为每一个对象都对应一个语词（"tot notiones, tot res."②或直译："所有的概念，所有的事物。"）；在他看来，涤除了这样的幼稚观点之后，哲学才能建构起语言的批判或语言批评，这样的语言批判并非某种哲学导论、哲学入门，而恰恰是与已然误入歧途的形而上学在思维方式上交锋之后的直接结果；而语句或命题已经是精神领域的存在了，并且如果奥康将概念阐释为精神性的句子象征或命题象征的话，那么他就为阐释其普遍性问题奠定了理论基石。在这个意义上，一方面，语言征象并非关涉语言之外的对象，而是阐释语言的征象、语言的存在、语言的真或伪，另一方面，精神的术语并非标识质料的

（接上页）中译如下："在逻辑学家们那里，'意指'被以多重方式来理解；人以一种方式说，如果象征拟况什么或者明确追摹什么，那么它就指称什么，也就是说，那一名号被关涉它的指称代词借助这个动词'是'而表述，由此，'这是白的'借助指称苏格拉底而是真的，同样，'理性的指称人'，由此，'这是理性的'借助指称人而是真的；诸如此类，不胜枚举。而借助另一种方式'指称'被使用，当一个关涉过往者、将来者以及当下者的表述（命题）中的或者一个真实情态表述（命题）中的象征能够指称什么的时候；由此'白'并非仅仅指称一个当下是白色之物，而且也指称能够是白色之物；因为在'白色能够奔跑'这个句子中，主词指称那些能够是白色之物，当我所使用的主词能够是白色之物的时候。"

Wilhelm von Ockham, Summa Logicae I, 33. Texte zur Theorie der Erkenntnis und der Wissenschaft. Lateinisch-Deutsch. Herausgeben, übersetzt und kommentiert von Ruedi Imbach. Philipp Reckam jun. Stuttgart 1984. Text 12, S. 76.

① Siehe Wilhelm von Ockham, Summa Logicae I, 63. Texte zur Theorie der Erkenntnis und der Wissenschaft. Lateinisch-Deutsch. Herausgeben, übersetzt und kommentiert von Ruedi Imbach. Philipp Reckam jun. Stuttgart 1984. Text 14-15, S. 86-95.

② 关于托马斯对于 notio (notiones) 的论述，参见 Summa Theologicae I. 32. 2 ad 2; I. 32. 3 c 等。亦请参见 Thomas-Lexikon Sammlung, Übersetzung und Erklärung der in sämtlichen Werken des h. Thomas von Aquin vorkommenden Kunstausdrücke und wissenschaftlichen Aussprüche. Von Ludwig Schütz. Zweite, sehr vergrößerte Auflage. Frederick ungar Publishing CO. New York 1957. S. 530-531.

对象、物的对象，而是标识精神的对象，这样的考量所具有的基本的形上意义及重要性在于，理性建构的概念如何关涉外在于精神的现实存在。也就是说，如果唯实论要努力拯救普遍性（universalia[①]）的现实存在的内涵，那么它由此就必须认定，普遍必须相应于外在于精神（extra mente）的现实存在（甚或现实存在中的某物），普遍（或普遍性，universalia）必须能够以某种方式被现实存在（甚或被现实存在的某个部分）所表述，如同托马斯在《论真理》中所一再表述的[②]；针对这一认知论的唯实论，奥康认为，只有概念以及语言的征象才是普遍的，而现实的存在则相反是个体的、特殊的，没有任何外在于精神的存在之物有可能是普遍的[③]，也就是说，就人的个体现实的认知而言，普遍概念的旨趣并非在于模拟外在于精神的对象，而是在于指出这一对象；而概念以何种方式能够是普遍征象，这一认知提问所质询的并非：普遍（universalia）究竟是如何起源的，普遍对于奥康而言是涵盖于自然语言中的，而自然语言则是在与外部世界相遇之时自然而然且油然而生的，这一提问质询的是：语言的征象如何能够（以何种方式）借助其意指、如何能够在一个句子中提示出什么，概念又在何种方式上以及如何能够在精神理性的句子或命题中提示个体的对象而由此能够是（而能够成为）普遍征象。

奥康在《逻辑大全》中从三个方面阐释了他的观点[④]，一方面，普遍是人的理性的臆造或幻觉（fictum），在这个意义上，普遍的诞生、普遍之存在，仅仅依赖于人的理性的行为，奥康称这一臆造而出的自身原本的存在为"意指的存在（esse intentionale）"，或者"客体的存在（esse obiectivum）"；另一方面，普遍是人的灵魂的质量，这是灵魂现实存在的偶性，尽管这一偶性作为现实的存在是现实存在的单一事物，但是却能够被诸多事物所表述，而灵

[①] Siehe Wilhelm von Ockham, Summa Logicae I, 14-15; I, 33; III-2, 10. Scriptum seu Reportatio in IV libros Sententiarum. Prolog 1,1; I, 3, 6; Prologus in expositionem suber VIII libros Physicorum. Texte zur Theorie der Erkenntnis und der Wissenschaft. Lateinisch-Deutsch. Herausgeben, übersetzt und kommentiert von Ruedi Imbach. Philipp Reckam jun. Stuttgart 1984.

[②] Siehe Thomas von Aquin, De veritate (Questio I). Von der Wahrheit. Ausgewählt, übersetzt und herausgegeben von Albert Zimmermann. Lateinisch-Deutsch. Felix Meiner Verlag, Hamburg 1986. 其中经常阐释并分析了这一点。

[③] Siehe Wilhelm Ockham, Guillelmi de Ockham Opera theological. Heraugsgegeben unter der Leitung des Institutum Franciscanum. St. Bonaverture, N. Y. 1967ff. II, 249.

[④] Siehe Wilhelm von Ockham: "Dicendum, quod circa istum articulum diversae sunt opiniones. Aliqu dicunt, quod non est nisi quoddam fictum per animam; alii, quod est quaedam qualitas subiective exsistens in anima, distincta ab actu intelligendi; alii dicunt, quod est actus intelligendi."
中译如下："必须说的是，有诸多不同的观点关涉这一点，一些人说，这并非别的什么，而是借助灵魂而来的某种臆想；而另一些人则认为，这是某种不同于认知行为的质量，这一质量主观地存在于灵魂之中；还有些人却说，这是认知行为自身。"
Summa Logicae I, 12-15. Texte zur Theorie der Erkenntnis und der Wissenschaft. Lateinisch-Deutsch. Herausgeben, übersetzt und kommentiert von Ruedi Imbach. Philipp Reckam jun. Stuttgart 1984. 在此 I, 12 (4).

魂的质量则可被设想为有两种变体，一个是与认知行为全等的，一个则是与之相区别的，这样的灵魂的质量被释义为灵魂中的存在者（ens in anima），灵魂的这一偶性属于现实存在的存在者（entia realia positiva）；最终一个方面，普遍是理性的行为，理性的行为作为认知行为，与普遍是等同的，而理性的行为是真实的存在，也就是说，理性的行为作为单一性的存在是现实且真实而的的确确的存在，然而尽管如此却下车伊始就能够是他者的征象，并且作为这样的征象而是普遍的。

当然，奥康的单一论的存在论亦并非毫无问题，当他对现实的存在与在精神中的存在加以分殊之时，似乎模糊了主体与客体或精神与对象的联系，甚至在精神与对象之间设置了鸿沟，后代哲学家在本体论问题上似乎无法直接从奥康出发，似乎又返回经院哲学、以至于返回古典哲学而以主体、主体性等概念努力弥合这一鸿沟。

2. 经院哲学晚期的转变——逻辑认知论作为奥康哲学之本质特征

奥康生活并思考在中世纪经院哲学之晚期，其思想独具特色之处在于其认知论与科学论，他从拉丁概念"scientia"（"认知""知道""学术""科学"）出发，阐发其主导思想；这一概念的困难在于，它不仅具有"知道"、而且具有"学术""科学"的含义，也就是说，困难在于这是一个多义词；奥康并未回避这一棘手的问题，而是恰恰由此展开了他的思考[①]，他区分 scientia 一词的四重含义。

首先，scientia 是对某种真实的确切的理解（certa notitia alicuius veri[②]），譬如即使人没有真正到过罗马，而他也知道并理解，罗马是一个大城市，在此，人相信到过罗马的人的表述以及真实性，人并非具有对于事物内涵（在此，譬如罗马城的大小等）的直接的知道与理解，人的这种"知道"匮乏彰明较著性、显而易见性，这样的知道与理解建立在对于讲述者的信任的基础上，其确切性依赖于对讲述者的信任度；这类认知在日常生活中比较多见，然而对于科学却毫无裨益，因为这样的认知更多的具有可能性品性。

其次，scientia 是亲力亲为而获得的认知，譬如亲自到过罗马而对罗马的认知，这种认知比第一种具有较高的认知程度与认知质量，这是显而易见的明确的认知（notitia evidens[③]），已然排除了道听途说的品性，与第一类中的讲述者毫无干系，取而代之的是亲历者的认知确切性与显而易见性。而如果

---

① Siehe Wilhelm von Ockham, Ordinatio, d. 2, q. 4 (Opera Philosophica et Theologica. Band II, S. 134 ff. Edtor, St. Brown, St. Bonanenture N. Y. 1970). Expositio super VIII libros Physicorum. Prol. (in: Ockham. Philosophical Writings, ed. Ph. Boehner, London 1957. S. 2-16, 特别是 S. 3-5)

② Siehe Wilhelm von Ockham, Expositio super VIII libros Physicorum. Prol. In: Ockham. Philosophical Writings, ed. Ph. Boehner, London 1957. S. 4.

③ Siehe Wilhelm von Ockham, Ordinatio, d. 2, q. 4 (Opera Philosophica et Theologica. Band I, S. 5. Edtor, St. Brown, St. Bonanenture N. Y. 1970).

这第二类认知关涉的并非完美认知的话,那么这是因为亲力亲为者尚且未能以确定性说,其言说的对象是偶然的、还是必然的是他所说的那个样子。

其三,如果前两类认知仅仅具有被限定、受限定的人之意义的话,那么认知的清晰性来自第三种认知模式,也就是当人掌握必然内涵的显而易见的认知时(notitia evidens alicuius nesessarii)①,标示这类认知的,并非仅仅显而易见性,而是对公理、公理性原则的认知以及由公理与公理性原则所引导出来的作为结论的认知,这对于真理发现的过程而言极具意义。

其四,第三类认知尚未具有"认知"一词在严格意义上的认知内涵,其认知原则并非从论证而得来的,换言之,公理认知并非意味着从论证而认知些什么;认知在严格意义上意味着,如果认知关涉必然真理性的显而易见的认知、并且这样的认知是在论证(或证明,demonstratio)的路径中赢得的,也就是说,是思维过程的结论,这时才是严格意义上的认知;之所以这第四类认知区别于其他三类,是因为它建立在由确切方法所获得的确切的真理认知中的认知,作为其基础的认知过程具有严格的步骤,亦即从两个前提而导引出结论②,也就是说,这样的认知是从两个前提推导而出的结论,并且这一结论是从两个前提中必然得出的;这样得出的真理性结论是必然的真理,没有这样严格的过程,这样的真理是不被认识的③,奥康在此引述亚里士多德的《后分析篇》④,在这样的思维工具的帮助下而得出其结论。在这个意义上,认知(知识)意味着出于一些理由而认知,亦即:为什么某物是这样的、它如何是这样的、为什么必然是这样的;其方法是所谓论证(apodeixis, demonstratio),这一方法奠基在三段论的推理过程与结论的基础上。

奥康认为,获得第四种类型认知的能力,是理性的一种能力(Habitus),

---

① Siehe Wilhelm von Ockham, Ordinatio, Prol., q. 1 (Opera Philosophica et Theologica. Band I, S. 5. Edtor, St. Brown, St. Bonanenture N. Y. 1970).

② Siehe Wilhelm von Ockham, Ordinatio: "notitia evidens veri necessarii nata causari per praemissas applicatas ad ipsum per discursum syllogisticum." Prol., q.2 (Opera Philosophica et Theologica. Band I, S. 87-88. Editor, St. Brown, St. Bonanenture N. Y. 1970).

中译如下:"对于必然真理的彰明较著的认知,是以三段论的推理通过向着这一真理的结论性前提而被给出的。"

③ Siehe Wilhelm von Ockham, Summa totius logicae III, II, c. 1: "Scire dicitur comprehensio unius veritatis necessariae per evidentem comprehensionem duarum veritatum necessariaum, puta praemissarum in modo et figura dispositarum, et illae duae veritates faciunt tertiam veritatem evidenter sciri, quae aliter esset ignota." In: Ockham. Philosophical Writings, ed. Ph. Boehner, London 1957.

中译如下:"认知被表述为借着对两个必然的真理的理解而来的对一个必然的真理的理解,譬如以某种诸多前提的方式与诸多设置的形式,那两个真理造就第三个真理被明确认知,其他可忽略不计。"

④ Siehe Aristoteles, Zweite Analytik. Analytica Posteriora. Griechisch-Deutsch, Griechischer Text nach W. D. Ross. Übesetzt, mit einer Einleitung und Anmerkungen herausgegben von Walfgang Detel. Felix Meiner Verlag Hamburg 2011. I, 2; 71 b, 8ff.

必须与其他理解的、掌握的能力相区别，其标志是彰明较著的认知、在必然真理中的理解亦即三段论的推理。

奥康的严格的认知理解，也决定了他的学科或科学概念的理解，在他看来，科学首先是在人的思维中被纳入秩序的认知内涵的积累，这些认知内涵具有学术原则的形式，并不依赖于谁思考它们（譬如是中国人、抑或是德国人）、谁以何种方式传播它们（譬如口头的、抑或是书面的）；当科学的原则具备（满足）三种条件时，它才是科学的：首先它必须是必然的，其次必须是可怀疑的，其三能够以三段论的推理论证的[1]。也就是说，一个学术的、科学的原则必须是一个必然的表述或原则，一个偶然的表述、命题可能是谬误的、谬误的原则，由此而不能成为严格意义上的科学原则的内容；当然，所谓"必然的原则"并非绝对意味着"总是真实的原则"，而是首先仅仅意味着"当它被设置，它才是真的"，并且不能是假的（伪的）[2]。在奥康看来，一个科学的命题（原则、表述）不同于一个由自身就不言自明的原则或命题（propositio per se nota），必须是能够被怀疑的、被质疑的，科学的组成部分必须是在其成为科学的组成部分之前就能够被怀疑的，也就是说，必须能够被视为是伪的，亦即：在其被有理由的认知所证明是真的之前，必须能够被视为具有谬误存在的嫌疑；作为第二个原则的可怀疑性与第一个原则中的必然性并不矛盾，原因在于，虽然科学的原则必定是一个必然的原则，然而这本身并非意味着这原则本身作为原则就已经被认知、被知晓了，奥康认为，它必须至少首先是可知的，所有可知的东西都能够被置于疑问之中、都是可质疑的（quaeribile），都能够成为质疑的对象[3]；在科学或学术认知过程中成为认知对象的、成为已知对象内涵的，都是先

---

[1] Siehe Wilhelm von Ockham, Ordinatio: "Dico quod propositio scibilis scientia proprie dicta est propositio necessaria, dubitabilis, nata fieri evidens per propositiones necessarias evidentes, per discursum syllogisticum applicatas ad ipsam." Prol., q. 2 (Opera Philosophica et Theologica. Band I, S. 76. Edtor, St. Brown, St. Bonanenture N. Y. 1970).

中译如下："我认为，被表述为原有认知的已知的前提，是必要的前提，是可怀疑的，是借着必然而明晰的各个前提而成为明晰的已知者，借着三段论的推理的应用而向着这个。"

译注：在此，"借着三段论的推理的应用而向着这个"是拉丁文原文最后一句的直译，所谓"向着这个"指的是"向着明晰的已知者"，意思是"成为明晰的已知者"。

[2] Siehe Wilhelm von Ockham, Summa totius logicae II, c. 9, 73-75: "Tamen de propositione necessaria est sciendum, quod propositio non propter hoc dicitur necessaria quia semper sit vera, sed quia est vera, si sit, et non potest esse falsa." In: Ockham. Philosophical Writings, ed. Ph. Boehner, London 1957. (S. 247 f).

中译如下："然而关涉必然的前提的是认知，这一认知并非能够因为它总是真的因此而被表述为真的，而是因为它是真的，并且当它是真的，就不能是伪的。"

[3] Siehe Wilhelm von Ockham, Ordinatio: "Igitur omne scibile est quaeribile; sed omne quaelibile est dubitabile; igitur omne scibile scientia propire dicta est dubitabile." Prol., q. 2 (Opera Philosophica et Theologica. Band I, S. 77. Edtor, St. Brown, St. Bonanenture N. Y. 1970).

中译如下："于是每一个可认知者都是可质询的，而每一个可质询的都是可怀疑的；于是每一个被表述为原本认知的，都是可怀疑的。"

前被安置于疑问之中的,科学的任务恰恰是要论证,一个真理的原则(表述、命题)不再能够被怀疑;而第三个条件的满足,也就是符合三段论的论证,也是必须的,否则就无法将某一原则视为科学的。

奥康认为,科学不仅是各种原则的积累,而且这些原则建立一定的秩序结构,这一观点对于哲学也颇具意义,这一方面在于,不仅存在一种科学,而是存在多种科学,这呈现出科学的多元性,也就是说,科学领域的数量,是所积累的不同原则及其所建立的原则的秩序而决定的,在这个意义上,哲学甚至不能仅仅是一个科学、不能仅仅是一个学科,因为形上学的原则及其所建构的秩序不同于伦理学与物理学,哲学的统一性并非建立在对象上,亦非建立在共同的原则秩序上,而是其确切的认知必须能够在确定的过程中获得;另一方面在于,每一种科学作为原则的秩序都是一个开放的系统,对于这一开放系统的唯一限定,就是其系统中不得有内在矛盾。

最终,在上述科学原则问题得以阐释之后,奥康面临的更进一步的问题是,这些原则的适用性从何而来?他认为,其适用性并非来自事物本身,而是来自关事物的概念(supponere)①,而现实科学(事实科学,scientia realis)与逻辑科学(理性科学,scientia rationalis)的区别并非在于,前者以实物自身作为对象,而后者仅仅探讨概念,在两者之中都探讨直接概念,这些概念构成它们的对象领域或内容领域,这两种类型的科学的区别在于,它们的概念究竟是为了什么而设置的,为了外在于精神的对象而设置的,就是事实科学,为了概念而设置的,那么由这些概念而来的原则就构成逻辑科学。

3. 奥康认识论思维的特点:直觉认知与抽象认知

奥康所思考的问题有两个,亦即人的认知的可能性与界限以及自然理性在其中的确切的方法,这两个问题的提出与奥康的学术背景相关联,奥康作为神学家所考量的问题在于,是否人的思维与认知在原则上有可能掌握与理解神学的真理,奥康作为哲学家、或者说作为亚里士多德的注疏者,面对 Stagiritende 的科学概念是必须要问哲学与神学是科学吗?也就是说,所考量的问题在于,是否哲学与神学能够被称为科学(学科、学术),如果是的话,那么又如何呢?要回答这类问题,就必须预设一种对于"认知"与"科学"的解释或概念的建构,这两个问题历来、并且自奥康之后便成为哲学的基本问题,奥康的思考与回答与方法上确定的、以自然理性所能理解的真理相关联。

从上述的阐释我们能够探知奥康对于哲学的理解,首先,如果将哲学置于严格的科学意义上来理解的话,那么就必须检视哲学是否满足自身表述的科学(scientia proprie dicta)这一诉求,只要它阐释了理性的习性(或能力,

---

① Siehe Wilhelm von Ockham, Ordinatio, d. 2, q. 4 (Opera Philosophica et Theologica. Band II, S.134. Editor, St. Brown, St. Bonanenture N. Y. 1970).

Habitus intellectus）、并且对于必然真理的彰明较著的认知标识了这一理性的习性（或能力）的话，那么哲学就是严格意义上的科学；其次，哲学并非呈现为一种科学，而是由不同的学科原则所构成的，其中每一种学科原则都是科学原则所构成的；其三，哲学作为科学是一个开放的系统，唯一限定这一开放系统的原则就是：其中不能有内在矛盾；最终其四，哲学作为科学的统一性，是其科学论证（demonstratio）方法论以及三段论推理所赋予的一致性。

从这样的思维方式出发，奥康批评了邓·司各特的认知论。在哲学史上司各特首先将已然被区分的抽象的与直觉的认知作为思维的主题而加以探讨①，一言以蔽之，他认为，直觉认知确定事物是否存在，抽象认知确定事物属性。也就是说，认知的行为能够有两种，一种既能关联现实存在之客体，又能关联非现实存在之客体，这样的认知行为将现实存在的与非现实存在的客体区分开来，消解当下与过往之关联，与这一抽象出存在与非存在的认知行为相对应的，是直觉的认知（notitia intuitiva 或 intuitio rei），这关涉并理解的

---

① Siehe Wilhelm von Ockham: "Prima, quod notitia intuitiva et abstractiva non different, quia abstravtiva potest indifferenter esse exsistentis et non exsistentis, praesentis et non praesentis, intuitiva autem tantum exsistentis et praesentis realiter. Quam differentiam ponunt aliqui, ubicumque loquuntur de ista material.

"Nec secundo differunt, quia abstractiva non attringit obiectum in se sub perfecta ratione, sed tantum in quadam similitudine diminuta; intuitiva autem attringit obiectum in se sub perfecta ratione, sicut dicit quidam doctor, Quodlibet, quaestione 6.

"Nec tertio differunt 'per rationes motivas formales, quod scilicet in cognitione intuitiva res in propria exsistentia est motiva per se obiective; in cognition abstractiva est aliquid motivum, in quo res habet esse cognoscibile, sive sit causa virtualiter continens rem ut cognoscibilem sive sit effectus, puta species vel similitudo repraesentative continens ipsam rem, cuius est similitudo', sicut dicit idem, Quodlibet, quaestione 13.

"Nec quarto differunt, quia notitia intuitiva necessario habet annexam relationem realem et actualem ad ipsum obiectum; notitia abstractiva non necessario habet relationem realem actualem ad obiectum, quamvis habeat relationem potentialem, scilicet mensurabilis et dependentiae, non autem relationem unionis et dependentiae, sicut dicit idem, ibidem.

"Nec quinto, quia in notitia intuitiva obiectum est praesens in propria exsistentia; in notitia abstractiva pbiectum estpraesens in aliquo perfecte repraesentante ipsum sub propria et per se ratione cognoscibilis, sicut dicit idem, Quodlibet, quaestione 14, et libro IV, distinction 10, quaestione 8."

中译如下："第一，直觉与抽象认知并非如此这般相区别，以至于抽象认知毫无二致地能够将存在与非存在、当下与非当下作为对象而享有，直觉认知则相反，仅仅享有存在与当下；有些人但凡谈及这一主题时就彰显这种区别。

"第二，这两种认知亦并非由于抽象认知无法将客体的完美概念内涵捕获于自身之中、而仅仅是由于触及其递减的相似性而相互区别，如同某位学者在某部书中的第六个问题所提示的，[抽象认知]根据客体的完美性而将其纳入自身之中。

"第三，它们'也并非相应于运动的形式内涵而有所区别，以至于就直觉认知而言事物作为客体由自身就运动到认知之中；而就抽象认知而言则相反，享有可认知性的事物运动到认知之中，无需考量是否关涉一个原因，这原因以其自身的权能而将事物作为可认知者而涵盖于自身之中，或者[无需考量是否关涉]一个结果，譬如认知图像或相似性，事物的相似性就是这相似性自身，事物涵盖这一表述自身的相似性于自身之中'，就像同一位学者在其某部书中的第十三个问题所说的。

是认知对象自身，直觉认知是抽象认知所不可或缺的。在认知过程中，被理解的对象与理解的理性是一种现实而当下的关系，在直觉认知中，对象的被确定性在其现实的存在中，也就是说，被确定的是：是否某物存在；在抽象认知中，被确定的则是某物的属性（quiditas），或曰：认知客体的本质属性（natura）；直觉的认知是存在认知、是对偶在的存在的认知，抽象的认知是在理性中形象重现的确定性，是在理性中形象重现的认知。而奥康批评说，这两种认知方式的理由都未免靠不住，在他看来，方式的不同，其原因最终立于其实施过程所产生的功能之中，这意味着，认知行为的类型的不同（specie distincta），并非在于认知对象之不同，而更多的在于认知行为自身之不同。

在分析了经院哲学的认知理论之后，奥康也阐释了他对认知的理解，特别是对于直觉认知与抽象认知的区别的理解[①]；当然，尽管奥康并不否认，直觉认知在通常情况下也能够被对象所诱导而出，这表明，他对自己的观点也有所限定，但是他首先以主体与客体的自然秩序而消除直觉认知的诱因，这诱因是借助认知对象（客体）而来的，同时论证对于非现实存在之物的直觉认知的可能性，换言之，没有具体实存的现实之物，认知也是有可能的；譬

（接上页）"第四，这两种认知也并非由于直觉认知与客体必然是现实而当下的关系而有所区别，尽管直觉认知包含与客体的可能性的关系，也就是包含可测度的与依赖的关系，而非合一的与依赖的关系，如同同一个学者在同一个地方所提示的。

"第五，它们也并非因为在直觉人之中客体在其自身存在中是当下的而有区别；就抽象认知而言则相反，客体在事物中是当下的，这一事物在其自身之中的并且由自身而来的属性中阐释一种可认知性，已然如同同一位学者在同样的书中的第十四个问题以及《箴言集研究》第四卷第十个区分第八个问题中所说的。"

Scriptum seu Reportatio in I librum Sententiarium. Prologus, quaestio 1, articulus 1. Texte zur Theorie der Erkenntnis und der Wissenschaft. Lateinisch-Deutsch. Herausgeben, übersetzt und kommentiert von Ruedi Imbach. Philipp Reckam jun. Stuttgart 1984. 奥康在此所提到的学者是邓·斯各特，所提到的书是《牛津论著》(Opus Oxoniense) 与《问题论丛》(Quodlibet)。

① Siehe Wilhelm von Ockham: "Ideo dico, quod notitia intuitiva et abstractiva se ipsis differunt et non penes obiecta nec penes causas suas quascumque, quamvis naturaliter notitia intuitiva non possit esse sine exsistentia rei, quae est vere causa efficiens notitiae intuitivae mediate vel immediate, sicut alias dicetur. Notitia autem abstractiva potest esse naturaliter ipsa re nota simpliciter destructa. Et si sic intellexit ponens praedictas differentias, veritatem videtur habere quantum ad istam materiam, quamvis in aliquibus, quae spectant ad alias difficultates, non contineant veritatem; de quibus dicetur locis suis. Ex istis sequitur, quod notitia intuitiva tam sentitiva quam intellectiva potest esse de re non exsistente."

中译如下："由此我认为，尽管直觉认知没有事物的存在当然就无法获得，而事物的存在的确又是直觉认知的间接或直接的原因，然而直觉认知与抽象认知并非在关涉对象或者关涉任何一种原因时、而是借助自身而相互区别，如同在其他地方所说过的一样；而抽象认知当然可以获得，尽管认知对象甚或已然被摧毁。而如果那些接受已然存在的区别的人的确如此这般的理解的话，那么他就触及了这一主题的真理性，尽管他在涉及其他诸多困难的各个方面未免谬误；关于这一点已经在诸多地方说过了。由此而来的结论是，对于非存在之事物不仅存在着感知的而且存在着精神的直觉认知。"

Scriptum seu Reportatio in I librum Sententiarium. Prologus, quaestio 1, articulus 1. Texte zur Theorie der Erkenntnis und der Wissenschaft. Lateinisch-Deutsch. Herausgeben, übersetzt und kommentiert von Ruedi Imbach. Philipp Reckam jun. Stuttgart 1984.

如上帝的全能，上帝能够直接而不依赖于任何其他存在而运作，这意味着上帝的全能，而这一全能并非具体实存形态的现实存在之物，而如果作为认知原因的认知对象必须被设置而出的话，那么作为非具体实存形态的上帝的全能就创设了人的直觉认知；此外，直觉认知也能解释古典的正义概念，也就是说，人们对于正义无法给出普遍适用的定义，然而人们又如此这般地不断谈论之，以至于似乎每一个人都知道他自己以及别人对于正义的理解；由此可见，每一个绝对事物、亦即每一个借助定义而存在者（res absoluta），不仅借助定义而独立存在、并且由此而与每一同样借助定义而独立存在的他者在本体意义上相互区别，这样的认知是对独立性存在的认知，这样的独立性存在无需关联任何具体实存之物；奥康消解了认知的客体关联性，将哲学的思维活动领入认知可能性的主体限定之中①，在他看来，认知的前提是主体的理性与意志的行为，也就是说，奥古斯丁也阐释和分析过的"我活着（ego vivo）""我认知（ego intelligo）""我愿意（ego volo）"三位一体结构的自身确定性与不言自明之彰明较著性，在奥康这里是无可怀疑、毋庸置疑的，而要涤除这一作为认知前提的自身确定性与不言自明之彰明较著性，则必须要么涤除实施这一认知行为的理性思维主体，要么上帝取代这一主体；也就是说，要么人根本不存在，而这在当下已然是不可能的了，要么上帝替人思考，

---

① Siehe Wilhelm von Ockham: "Illae veritates, quae inter omnes contingentes certius et evidentius cognoscuntur ab intellectu, habent terminus vel res importatas maxime notas in particulari et intuitive, sicut notitia veritatis contingentis praesupponit necessario notitiam intuitivam et in particulari. Sed veritates contingentes de istis mere intelligibilibus inter omnes veritates contingentes certius et evidentius cognoscuntur a nobis, sicut patet per experientiam et per beatum Augustinum XV De Trinitate, cap. 12, ubi declarant diffuse, quod, quamvis posset dubitare de istis sensibilibus, non tamen de talibus: Sico me vivere, scio quod volo esse beatus, scio quod nolo errare. Et post dicit sic: 'Cum duo sint genera rerum, quae sciuntur, unum earum, quas per sensum corporis percipit animus, alterum earum, quas per se ipsum, multa illiphilosophi scilicet Academici garrierunt contra corporis sensus; animi autem quasdam firmissimas per se ipsum, perceptions rerum verarum, quale est illud quod dixi scio me vivere, nequaquam in dubium vocare potuerunt.'"
中译如下："在所有那些偶性真理中被理性以较大的确定性与彰显性所认知的真理，享有明确的术语或者最大程度地享有这些术语所特殊且直觉而指称的明确的事物，如同一个偶性的真理认知必然要预设特殊而直觉的认知；而在所有偶性真理中被理性所理解的那些关涉这一点的偶性真理，才被我们更确切而更彰显地认知到，如同通过经验所昭示的，并且如同福佑的奥古斯丁在其《论三位一体》第十五卷第十二章中所详尽阐释的，尽管人能够怀疑这些感知的认知，然而唯有兹疑不可疑：我知道，我活着；我知道，我愿意幸福；我知道，我不愿意犯错误。之后他说：'由于存在两种可被认知的事物种类，其中一个是精神借助躯体的感觉而感知到的，另一个是灵魂借助自身而感知到的，所以那些哲学家们、也就是所谓学院派们不厌其烦地反对躯体的感觉，然而精神借助自身所获得的对于真实事物的最确定的感知，如同我所说的我知道我活着，他们却从来都无法怀疑。'"
Scriptum seu Reportatio in I librum Sententiarum. Prologus, quaestio 1, articulus 1（22，53）. Texte zur Theorie der Erkenntnis und der Wissenschaft. Lateinisch-Deutsch. Herausgeben, übersetzt und kommentiert von Ruedi Imbach. Philipp Reckam jun. Stuttgart 1984. 其中，奥古斯丁所说的"学院派哲学家"，指的是主张否定义理学（negative dogmatism）的新学院派哲学家，奥古斯丁是通过西塞罗的学院派而知道他们的学说的。

而这并不符合"人是理性的存在"这一关于人的经典定义;笛卡尔的"我思故我在""我存在,所以上帝存在"的思想实验,十分接近奥康的"上帝全能论"的认知论分析。

当然,奥康所说的由于(或借助)地点与主体而与另一绝对事物相互区别的每一绝对事物,能够借助神性的绝对全能而无需那个另一事物而存在[1],也是他对于圣事礼仪中作为感恩祭典的核心构成部分的化体(transsubstantiatio)的一种表述,也就是说,在圣餐礼仪中,面饼与葡萄酒的偶性存在并不能影响其转化为耶稣基督的圣体、圣血,上帝在自然秩序中为这一自然秩序设置了基本原则;我们在此能够看到奥康神学动机中的哲学思维,其直觉认知中的上帝全能论及其由此而来的思维之结果,开启了新的思维可能性,叙事的以及批判的哲学视角能够由此出发而深入理念的事实,并指出其内蕴深厚的含义。

奥康关于语句中的概念与术语的学说,与其普遍学说以及存在设置论一道,共同构成其对于语句真理的阐释,或曰:共同构成对于语句之真的阐释,这是直接针对托马斯·阿奎纳的而言的,托马斯从亚里士多德出发认为[2],真理是理性与所理解事物的本质的一致[3],因为真理的意义指称是思维拟况现实存在的直接结果,并且概念是事物的肖像、拟像(similitudines rerum),是思维理性与事物属性的契合(convenientia),所以当这样的拟像不仅是在句子或命题中完成的综合,而且也是对现实之物的综合拟况时,句子或命题就是真的,并且句子或命题的真也就是现实存在的某种拟像。与托马斯恰恰相反,奥康否认认知是对现实存在的拟况,而对认知模拟论如此这般的否认,恰恰要求他对于真理、对于真给出另外的阐释甚或定义,而将真理视为理性的理解与现实事物属性的一致,是托马斯的经院哲学的真理定义,在奥康的全部著作中从未有过这样的定义。在奥康看来,真理与谬误并非对于不同事物的真或伪的句子,而更多的是:真理并非别的什么,而是"真的表述"[4],也就是说,

---

[1] Siehe Wilhelm von Ockham: "Omnis res absoluta distincta loco et subiecto ab alia re absoluta potest per divinam potentiam absolutam exsistere sine illa."
中译如下:"每一个根据地点和主体而与另一个绝对事物相区别的绝对事物,能够借助神性的绝对权能而无需另一个绝对事物而存在。"
Scriptum seu Reportatio in I librum Sententiarium. Prologus, quaestio 1, articulus 1(22,45). Texte zur Theorie der Erkenntnis und der Wissenschaft. Lateinisch-Deutsch. Herausgeben, übersetzt und kommentiert von Ruedi Imbach. Philipp Reckam jun. Stuttgart 1984.

[2] Siehe Aristoteles, Metaphysik. IX, 10; 1051 b 3-4.

[3] Siehe Thomas von Aquin, Summa theologiae, I, 16 以及 De veritate (Questio I). Von der Wahrheit. Ausgewählt, übersetzt und herausgegeben von Albert Zimmermann. Lateinisch-Deutsch. Felix Meiner Verlag, Hamburg 1986. 其中经常阐释并分析了这一点。

[4] Siehe Wilhelm von Ockham, Summa logicae, I, 43. Texte zur Theorie der Erkenntnis und der Wissenschaft. Lateinisch-Deutsch. Herausgeben, übersetzt und kommentiert von Ruedi Imbach. Philipp Reckam jun. Stuttgart 1984. Quodlibeta septem, V, 24. Ed. J. C. Wey, 1980. OT IX.

真或伪是隐含语义的概念，或曰：是语义隐含概念（conceptio connotativa）①，它首先表述句子或命题的意义指称（significare），其次表述句子或命题与在其中所言说的现实存在的关系；如果主项与谓项是为了同一对象而存在的、是关联同一对象的，那么如此这般的句子或命题就是真的；在此呈现出思维与现实存在的某种对立的可能性，也就是说，句子并非是由事物聚合而成的，而是由术语总和而成的，这由此而意味着，一方面，即使判断的综合并非一定反映现实存在的综合，一个句子或命题也能够是真的了，思维的指称功能在这个意义上达到它的高峰；而另一方面，句子或命题的指意则由此而损失了某种本体论的重要性，这样说的理由在于，完成表述的主项与谓项的统一，是一种在精神征象层面的统一，其统一既不反映现实存在的一致，亦不反映现实存在的内在性，如此这般的真实句子仅仅呈现主项与谓项关联同一对象而已，而对象的本质结构或许并非能够被认知。对于普遍性学说而言，奥康的这一真理理论产生相互关联的不同的结果②，其中一个直接结果在于，普遍征象与个体现实存在之间无可克服的对立几乎无法涤除；另一个直接结果在于，言说一个必然肯定的表述（谓项）总是不恰当的，这样说的原因在于，关涉对象的所有肯定性的断语、所有肯定性的判断，都是偶性的、都是偶在的。换言之，如果等同于现实存在的存在设置是句子的真理的前提的话，那么只有当这一存在设置（suppositum）是必然存在的、在必然存在的条件下，一个谓项表述才能是必然真的。

在上述分析的意义上，"人是理性的动物"这一关于人的经典定义，就成为偶性的表述了，这样说的原因在于，只要没有人存在，那么这一表述就是假的、伪的③。

从思维传统上来看，尽管奥康不仅是从批评托马斯·阿奎那与邓·司各特、而且还将其观点极致化而开始其思维的，然而其方法论的基础依然在这两位前辈学者之中；如同他们一样，奥康不仅也明确区分信仰与认知（科学、学术、理性），并且后者首先是为了信仰的，而且他还针对神学与神学的立场而提出批判性的问题，并且将这样的问题提给哲学，也就是说，不仅如同经院哲学、甚至如同教父哲学集大成者奥古斯丁一样，奥康也将这样的问题视为

---

① Siehe Wilhelm von Ockham, Summa logicae, I, 2(3-4); I, 12 (2); I, 38 (3). Texte zur Theorie der Erkenntnis und der Wissenschaft. Lateinisch-Deutsch. Herausgeben, übersetzt und kommentiert von Ruedi Imbach. Philipp Reckam jun. Stuttgart 1984.

② Siehe Wilhelm von Ockham, Summa logicae, II, 2 (3). Texte zur Theorie der Erkenntnis und der Wissenschaft. Lateinisch-Deutsch. Herausgeben, übersetzt und kommentiert von Ruedi Imbach. Philipp Reckam jun. Stuttgart 1984.

③ Siehe Wilhelm von Ockham, Summa logicae, II, 2-III, 2, 19. Texte zur Theorie der Erkenntnis und der Wissenschaft. Lateinisch-Deutsch. Herausgeben, übersetzt und kommentiert von Ruedi Imbach. Philipp Reckam jun. Stuttgart 1984.

哲学问题、设置到哲学中，并且进行哲学的反思。

在上述阐释与分析的意义上我们可以有如下若干方面之言说：

首先，在本体论—宇宙论层面，一方面，经院哲学几乎一致认为，世界以及所有受造之物在本体论意义上并不享有存在必然性，没有任何存在之物能够由自身、来自于自身而存在；经院神学则亦几乎一致认为，上帝直接、亲自且无需任何他者、无需任何中介而创造世界，普遍适用的中介的涤除在本体论层面已然根本拒绝了、甚或排除了普遍概念与普遍理念的现实存在，这不仅是唯名论的、而且也是奥康实证法的出发点与立足点，也就是说，一个普遍的自然法几乎是不可能的；而另一方面，经院哲学同样认为，受造之物作为存在的初始形式，借助与上帝理性的现实而实在的关系，能够同时被视为必然的契机，奥康固然也认为，上帝以其完全的自由与全权创造世界，并非受制于任何哪怕是在他的精神中先在的形式或属种，上帝无需任何中介而直接创造世界、直接关联世界，直接关联他所亲自设置的存在；最终一个方面，与经院哲学大相径庭的是，奥康认为，受造之物作为一个整体是一种偶性的个体，与上帝有直接的关联，经院哲学所说的"存在类比（analogia entis）"在奥康这里已然不再存在了，在上帝中的理念并非别的什么，而是上帝的直观，是上帝对他所创造的存在所有单一细节的认知，是对它们与神性存在的所有极致区别的认知[1]。

其次，在认知论层面，与经院哲学不同的是，奥康认为，仅仅单一的事物才对思维而言享有自身的现实性，所有不依赖于思维的现实存在都是单一的存在，而在单一存在的世界中并没有现实存在的普遍性，于是认知的对象只有各个单一的事物、单一的存在；单一事物是首先被认知的，普遍概念（亦即前文所说的"universalia"）只是我们思维的产物，普遍概念固然享有认知功能，但是并不拟况先于事物存在的、甚或立于事物中的本质，并且这一本质也并非能够借助认知行为所具有的认知力量而真正被认知，于是，在本体论意义上，普遍在此敬缺存在状态，仅仅是某种设想的表达而已。即使当普遍概念在我们的思维之外并不享有现实存在，那么它们对奥康而言也并非名号（nomen, nomina[2]），而仅仅是名字或语词而已，而且尽管它们也仅仅在思维中、在精神中（in mente, propositio mentalis）存在，然而普遍概念却具有某种意向（intentio, intentio animae, intentio prima, intentio secunda），

---

[1] Siehe Hubert Schröcker, Das Verhältnis der Allmacht Gottes zum Kontradiktionsprinzip nach Wilhelm von Ockam. Berlin 2003. S. 417-431. Jürgen Miethke, Ockams Weg zur Sozialphilosophie. Berlin 1969. S. 156-162.

[2] Siehe Wilhelm von Ockham, Summa logicae, I, 11. Texte zur Theorie der Erkenntnis und der Wissenschaft. Lateinisch-Deutsch. Herausgeben, übersetzt und kommentiert von Ruedi Imbach. Philipp Reckam jun. Stuttgart 1984.

去表述单一事物的现实存在、现实性,并且指称它们的意义①;普遍概念抽象出各个单一事物的本质及其它们之间的相似性,与现实事物有一种呼应性的联系,而这就是普遍概念的认知性能、认知功能与认知功效②;如果以语言表述概念,那么表述者(言说者)就不仅表述毫无关联性的名字,而是与现实存在联系在一起,这是奥康现实论的概念主义③。奥康尝试寻求认知的严格限定,尝试确定认知在学说、学术、科学的意义上究竟是什么,阐释确定一个学术的表述究竟是什么、究竟意味着什么、究竟表述了什么以及究竟在何种意义上有效而适用、有效而恰当。他开掘一个学术表述的不同意义,将这样的学术认知在科学的意义上(在系统认知的意义上,scire/sicientia, sicientia naturalis, scientia realis④)限定在对于必然真理(必然真)的存在的彰明较著的直觉认知之中,而且这一彰明较著的直觉认知所认知的那个必然真理,并非来自三段论推理的结论,而是超出于它,是从对必然的大前提的彰明较著的直觉认知的基础中赢得的。认知、知道(notitia, scientia),被理解为原本意义上的表述(sicientia proprie dicta)⑤,是一种可严格论证的认知,是从确切而确定的前提中生出的必然的结论;而这样的前提既能够奠基在抽象的认知基础上,并且无需在这一前提中所涵盖的可能的与现实的存在,亦可以立足于直觉的经验,亦即直觉的认知,也就是能够直达理性理解力的认知。当然,只要结论对于偶性前提而言立于必然的关系中,那么必然也能够从这些偶性的前提中被推导出来。奥康所更为乐见的知识与科学的对象是数学的定理、物理学的定则、逻辑的准则与伦理的法则;特别是伦理的法则对于他而言是由自身而不言自明的初始原则(principia per se nota),信仰的真理以及从属于其中的认知、知识,则由此是需要加以区分的,信仰意味着并非需要

---

① Siehe Wilhelm von Ockham, Summa logicae, I, 1-I, 3; I, 11-I, 12 等多处。Texte zur Theorie der Erkenntnis und der Wissenschaft. Lateinisch-Deutsch. Herausgeben, übersetzt und kommentiert von Ruedi Imbach. Philipp Reckam jun. Stuttgart 1984. Jan P. Beckmann, Wilhelm von Ockam. München 1995. S. 114-120. Jürgen Miethke, Ockams Weg zur Sozialphilosophie. Berlin 1969. S. 194-201.

② Siehe Philotheus Boehner, The Realistic Conceptualism of William Ockham. In: Philotheus Boehner, Eligius M. Buytaert (Ed.), Collected Articles on Ockham. New York 1958. S. 157-163.

③ Siehe Philotheus Boehner, The Realistic Conceptualism of William Ockham. In: Philotheus Boehner, Eligius M. Buytaert (Ed.), Collected Articles on Ockham. New York 1958. S. 163. Volker Leppin, Geglaubte Wahrheit. Das Theologieverständnis Wilhelms von Ockham. Göttingen 1995. S. 59-63.

④ Siehe Wilhelm von Ockham, Summa logicae, III, 2,1 (3-6); III, 2, 17 (8); Scriptum in I librum Sententiarum, Prologus, Quaestio 1, artivulus 1 (25); Prologus in expositionem super VIII libros Physicorum (6-24), (30), (28-44), 特别是 (32-36)。Texte zur Theorie der Erkenntnis und der Wissenschaft. Lateinisch-Deutsch. Herausgeben, übersetzt und kommentiert von Ruedi Imbach. Philipp Reckam jun. Stuttgart 1984.

⑤ Siehe Jan P. Beckmann, Wilhelm von Ockam. München 1995. S. 49.

彰明较著的直觉认知（notitia intuitiva）或经验（experimentia, experimentum①）而赞襄的、而认同的，而是无需如此这般的"彰明较著"而产生于意志的决定力，神学作为科学的任务则在于强化并且护卫如此这般的信仰。

综上所述，奥康的强项在于他的逻辑分析，在于其以理性检视论证与思考过程，一言以蔽之：在于他的思想与论证之批判，这其中不仅有传统的理性批判工具，而且也有其现实的新概念。根据他的新概念，但凡现实的，就是个体的；这是一种极端的个体论，个体中不含有任何普遍性的因素；能否将这一新概念归为唯名论、以至于能否将奥康归为唯名论者，在学术史上是有争议的，如同德国著名中世纪经院哲学学者扩特·弗拉士（Kurt Flasch）所总结的，决定性的因素在于如何理解其新概念，如果将其理解为对于每一种类型的普遍的抗议，那么奥康就是一个唯名论者，而如果将这一表述理解为人的语言的普遍表述并非具有普遍性、而仅仅是名号而已，那么奥康就不是唯名论者，而只是一个幼稚的现实主义者，因为在奥康看来，"人"这一概念作为普遍概念并不存在，仅仅建立在直接对象的基础上，亦即只要提到人，就只能是现实存在的具体的个人，"人"这一概念仅仅是名号而已，仅仅被设置在每一个具体现实的人之下而已（supponere）②；无论如何，由于奥康否定普遍因素的存在、并且在这个意义上否定了普遍适用的自然法，于是他也被视为实证法的鼻祖。

奥康的批判更多地是否定个体事物（个体的人）的共同性是每一个个体事物的构成部分，其理由在于，在普遍之中存在着相互矛盾的述谓，譬如人，如果人是一个现实的存在，那么他同时就是静止与运动、忧伤与快乐的。奥康将普遍概念理解为一种抽象标志，而非一种具体图像。

奥康的普遍质询颇具思维价值，一方面，偶在的外在世界不能再被视为传统意义上的神性理念的模仿或神性原像的拟像与肖像，而另一方面，理念的、至一的以及可认知秩序的损失，不仅滋长了在其绝对而独自的存在方式中的个体，而且认知的主体（subiectum scientiae③）也变异了自身，由思维与存在、理性与现实所构成的自然的秩序，其批判的升华将主体从对客体认知时的自身遗忘中救拔而出，并且借助对于思维与存在的区别的认知而为主体准备了自我意识。奥康的普遍学说不仅回应了经院哲学关于普遍与特殊关系的传统问题，而且还改变了它对于外在的偶在世界以及对于人自身的阐释，

---

① Siehe Wilhelm von Ockham, Scriptum in I librum Sententiarum, Prologus, Quaestio 1, artivulus 1 (25). Texte zur Theorie der Erkenntnis und der Wissenschaft. Lateinisch-Deutsch. Herausgeben, übersetzt und kommentiert von Ruedi Imbach. Philipp Reckam jun. Stuttgart 1984.

② Siehe Kurt Flasch, Das philosophische Denken im Mittelalter. Stuttgart 1986. S. 454.

③ Siehe Wilhelm von Ockham, Prologus in expositionem super VIII libros Physicorum (21-27). Texte zur Theorie der Erkenntnis und der Wissenschaft. Lateinisch-Deutsch. Herausgeben, übersetzt und kommentiert von Ruedi Imbach. Philipp Reckam jun. Stuttgart 1984.

这对于法哲学而言意义重大。

二、从神哲学到法哲学

奥康在巴伐利亚国王路德维西的宫廷中,历经了世俗王权(皇权)与教权的矛盾,在关联其神学、哲学基本思想的基础上,奥康阐发了他的法哲学思想。

1. 自然法、自然理性作为整体的世界秩序

奥康认为,受造的世界是持续的偶性的存在,恰恰由于这一点,所有关于此间世界事物的科学都是关于偶性的科学,当然,这并非意味着科学都是偶性的科学;偶性也能够以显而易见的必然性而是可知的。受造世界是持续的偶性这一论点有其神学的本源,在他看来,只有一个非偶性的存在,那就是上帝,其他所有存在都是上帝的自由设置,每一个关于各种受造物的表述,其前提都是上帝将它们所设置的样子,也就是说,上帝如何设置它们的,是人表述它们的前提;当然,上帝以其绝对的权能(potential sua absoluta),亦即全能,也能够将它们设置成别样的,这并不排除一种可能性,亦即人能够知道一些必然的原则(譬如自然法),因为上帝的自由设置从不允许系统的内在矛盾。

奥康从其神—哲学出发、从其本体论—认知论的思维方式出发,并不认为有一种必然意义上不言自明、自我证明、自我论证的客观之法、客体之法,对于他而言,不仅既不存在从上帝永恒智慧中满溢而出且无可变端的永恒之法(lex aeterna),并且也不存在由自身就在本体论意义上必然适用的自然之法(lex naturalis),而且即使这两者都存在,那么它们也无法成为法的基础;法也仅仅参有受造物的整体的偶性,或曰:是整体的受造物的偶性存在的一部分,其神学与哲学的最终基础立于上帝的自由与全权之中,并不涵盖预先给定的内容,奥康认为:

"因为在自然法中除了上帝所意愿发生的,没有什么预先被规定,所以也就没有什么被禁止,除了上帝所想阻止发生的。"①

奥康这一简捷而意蕴深厚的神性意志论—创造论—秩序论的神—哲学的表述,固然不免上帝意志论的品性,然而其意图在于质询偶性世界(偶性存在)的整体伦理准则与人的恰当行为,也就是质询世界的初始原则与人的律法行为;在他看来,整体的世界诞生在上帝的意志行为中,上帝的

---

① Siehe Wilhelm von Ockham: "Cum igitur in naturali jure nihil aliud praecipiatur, quam quod Deus vult fieri, nihilque vetetur, quam quod Deus prohibet fieri." (Dialogus I, 1 cap. 9. In: M. H. Goldast [Hrsg.], Monarchia Sarcri Romani Imperii. Frankfurt am Main 1614. II, S. 406, Z. 11 ff.) Ernst-Wofgang Böckenförde, Geschichte der Rechts-und Staatsphilosophie. Antike und Mittelalter. 2. Auflage, Mohr Siebeck Tübingen, 2006. S. 306.

意志是完全自由而无可束缚的，整体的受造界都依赖于这一意志，都处在与上帝绝对权能（potentia absoluta）的关系中；尽管受造世界的存在秩序是偶性的，尽管偶性的存在也是被纳入秩序的存在，亦即其存在之基础并非由自身而是必然的、而有必然性，而是依赖于上帝的自由意志，然而恰恰由于上帝出于他的善而有秩序地创造世界，所以受造的世界也是有序的世界，是被纳入秩序而有序的世界，并且这一有序世界即使包括人、包括人的理性在其整体秩序之内，然而自身作为受造物也无法由自身而涤除其秩序品性，于是在上帝善的意志所设置的有序世界中，人所面对的是上帝善的意志以及善的结果，人不仅并无理由与机会违逆之，而且人的理性结构对于整体自然伦理秩序的认知与把握毫无疑问是可能的，人的理性对于整体自然伦理秩序的恰当认知也是可能的；尽管人或许并不能够完全知晓上帝为了我们所全部意愿的、所创设的以及所诫命的，甚或更无从知晓上帝究竟为了什么而意愿、而创设、而所诫命，亦即无从知晓所有这些的全部理由，然而在奥康看来，人，无论是不是基督徒、是否有什么信仰，毕竟都应当甚或都必须追随其理性（"sequi rectam rationem."亦即："追随恰当的理性。"）[①]，毕竟都应当、都必须在偶性存在的世界中类比整体的世界自然伦理秩序、世界自然伦理准则的意义上而依照人类基本的伦理原则去行为。当然毫无疑问的是，尽管上帝出于善的意志的创世行为创设了包括自然法则、自然理性在内的整体的世界秩序，然而其善意的创世行为并不涤除自然法则、自然理性各自所特有的自身属性，因而当奥康在整体的世界秩序的意义上、在法则的整体内在联系的意义上谈及自然法、自然理性以及自然平等或生而平等之类的思想时，就不仅强调它们相互之间稳定连贯、相互联系、并无裂隙的整体性，而且同时也凸显它们在整体上与上帝的创世行为所依然保持的联系。

2. 自然法之三种类型及其意义

从前文的阐释与分析可见，在奥康看来，不仅人的自然理性是自然法的出发点、自然的公正是自然理性的一部分，而且在语言的不同的应用以及不同的内涵与适用性论证上，奥康还进一步阐释并分析了自然法相互关联的三种形式：

首先，自然法是符合基本伦理规范的法，是并不违逆自然秩序、而是适应自然理性的法：

"借助一种方式，自然法被表述为那一与自然理性相适应之法，这样的理性不会落入任何谬误，如同'你不应当邪淫''你不应当妄语'以及诸如

[①] Siehe Jan P. Beckmann, Wilhelm von Ockam. München 1995. S. 36 ff. Jürgen Miethke, Ockams Weg zur Sozialphilosophie. Berlin 1969. S. 308-314.

此类者。"①

其次，无需任何习惯法或人的首肯（亦即无论人是否赞同）而必须尊重与遵守的法，就是自然法：

"再则，自然法被表述为必须被那些人遵守的，即那些仅仅使用自然的合理性而无需任何人的习惯法或成文法的人们。由此而之所以被表述为'自然的'，是因为其反面与原本受造的本性是相反的；当人以其自然理性或神性律法而生活时，那么它既不必被遵守，亦不必被实施。"②

其中，"自然的合理性"亦可译为"自然的公正性"，"原本受造的本性"亦可译为"自然受造的状态"或"自然受造的原始状态"；"其反面"指的是前面一句所说的习惯法和成文法。

其三，符合于万民法、神性行为以及人的本性行为而无需论证的法，就是自然法：

"借助第三种方式，自然法被表述为那样一种法，即从万民法或另一种法中而来，或者从任何一种神性行为或人的彰明较著的理性行为中所汲取的，如果矛盾对立并非被那些参与其间人的赞襄所奠定的话；这样的［自然法］能够在某种条件下被称为自然法。"③

自然法这三种方式的区别及各自之意义究竟何在呢？

第一种方式直接关联由自身就不言自明的自然法之各种准则，这样的自然法准则毫无谬误的内在于自然理性之中，是自然理性所固有的，对于奥康而言，这些准则既不必从某种从不变化的永恒法则中导引而出，亦无需回溯

---

① Siehe Wilhelm von Ockham: "Uno...modo dicitur ius natruale illud, quod est conforme rationi naturali, quae in nullo casu fallit, sicut est 'non machaberis', 'non mentieris' et huiusmodi."
Dialogus III, 2, 3 c 6. M. H. Goldast (Hrsg.) Monarchia Sacri Romani Imperii. Frankfurt am Main. 1614. Band 2. Jürgen Miethke (Hrsg.), Wilhelm von Ockham, Dialogus. Auszüge zur politischen Theorie. Ausgewählt, übersetzt und mit Nachwort versehen von Jürgen Miethke. Darmstadt 1992. S. 178. Wihlhelm von Ockham, Text zur politischen Theorie. Exzerpte aus dem "Dialogus" lateinisch-Deutsch, ausgewählt, übersetzt und herausgegeben von Jürgen Miethke. Stuttgart 1995. Hilary Seton Offler, The Three Modes of Natural Law in Ockham: A revision of the text. In: Franciscan Studies 37 (1977). S. 207-217.

② Siehe Wilhelm von Ockham: "Aliter dicitur ius naturale, quod servandum est ab illis, qui sola aequitate naturali absque omni consuetudine et constitutione humana utuntur. Quod ideo dicitur naturale quia contrarium est contra statum naturae institutae et, si homines viverent secundum rationem natrualem aut legem divinam, non esset servandum nec faciendum."
Dialogus III, 2, 3 c 6. M. H. Goldast (Hrsg.) Monarchia Sacri Romani Imperii. Frankfurt am Main. 1614. Band 2. Jürgen Miethke (Hrsg.), Wilhelm von Ockham, Dialogus. Auszüge zur politischen Theorie. Ausgewählt, übersetzt und mit Nachwort versehen von Jürgen Miethke. Darmstadt 1992. S. 178. Wihlhelm von Ockham, Text zur politischen Theorie. Exzerpte aus dem "Dialogus" lateinisch-Deutsch, ausgewählt, übersetzt und herausgegeben von Jürgen Miethke. Stuttgart 1995. Hilary Seton Offler, The Three Modes of Natural Law in Ockham: A revision of the text. In: Franciscan Studies 37 (1977). S. 207-217.

③ Siehe Wilhelm von Ockham: "Tertio modo dicitur ius naturale illud, quod est iure gentium vel aliu aut ex aliquo facto divino vel humano evidenti ratione colligitur, nisi de consensu illorum, quorum interest, contrarium statuatur. Quod poterit vocari ius naturale ex suppositione."

到其中，人在其自然理性中就享有对这些准则的显而易见的经验（以及前文所阐释与分析的 notitia evidens, notitia experimentalis 等），这一经验就是自然法等的出发点；这样的自然法是法律的某种版本，甚至已经作为法律的前提而被上帝写入人心，这一自然法的无可变端性的原因，在于它也内在于受造的并且是为了人的秩序，上帝自己则超出这些他所设置的自然法准则与诫命，并且只有他才能设置例外。如同有学者已经指出的，奥康在此已然具有法律规则例外的思想，当然，奥康并未对这些可能的例外作更进一步的说明。而在法学逻辑中，例外并非以改变、甚或涤除受造的秩序为目的，而是关涉受造秩序所可能具有的相互叠加的特殊性以及上帝所享有的某种保留，这也表明上帝与受造秩序的关系[①]；固然，这样的关系并非能够绝对必然地仅仅被限定在上帝爱的诫命中，尽管上帝由于其善的存在、善的本质也不会改变这一诫命，然而约版上体现盟约的诫命除此之外毕竟有十条之多，亦即通常所说的"十诫"；甚或对于上帝的嫉恨也应当受到关注，人对于上帝的嫉恨也是被上帝所允许的，也是上帝赋予人的恩宠。

自然法的第二种形式与第一种毫无疑问密切相关，因为自然的公正（aequitas naturalis，或"自然的合理"）不仅建构、而且是自然理性的一部分；这两者的关系在于，自然理性（ratio naturalis）与自然的合理（aequitas naturalis）不仅属于实证法（设置法、制定法）秩序，而且超出之，实证法秩序亦并非绝对不可变易，尤其是当人有了原初的过犯之后，就产生了充足而重要的理由，以制定某种规范、规则；自然的公正或自然的合理关涉人在初犯之前的状态时，是并不变易的，在人的过犯状态中则是人制定规范的自然基础，同时，规范、规则的制定，也是为了人的共同的福祉；如同本篇不远的前文所阐释与分析的，实证法思想的法哲学源头被视为出自奥康，除了前文所给出的理由外，亦即并不存在普遍原则，自然法的这个第二种类型也是理由之一。

自然法的第三种形式与实证法的法则及法令的合理存在相关联，在这种相关联意义上的自然法是一种有限而受限定的自然法，这样的自然法展开在

（接上页）Dialogus III, 2, 3 c 6. M. H. Goldast (Hrsg.) Monarchia Sacri Romani Imperii. Frankfurt am Main. 1614. Band 2. Jürgen Miethke (Hrsg.), Wilhelm von Ockham, Dialogus. Auszüge zur politischen Theorie. Ausgewählt, übersetzt und mit Nachwort versehen von Jürgen Miethke. Darmstadt 1992. S. 179. Wihlhelm von Ockham, Text zur politischen Theorie. Exzerpte aus dem "Dialogus" lateinisch-Deutsch, ausgewählt, übersetzt und herausgegeben von Jürgen Miethke. Stuttgart 1995. Hilary Seton Offler, The Three Modes of Natural Law in Ockham: A revision of the text. In: Franciscan Studies 37 (1977). S. 207-217.

[①] Siehe Wilhelm Kölmel, Das Naturrecht bei Wilhelm Ockham. In: Franziskanische Studien 35 (1953). S. 57 f. Sigrid Müller, Handeln in einer kontingenten Welt. Zu Begriff und Bedeutung der rechten Vernunft (recta ratio) bei Wilhelm Ockham. Tübingen 2000. S. 44 f.

自然理性所给出的法律规范的框架之中，在这个意义上，实证的法律规范就是必然的了、甚或是强迫性的了，譬如在面临违逆自然公正、违逆自然合理的非正义行为以及暴力等恶行时，实证法必须保障人维护正义与自身生命安全的抵抗权利[①]。

3. 自然法涵盖神性起源的与自然理性的实证法

奥康将自然法统筹为上述这三种形式，其神—哲学理由一则是他对人的原始状态与原罪后状态（初犯后状态）的不同存在本质的区分，再则与他对《圣经》整体的理解相关联，在他看来，所有神性法则，无论是彰显的、抑或是隐曲的，都已然包涵在《圣经》之中了，《圣经》并非以其实证性而取代自然法，而是《圣经》本身就是自然法[②]；就其神哲学的思维基础而言我们可以有三个方面之言说，一方面，奥康自然法判断的出发点在于创造论，万物源自于上帝善意的自由意志、自由法则，而受造的万物中包括自然理性及其所能够认知的宇宙秩序，由此，尽管人能够将自然法拓展为上述三个类型，然而整体的宇宙秩序、一切自然法则在最原本的意义上都是神性法则；另一方面，尽管自然公正或自然合理对应人的原始状态，然而在原罪后状态中，人的理性依然能够认知初始的自然公正与合理，依然能够认知规范与基本法则，依然能够将自然公正状态中的正义与合理设置到初犯后状态中；由此而最终一个方面，在奥康看来，尽管有如此这般之区别，但是上述这三种形式的自然法依旧是一个整体，既有其神性法则的品性，又有神性诫命的实证品性，既源自神性全能的赋予，又来源于自然理性（ratio naturalis）的思维与创设能力，并且因此而被自然理性所决定，目的是维护自然公正与合理（aequitas

---

① 奥康特别强调了人在面临被施加的现实的非正义与暴力时的反抗权，并且认为，在诸如此类违逆自然法与实证法的倒行逆施面前，人甚有权力以暴易暴，这与前文分析的托马斯的观点大相径庭。Siehe Dialogus III, 2, 3 c 6. M. H. Goldast (Hrsg.) Monarchia Sacri Romani Imperii. Frankfurt am Main. 1614. Band 2. Wihlhelm von Ockham, Text zur politischen Theorie. Exzerpte aus dem "Dialogus" lateinisch-Deutsch, ausgewählt, übersetzt und herausgegeben von Jürgen Miethke. Stuttgart 1995. Jürgen Miethke (Hrsg.), Wilhelm von Ockham, Dialogus. Auszüge zur politischen Theorie. Ausgewählt, übersetzt und mit Nachwort versehen von Jürgen Miethke. Darmstadt 1992. S. 180.

② Siehe Wilhelm von Ockham: "Omne autem ius naturale in scripturis divinis explicite vel continetur, quia in scripturis divinis sunt quaedam regulae generals, ex quibus vel solis vel cum aliis colligi potest omne ius naturale et primo et secundo et tertio modo dictum, licet in eis non inveniatur explicite."
中译如下："而所有的自然法都或隐或显被涵盖在《圣经》之中，因为在《圣经》中有某些普遍的规则，出于它们、或者出于单一一个、或者借着它们，所有由第一种、第二种以及第三种方式所表述的自然法，都能够被汲纳于其中；而在其中并非一目了然地被发现，也是许可的。"
Dialogus III, 2, 3 c. 6. M. H. Goldast (Hrsg.) Monarchia Sacri Romani Imperii. Frankfurt am Main. 1614. Band 2. Jürgen Miethke (Hrsg.), Wilhelm von Ockham, Dialogus. Auszüge zur politischen Theorie. Ausgewählt, übersetzt und mit Nachwort versehen von Jürgen Miethke. Darmstadt 1992. S. 179. Wihlhelm von Ockham, Text zur politischen Theorie. Exzerpte aus dem "Dialogus" lateinisch-Deutsch, ausgewählt, übersetzt und herausgegeben von Jürgen Miethke. Stuttgart 1995. Hilary Seton Offler, The Three Modes of Natural Law in Ockham: A revision of the text. In: Franciscan Studies 37 (1977). S. 216.

naturalis），由此，这一整体的自然法或这一自然法的整体，就能够回溯到人的理性思维与理解的能力之中，此外，这样理解的自然法不仅涵盖纯粹神性起源的实证法，而且囊括由自然理性而来的实证法，并且同时区分了这两者。

奥康在自然法与神性法则之间、在自然法与实证法之间作出明确区分；一方面，人的实证法、特别是人所设置的成文法律产生于并且奠基于人所达成的秩序，是借助人所达成的约定或约束而固定下来的，因而是人的发现或建构，这是人的能力，在这个意义上，其具体的应用与实施似乎并不直接需要自然法的秩序准则，因为其适用或规范的范围是自然法与神性律法并非直接关涉的具体而单一的领域，于是实证法的性质究竟为何，也是可以探讨的；另一方面，对于自然法与神性律法而言重要的是，实证法或者人的约定不仅并非拂逆自然法与神性律法，而且甚或与之相匹配、相融洽，在实证法与自然法及神性律法之间，奥康并非要求一种绝对严格的内在逻辑推导，以至于实证法必然、必定来自自然法与神性律法，而是实证法有其自身独立的属性（proprietas），人的自由意志能够决定实证法的内涵建构，在有重大理由的情形下，人的自由意志甚至被允许决定一种偏离自然法理念的实证法内涵建构；固然，这必须是严格界定的，奥康认为：

"大凡与神性律法或者公共理性相违逆的公民法律，都不是法律；同样，大凡法典条文或公民法律条文与神性律法、也就是与《圣经》或正当的理性相违逆之处，亦不必一体遵行。"①

这其中固然强调了神性律法、自然法以及自然理性的神圣不可违逆性，然而也透析出人的自由，并且是从人的自然本性而来的自由；当然，这并非人的任意而随意的自由，一种任意而随意的法学实证论在此并不存在，人并不享有任意而随意的建构实证法的自由，实证法必须是人的理性为了人的共同的福祉而设置的，也只有为了这一共同的福祉才能要求人们服从、遵守这一由人的理性为了人的共同福祉而设置的实证法。

4. 政治秩序学说的神哲学思维框架

如同前文所提及的，奥康在巴伐利亚逗留期间，经历了世俗王权（皇权）与教权的矛盾，在历经皇帝与教宗的政治的矛盾冲突的过程中，奥康不仅梳理皇权强力与教权强力各自的基础与范围，而且也建构性地探究这两者的关

---

① Siehe Wilhelm von Ockham: "Quaecumque lex civilie repugnant legi divinae vel rationi apertae, non est lex; eodem modo verba legis canonicae vel civilis in illo casu, quo repugnarent legi divinae, scilicet scripturae sacrae vel rationi rectae, non essent servanda."

Dialogus I, 6, c. 100. M. H. Goldast (Hrsg.) Monarchia Sacri Romani Imperii. Frankfurt am Main. 1614. Band 2. Jürgen Miethke (Hrsg.), Wilhelm von Ockham, Dialogus. Auszüge zur politischen Theorie. Ausgewählt, übersetzt und mit Nachwort versehen von Jürgen Miethke. Darmstadt 1992. S. 179. Wihlelm von Ockham, Text zur politischen Theorie. Exzerpte aus dem "Dialogus" lateinisch-Deutsch, ausgewählt, übersetzt und herausgegeben von Jürgen Miethke. Stuttgart 1995.

系，这样的思考给出其关于政治秩序学说的哲学框架，或简而言之：给出其政治哲学的框架；当然，其论证方式与思维方式依然是在其神哲学传统之中，其意图并非在于草拟出一个政治哲学的新概念，也不在于从根本上发展出新的政治秩序与结构，他探讨政治哲学的目的，在于条贯《圣经》、条贯前文曾提及的格拉修斯法令以及教宗通谕的相关政治哲学之思想，阐释若干神学权威诸如奥古斯丁和阿维拉的奕西多尔（Isidor von Avila）等的政治哲学学说，分析教会法典和罗马法，解析亚里士多德的政治理论；在这个意义上，尽管其论证的出发点未免神学的品性，并且这在学理上也是必然而必须的，然而其论证本身则更多的是哲学的、问题史的、甚或概念史的。

就政治秩序而言，奥康认为，之所以俗世的政治统治、俗世的政治统治强力有其存在的理由，恰恰是因为人的原罪，或者说，恰恰是因为人的原初的过犯；在原罪或原初的过犯之前，由于物欲、财富滥用以及人与人之间的矛盾冲突并未产生，因而在这样的原初状态中并不存在某种政治统治的必然性，而在原初的过犯之后，也就是在恶产生之后的状态中，人自然而然、并且必然成为抗击恶的工具、甚或主体①。在这个意义上，临在于人的政治秩序、政治统治的强力，必须是人所设置、所赞襄、所承载的，也就是说，无论是作为整体的民族、抑或是在人的群体中（社会、团体）的每一个成员，都必须襄助并担当政治秩序与政治统治；无论是信仰者、抑或是非信仰者，他们都获得上帝的许可，在此间世界的政治秩序中承担带有法律权能的各种职务，奥康说：

"双重预设的能力，亦即驰近时间性的事物，并且建构对于法律正当性的享有，被上帝不仅直接赋予信仰者们，而且[直接赋予]非信仰者们，在秩序以及在纯粹伦理之间被思考，这是因为每一个人，信仰者如同非信仰者，都担当责任。"②

从这一文本出发我们可以说，上帝作为创世者是万物存在的初始原因（第一因），统辖整体宇宙，而上帝所创造的人则受上帝委托而根据自身的自

---

① Siehe Richard Scholz, Wilhelm von Ockham als politischer Denker und Schriftsteller. In: Ders., Wilhelm von Ockham als politischer Denker und sein Breviloquium de principatu tyrannico. Stuttgart 1944. S. 126,128. Wolfgang Stürner, Die Begründung der "iurisdictio temporalis" bei Wilhelm von Ockham. In: Conrad L. Harkins, Dirard J. Etzkorn (Hrsg.), Wilhelm of Ockham (1285-1347), commemorative Issue. Part III. In: Franciscan Studies. Vol. 46, Jhg. XXIV (1986). St. Bonaventure. New York 1988. S. 245 ff; Wolfgang Stürner, Peccatum und potestas. Der Sündenfall und die Entstehung der herrscherlichen Gewalt im mittelalterlichen Staatsdenken. Sigmaringen 1987. S. 229. Ernst-Wofgang Böckenförde, Geschichte der Rechts-und Staatsphilosophie. Antike und Mittelalter. 2. Auflage, Mohr Siebeck Tübingen, 2006. S. 313.

② Siehe Wilhelm von Ockham, Breviloquium III, c. 8: "Duplex potesta predicta, scilicet appropriandi res temporales et instituendi rectores iurisdictionem habentes, data est a Deo immediate non tantum fidelibus, sed etiam infidelibus, sic quod cadit sub praecepto et inter pire moralia computatur, propter quod omnes obligat tam fideles quam etiam infidels."

Richard Scholz, Wilhelm von Ockham als politischer Denker und Schriftsteller. In: Ders., Wilhelm von Ockham als politischer Denker und sein Breviloquium de principatu tyrannico. Stuttgart 1944. S. 128.

由在自身的权能之内而有所作为，也就是说，尽管人是受造的，但是人有所作为的原因立于其自身的自由与权能之中，在这个意义上，人能够被视为第二因，这一点在晚期经院哲学中（特别是西班牙的维托利亚与苏亚雷斯）赢得重大意义，成为民族独立、主权完整理论论证的极为重要的理由；固然，奥康本人并未直接论证这一理论，他也并未详尽论证世俗权力与教会权力的基础究竟是什么，统治基础对于这两者而言当然都是人民，然而究竟是公民的整体（universitas civium）呢？抑或是信徒的整体（universitas fidelium）呢？奥康对此并未赞置一词①；在面临他所处的时代的问题时，他所关注的更多的是此间世界的政治秩序和政治统治，在他看来，尽管人是上帝创造的、并且受上帝委托照拂这个世界，然而俗世的政治统治不能是摄政式的，而必须是——如同罗马帝国一样——皇权帝制大一统的，并且在法理上必须是能够传承的②，当然，如果这样的政治统治权力被滥用或者遇到紧急情况的话，那么这一权力就必须返回到人民或者有良心意志的单个人之中，这也意味着人民在暴力与非法面前享有抵抗权③。

奥康将人承载政治秩序的法律责任回溯到人的自由与平等，随之而来的则是人在政治统治和承载政治秩序意义上的自我决定，而且恰恰由于人的自由与平等，没有任何人在违逆他人的意志的情形下而被允许成为统治者，这已然是世俗化思想的先驱；这一方面罢黜了政治统治的自然目的论的论证，不再如同亚里士多德以及托马斯·阿奎那所认为的那样，而是政治统治、政治秩序是从人原本的自由决定、自由决断推导而来，是凭借理性的能力在原初的过犯之后必然建立的具有统辖力的政治秩序；另一方面也批评了教权统治及其为这一统治的辩护，俗世政治统治无需教权的加冕，可以不依赖于教权而独立存在；奥康并不反对俗世权力、甚或皇权，并且认为，尽管甚至皇权等俗世权力也源自上帝，然而所有俗世权力也是上帝以特定的方式赋予人的，并且通过人来实施的。

在这一问题上，不同于托马斯的是，奥康认为，私有财产并非自然法的表述，不同于司各特的是，私有财产并非原罪的结果；他认为，如果教宗在这样重要的问题上出现迷茫，那么平信徒、政治家以及学者就要有所修正；

---

① Siehe Ernst-Wofgang Böckenförde, Geschichte der Rechts-und Staatsphilosophie. Antike und Mittelalter. 2. Auflage, Mohr Siebeck Tübingen, 2006. S. 319.

② Siehe Dialogus III, 2, 1 c. 29. M. H. Goldast (Hrsg.) Monarchia Sacri Romani Imperii. Frankfurt am Main. 1614. Band 2. Wihlhelm von Ockham, Text zur politischen Theorie. Exzerpte aus dem "Dialogus" lateinisch-Deutsch, ausgewählt, übersetzt und herausgegeben von Jürgen Miethke. Stuttgart 1995. S. 288-295.

③ Siehe Matthias Kaufmann, Rechtsphilosophie. Freiburg in Breisgau/München 1996. S. 58. Arthur Stephen McGrade, The Political Thought of Wilhelm of Ockham. Personal and Institutional Principles. Cambridge 1974. S. 169.

尽管托马斯认可俗世的政治氛围与权能，然而将它置于教宗的世界统治权力之下，不同于托马斯而与但丁相同的是，奥康也认为，政治的权力并非由教宗所赋予，政治的权力奠基在公民自由的共识中，当国家服务于人的私有财产的现实性时，国家对于人而言就具有一种不依赖于教会的价值、在教会之外的价值①，他所强调的公民自由的共同意识、平信徒的重要角色的承认等，是那一时代的标志性元素，这影响了随后两百年的历史，开启了路德俗世政权独立性思想的先河，在弗拉士等著名中世纪研究专家看来，尽管奥康有其方济各会的学术传统与思维特征，然而他的政治思想开启了新的政治哲学，并且这一新的政治哲学的根源深深植入在基督宗教方济各会的神学与哲学之中②。

5. 权力的意义并非统治、而是服务

在确定了人从自由本性而来的政治统治决定权之后，奥康还表述了此间世界之政治统治强力的任务与界限；奥康在此提出的质询是，皇帝在何种意义上享有权力？其统治任务究竟是什么？人是否有义务服从皇帝？

奥康认为，皇帝作为世俗政治的统治者，对于所有此间世界的财富享有私权（dominium omnium rerum temporalium），源起于罗马法的这一思想对于中世纪经院哲学的私权概念极具意义③，当彼之时，私权（dominium④）并非仅仅意味着、也从未被仅仅理解为私有财产所有权，而是在这个意义之外还强烈彰显出统治的权力，至少提示出其中所包涵的统治的构成因素，这一在罗马法意义上被理解为私有财产所有权的私权概念，自十二世纪始就已经对欧洲统治思想中的领土（版图）意识甚或国家意识以及国家主权意识的不断健全产生重大影响⑤，在奥康的理解中，皇帝为了共同的福祉有权力对于私有财产提出诉求，然而这必须是有条件而受限定的，也就是说，首先必须是为了

---

① Siehe Kurt Flasch, Das philosophische Denken im Mittelalter. Stuttgart 1986. S. 457.
② Siehe Kurt Flasch, Das philosophische Denken im Mittelalter. Stuttgart 1986. S. 458.
③ Siehe Heinrich Honell, Römisches Recht. Springer-Verlag. Berlin Heidelberg 1988. S. 37-39. Wolfgang Waldstein, Michael Rainer, Römische Rechtsgeschichte. C. H. Beck oHG Verlag. 11., neu bearbeitete Auflage. München 2014. S. 128-141.
④ Siehe Heinrich Honell, Römisches Recht. Springer-Verlag. Berlin Heidelberg 1988. S. 15, 37-39, 141. Wolfgang Waldstein, Michael Rainer, Römische Rechtsgeschichte. C. H. Beck oHG Verlag. 11., neu bearbeitete Auflage. München 2014. S. 138.
⑤ Siehe Dietmar Willoweit, Dominium und Proprietas. Zur Entwicklung des Eigentumsbegriffs in der mittelalterlichen und neuzeitlichen Rechtswissenschft. In: Historisches Jahrbuch 94 (1974). S. 141 ff. Ders. Rezeption und Staatsbildung im Mittelalter. In: Simon Dieter (Hrsg.), Akten des 26. Deutschen Rechtshistorkertages. Frankfurt am Main 1987. S. 30-42. Damian Hecker, Eigentum als Sachherrschaft. Zur Genese und Kritik eines besonderen Herrschaftsanspruchs. Paderborn/München/Wien/Zürich 1990. S. 32-36.

人民共同的利益，否则其私有权以及相应的合法性特权必须被褫夺①，这一托马斯·阿奎那就已然深入探讨而颇具现代性的国家理念，在奥康这里又得到进一步之拓展；此外，奥康还认为，皇帝仅仅能够在俗世事物中领导人民，至于斋戒敬神之事则在他的权属范围之外②，在这个意义上，奥康指出，皇帝并非对一切事物享有能力与权力，他不能违逆神性秩序与自然法则，皇帝的权能是受限定的，不能为一己之私利而统治，在面临其自由的人民及其所享有的权力时，皇帝只能为了人民共同的福祉与利益而施展其能力与权力③；奥康批评"国王（皇帝）的意志就是最高的律法"（"voluntas regis suprema lex"，此句亦可译为"统治者的意志就是最高的法律"）这一传统法律程式与统治思想，并且认为，皇帝必须急人民之所急、想人民之所想，对人民行正义之事、造福之事，皇帝必须为人民共同的福祉而行事，否则，既伤害了皇帝的、也伤害了人民的尊严，人民对于皇帝在正义的俗世事物的诉求上有服从与忠诚的义务，然而尽管如此，人民并非皇帝的奴隶，而是自由的人们④。

奥康在此批评了意志绝对论的倾向，在他看来，统治并非权力意志，而是与被统治者的共同福祉相关联的职务而已。而与此相关联的问题是，人民的服从与忠诚的义务究竟终结于何处呢？人民的抵抗权究竟始于何处呢？在关涉到战争与宣战的性质时，奥康回应了这样的问题，并且认为，只要确切认知到战争的非正义性质，那么人民就有权力摆脱战争义务⑤。

在探讨此间世界的政治统治的任务与界限之后，奥康进而阐释了俗世政治统治力与宗教领导力之间的关系，在他看来，这两者之间是一种相互非依

---

① Siehe Dialogus III, 2, 2 cc. 23-25. M. H. Goldast (Hrsg.) Monarchia Sacri Romani Imperii. Frankfurt am Main. 1614. Band 2. Wihlhelm von Ockham, Text zur politischen Theorie. Exzerpte aus dem "Dialogus" lateinisch-Deutsch, ausgewählt, übersetzt und herausgegeben von Jürgen Miethke. Stuttgart 1995. S. 320-337. Ernst-Wofgang Böckenförde, Geschichte der Rechts-und Staatsphilosophie. Antike und Mittelalter. 2. Auflage, Mohr Siebeck Tübingen, 2006. S. 318.

② Siehe Dialogus III, 2, 2 c. 20. M. H. Goldast (Hrsg.) Monarchia Sacri Romani Imperii. Frankfurt am Main. 1614. Band 2. Wihlhelm von Ockham, Text zur politischen Theorie. Exzerpte aus dem "Dialogus" lateinisch-Deutsch, ausgewählt, übersetzt und herausgegeben von Jürgen Miethke. Stuttgart 1995. S. 310-313. Ernst-Wofgang Böckenförde, Geschichte der Rechts-und Staatsphilosophie. Antike und Mittelalter. 2. Auflage, Mohr Siebeck Tübingen, 2006. S. 317.

③ Siehe Dialogus III, 2, 2 c. 27. M. H. Goldast (Hrsg.) Monarchia Sacri Romani Imperii. Frankfurt am Main. 1614. Band 2. Wihlhelm von Ockham, Text zur politischen Theorie. Exzerpte aus dem "Dialogus" lateinisch-Deutsch, ausgewählt, übersetzt und herausgegeben von Jürgen Miethke. Stuttgart 1995. S. 341. Ernst-Wofgang Böckenförde, Geschichte der Rechts-und Staatsphilosophie. Antike und Mittelalter. 2. Auflage, Mohr Siebeck Tübingen, 2006. S. 317.

④ Siehe Dialogus III, 2, 2 c. 20. M. H. Goldast (Hrsg.) Monarchia Sacri Romani Imperii. Frankfurt am Main. 1614. Band 2. Wihlhelm von Ockham, Text zur politischen Theorie. Exzerpte aus dem "Dialogus" lateinisch-Deutsch, ausgewählt, übersetzt und herausgegeben von Jürgen Miethke. Stuttgart 1995. S. 315.

⑤ Siehe Dialogus III, 2, 2 c. 20. M. H. Goldast (Hrsg.) Monarchia Sacri Romani Imperii. Frankfurt am Main. 1614. Band 2. Wihlhelm von Ockham, Text zur politischen Theorie. Exzerpte aus dem "Dialogus" lateinisch-Deutsch, ausgewählt, übersetzt und herausgegeben von Jürgen Miethke. Stuttgart 1995. S. 315.

赖性的关系,这两者的合法性都直接来自于上帝,相互之间是各自独立的关系,奥康并不完全赞同教宗享有临在于皇帝之上的优先权、甚或凌驾于皇帝之上的权力,他并不认为在《圣经》之中、在教父之中以及在人的理性之中能够为此找到理论基础①;他认为,这两种统治权力各有其清晰的任务,俗世统治权力是为了此间世界的事物,教会统治权力是为了对于精神与灵魂的永恒得救的信仰(并非永恒得救本身),这两者互不介入对方的事物,唯一的例外在于,教宗为了行使其教会职权而有权力要求世俗财富②;尽管奥康所提出的这两种统治系统各自的独立性与非依赖性是极为严格的,然而并非绝对的,各自任务的不同与各自权力的区分,并不排除两者共同承担的、交互承担的责任与义务,特别是助佑人民的责任与义务③;在他看来,这两者的任务共同属于基督宗教要完成的任务与要达成的目标,甚至在例外情形中两者还能够、以至于必须相互帮助,也就是说,当任何一方滥用职权或陷入某种困境以至于无力自拔时,另一方都应当承担起对方的责任与义务,这也体现出奥康法学思维中的"例外情形"思想,其意图不仅在于维护这两种政治统治强力,并且避免其中任何一方对另一方过早、过快的介入,而且还表明,这样的介入并非权力的介入、并非凌驾于他者的介入,而是一种服务性的帮助行为。

三、结语:奥康思想的影响

奥康对于中世界晚期之后的神学、哲学以及宗教学的影响甚为深远,从整体的思维方式与思维过程上来看,奥康的学说不仅终结了中世纪经院哲学,而且也为马丁·路德(1483—1546,亦即1483年11月15日至1546年2月18日)准备了道路;当然,路德关于法与政治秩序的表述也奠定在他自己的哲学—神学的基本观点之中,而这一基本观点的出发点不仅受到奥康、而且受到奥古斯丁的重大影响,这与路德同时处于修会与大学之中的双重身份直接相关,奥康主义以及经院哲学方法论的形式不仅直接陶铸了路德的思维方式,而且直接引领了他对于奥古斯丁哲学、神学的深入理解,特别是对奥古斯丁

---

① Siehe Dialogus III, 1, 1 c. 5-7; 16-17. M. H. Goldast (Hrsg.) Monarchia Sacri Romani Imperii. Frankfurt am Main. 1614. Band 2. Wihlhelm von Ockham, Text zur politischen Theorie. Exzerpte aus dem "Dialogus" lateinisch-Deutsch, ausgewählt, übersetzt und herausgegeben von Jürgen Miethke. Stuttgart 1995. S. 84-133.

② Siehe Dialogus III, 1, 1 c. 16. M. H. Goldast (Hrsg.) Monarchia Sacri Romani Imperii. Frankfurt am Main. 1614. Band 2. Wihlhelm von Ockham, Text zur politischen Theorie. Exzerpte aus dem "Dialogus" lateinisch-Deutsch, ausgewählt, übersetzt und herausgegeben von Jürgen Miethke. Stuttgart 1995. S. 114.

③ Siehe Richard Scholz, Wilhelm von Ockham als politischer Denker und Schriftsteller. In: Ders., Wilhelm von Ockham als politischer Denker und sein Breviloquium de principatu tyrannico. Stuttgart 1944. S. 26. Wolfgang Stürner, Peccatum und potestas. Der Sündenfall und die Entstehung der herrscherlichen Gewalt im mittelalterlichen Staatsdenken. Sigmaringen 1987. S. 231 f.

批驳贝拉纠时所发展出的恩宠论的理解，这些最终使得路德从中脱颖而出、且在许多方面与之甚或迥然不同，并构型出独具自身学术品性的神学与哲学；与法哲学直接相关的，是路德的上帝概念与神学人类学思想。在哲学上，奥康直接开启了笛卡尔与康德的理性主义思维方式。

关于奥康，弗拉士的总结极为精当，他认为，在奥康之前八十年，亚里士多德主义者们，如托马斯，并非将个体作为精神认知的主要对象，精神的认知更多地与普遍相关联，甚至基督宗教的古典时代、以至于中世纪许多思想家都更多地将人类作为原本的对象而思考整体人类的救赎，而在 1320 年前后，奥康以基督宗教的柏拉图主义带来新的思维方式，不仅单个的事物（个体）成为认知的重要对象，不仅单个的人同样是救赎的对象，而且单个的人在宗教经验中依然是本然的现实存在，无论如何，奥康为新的时代带来新的思维方式，在政治的、社会的、经济的现实中贯彻的是：个体的首先性（首选性）、个体的首当其冲（Primat des Individuums）[①]。

从法哲学与政治哲学的角度来看，奥康早就开始为新的时代思考了，他将我们经验的世界思考为偶性的，他开启了自然界与人类社会的去神圣化与去神话化；出现在人的权力之中的，不再是全能者的呈现、不再代表全能者，而都是人的设置，弗拉士总结说，这在中世纪导致并激励了人们对于一家一姓的王权统治的思考（譬如对于法国王室的统治的思考，是否一个固定的家族等必然统治一个国家），欧洲又用了很长时间才明白奥康的偶性理论[②]，而在中国，早在秦始皇时代就有了戍卒们"王侯将相宁有种乎"的呐喊。

（作者系北京大学哲学系教授）

[①] Siehe Kurt Flasch, Das philosophische Denken im Mittelalter. Stuttgart 1986. S. 455-456.
[②] Siehe Kurt Flasch, Das philosophische Denken im Mittelalter. Stuttgart 1986. S. 459.

拉兹的价值的社会依赖性理论及其意义

宫 睿

约瑟夫·拉兹（Joseph Raz）是当代西方实践哲学的代表性人物，他的研究领域涉及实践哲学的诸多方面。在《实践理性与规范》(*Practical Reason and Norms*)中，拉兹称如果我们按照问题划分实践哲学，那么"实践哲学最为重要的分支是价值理论、规范性理论以及归属（ascriptive）理论。价值理论主要关注于比较各种现实的或可能的情况，以确定孰优孰劣，并确认它们的为好或为坏（good or bad making）的特征"[①]。可见，拉兹赋予价值理论在实践哲学中以基础性的地位。概言之，"价值"可以看作为行为的理由（reasons for action）提供实质性的根据，而行为的理由则直接关涉规范（norm）的合理性证成。由此观之，价值理论对一切涉及规范性的实践哲学领域（依据拉兹的划分，包括道德哲学、政治哲学以及法哲学）都具有重要的意义。

可以说，对价值理论的关注贯穿于拉兹学术生涯的始终，并在其晚近的著作《探究理性》(*Engaging Reason*)、《价值的实践》(*The Practice of Value*)以及《价值、敬重与依着》(*Value, Respect, Attachment*)中逐渐成为中心议题。在拉兹的价值理论中，价值的社会依赖性（the social dependence of value）是最具特色的一个论题。以此为根据，拉兹探讨了价值的客观性、相对主义以及价值多元论等诸多论题。在《价值、敬重与依着》中，拉兹深入分析了价值的社会依赖性与价值普遍性的关系。如他所言，"本书的核心论题……是调和价值的普遍性与价值的社会依赖性以及偏倚性（partiality）"[②]。为此，本文将首先说明何为价值的社会依赖性；其次，说明拉兹所理解的价值普遍性的含义；接着，在此基础上说明为什么我们通常会认为这两者之间存在着冲突，并进而阐明拉兹调和两者的方式。但本文并不止于简单陈述拉兹的理论。如果承认价值普遍性问题的重要性，并正视由价值的普遍性产生的种种颇为激烈的争论，那么我们的问题首先是如何把握这种争论的实质，这就要求我们重新审视价值普遍性的含义。通过对围绕着价值普遍性争论的分析，我们会

---

① Joseph Raz, *Practical Reason and Norms,* Oxford University Press, 1990, p.11.
② Joseph Raz, *Value, Respect, Attachment,* Cambridge University Press, 2001, p.8.

发现这些争论与拉兹的规定存有一定的差异，拉兹的解释在一定程度上错失了"价值普遍性"这一概念所蕴含的焦点问题。于是，这就引出了另一个问题：如果拉兹所理解的价值普遍性有所偏失的话，那么拉兹在"价值的社会依赖性"和"价值的普遍性"之间调和的努力是否仍然有效？对此，本文并不认为拉兹的价值依赖性理论对于解决与价值普遍性相关的争论失去了意义：它仍然可以为解决这一争论提供一条出路，虽然在这条出路上仍然有许多问题要解决。

一、拉兹论价值的社会依赖性

"价值的社会依赖性"可以说是拉兹价值理论中最富特色的一个论题。在《探究理性》中，拉兹已经明确了这一理论的基本含义，它是为了解释价值的客观性而引入的概念。对该论题更加详细的阐释出现在《价值的实践》中，进而在《价值、敬重与依着》中，该论题由"依着（attachments）"这一概念而获得了强化。这里，我将主要依据《价值的实践》一书来说明拉兹价值的社会依赖性论题的基本含义。

在《价值的实践》中，拉兹将价值的社会依赖性表述为两个关联的论题。一是特殊的论题，即"一些价值存在，只有当存在着（或曾经存在着）维持它们的社会实践"。二是在此基础上发展出的一般的论题："（一般性的）社会依赖性论题，或有例外，所有的价值依赖于社会实践，要么是通过从属于那个特殊的论题，要么是通过它们对于那些从属于特殊论题的价值的依赖。"① 从这个表述中，我们可以看出理解价值的社会依赖性的关键在于说明"维持性实践（sustaining practices）"的含义。首先，一种价值的出现必须要以一定的社会事实的出现为先决条件。用拉兹本人的例子来说，如果我们认为歌剧本身具有一种自在的价值，对于歌剧本身能有好坏的评价，那么这就需要一系列的社会实践来支持它的存在，比如相应的舞台设置、剧本、服装、发展到一定程度的音乐类型，以及演出人员的训练素养，等等。如果在社会条件不发达的情况下，歌剧的出现是无法想象的，也不会有相应于歌剧的价值评判。②

但即使这样说，我们也未必能充分把握价值依赖性的一般意义。

对于一些"抽象的""普遍的"或是"基于人性的"价值，如果说在具体的社会实践未出现之前那种价值并不存在，似乎不能令人接受。这就涉及价值的社会依赖性的特殊论题和一般论题的关系。一方面，我们可以说，一般性的价值是通过隶属于它的更为特殊的价值体现出来的。比如说，友谊作为

---

① Joseph Raz, *The Practice of Value*, Oxford University Press, 2003, p.19.
② Joseph Raz, *The Practice of Value*, Oxford University Press, 2003, p.21.

一般性的价值，就必须通过不同类型的友谊才能体现出来，如同事间的友谊、朋友间的友谊，等等，而后者离不开具体的社会实践。然而另一方面，即使我们说那些"抽象的"价值在其存在的条件上不依赖于社会实践，但如果我们要获知那种价值，则不可避免地要具备一定的社会实践条件。拉兹认为这里有一个关键的区分，"一方面是创造或维持善或价值的存在，一方面是获得这样的善或价值的条件"[1]。比如说，美作为一种价值，即使我们认为它是先天的，但如果要能为我们所实现、所欣赏，就要求价值者获得充分的训练以及具备相应的社会物质条件。

不过，拉兹也并未将价值的社会依赖性看作覆盖所有的价值。他称有四类价值并不服从社会依赖性论题，它们是："1. 纯粹的感官或是知觉的愉悦。……2. 自然现象的审美价值，比如日落的美。3. 许多（尽管不是所有）能力性的（enabling）和技艺性的（facilitating）价值。……4. 人的价值，以及许多其他就自身来说就具有的价值。"[2] 从这四种价值所涵盖的范围来看，似乎将价值的很大一块领域从价值的社会依赖性论题中排除出去了。如果这样，这一论题的意义就被极大削弱了。但这里只是在价值存在的意义上否认了那些价值在狭义上的依赖性（即价值依赖性的特殊论题），而广义上的价值依赖性（即一般论题）仍然可以在很大程度上囊括后两种价值。拉兹说：

"道德价值，以及依赖于它们的德性、权利和义务常常属于后两种价值，因此不是直接属于狭义的社会依赖性论题。然后，它们至少部分地间接依赖于社会实践。……类似的观念也能应用于人的价值或一般来说价值者的价值。成为一个价值者的全部关键是一个人能够欣赏和敬重价值，就价值是社会依赖的来说，成为一个价值者是没有意义的，除非有维持性实践使价值的存在成为可能。"[3]

但即使这样，感官愉悦与审美价值仍然占据着价值的很大一部分内容，如果将它们从价值的依赖性论题中排除出去，这一论题的意义就不能被充分显示。于是，拉兹又引出了另一个非常重要的思想，即那些对于我们的生活来说具有意义的价值是社会依赖性的。就感觉愉悦的价值来说，我们只有在将其整合进生命的结构之中，才能见出这种价值的意义：

"能够给予生命意义和目的的价值是社会依赖的。纯粹感官的或知觉的愉悦是瞬间性的愉悦，只有当它们被结合进文化价值之中，成为文化价值的构成部分，它们才成为人的生活的重要一部分，只有那样它们才能给予生命以意义。"[4]

---

[1] Joseph Raz, *Engaging Reason*, Oxford University Press, 2002, p.147.
[2] Joseph Raz, *The Practice of Value*, Oxford University Press, 2003, p.34.
[3] Joseph Raz, *The Practice of Value*, Oxford University Press, 2003, p.35.
[4] Joseph Raz, *The Practice of Value*, Oxford University Press, 2003, p.36.

由此可见，拉兹对于价值的社会依赖性论题所作的这种限制，不仅没有削弱、反而强化了这一论题的意义。由此，我们可以理解拉兹何以要特别阐述价值的社会依赖性论题。一种价值如果只悬浮于观念的层面，那么它如何同我们的生活发生关联？价值的意义（the point of value）如何体现？拉兹说："那种观念，当欣赏它是可能的时候，当将价值的对象与适合于它的价值联系起来是可能的时候，价值的意义才被实现了。缺乏了那种可能性，那些对象可能存在，它们可能是那些价值的对象，但对此就没有多少意义可言了。"①

从"价值的意义"这一表述中，我们还可窥见拉兹的更深层意图，这就是通过价值和具体现实的关联，解释价值"现实化"的可能条件，从而同时为价值的客观性和认知性因素提供一种说明，而在此基础上恰好能够反驳极端相对主义。本文的兴趣并不在对极端相对主义的反驳，但也并非完全与此无关。在后面的分析中我将说明，价值的社会依赖性中所具有的客观性与可认知性（即是指我们可以合理地说关于某种价值的"知识"），对于解决价值的普遍性问题也能提供一个有益的思路。但在此之前，本文要先说明拉兹所谓的"价值的普遍性"，以及他在价值的社会依赖性和价值的普遍性之间所进行的调和努力。

二、拉兹论价值的普遍性

价值的普遍性问题可以说是当前学界争论的热点。之所以如此，乃因为价值的普遍性涉及对于价值本质的理解以及相应的规范性效力。前文已提及，拉兹对于价值的普遍性的关注之处是将其调和于价值的社会依赖性。这里将首先呈现拉兹本人对于价值的普遍性的一般规定。他说：

"我认为下面两个条件近乎把握了我们心中普遍性特性的观念：一个价值性的特征是普遍的，当且仅当：（1）对于它的应用的条件不使用单称指涉就能陈述出来，即不用指涉时间或地点或是任何被命名的个体，等等。（2）原则上，它能在任何时间、任何地方化作实例（instantiated）。"②

为了便于分析，我将这两个论题加以进一步明确：第一个条件是说，如果一种价值是普遍的，那么就意味着它不能仅仅有一个单独的、特定的对象。可以把这条规定简称为"非个体指称"。第二个条件是指，一种价值如果是普遍的，那么它就可以在任何时间或地点通过实例体现出来。这也就意味着具体的时间范围、地域范围不能成为一种价值的普遍性的限制，可以简称其为"非时空限制"。

---

① Joseph Raz, *The Practice of Value*, Oxford University Press, 2003, pp.27-28.
② Joseph Raz, *Value, Respect, Attachment*, Cambridge University Press, 2001, p.54.

就第一个条件来说，一种价值不能仅仅通过单一的个体指称陈述出来，并不意味着任何单称指涉的个体都是没有价值的，也并不意味着那一个体在其单称的独特意义上是不能承载价值的。就第二个条件来说，拉兹仅仅否认时间和空间能够对于价值的普遍性构成合理的限制。换句话说，如果仅仅因为某个对象存在于某时某地，就声称某种价值对于那个对象不具有规范的效力，这不是一个有效的判断。但拉兹的这种理解和通常对于"普遍性"这一概念的理解存在着一定出入。我们通常理解的普遍性可能较之拉兹的理解要更为强烈，为此拉兹增补了第三个条件：

"一个价值是普遍的，只有当如果有一些人能够展示它，那么在原则上所有人都能够展示它。换言之，对于任何个体的人来说，展示所有由一些人展示出来的普遍的价值是可能的。"①

但拉兹认为第三个条件并不能在严格意义上坚持。于是，他又放弃了这个条件，而仅仅采纳了前两个条件作为价值的普遍性的规定。然而我们知道，很多时候对于价值的普遍性范围的限制，虽然不是时间上或地域上的，但是那种限制也是合理的。比如说，我们不能将一个好屠夫的价值运用在一个指挥家的身上。对于不同年龄、性别的人，我们也会运用不同的价值标准。因此，很难说拉兹的第二个条件和第三个条件之间存在着多大的差别。

就前两个条件的关系来说，它们并不存在着蕴含的关系。称一种价值是非个体指称的，并不蕴含着那种价值可以在任何时候都成为现实。毋宁说，这两个条件为价值的普遍性确定了一个范围。如果我们将价值的普遍性理解为价值的规范有效性的范围的话，那么单凭任何一个条件都不能把捉到价值的普遍性的核心，而只有在两者相互配合的条件下，我们才能明确价值的规定范围。我们不妨形象化地将两者看作为确定价值的普遍性所作的上限和下限的规定。但是，这两个条件并不是在同一个意义上作出的规定，因此如果将其当作限定条件的话，也仍然存在着很大的模糊性。

三、拉兹对于两个论题的调和

在说明了拉兹对于价值的普遍性的规定之后，我们再来看拉兹在这两个论题之间所作的调和努力。这里首先要说明人们为什么通常会认为在两者之间存在着冲突。我们会发现，这种冲突很大程度上是直觉性的，而这种直觉上的认识并不会获得充分的辩护，尤其是在拉兹本身所规定的那种普遍性意义上。我们可能会这样认为，如果一种价值依赖于具体的社会情境，即这种价值依赖于具体的社会情境而成为现实，或者是能够为具体的价值者所获知，

---

① Joseph Raz, *Value, Respect, Attachment*, Cambridge University Press, p.56.

那么，这就意味着对这种价值的有效性范围的限制。于是，如果我们承认价值的社会依赖性，那么似乎也就在同时否认了任何价值具有普遍性。

但是，在拉兹看来这种冲突似是而非，因为这种看法误解了价值的本质。

拉兹在价值的普遍性和价值的社会依赖性之间所进行的调和，是通过"价值的可理解性"这个概念来完成的："我将论证，价值的普遍性是价值的可理解性（intelligibility）的一个方面。"[1]拉兹为了说明价值的普遍性，设想了这样一种情况，说"这场电影今天是好的"和"这场电影昨天是坏的"之间如果存在着合理的解释，那么必须要有普遍的特征的变化。拉兹得出，价值的合理解释依赖于具有普遍性的特征，而那些单称指涉的变化，如时间和地点的变化并不能对价值的变化给出解释。拉兹认为："价值的普遍性，根据这一论证，是指价值性的领域是完全合理的，即对象、时间、事态以及类似物总是能够解释的"，"就我们的目的来说，只是指出价值的可理解性预设了这个解释中所用到的概念的普遍性"[2]。在拉兹看来，如果一种价值是可以解释的，那么里面就预设了概念的因素，而那种概念的因素就超出了单一指称的对象，在这种意义上就能说明价值的普遍性。但这是对于价值普遍性的一种过于弱化的理解，它将普遍性看作价值本身的形而上学特征。依照拉兹的这种理解，一切价值似乎都不可避免地具有了普遍性的特征。可以看出，这里的价值的普遍性实质上是一种概念意义上的普遍性，也就是一种可解释意义上的普遍性。如果在这种意义上来理解价值的话，那么价值的普遍性和价值的社会依赖性就根本不会出现任何意义上的矛盾。因为它们分别指价值的两个不同特征，它们之间并不会发生实质的冲突。

但是，拉兹的这一解释似乎使我们关于价值的普遍性的种种争论都变得毫无意义了。如果说任何价值在其形而上学意义上都是普遍的，那么我们就不能合理地说一种价值是特殊的，而另一种价值是普遍的，也就不存在价值是普遍的还是特殊的争论了。因此，对于拉兹所作的这种调和，我们只能说它揭示了价值的一个一般特征，而并没有为价值的普遍性争论提供实质性的解决。可见，问题的根源还在于如何理解那种价值的普遍性，而其中的关键是要揭示在这一概念名目下所进行的争论的实质。

四、价值普遍性问题的再考察

价值的普遍性是学界当下的一个热点问题。原因不难理解：如果我们承认了价值是规范性的根源，那么就关系到那一规范性的有效范围，进而关系

---

[1] Joseph Raz, *Value, Respect, Attachment*, Cambridge University Press, 2001, p.47.
[2] Joseph Raz, *Value, Respect, Attachment*, Cambridge University Press, 2001, pp.53-54.

到一系列具体的实践问题。但是，关于价值的普遍性的争论常常陷入混乱之中，这种混乱表现在争论没有在同一个理论层面上进行，于是陷入各说各话的困境。因此，要澄清价值的普遍性问题，先要澄清这一争论的焦点何在。

关于价值的普遍性的争论常常在两个不同层面上进行。首先是针对具体的一种价值，一方认为它是普遍的，而另一方认为它是特殊的。这是关于具体价值的争论。但争论者常常不满足于此，于是就进入第二个层面上的争论。这种争论是要对价值本身的特征给出一般性的说明，而不限于对某个价值的判定。于是我们就得到了两个针锋相对的命题：

A1：所有的价值都是普遍的。

B1：所有的价值都是特殊的。

就A1而言，它将普遍性当作了价值本身的一种属性，也就是认为任何价值之所以能够成为价值，普遍性是必不可少的一个特征。在这种意义上，普遍性就成为对价值本身的证成，即如果要问一种"价值"能不能成为价值，就看它是否具有普遍性。同时，这个命题也就否认了特殊性可以成为价值的一种特征。在这种观点看来，如果称"一种价值是特殊的"，那么就是一种自相矛盾、不能成立的说法。可以看出，拉兹对于价值的普遍性的规定实质上是支持这一观点的。因为他为价值的普遍性所设立的两个条件是适用于一切价值的。只关涉一个对象、依据于独特性所体现的价值，在根本上是依赖于更为一般的、可理解的、能为他人所获知的价值。

但我们会发现这一观点并不能得到充分的支持，因为它是关于价值的全称命题，如果要为之做有效的辩护，就需要对所有的价值逐一考察，而这显然不可能。于是，这种理论的支持者就只能通过对普遍意义上的"价值"的特征来说明价值的适用范围。但是这种概念的分析性并不能为价值的适用范围提供有效说明。对于价值本身的说明，在很大程度上涉及价值的证成。如何能证成一种价值？人们或者诉诸效果的考虑，或者诉诸人性等形而上层面的考虑，从而会有无尽的争论。但问题的关键在于价值本身的证成和价值的适用范围是两个不同的问题。我们无法从价值的证成确定价值的有效适用范围。那么B1的情况又如何呢？可以说，上面对于A1命题的讨论对于B1命题也仍然是有效的。"特殊的"如果是指价值的适用范围的话，那么通过对于价值本身的特征的分析，是不能得出其应用范围的有效性的。

既然这两个全称命题都很难获得支持，那么能否将其削弱为特称命题而获得更好的支持呢？请看下面两个修正了的命题：

A2：有一些价值是普遍的。

B2：有一些价值是特殊的。

这种削弱避免了、也阻断了从价值的本质属性来说明价值的适用范围的思路。但是在做了这样的削弱之后，我们会发现在这两个命题之间就无法构成真正的争论了。对于 B2 的承认似乎也就是承认了 A2。于是，可能构成争论的论题是在 A2 和 B1 之间。如果这样，解决这一争论的关键就是要说明什么样的一些价值是普遍的。但即使如此，我们仍然不得不采取一种概念上的分析来解释价值的适用范围，但那样一来就同 A1 的论说方式没有什么根本区别了。

因此，要能够获得对于 A2 的支持，只能通过对于某种特定价值的说明，考察那种价值是不是普遍的。如果证明了某一个价值是普遍的，那么也就支持了 A2，并否认了 B1。可见，对这一价值的普遍性问题的争论只能在第一个层面上进行，第二个层面上的争论的有效解决还要回溯到第一个层面。但是，我们可以发现，即使在第一个层面上进行争论，那种争论的实质也不是明确的。

如果我们说某种价值是普遍的或特殊的，这个普遍或特殊只能是就这种价值的适用范围而言。然而"普遍"或"特殊"并不是简单地表现为一个量的比较。因为，即使当我们说这种价值是普遍的时候，也并不会认为它适用于任何对象。拉兹对此有充分的说明，比如我们将勇敢当作一种普遍的价值，但不会认为它针对所有的人，可能只是对于"武士"这一类人有效。[①] 同样，即使我们说另一种价值是特殊的，它的适用范围也并不是单称的，也正如拉兹所言，那样的价值是无法理解的，难以称得上是价值，而那种来源于"依着"的具有"独特性"的价值也从属于一些普遍的可理解的价值。[②] 这样看来，不管说某种价值是普遍的还是特殊的，都是在说这种价值有一定的有效性的对象范围：这个范围既不是无限的、涵盖所有对象的，也不是限制于特定的、单一的对象。

那么，这种争论又从何而生呢？对此，可以做这样的澄清。比如，我们将恋爱自由当作一种可嘉许的价值。那么，主张这种价值是普遍的论者可能会认为这种价值适用于所有人。当然，这并不意味着这种价值适用于儿童。同时我们假设，还有一些人认为这种价值只适用于异性恋，可以将这种观点看作认为恋爱自由这种价值是特殊的。但就双方而言，他们都没有认为这种价值只限于单一的个体，也没有认为这种价值可以适用于无限的对象，比如一定年龄下的人就被排除在这种价值的规范性之外。但是他们双方之间却发生了实实在在的争论。于是我们就可以根据这个例子，来对这种争论的实质加以形式化的说明。在价值的普遍论者那里，一种价值有一个适用的范围，我们将其称为 F(a)，或者说这个范围是由含有某一特征如 a 的个体的集合构成的。而在价值的特殊论者看来，一种价值同样存在一个适用范围，但认为由普遍

---

① Joseph Raz, *Value, Respect, Attachment*, Cambridge University Press, 2001, p.58.
② Joseph Raz, *Value, Respect, Attachment*, Cambridge University Press, 2001, p.48.

论者所提供的那个范围显然过大了，必须加以进一步的限定，即这种价值的适用范围是 M（a, b），也就是说，是由不仅仅包含 a 的特征、而且还包含 b 的特征的个体构成的集合。从这两个集合的关系来看，F 的外延显然要大于 M。在这个例子中，a 是成年的人，而 b 是异性恋。显然，b 这种属性构成了对于价值有效集合的进一步限定，外延也就更加缩小了。于是，认为这种价值适用于 F 的论者相对于认为这种价值适用于 M 的论者，被称为支持价值的普遍性，后者则被认为是支持价值的特殊性。

现在可以发现，双方争论的焦点并不是从概念层面上说明某种价值是不是"普遍的"——前文已经解释了那样的争论是徒劳无益的——而是在于界定价值规范对象的集合的那种属性是否能够有效地限制那种价值的适用范围。比如在上面的例子中，所谓价值的普遍性和特殊性的争论就转化为"恋爱自由不只适用于异性恋，也适用于同性恋"和"恋爱自由只适用于异性恋"之间的争论；前者所涵盖的个体显然要多于后者，于是前者就被表达为支持"价值的普遍性"，而后者就被表达为支持"价值的特殊性"。

本文在这里所作的说明，意在表明我们对围绕着价值的普遍性的争论可采取的研究进路何在。通过前文的分析可以看出，首先，关于价值的普遍性的争论的解决并不是对价值的本质作出回答，它也不提供对于价值本身的证成。这种探讨只能是就某一个具体的价值而言的。其次，对此问题的讨论在于指明某种特定的属性和某种特定的价值之间的关系，即由某种属性所构成的对象的集合能否与某种价值构成有效的规范关系。这里的"有效的规范关系"，是指那种价值对于所有包含那种特定的属性的事物具有规范的效力。当然，这并不意味着所有包含某一特定属性的事物都是那种价值的承载者，或是说所有那些含有那一属性的事物都将那种价值实例化了。再次，由前两者可见，这种考察是一项"零碎"的工作，对于某种价值的说明在多大程度上可为另一种价值参照，是需要警惕的，对此问题的任何一般化的尝试都会回到对于价值的概念化解说的路径上。但如前文所表明的，那种"一揽子"的企图会使我们错失真正的问题所在。

五、"社会依赖性"对于解决价值的普遍性的争论的意义

如果说"价值的普遍性"所蕴含的实质问题是某种价值和以某种属性构成的事物集合的规范性关联的话，那么如何说明哪种关联是有效的，哪种关联是无效的呢？对此，我们不妨再回到拉兹的价值的社会依赖性论题。虽然拉兹错过了价值的普遍性问题的焦点所在，但是我们也可以尝试由社会依赖性论题提出一条解决上述关联的有效途径。

拉兹的价值的社会依赖性论题的一个意图是表明价值的客观性。要么一

种价值的存在，要么获知一种价值的方式，依赖于社会实践；一种社会实践的存在为价值的存在以及获知创造了条件。但这样一种实践的可能性显然是基于事物的某种属性的存在。从而，我们就能说那种属性的存在构成了价值的现实性的根本条件。于是，可以尝试表述这样一个观点：如果某一类事物的属性可能成为某种价值的社会依赖性条件，那么那种价值就能够对于那类事物具有规范性。我们不能设想熊猫去理解贝多芬，能够欣赏高雅音乐这种价值对于熊猫来说不具有实践的可能性，从而规范性就无从谈起。

但这并不是说只要行为者能够表现出某种行为，行为者就应当表现出某种行为。人能够杀人绝不表明人应当杀人。这里要再次强调，本文讨论价值和事物的关系，只是就价值的适用范围而言的，这里绝不包含对于价值本身的证成。拉兹对此也有说明：价值的社会依赖性只是表明价值的存在条件，而无关乎那种价值本身的合理性。[1] 但即使这样说，仍然存有一些疑问：例如，如果一种价值能通过某个个体表现出来，那么对于任何具有那种属性的其他个体是否就具有了规范性？ 对此，我们可以说那种价值和具有某种属性的对象的关联是规范性得以发生的必要条件，但是这种关联的建立并不为规范性提供充分的支持。虽然这里仍存留了许多有待解决的问题，但在这种关联作为规范性的前提条件的意义上，至少可以帮助我们避免许多错误的观念或做法。比如，以价值的普遍性为名，将某种价值强行运用于不可能建立起规范性关联的对象上；或者是以价值的特殊性为名，在能够建立起规范性关联的事物和价值之间也完全拒斥那种价值的有效性。就此而言，拉兹的价值的社会依赖性论题仍然为解决关于价值的普遍性的争论提供了一个有益的方向。

（作者系中国政法大学人文学院哲学系教授）

---

[1] Joseph Raz, *Engaging Reason*, Oxford University Press, 2002, p.210.

社会中的法律

——重估哈特法理学中的社会理论面向

泮伟江

一、导言

哈特的法实证主义理论对 20 世纪法理学的重要性早已不言而喻。长期以来，从哲学进路对哈特法理学的研究已经非常丰富和充分，但既有的研究往往忽略哈特理论中所隐含的社会理论意涵，忽略了社会理论对该书的贡献。一方面，这种忽略当然有它正当的根据，因为虽然有明显的证据表明哈特曾经表现出对社会理论的浓厚兴趣，但哈特本人已多次重申自己的研究是一项"法哲学"工作。另外一方面，如果我们从理论本身所包含的问题意识、目前所面临的困难以及今后发展的可能性等诸多维度来考察这个问题，却又可以说，哈特法理学中确实存在着一个社会理论的问题。

本文主张，在哈特围绕分离命题、法律的性质等问题的思考中，社会理论的视野与思考发挥了非常重要的作用。哈特整个法理学事业的成功与下面这一点是分不开的：哈特将法律看作"是人类社会的一个方面"，因此在社会理论的视角下观察与分析法律。忽略或者排斥哈特社会理论视野与思考，我们就无法更为精确和深刻地认识哈特法理学的内涵及其贡献，也限制了法律实证主义理论发展的空间与可能性。拉兹、夏皮罗等学者不同程度地注意到了该问题，试图在坚持哲学进路的基础上，引入一些社会学的视角做一些补救，极大地拓宽了法律实证主义理论的理论空间，[①]但由于他们仍然坚持哲学进路，而不能彻底地贯彻社会理论进路，因此都无法突破哈特法理学的根本局限。因此，恢复哈特《法律的概念》的社会理论内涵，综合与平衡哈特理论中的哲学努力与社会理论尝试，仍然是一件非

[①] 参见［英］约瑟夫·拉兹：《法律的权威》，朱峰译，法律出版社 2005 年版；［美］斯科特·夏皮罗：《合法性》，郑玉双、刘叶深译，中国法制出版社 2016 年版。

常值得尝试的工作。[①]

二、社会秩序如何可能？

社会理论研究最核心的主题，就是"社会如何可能"或"秩序如何可能"的问题。[②] 这个问题并不是经验的，而是理论的。而《法律的概念》最深层的问题意识，恰恰就是对这个问题的追问。哈特关于法律与道德分离命题的思考，恰恰就是在这个视野下进行的：

"我们将直接进入人类法律与道德规范的讨论，把这个观念（即人类的自我保存的目的是必要的）当作讨论的预设；因为我们所关心的，是那些为了持续存在而设的社会措置，而不是那些自杀俱乐部。"[③] 在此基础上，所有关于法律与道德的思考，核心的关切，就是"人类如何共同生活下去"[④]，这就是社会秩序是如何可能的问题。

我们看到，哈特关于人类社会秩序的思考，明确地摆脱了古典自然法的秩序观。古典自然法的秩序观，把秩序看作是"自然"的，因此是"非人为的"，或者是来源于"神的创造"，或者拥有一种"内在地趋向于完美"的"内在目的"。在此基础上，人类社会的道德与法律的规则，都是自然世界本质的体现，而人类则能够通过"理性之光"来发现它。这些自然规律就是人类社会的道德，而法律则是统治者根据"理性之光"所发现的这些道德制定出来的成文的规范。

哈特不承认此种古典自然法的秩序观，因此也并不承认奠定在此种秩序观之上的法律观。遵从霍布斯与休谟，哈特认为人类社会的秩序是人为的，[⑤] 因此在某种意义上具有很强的偶联性。人类社会秩序的此种偶联性，导致了人类社会道德的偶联性。尽管如此，哈特还是承认某些"最低限度的自然法"，但是即便是此种最低限度的自然法，其存在的性质也是偶联的，而

---

① 比较接近此种进路的是"规范的法律实证主义"，根据瓦尔德隆教授的概括，波斯塔玛、坎贝尔、麦考密克、佩里以及瓦尔德隆本人，都属于此种进路。此种法律实证主义理论重视挖掘哈特问题意识中的"法律发挥的社会功能"因素，但所用的分析方法仍然是哲学的。参见瓦尔德隆：《规范（或伦理）的实证主义》，泮伟江译，《北航法律评论》2010年版。国内此一进路的研究，参见泮伟江：《走向规范性的法律实证主义——超越哈特与德沃金之争》，《比较法研究》2006年第2期；《法律实证主义与审议式民主——从哈特到哈贝马斯的法律现代性省思》，《清华法学》2008年第5期。

② See Niklas Luhmann, *Introduction to Systems Theory*, translated by Peter Gilgen, Polity Press, p.233. 亦可参见汤志杰：《社会如何可能——鲁曼的观点》，《思与言》第32卷第2期，1994年；泮伟江：《双重偶联性与法律系统的生成》，《中外法学》2014年第2期。

③ [英]哈特：《法律的概念》，许家馨、李冠宜译，法律出版社2006年版，第179页。

④ [英]哈特：《法律的概念》，许家馨、李冠宜译，法律出版社2006年版，第179页。

⑤ [英]尼尔·麦考密克：《大师学述：哈特》，刘叶深译，法律出版社2010年版，第63—64页。

非如古典自然法所预设的，是某种终极的宇宙真理的体现。这是因为，即便是最低限度的自然法，也与人类本身的特性有关。为了解释最低限度的自然法，哈特概括出了人类的几个基本生存特性：（1）脆弱性；（2）大致的平等；（3）有限的利他主义；（4）有限的资源；（5）有限的理解及意志的力量。①

我们看到，哈特虽然承认了存在"最低限度的自然法"，但他对自然法的解释，仍然是"非自然法"的，因为，在哈特的解释中，哪怕是最低限度的自然法，其存在也只能从功能的角度去解释，而不是从本质主义的角度得到论证。正如哈特曾经说的，假如"人类变得刀枪不入且易于相互攻击，也许他们就像巨大的陆地蟹一样披着坚固而又难以刺破的外壳，并且从体内的某种化学程序而从空气中自动分离出食物"②，则这些所谓最低限度的自然法就不像当前人类社会中那样变得必不可少和不可变更。

总之，无论是法律还是道德，也无论是自然法还是实证主义，哈特都不是在本质主义和本体论的角度予以观察和沉思的，相反，哈特是在一种相对实用主义的立场上，根据人类社会秩序形成的需要，从功能的角度来理解道德和法律的。这构成了哈特观察道德和法律关系问题的基本立场。由于法律与道德在秩序中承担了不同的功能，因此法律与道德是分离的。

三、现代社会中的法律、道德与自由

当然，哈特关于法律与道德的分离命题，并不是说在所有的社会中法律与道德都是分离的。哈特并不否认，在某些特定的社会类型中，法律与道德是可以重合的。事实上，哈特一再地指出，在最低限度的秩序中，法律与道德规则之间的界限并不清晰，是模糊的。根据哈特的看法，这些规则本质上是一些"初级规则"，其内容则仅仅是"科予义务"，主要依靠群体生活的"惯习"的力量予以维持，是一种"惯习式的社会结构"③，也可以被称作"科予义务的初级规则的社会结构"。④这类规则主要有两个特征。首先，从内容层面看，"这些规则必须以某种形式包含对滥用暴力、偷窃，以及欺骗之限制"；其次，从这些规则的贯彻来看，它们都是通过习惯的力量来维持的，因此，虽然此种秩序中仍然存在着规则的反对力量，但规则的反对力量是弱小的，"只能是少数"，因此，仅仅依靠简单的社会压力，即足以压制这些可能瓦解规则的挑战。⑤

---

① ［英］哈特：《法律的概念》，许家馨、李冠宜译，法律出版社2006年版，第180—185页。
② ［英］哈特：《法理学与法哲学论文集》，支振锋译，法律出版社2005年版，第87页。
③ ［英］哈特：《法律的概念》，许家馨、李冠宜译，法律出版社2006年版，第86页。
④ ［英］哈特：《法律的概念》，许家馨、李冠宜译，法律出版社2006年版，第87页。
⑤ ［英］哈特：《法律的概念》，许家馨、李冠宜译，法律出版社2006年版，第87页。

因此，哈特法律与道德分离命题的真实主张是，法律与道德混合的社会秩序，往往是一种最低限度的秩序，也是一种静态的秩序。此类社会秩序只有在特定的条件下才能够存在与维持。但当这些特定的历史条件被突破时，这些秩序的缺陷就会暴露出来，从而导致法律的演化，逐渐从与道德浑然不分的状态中分化出来，承担其道德所无法承担的某种独特的社会功能。

由此可见，哈特关于不同社会秩序下法律与道德关系的思考，是以预设不同社会类型为前提的。不同的社会类型中，法律与道德的关系是不一样的。而哈特所着重强调的，与道德相区别，尤其是以初级规则与次级规则相结合的法律形态，是在最低限度的社会秩序崩解之后，与逐渐发展演化出来的新的更具有动态复杂性的社会秩序相适应的法律形态。如果不理解哈特法律观背后所隐含的社会秩序观，我们就很难真正深刻理解哈特围绕法律概念所做的思考。

从最低限度的秩序向动态复杂秩序的演化与转变，其中最大的挑战，就是具有理性反思能力的个体数量的不断增加，导致新的社会秩序必须尊重和保护个体理性选择的自由。也就是说，新的社会秩序，必须内在地以个体的自主性为基础和前提才能够建立起来。

这一点尤其体现在《法律的概念》第三章"法的多样性"中。在这一章中，哈特主要区分了两种类型的法律规则，即"科予义务型"与"授予权力型"两类规则。科予义务型规则，以施加义务为特征，辅之以强制手段，以刑法为代表。授予权力型则并不对行为人施加任何义务，而是授予行为人"创制性"的权力，行为人既可以行使此种权力，也可以放弃该权力。而对科予义务型的规则而言，行为人并没有"做或者不做"的"选择自由"，一旦行为人不按照规则所指示的内容去做，就要受到惩罚。授予权力型的规则，在私法层面主要以契约、遗嘱、信托等相关法律为代表，在公法层面，最典型的就是赋予立法机关以立法权和赋予司法机关以司法裁判权。[①]

这与哈特自身的自由社会观是相适应的。因为授予权力型的规则，与纯粹科予义务型的规则相比，其最大的特点，恰恰就在于最大限度地尊重了个体的自由意志与自由选择的能力，并且充分释放了此种自由意志与自由选择能力所蕴含的社会创造力与活力。哈特在批评德芙林勋爵的强制道德观时，就曾经明确地指出，即便是社会中大量个体的道德价值观，与一个社会的主流道德价值观项冲突，也并不必然导致社会的崩溃。[②]这意味着，社会秩序的维护，并不以牺牲社会中个体的自由为代价和前提才能够获得。这也意味着，现代社会能够在高度尊重个体自由的前提下，形成某种稳定的秩序。在这个

---

① ［英］哈特：《法律的概念》，许家馨、李冠宜译，法律出版社 2006 年版，第 27—33 页。

② ［英］哈特：《社会连带与道德强制》，载《法理学与法哲学论文集》，支振锋译，法律出版社 2005 年版，第 261—276 页。

基础上，哈特才同意边沁与密尔的自由主义哲学，认为在现代社会，除非个体自由对他人产生伤害，否则就不应该限制个体自由。[1] 这一点在哈特20世纪50年代对自由与刑罚问题的讨论中，非常清晰和集中地呈现出来。

这意味着，哈特关于现代法律的复杂性，必须被放到现代个人主义社会的背景下，才能够得到理解。人类社会进入"现代"以来，"个体"的重要性不断地被凸显。在传统的自然法的世界观中，人是作为世界的一部分而存在的，个人通过他在家庭、村社、部落、城邦或者封建结构中所占据的地位与身份来定义自己，因此，个人行动的非任意性，似乎并不成为一个突出的问题。只有在进入到现代社会之中，个人突破了家庭等各种社会结构的羁绊，突然像蘑菇一样从地里冒出来，变成了一种被抛弃的孤独个体，具有自由意志和选择自由，这个时候，拥有主体地位，能够通过自由意志进行自由选择的个体，其相互之间的共同生活秩序如何可能问题，才变成了一个非常严重的问题。[2]

四、人类行动的自由与非任意性

从社会理论的角度看，哈特提出了一个非常重要的问题，即在一个充分尊重个体自由意志与自由选择能力的复杂社会中，一种有序合作的社会秩序如何可能？

在《法律的概念》第一章的某个关键段落，哈特给出了他的答案：由于法律规则的存在，使得在现代社会中，"某些类型的人类行动不再是任意的（optional），而是在某种意义上是义务性的（obligatory）"[3]。可以说，关于法律的此种功能思考，是哈特整个《法律的概念》最基本的出发点。在这句话中，核心的关键词有两个，即人类行动的"非任意"与"义务性"。

可以说，只有在大量拥有自由意志和自由选择能力的个体所组成的社会秩序中，具有任意行动可能性的个体行动者之间的行动如何"协作"，才是一个真正困难的问题。需要强调的是，这里的"协作"，并非一种"厚"意义的"协作"，即"一起做点什么"意义的合作——社会行动者通过互相的配合与支持，完成某种"共同目标"，而仅仅是一种"薄"意义的"协作"，它至少包含两层含义：首先，它指的是，不同社会行动者根据自由意志和自由选择而产生的各自不同的行动之间的"互不妨碍"，或者"互不伤害"。其次，它还意味着，个体行动的社会性，即生活在社会中的个体，其行动中总是存在着指涉他人，通过参照他人的行动以做出自身选择的行动。

---

[1] See Hart, *Law, liberty and Morality*, Oxford University Press, 1959.
[2] 参见李猛：《自然社会》，生活·读书·新知三联书店2015年版。
[3] ［英］哈特：《法律的概念》，许家馨、李冠宜译，法律出版社2006年版，第6页。

"薄"意义的社会协作的第一层含义，通过"科予义务的规则"的存在，即可以解决。最低限度的秩序，主要解决的就是这个互不伤害的问题。但是，由个体自主性的释放所带来真正困难的是第二层次协作的问题。个体自主性的释放使得行动的"任意性"大为增强，从而使得在互相参照基础上做出选择的社会行动之间的"协调"问题，也变得日益困难。帕森斯和卢曼将这个问题概括为"双重偶联性"难题。① 由于现代社会个体数量的庞大性与互相依赖性，带来了此种相互影响问题的复杂性，从而使得现代秩序的产生，呈现了仅仅依赖于"最低限度自然法"规则难以解决的"动态性"难题。

那么，在解决"双重偶联性"难题时，法律究竟能够发挥什么样的功能呢？由于哈特把法律理解成一种"规则"，因此这个问题又可以在哈特的语境中被转换成法律规则的功能问题。

在哈特看来，规则的核心特征，就是内含了一种"如何行动"的标准和要求，并且遵循规则的行动者，以一种"反思批判的态度"主动地接受规则所内含的这些标准和要求，并且将它们适用到自己的身上。② 相对于外部的强制而言，规则对行为的调整，并不仅仅依赖于暴力，而是通过社会行动者对规则的主动接受与服从，并将规则适用到自己身上。就此而言，相对于外部的物理强制，规则最大限度地尊重了行动者个体的"自由意志"与"选择"的权利。如上文所说，行动者的此种自由意志与选择权，大大地释放了社会的创造力和活力，给人类生活带来了无数在简单社会的人们看来，简直无法想象的便利与可能性。

行动者对规范的主动接受与服从，并且将规则适用到自己身上，指引自身的行动，从而使得个体的行动不再呈现出"恣意性"，哈特称之为规则的"内在面向"。③ 借助奥斯汀的语言分析，哈特认定规则的此种内在面向是客观存在的社会事实，因为从人们日常生活中的无数日常语言的语用学分析中，就可以发现情况确实是这样的。④

困难的地方在于，规则的内在面向，虽然可以将法律从强制性命令的泥潭中拯救出来，但并不能将法律规则与其他规则，例如社交礼仪的规则，语法规则，乃至于道德的规则区分出来。因此，哈特不得不继续提出进一步的区分标准。针对礼仪规则与语法规则，哈特提出了非义务性规则与义务性规则的区分。

在《法律的概念》第五章，哈特详细地分析了具有义务特征的规则与不

---

① 泮伟江：《双重偶联性问题与现代法律的生成——卢曼法社会学的问题结构及其启示》，《中外法学》2014年第2期。
② ［英］哈特：《法律的概念》，许家馨、李冠宜译，法律出版社2006年版，第53—55页。
③ ［英］哈特：《法律的概念》，许家馨、李冠宜译，法律出版社2006年版，第54页。
④ ［英］哈特：《法律的概念》，许家馨、李冠宜译，法律出版社2006年版，"序言"第2页。

具有义务特征的规则。二者之间的一个核心特征是，不具有义务特征的规则，其虽然对行动具有"指引（guidance）"的作用，但并不对行动者产生"规制（governance）"的作用。而具有义务特征的规则，不但对行动具有指引的作用，同时当行动者不遵循规则时，还能够对规则的违反者或者有违反之虞者产生"强大的社会压力"。① 此外，义务性的规则的另外一个特征是，它往往是与个人的意愿或者偏好是相冲突的，当此种冲突发生时，义务性规则的存在意味着行动者必须放弃和克制自己的意志与偏好，而选择服从规则。② 从功能上看，义务性规则的功能，就是促进人类的共存与合作。③

法律规则与道德规则都是义务性规则，因此哈特进一步从"社会压力"的作用方式，对法律规则与道德规则进行区分。支持"道德规则的社会压力"形式主要是"仰赖于人们的羞耻心、良心责备和罪恶感等情感的作用"，④ 而支持"法律规则的社会压力"，则"主要或经常是身体上或实质上的制裁"。⑤ 当然，此种区分标准并不令人满意，因为根据哈特自己的观点，我们用来辨别义务型规则与非义务型规则的最明显的标准，就是是否存在"强大的社会压力"来"压制"规则的违反者，但就义务型规则与"强大社会压力"的强制之间的关系而言，后者仅仅是辅助性的，而非主导性的。也就是说，"强大社会压力"的产生，乃是源于义务本身的"内在要求"，而不是反过来，义务的产生，乃是由于"强大社会压力"的存在。

根据这个逻辑，是否存在"强大的社会压力"，或者"强大的社会压力"的不同类型，本质上都是某种与规则本身之性质无关的要素，而不同规则类型本身的特性各自是什么，并不依赖于这些外部支持的要素。哈特关于"强大社会压力"是否存在，以及"强大社会压力"内部的类型学的区分，反而给人留下了如下的印象，即抛开"强大社会压力"的要素，礼仪规则、语法规则、道德规则或者法律规则，本身似乎没有任何区别。

当然，哈特也可以回应说，至少在非义务性规则与义务性规则的区分中，"强大社会压力"仍然是内在的区分标准，因为前者并不内在的要求强大的社会压力，而后者则"内置"了"强大社会压力"这个要素。但我们能否用同样的方案来理解法律与道德的区分吗？在人类社会历史中，通过强制性制裁来支持道德规则的例子比比皆是。

针对法律与道德区分的这个困难，哈特后来又提出了另外的解决方案，那就是法律作为社会行动的"独断性理由"的理论。这个思路明显受到了拉

---

① [英] 哈特：《法律的概念》，许家馨、李冠宜译，法律出版社2006年版，第82页。
② [英] 哈特：《法律的概念》，许家馨、李冠宜译，法律出版社2006年版，第83页。
③ [英] 哈特：《法律的概念》，许家馨、李冠宜译，法律出版社2006年版，第83页。
④ [英] 哈特：《法律的概念》，许家馨、李冠宜译，法律出版社2006年版，第82页。
⑤ [英] 哈特：《法律的概念》，许家馨、李冠宜译，法律出版社2006年版，第82页。

兹的影响。①根据该理论，个体的行动是通过对各种各样的"行动理由"进行权衡后进行的。这些行动理由既包括成本效益分析，也包括各种道德理由、宗教理由、情感理由等。人们最终采取何种行动，取决于人们如何衡量这些不同的行动理由。在所有行动理由中，法律具有特殊地位。因为，相对于所有其他理由，法律是一种独立于内容的，仅仅因为"法律"这个形式特征，就可以排除掉所有其他行动理由的理由。这就是法律作为一种行动理由的"断然性"特征。②

我们看到，相对于"强制类型学"标准，哈特所提供的法律作为断然性行动理由的理论，显然更为深刻。当然，如果从社会行动理论的层次来分析该理论，它仍然是有问题的。例如，为什么相对于其他的社会行动理由而言，仅仅是法律有此种"断然性"特征？此种判断是基于"事实"的观察与描述，还是一种应然判断？

例如，对于一个天主教徒来说，他会强烈地服从天主教大公教会教皇的道德权威，只要教皇就某个具体问题发表明确的道德主张，单单因为这是教皇的道德主张，而不问该主张的具体内容，他就会遵从该主张。甚至当此种主张与他所处国家的法律并不一致时，他在进行实践推理时，也许并非将法律理由当作权威的排他性理由，而是将道德理由当作权威的排他性理由。③

五、次级规则理论与哈特社会理论的不彻底

通过上文的分析，我们已然发现，无论是问题意识，还是关键概念的阐释，抑或是理论内核的构思，哈特对法律性质的观察与思考，主要的思路都是通过将法律放置在"社会"中进行观察与理解，尤其是强烈关注法律在"现代社会秩序如何可能"这些社会理论核心问题中发挥的功能。因此，我们几乎可以说，如果除去"社会中的法"这个观察角度，哈特关于法律性质的观点，很可能完全是另外一番景象。这说明社会理论对于哈特的法实证主义理论的重要性。但哈特的此种社会理论的观察与思考，仍然是不彻底的，也是不连贯的。哈特仅仅在需要的时候，从社会理论视角的观察借取一些洞察力与灵感，他论证的主要手段和方法还是哲学的。

哈特本人更擅长的仍然是哲学式的研究。根据哈特传记学者的研究，哈

---

① 参见［英］约瑟夫·拉兹：《实践理性与规范》，朱学平译，中国法制出版社2011年版；拉兹：《法律的权威性》，朱峰译，法律出版社2005年版。

② ［英］哈特：《命令与权威法律理由》，载《哈特论边沁：法理学与政治理论研究》，谌洪果译，法律出版社2015年版，第259—262页。

③ Lon L Fuller, "Positivism and Fidelity to Law: A Reply to Professor Hart", *Harvard Law Review*, Vol.71, No.4, p.638.

特早期就显示了很高的哲学天赋，一度被牛津大学古典哲学家约瑟夫视为柏拉图研究的接班人，① 后来哈特又对现代语言哲学产生了兴趣，在好友柏林的鼓励下，涉足现代语言哲学的研究，也取得了巨大的成功。与此相反，哈特并未接受规范的社会学研究的训练，社会学对于哈特本人而言，更多地表现为一种兴趣。这也是哈特本人更倾向于对《法律的概念》做哲学解释与发展，而拒绝做社会学解释与发展的重要原因。

这尤其体现在，尽管哈特理论的深度深刻地受益于他源自社会理论观察所形成的问题意识的深度，但他所提供的解决方案往往又偏离了社会理论的轨道。这特别典型地体现在哈特最终所提供的"初级规则＋次级规则"的法律概念。

这个方案所要回应的并非上文提出的现代社会秩序如何可能的问题，而是奥斯汀与凯尔森的过于简单的法律理论方案的缺陷。当然，即便是这样，它仍然是以现代社会秩序如何可能的问题为背景，才显得有深度，也有理论意味。

从理论自身发展的逻辑来看，次级规则的出现，主要是应对简单社会中仅赋予义务型规则的缺陷而提出的。哈特的解决方案，基本上也是遵循霍布斯和休谟的思路，主要是强调建立一个公共性政府的必要性。此种将现代法律秩序的核心特征，归之于一个由官员共同体组成的公共性政府，在某种程度上，相对于"自然社会"的法律而言，显示了现代法律秩序的复杂性，但就"现代法律秩序"的复杂性而言，仍然是忽略或者降低了对现代法律秩序复杂性的认识。

秉承边沁的功利主义哲学，哈特并不承认个人的"自然权利"，而是认为个人拥有的所有权利，都来自法律的授权。② 所以，即便哈特将现代法律的多样性看作一个客观存在的事实，并据此批评奥斯汀与凯尔森的法律强制命令说，他仍然认为，个人是否拥有各种用以创设各种法律关系的"权力"，本质上仍然是法律的"授权"。③ 这是法实证主义的题中应有之义，当然有其合理性。但是，现代社会的个人主义性质，即组成社会的个人拥有更多的自由意志与自由选择的能力，则不仅仅由于法律的"授权"，而是有着更深刻的经济和社会的缘由。④

换言之，大量自由个体的涌现，由此改变了整个社会秩序的性质与构成原理，这并不仅仅是法律的内容与结构发生变化的结果。即便我们像韦伯那样，认为法律的变异是现代性的重要因素之一，也必须同时承认，现代社会

---

① ［英］妮古拉·莱西：《哈特的一生：噩梦与美梦》，谌洪果译，法律出版社 2006 年版，第 28—32 页。
② ［英］哈特：《功利主义与自然权利》《在功利与权利之间》，载《法理学与法哲学论文集》，支振锋译，法律出版社 2005 年版，第 195—235 页。
③ ［英］哈特：《法律的概念》，许家馨、李冠宜译，法律出版社 2006 年版，第 28 页。
④ 参见［英］艾伦·麦克法兰：《英国个人主义的起源》，管可秾译，商务印书馆 2008 年版；李猛：《自然社会：自然法与现代道德世界的形成》，生活·读书·新知三联书店 2015 年版。

的出现，是宗教的、政治的、法律的等各种因素共同发生作用的结果。哈特的此种政府授权的理论，是一种赤裸裸的倒果为因，也将哈特在其他各处的思考所展现出来的社会理论的深刻消磨殆尽。

有意思的是，次级规则概念的提出，本意上是要加强法律理论的复杂性，以适应现代社会与现代法律的复杂性。但次级概念，尤其承认规则的概念本身，反而要依赖于某种简单社会的事例来予以说明。哈特非常明确地告诉我们，虽然在整个法体系中，承认规则是作为次级规则而存在并发挥作用的，但承认规则本身的性质，反而是与简单社会中的初级规则是一样的。或者更具体地说，由于承认规则的出现，简单社会（前法律世界）中的初级规则，与法律世界中的复杂法体系中的初级规则，二者性质是截然不同的。前者的性质是一种"社会规则"，而后者性质则是"法律规则"，因为其效力来源于"承认规则"。尽管如此，赋予法律规则以效力的承认规则自身，虽然在法律体系中承担了次级规则的功能，但其内在的性质，反而与简单社会中的初级规则一样，乃是一种"社会规则"。

这意味着，复杂社会及其法律，虽然是对简单社会及其法律的一种克服与超越，但复杂社会及其法律本身仍然以在其最深的内部预设一个浓缩版的"简单社会"为其核心。这是哈特理论自身所蕴含的一个悖论。哈特将这个内含在复杂社会内部的简单社会，限制在"法律官员共同体"，尤其是"法官共同体"内部，从而在现代社会中区分出了两个层次的人群：一般人群与法律官员们。对于一般人群而言，他们生活在初级规则之下，他们对法律的遵守，动机是多样化的，因此是被允许从外部视角来看待法律的。但是对法律官员们来说，他们必须对法律持内部视角，因此必须预设"承认规则"的存在，因此，他们相互之间的关系，就犹如简单社会中遵守初级规则的人们之间的关系。借用"最低限度的自然法"的概念结构，我们不妨将它称作"最低限度的法律共同体"，或者"法体系最低限度的内部惯习性共识"。按照哈特的看法，如果此种最低限度的惯习性共识不存在，那么法体系就必然会分崩离析。

我们不禁要问，哈特所设想的这样一个最低限度的官员共同体，是否符合现代社会的常识？或者说，在现代国家中是否存在着这种"法律官员共同体"的惯习性共识？[①] 退一步来说，即便此种官员的惯习性共识是存在的，承认规则本身是否也存在着哈特所批评的"不确定性""静态性"与"支持性压力的分散性与无效性"的缺陷呢？是否因此还需要在次级之后，再增设一个

[①] 德沃金对此就提出了尖锐的质疑，他在《法律帝国》中又发展出了一种"理论争议"的命题，指出，哪怕是礼俗性的惯习，其中也包含着关于礼俗含义的各种各样的理论性的争议，并且这些争议中最有竞争力的论证，最终定义了礼俗的最佳含义。就此而言，哈特所设想的那种简单社会式的静态的默示的分享着统一行动的法官共同体，也是不存在的。参见［英］德沃金：《法律帝国》，李长青译，中国大百科全书出版社1996年版，第42—79页。

"次次级的规则"来改进它呢?

在哈特所设想的最坏的法律(仍然够资格被称作法律)情形中,法律官员仍然对法律持内部视角,而所有的普通民众都对法律持外部视角,因此都是被动地,像"待宰"的羊群般地服从法律。但是,哈特所设想的这个图景,可能适合于奥斯汀的"强制服从"说,却并不能充分回应霍姆斯的"坏人"论。① 相对于"待宰羔羊般"的被动服从者,霍姆斯的"坏人",显然更有能力,对法律的服从也是主动的,它更像是钻法律空子而得利,知法懂法,具有较强能力的人。② 如果一定要类比的话,他们其实更像哈特在《法律的概念》第三章中描述的那些利用赋权性规则而积极创造社会财富和丰富生活的人。

哈特将持内部视角的人仅限于执行法律的官员,而放任普通民众不再持有内部视角,这并不符合现代社会的事实。麦考密克曾指出,哈特所谓的对规则的"批判反思态度",包含着"认知"与"意愿"两个要素,意愿的要素要求人们对规则是持内部视角的,但认知要素也有可能与意愿要素分离,从而使非极端的外部视角的存在成为可能。③ 现代法律体系如果要正常地发挥功能,则必然是能够在动机的层面上激发普通民众的主动服从,否则就很难称得上是成功的。④ 哈特自己也宣称:"作为社会控制的手段,法律的首要功能,并非在于私人的诉讼或者公诉,它们仅仅代表着重要的然而是辅助性的弥补体系失灵的措施。在法庭之外,法律被人们以各种方式用作控制、引导和筹划个人生活,这才是法律的首要功能。"⑤

六、初步的结论:社会理论进路的必要性与前景

综上所述,我们可以得出如下的初步结论,即哈特的《法律的概念》中确实存在着一个处于胚胎阶段的"社会理论",它虽然并不充分和成熟,却仍然对《法律的概念》发挥了至关重要的作用。尤其是,哈特关于现代社会中法律性质的论述,其主要的灵感,就是把法律当作"社会中的法律"进行观察与思考才得来的,关于法律在现代社会秩序的生成中扮演的功能问题,构

---

① 参见霍姆斯:《法律的道德》,陈绪刚译,载斯蒂文·J.伯顿编:《法律的道路及其影响》,张芝梅译,北京大学出版社2005年版,第416—437页。

② 对此,斯蒂文·佩里有非常精彩的分析与揭示,参见斯蒂文·佩里:《霍姆斯对哈特:法律理论中的坏人》,载斯蒂文·J.伯顿编:《法律的道路及其影响》,张芝梅译,北京大学出版社2005年版,第199—246页。

③ [英]尼尔·麦考密克:《大师学述:哈特》,刘叶深译,法律出版社2010年版,第70页。

④ Scott Shapiro, "On Hart's Way Out", in *Hart's Postscript: Essays on the Postscript to the concept of Law*, Jules Coleman ed., Oxford University Press, 2001, p.149-192.

⑤ [英]哈特:《法律的概念》,许家馨、李冠宜译,法律出版社2006年版,第39页。出于中文表达习惯,本文的这段引文根据英文原文在表达上做了细微的调整。

成了哈特观察法律与道德、强制等其他社会控制手段之区分的基本问题意识。因此，正确的理解和评价《法律的概念》，乃至于奠基于其上的整个20世纪下半叶以来的英美法律实证主义传统，我们就不能仅仅关注其哲学的面向，而忽略或者放弃其尚未发育成熟的社会理论的面向。

晚近英美法实证主义的发展及其遭遇的发展瓶颈，尤其体现了这一点。哈特关于规则的内在面向的揭示，对于区分法律与强制以及法律与习惯，是非常有力的。但哈特对规则内在面向的揭示，明显带有强烈的社会理论的意味，群体成员对规则的此种"反思批判态度"的"接受"，仍然无法"证成"规则所具有的规范意义的"义务性"。① 因此，在证成"社会规则"仍然可以拥有不同于道德规则的"义务性"方面，由哈特所开创的英美实证主义理论遭遇了根本的困境。即便是拉兹所揭示的法律规则的"实践权威"的性质，仍然不足以证成法律规则区别于道德规则的义务性，因为作为一种特殊的"独立于内容"的断然性的实践理由，法律规则的此种功能性地位，仍然无法证成规则的义务性。

20世纪下半叶，在美国哲学家赛尔关于人类意向性研究的基础上，逐渐发展出来的关于个体行动之社会维度的哲学理论，尤其是布拉克曼的共享行动理论，对哈特关于社会规则之义务性的论证，可以说构成了最直接，也最重要的支持。② 晚近英美法实证主义理论最壮观的一次理论努力，就是通过引入布拉特曼的共享合作行为理论（Shared Cooperative Activity，以下简称SCA）③，来证成哈特所遗留下来的社会规则的义务性的工作。其中，最有代表性的属科尔曼④、库兹⑤和夏皮罗。夏皮罗2011年出版的《合法性》一书，可以说是这种努力最近也是最重要的一个成果。⑥ 但夏皮罗在论证法律义务的问题上，很难称得上成功，仍然面临着许多根本性的困难。

其中，最核心的一个困难，仍然是关于社会规则的义务性证成的问题。迄今所有的脱离古代自然法的义务性证成，都依赖于某些形式性要素的支持，

---

① 参见约瑟夫·拉兹：《服从法律的义务》，载拉兹：《法律的权威性：法律与道德论文集》，法律出版社2005年版，第203—217页；科尔曼：《原则的实践》，丁海俊译，法律出版社2006年版，第113页。

② 王波：《社会事实如何产生规范性》，《法制与社会发展》2015年第5期。

③ See Michael Bratman, *Faces of Intention: Selected Essays on Intention and Agency*, Cambridge University Press, 1999, pp.93-159.

④ 参见[美]朱尔斯·L.科尔曼：《社会惯习命题》，载《原则的实践》，丁海俊译，法律出版社2006年版，第100—133页。

⑤ Kurz, "The Judicial Community", *11 Philosophical Issue*, 442-469 (2001).

⑥ 参见[美]斯科特·夏皮罗：《合法性》，郑玉双、刘叶深译，中国法制出版社2016年版。当然，夏皮罗的此种努力，除了受益于布拉特曼的理论之外，也大大地受益于社会理论的启发与刺激。参见[美]朱尔斯·L.科尔曼：《原则的实践》，丁海俊译，法律出版社2006年版，第187—188页。

例如，康德对"绝对命令"的证成，依赖于自由之中内涵的"理性自律"的要素，又例如哈贝马斯的"理想言谈"情境，也依赖使得"言谈情境"得以成立的某些形式性要素，比如交谈的真诚性要素等，塞尔等人对"承诺"产生的义务的证成，也是如此。一旦承诺的做出不符合这些形式性的要件，则承诺产生的义务性就会消失。因此，单单的"合作"或者"规划"之促成，仍然并不足以证成此种义务性。① 甚至我们可以进一步说，在许多例子中，其实合作与规划的实现，未必需要通过"义务性"规则才能够实现。②

其次，此种拯救社会规则义务性的工作，还带来一个结果，就是直接降低哈特承认规则理论的重要性。承认规则理论着重的是实施法律的官员们之社会行动的协调，其问题意识与整个现代社会中个体行动者之行动的协调的问题，已经降低了不少高度与层次。而布拉特曼的 SCA 理论，其原初问题意识，恰恰是社会行动的协调问题。二者理论的视野与问题意识，本来就是不同的。由于承认规则理论被看作是哈特理论"皇冠上的明珠"，在哈特基础上建构起来的法实证主义理论，无不把捍卫承认规则当作捍卫法实证主义的底线与标志，因此科尔曼与夏皮罗都试图修正 SCA 理论，使之能够支持承认规则的理论，至少是协调其与承认规则所存在的内在张力。但是，正如布拉特曼指出的，这种努力并不成功，蕴含着许多基本的困难。③

再次，即便引入布拉特曼 SCA 理论能够证成社会规则的义务性，同时也可以忽略承认规则与 SCA 理论的内在理论旨趣的不一致，布拉特曼 SCA 理论还存在着一个根本性的困难。该理论相对于哈特社会规则理论的一个优点在于，"计划"的"嵌套结构（nested structure）"给了参与者"足够的自由，以及未来组合的可能性"，仅仅要求"最低程度的合作稳定状态"。④ 因此，此种理论最大限度地尊重了社会的复杂性。但反过来说，它在解决大规模陌生人社会中具有高度自由意志与选择能力的个人行动的协调方面，做得还不够。此种嵌套结构，对于现代抽象陌生社会中个体行动之"任意性"的解决，仍然是远远不够的。这主要体现在，此种"最低程度的合作状态"仅仅限于如下类似情境：我们一起打一场羽毛球，一起做晚餐或者一起到某个地方旅行。就此类活动所需要的那种合作秩序，SCA 理论确实可以保障。因此，SCA 理论特别适合解释"生活世界"中的"最低合作秩序"。但是，此种合作秩序，仍是我们上文提到的"一起做点什么"的"强合作秩序"，因为它对"合作"的要求过强，对于

---

① Michael Bratman, "Shapiro on Legal Positivism and Jointly Intentional Activity", *Legal Theory*, 8(2002), p.517.

② See Michael Bratman, "Shared Intention and Mutual Obligation", in Michael Bratman, *Faces of Intention: Selected Essays on Intention and Agency*, Cambridge University Press, 1999, pp.130-141.

③ See Michael Bratman, "Shapiro on Legal Positivism and Jointly Intentional Activity", *Legal Theory*, 8(2002), pp.511-517.

④ 王波：《社会事实如何产生规范性》，《法制与社会发展》2015 年第 5 期，第 118 页。

"薄"意义的协作秩序，它并不能提供可行的解决思路。

但是，现代陌生人社会的特性是，在日常生活世界之外，还存在着一个陌生人组成的高度稳定抽象的抽象社会秩序。① 以 SCA 理论为基础的"计划"理论，对于此种秩序中个体行动的"非任意性"，并无太大贡献。而现代法律的功能，主要就体现在它对此种秩序的贡献上。对此，布拉特曼自己是有比较清醒的认识的。他认为共享的社会行动，是主要集中在小规模群体中的，具有人身性的共享社会行动层面。对于夏皮罗将此种共享的社会行动扩大到大型的非人身性质的抽象社会群体交往类型中，布拉特曼保持谨慎和怀疑的态度。② 对布拉特曼而言，夏皮罗所提出的此种"共享行动者模式"由于扩大了布拉特曼理论模型中共享行动者的范围，使得它适用到那些对于共享行动而言是"相当疏远"的人身上，从而也使得"共享行动者"的概念与理论也被稀释到一个很薄的层次，以至于此时的共享行动者与策略性互动中的行动者也很难区分开来了。③

反过来说，如果我们将《法律的概念》中所蕴含的社会理论的面向挖掘和重构出来，正视《法律的概念》中社会理论面向与哲学面向之间的张力与互相影响的复杂关系，就能够更好地认清并解决主要由哈特《法律的概念》所开创的当代英美法实证主义传统的贡献与困难。在这样一种视野中，法律在现代大型抽象陌生人社会秩序的建构中发挥的功能问题，构成了我们观察和理解现代法律性质的一个基本问题意识的出发点，而关于法律内部结构与运作特性的观察，则取决于我们对这个问题的观察与理解。因此，承认规则就失去了其原本在哈特法理论中那不可动摇的核心位置——也就是说，承认规则理论是允许失败的，有可能会被其他可以更好地解释法律社会功能的理论所替代。同理，分离命题关切的是，法律在现代大型抽象陌生人秩序中发挥功能，相对于道德或者强制命令而言，其功能特定性是什么？因此，分离命题在法律性质的追问中，具有基础性的地位。哈特的社会规则理论本身是为了回答这个问题而被建构起来的。由此又出现了"社会规则的规范性"问题。如果存在着其他能够更好地解释法律功能特定性的理论进路，那么"社会规则的规范性"问题就失去了其理论的根本重要性。此外，在道德哲学之外，社会理论也可以对"法的规范性"做不一样的观察。卢曼 1971 年出版的《法社会学》，就是专门从社会理论考察法的规范性的典范之作。④ 在该书中，

---

① 泮伟江：《双重偶联性问题与现代法律的生成——卢曼法社会学的问题结构及其启示》，《中外法学》2014 年第 2 期。

② See Michael Bratman, "Shapiro on Legal Positivism and Jointly Intentional Activity", *Legal Theory*, 8(2002), pp.512-513.

③ See Michael Bratman, *Faces of Intention: Selected Essays on Intention and Agency*, Cambridge University Press, 1999, pp.333-335.

④ ［德］卢曼：《法社会学》，宾凯译，上海译文出版社 2013 年版。

卢曼揭示了社会行动中包含的"预期"因素，指出法的规范性就是"预期的稳定性"，其反面则是"预期的认知性"，也就是"预期的可变性"。法律指涉行动"预期"，而非直接针对"社会行动"本身，法律乃是通过对社会行动者"预期"的调节来实现人类社会行动的"非任意性"，从而在时间面向实现现代大型抽象陌生人社会秩序的保障功能。①

又例如，从卢曼社会系统理论的角度看，道德与法律，都是一种特殊的社会系统，它们通过各自不同的媒介的作用，对人们社会行动的动机发挥影响，从而使得社会行动在各自系统的作用下，呈现出不同的特性。法律系统与道德系统的区分，在于二者的运作代码的差异，道德系统的代码是善/恶，而法律系统的代码则是合法/非法。法律与道德因为各自的代码的差异，构成了不同的社会功能系统，在各自的功能领域中发挥了各自不同的功能，但对于现代大型抽象陌生人社会双重偶联性问题，都做出了各自不可替代的贡献。

综上所述，重新挖掘哈特法理论中的社会理论资源，既有助于我们更好地理解英美法实证主义传统，也可能是对英美法实证主义传统的自我突破与超越，从而进一步地开拓和创新，提供了全新的视野与可能性。

（作者系北京航空航天大学法学院教授、副院长）

---

① ［德］卢曼：《法社会学》，宾凯译，上海译文出版社2013年版，第68—181页。

为权利优先性辩[*]

刘叶深

所谓权利优先性是指在实践推理中权利应该优先于总体的社会功利计算。这是一种关于权利在实践推理中地位的理论,德沃金提出的"作为王牌的权利(rights as trumps)"观念是其在法理学中最为著名、也最有争议的表述。[①]当然,这一观念被诸多迥异的自由主义者所广泛分享,主要是自由至上主义者和自由平等主义者。[②]但是这一观念自其诞生以来就伴随着各种质疑,而且其中有些质疑似乎具有明显的论辩优势。总结起来,权利优先性理论遭遇到如下三个困境:一是权利相对于社会总体功利计算优先只是表象,因为很多权利得以确立的依据恰恰是社会功利的最大化,让权利在实践推理中具有优先性只是功利最大化的另外一种表现形式。二是即使权利可以建立在非功利主义的依据之上,权利在适用中也不是绝对的,随着社会情境的变迁,权利的具体实现形式也会随之调整,即权利会为重要的社会利益作出让步。三是在日常情况下权利无须作出让步,但权利在紧急状态下必须合理地对巨大的社会危机作出让步,权利优先性在此情形下如何能够成立?这三个困境呈现出一种循序渐进的次序,从权利确立的依据到权利在普通情境下的适用,再到权利在特殊条件的适用,权利优先性在前一个困境中得到辩护马上就会遭遇下一个困境的围困。我们可以依次称这三个困境为:权利依据之困、权利适用之困与紧急状态之困。

本文试图回应这三个困境,为权利优先性命题作出辩护。做到这一点

---

[*] 感谢白中林、宫睿、姜昊辰、李璐、倪寿鹏、汪志坚、文兵、叶会成、翟小波、郑玉双、郑永流诸位师友的恳切建议。本文精简版曾发表于《环球法律评论》2017年第6期。

[①] 这一观点最早在《认真对待权利》这篇论文中(1970年)已经提出,该文收入同名的论文集中。"作为王牌的权利"这一表述则在1984年提出,参见 Ronald Dworkin, "Rights as Trumps", in Jeremy Waldron (ed.), *Theories of Rights*, Oxford University Press, 1984.

[②] 当代在哲学上对自由至上主义作出最有力辩护的是罗伯特·诺齐克(Robert Nozick),参见 Robert Nozick, *Anarchy, State and Utopia*, Blackwell Publishers Ltd., 1974, pp.30-33. 自由平等主义的代表则是约翰·罗尔斯(John Rawls)和本文着重讨论的罗纳德·德沃金(Ronald Dworkin)。这一观念虽然由上述两类学者分享,但他们分别采取了迥异的根据来论证。本文给出的论证基本属于自由平等主义类型的。

的前提是祛除一些对权利性质的误解，更新我们的权利观念。固守一种未加反思的权利观是上述困境具有表面论辩优势的根源所在，反思权利是什么，有助于驱散这些困境，并加深对权利优先性意义的理解。当然，针对三个困境的不同，权利观念的反思也有不同的侧重点。本文第一部分先概述德沃金"作为王牌的权利"这一权利优先性最具代表性的观点，作为讨论困境的基础；第二、三、四部分分别讨论三个困境，并提出三种更为深入理解权利性质的思路作为困境的解决方案。最后是一个对本文方法论的简短说明。

一、权利优先性的代表性观点

（一）"权利作为王牌"的基本观点

德沃金是把权利放到政治实践推理当中来考虑其特殊作用的。任何政府行为或者政策的出台都需要理由的支持，通过这些理由我们可以判断政府的行为或政策的对错。理由是多种多样的，政府可能依据减少失业、保护文化遗产、净化道德环境等理由为其出台的政策与行为辩护，这些理由都是政府可以诉诸的有价值的社会目标。这些社会目标凭借其相对价值而相互竞争，支持或者反对某一政策。政府有义务追求相对来说最有价值的目标。但是，一旦权利出现，实践推理的理由结构将被改变。即使当权利会伤害到上述政府可以合理追求的目标时，权利必须得到优先保护，政府只能在保障权利之余尽最大努力去追求这些合理的目标。德沃金形象地说，权利就像扑克牌游戏中的王牌一样，它在政治实践推理当中挫败了总体的社会目标。[①] 在现代社会中，政府是追求这些社会目标的主要行动者，所以权利在一定意义上也被德沃金称为是"对抗政府的权利"。[②]

权利在实践推理中的上述地位决定了我们进行政治实践推理的模式。当不涉及权利问题、只处理各种社会目标时，政府可以平衡相互冲突的社会目标的各自分量与轻重缓急，以此来做出决定。我们可以称这种推理模式为"平衡模式"。一旦权利出场，因其具有优先性地位，平衡模式将不再适用，权利必须得到优先的考虑与保护。这种模式可以称之为"优先性模式"。[③] 从被牺牲的社会目标中，我们也可以看出一个尊重和保护权利的社会所付出的必要成本与代价。

[①] 当然，总体的社会目标不仅仅包括功利主义的社会功利最大化目标，为使主题集中，本文主要关注权利相对于社会功利最大化的优先性，而且这一论证也能够推广至许多其他总体性社会目标。

[②] See Ronald Dworkin, *Taking Rights Seriously*, Harvard University Press, 1977, p.190.

[③] See Ronald Dworkin, *Taking Rights Seriously*, Harvard University Press, 1977, pp.197-204.

（二）几点说明

上面是对德沃金的权利优先性命题的简要概括。但在他的具体论述中，该理论还有其复杂细微之处，下面逐一说明。

一是权利优先性的目的是分析权利这一核心政治概念，而非统一"权利"一词的用法。德沃金称体现优先性的权利观念为"强"权利观，同时他也承认存在着"权利"一词的大量用法是"弱"的，例如，可以说人人拥有"获得幸福的权利"，这并没有犯语法上的错误，但实际上任何理性的社会也不能满足人人拥有幸福。① 对这句话的正确理解决不是要求获得幸福的权利要优先于其他社会目标得到保障，它只是意味着"获得幸福对每个个体来说是很重要的"。

二是权利的优先性是相对于社会总体目标的，但当权利与权利发生冲突的时候并不存在何者优先的问题。② 当然这一区分也要细致分析才能做出判断。我们要判断两种权利是必然发生冲突，还是在某种社会总体目标约束下偶然发生冲突。一个人发表言论诽谤他人就是前者的范例，这里典型地存在着言论自由权与名誉权之间的冲突，这种冲突是必然的，且从一般层面来看两种权利都不具有优先性。而当在某种财政预算的约束下，公民的健康权和获得工作的权利不能同时得到充分满足的时候，这两种权利之间的冲突就不是必然的。只要扩大相关方面的投入，两种权利都能够得到合理的满足，两种权利间的冲突就消失了，转化成这两种权利与社会公共资金投入（社会目标）之间的冲突，在这场冲突中权利是具有优先性的。

三是德沃金区分了背景性道德权利（background moral rights）与制度化的权利（institutional rights）③，他关于权利优先性的论述主要是适用于前者，但也对后者也有启发意义。背景性道德权利讨论的是平等的个体能够向社会及其代表——政府提出什么样具有优先性的主张，而制度化权利则依赖于某一制度的规定与认可。法律权利就是制度化权利的范例。但法律权利所依赖的法律制度是"部分自治的"④，也就是说，在法律权利的解释与适用之中，道德权利和既有的制度结构都要发挥其作用。这里要强调的是，既有制度结构、内容对权利的优先性有一定的制约作用。例如：某一法律体系规定言论自由权行使需要提前获得政府的审批，而且政府经常根据维护社会秩序的理由不予批准，那么，在该法律体系内主张作为法律权利的言论自由权具有优先性是不太合理的。但是，这并没有否认该国公民仍然拥有作为道德权利的言论

---

① See Ronald Dworkin, *Taking Rights Seriously*, Harvard University Press, 1977, pp.188-189.
② 但这并不否认权利优先性的讨论对权利冲突的解决也有启发性，see Jeremy Waldron, *Liberal Rights: Collected Papers 1981-1991*, Cambridge University Press, 1993, pp.203-224.
③ See Ronald Dworkin, *Taking Rights Seriously*, Harvard University Press, 1977, p.93.
④ See Ronald Dworkin, *Taking Rights Seriously*, Harvard University Press, 1977, pp.101-102.

自由权，且在对该国法律的解释中，道德权利的主张会不断地渗透进来。

四是权利优先性并不意味着权利是绝对的。在巨大的社会牺牲的情况下仍然坚持优先满足与保障权利，这样的具有绝对性的权利理论很难是合理的。德沃金本人并未坚持权利具有绝对性的观点。也许"作为王牌的权利"这一口号使人们容易误解他的本意，其实他在很多地方都强调，权利并不必然是绝对的，在紧急状态下①或者为了避免一场灾难②，权利都会做出让步。但他也强调，这并不意味着权利可以向任何重大的社会总体目标让步。权利让步必须是在严格界定与控制的紧急状态中。德沃金并没有详述何为紧急状态、如何管控，也没有在理论上说明权利优先性理念是否与这种让步相协调，本文第四部分将试图对此给出解释。

二、权利确立的依据与功利计算

（一）功利主义是权利确立的依据吗？

权利优先性遭遇的第一个困境是这样的：假如权利得以确立的依据是其有利于实现社会功利最大化，那么，权利优先于社会总体功利计算就不能成立了。因为权利本身并不代表一种不同的道德考量因素，只是某种社会总体功利计算的缩略表现形式。③权利优先性命题要想摆脱权利依据之困只能证明，权利是不可能完全以社会总体功利计算为其依据的，换句话说，功利主义不可能合理地单独证明权利的存在。

不得不承认，功利主义作为权利确立的依据有其表面上的合理性。因为权利虽然以个人某重要利益作为其内容，但权利之所以存在却可能是因其服务于更为广泛的利益。也就是说，对于某一权利来说，"作为权利内容的利益"和"作为权利依据的利益"是不同的④。例如：某人拥有的言论自由权的内容是其"发表言论"所实现的个人利益（"作为权利内容的利益"），一旦该利益受损，他就可以正当主张权利，但是，授予该主体权利并不只是因为发表的言论对他来说有多重要，而且是因为广泛交流给整个社会带来了益处（"作为权利依据的利益"）——例如，言论能够监督政府，使其向民众负责。换句话说，权利得以确立的依据不限于狭隘的个人利益，这为社会总体目标作为权利的依据开放了一种可能性。

---

① See Ronald Dworkin, *Taking Rights Seriously*, Harvard University Press, 1977, p.92.

② See Ronald Dworkin, *Taking Rights Seriously*, Harvard University Press, 1977, pp.191-192.

③ 托马斯·斯坎伦指出了这一困境并试图去解决它，see Thomas Scanlon, *The Difficulty of Tolerance*, Cambridge University Press, 2003, pp.30-37.

④ See Joseph Raz, *The Morality of Freedom*, Clarendon Press, 1986, pp.180-183. 我对拉兹的表述稍作了修改，拉兹的表述是权利拥有者的利益（interests of right-holders）和作为权利依据的利益（interests on which rights is based）。

但是，社会功利最大化作为权利的依据却有着致命的缺陷，它不能说明权利所具有的特定性[①]。所谓权利的特定性是指权利及其所对应的义务必然是存在于特定主体之间的。像债权这样的对人权是存在于债权人与债务人之间的；作为对世权的物权存在于特定的物权人与其他不特定的主体之间，而且一旦具体的法律事实出现，物权关系也会在更为特定的人之间建立起来。而这种特定关系的存在是源于先在的行为或者事件。签约的行为创设了债权—债务关系；生下孩子的行为创设了孩子的权利与父母的抚养义务；某人购得某物、取得其所有权的行为就建立起他与世界上其他人之间的特定的物权关系。至少最为简单的行为功利主义很难说明这种权利的特定性。功利主义关注的是社会功利最大化这一社会总体目标，只要该目标能够达成，没有必要关注由谁来采取行动促成该目标。只要债权人能实现自己的债权，是债务人还的钱，还是对这点钱毫不在乎的比尔·盖茨还的钱，对于功利主义来说，是没有任何区别的。所以，功利主义很难说明为什么在某一债权债务关系中，债务人是唯一适格的偿付债务的主体。缺乏权利的特定性将会带来很多荒谬的推论。根据功利主义，当比尔·盖茨能够以更小的成本偿还债务的话，即使他不是债务人，债权人也有权利迫使其偿债，而真正的债务人反倒可以摆脱偿还的义务。这种权利观不但是违背直觉的，而且等于消灭了权利存在的必要性。

当然，上面讨论的是行为功利主义这一最简单的功利主义版本，但规则功利主义这种较为复杂的理论形式从根本上也不能摆脱上述质疑。我们仍以债权为例。规则功利主义可能辩护说，我们不需要逐个考察每个偿还债权的行为是否符合社会功利最大化，因为一事一议的方法耗费了太多的社会成本，反而通过制定统一规则，规定只有建立了特定债权债务关系的人才有还债的义务，从总体上看这才是促进社会功利最大化的正确方式——因为某些情形下债务由比尔·盖茨来偿还反而更能促进社会功利最大化，但盖茨使得功利的增加没有一事一议损失的功利大。

规则功利主义的问题在于：（1）我们很难相信所有的权利都可以通过规则功利主义的方式来辩护，至少从此时起，功利主义负起要清理权利清单的任务，它要真正去证明我们现有的合理的权利都是符合规则功利主义的。（2）既然某些情况下由盖茨来还钱更符合社会功利最大化目标，为什么不能在规则中为盖茨情形设定例外呢？毕竟只为盖茨特设一个例外，并为造成一事一议的巨大成本。一个包含了这种例外的规则比不包含的规则更符合社会功利最大化的目标。但是这种安排肯定不符合我们根深蒂固的道德直觉与权利观

[①] 参见［美］威尔·金里卡：《当代政治哲学》，刘莘译，上海译文出版社2015年版，第29—34页。金里卡的表述是功利主义不能成功地说明"特殊关系（special relations）"中的权利义务现象。

念。（3）规则功利主义不能说明权利人主张的要义所在，债权人之所以让债务人偿债并不是如此做能够促进社会总体功利的最大化，而是因为债务人曾经向他做过承诺并因此建立了特定关系。所以，规则功利主义曲解了行动者行为的真实含义，至少它没有提供充分的理由来说明为什么债权人对自己债权的看法是混乱的。①

（二）平等的尊重与关怀：作为权利依据的背景性框架

功利主义不能合理地说明的权利的特定性，却可能成为我们探寻权利确立依据的新契机。权利的特定性所采取的视角与功利主义有着重要的不同。功利主义的着眼点是社会功利总和的最大化，社会功利在个人之间的分配只具有附属意义，权利主体的视角在这种理论中并没有给予应有的重视。而权利的特定性则要求在特定的主体之间建立起权利义务关系，而且这种权利义务关系并不会因社会总体的功利计算而改变。个人依据其权利就可以给他人甚至整个社会施加义务，以满足其权利请求，无须担心其是否满足社会总体功利最大化；不在特定关系中的人也无须担心会被牵扯到某种负担义务的境况之内。因此，无论是对于权利人来说，还是对于特定关系之外的人来说，这都是一种对于个人生活特殊性的尊重——它允许你有序地安排自己的生活。因此权利特定性只能通过个人应该得到尊重而解释，它隐含了与功利主义迥异的一种个人视角。但值得注意的是，这里的个人并不是某些被挑选出来的人，所有适格的人都可以成为权利主体，这体现了一种平等的个人观念。正如德沃金所说，权利背后所隐含的理念是对每个人的平等尊重与关怀——每个人的人生都非常重要，且都同等重要②。

平等尊重与关怀的理念是非常抽象的，它需要在不同的语境下进一步丰富和发展，进而形成具体的平等观念③。例如，经过合理阐释的机会平等、资源平等这些具体的平等观念可以看作在某些领域或某个问题上给予每个人以平等尊重与关怀所要求的。权利也可以这样来看待。我们授予个人以权利就是对某些重要的个人利益给予特殊的保护，使其不随社会情境的变迁而减损，以此来实现对个人的平等尊重与关怀。当然，人人拥有的权利体系也要按照平等尊重与关怀的理念进行彼此协调，以在适用当中确定其具体含义④。

---

① 上述三种批评参见［美］威尔·金里卡：《当代政治哲学》，刘莘译，上海译文出版社 2015 年版，第 37 页。

② See Ronald Dworkin, *Taking Rights Seriously*, Harvard University Press, 1977, p.180. 德沃金认为这一原则可以作为各派都认可的共识基础。See Ronald Dworkin, *Is Democracy Possible Here?*, Princeton University Press, 2006, ch.1.

③ 关于抽象权利与具体权利的区分，参见 Ronald Dworkin, *Taking Rights Seriously*, Harvard University Press, 1977, pp.93-94.

④ 约翰·罗尔斯也在这个意义上说基本自由只能被基本自由所限制，虽然他用的词汇不是权利，参见 John Rawls, *The Theory of Justice*, Harvard University Press, 1999, p.178, pp.214-215.

需要强调的是,平等的尊重与关怀只是权利依据中的要素之一,其发挥背景性框架的作用。权利的依据则是多元的,很多因素都可以在确立权利的过程中发挥自己的作用。这其中包括某种利益对于权利人是否重要、该种权利是否给他人带来较大的益处或者害处,社会总体功利计算也会在权利依据中占有一席之地。但是,我们与功利主义不同的是,所有这些因素都要在一个促进平等尊重与关怀的抽象框架下才能够获准进入权利的依据之中。背景性框架就像水渠一样,各种考量因素只有通过它才能够进入权利依据的田地。

(三)社会功利在背景性框架下发挥作用的方式

在平等的尊重与关怀这一背景性框架之下,各种因素如何发挥其作用,这是一个很大的题目。例如,个人的一些重要利益如何通过平等的尊重与关怀这一背景性框架达到协调一致,进而成为权利的依据?需要说明的是,我们这里只讨论与本文最为相关的问题——社会功利这一功利主义关注的要素是如何通过背景性框架进入权利依据的?这种"进入"会不会瓦解掉优先性命题,使权利蜕变为一种纯粹的功利计算?会不会使得政治实践推理重回平衡模式?

答案是否定的。因为背景性框架系统地"改造"了社会总体目标。为了说明这一点,我们首先要区分两个不同的权利观:功利主义导向的权利观与运用了功利计算的权利观[①]。前者是我们前面批评过的不合理的权利观;而后面这种权利观允许对平等的尊重与关怀这一抽象理念进行具体化的过程中,运用功利计算。两种权利观并不等同,所以不存在瓦解权利优先性命题的危险。

为了形象地说明这一点,我们进行一个思想实验。假设一个山谷中世世代代居住着一个村落,村民们被封闭在崇山峻岭之内,外出只能通过一个极其狭窄的峡谷。近些年,一位富翁在峡谷中购买土地,兴建了一幢别墅,使得本来狭窄的峡谷更为狭窄,交通便捷的硬化路面不可能在峡谷中建成了。假设现在摆在我们面前只有两个选择,一是村民们继续维持现在这种步行的出行方式,这样他们与外面日益发达的世界将更加隔膜起来,二是在协商不成的情况下,强制拆迁富翁的别墅,为道路兴建开辟空间,同时给富翁合理的补偿。富翁到底有没有权利保留其房屋呢?他可不可以以其房屋的所有权来对抗村民们及其背后的政府呢?这就涉及财产所有权的依据是什么的问题了。

我们经常说,财产权包括占有、使用、收益、处分的权能,这似乎意味着强拆富翁的房屋肯定伤害了这些基本的权能。但是,民法中强调的这些权能只是权利一般具有的实现形式,不能推论出所有的实现形式都可以正当地

---

① 德沃金在《认真对待权利》的后记里虽未明确提出这一区分,但表达了相似的意思,参见[美]罗纳德·德沃金:《对批评的一个回应》(上),刘叶深译,《法哲学与法社会学论丛》2012年卷(总第17卷),法律出版社2012年版,第22页以下。

属于财产权。例如，使用我的刀是对刀拥有的所有权的一个权能，但用刀去刺伤无辜的人这种使用方式不能被包括在刀的财产所有权之中。必须根据权利的依据才能确定哪些"使用"属于所有权。那么财产权的依据是什么呢？这就涉及平等尊重与关怀这一背景性框架以及财产领域中的一些知识与常识。（1）进入财产权依据的是关于财产用途的知识：财产是满足人类的各种生活需求的基本手段，即财产作为罗尔斯意义上的一种基本善可以满足不同生活目标，① 在这个意义上，财产是非常重要的，假如一个主体应该得到尊重与关怀的话，就应该用权利的形式来保障他拥有某种形式的财产。（2）进入权利依据的第二类知识是财产的相对稀缺性，即财产不能满足所有人的欲求，在财产有限的前提下，要想实现对每个人的平等尊重与关怀，在确立财产权时也要顾及权利主体之外其他人重要的基本需求等正义要求，授予财产权的目的决不是一人独占、其他人饥寒交迫②。这两类与财产用途与特征有关的知识都是循着"平等的尊重与关怀"这一背景性框架进入了权利的依据之中。③ 虽然这里初步确立的依据还比较抽象，但是在思考具体的财产权时已经具有一定的指导作用。

在我们的思想实验中，在决定富翁的房屋所有权是不是包含对抗村民们与政府的权能，我们要结合富翁与村民双方的利益和损失来决定，不参考这些作为权利依据的功利要素，我们无法确定富翁、村民有没有得到平等的尊重与关怀。（1）我们要衡量双方的利害得失。一方面，我们要计算富翁对其别墅的喜爱之情，也许这是合理的经济补偿无法弥补的，我们还要计算富翁有没有可能用补偿款找到类似的居住环境，以有效弥补其因拆迁失去的居住利益。另一方面，我们要衡量村民们仍然维持步行出行的方式所遭到的损失，他们无法与外界进行有效的交流、贸易，其后代也无法接受外界良好的教育等等。（2）我们要研究一下采取哪些衡量的方法。一种衡量的方法是比较富翁的得失与某一个具有代表性的村民的得失，另外一种方法是衡量富翁的得失与所有村民得失的总和。采取第一种方法④ 我们极有可能得出很不利于富翁的结论，富翁为了对其住宅的眷恋而妨碍了世世代代居住于此的人的诸般基本利益，这很难说得上是对村民的尊重，特别是富翁的住房假如是可以用补偿款寻找到替代物的情况下。假如采取第二种方法，得出不利于富翁的结论

---

① See John Rawls, *The Theory of Justice*, Harvard University Press, 1999, p.178, pp.78-81.
② 连洛克在确立财产权时都对这一要求有所顾虑，参见［英］约翰·洛克：《政府论·下篇》，叶启芳、瞿菊农译，商务印书馆2007年版，第18页。
③ 关于经验知识进入权利依据的重要性的强调，see Thomas Scanlon, *The Difficulty of Tolerance*, Cambridge University Press, 2003, p.35.
④ 此种衡量方法参见 Judith Jarvis Thomson, "A Defense of Abortion", *Philosophy & Public Affairs*, Vol. 1, no. 1 (Fall 1971), pp.47-66. 另参见［美］托马斯·内格尔：《平等与偏倚性》，谭安奎译，商务印书馆2016年版，第74页。

基本上是肯定的。因为有时尊重要求不仅仅考虑对某一个人的影响，也要考虑受到你影响者的数量。①

比较双方的利害得失，这看上去是很像功利主义的演算方式。但是所有这些推演都是在平等的尊重与关怀的框架下进行的，我们并不是单纯地比较双方的利害得失，也并非以利害得失加总作为最终标准，而是要考虑该利益对于某一方是否重要、因此利益拥有者是否得到了我们的尊重。它与纯粹的功利主义计算有着很大的区别。（1）功利主义不会考虑某一利益对于富翁有多重要的问题，他们只会考虑该利益与相对的其他利益比较起来是否更为重要的问题。所以，在权利优先性命题看来，作为一种利益，房屋和生命是完全不同的，后者对于富翁这个个体来说是极端重要的，在任何巨大利益面前，富翁的生命也不能被无辜地剥夺。（2）这个道理也适用于村民，权利优先性命题会缜密地考虑村民们继续延续传统的出行方式会损失哪些根本利益，而不是单纯比较村民们从强拆中获得的快感是不是大于富翁从豪宅中获得的快乐。所以权利优先性命题决不会赞同因为"仇富"而强拆富翁的别墅，即使村民从中获得的快感远远大于富翁拥有房屋的快乐。所以，可以看出，功利计算确实会进入权利的依据当中，但是它们采取的形式，因平等的尊重与关怀这一背景性框架，与功利主义推理已经大相径庭。

在这个意义上，权利并不是"自然的"、事先确定好的，不存在所谓的自然权利。②权利是需要根据各种利害得失来划定的，这不可避免会涉及功利计算。但这并不会倒向功利主义，因为功利在权利依据中发挥作用的方式与功利主义是迥异的。认识到这一点需要抛弃一种僵化的权利观点，即权利要么是与社会功利计算完全脱离、自在自为地存在着，要么是功利主义功利最大化信条的产物。正确的权利观念完全可以安全地走在第三条道路上。

三、权利适用与权利限制

（一）适用之困

即使在确立权利的依据上可以抵御功利主义的责难，权利优先性理论又会面临适用之困。这种对权利优先性的质疑是这样的：即使权利的依据不是社会功利最大化，但权利并不是绝对的，权利在适用的过程中必须与重要的社会利益相权衡，必要时权利必须向重要的社会利益作出让步。换句话说，

---

① 参见［美］罗纳德·德沃金：《对批评的一个回应》（上），刘叶深译，《法哲学与法社会学论丛》2012年卷（总第17卷），法律出版社2012年版，第21页。

② 这也是功利主义对自然权利的批评，但权利优先性是可以避开这一批评的。关于边沁的批评，参见 Jeremy Waldron(ed.), *Nonsense upon Stilts*, Methuen, 1987, pp.7-25.

相对于"重要社会利益"这样的总体性社会目标，权利并不具有优先性可言，至少这种优先性不是权利的本质属性。

适用之困看上去有其合理性，因为它可以得到很多例证的支持。具体如下：

一是某些法律条文就表达了这样的含义。例如：我国宪法第 51 条规定，"中华人民共和国公民在行使自由和权利的时候，不得损害国家的、社会的、集体的利益和其他公民的合法的自由和权利。"分析这一条文，我们可以看到，这是关于权利适用的规定，它为权利的适用划定了界限，其中之一就是"国家的、社会的、集体的利益"可以作为权利的限制。当然，宪法第 51 条并没有说，这些"利益"相对于权利具有优先性，但它也似乎瓦解了权利的优先性。

二是权利的具体实现形式总是随着时代的变化而变化。这些变化是如何发生的呢？权利如果具有优先性，它应该能够超越各种阶段所追求的社会目标，因此应该能够保持一种权利内容的稳定性。随时代而沉浮的权利很难让人相信其能够实现其优先性的允诺。

三是在很多个案当中，我们都会看到，权利并非绝对，它经常被重要的社会利益所限制。例如，某城市举办国际大型体育活动，地铁上的安检措施就会比平时繁复得多，人们出行的权利就会受限。再如，一个人在坐满人的电影院里谎称高喊"着火了"，容易引发踩踏惨剧，这个人虽然拥有言论自由权，但是此时此刻，他的这一权利必须受到限制，让位于更为重大的社会利益——即其他观众的生命财产利益。

（二）望文生义的权利观与真正的权利观

在对适用之困作出回应之前，我们先区分两种不同的权利观，作为下一步讨论的准备。望文生义的权利观念认为，权利名称的词义可以划定权利适用的具体范围，也就是说，在适用中权利的具体表现形式是由词语的约定俗成用法来决定的。例如，欲知言论自由权的适用范围就要探究"言论"这一词语在不同的境况下所形成的语义共识。当然，语义本身也是较为复杂的，随着时代的发展会有所变化，但相对来说语义还是具有一定的稳定性，每个社会都会编纂词典，也记录下词语的通行用法。所以，简单来说，在望文生义的权利观下，权利适用所受到的限制可以通过语言学的方法得到解决。

真正的权利观[①]认为语言虽然在权利范围的确定当中有其分量，但更为重

---

① 虽然卡尔·威尔曼（Carl Wellman）也提出了"真正的权利"这一表述，但本文的用法与威尔曼基本不同。参见［美］卡尔·威尔曼：《真正的权利》，刘振宇等译，商务印书馆 2015 年版。

要的不是语言用法，而是权利依据当中蕴含的核心价值①。毕竟确定权利在适用中的范围及其所受到的限制是政治学家与法学家的任务，而非语言学家的任务。当然，某一权利依据体现的核心价值是什么，即使在专业人士当中也是有分歧的，这种分歧与各自的理论立场、价值立场有着密切的相关性。权利优先论者与其批评者可能对权利的核心价值有着不同的看法。这种担忧有其道理，但有夸大之嫌。毕竟权利为何物不是哲学家在斗室中冥想的产物，而是在某一政治社群中提出的具有说服力的政治主张。权利依据体现的核心价值必须要对该社群的权利实践作出合理的阐释②，这种政治实践为权利依据中的核心价值奠定了一个共识平台，也对价值分歧有着约束作用③。这一价值的共识平台虽然不能精准地决定每个个案中权利的具体形式，但其对权利范围的划定有着指导意义，要么它能够排除某些明显不符合核心价值的权利表现形式，要么它能够为针对权利范围的论辩划定方向。

两种权利观划定的权利范围有时有着极为明显的差异。在某些情况下，望文生义的权利范围要大于真正的权利，例如，望文生义的财产权意味着关于财产的一系列权能，包括占有、使用、收益、处分，这些权能都是和语言中形成的关于财产的正常使用方式相关联的。但是，通过反思财产权的核心价值，真正的权利并不会把上述所有财产权的权能都包含到权利的范围中来，因为（例如）富翁关于其房屋的占有方式可能恰恰与财产权依据中的核心价值相冲突（参见上一部分的讨论）。在另外一些情况下，望文生义的权利范围要小于真正的权利，例如，在日常语言用法中，"言论（speech）"一词仅指代口头表达、文字表达，但行为明显不属于"语言"的范畴，"言论"和"行为"两个词语还是有着较为清晰的界限的，但是言论自由权一般会包括很多具有表达性的行为，④其理由在于：在体现言论自由权依据中的核心价值方面，这些"行为"和"言论"并没有本质的差别。

两种权利观哪一种更合理呢？我认为，望文生义的权利观有着明显的缺陷。⑤（1）在该种权利观下，各种具体权利形式之间并没有共通的价值，仅仅通过词语的用法松散地联系在一起，这与我们的权利实践有着明显的差异。

---

① 这一想法可以在罗尔斯那里发现踪迹，他就是借助基本自由的核心价值来协调各个基本自由之间的关系的，参见 Rawls, *Political Liberalism*, Columbia University Press, 1996, pp.340-342. 沃尔德伦在解释权利之间的冲突时也发展出类似的方法，参见 Jeremy Waldron, *Liberal Rights: Collected Papers 1981-1991*, Cambridge University Press, 1993, pp.220-224.

② 参见［美］迈克尔·沃尔泽：《阐释与社会批判》，任辉献、段鸣玉译，译林出版社 2010 年版，第一章。

③ See Ronald Dworkin, *Law's Empire*, Harvard University Press, 1986, pp.90-96.

④ 例如，美国宪法中对焚烧国旗的行为作为言论自由权的具体权利形式而保护。See *Texas v. Johnson*, 491 U. S. 397(1989).

⑤ 德沃金针对法律实证主义提出的"语义之刺"可以看作对"法律"这一概念的类似批评，see Ronald Dworkin, *Law's Empire*, Harvard University Press, 1986, pp.45-46.

我们在论证某一新颖的权利形式时,并不是把它当作词语的一种崭新用法,新奇、有趣与流行并不能创设权利,而是把它看作权利依据中蕴含的核心价值在新条件下的必然要求,我们总是通过援引先例以及其他既往实践,重新诠释权利依据中核心价值的方法把新权利整合进权利体系中去,让权利体系更加完整全面地体现该核心价值。(2)这种权利观与权利在当代政治社会中获得的尊崇地位是无法相符的。我们很难想象我们把一些偶然松散的词语用法写进各国宪法、各种宣言,把它们作为论证政府合法性的基础,也很难想象我们在为一些带有任意性色彩的词语用法而斗争①。欲证明为什么权利如此被推崇,只能诉诸权利依据蕴含的核心价值。

(三)解适用之困:以言论自由为例

有了上面的理论准备,我们将看到权利在适用当中,真正的权利并不会向社会利益让步,其优先性不会被伤及;而貌似在某些个案中会向更大的社会利益让步的权利,是源于我们运用权利概念时混淆地使用了望文生义的权利观而产生的一种错觉。为了具体起见,下面我以言论自由权为例来说明这一点。

从真正的权利观出发,我们需要探究权利依据当中蕴含的核心价值,并结合具体语境对其进行合理的阐释,才能最终确定权利的具体形态。言论自由权依据中的核心价值一般认为有工具性价值(instrumental values)与构成性价值(constitutive values)两类②。所谓工具性价值,即作为手段,权利有助于达到某一有价值的社会目标,言论自由权的工具性价值突出体现在其能够通过广开言路促进真理的形成。"自由的思想市场"是这一价值较为形象化的说法。③所谓构成性价值,即权利本身的行使就具有其自身的价值与目的,不需要其促成的其他有价值的目标的证成。通常得到强调的构成性价值分别是政治参与的价值与自我表达的价值。前者主要表现为与政治事务、公共事务相关的言论,通过该种言论,权利人能在政治运作过程中发挥自己一份平等的力量,反过来说,一个不顾及其政治权力所影响之对象的意见的政府没有给予公民平等的尊重与关怀。后者主要表现为个人观念的表达,并通过此种表达实现吸引同道,彼此交流,孕育思想并将其表达出来尽可能地获得更多人的认同,对于个人人格的完整有着极为重要的意义。当然,正如上一部分

---

① 参见[德]鲁道夫·冯·耶林:《为权利而斗争》,郑永流译,法律出版社2012年版。
② See Ronald Dworkin, *Freedom's Law*, Oxford University Press, 1996, pp.199-201.
③ 这里需要说明的是,一个社会能够分享真理是一种社会总体性目标,为了追求该目标并非必然要采取权利的形式,有时采取政策的形式也可以部分地奏效。按照政策的方式,也许不需要所有人都能够自由地发言,就足以促成真理的形成与分享。但一旦这种社会总体性目标作为权利的依据,必须要通过平等的尊重与关怀这一背景性框架的整合,出于对所有主体的平等尊重与关怀,每个人就都要享有言论自由权。关于分配性目标也可以作为集体目标来追求,参见 Ronald Dworkin, *Taking Rights Seriously*, Harvard University Press, 1977, p.91.

所论证的，这三种价值都是通过平等尊重与关怀的背景下框架得以进入权利的依据的。

从上述三种言论自由的核心价值中，我们可以得出以下几个结论：

一是言论自由权中的"言论"必须能够传达思想。无论是要求促进真理的产生与分享，还是通过言论作为平等的主体来参与政治过程，或者作为个人表达的一种形式，言论自由中的言论不仅仅是"说话"，也是表达一种思想。这里的"思想"一词并不意味着言论自由权不保障那些不成体系的想法，或者要求言论自由权拥有者只能像哲学家那样系统表述自己的观点才能得到保护。这里的"思想"只要求其能够传达一些想法即可，无论该想法有多朴素与原始。清楚了这一点，我们就会很合理地把很多言论排除到言论自由的保护范围之外。例如，对他人赤裸裸的谩骂、毫无剧情的色情作品就是典型的不能传达思想的言论。① 罗尔斯称将这些"言论"排除出言论自由权范围之外的合理现象为权利的"自我限制"②。

二是某些种类的言论将得到着重的保护。根据言论自由权的三种核心价值，我们可以看到，有些类型的言论对核心价值的实现能够扮演更为重要的角色，它们将得到着重的保护。第一种就是与科学、艺术等学科相关的作品，它们与真理形成、分享最为相关，特别是学科建制内的言论保护。③ 第二种是政治言论以及与公共事务相关的类政治言论，其中包括对政治人物、公众人物尖刻的批评，这是公民参与政治过程、影响政府决策的重要手段。④ 第三种是富有争议性的伦理观点的表达，这些言论即使在没有实质性地伤及他人的时候也容易被多数所压制，通过言论自由权对它们的保护最能够凸显言论自由权的第三种核心价值。⑤

有了上述的理论准备，我们可以评价一下电影院中谎报起火的案例。在电影院中高声谎报的"着火了"这句话本身并没有传达什么思想，甚至谎报者的目的并不是传达一个信息，他在明知的认知状态下虚构了一个信息，其目的不是传达信息，而是推动某种事情（惨剧）的发生。这就像一句赤裸裸的骂人的话，骂人者的意图并不是真的认为对方符合其所骂的内容，而是让

---

① 罗伯特·波斯特对此持否定态度，参见［美］罗伯特·波斯特：《宪法的领域：民主、共同体与管理》，毕洪海译，北京大学出版社 2012 年版，第 151 页。值得注意的是德沃金认为，公民拥有消费色情作品的权利，但他认为通过言论自由很难证成这一权利，他转而诉诸伦理独立的权利。所以，本文举言论自由权为例来说明硬色情作品称不上言论，与德沃金的整个理论并不矛盾。See Ronald Dworkin, *A Matter of Principle*, Clarendon Press, pp.335-372.

② See Rawls, *Political Liberalism*, Columbia University Press, 1996, p.341.

③ 参见［美］罗伯特·波斯特：《民主、专业知识与学术自由》，左亦鲁译，中国政法大学出版社 2012 年版，第 61 页以下。

④ 参见［美］亚历山大·米克尔约翰：《表达自由的法律限度》，侯健译，贵州人民出版社 2002 年版，第 22—40 页。

⑤ See Ronald Dworkin, *Freedom's Law*, Oxford University Press, 1996, ch.9.

对方难堪。因此，我们禁止在电影院中谎报起火以及禁止骂人并不是因为言论自由遇到重大的社会利益而作出让步，而是这些虽然在语义上可以被认定的"言论"，并非属于言论自由的保护范围，并非言论自由权的应有之义。认为权利作出让步的人在这里不知不觉地接受了望文生义的权利观，认为"言论"一词语义范围内的东西一旦受到限制，言论自由权本身就受到了限制。当然，这些行为造成的损害也是我们禁止它们的理由，没有任何损害而干涉公民的自由是不正当的。但是，我们这里分析的是言论自由有没有作出让步的问题，关注的重点应该集中于言论自由权到底有没有如此过分的要求（可以谎报起火），以及这些要求真的符合该权利依据中的核心价值，因而我们为其让步感到惋惜吗？答案显然是否定的。

作为对比，我们假想另外一个案例。① 某人在公开场合发表批评政府发动战争的行为，极易引发听众的社会骚乱。政府如想制止该社会骚乱，要出动大批的警力、耗费大量成本。当然禁止言论是成本最小的办法。政府可以这样做吗？我们在这里首先要分析在公开场所发表反战言论是什么性质的、它是否服务于权利依据中的核心价值。反战言论是典型的政治言论，发表其政治观点是公民参与政治过程、影响政府的重要途径，所以该言论在言论自由权保护的范围之内。政府只能出动大批警力维持秩序，同时允许公民发表其刺激性言论。所以，并不是因为广场上即将发生的社会骚乱的损失很小（显然不小），言论自由权在这里不需要让步，而是因为权利相对于总体社会功利具有优先性，权利不能让步；电影院案例中言论自由根本没有出场，不存在让步的问题。

四、紧急状态与权利限制

按照真正的权利观，权利依据所体现的核心价值所划定的权利范围是不需要因更大的社会利益损失而让步的。这是权利优先性的典型表现。但是，为权利优先性辩护的罗尔斯和德沃金都承认，在某些情况下，权利的核心价值也必须被放弃。德沃金称这些情况为"特定事实而形成的紧急政策"②、"一场灾难"③、"危险状态"④，罗尔斯称其为"真正的宪法危机"⑤。虽然名称不同，但两人对此有着大致相同的判断：一是紧急状态（state of emergency）并不同于日常政治，有其特殊性；二是紧急状态下权利的让步并不意味着其立场倒

---

① See Ronald Dworkin, *Taking Rights Seriously*, Harvard University Press, 1977, pp.193-197.
② See Ronald Dworkin, *Taking Rights Seriously*, Harvard University Press, 1977, p.92.
③ See Ronald Dworkin, *Taking Rights Seriously*, Harvard University Press, 1977, p.191.
④ See Ronald Dworkin, *Taking Rights Seriously*, Harvard University Press, 1977, p.201.
⑤ See Rawls, *Political Liberalism*, Columbia University Press, 1996, pp.353-354.

向功利主义。但是,比较遗憾的是,德沃金对紧急状态中的权利问题只是一语带过,罗尔斯自己也说其"没有提供系统的解释"[1]。所以,摆在我们面前有三个问题:(1)紧急状态应该如何界定,以区别于日常政治?(2)紧急状态下权利虽然让步,但是否还能保持一种对权利的足够尊重?(3)紧急状态下权利的让步是不是瓦解了权利优先性?下面我们将依次讨论这三个问题。

(一)紧急状态与权利让步的合理性

紧急状态是主权统治的实效性(effective sovereignty of state)遭到严重威胁、使用普通法律手段已经不能有效实施统治的状态[2]。在此状态下,政府将不能实施有效的统治,社会秩序、权利保障、公共福利的实现则都随之岌岌可危。这种关于紧急状态的界定集中于"主权的有效统治",主权的统治在不同的情况下会由不同的主体来行使,在联邦制国家中某个州可能就会陷入紧急状态,这里危及的就是分享主权的州政府。

值得注意的是,这种界定并没有以重大社会利益损失为紧急状态的要素。假如以重大利益损失来界定紧急状态,那么此处的"重大"将成为聚讼纷纭的关键点。关于"重大"可能出现三种界定:(1)"重大"意味着紧急状态下的损失大于停止实施相关权利的损失。这将意味着权利在日常情况下也不具有优先性,其立场等于回到了我们前面批评过的功利主义。(2)"重大"不仅是大于停止实施权利的损失,而是"远远大于"。但"远远大于"需要大到什么程度呢?此种界定实质上没有提供任何标准,它虽然不同意功利主义,但缺乏标准与功利主义划定界限。(3)"重大"不仅意味着紧急状态下社会利益损失大于停止实施权利的损失,而且会对政治统治实效性造成伤害。这种界定真正与功利主义划开了界限,因为它不仅执着于比较损害的大小,而是引入了损害政治统治实效性这一标准。一般来说,紧急状态的出现可能会造成重大社会利益损失,但是并非所有的重大利益损失都意味着进入了紧急状态,有了政治统治实效性这一标准,既可以很好地防止紧急状态混淆于日常政治中重大社会利益损失,也拒绝了纯粹的功利主义式的利益衡量。综合这三种对"重大"的界定,前两种因其明显的缺陷而无法获得认同,第三种对于"重大"的界定实质上诉诸的政治统治实效性标准,这也正是我们给出的界定。

我们下面分别列举几种情形,以判定其是否属于紧急状态。

一是外敌入侵。这是主权统治实效性遭遇严重威胁的典型情况。当然,不是所有的外敌入侵立即使国家陷入紧急状态,也要具体考察外敌入侵的程度。另外值得注意的是,外敌入侵是区别于宣战状态的,在海外开辟战场并不会导致本国主权统治实效性的瓦解。

---

[1] See Rawls, *Political Liberalism*, Columbia University Press, 1996, p.355.
[2] See Bruce Ackerman, *Before The Next Attack*, Yale University Press, 2006, pp.42-43.

二是恐怖袭击。与外敌入侵不同，恐怖袭击并不是直接摧毁对方的政府，但其也会瓦解被袭击国的主权统治实效性，只不过它摧毁主权统治实效性的方式是通过多次的恐怖袭击，让被袭击国的民众已经不相信自己的政府能够使其免于下一次袭击了，伴随对政府信心的丧失，政府颁布的法律、下达的指令也会普遍不被遵守①。

三是国内骚乱。不仅国外的影响会造成紧急状态，国内骚乱也会使政府陷入瘫痪。国内骚乱带来紧急状态的原理与恐怖袭击类似，尽管这不是针对政府的反抗，但也会因骚乱的逐步升级、造成的损失日益扩大，而让民众对政府能够克服危难的能力有所怀疑。当人人开始自保，甚至不惜侵犯他人的权利之时，社会骚乱就危及了主权统治的实效性。例如，某国爆发大规模传染病，假如政府不能有效控制疾病的蔓延，民众就会逐步失去对政府的信任，而各行其是②。

四是普通犯罪。这类犯罪很难造成紧急状态。（1）与外部入侵和来自国外的恐怖袭击不同，普通犯罪并不是想动摇其所在国的主权统治；（2）与国内骚乱不同，一般普通犯罪都是局部性的、在政府掌控之下的，即使是大型的集团犯罪也通常如此。诸如贩毒、走私这样的严重犯罪行为虽然也会造成重要社会利益的损失，但因其没有危及主权统治的实效性，一般不会使国家陷入紧急状态。

本文的任务不是关注紧急状态的界定与法理，而是关注为什么紧急状态可以合理地要求权利依据所体现的核心价值作出让步。道理在于：保护某些权利在紧急状态下会极大地妨碍延续或者恢复主权统治的实效性，甚至会使其成为不可能。阿克曼系统阐述了犯罪嫌疑人的权利在重大恐怖袭击期间对主权的有效统治造成的障碍③。恐怖袭击发生后，民众之间蔓延对下一次袭击的恐惧和对政府的维持秩序能力的不信任，此时恐怖主义者也会有更大的动力去发动又一次袭击，一旦成功，其对政权统治实效性的摧毁是加倍的。与此同时，普通的刑事侦查手段对于预防恐怖袭击来说捉襟见肘，特别是根据羁押期限的法定限制，警察只能把没有掌握确凿证据的犯罪嫌疑人到期予以释放。而法律又不允许的"拉网式围捕（dragnets）"，即在法定羁押期限之上，控制涉嫌掌握恐怖袭击信息者的人身自由，但这种手段有效切断了恐怖袭击的信息链，遏制二次袭击的发生。当然，很明显，"拉网式围捕"也会将很多无辜者"围捕"进去。基于人身保护令的一系列基本权利使得该种方式不合法。假如你认同在"非典"时期对人身自由的特殊限制是合理的，那么在严重的恐怖袭击发生后采用行之有效的"拉网式围捕"也同样是合理的。

---

① See Bruce Ackerman, *Before The Next Attack*, Yale University Press, 2006, pp.44-47.
② See Bruce Ackerman, *Before The Next Attack*, Yale University Press, 2006, pp.51-54.
③ See Bruce Ackerman, *Before The Next Attack*, Yale University Press, 2006, pp.44-47.

毕竟，我们的权利法案"并非一纸自杀契约"①。

这里有两点需要说明：

一是并非每种权利都会妨碍紧急状态下主权统治的实效性。哪种权利会危及主权统治的实效性需要具体结合政府所面对的境况、可采用的替代性手段、公民权利被侵害的程度等多种要素来决定，不能一概而论。有些种类的权利很难想象其会加剧紧急状态的窘境，我们一般会把其排除到可以正当予以限制的范围之外。言论自由权等政治权利就是如此。罗尔斯认为，美国的历史上还没有出现过通过压制言论能够避免或者改善紧急状态的时刻②。阿克曼也认为，在紧急状态下政治权利是不能被限制的，因为它们是对紧急状态下所采取措施之合理性进行评估的最为重要的途径。③

二是紧急状态经常被误用。指出紧急状态下限制权利的合理性并不意味着认可所有历史上发生过的紧急状态。政府总是愿意夸大紧急状态的危害。在紧急状态下，政府的权力受限更小，这是政府最为自由的时刻，它想尽量维持这种状态。④美国内战时期林肯总统废止人身保护令、"二战"期间罗斯福总统下令强制迁徙西海岸的日裔美国人，这些措施可能都无法通过理性的检验。当然我们并不是以事后诸葛亮的姿态去强求政府，而是质疑政府当时是否别无选择、政府采取的措施是否符合比例原则。

（二）紧急状态下对权利的保护

鉴于紧急状态存在较高的滥用风险，在制度层面上对紧急状态下政府能够采取的措施及其程序作出明确的限定是十分必要的。这些限制包括：

一是由行政机关与立法机关分享开启紧急状态的权力。反恐的任务一般主要由行政机关来推动，但宣布进入紧急状态必须经过立法机关的讨论与认可。立法机关中的专门委员会必须担负起实质性考查的任务，并向立法机关提出报告。⑤

二是紧急状态的延期需要特殊程序。鉴于政府有滥用紧急状态权力的风险，延期与宣布进入紧急状态应该采取不同的程序。例如，阿克曼建议采取逐步增加的多数决机制，即每一次延期都需要立法机关更大比例的多数同意，才能够获得延期。这样少数人、特别是那些权利遭到限制的少数人将逐步会在立法决策中发挥越来越大的否决作用⑥。

---

① 相似的观点参见［美］理查德·波斯纳：《并非自杀契约：国家紧急状态时期的宪法》，苏力译，北京大学出版社 2010 年版，第 39—52 页。

② See Rawls, *Political Liberalism*, Columbia University Press, 1996, p.355.

③ See Bruce Ackerman, *Before The Next Attack*, Yale University Press, 2006, pp.93-96.

④ 对美国"9·11"恐怖袭击之后小布什政府反恐措施反应过度的批评，参见 Ronald Dworkin, *Is Democracy Possible Here?*, Princeton University Press, 2006, ch.2.

⑤ See Bruce Ackerman, *Before The Next Attack*, Yale University Press, 2006, pp.91-93.

⑥ See Bruce Ackerman, *Before The Next Attack*, Yale University Press, 2006, pp.80-83.

三是政治自由权不得废止。言论自由权等一系列的政治自由权是评判进而遏制紧急状态权力的重要途径，因此即使在紧急状态下，对于政府政策的评论也不能废止。

四是补偿受限权利。紧急状态之中或者之后对受限权利人给予的补偿有两种：（1）提高在受限期间的待遇，即应该保障受限权利人的生活水准，并使其在外观上与罪犯区别开；（2）给予事后的经济补偿。阿克曼建议给予因拉网式围捕人身自由受限的权利人以每天五百美元的高额补偿。这种补偿有着奇妙的制约权力作用，政府在限制权利时会更为谨慎，也会尽快开展调查核实，将没有必要羁押的人予以释放。[①]

（三）紧急状态挑战了权利的优先性了吗？

我们看到，紧急状态不同于日常政治。在日常政治中，权利依据体现的核心价值及其所划定的权利具体形态并不会因为更大的社会利益而让步，除非我们接受了一种不尽合理的望文生义的权利观及其派生出的错误印象。但在紧急状态下，权利依据体现的核心价值却做出了实质性的让步，在没有确凿证据的情况下就限制涉嫌了解恐怖袭击信息者的人身自由，在"非典"肆虐时期限制疑似病毒感染者所在社区中所有人的人身自由，这些都是典型情况。所以，似乎接受了紧急状态下权利让步的合理性，那么就不能合理地坚持权利优先性。真的是这样吗？我们需要进行细致的辨析：

一是并非因较大社会利益而让步。在紧急状态下，权利的核心价值确实做出了让步，但这种让步并不等同于权利所保护的利益向较大社会利益的让步。在紧急状态下，考虑权利的让步问题，我们也并不是着眼于（例如）恐怖袭击带来的社会利益损失是否大于犯罪嫌疑人权利遭到侵犯的损失，而是着眼于政权统治的实效是否会被破坏。当然，政权统治实效性被破坏往往伴随着巨大社会利益的损失，但两者并不等同。换句话说，即使我们接受紧急状态下的权利让步，我们也没有接受政治实践推理中的平衡模式。在日常政治中，我们为降低刑侦的成本而刑讯犯罪嫌疑人肯定是不正当的，也就是说，即使能保证较大社会利益（节约用于刑侦的税款）也不能要求犯罪嫌疑人的基本权利作出让步。很多社会利益的损失并不会危及政权统治的实效性，例如，毒品犯罪就给社会利益造成很大的损失，但它一般不会危及政权统治，我们没有必要在此情况下要求权利作出让步。

二是紧急状态下保护权利的措施：并不仅仅是平衡。我们还要看到，社会功利最大化原则很难说明紧急状态下采取的一系列权利保护措施，因为它们都不是基于利益的衡量计算的。例如，严格限制紧急状态宣布权、逐渐增加多数票比例的延期程序、高额的对权利受限者的补偿，所有这些措施都是

[①] See Bruce Ackerman, *Before The Next Attack*, Yale University Press, 2006, pp.54-56.

出自对权利人的尊重，假如为了社会功利最大化，这些措施都可以省去。逐渐多数决机制也许会延误反恐的时机，高额补偿可能导致政府放掉一些疑似掌握恐怖信息者、只能聚焦于一些有重大嫌疑的人，从总体社会功利计算来看，这么做实在是得不偿失。权利优先性意味着权利能够抵御社会总体的功利计算，在这个意义上，紧急状态下的权利并没有完全丧失其优先性，反而在上述制度细节中体现了权利的珍贵以及人类为这种珍贵要付出的代价。

三是更新权利观念：为更好地保护权利而让步。假如不是让步于更大的社会利益，为了政权统治的实效性而限制权利依据所体现的核心价值到底意味着什么呢？我认为，最合理的解释就是，由于在现代社会中对于保护权利来说，国家政权是最重要的维护权利机制，紧急状态下，权利不得不做出的让步，其直接目的是保护权利的维护机制，根本目的仍然是保护权利体系本身。约翰·罗尔斯在《正义论》曾经提出过一种情形来支持基本自由为什么可以被限制。①他设想各城邦交战时按照惯例都不带回战俘，而是就地处决，现在各城邦之间达成协议，同意把战俘带回城邦做奴隶。罗尔斯认为，这是一种制度上的进步，在这种条件下奴隶制是允许的，如果这种情况下仍顽固地反对奴隶制，则导致更为严重的对基本自由的侵害。当然，奴隶制能够让战俘获得与自由公民频繁接触的机会，这也增大了制度再进一步改进的可能性，因此交换战俘的制度是更好的制度。罗尔斯说："当欲把一个较不幸运的社会改造成一个人人都能充分享受基本自由的社会所必须时，就要放弃这些自由中的一部分。"②罗尔斯这个例子带有很强的假设性，他没有进一步描绘出当时各城邦除了奴隶制是否还有其他对待战俘的选择，也没有说明是什么样的奴隶制，所以我们几乎很难赞同他对奴隶制的接受。但是，罗尔斯的意思是清楚的，接受奴隶制并不是因为奴隶制在经济上更有利，也不是因为人分三六九等这样的善观念，而是因为这是保护战俘基本自由征程中的必要一步。其最终目的仍然是为了保护基本自由。虽然在奴隶制问题上有不清晰之嫌，但罗尔斯这个思想对于我们当下的紧急状态的情形很有说服力。紧急状态下权利作出让步并非为了权利之外的社会目标，而是为了保护权利本身，这是走向更充分享受权利社会的"必要一步"。由此，我们就可以理解"权利法案并非一纸自杀契约"这句话，特别是其中"自杀"一词的含义。避免极大损害政权统治的实效性，其最终是为了避免丧失保护权利最为重要的手段，是为了防止权利的"自杀"（权利杀死了权利）。在这个意义上，紧急状态下权利作出的让步可以理解为：权利为保存其自身而被限制与调整，在这个意义上，这并没有瓦解权利的优先性，特别是权利相对于总体的社会功利的优

---

① See John Rawls, *The Theory of Justice*, Harvard University Press, 1999, p. 218.
② John Rawls, *The Theory of Justice*, Harvard University Press, 1999, p. 217.

先性。

上述辩护假如是有道理的，主要是因为它依赖了一种更为丰富的权利观。权利不是其名称根据语言惯例而确定下来的东西，也不完全是法律规定或者判例决定的其所表现出来的诸种权能，权利还包含着这些关于权利的各种实践所蕴含着的核心价值，这些核心价值有待于处于不同时代的人们不断重新阐释；在阐释的过程中，我们还要考虑这些核心价值与权利保护机制之间的相互依存关系，特别是在当代社会中与国家政权这一最为重要权利保护机制之间的依存关系。在这种权利观的关照下，我们也许可以得出结论，在紧急状态下权利的优先性并没有丧失，权利仅仅是因其自身原因而被调整。

五、结语：关于方法

最后对于本文讨论问题的方法做个简要说明。本文以权利的特定性、真正的权利观以及包含保护机制的权利观为途径，分别回应了权利优先性命题面临的三个困境。有人可能认为，这些回应的成功是建立在假设前提之上的。这种论证如何去说服那些不认为权利具有特定性，或者不认可我们权利观的人呢？我的回答是，我们可能无法找到不依赖任何前提的论证，论证的合理性并不来自其本身就是第一原理，而是在于这些前提是不是能够阐明并在道德上证立我们大部分的权利实践，也在于这些前提及其结论能否使我们的权利实践在道德上更有说服力。所以，先不要去质疑这些前提来自哪里，而是应该切身地想象，放弃这些前提，我们将会否认多少合理的权利实践，或者会推论出一种多么极端的权利理论及其实践。

（作者系北方工业大学文法学院法律系教授）

王道与王权天理

——北宋《春秋》学中的王道思想浅析

王心竹

宋代,尤其是北宋,《春秋》引起当时士大夫的重视,对它的注疏研读成为显学。本文以孙复的《春秋尊王发微》、孙觉的《春秋经解》,以及程颐的《春秋传》为文本,认为基于当时的历史情势,学者们对它的解读乃着眼于尊王之大义,虽然这一"王"不乏王权之意蕴,但其实乃以王道为理想来批判、关照现实,由此,儒家王道论借《春秋》学得以充分展开。

一、北宋《春秋》学的兴起

《春秋》之所以能在北宋兴起,并成为显学,乃多种合力共同作用的结果。作为五代时期最后一个利用军权夺取政权的皇帝,赵匡胤对武将甚多防范和忌惮,采用了重文轻武的国策,以文官代替武将行职。而且,"自太祖勒不杀士大夫之誓,以诏子孙,终宋之世,文臣无欧刀之辟"。[①]这一切既保持了内部政治的相对稳定,又为经济和文化的发展提供了安宁的社会环境。

一方面是文化政策上的宽容,另一方面则是政治上有待进一步加强中央集权的诉求。这是因为,自唐代安史之乱以后,地方藩镇的割据势力不断抬头,后晋节度使安重荣就直言不讳地说:"天子宁有种邪?兵强马壮者为之尔!"[②]以致五代十国时期,变国如变舍,"君君臣臣、父父子子之道乖,而宗庙朝廷人鬼皆失其序"[③]。为了不再重蹈覆辙,宋代在建立之初即"以防弊之政,作立固之法",皇帝直接控制军事、财政、行政大权,削弱州郡实力;随后又加强禁军制度,建立通判制度和转运使制度,使一切权力集中到皇帝个人手中。正如朱熹所言:"本朝鉴五代藩镇之弊,遂尽夺藩镇之权,兵也收了,

---

① [明]王夫之:《宋论》,《船山全书》第十一册,岳麓书社出版社1992年版,第24页。
② [宋]欧阳修:《新五代史》卷五十一,《安重荣传》,中华书局点校本1974年版,第583页。
③ [宋]欧阳修:《新五代史》卷十四,《唐家人传第二·皇后刘氏传》,中华书局点校本1974年版,第144页。

财也收了，赏罚刑政一切收了。"① 叶适也说："国家因唐、五季之极弊，收敛藩镇，权归于上，一兵之籍，一财之源，一地之守，皆人主自为之也。"②

与相对宽松的文化环境以及政治上要求加强中央集权、君主专制的诉求相表里，体现在文化上，则要求重振纲常、尊王攘夷，由此《春秋》学成为显学。这是因为，就统治者而言，因为《春秋》一书的宗旨就在于据天子、诸侯、卿、大夫、士之行事以行褒贬，别是非，明善恶，正名分，从而达到惩劝目的。这对于历代专制君主来说，是最为切要的根本大法。与历来的封建统治者都褒奖《春秋》一样，宋帝也非常喜好《春秋》。如真宗即先后让邢昺、王旦讲读《春秋》的大义微旨。他们尊《春秋》的原因即是着眼于纲纪而"奖王室，尊君道"。当然，就宋儒对《春秋》的解读而言，却在"奖王室，尊君道"的同时，进而以王道正君道。他们推明王道大义的精神统绪，以《春秋》学的形式表达着对于若干重大、根本政治问题的理性深思，也就是说，其王道路线的背后体现的是儒士们围绕当时社会面临的种种问题——尤其是，在当时政治上要求加强君主专制的诉求下，如何在加强专制君权与避免强权独裁之间达成一种和谐的张力，即在王道与君权之间寻求动态平衡，这也决定了宋代《春秋》学主要着眼于君权，以及君臣关系而谈王道——所做出的积极努力。同时，由于当时四边少数民族以骑马民族的骁勇对宋廷造成极大的威胁，故《春秋》中的夷夏之辨，在此时也作为一个重要的问题凸显出来，但这一问题在宋代《春秋》学那里乃是服务于对王道的诠释，即夷夏之别主要是文化之别，攘夷乃是在尊君、倡王道前提下的攘夷。

当然，《春秋》学在宋代的兴起，又是和自中唐以来的儒学兴起的大背景分不开的，就儒学自身的发展来说，既然中唐古文运动以后人称之为"文以载道"的精神，倡崇道抑文，在文与道的张力中强调道的一面，那么必然要求从思想上回到经典形态，这就势必导致对儒经的重新解读，由此形成了庆历时期的疑古惑经思潮。可以这样说，宋初的儒者们正是在疑经的基础上，由"我注六经"，走向"六经注我"，注重发挥义理，以己意重新解经，赋予传统儒经以适合现实需要的新内容。从儒学自身的发展来看，这种敢于疑经、改经，并对经典进行重新诠释的精神所强调的是义理之学，它是对于汉唐经学的一种反动，表现出一种想要摒弃汉唐训诂之学而直接面向经典、回复圣人之道的气势。

正是在这样的政治、文化环境下，宋代《春秋》学成为一门显学。据《四库全书总目》介绍：中国古代"说《春秋》者莫夥于两宋。"据统计，四库《春

---

① [宋]黎靖德编：《朱子语类》卷一二八，王星贤点校，中华书局1986年版，第3063页。
② [宋]叶适：《水心别集》卷之十《始议二》，《叶适集》（三），中华书局1983年版，第759页。

秋》类，共著录 114 部 1838 卷，而宋人之作，即占 38 部 689 卷，以部数论，恰为三分之一，以卷数论，则为三分之一以上。由此足见《春秋》之学在宋代经学研究中所处的重要地位。石介就曾引述孙复之言曰："先生尝以为尽孔子之心者大《易》；尽孔子之用者《春秋》，是二大经，圣人之极笔也，治世之大法也。"①

二、王道之王与王权之王

在宋代诸家《春秋》学中，孙复《春秋尊王发微》成书最早。他治《春秋》最大的特点就是将传统的"三传"置之不顾，而以己意来讲"圣人"的"微言大义"，突出体现了宋儒敢于疑古惑经的气概。对其解经的这一特征，欧阳修曰："先生治《春秋》，不惑传注，不为曲说以乱经。其言简易，明于诸侯大夫功罪，以考时之盛衰，而推见王道之治乱，得于经之本义为多。"②

孙复认为六经中含有儒家之道，《春秋尊王发微》即是他对《春秋》中圣人之道的解读，具体而言，这一体现在《春秋》中的圣人之道即是孔子损益的以仁义礼乐之道为内在标准的儒家王道。因此，他正是借《春秋》的批判精神，以儒家王道理想为依据，倡明"尊王"，并试图将其落实到现实的政治生活中，在倡明君权的同时，又高标于君权之上，对后者予以规制和批判。在《春秋尊王发微》中，他即开宗明义地提出：

> 孔子之作《春秋》也，以天下无王而作也，非为隐公而作也。然则《春秋》之始于隐公者，非他，以平王之所终也。何者？昔者幽王遇祸，平王东迁，平既不王，周道绝矣。观夫东迁之后，周室微弱，诸侯强大，朝觐之礼不修，贡赋之职不奉，号令之无所束，赏罚之无所加。坏法易纪者有之，变礼乱乐者有之，弑君戕父者有之，攘国窃号者有之。征伐四出，荡然莫禁。天下之政，中国之事，皆诸侯分裂之。平王庸暗，历孝逾惠，莫能中兴，播荡陵迟，逮隐而死。夫生犹有可待也，死则何所为哉！……《春秋》自隐公而始者，天下无复有王也。③

即孔子并不是为隐公这个现实中的君王失去权威而作《春秋》，而是为了

---

① [清] 黄宗羲：《泰山学案》，《宋元学案》卷二，《黄宗羲全集》第三册，浙江古籍出版社 2005 年版，第 143 页。
② [清] 黄宗羲：《泰山学案》，《宋元学案》卷二，《黄宗羲全集》第三册，浙江古籍出版社 2005 年版，第 142 页。
③ [宋] 孙复：《春秋尊王发微》卷一，《隐公》，文渊阁《四库全书》第一四七册，上海古籍出版社 1987 年影印版，第 3 页。

"天下无王",此"王"既可理解为承载、践行儒家王道的王,也可理解为王道,也就是说,无论哪一层面的"王",都非仅指现实君王。同时,他把传统《春秋》学中"一字褒贬"的"笔法",以及春秋时局说成是只贬而无褒。

正是基于对王道理想的持守,以及对现实之王不能或无法遵行王道的不满,孙复对周天子本人偏离王道充满批评。如隐公七年(前716)"秋,公伐邾。冬,天王使凡伯来聘",孙复认为:"天王使凡伯来聘,非天子之事也。桓王不能兴衰振治,统制四海,以复文武之业,反同列国之君。使凡伯来聘,此桓王之为天子可知也。"①即周王自降身份等同于诸侯,是违背礼制的行为。对襄公三十年(前543)"天王杀其弟佞夫",孙复谓"《春秋》之义,天子得专杀,故二百四十二年无天王杀大夫文。此言杀其弟佞夫者,《书》称帝尧'克明俊德,以亲九族,九族既睦,平章百姓'。而景王不能容一母弟,不可不见也。且诸侯有失教及不能友爱其弟出奔者,孔子犹详而录之,讥其失兄之道,况景王尊为天子,富有四海乎。故斥言杀其弟佞夫以恶之也。"②以帝尧之德,反衬周天子失为兄之道。这些例证都可见孙复之"尊王"所尊并非现实个体之"王",而是王道;"尊王"大义的实质是对儒家王道理想的回归,是对政治秩序中仁义礼乐精神的诉求。

与孙复一样,孙觉在《春秋经解》中也认为"孔子之作《春秋》也,以天下无王而作也,非为隐公而作也"③。这里所谓的"无王",同孙复一样,指的不是现实的以位而言的王失去形式上的权威性,而是王的内在标准。基于此,孙觉在说明王的内涵时说:"天王者,天下之至尊,而道德之所以出。"④在这里,"尊"以位言,"道德"则指王之所以为王的内在标准,即王道。"盖圣人之意以为天下之大,元元之众,而天王一人者治之。则其道德仁义有以先天下而帅元元也。一言之非,一动之失则不足以为天下王矣。"⑤所以孙觉对周王及诸侯的行为均有否定之处,如周王使鲁庄公主持齐王姬的婚礼,使叔服会僖公之葬,使毛伯赐文公命,甚至释放弑君之人,孙觉都认为天王有失礼之处。失礼、失刑赏都是不合王道的表现。

刘敞在《春秋权衡》中,更是明确以权、衡作为度量工具所体现的公平

---

① [宋]孙复:《春秋尊王发微》卷一,《隐公》,文渊阁《四库全书》第一四七册,上海古籍出版社1987年影印版,第11页。
② [宋]孙复:《春秋尊王发微》卷九,《襄公》,文渊阁《四库全书》第一四七册,上海古籍出版社1987年影印版,第99页。
③ [宋]孙复:《春秋尊王发微》卷一,《隐公》,文渊阁《四库全书》第一四七册,上海古籍出版社1987年影印版,第557页。
④ [宋]孙觉:《孙氏春秋经解》卷三,《庄公》,文渊阁《四库全书》第一四七册,上海古籍出版社1987年影印版,第597页。
⑤ [宋]孙觉:《孙氏春秋经解》卷六,《僖公》,文渊阁《四库全书》第一四七册,上海古籍出版社1987年影印版,第678页。

性入手，评判三传，他在批评《公羊传》所谓的"新周"观点的基础上，指出："圣人作《春秋》，本欲见褒贬、是非，达王义而已。王义苟达，虽不新周，虽不故宋，虽不当新王，犹是《春秋》义也。"①"《春秋》之义，王道也；《春秋》之事，史记也。圣人岂必私以己意增损旧史而后见其道哉！"②体现了强烈的现实批判立场。

当然，《春秋》学之所以能在北宋见重，如前所述，是暗合于统治者重振君权的诉求的，因此，在以王道倡尊王，并规制王权的同时，他们在论述王道时，亦呈现出遵从现实的权威，维护在上者的绝对权力的意图。就此而论，此处之尊王实为尊现实之王权，从而使"王"的内涵歧出。如在《春秋尊王发微》中，对桓公十五年（前697），"春二月，天王使家父来求车"。孙复即曰："天王使家父来求车者，诸侯贡赋不入，周室材用不足也。"③对于这一事件，《春秋》各传都认为这是讥天子非礼，如《公羊传》即谓"王者无求"，胡安国也说："王畿千里，租税所入，足以克费，不至于有求；四方诸侯各有职贡，不至于来求。"④但不同在于，孙复则单责诸侯，认为是由于诸侯贡赋不入才导致周王室财政出现困难。而且，在孙复看来，君有天大罪恶也不能杀。比如，文公十八年（前609），"莒弑其君庶其"。孙复云："称国以弑，众也。谓肆祸者非一，故众弑君，则称国以诛之，言举国之人可诛也。"⑤于君民关系的看法与先秦儒家完全颠倒。

可以这样说，不仅是孙复，北宋时期的《春秋》学大家，基本都是在尊王的维度下，寻找王权与王道的动态平衡，如前所述，这也就决定了他们对君臣关系的看重，以及对这一关系的理解同样打上时代的烙印。如孙觉在论述君臣关系时，一方面多次强调"君虽不君，臣不可以不臣"，主张的仍是单向的君臣关系；另一方面他也试图寻找君权之上的普遍的道义原则，指出臣子要"以道事君"，"道"的内容即为义、信等价值规范。庄公元年（前693）"秋，筑王姬之馆于外"，他即以荀子之言立论，说："荀子云从道不从君，从义不从父，人之大行也；入则孝，出则弟，人之小行也。盖事有不中于道，

---

① ［宋］刘敞：《春秋权衡》卷八，文渊阁《四库全书》第一四七册，上海古籍出版社1987年影印版，第255页。
② ［宋］刘敞：《春秋权衡》卷十五，文渊阁《四库全书》第一四七册，上海古籍出版社1987年影印版，第335页。
③ ［宋］孙复：《春秋尊王发微》卷二，《桓公》，文渊阁《四库全书》第一四七册，上海古籍出版社1987年影印版，第22页。
④ ［宋］胡安国：《胡氏春秋传》卷六，文渊阁《四库全书》第一五一册，上海古籍出版社1987年影印版，第154页。
⑤ ［宋］孙复：《春秋尊王发微》卷六，《文公》，文渊阁《四库全书》第一四七册，上海古籍出版社1987年影印版，第69页。

理有不合于义者，则虽君父有命，有不必从，惟道义之所在尔。"①并以此衡量鲁庄公的筑馆行为，认为齐与鲁公有弑父之仇，周王却命鲁庄公主嫁于齐的王姬的婚礼，周王之命有失礼处，不合于义：鲁庄公不应遵从王命，对周王的无礼要求，"当以衰绖为除，仇敌未复辞于天王"②，"圣人以为庄公为事君不尽其诚，居丧不致其哀"③。所以，臣子对君王从道从义，不是单纯地遵从现实王权。他还认为孟子"民为本，社稷次之，君为轻"为"王道之极致"。

三、作为天理体现的王道

对于王道的来源，孙觉即以《易》理与《春秋》义例相发明，以天道推明王道，从而试图为后者寻找形上、超越的依据。他在解释"春王正月"的书法说"欲示人君体元居正之法也"时，以"生成之德""生成万物之心"作为宇宙之"元""气"的本性。认为"天道"就是"仁"体，而"王道"即是"体天地生成之德"，"生成天下之民物"，④乃天道之下贯。

刘敞认为："圣人作《春秋》，本欲见褒贬、是非，达王义而已。"⑤它通过在具体的政治生活中的落实，通过君臣、父子、夫妇，以及华夷关系而体现出来。虽然刘敞之论重在王道在现实政治生活中的落实，但他也同孙觉一样，已试图从天道的角度为王道寻找依据。这大概也是朱熹赞"如刘原父《春秋》亦好"⑥的原因之一吧。作为反证的则是程颐对孙复《春秋》学的批评："孙大概唯解《春秋》之法，不见圣人所寓微意。若如是看，有何意味乎？"即孙复《春秋》学之"王道"，仅止于实然的王权秩序，而未达于"法"之所以然之"理"。

至程颐，王道论完全建立在天理论的基础之上，由此亦可见理学产生的历程。程颐认为《春秋》是经不是史，而《春秋》作为经，其所明之道，即王道，是天理的体现。"孔子知是理，故其志不欲为一王之法，欲为百王之通

---

① [宋]孙觉：《孙氏春秋经解》卷三，《庄公》，文渊阁《四库全书》第一四七册，上海古籍出版社 1987 年影印版，第 583 页。
② [宋]孙觉：《孙氏春秋经解》卷三，《庄公》，文渊阁《四库全书》第一四七册，上海古籍出版社 1987 年影印版，第 583 页。
③ [宋]孙觉：《孙氏春秋经解》卷三，《庄公》，文渊阁《四库全书》第一四七册，上海古籍出版社 1987 年影印版，第 583 页。
④ 参见江湄：《北宋诸家〈春秋〉学的"王道"论述及其论辩关系》，《哲学研究》2007 年第 7 期，第 29 页。
⑤ [宋]刘敞：《春秋权衡》卷八，文渊阁《四库全书》第一四七册，上海古籍出版社 1987 年影印版，第 255 页。
⑥ [宋]黎靖德编：《朱子语类》卷八十三，王星贤点校，中华书局 1996 年版，第 2153 页。

法，如语颜渊为邦是也，其法度又一寓之《春秋》。"①也就是说，王道之所以为王道，在于它是符合理的政治，故而才有"孔子知是理"之说；《春秋》所明的王道，也才是"百王之通法"。就此而论，程颐所谓的王道可以说既是三代之制，又不是三代之制：说它是，是因为三代乃王道流行的时代；说它不是，是因为三代之所以为王道流行的时代，在于它体现了天理，而不是它本身就是王道。这样，三代之制不过是"道"的体现，乃"法"的层面。"'万物皆备于我'，不独人尔，物皆然。都自这里出去，只是物不能推，人则能推之。虽能推去，几时添得一分？不能推之，几时减得一分？百理俱在，平铺放着。几时道尧尽君道，添得君道多；舜尽子道，添得子道多？元来依旧。"②基于此，他批评孙复"不见圣人所寓微意"③。这样，他就将对《春秋》的解读以及王道思想均建立在他的理本论的基础之上。

这一基于理本论的王道论落在具体的治道层面，程颐认为，王之所以为王，就在于他必须尽天理；相反，王者若不尽天理，就不是王。所以他很坚决地用天理责天王，要求君主个人的政治权威必须服从于"理"，并自觉地接受王道。如《春秋》载桓公四年（前708），"夏，天王使宰渠伯纠来聘"，程颐即曰："桓公弑君而立，天子不能治，天下莫能讨，而王使其宰聘之，示加尊宠，天理灭矣，人道无矣。书天王，言当奉天也，而其为如此。名纠，尊卑贵贱之义亡也。人理既灭，天运乖矣；阴阳失序，岁功不能成矣，故不具四时。"④桓公弑君而立，周天王不仅不能帅天下以讨伐，反而派遣其宰聘之，以表示尊宠，也就是不奉天理了，即"天理灭矣"。

由于王道之治就是得天理之正的统治，因此在程颐那里，王霸之别也就是天理人欲之别。程颢在《答王霸劄子》一文中对这一以天理论王道，以人欲、私心论霸道的观点做了详细阐述。

> 臣伏谓得天理之正，极人伦之至者，尧舜之道也；用其私心，依仁义之偏者，霸者之事也。王道如砥，本乎人情，出乎礼仪，若履大路而行，若复回曲；霸者崎岖反侧于曲径之中，而卒不可与入尧舜之道。故诚心而王则王矣，假之而霸则霸矣，二者其道不同，在审其初而已，《易》所谓"差若毫厘，谬以千里"者，其初不可不审也。故治天下者，必先立其志，

---

① [宋]程颢、程颐：《河南程氏遗书》卷三，《二程集》，王孝鱼点校，中华书局2004年版，第62页。
② [宋]程颢、程颐：《河南程氏遗书》卷二（上），《二程集》，王孝鱼点校，中华书局2004年版，第34页。
③ [宋]程颢、程颐：《河南程氏外书》卷九，《二程集》，王孝鱼点校，中华书局2004年版，第402页。
④ [宋]程颢、程颐：《河南程氏经说》卷第四，《二程集》，王孝鱼点校，中华书局2004年版，第1103—1104页。

正志先立,则邪说不能移,异端不能惑,故力进于道而莫之御也。苟以霸者之心,而求王道之成,是衔石以为玉也,故仲尼之徒无道桓、文之事,而曾西耻比管仲者,义所不由也,况下于霸者哉! ①

"尧舜之道"即王道,在于上得天理,下极人伦。也正是因为如此,他们在论三代、汉唐这一问题时认为"三代之治,顺理者也;两汉以下,皆把持天下者也"②。

四、结语

北宋《春秋》学的研究,虽不乏以王权论王道之论,但总体而言,突出的是以应然之王道理想规制王权、君权,以及在现实王权与王道理想之间寻找平衡的积极努力。终宋一朝,这一努力未曾停息,由此也可见儒家以王道理想关注、批判现实的精神力量。

同时,在他们对王道内涵以及王道依据的揭示中,即从孙觉、刘敞将王道建立在天道的基础上,但还没有明确地将道上升到本体地位,到程颐将王道论纳入其理学框架内来诠释,以天理论王道,北宋儒学的变化历程,理学在这一变化过程中的逐渐产生过程,以及经学与理学之间的密切关系亦大致可见。

(作者系中国政法大学人文学院哲学系教授)

---

① [宋]程颢、程颐:《河南程氏文集》卷第一,《二程集》,王孝鱼点校,中华书局2004年版,第450—451页。
② [宋]程颢、程颐:《河南程氏经说》卷第四,《二程集》,王孝鱼点校,中华书局2004年版,第1089页。

"以力得富"与"以法为教"
——韩非子的富民与教民思想

王威威

先秦诸子生活于一个动乱的时代，他们都在急切地为这一时代寻找出路，为君主提供治国的良方。在"治"的主题之下，又有不同层次的问题受到关注。那么，君主治国所要解决的首要问题是什么呢？《管子·治国》讲："凡治国之道，必先富民。……是以善为国者，必先富民，然后治之。"这是认为富民是君主治国所应解决的首要问题。《论语·子路》讲："子适卫，冉有仆。子曰：'庶矣哉！'冉有曰：'既庶矣，又何加焉？'曰：'富之。'曰：'既富矣，又何加焉？'曰：'教之。'"孔子在"庶""富"之后又提出了"教"的重要性。徐复观认为富民和教民是孔子德治的综括性的目的、内容。[①] 此外，《管子·牧民》中有"仓廪实则知礼节，衣食足则知荣辱"的说法，认为物质需求的满足是道德教化的前提和条件。《荀子·大略》讲"不富无以养民情，不教无以理民性"，认为富民和教民在治国之道中同样重要，富民又能教民，称王天下的政事就已完备。可见，富民、教民及其二者关系是先秦诸子广泛关注的问题。韩非子被看作法家思想的集大成者，他的相关思想亦受到学界关注。很多学者认为韩非子主张富国而反对富民，又认为韩非子重刑罚而废教化。本文将对韩非子的富民与教民思想进行新的探讨，并期待揭示出韩非思想中富民与教民之关系。

一、"以力得富""以事致贵"

韩非子认为就利去害、恶劳乐逸是"人之情"，也是"民之性"，《奸劫弑臣》篇讲："夫安利者就之，危害者去之，此人之情也。"《心度》篇讲："夫民之性，恶劳而乐佚。"此外，《解老》讲"人无愚智，莫不有趋舍"，《难二》有"好利恶害，夫人之所有"的说法，《外储说左上》认为人"皆挟自为心"。

[①] 徐复观：《儒家思想与现代社会》，九州出版社2014年版，第136页。

虽然这些文字没有直接表述为"性"或"情",但是,人"莫不有"的"趋舍"、"人之所有"的好利恶害,人人"皆挟"的"自为心",均是人所具有的共同性,可见仍是在讨论人性问题。概括来讲,韩非子所持的是"好利""自为"的人性论。许多学者认为韩非子同荀子一样主张人性恶,实际上,他只是对人性进行事实判断,即"好利""自为",并没有给予人性以善恶评价,而且他主张"因人之情",而不同于荀子所主张的"化性"。他的人性论与商鞅、慎到等前期法家的人性论更为一致。①

韩非子认为人"不免于欲利之心",是因为"人无毛羽,不衣则不犯寒;上不属天而下不著地,以肠胃为根本,不食则不能活"(《解老》)。既然他承认人的欲利之心是人人所有的,不可避免,而物质财富是人维持生存的必需,是人心的欲求对象,也就可以得出君主治国应该满足百姓对物质财富的追求这类观点,也就是说应该主张富民。关于君主治国是否应当富民,韩非子在《六反》中有集中的讨论:

> 今学者皆道书策之颂语,不察当世之实事,曰:"上不爱民,赋敛常重,则用不足而下恐上,故天下大乱。"此以为足其财用以加爱焉,虽轻刑罚,可以治也。此言不然矣。凡人之取重赏罚,固已足之之后也;虽财用足而后厚爱之,然而轻刑,犹之乱也。……君人者虽足民,不能足使为君天子,而桀未必为天子为足也,则虽足民,何可以为治也?

韩非子在此段中批评了"足其财用"就可以治国的观点。"足其财用"就是富民,因此,此段被看作韩非子反对富民的证据。如刘泽华先生认为:

> 韩非发展生产的目的不是为了富民,而是为了增加国家的财政收入。
> 韩非对民的态度,就其主旨来看,他既反对爱民,又反对富民。……"富民"主张,既不实际,而且有害。从人的本性看,人皆自为好利,欲望无穷。除了像老子这样的极少数的特殊人物能自觉地"知足"之外,绝大多数人的欲壑是永远也填不满的。面对这种情况,怎么能够实行富民政策呢?因此他批评"足民""富民"之类的主张,是"不察当时之实事"的大而无用的空论。另一方面,民不宜富,因为富则淫,富则懒。②

实际上,韩非子所讨论的问题是"足其才用"和以法为依据的赏罚何者

---

① 《商君书·算地》讲:"民之性,饥而求食,劳而求佚,苦则索乐,辱则求荣,此民之情也。"《慎子·因循》讲:"天道因则大,化则细。因也者,因人之情也。人莫不自为也,化而使之为我,则莫可得而用矣。"

② 刘泽华:《中国政治思想史集》第 1 卷,人民出版社 2008 年版,第 209 页。

为治国的充分条件的问题。因为人性对财富的追求无限，君主虽然能使人民富足，也不能完全满足人追求财富的欲望，所以"足其才用"并不能治国。韩非子接着讲道：

> 故明主之治国也，适其时事以致财物，论其税赋以均贫富，厚其爵禄以尽贤能，重其刑罚以禁奸邪，使民以力得富，以事致贵，以过受罪，以功致赏，而不念慈惠之赐，此帝王之政也。

韩非子认为治理国家应顺应时事来获得财物，确定赋税来调节贫富，提供高爵厚禄使人竭尽才能，制定重刑重罚来禁止奸邪，使百姓因出力而得到财富，因功业而得到尊贵，因过错而受到惩罚，因立功而得到奖赏，而不必期待君主的仁慈赏赐。韩非子批评"足民""富民"之类的主张并非反对富民，而只是主张仅仅依靠富民不能达到国治的效果，也就是说，富民不是国治的充分条件。

《五蠹》篇也讲道：

> 故明主用其力，不听其言；赏其功，必禁无用；故民尽死力以从其上。夫耕之用力也劳，而民为之者，曰：可得以富也。战之为事也危，而民为之者，曰：可得以贵也。今修文学、习言谈，则无耕之劳而有富之实，无战之危而有贵之尊，则人孰不为也？是以百人事智而一人用力。事智者众则法败，用力者寡则国贫，此世之所以乱也。
>
> 故明主之国，无书简之文，以法为教；无先王之语，以吏为师；无私剑之捍，以斩首为勇。是境内之民，其言谈者必轨于法，动作者归之于功，为勇者尽之于军。是故无事则国富，有事则兵强，此之谓王资。既畜王资而承敌国之釁，超五帝，侔三王者，必此法也。

由此文亦可见，韩非子并不反对富民，而是主张以特定的方式富民，即以对国家有利的方式富民。他在寻求一种国与民共富、君与民互利的结果，既可以满足百姓的物质需求，符合百姓好利自为的本性，又可以避免百姓追求私利的行为对国家和国君的利益带来危害。他赞成百姓通过"耕之用力"而"可得以富"，通过"战之为事"而"可得以贵"，也就是《六反》中所讲的"使民以力得富，以事致贵"，因为百姓以这样的方式求得富贵，可以带来"无事则国富，有事则兵强"的结果。他反对"修文学、习言谈，则无耕之劳而有富之实，无战之危而有贵之尊"，因为百姓以这样的方式求得富贵会带来"法败""国贫"的后果。所以，"法"作为赏罚的标准，就起到协调"富民"与"富国"关系的作用。君主可以用爵位利禄去督促民众做对国君和国家有利的事，可以用严刑峻法去防止民众做对国君和国家有害的事。"法"可以为百姓追求富贵规定可行的渠道，可以保证百姓的长远利益，同时也可以保证国家和君主的利益。

韩非子主张以法为依据对有利于国家的行为进行奖赏，百姓可以通过对国家有利的方式获得奖赏，求得富裕，所以韩非子尤其反对"无功受赏"，就是《六反》所说的"慈惠之赐"。《八说》讲："故仁人在位，下肆而轻犯禁法，偷幸而望于上；暴人在位，则法令妄而臣主乖，民怨而乱心生。故曰：仁暴者，皆亡国者也。"韩非子反对仁治，同时也反对暴君的统治，因为仁治会无功而赏、有罪不罚，暴君会无罪而罚，二者均会带来国家的灭亡。韩非子接着讲道："不能具美食而劝饿人饭，不为能活饿者也；不能辟草生粟而劝贷施赏赐，不能为富民者也。"可见，韩非子是主张富民的。他赞成以除草开荒、生产粮食的方式来富民，他反对君主不依功劳施行赏赐和恩惠。因为在韩非子的设想中，法律所规定的可以受赏的、对国家有利的行为都需要百姓付出辛劳和努力，而人有"好逸恶劳"的本性，如果无功也可以受赏，百姓就会期待没有功劳也获得财富，而不通过尽力建立功业来获得财富，那么，期待通过百姓对富裕的追求而达到国富兵强的愿望就会落空。《显学》也提出了同样的主张：

> 今世之学士语治者，多曰："与贫穷地以实无资。"今夫与人相若也，无丰年旁入之利而独以完给者，非力则俭也。与人相若也，无饥馑疾疚祸罪之殃独以贫穷者，非侈则惰也。侈而惰者贫，而力而俭者富。今上征敛于富人以布施于贫家，是夺力俭而与侈惰也。而欲索民之疾作而节用，不可得也。

韩非子认为人和人的条件相似，因为勤劳和节俭而富裕，因为奢侈和懒惰而贫穷。如果征收富人的财物来施舍给贫穷的人，是在掠夺勤劳节俭之人而赏赐奢侈懒惰之人，而这样的做法不可能督促百姓辛勤耕作和节制费用。基于这样的理由，他反对"与贫穷地以实无资"的富民做法。

韩非子甚至将不能使人无功而受惠的观点推向极端，认为即使人将饿死也不能以财物施救。《外储说右下》讲道：

> 秦大饥，应侯请曰："五苑之草著、蔬菜、橡果、枣、栗，足以活民，请发之。"昭襄王曰："吾秦法，使民有功而受赏，有罪而受诛。今发五苑之蔬草者，使民有功与无功俱赏也。夫使民有功与无功俱赏者，此乱之道也。夫发五苑而乱，不如弃枣蔬而治。"一曰："令发五苑之蓏、蔬、枣、栗，足以活民，是用民有功与无功争取也。夫生乱，不如死而治，大夫

其释之。"

韩非子以此事件说明"治强生于法,弱乱生于阿,君明于此,则正赏罚而非仁下也"的观点。秦国遭遇严重的饥荒,百姓面临着生存的危机,但秦昭王认为秦法是让百姓有功受赏,有罪受罚。如果开放五苑的蔬菜瓜果养活百姓,则是有功无功的百姓都受到赏赐,这违反了"有功而受赏"的原则,会使国家混乱,因而否决了应侯的请求。

此外,韩非子在书中屡屡劝告君主警惕大臣、私家过于富有的情况。《爱臣》讲:"群臣之太富,君主之败也。""晋之分也,齐之夺也,皆以群臣之太富也。"《扬权》讲:"贵之富之,彼将代之。"《外储说右下》还提出"奸吏"谋求私利而导致府库空虚、百姓挨饿的"国中饱"的现象:"府库空虚于上,百姓贫饿于下,然而奸吏富矣。"韩非子还反对君主"苦民以富贵人"的做法,《备内》讲:"徭役多则民苦,民苦则权势起,权势起则复除重,复除重则贵人富。苦民以富贵人,起势以藉人臣,非天下长利也。"可见,韩非子将国家之构成分为上中下三层,君与国在"上",民在"下",群臣、贵人、官吏处于"中"。韩非子对处于中间阶层的大臣、官吏、贵人之富有持警惕的态度,其原因在于:这一群体的富有可能威胁君主权位和国家的安全;这一群体的富有可能来自不合法的"以权谋私";这一阶层的富有攫取了国家和民众的财富,会带来国家和民众的贫困。但这些思想,不能成为韩非子反对"富民"的证据。

韩非子主张在法的规定之内"富民",而法的规定为民众追求富裕提供了正当的方式,即"以力得富",而这一方式同时也有利于国家富强。可见,在韩非子思想中,富国和富民也并不冲突,他赞成通过法的规定实现国与民的互利共富,而反对有损国家利益的求富行为,同时反对无功受赏。但是,如果法只是外在的、强制性的行为规范,人们愿意守法只是基于利益的计算,在可以通过不守法而获利致富的情况下,法这一行为标准就会被抛弃。因此,为了防止人们犯法必须构建起没有任何漏洞的立法和执法体系,而为了实现这一目的,就会出现很多极端的手段。[①] 如何使人们的守法行为基于对法的权威性的认同而不只是计算利害、权衡利弊后的选择?正是为了解决这一问题,韩非子提出了"以法为教"的主张。

[①] 张千帆就提出:"如果每个人都纯粹受一己私利所驱使,那么就没有什么能防止所有层次的官员滥用职权,也没有什么能防止平民百姓逃避法律惩罚,尤其是在他们对法律熟悉到足以利用文本漏洞的程度之后。为了控制大众,法家不得不诉诸众多极权国家和极端人治所特有的高压专制,结果恰和其所期待的开明法治背道而驰。"(张千帆:《为了人的尊严——中国古典政治哲学批判与重构》,中国民主法制出版社 2012 年版,第 122 页。)

二、"无书简之文,以法为教"

"以法为教"的明确提出在《五蠹》篇:"故明主之国,无书简之文,以法为教;无先王之语,以吏为师。"韩非子认为,通过"以法为教",可以达到"其言谈者必轨于法,动作者归之于功"的效果。"言谈者必轨于法"是说言论合乎法的规定;"动作者归之于功"是说行为以建功为依归,而"功"正是法所规定的受赏的根据。也就是说,"以法为教"可以使民众以法的规定为言行的唯一标准,他们的言行必然合乎法的规定。此外,《说疑》篇提出:"赏有功,罚有罪,而不失其人,方在于人者也,非能生功止过者也。"也就是说,正确地实施赏罚,其所教育的也只是受赏和受罚之人,而对其他人的警示作用并不直接,所以通过正确实施赏罚本身来劝善止奸并不可靠,该篇于是从相反的方面提出如何发挥法禁止奸邪的功能:"是故禁奸之法:太上禁其心,其次禁其言,其次禁其事。"禁止臣民做违反法令的事只是最末的层次,其上是禁止臣民发表不合法的言论,最上则禁止臣民有不合法的思想。与《五蠹》篇相对照,"其言谈者必轨于法,动作者归之于功"还缺少人心对法的规定的认同,法应该成为人心唯一认同的标准。《定法》篇也讲:"法者,宪令著于官府,刑罚必于民心。"因此,韩非子的"以法为教"并非只是对外在行为的要求,也并非只是刑罚的威胁和奖赏的诱惑,而是要深入到人心的。《用人》篇讲:"古之人曰:'其心难知,喜怒难中也。'故以表示目,以鼓语耳,以法教心。"这里明确指出,"以法为教"是直指人心的,是对"心"的教化。

"以法为教"是用"法"对民众进行教导,但"法"之所指韩非子并没有进行具体解说。在湖北省云梦睡虎地秦简中有《秦律十八种》《效律》《秦律杂抄》《法律答问》《封诊式》等文献。① 《秦律十八种》包括《田律》《仓律》等十八种律,但也包含令文。张建国认为,带有律名的简文中有不少属于令文,《秦律十八种》可能需要改为《秦法十八种》。② 也就是说,《秦律十八种》是律令条文,均属于"法"。整理者认为《十八种》的每一种大约都不是该律的全文,抄写人只是按其需要摘录了十八种秦律的一部分。③ 张金光则直接提出竹简法律可能是供明习法令用的法令教材选编。《效律》主要规定了核验县和都官物资账目的制度,《秦律十八种》中有《效》,整理者认为《效律》应为一篇首尾完具的律文,《秦律十八种》中的《效》摘取了《效律》的中间部分。④ 《秦律杂抄》包括《除吏律》《游士律》《除弟子律》等十一种律,尚有部分律文未记律名。整理者认为,《秦律杂抄》是根据应用需要从秦律中摘录的

---

① 彭浩、刘乐贤等:《秦简牍合集》,武汉大学出版社 2016 年版,第 1 页。
② 彭浩、刘乐贤等:《秦简牍合集》,武汉大学出版社 2016 年版,第 39 页。
③ 彭浩、刘乐贤等:《秦简牍合集》,武汉大学出版社 2016 年版,第 39 页。
④ 彭浩、刘乐贤等:《秦简牍合集》,武汉大学出版社 2016 年版,第 143 页。

部分律文，并可能在摘录时对律文作了简括和删节。这表明秦律的种类非常多，睡虎地秦简只能反映其中的一小部分。① 根据以上竹简的内容可以推测，韩非子所主张的"以法为教"之"法"主要指各种律令条文，因为国家所颁布的律令种类非常多，为了方便，教化的执行者会根据教化对象的切身需要对律令条文进行摘录甚至简括和删节。《法律答问》是采用问答的形式对秦律的一些条文、术语以及律文的意图进行明确的解释，也包括关于诉讼程式的说明。② 这一部分应该也是"以法为教"的内容。《封诊式》中有两篇是对官吏审案的要求，其余为各种案例的公文记录格式。整理者认为《封诊式》中的案例供有关官吏学习，并在处理案件时参照执行。③ 陈公柔认为它不是可以据以定狱的例证，只是在教习执法人员如何书写法律文书。④ 无论其是否可以作为处理案件的依据，我们均可以看到这部分内容应该是执法人员的学习内容。至此，我们可以得出结论，"以法为教"所教之"法"主要是国家所颁布的各种律令条文，又可包括对这些律令条文的解释。

为了便于普通民众对条文规定的了解，韩非子对法律的制定和表达有很多要求。首先，法律对需要裁断的事情的规定要详尽。《八说》讲："书约而弟子辩，法省而民讼简，是以圣人之书必著论，明主之法必详尽事。"书写太过简略，弟子就会对文意产生争议，律令条文太过省略，民众就会轻慢法律。所以，圣人之书要表达出鲜明的观点，律令条文规定要详尽，使民众通过学习律令条文就能够知道如何行为。其次，律令条文的语言表达要确定易解，所以韩非子反对"恍惚之言"和"微妙之言"。《五蠹》讲："所谓智者，微妙之言也。微妙之言，上智之所难知也。今为众人法，而以上智之所难知，则民无从识之矣。"即使很有智慧的人也很难了解"微妙之言"的意义，如果用这样的语言表达众人所应遵循的法，民众无法理解。最后，律令条文要统一而稳固，使民众人人都能够了解。《五蠹》讲"法莫如一而固，使民知之"，统一则不会带来法条之间的冲突使民众困惑，稳固则不会使民众因为法条经常改变而不能了解。这样详尽、明确、统一、稳固的法律是容易教给民众的，所以《用人》讲"其教易知，故言用"。

在执行"以法为教"的同时，韩非子提出"无书简之文"。"书简之文"承载了不同家、不同派的思想，包含各家各派所推崇和研习的经典。以被韩非子称为显学的儒墨两家为例来看，墨家有《墨经》，儒家则有《礼》《乐》

---

① 彭浩、刘乐贤等：《秦简牍合集》，武汉大学出版社2016年版，第155页。
② 彭浩、刘乐贤等：《秦简牍合集》，武汉大学出版社2016年版，第179页。
③ 彭浩、刘乐贤等：《秦简牍合集》，武汉大学出版社2016年版，第263页。
④ 彭浩、刘乐贤等：《秦简牍合集》，武汉大学出版社2016年版，第263页。

《诗》《书》《春秋》等。① 而在韩非子看来，"书简之文"所承载的各家各派的思想观点各异，他称之为"杂反之学"或"杂反之辞"。相互对立、无法兼容的观点同时存在和传播，使人的言行标准产生混乱，也使君主治国的方法产生混乱。如《显学》所讲：

> 自愚诬之学、杂反之辞争，而人主俱听之，故海内之士，言无定术，行无常议。夫冰炭不同器而久，寒暑不兼时而至，杂反之学不两立而治，今兼听杂学、缪行、同异之辞，安得无乱乎？听行如此，其于治人又必然矣。

这些"书简之文"所承载的"杂反之学"虽然观点各异，却同样会对法的权威带来伤害。《六反》讲："学道立方，离法之民也，而世尊之曰'文学之士'。"《五蠹》篇提出"无书简之文，以法为教"主要来自对"儒以文乱法"的社会现象的批判。② 该篇讲道：

> 儒以文乱法，侠以武犯禁，而人主兼礼之，此所以乱也。夫离法者罪，而诸先生以文学取；犯禁者诛，而群侠以私剑养。故法之所非，君之所取；吏之所诛，上之所养也。法趣上下四相反也，而无所定，虽有十黄帝不能治也。故行仁义者非所誉，誉之则害功；工文学者非所用，用之则乱法。

此段提出了文学与法对立相非的关系。文学乱法，是法之所非，如果君主重用文学之士，听文学之言，就是对法治的放弃，则国家无法得治。而君主对文学之士的重视对民众的行为会有导向的作用，使民众不再将法作为行为准则，不再尽力于通过法所规定的可以获得奖赏的耕战来获得财富利益，而同样去修习文学，那么，法的劝善禁奸的作用也会因此丧失，这就是"法败"。

此外，需要特别关注的问题是主张和论证法治的书简及其思想是否被纳入"以法为教"的内容。《五蠹》讲道："今境内之民皆言治，藏商、管之法者家有之。"可见商鞅、管子之书在当时的韩国非常流行，而且成为境内之民谈论治国之道的重要思想来源和依据。而韩非子称其为"商、管之法"，似乎

---

①《庄子·天下》中有讲："相里勤之弟子，五侯之徒，南方之墨者若获、已齿、邓陵子之属，俱诵《墨经》，而倍谲不同，相谓别墨。"《庄子·天运》讲："孔子谓老聃曰：'丘治诗书礼乐易春秋六经，自以为久矣，孰知其故矣；……'"《荀子·劝学》讲："学恶乎始？恶乎终？曰：其数则始乎诵经，终乎读礼；……故《书》者，政事之纪也；《诗》者，中声之所止也；《礼》者，法之大分，类之纲纪也，故学至乎《礼》而止矣。夫是之谓道德之极。《礼》之敬文也，《乐》之中和也，《诗》《书》之博也，《春秋》之微也，在天地之间者毕矣。"

②《五蠹》篇在"无书简之文，以法为教；无先王之语，以吏为师"之后的"无私剑之捍，以斩首为勇"则是针对"侠以武犯禁"。

应该属于"以法为教"的内容。但是,韩非子却言明,"今境内之民皆言治,藏商、管之法者家有之"的结果却是"国愈贫",因为"言耕者众,执耒者寡也"。他建议君主"用其力,不听其言;赏其功,必禁无用;故民尽死力以从其上"。可见,主张和论证法治的书简及其思想也并非"以法为教"的内容,韩非子并不赞成让民众研习和讨论,因为民众研习和讨论关于法治的书简和思想会使他们尽力于没有实际功用的言谈而不尽力从事有利于国家富强的耕战。《五蠹》接下来就提出:"今修文学、习言谈,则无耕之劳而有富之实,无战之危而有贵之尊,则人孰不为也?是以百人事智而一人用力,事智者众则法败,用力者寡则国贫,此世之所以乱也。"正是承接此句,韩非子提出了"故明主之国,无书简之文,以法为教;无先王之语,以吏为师"。

这样的观点在其他篇章中也被反复申说。《问辩》讲:

> 明主之国,令者,言最贵者也,法者,事最适者也。言无二贵,法不两适,故言行而不轨于法令者必禁。……乱世则不然,主上有令而民以文学非之,官府有法民以私行矫之,人主顾渐其法令而尊学者之智行,此世之所以多文学也。

在明主之国,法令应该成为言行的唯一标准,不合于法令的言行应该被禁止。但是在乱世,文学、私行对法令进行非议和改变,君主却忽视法令而尊崇文学之士的智识和行为,是以文学益盛。《八说》讲:

> 息文学而明法度,塞私便而一功劳,此公利也。错法以道民也而又贵文学,则民之所师法也疑。赏功以劝民也而又尊行修,则民之产利也惰。夫贵文学以疑法,尊行修以贰功,索国之富强,不可得也。

君主设置法令作为民众言行的标准却又提倡文学,民众对所师法的言行标准就会产生怀疑,这就是"贵文学以疑法"。此段文字也提出了文学和法度所代表的利益冲突,法度代表公利,而文学出于私利,所以韩非子称其为"二心私学"。①

由上可见,"无书简之文,以法为教"要求禁绝书简之文的研习和传播,将其排除于教化的内容之外,而将教化的内容限制在律令条文及其对律令条文的解释。通过这一限定,使法令成为人们唯一可以知晓的言行标准,并成

---

① 《诡使》讲:"夫立法令者,以废私也。法令行而私道废矣。私者,所以乱法也。而士有二心私学、岩居窞路、托伏深虑,大者非世,细者惑下;上不禁,又从而尊之以名,化之以实,是无功而显,无劳而富也。如此,则士之有二心私学者,焉得无深虑、勉知诈与诽谤法令,以求索与世相反者也?凡乱上反世者,常士有二心私学者也。"

为人们内心唯一认同的言行标准。

三、"无先王之语，以吏为师"

在"无书简之文，以法为教"之后，韩非子提出了"无先王之语，以吏为师"。"以吏为师"所解决的是"以法为教"的直接执行者的问题。"无书简之文，以法为教"所反对的是"杂反之学""文学""二心私学"对法的扰乱和破坏，他主张禁绝这些学问，也就剥夺了研习和传播这些学问的人的为师资格。《五蠹》讲："然则为匹夫计者，莫如修行义而习文学。行义修则见信，见信则受事；文学习则为明师，为明师则显荣；此匹夫之美也。然则无功而受事，无爵而显荣，有政如此，则国必乱，主必危矣。"《诡使》篇也批评"私学成群谓之师徒"的现象，赞赏"无二心私学，听吏从教者"。

但是，韩非子对于吏如何执行"以法为教"并没有具体说明，《商君书·定分》篇则对"为法置官吏"的制度、意义以及法官法吏的职责有着详细的解说，可以参考。该篇作者建议君主设置主管法令的法官、法吏，寻求明晓法令条文的人来担任。法令都有一个副本置于天子殿中，在殿中为法令建立一个禁室。每年一次，依禁室所藏法令的条文将法令颁发给主管法令的官吏。主管法令的官吏承担学习、传达和解释法令的责任。民众和其他官吏欲了解法令可向主管法令的官吏请教，主管法令的官吏如果不能切实传达法令或不能明确解答民众的询问，则会被处以相应的惩罚。设置法官、法吏来解答民众在法令上的疑问，民众都懂得法令就不会犯法，官吏知道民众了解法令也就不敢用非法的手段对待民众。此外，作者强调法官、法吏绝对不能对法令进行任何的删改损益，否则将被处以死罪，不可赦免；擅自开启禁室的印封、进入禁室偷看禁室所藏法令以及删改禁室所藏法令一字以上，都是不可赦免的死罪。这些都体现出法令的权威性。

此外，睡虎地秦简《法律答问》是官吏解答民众疑问的记录，[①] 可以说是"以吏为师"的真实记录。睡虎地秦简中供执法的官吏学习和参照的文献和作为"以法为教"教材的秦律摘录放在一起，也可说明官吏也是进行"以法为教"的老师。

在"以吏为师"前，韩非子提出了"无先王之语"。顾广圻认为"先王之语"中的"王"当作"生"。陈奇猷反对这一观点，并提出若干证据："韩子以儒者所称先王之仁义为先王之语，即《六反篇》所谓'书策之颂语''虚旧之学'。《问田篇》谓'废先王之教'，与此'无先王之语'正相同，尤为明证。且书简之文，先王之语，二文相对，皆指虚旧之学，更可明'王'不当

[①] 彭浩、刘乐贤等：《秦简牍合集》，武汉大学出版社2016年版，第179页。

作'生'。"陈说为是。① "先王之语"与"以吏为师"是怎样的关系?韩非子的"以吏为师"和以贤者为师的观点形成了鲜明的对比。《荀子·性恶》有"得贤师而事之,则所闻者尧、舜、禹、汤之道也"的说法,可见,贤师向弟子所传达的就是"先王之语"。联系上文可见,韩非子所主张的"文学之士"研习"书简之文",宣扬和传播的应该主要是"先王之语",对他们为师资格的剥夺,也就使"先王之语"消亡。

韩非子批评"先王之语"的观点在文中有多处表达。《五蠹》讲:"今儒、墨皆称'先王兼爱天下',则视民如父母。""先王兼爱天下"很明显就是"先王之语"。针对这一观点,韩非子提出:

> 人之情性,莫先于父母,皆见爱而未必治也,虽厚爱矣,奚遽不乱?今先王之爱民,不过父母之爱子,子未必不乱也,则民奚遽治哉!且夫以法行刑而君为之流涕,此以效仁,非以为治也。夫垂泣不欲刑者,仁也;然而不可不刑者,法也。先王胜其法不听其泣,则仁之不可以为治亦明矣。

概括来讲,韩非子批评"先王之语"倡导以仁爱治理天下的观点,认为这一治理方法不符合人性,也不符合当时的社会现实,必定无效。而且,仁爱使君主不忍心处罚犯法之人,会与法治相冲突,干扰君主对法治的执行。所以,他认为:"今欲以先王之政,治当世之民,皆守株之类也。"韩非子所讲的"先王之语"主要是倡导"仁义之治"的言论,不但无益于治国,而且与法治相冲突,会带来君主法治决心的动摇和政治的混乱。《显学》讲:"言先王之仁义,无益于治。"《五蠹》讲:"是故乱国之俗,其学者则称先王之道,以籍仁义,盛容服而饰辩说,以疑当世之法而贰人主之心。""故举先王言仁义者盈廷,而政不免于乱。"

此外,韩非子反对"先王之语"的传播还有其他理由。《显学》讲:

> 孔子、墨子俱道尧、舜,而取舍不同,皆自谓真尧、舜,尧、舜不复生,将谁使定儒、墨之诚乎?殷、周七百余岁,虞、夏二千余岁,而不能定儒、墨之真;今乃欲审尧、舜之道于三千岁之前,意者其不可必乎!无参验而必之者,愚也;弗能必而据之者,诬也。故明据先王,必定尧、舜者,非愚则诬也。

儒家墨家均言"先王之语",但他们所讲的"先王之语"却又不同,"先王"早已不在,对他们所讲的"先王之语"的真伪无法断定,所以,韩非子认为,

---

① 陈奇猷:《韩非子新校注》,上海古籍出版社2000年版,第1113页。

"先王之语"无法验证,是愚妄不实的言论。

由上可见,"无先王之语,以吏为师"主张将教化的权力收归官方,以防止"明师""贤师"传授仁义治国的思想,而动摇民众和君主对法治的认可。

四、"以法为教"与毁誉之名

"无书简之文,以法为教;无先王之语,以吏为师"。法成为民众唯一可以学习的内容,法成为民众唯一可以了解的言行标准,法也会成为民众内心认同并遵从的言行标准,法治也会成为君民上下一致认同的唯一正确的治国方式。很多学者评价韩非子是"反道德主义者"或"非道德主义者",认为韩非子只讲利害和赏罚而不讲善恶,韩非子讲"以法为教",而完全否定道德教化。实际上,韩非子也讲善恶,也有他所推崇的道德品质,只是他所讲的善恶与儒家的善恶不同,他所推崇的道德品质与儒家所推崇的不同。

《有度》讲:"刑过不辟大臣,赏善不遗匹夫。"《定法》讲:"赏存乎慎法,而罚加乎奸令者也。"两相对照可见,赏给予善行,也就是慎法,罚加于过错,也就是奸令,也就是说,慎法的行为是"善",奸令的行为是"过",是"恶"。《守道》讲:"圣王之立法也,其赏足以劝善,其威足以胜暴,其备足以必完法。法治世之臣,功多者位尊,力极者赏厚,情尽者名立。善之生如春,恶之死如秋。"法是确定的赏罚标准,符合赏的标准的行为会得到奖赏,这样的奖赏能够激励善行,也就是说,符合法的奖赏标准的这一行为是"善"的,而需要惩罚的行为则是"恶"的。《安术》中所讲"赏罚随是非""祸福随善恶"和"死生随法度"也可以对照来看。"赏罚""祸福""死生"相对应,"是非""善恶"和"法度"对应。也就是说,"是非""善恶"和"法度"相一致。《制分》也讲:"其治民不秉法为善也,如是,则是无法也。"直接提出治民应该"秉法为善"的标准。所以说,韩非子思想中的"是""非"和"善""恶"以法度为判断标准,合法为"是",为"善",犯法为"非",为"恶"。所以,《韩非子》一书中也有"独善之民""自善之民""善人"等表达方式。

在韩非子看来,民众不仅好利,而且好名。《八经》讲:"民之性,有生之实,有生之名。"《五蠹》甚至提出"民之急名也,甚其求利也"的观点。所以,君主治国在依法赏罚的同时,也要重视"名"的作用。《诡使》讲:"圣人之所以为治道者三:一曰利,二曰威,三曰名。夫利者所以得民也,威者所以行令也,名者上下之所同道也。"在"赏慎法""罚奸令者"的同时,一定要给予相应的"善名"和"恶名"。给予"善""是"的行为以赏,也要给予赞誉,给予"恶""非"的行为以罚,也要给予诽毁。《五蠹》讲:"誉辅其赏,毁随其罚,则贤不肖俱尽其力矣。"《八经》则提出"赏誉同轨,非诛俱行"的主张:

> 刑之烦也，名之缪也，赏誉不当则民疑，民之重名与其重赏也均。赏者有诽焉，不足以劝；罚者有誉焉，不足以禁。明主之道，赏必出乎公利，名必在乎为上。赏誉同轨，非诛俱行。然则民无荣于赏之内。有重罚者必有恶名，故民畏。罚，所以禁也；民畏所以禁，则国治矣。

民众的行为不仅受赏罚的引导，也受毁誉的引导，因此，依法赏罚，也要依法毁誉。赏和誉、非和诛不一致，不仅无法树立起以法为善恶标准的目标，而且会使民众对法这一言行标准本身产生怀疑。那么，民众的是非善恶观念会发生混乱，"以法为教"就会失去效果。《外储说右下》讲："夫赏所以劝之，而毁存焉；罚所以禁之，而誉加焉。民中立而不知所由，此亦圣人之所为泣也。"《五蠹》也讲："毁誉、赏罚之所加者相与悖缪，故法禁坏而民愈乱。"

韩非子列举并批判了当时社会上存在的毁誉与法相悖的现象。《八说》讲："枉法曲亲谓之'有行'……'有行'者，法制毁也。"《诡使》讲："法令所以为治也，而不从法令为私善者，世谓之忠。""刑罚所以擅威也，而轻法不避刑戮死亡之罪者，世谓之勇夫。""守法固，听令审，则谓之愚。敬上畏罪，则谓之怯。"《六反》中则有大篇幅的集中论说：

> 畏死远难，降北之民也，而世尊之曰"贵生之士"；学道立方，离法之民也，而世尊之曰"文学之士"；游居厚养，牟食之民也，而世尊之曰"有能之士"；语曲牟知，伪诈之民也，而世尊之曰"辩智之士"；行剑攻杀，暴憿之民也，而世尊之曰"磏勇之士"；活贼匿奸，当死之民也，而世尊之曰"任誉之士"。此六民者，世之所誉也。赴险殉诚，死节之民，而世少之曰"失计之民"也；寡闻从令，全法之民也，而世少之曰"朴陋之民"也；力作而食，生利之民也，而世少之曰"寡能之民"也；嘉厚纯粹，整穀之民也，而世少之曰"愚戆之民"也；重命畏事，尊上之民也，而世少之曰"怯慑之民"也；挫贼遏奸，明上之民也，而世少之曰"谄谗之民"也。此六民者，世之所毁也。

那些谨守法令、尽力于法令所倡导的耕作以及阻遏奸邪之人被冠以恶名而给予"毁"的评价，与此相反，那些违背法令、不从事耕战、致力于私斗以及藏匿奸邪之人却被冠以美名而给予"誉"的评价。这对于好名之民众会有错误的导向。君主推行法治和法教，不应依从世俗之毁誉，而应建立合于法的毁誉标准。

可见，韩非子并非不要道德，不要道德教化，只是要求道德评价和道德教化与法一致，与"以法为教"相配合，最终让民众从心中认同"法"是人的言行标准,也是判断是非、善恶的标准,从而将守法由外在强制变为内在自觉。

结 论

春秋战国时期,政治家和思想家已普遍承认百姓在政治中的重要性,[①] 而要获得百姓的支持,满足百姓的物质需求就变得非常重要,因此,富民在治国中的重要性被认可。而且,在战国时期,富民理论又有了详细考察性、情、欲关系的人性论作为基础。韩非子承认"好利""自为"是人的本性,肯定了人追求物质财富的行为的正当性。他主张通过法的规定为民众求富提供正当的方式,而这一方式同时有利于国家富强。因此,教民并不是改变人的好利本性,而是通过"以法为教"使百姓从内心认同法的权威。韩非子的"以法为教"将教化的权力收归官方,将教化的内容限制为律令条文及其对律令条文的解释,法令成为人们唯一可以知晓的言行标准。在"以法为教"的同时,配合相应的道德评价,可以使外在于人的、强制性的法进入到人的内心,成为人自觉遵守的言行标准,也成为人们所认同的是非善恶标准。具体到"富民"问题,"以法为教"可以使民众自觉依照法的规定去求得自己的富贵,而法所规定的、可以求得富贵的方式又有利于国家富强,因此,对民众"以法为教",民众个人的求富行为最终将会带来国家的富强。

(作者系中国政法大学人文学院哲学系教授)

[①] 参见尤锐:《展望永恒帝国——战国时代的中国政治思想》,上海古籍出版社 2013 年版,第 239、252、259、263 页;张分田:《中国古代统治思想研究》,人民出版社 2013 年版,第 155—170 页。

前《王制》学：《礼记》之前的《王制》

吕明烜

《王制》是《礼记》中记载规章制度的重要篇目，对《王制》的讨论往往以《礼记》为基础。因此，"《礼记》之前的《王制》"这一提法，或许会引来一些疑问，跳出《礼记》，《王制》何在？就算《王制》曾单篇别行，刘向《别录》将其划归"制度"门①——但这样的线索还留下多少，是否能依其搭建出完整叙事？这些疑虑有其道理。《礼记》成书之前，《王制》的身影神秘莫测。尽管大部分学者都愿意相信，这个文本曾或长或短有过一段独立流传的时期。但从现有文献当中，实在太难找到直接证据。查考昭、宣以前的传世文献，诸如"《王制》曰"的直接援引少之又少，大约《新书》《春秋繁露》中各有一处，②但关于这两处援引的意见众说纷纭，似乎并不能将它们落实为《王制》已经成型的确凿证据。因此，讨论"《礼记》之前的《王制》研究"，似乎并不合法。

但是，除了"文本《王制》"，还有"内容《王制》"。尽管在早期文献中，我们很难为一篇名为"王制"的制度文本勾勒踪迹，但是与《王制》中制度内容相同、相近的记载，却广泛出现在各种典籍中。吕友仁先生详细考察了八种宣帝以前的作品，以及《史记》《汉书》的有关部分（宣帝以前），发现诸书与《王制》重见之处共有42处。③重见率稳居《礼记》诸篇榜首。而考虑到宋元之后被不断讨论的《王制》分经传的可能，———些学者认为《王制》的文本层次是逐渐形成起来的。那么，"内容《王制》"可能很早就已经产生并得到广泛重视。

本文讨论的就是这个"内容《王制》"，换句话说，在《王制》单篇别行之前，这样一整套制度设计已经产生，并且已经被广泛讨论，成为某种意

---

① 孔颖达引郑玄三礼目录"《王制》……此于《别录》属'制度'"。参见《礼记正义》，上海古籍出版社2008年版，第449页。
② 指《新书·匈奴》："王制曰：'国无九年之蓄，谓之不足；无六年之蓄，谓之急；无三年之蓄，国非其国也。'其王制若此之迫也，陛下奈何不使吏计所以为此？"《春秋繁露·郊事对》："王制曰：'祭天地之牛茧栗，宗庙之牛握，宾客之牛尺。'"
③ 八种古籍指《孟子》《荀子》《新语》《新书》《春秋繁露》《盐铁论》《淮南子》《石渠礼论》（辑本）。参见吕友仁：《〈礼记〉研究四题》，中华书局2014年版。

义上的"公共知识"。下文将俯瞰《礼记》成书以前"内容《王制》"的面貌及使用。为突出其源头性及其对后世研究的持续影响,本文称其为"前《王制》学"。

前《王制》学的材料散见于各种古籍,其寓居文本的思想背景各异,材料组织方式也不相同。为避免迷失于细枝末节的文献材料,我们应该时刻保持明确的问题意识,而"前《王制》学对后世的意义",正可作为矫正方向的"罗盘",使人警醒于发掘这段解释史的本来目的。由此出发,前《王制》学产生的"影响",以及遗留下的"课题",正是我们探索的两大要点。

一、前《王制》学产生的影响:赋予背景和奠定格局

相比遗留的课题,影响更易被察觉,只要勾勒出前《王制》学的面貌,比对后世的使用情况,便能展现其大致面貌。这里先就其影响进行简要梳理。

简单来讲,前《王制》学的影响可以总结为:赋予《王制》以解读背景,为后世的《王制》研究奠定基本格局。我们知道,《礼记·王制》是一个制度文本,它记载了制度设计,却缺乏文本写作背景和义理精神层面的直接说明。因此,当我们打开文本,探讨有关制度的种种问题时,不免对其合法性自证、义理如何支撑等产生疑问。这些问题关涉着《王制》制度的身份与价值,却未被《礼记·王制》自行讲明。而前《王制》学游离于《王制》文本之外,为制度关联上具体语境、补充上更多细节,正好能丰满《王制》的面貌,由此赋予《王制》以解读背景。

(一)前《王制》学确证了《王制》的地位性质

《王制》没有充分说明所载制度的身份、性质。前《王制》学则从各个侧面帮助它树立起自己的地位。早期文献在讨论《王制》制度时,总是明确地表明,自己是在援引古礼、保存圣王的设计。它们或诉诸古、或诉诸圣,都将制度渊源导向三代。例如《尚书大传》《盐铁论》的叙述总以"古者"二字开头,①《荀子》《新书》《春秋繁露》则多用"王者之法""圣王之制"来引起下文。②《孟子》更是借助北宫锜的发问,直接将五等爵禄视作周代的制度要

---

① 例如《尚书大传》:"古者诸侯之于天子,五年一朝","古者诸侯始受封,则有采地。百里诸侯以三十里,七十里诸侯以二十里,五十里诸侯以十五里"。《盐铁论》:"古者,十一而税,泽梁以时入而无禁,黎民咸被南亩而不失其务。"

② 例如《荀子·王制》:"圣王之制也:草木荣华滋硕之时,则斧斤不入山林,不夭其生,不绝其长也。""王者之法:等赋、政事、财万物,所以养万民也。田野什一,关市几而不征,山林泽梁,以时禁发而不税。"《新书·忧民》:"王者之法,民三年耕而余一年之食,九年而余三年之食,三十岁而民有十年之蓄。""王者之法,国无九年之蓄,谓之不足;无六年之蓄,谓之急;无三年之蓄,曰国非其国也。"《春秋繁露·官制象天》:"王者制官:三公、九卿、二十七大夫、八十一元士,凡百二十人,而列臣备矣。"

求。① 这些记载内容有别但态度相近，即以"存古"的身份自居，展现出回溯历史的姿态，极大地抬高了《王制》文本的身份。②

（二）前《王制》学确立了《王制》的核心话题

前《王制》学兴趣广泛、视野开阔，其引用范围达到今本《王制》内容的75%。③ 这些话题并非均匀分布，而是表现出一定的聚焦。经过统计分析，前《王制》学话题间的热度差别较大，相比"诸侯朝聘""方伯制度"等话题只被个别文本偶然提及，"制爵封地""天子巡狩""田猎以时""丧祭蓄用""兴学选士""刑罚禁止""养老制度"的内容却得到了多个文本的共同注意。它们就是前《王制》学的"核心话题"。其中又以四个话题的关注度尤高，可谓核心之核心。现将此四题简单介绍如下：

一是制爵封地。《礼记·王制》开篇介绍了诸侯的爵位体系、官僚等级体系，勾勒出国家的权力框架，许多制度如方伯制、三监制等正是依托于它才得以开展。或许正由于此，设爵分封在前《王制》学中得到了普遍关注，有八种材料援引了这项制度，它们在不同程度上进行了分析阐发，有的只是"复述"《王制》的原文，有的却借由《王制》的逻辑进一步推导出更为详细复杂的系统。

二是天子巡狩。《王制》记载"天子五年一巡狩"，巡视东南西北各方，并对诸侯及官员的治理效果进行奖惩。这项制度体现了天子对于诸侯的管理，得到了五种文献的"征引"，《尚书大传》尤其关注这个内容，较《王制》保存了更多的细节。

三是田猎以时。《王制》针对百姓"田猎"提出了要求，诸如"獭祭鱼，然后虞人入泽梁，豺祭兽，然后田猎"、"不麛，不卵，不杀胎"等等，这些内容切合民生，得到了八部作品的响应。与其说这项制度在讲"田猎之事"，不如说是在"指导生产"，提示百姓注意狩猎的时节与分寸，避免竭泽而渔。

四是征税制度。《王制》记载"公田借而不税，市廛而不税，关讥而不征，

---

① 《孟子·万章下》："北宫锜问曰：'周室班爵禄也，如之何？'孟子曰：'其详不可得闻也，诸侯恶其害己也，而皆去其籍；然而轲也尝闻其略也。天子一位，公一位，侯一位，伯一位，子、男同一位，凡五等也。君一位，卿一位，大夫一位，上士一位，中士一位，下士一位，凡六等。天子之制，地方千里，公侯皆方百里，伯七十里，子、男五十里，凡四等。不能五十里，不达于天子，附于诸侯，曰附庸。'"

② 近代以来的研究者热衷于考索史实，他们不断强调，《王制》中的很多制度都缺乏行于先秦的直接证据。可以想见，如果没有"元王制学"来重述《王制》的内容，这个文本的定位将尴尬难解。"元王制学"不断核实《王制》的记载，视其为"古制""圣制"，由此确立了这些制度的重要地位。

③ 依"文字内容与《王制》大致相同"为标准，共有《孟子》《荀子》《尚书大传》《新书》《春秋繁露》《管子》《盐铁论》《尚书》《公羊传》《谷梁传》《左传》《仪礼》《周礼》《韩诗外传》《国语》《尔雅》《礼记》《大戴礼记》《淮南子》《墨子》《史记》《汉书》（所载宣帝以前部分内容）22种古籍，记载了与《王制》的相似内容。孔颖达将《王制》划分为52个小节，上述22种古籍的相似材料涉及其中的39个小节，占全文比例的75%。

林麓川泽以时入而不禁,夫圭田无征",其征收理念宽松惠民,这一制度得到十一种文献的援引,被认为是古代圣王仁义爱民的重要体现。

透过热点话题,前《王制》学向我们展示了自己的兴趣所在,诸书的关注点可以归结为两大重心:国家权力组织、民生基本保障。就以上四个话题来讲,爵等与封国体系搭建制度的权力结构,天子的定期巡狩则保障权力的贯彻与体系的运转。而民生问题则有两个向度,一是讨论民生和自然的问题,借由田猎时宜突出可持续生产的原则;二是讨论民生和政府的问题,借由征税制度强调国家理应宽民薄赋。

前《王制》学的"核心话题"标识了自己的兴趣,也为《王制》的内容划出重要段落。随着后世研究者的反复追溯,"核心话题"被不断讨论和强调,由此,前《王制》学的"核心话题"也成为后世的讨论热点。

(三)前《王制》学奠定了"借制论今"的研究基调

诸书以"保存古制"自居,但并未止步于史料留存,而是始终保持着现实关怀。比如《孟子》,针对"周室班爵禄如何"的发问,孟子在回答之前,先感叹一番:"其详不可得闻也,诸侯恶其害己也,而皆去其籍;然而轲也尝闻其略也。"①这既是在感叹周制散佚,更是在控诉诸侯罪乱。而他接下来详细介绍五等爵禄,也就不仅是在为北宫锜回顾历史,更是通过对比周制与当时情况,批判时世无道。这种"借制论今"正是诸书汲汲于"保存古制"的一大因由。这样的例证不胜枚举,《尚书大传》介绍刑罚制后得出结论:"今之听民者,求所以杀之。古之听民者,求所以生之。"《春秋繁露》讲爵禄制前先奠定精神:"(圣者)制人道而差上下也,使富者足以示贵而不至于骄,贫者足以养生而不至于忧,以此为度而调均之……今世弃其度制,而各从其欲,欲无所穷,而俗得自恣,其势无极。"②《新书》讲蓄用更是借助古制,谆谆劝谏文帝"其《王制》若此之迫也,陛下奈何不使吏计所以为此"。③诸人研读古制的关切始终牵连于当下现实。他们通过讨论古制回应现实问题,也从中思考解决方案。

二、前《王制》学提出的课题:致《王制》之用

以上,前《王制》学对后世的《王制》研究影响深远。它证实了《王制》的记载来自古圣,使这些制度获得神圣地位,而被后代重视。它还划出了《王制》的重点内容,使"爵国分封""征税制度"等话题成为后世研究的核心。此外,它更奠定了《王制》研究的基本基调,"借制论今"成为后世《王

---

① 《孟子·万章下》。
② 《春秋繁露·度制》。
③ 《新书·无蓄》。

制》研究的基本方法和态度。由于这些原因，前《王制》学本身也成为不断探讨的题目。

然而，相比其留下的种种影响，前《王制》学烘托出的一个问题或许更加值得深思：《王制》所载制度的现实意义何在？如果说一切经典最终都要指向对现实生活的塑造，那么详细明确的制度规定更与具体的政府建构、社会组织关联紧密。由此，《王制》是否提供，及提供了怎样的切实指导将格外引人注意。上文已经讲明，前贤在"尊崇圣制"的立场上、"核心话题"的拣选上、"借制论今"的态度上十分默契，然而，继续深入阅读则会发现，诸人对古制的解读侧重存在很大差异。这种差异，体现在诸人对于同一个制度的理解往往不同。有时，某个制度的权威性、重要性及现实价值得到了公认，被各种文本反复援引，但是，文本的作者们就这个制度意味着什么、为什么重要、能为现实带来怎样的指导，却有迥异的阐释。前《王制》学中这种"同流异源"的现象，非常值得重视。在我看来，它揭示了从《王制》开出现实之用的丰富可能性。

由于这个问题的特点与复杂性，泛泛而谈不如托以实例。本文拟以小土分封制的讨论为例，展示学者们通过制度讨论展现出的背后思考。

最为合适的例子莫过于有关小土分封制的讨论了。①《王制》讲："天子田方千里；公侯方百里，伯七十里，子男五十里。"王畿的面积远大于诸侯封国。这一制度被战国西汉的典籍广泛征引，"同条共贯"而成为一时学者的共同主张。但比较先师对小土制的讲论，同样的制度，却被诸人解读出不同的意义，用于表达不同的政治诉求。

最早讨论小土分封的文本是《孟子》。孟子身处战乱兼并的时代，诸侯动辄大过五百里甚至千里。②诸侯热衷于兼并，无非为了增强国力。所谓"天下无道，小役大，弱役强"。孟子深知这是一个弱肉强食的功利时代，因此当北宫锜求教周制时，孟子大发对时弊的感叹。③然后，他细细介绍了小土分封制度："天子之制，地方千里，公侯皆方百里，伯七十里，子、男五十里，凡四等。不能五十里，不达于天子，附于诸侯，曰附庸。"④

孟子当然不相信能使诸侯吐出已经吞并的土地，然而这绝不意味着要和功利的风气妥协，"以力服人者，非心服也，力不赡也；以德服人者，中心悦而诚服也"。⑤孟子指出，只有以德服人，才能真正赢得天下。而想

---

① "小土分封"之称，是与后来《周礼》的"大土分封"对比而言。《周礼》记载"公五百里、侯四百里……"，《礼记·王制》与战国西汉诸生则主张"公侯方百里，伯七十里，子男五十里"，《王制》较《周礼》封国为小。
② 《孟子·公孙丑》："夏后、殷、周之盛，地未有过千里者也，而齐有其地矣。"
③ 《孟子·离娄下》："其详不可得闻也，诸侯恶其害己也，而皆去其籍。"
④ 《孟子·离娄下》。
⑤ 《孟子·公孙丑》。

将"力服"变为"德服",诸侯就必须把关注重心从"务土地"转向"务仁义"。

孟子强调小土分封制的用意正在此处。与其说小土分封代表孟子的制度理想,不如说它为孟子劝说君王提供了理据。他指出,小土制满足了诸侯国的基本需要。"诸侯之地方百里;不百里,不足以守宗庙之典籍。周公之封于鲁,为方百里也;地非不足,而俭于百里。太公之封于齐也,亦为方百里也;地非不足也,而俭于百里"。① 地方百里足以满足一个大国的需求。今天的很多诸侯却早已突破了百里大小,② 那些通过兼并得来的土地,从本质上讲都是不义的,是贪欲的表现。

孟子说,合格的卿士,要致力于遏止君主的贪欲,引导他们走上正道。③ 孟子自己就是这样劝说诸侯的。他深知时君最关心的无非如何赢得天下,因此,他总援引文王、商汤的例子。"以德行仁者王,王不待大,汤以七十里,文王以百里"。④ 文王、商汤的成功,都不在地大,而在于施德行仁。有意思的是,文王商汤的例子和小土分封制是有关联的。文王百里、汤七十里的描述,正好呼应于"公侯皆方百里,伯七十里,子、男五十里"的设计。虽然很难说夏末商末的制度是否与小土分封相符合,但在孟子的语境下,这二者的论证效力却是互相连通的,小土分封的规定宣告了额外的土地并不合理,文王商汤的事例则展现出服人心、得天下不在于领土大小。可见,对于诸侯而言,无论奉承宗庙还是德服天下,百里、七十里的土地已经完全够用了。仁德之人"得百里之地而君之,皆能以朝诸侯有天下"。因此,君主需要的,只是施行仁政。⑤

由此,孟子讲小土制,关键是想说服诸侯王跳出"小役大,弱役强"的思路,转而信服"小德役大德,小贤役大贤"。所以孟子强调"夫仁政

---

① 《孟子·告子下》。
② 《孟子·告子下》:"今鲁方百里者五,子以为有王者作,则鲁在所损乎?在所益乎?徒取诸彼以与此,然且仁者不为,况于杀人以求之乎?"
③ 孟子强烈谴责迎合君王兼并之欲的卿士:"今之事君者,皆曰:'我能为君辟土地,充府库。'今之所谓良臣,古之所谓民贼也。君不乡道、不志于仁,而求富之,是富桀也。"他认为卿士应该做到"君子之事君也,务引其君以当道,志于仁而已。"(《孟子·告子下》)
④ 《孟子·公孙丑》。
⑤ 孟子在此基础上进行了让步性劝说。他曾劝说齐王:"海内之地,方千里者九,齐集有其一;……今王发政施仁,使天下仕者皆欲立于王之朝,耕者皆欲耕于王之野……其若是,孰能御之?"又说:"文王犹方百里起,是以难也。……今时则易然也。夏后、殷、周之盛,地未有过千里者也,而齐有其地矣;……行仁政而王,莫之能御也。……故事半古之人功必倍之,惟此时为然。"(《孟子·梁惠王》)地有千里,是齐国兼并的既有事实。孟子指出,齐国并不需要退回小土分封的格局,如果能够在小土分封制以及文王、商汤的例子中得到启示,施行仁政,那么既有国力可以帮助君王事半功倍。这种劝导可谓循循善诱。

必自经界始"①是要在分土的制度要求上,传达"务仁义"的精神。

《春秋繁露》的《爵国》篇也详细记载了小土分封的设计。它甚至依照列土封国的逻辑,进一步罗列了四等附庸国的规格要求,以将封国体系编织得更为系统。②单位面积所得的谷物大致是可以推定的,③因此封国的规模关系着经济、军力的规模,相关规制设计也密切影响国力。④然而董仲舒的兴趣并不在于讨论各国的实力大小,而在于利用小土分封的等级格局,去展现制度在方方面面的差等秩序。封土区别出了三等诸侯和四等附庸,董仲舒便以此为基本框架,深入探讨各级诸侯国的规制。在他笔下,大中小国和不同级别的附庸,在职官、后宫、师傅以及史丞卫士的定员上,都有清晰而严格的差等。全面展现差等的系统性,是《爵国》篇的最大特点。

在董仲舒看来,等级制本身的具体安排或许并不重要,其本身对差等的诉求才是最关键的。董仲舒之所以对差等如此感兴趣,原因大致有二。就理论根源上讲,董仲舒认为礼的实质本就是"序尊卑、贵贱、大小之位,而差外内、远近、新故之级"。⑤而就具体现实来讲,人的能力素质毕竟有所差异,那么"圣人之治国也,因天地之性情、孔窍之所利,以立尊卑之制,以等贵贱之差"⑥自然会成为必然要求,它保证了政治秩序的稳定。正因此,差等化的要求并不是一时一地的权变之术,而是一切时代都应遵循的治理原则。无论是"制爵五等,禄士三品"的周制,还是"制爵三等,禄士二品"⑦的《春秋》制,都应贯彻序尊卑、别上下的根本精神。

在《爵国》篇中,董仲舒正是借助一个系统的"周制",来讲清差等的意义。由于封土任爵在制度的差等体系中扮演了基础性角色,因此董仲舒在《爵国》篇中特重封土任爵的内涵。他认为,不同人才的能力不同,"万人者曰英,千人者曰俊,百人者曰杰,十人者曰豪"。因此为政的关键,是要让不同能力者有其适合的位置,不致互相干扰,产生错乱,"豪杰俊英不相陵,故治天下如视诸掌上"。因此,理想状况正是"大功德者受大爵土,功德小者受

---

① 宋代王与之的说法最值得参考:"孟子见战国争雄,壤地广袤,遂援百里、七十里、五十里之制,以抑当时并吞无厌之心。"(焦循《孟子正义》,北京:中华书局1987年版,38页)应该说,孟子从小土制中读出了某种收敛的态度,他并不看重小土分封的实际意义,但看重这种收敛态度对于仁政思想的佐证作用。

② 《春秋繁露·爵国》:"天子邦圻千里,公、侯百里,伯七十里,子、男五十里。附庸:字者方三十里,名者方二十里,人氏者方十五里。"

③ 《春秋繁露·爵国》:"以井田准数之,方里而一井,一井而九百亩而立口,方里八家,一家百亩,以食五口,上农夫耕百亩,食九口,次八人,次七人,次六人,次五人,多寡相补,率百亩而三口,方里而二十四口。"

④ 以公侯大国为例,"公侯方百里,三分除其一,定得田方十里者六十六,与方里六十六,定率得十六万口,三分之,为大国口军三,而立大国"(《春秋繁露·爵国》)。

⑤ 《春秋繁露·奉本》。

⑥ 《春秋繁露·保位权》。

⑦ 参见《春秋繁露·三代改制质文》。

小爵土，大材者执大官位，小材者受小官位，如其能宣，治之至也"。在董仲舒看来，具体分得多少土地并非小土分封制的关键，最重要的是，它从设计上充分反映了"量能授官，贤愚有差，所以相承也"①的道理，为这项原则提供了具体的展示空间。董仲舒眼中的分封制，蕴含着"大小不逾等，贵贱如其伦"的价值预设。②

由此，《春秋繁露》讲小土制，关键是要突出制度中的层级系统，从而强调"上下尊卑""德位相合"的立制原则，在分土的具体规划之上，描绘出差等化的系统性精神。

综合《孟子》《春秋繁露》来看，二者的侧重有很大差异，孟子借助"小土"谈仁义，董仲舒借助"差等"谈秩序。但二人的理解也有其相似点，相比这个制度的实际运用，他们都对制度背后的精神、意义更感兴趣。也就是说，小土分封制具体分得多少数量的土地、划出几个爵等，甚至于这个制度能否真正实施，对于他们都不重要。他们在意的，是穿过制度的躯壳透视其中的义理。然后从规章层面上升到思想层面，探寻普遍秩序的根本原则，进而辅助各自的学说理念。二者的现实关怀经历一个回环，先由制度铺陈升至理念精神，再用理念精神考量时世。

《管子》《新书》亦介绍了小土分封的制度，但他们的想法则与《孟子》《春秋繁露》有所不同。

《管子》指出，一味地壮大兵力、扩张领土并不能真正地增强国力，经济强弱才是决定国力的关键。③因此，如何制定富国足用的合理政策，成为《管子》的重要课题。《管子》力劝诸侯要努力耕种生产，④同时作者指出，就算天下一统，也应将经济建设放在首位。

为此，《管子》设计了一场发生在齐桓公与管仲之间的对话。管仲告诉桓公："地之东西二万八千里，南北二万六千里。天子中而立，国之四面，面万有余里。民之入正籍者亦万有余里。故有百倍之力而不至者，有十倍之力而不至者，有倪而是者。则远者疏，疾怨上。边境诸侯受君之怨民，与之为善，缺然不朝，是无子塞其涂，熟谷者去，天下之可得而霸？"管仲指出，治理天下最困难之处，在于让人员、货物在一个庞大的国家中有效地流动、周转，国家的制度、号令有效地展开。对此，作者给出了自己的对策，称为"立壤

---

① 《春秋繁露·天地之行》。
② 《春秋繁露·精华》："大小不逾等，贵贱如其伦，义之正。"
③ 《管子·轻重丁》："管子问于桓公：'敢问齐方为几何里？'桓公曰：'方五百里。'管子曰：'阴雍长城之地，其于齐国三分之一，非谷之所生也。海庄、龙夏，其于齐国四分之一也；朝夕外之，所墆齐地者五分之一，非谷之所生也。然则吾非托食之主耶？'桓公遽然起曰：'然则为之奈何？'"
④ 《管子·事语》："壤狭而欲举与大国争者，农夫寒耕暑耘，力归于上，女勤于缉绩徽织，功归于府者，非怨民心伤民意也，非有积蓄不可以用人、非有积财无以劝下。泰奢之数，不可用于危隘之国。"

列"之制:"立壤列天下之旁,天子中立,地方千里,兼霸之壤三百有余里,伮诸侯度百里,负海子男者度七十里,若此则如胸之使臂,臂之使指也。然则小不能分于民,准徐疾羡不足,虽在下不为君忧。夫海出沸无止,山生金木无息,草木以时生,器以时靡币,沸水之盐以日消。终则有始,与天壤争,是谓立壤列也。"①

"立壤列"制度显然承继了小土分封的设计。在《管子》看来,小土分封合理地裁割了天下的土地,依差等给予不同级别的诸侯以不同面积的国土,并按中心大、四周小的排列原则为列国安排了恰当的位置。因此,在这种"胸之使臂,臂之使指"的格局下,人力物力能够实现中央与地方之间的灵活流转,这样,物资既不会浪费于民间,中央又可以有效地赈灾济弱。如此,王朝经济生产的高效组织就得到了实现。

由此,《管子》从小土制中看到了增加国力、稳定天下有效方法,它认为,这一制度具有"组织高效""周转灵活"的特点,特别适宜治理天下。《管子》期待借助这个制度来使生产"终则有始,与天壤争",实际上也就将"富国利用"确立为小土分封制的核心价值。

《新书》也认为小土分封具有指导国家治理的实际意义。贾谊十分看重这一制度的高效组织能力。他在书中记载了小土制,并表达了与《管子》相似的观点。②然而在此之外,贾谊还读出了更多内容。他继承《管子》用"胸之使臂,臂之使指"来描述小土分封的表述,然而却调整了这个描述的内容重心:"令海内之势如身之使臂,臂之使指,莫不制从,诸侯之君不敢有异心,辐凑并进而归命天子。""胸之使臂,臂之使指"本侧重于描述国家组织的高效通达,经过贾谊的阐释,则变为形容中央能够有力地制约诸侯。

贾谊特别强调这种制约关系,是基于时世的考虑。与《孟子》《管子》不同,贾谊身处汉代大一统国家建立伊始,内乱纷扰不停。分封的诸侯王土地广大,实力雄厚,中央难于管理。贾谊眼中的时局,问题重重。③其中最为重大、值得为其"痛哭"的隐患,即是诸侯势大难治:"天下之势,方病大瘇。一胫之大几如要,一指之大几如股,平居不可屈信,一二指搐,身虑亡聊。失今不治,必为锢疾……亲者或亡分地以安天下,疏者或制大权以逼天子,臣故曰非徒病瘇也,又苦蹠戾。可痛哭者,此病是也。"面对这样的形势,贾

---

① 亦称"立壤列"之制。《管子》全书曾几次提及这个制度。又见于《管子·事语》:"彼天子之制,壤方千里,齐诸侯方百里,负海子七十里,男五十里,若胸臂之相使也。故准徐疾、赢不足,虽在下也,不为君忧。"

② 《新书·属远》:"古者天子地方千里,中之而为都,输将繇使,其远者不出五百里而至;公侯地百里,中之而为都,输将繇使,远者不出五十里而至。输将者不苦其繇,繇使者不伤其费。故远方人安其居,士民皆有欢乐其上,此天下之所以长久也。"

③ 《汉书·贾谊传》:"可为痛哭者一,可为流涕者二,可为长太息者六。"

谊提议削弱诸侯，①以制度的形式强干弱枝。所以他大声呼吁汉文帝定地制："割地定制，齐为若干国，赵、楚为若干国，制既各有理矣。……地制一定，则帝道还明，而臣心还正；法立而不犯，令行而不逆；……而天下不乱，社稷长安。"而定地制的基本要求是多封建，小其国，"欲天下之治安，天子之无忧，莫如众建诸侯而少其力。力少则易使以义，国小则无邪心。若与臣下相残，与骨肉相饮茹，天下虽危无伤也，则莫如循今之故而勿变"。②由此，就能理解贾谊为什么看重小土分封制。③在他看来，小土分封体现了中央集权的要求，能够有效地限制诸侯的力量。因此，贾谊希望通过广建诸侯，小土封国，来削弱封国的威胁。

《管子》和《新书》对小土制的理解亦有差别，《管子》侧重其对号令调运的裨益，贾谊则看重其强干弱枝的功能。但相比《孟子》《春秋繁露》，《管子》《新书》都很看重小土分封制对于时局治理的切实提示。它们认为，古制的规划在现实生活中仍然具有强大的实际意义。虽然具体实施方式可以商榷，但古制传达的基本方法，不仅在当下有可行性，而且亟须开展。管子、贾谊笔下小土制对现实的指导，较孟子、董仲舒直接得多，二者没有过分深入制度背后的理念精神，却在操作方法上大做文章，为现实提供了具体对策。

小土分封制仅是一例。但《孟子》《春秋繁露》《管子》《新书》借此展现出的差异，却鲜明地反映出迥异的理解进路。《孟子》《春秋繁露》比较重视制度反映的精神义理，《管子》《新书》则更加看重制度对于现实治理的切实提示。正如上文所说，"借制论今"是诸子共同的诉求，但如何"借制论今"，彼此的答案究竟不同。"古制"在各自的使用中被塑造为不同的形象。《管子》、贾谊视古制为妙药，用以诊治现实社会政治的危机；孟子、董子则视古制为标尺，用以衡量现实价值原则的偏失。形象的不同进而影响了解读的侧重，管、贾要在具体行文中挖掘实际的操作指导，孟、董则关注制度结构中的宏观精神。最终，"古制"被引向了不同的应用，同样的《王制》制度，由此获得了不同的面貌。

前《王制》学保存了古制，并提出了"借制论今"的要求。在制度意义的具体解说上，诸子各显其能。有人关注如何用古制启发现实政策，从制度中挖掘出利用价值，促逼古制直接为时局提供操作指导；有人则关注怎样总结制度精神以匡正治国理念，从中提纯出理论精神，认为古制对现实的指引将通过理念规律予以提示。基于不同的理解、迥异的风格，前《王制》学展

---

① 《汉书·贾谊传》："臣之愚计，愿举淮南地以益淮阳，而为梁王立后，割淮阳北边二三列城与东郡以益梁；不可者，可徙代王而都睢阳。"
② 《新书·藩疆》。
③ 清代姚莹即以定地制作为贾谊最重要的政治构想，王安石已经读出贾谊依照古制讲分封的用意。(参见《新书校注》，中华书局2000年版，第587—611页。)

现出的施用进路异彩纷呈。

前《王制》学的种种诠释反映了其借助制度通经致用的充足想象力。这种多元化解读昭示了文本的开放性，它暗示着，通过挖掘资源以及合理诠释，《王制》制度将始终能够为现实提供指导。当后人带着时代的新问题反观这些资源时，这种思考将击穿时空，为后人应对时局、展望未来注入充足动力，引导经师灵活地理解制度、对待现实。

主要参考文献

1. ［唐］孔颖达：《礼记正义》，上海古籍出版社2008年版。
2. ［清］焦循：《孟子正义》，中华书局1987年版。
3. ［清］黎翔凤：《管子校注》，中华书局2004年版。
4. 阎振益、钟夏：《新书校注》，中华书局2000年版。
5. ［清］苏舆：《春秋繁露义证》，中华书局1992年版。
6. ［清］陈寿祺：《尚书大传辑校》，《丛书集成》本，商务印书馆1937年版。
7. ［清］廖平：《王制订》《王制集说》《群经凡例》，《六译馆丛书》本。
8. 吕友仁：《〈礼记〉研究四题》，中华书局2014年版。

（作者系中国政法大学人文学院哲学系讲师）

康德与黑格尔法哲学专题

通古今之变　推陈以出新
——黑格尔法哲学的问题、创新与意义

朱学平

在德国观念论哲学中，黑格尔法哲学自从其诞生之日起，直至今日，一直都是学界热烈关注并聚讼纷纭的对象。黑格尔法哲学与西方法哲学传统的关联何在？其问题意识与理论宗旨究竟为何？它对当今世界（尤其是刻下中国）的法哲学思考到底有无助益？本文旨在通过对黑格尔法哲学基本立场、问题意识及其解答的分析，指明其实质在于，为了从理论上克服西方近代自然法理论之不足，在实践上解决时代巨变带给德国的现实社会和政治课题，在通达西方古今精神巨变的基础上，通过对现代个体性原则的最终肯认，在广泛吸纳西方古今思想资源的基础上，完成如下三个方面的理论革新：第一，通过将现代自然法理论与古典政治经济学内在结合起来，创建了著名的市民社会理论；第二，黑格尔严格区分市民社会和政治国家，突破了亚里士多德创建的古典政治哲学传统，将亚里士多德的家庭—国家二元伦理结构改造为家庭—市民社会—国家的三分体系，使得市民社会与国家的分离在人类思想史上首次正式确立，并成为其后法哲学和政治哲学的基本前提和出发点；第三，黑格尔在创建其伦理体系的过程中，为了克服现代主体性法律理论之不足，将制度作为其伦理体系的核心，以达致理论思考和现实实践的内在统一。

黑格尔法哲学的根本使命：从人的解放到现代制度伦理体系的建构

正如在青年马克思那里，从政治解放到人的解放的转变标志着其社会政治哲学的根本转向和终生使命的底定一样，在青年黑格尔这里，从隐藏在宗教改革之下的人的解放向现代制度伦理体系建构的转变具有同等重要的意义。不过，与青年马克思1844年迅速完成这种转向相比，黑格尔实现这种转向的时间却要漫长得多，过程也要艰难曲折得多。

黑格尔法哲学的起源可以追溯到其早年的法兰克福时期。随着康德《道

德形而上学》出版,黑格尔就开始思考如何克服在康德(以及费希特)哲学中达到顶峰的西方近代自然法理论的法律与道德的分离。对此,罗森克兰茨曾这样报道:

> 但当康德1797年出版了他的法学和德性学说,黑格尔就从1798年8月10日起把这两部著作同道德形而上学一道进行了严格研究。当他在摘要中从导论进行到特殊部分后,就到处将他自己的概念同康德的那些概念对立起来。在此他已力求在一个更高的概念中将实定法的合法性与知其自身为善或是为恶的内在性的道德统一起来。他在评论中常把这个概念叫做生命,后来就称之为伦理。他抗议康德压制自然,抗议将人肢解为由义务概念的专制主义产生的决疑论。
>
> ……现在他试图摆脱国家和教会的二元对立,他用如下的话总结了康德的意见:"国家和教会两者应相安无事,互不相涉。"对此黑格尔写道:
>
> "这种分离何以和在何种程度上是可能的?如果国家掌握的是所有制原则,那么教会的法律就是和国家法律相抵触的。国家法律涉及的是完全特定的权利,把人极不完全地当作具有财产的人,反之在教会内人却是一个整体,教会作为行动着的并且创有设施的可见的教会,其目的是企求给人提供并维持这种整体感。以教会精神行动,人不只对个别国家法律是作为整体而行动,而是对国家法律的全部精神,对国家法律整体也是如此。如果公民在国家和教会两者内能够保持平静,那就表明他不是没有认真对待他同国家的关系,就是没有认真对待他同教会的关系。……但如果国家的原则是个完全的整体,教会和国家就不可能是相异的。在国家方面是加以思考的、进行统治的东西,在宗教方面也是同一的、有生命的、通过想象表现出来的整体。只有在人整个已支离成特殊的国家的人和教会的人时,教会整体才是残缺不全的片段。"①

罗森克兰茨摘录的这一大段话很有意思。它表明,此时的黑格尔与1843年写作《论犹太人问题》的马克思对于人的本质及其解放的看法根本一致。在《论犹太人问题》中,马克思批判鲍威尔对犹太人问题所提出的共和主义解决方案,指出鲍威尔的解答不仅不能消除,反而必然导致现代世界的政治国家和市民社会的分离,以及后者在现代世界中的决定性、基础性地位。于此可见,青年黑格尔和青年马克思两人同样都反对现代国家与社会的二分,反对将人划分为国家的人和社会的人,而要实现人的完整性和内在统一。黑

---

① Karl Rosenkranz, *G.W.F.Hegels Leben*, Berlin 1844, p.87.《黑格尔政治著作选》,薛华译,中国法制出版社2008年版,第16—18页。

格尔反对的是康德的法律和道德的分离（亦即政治国家与宗教的分离），马克思则通过对法国和美国宪法的考察，反对现代国家中国家和市民社会的分离。两人（用马克思的话来说）都要求人的解放，而不仅仅是政治解放。

黑格尔法兰克福时期写下的《基督教的精神及其命运》一文的大部分思路与罗森克兰茨上述摘录基本一致，试图通过宗教克服康德法律和道德学说的固有缺陷。然而，有意思的是，在此文中，黑格尔用其所构想的爱和生命的学说对基督教的教义进行重新解释，然后联系基督教的历史进行考察，发现实际上这种以人的全面解放为宗旨的爱和生命的宗教，其结果是完全落入毫无内容的空虚之中，从而与以财产权为核心的现实领域（国家和法律领域）必然处于分离和对立之中。"教会与国家、崇拜与生活、虔诚与道德、精神活动与世间活动决不能融合为———这就是基督教的命运"。[①]命运即宿命，是一种必然性。这种必然性在于，无论以何种名义出现的所有人的全面解放是不可能的，在强大的现实尘俗生活面前，基督教所弘扬的"爱"并没有充分的威力，足以克服尘俗生活对大众的影响。相反，在耶稣的"爱"的教导之上建立起来的基督教团体因其脱离了具体鲜活的现实生活，而成了一个抽象空洞的精神团体，与尘俗生活隔绝开来。在这种理解下，黑格尔放弃了消除国家和教会的分离，以实现人的全面解放的思想，而让政治（国家）重新回归人类生活的核心。

隐藏在这种转变背后的是黑格尔对人的本性（自然）的看法的基本形成。此前，他一方面深受卢梭、孟德斯鸠的共和主义以及古典希腊图景的影响，另一方面也逐渐接受康德、费希特等人的观念论哲学的基本立场，从而在人的本性（自然）的问题上摇摆不定（尽管更加偏向人性的古典理解）。而到法兰克福后期，黑格尔毅然抛弃了从现代抽象的人性概念，而转向对人性的具体理解：

> 人性的一般概念可以容许无限多的变化，用不着借口引证经验来作掩饰，说人性的改变是必不可少的，人性永远也不是纯粹的，而这是可以严格证明的。现在只消明确这一点就够了，即究竟什么是纯粹的人性？所谓"纯粹的人性"不外指符合于人的一般概念。但是人的活生生的本性是永远不同于人性的概念，因此那对概念来说只是一种改变、纯粹的偶然性或多余的东西，成为一种必要的东西、有生命的东西，也许是唯一自然的和美丽的东西。[②]

[①]《黑格尔早期神学著作》，贺麟译，上海人民出版社2012年版，第383页。
[②]《黑格尔早期神学著作》，贺麟译，上海人民出版社2012年版，第154页。

这里所言的"人的活生生的本性"就是指个人在一族人民（Volk）当中的所具有的特性。脱离了特定"人民"的个人是完全抽象的，个人只有在作为整体的特定人民中才具有真实的存在。这个从普遍的人的立场到人民、国家的重大转变，决定了此后黑格尔法哲学的根本旨趣和走向。这种转变，使得黑格尔法哲学能够很好地同政治和社会生活等各方面的内容内在地结合起来，而不必如近代的自然法理论家们那样纯然以抽象、空洞的个体作为出发点，由此建构出一个共同体。正因为如此，黑格尔也就能够很好地响应时代的需要，由此而产生巨大影响。

两大时代课题

在现实层面，黑格尔法哲学的根本问题一方面来自当时最重大的政治和历史事件即法国大革命的激发。与远隔重洋的美国革命相比，法国大革命对欧洲的影响直接而深刻，它标志着欧洲历史翻开了全新的一页。对此黑格尔自然是感同身受。他在 1806 年《精神现象学》"序言"中将法国大革命比作"日出"，并将其时代标明为"一个新时期的降生和过渡的时代"。① 自 1789 年起，直到 1831 年去世为止，黑格尔一直都生活在这种"过渡时期"的深刻感受与体验之中。法国大革命的历史，一方面是法国内部斗争和革命的历史，另一方面又是由抵御外部入侵转变为入侵外国，侵占外国领土的霸权主义历史。与法国比邻而居、但又内部分裂、孱弱不堪的德国自然是首当其冲，最是深受其害。

与法国革命的胜利进军相比，这一时期的德国尽管一方面受到法国大革命的强烈影响，在法国的军事打击和政治压迫下，被迫走上政治改革的道路，但另一方面，这种外力逼迫之下、而非完全发自内心的改革总是给人半心半意、犹疑不决之感（这在十九世纪一二十年代的普鲁士改革中表现得非常明显），加之保守的奥地利哈布斯堡王朝直到普鲁士统一德国之前一直左右着德意志帝国政局，使得德国根本无法在短期内改变其内部长期分裂的基本状况。

因此，法国革命的冲击实际上对德国造成了双重影响。一方面，旧制度的废除、新的统一的民族主权国家的出现，指明了德国及其他欧洲国家发展的未来。就此而言，黑格尔称之为"日出""新时代的降生"是完全恰当的。另一方面，在国际层面，新生的法国奉行霸权政治。这种做法固然有助于新时代的原则和理想在欧洲大陆的传播，但其攻城略地、纳贿求偿的行径也激起全欧洲的联合反抗。由此，明智的德国精英对法国是既爱又恨。黑格尔可谓其中的典型。他们亲法，是因为法国的原则就是德国未来发展的方向；他们仇法，是因为法国的民族主义对德国造成了最大的伤害。法国既侵占德国

---

① ［德］黑格尔：《精神现象学》（上），商务印书馆 1961 年版，第 7 页。

的土地，也极力阻止德国统一。对德国现状，黑格尔是"哀其不幸，怒其不争"。在从法兰克福时期末期到耶拿初期数年间反复修改的《德国宪法》一文开头，黑格尔沉痛指出"德国已不再是个国家"。① 在十多年后的《评1815年和1816年符腾堡王国邦等级议会的讨论》一文中，他旧话重提："德意志帝国曾被人民叫做荒唐的设施，这个荒唐设施的特征曾被一位至少说也是机敏的历史学家极其正确而恰当地描绘作无政府状态的宪法。"② 显然，这是他对德国现状的一以贯之的基本判断。而对于那些在改变德国旧制度及其现状方面的无所作为甚至抱残守缺的德国人（符腾堡人），黑格尔辛辣地讽刺道："我们可以把曾说法国逃亡者的话，用在符腾堡邦等级议员身上：他们什么也不曾忘记，什么也不曾学到。最近这25年是世界史上确实内容极其丰富的25年，对我们来说是最有教益的25年，因为我们的世界和我们的观念就是属于这25年的，而符腾堡邦等级议员们却好像是在沉睡中度过这25年似的。"③

是故，黑格尔法哲学的问题意识很明显，这就是，德国如何从旧制度中走出来，建成统一的民族国家。这一点在他耶拿时期的《德国宪法》和1817年的关于符腾堡邦等级议会的论文中明确表达出来。他在《德国宪法》中明言：如果德国要避免意大利的命运，不受外国势力的支配，那么"德国就必须重新组织为一个国家"。④ 在其后关于符腾堡邦等级议会的文章中，他再次坚持这一观点，只不过由全德国统一变成了德国各邦各自成为一个现代意义上的国家："时代给符腾堡带来了一个新课题，也带来了解决这一课题的要求。这个课题就是要把符腾堡地区建成一个国家。"⑤

实际上，除了德国整体或各邦的政治统一以外，黑格尔的法哲学还面临另一同样重大的时代课题，即由工业革命所引发的英法等国社会经济领域的全面革新。在欧洲大陆，这场社会革命的重大后果直到黑格尔去世以后的十九世纪三四十年代方才完全显露出来。然而，青年黑格尔却以其敏锐的洞察力，早在1799年甚至之前即已经关注英国的社会状况，并开始阅读英国古典政治经济学著作。"黑格尔有关市民社会的本质、有关需要和劳动，有关劳动分工和各等级职能，警察、济贫制度和赋税等等问题的所有思想终于都在对斯图亚特政治经济学德译本所作的评释内集中表达出来，这一评释他是从1799年2月19日到5月16日写成的，并还完好地保存了下来"。⑥ 罗森克兰

---

① 《黑格尔政治著作选》，薛华译，中国法制出版社2008年版，第19、113、117页。
② 《黑格尔政治著作选》，薛华译，中国法制出版社2008年版，第122页。
③ 《黑格尔政治著作选》，薛华译，中国法制出版社2008年版，第155页。
④ 《黑格尔政治著作选》，薛华译，中国法制出版社2008年版，第109页。
⑤ 《黑格尔政治著作选》，薛华译，中国法制出版社2008年版，第122页。
⑥ 《黑格尔政治著作选》，薛华译，中国法制出版社2008年版，第16页。

茨的这一报道表明，市民社会问题老早就是黑格尔关注的一个重大问题。在之后的耶拿时期，他对这一方面的关注和思考也未曾稍减，在这一时期的众多文本（如《论自然法》①、《伦理体系》以及1804—1805和1805—1806年《耶拿精神哲学》）中，都清楚地记录了他对市民社会诸问题的日益深入的思考与回答。显然，对他来说，市民社会问题的重要性绝不亚于前述政治上的德国统一问题。

概言之，黑格尔法哲学所面临的时代课题可以概括为，如何在法国政治革命和英国工业革命的时代背景下，在理论上克服康德法律和道德学说的内在缺陷，构建一个合乎时代需要的、统一的、涵纳新的经济生活于自身的国家与法的理论体系。

黑格尔的解决之道（一）：古典路径

理论上，黑格尔想要回应并超越康德（和费希特）的观念论哲学的现代筹划；实践上，他又要立足德国现状，因应时代巨变，提出切实可行的解决方案。如何熔理论与实践、观念与现实于一炉，提出一个全面综贯的解决之道，为黑格尔法哲学的实质与关键之所系。

实际上，黑格尔走过了一条漫长的求解道路。对黑格尔的这一思想道路进行考索，比单纯考察黑格尔法哲学的基本观点，意义更大。

从政治哲学的角度来说，黑格尔最初是一名古典共和主义者。图宾根时期对"人民宗教"（Volksregion）的构思暗示了其思想的这一维度。在伯尔尼时期的一个片段中，他同样以共和主义观念刻画古典希腊罗马时代的公共政治生活。②因此在实现从人的解放到政治解放的根本转变后，他更是明确倒向古典自然法的基本观念。在耶拿前期发表的最初明确表达其政治哲学的长文《论自然法的科学探讨方式》（以下简称《论自然法》）中，柏拉图和亚里士多德是最大的权威。他不吝篇幅，大量摘抄他们的重要政治论著（柏拉图的《理想国》《政治家》和亚里士多德的《政治学》），为自己的观点张目。③他最后甚至声称要全然颠覆当代对自然法的理解，恢复自然法的古典内涵，并写道："绝对伦理本质上是所有人的伦理"，"是一个普遍物和一族人民的纯粹精神"，因此当伦理自身表达在个人身上时，它是设定在否定的形式之下的，换言之，它是普遍精神的可能性，而属于个人的那些伦理特性，诸如勇敢、节制、节俭或者慷慨等等，都是否定的伦理（即在个人的特殊性中，个

---

① 该文全名为《论自然法的科学研究方式，它在实践科学中的地位及其与实证法学的关系》。
② 《黑格尔早期神学著作》，贺麟译，上海人民出版社2012年版，第252—253页。
③ 《黑格尔全集（理论著作版）》（G. W. F. Hegel, *Werke* 2, Frankfurt am Main, 1970），第2卷，第490、492—493页等。

别性并不能真正固定下来，也不能进行实际的抽象）和存在于普遍伦理之中的可能性或能力。那些自身为可能性而带有否定含义的德性，乃是道德学的对象。我们看到，自然法和道德学的关系便以这种方式颠倒过来了，即是说，自身否定之物的领域仅属于道德学，而真正的肯定物则属于自然法；按其名称，自然法应该建构出名副其实的伦理自然。相反，当自然法的规定由否定物（既作为其自身，也作为外在性、形式的德性法则、纯粹意志以及个人意志的抽象物）以及诸如强制、通过普遍的自由概念对个人进行限制等等抽象物的综合表达出来时，就只是一种自然的非法，因为当这些作为实在性的否定物为［自然法］奠基时，伦理的自然即已处于彻底的败坏和不幸之中了。①

由此，他在《论自然法》以及同时的《伦理体系》中按照古典政治共同体的模式构想其伦理体系（即他理解的自然法体系）：人民先于个人；人民由自由人和非自由人构成；自由人等级由战士（即职业军人）构成，非自由人则分为市民等级（法律界和工商等级）和农民等级。三个等级各自拥有不同的德性，即勇敢、诚信、信赖，等等。

从这一简单勾勒即可看出，他的这一最初的解决方案尽管承袭了古典希腊政治这些基本模式，实则已经开始将西方现代的政治和社会元素融入其中，以因应时变。他将战士等级规定为自由人等级，将奔赴沙场、勇敢战斗、自我牺牲视为自由的真正标志，实际上是为了满足通过武力实现国家统一的时代需要。在 1799 年即已经开始撰写的《德国宪法》一文中，黑格尔明言军政力量构成一国存在的根本标志：

> 一群人要形成个国家，为此必不可少的是他们能形成共同防御和国家权力。②

在德国不统一的语境下，这句话的含义不言自明。显然，尽管黑格尔在《论自然法》一文中用西方古典自然法颠覆了近代自然法，强调作为整体的人民的优先性，但他对他称为伦理总体的政治共同体的理解显然与古人的观念有别。他将自由寄托在士兵等级身上，实际上隐含的是由马基雅维利开启的现代共和政治观念，其根本要义在于基于军事力量的西方现代统一的民族主

---

① 《黑格尔全集（理论著作版）》（G. W. F. Hegel, *Werke* 2, Frankfurt am Main, 1970），第 2 卷，第 505—506 页。

② 《黑格尔政治著作选》，薛华译，中国法制出版社 2008 年版，第 29 页。另见第 25 页："国家要求有一个普遍的中心，一个君主和一些等级，各种权力、外交事务、军事力量、与此有关的财政等等都结合于这一中心"。

权国家的形成。① 因此他在《德国宪法》中为马基雅维利辩护便不足为奇，其辩护理由恰好为，马基雅维利《君主论》的根本宗旨为意大利的统一，马基雅维利为了取得并维持国家的政治统一而不顾道德，是正确的。② 同时，黑格尔也与马基雅维利的观点一致，认为统一的根本在于君王拥有自己的军队。另一方面，正如我们在《论自然法》一文中看到的，战士等级并不只是为了实现并维持国家的统一，而且还使国家超出以财产权为核心的个人私利之上、从而实现人民（或国家）的真正自由：

> 因为在战争中存在着自由的可能性，也就是说，不仅各个个别的规定性，而且作为生命的全部规定性，都被战争消灭了，并且是为了绝对本身或是为了人民而被消灭。正如风的激荡使湖水不至于成为一池腐臭的死水一样，战争也在各族人民反对各种规定性、反对这些规定性的惯习和僵化的无差异中维持各族人民的伦理健康，俾使它们免于因长期、永久的和平而导致的腐臭。③

由此，黑格尔一方面承认了西方近代随着民族主权国家的出现而产生的国与国之间的自然状态和霸权秩序，④ 另一方面则赋予其自由与精神的含义，从而将其合法化。当然，正如其成熟时期的法哲学所显示的，他将实现国家/人民的这种自由的希望寄托在新君主及其领导的军政集团（其阶级基础为土地贵族等级），而非新兴的市民等级上。由此，他也就在古典伦理政治的名义之下，用个别人民的自由的伦理体系取代了以新兴的市民阶级为基础的现代自由主义的个人自由权利体系，用国与国之间的战争体系取代了康德的永久和平规划。

---

① 黑格尔经考察《威斯特伐利亚和约》，明确指出，在德国，意图通过协议而创建一个共同的国家是不可能的："这次缔和的经验告诉我们，每个人仅仅出于自己的自由意志和赞同为集体而行动的时代已经过去，时代精神已经完全改变，甚至在最紧迫的情况下，在急切关乎所有部分的利益上，也不能期望有什么共同诚挚的合作了"。参见《黑格尔政治著作选》，薛华译，中国法制出版社 2008 年版，第 85 页。同时参看接下来的以及后面的论述，见前揭，第 85—86、97—98 页。他最后总结道："德意志民族的普通民众连同他们这些邦等级代表，必得有一位征服者的强力才会聚为一体，他们必定要被迫把自己看作是属于德国的。"见前揭，第 112 页。其后的德国历史证实了青年黑格尔的这一远见卓识。1848 年德国宪法无法付诸实施，证明德国无法通过协商实现统一。1871 年，俾斯麦通过铁血政治实现了德国的最终统一。
② 《黑格尔政治著作选》，薛华译，中国法制出版社 2008 年版，第 93—94 页。珀格勒（Pöggeler）亦如是理解黑格尔在德国宪法中对马基雅维利的引用："引证马基雅维利绝不意味着马基雅维利主义：在赫尔德代表的传统下，马基雅维利乃是主张意大利统一、反对外来征服者的志士"。参见 Otto Pöggeler, "Hegel und die Französische Revolution", 载 E.Weisser-Lohmann und DietemarKöhler(Hg.), *Verfassung und Revolution*, Felix Meiner Verlag, 2000, p.222.
③ 《黑格尔全集（理论著作版）》（G. W. F. Hegel, *Werke* 2, Frankfurt am Main, 1970），第 2 卷，第 482 页。
④ 黑格尔对国家间战争状态的进一步确认，参见《黑格尔政治著作选》，薛华译，中国法制出版社 2008 年版，第 80 页。

然而，另一方面，黑格尔也并不全然否定新兴的市民生活领域。在《论自然法》中，他指出，英国的政治经济学体系所阐述的需要和劳动——以及相应的法权——的领域，尽管相对于前述维持国家存在和自由的军事和政治领域，仅仅构成伦理总体的否定的方面，但作为必然性领域，绝对不可或缺。同时，通过将法权解释为需要领域的形式，而将康德、费希特的观念论哲学纳入其体系建构之中。同样，他也在《德国宪法》中指证了市民自由的必要性，反对法国、普鲁士的自上而下、一管到底的集权体系；政府的事务仅限于"组织和维持权力"以保证"内外安全"，其余的事情则归市民自由处置，由此严格区分（采用他后来的基本说法）国家和市民社会：

> 我们在一国不只区分了那种必须在国家权力之手直接由国家权力规定的必要方面，和那种在一个民族社会结合上确实完全必要、但对国家权力本身是偶然的东西，而且认为那种在较次要的普遍行动上国家让其多多自由插手的民族是幸运的。同时我们也认为能够得到自己人民自由活跃精神支持的国家权力是无限强大的。①

这样，黑格尔以其超强的综合能力，以古典自然法为原则，紧密结合现代政治和社会的实际状况，对其面临的时代课题提出了自己的独特解答：在古典自然法的基本框架下，政治和社会基于现代社会的具体情况得到了重构，康德和费希特的观念论哲学的基本原则也作为形式的法权被他纳入市民社会领域之中。从后来的观点看，尽管他在这个最初的解决中充分地考虑了现代社会政治、经济、法律等等的基本情况，但其整个体系的核心仍然是古典希腊政治哲学的基本观念，在这个以整体和德性为核心的体系中，作为康德、费希特观念论哲学核心的个体性原则并未得到充分承认，而是消失在作为整体的伦理体系中。在这个体系中，个人只是偶性，伦理总体才是真正的实体。然而，另一方面，即使在这个取法古典政治的解决中，其内容也完全来自时代的政治、社会现实，同时现代自然法理论也被他纳入其中，从而实际上是在内容上对古典自然法理论做出了重要改造，而非简单地照搬照抄。换言之，在重提古典自然法的背后，黑格尔伦理体系的内容实际上已经发生了根本变化。

黑格尔的解决之道（二）：超越古典政治哲学，创建新的制度性伦理体系

从耶拿后期开始，黑格尔开始重新审视康德、费希特等人的意识哲学及

---

① 《黑格尔政治著作选》，薛华译，中国法制出版社 2008 年版，第 35 页。黑格尔对集权体制的批判，参见前揭，第 34—35、37 页。

其阐发的现代个体性原则。在1805—1806年《精神哲学》中，他完全肯定现代个体性原则的正当性，从而最终从对古典城邦伦理政治的沉迷中醒悟过来。由此，其法哲学也就再次发生重大转变，从对古典城邦的回归开始转向新伦理制度体系的重建，开创了西方法哲学的新路径。①

黑格尔的这一剧烈转向，在他对基督教和罗马世界的评价的变化上面表现得最为明显。在转向之前，黑格尔对罗马世界和基督教的评价是纯然否定的。他很早就明确指出："基督教能够取异教而代之是惊人的革命之一"，并认为，基督教乃是随着罗马的征服而导致的原有的古典共和自由沦丧的必然后果，是失去了自由的罗马的产物：

> 自由的罗马征服了一大批国家，一些亚洲国家较早，一些西方国家较晚，先后丧失了它们的自由，另外还有少数自由的国家却遭到彻底的破坏，因为它们不屈服于罗马的奴役。于是剩下给这个世界征服者的，就只有作为最后一个失掉其自由的国家的荣誉。希腊人和罗马人的宗教只是为了自由民族的宗教，随着自由的丧失，也就同时丧失了自由的意义、力量及其对于人们需要的适合。②

到耶拿时期，黑格尔在由宗教转向政法领域之后，同样把现代世界的问题归咎于罗马帝国时代自由的沦丧。他将希腊城邦作为自由的绝对伦理的原型，认为这种原型"在罗马帝国的普遍性的经验现象中消失了；在绝对伦理的丧失中，并且随着高贵等级的堕落，以前的两个不同的等级成为平等的了，随着自由的消失，奴隶制也必然消失。当形式的自由和平等的原则必然有效时，一般说来，它就会抛弃等级之间的真正的内在区分，首先不会产生上面提出的等级的分离，更不会产生以这些等级为前提的等级的分离的形式……普遍性和平等的原则首先必须如此占领整体，以至于两个等级不是分别开来，而是混杂起来。在形式统一性法则之下的这种混杂中，第一等级实际上完全毁弃了，第二等级成为了普遍的人民。"③

显然，在此时的黑格尔看来，正是罗马人敉平了人与人之间的所有差异，主人和奴隶、自由人和非自由人之间的根本区分不再存在。由此，罗马人遗留下来的抽象的形式平等也就构成了现代世界一切问题的根源。

---

① 德国著名学者珀格勒也曾指出："黑格尔已经在1805—1806年达到其法哲学诸原则，只是在海德堡和柏林才达到了制度理论。"参见 E.Weisser-Lohmann und DietemarKöhler(Hg.), *Verfassung und Revolution*, Felix MeinerVerlag, 2000, p.223, 注释23。
② 《黑格尔早期神学著作》，贺麟译，上海人民出版社2012年版，第252页。
③ 《黑格尔全集（理论著作版）》（G. W. F. Hegel, *Werke* 2, Frankfurt am Main, 1970），第2卷，第491页。

到成熟时期,他的观点发生了根本改变。现在,他开始攻击古代社会中缺少个体自由和主观性的维度,承认这正是基督教和罗马世界留给现代世界的最重要遗产:

> 单个人独立的本身无限的人格这一原则,即主观自由的原则,以内在的形式在基督教中出现,而以外在的从而同抽象普遍性相结合的形式在罗马世界中出现,它在现实精神的那个纯粹实体性形式中却没有得到应有的地位。这个原则在历史上较希腊世界为晚,同样,深入到这种程度的哲学反思也晚于希腊哲学的实体性理念。①

成年黑格尔与青年黑格尔在关于个体性原则问题上面的根本差异在这一段话中直接表达出来。对成熟时期的黑格尔来说,与古典时期的实体性原则相比,罗马帝国时期发展出来的抽象的人格平等的形式原则居于精神发展的更高的逻辑和历史阶段。因此,未来伦理体系的建构就不再是回到罗马帝国时代之前的古典伦理,而是要在罗马世界发展起来的个体性原则的基础上进行重构。

在肯定现代个体性原则的前提下,黑格尔成熟时期法哲学体系就与耶拿时期的伦理体系完全不同了。他最初遵循的是亚里士多德《政治学》所奠立的从家庭过渡到城邦的古典伦理模式,现在,随着现代个体性原则的被承认和接纳,康德《道德形而上学》所阐发的法律和道德的二分便成为黑格尔思考其政治和法律体系的直接前提和出发点。但与他在青年时代的《基督教的精神及其命运》一文中试图用"生命"完全置换、消融法律和道德的二分的构想不同,现在他一方面在承认康德等人的主体哲学基础上的法律和道德理论具有一定的正当性,因而构成其法哲学体系的前两个基本组成部分,同时又认为这种基于普遍的个人立场的法律和道德理论仍然只是抽象的、主观的,而非具体的和客观的,因而需要进一步改造和提升。这就是他在《法哲学原理》第三部分("伦理"部分)所做的创造性工作,其目的就是要用新的伦理体系来克服和补救现代抽象的个体主义理论之不足。

黑格尔"伦理"部分超越古典伦理之处有二:其一,在伦理体系上,他突破了亚里士多德阐述的家—国二元的古典传统伦理模式,在工业迅猛发展的时代背景下,代之以家庭—市民社会—国家的三元伦理体系模式;其二,在伦理的本质上,他用客观的"制度"代替古代伦理所强调的主观德性,使得"制度"成为其伦理体系的核心。由此,他不仅一举超越了古典德性伦理,同时也通过制度的构建克服了现代抽象的个体主义法律和道德理论的内在缺陷,从而完成了其独特的制度伦理体系的构建,开创了西方法哲学和伦理学

---

① 《法哲学原理》,商务印书馆 1961 年版,第 200 页。

的新境界。①

毋庸置疑，市民社会理论的提出，是黑格尔法哲学的一个伟大创举，也是他对现代法哲学做出的一个独特的卓越贡献。众所周知，在国家的范围内，传统的法哲学和政治哲学体系主要是为家—国二元模式。亚里士多德的《政治学》尽管在家庭和国家之外，提到了村落，但实际上并未对其进行论述。我国传统儒家学说"修身、齐家、治国、平天下"四者并举，实际上居于核心地位的同样是家—国二元结构。在西方，这种家—国二元结构的叙事模式，一直流传到黑格尔之时。黑格尔在耶拿时期 1802—1803 年的《伦理体系》中，仍将需要、劳动等国民经济学方面的内容放在作为"自然伦理"的"家庭"部分进行论述，而他成熟时期的法哲学则将经济、法律等方面的内容与警察和同业公会等放在一起，称之为"市民社会"，使之成为与传统的家、国并列的一个相对独立的存在领域。于是，家—国二元的古典伦理模式遂被全新的家庭—市民社会—国家的三元伦理体系模式所取代。

黑格尔市民社会理论所具有的重大意义，在其身后不久即开始显露出来。在德国，正是在青年黑格尔派中，社会学作为一门独立的科学迅速成长起来。其中最重要的两个人物是马克思和冯·施泰因（Lorenz von Stein）。众所周知，马克思正是通过黑格尔法哲学批判转向了市民社会批判与政治经济学的研究。而与马克思同时（实则要稍早一些）的冯·施泰因则开辟社会学研究的另一路向，成为德国社会学发展的源头，并且奠定了今日德国社会国家理论与实践的基础。

就黑格尔的市民社会理论本身而言，其成熟时期法哲学一方面遵循了耶拿时期《伦理体系》《精神哲学》的基本思路，将康德、费希特的实践哲学与政治经济学内在结合起来，以克服其所认为的现代个体性哲学的形式主义的不足，实现形式和内容的内在统一；另一方面，他还将市民社会提高到伦理的高度，由此，市民社会就不只是霍布斯意义上的人与人之间为了利益而争夺的战争状态，也不仅仅是一个在法律的调整下（所谓"法治状态"下）所达到的个人利益与他人利益的普遍的外在统一；相反，对黑格尔来说，市民社会乃是一个"普遍家庭"（《法哲学原理》第 239 节）：

> 当然，家庭应该照料个人的生活，但它在市民社会中是从属的东西，它只构成基础，它的活动基础还不这末广泛。反之，市民社会才是惊人的权力，它把人扯到它自身一边来，要求他替它工作，要求他的一切都要通过它，并且依赖它而活动。如果人在市民社会中是这样一个成员，

---

① 关于黑格尔法哲学用伦理制度理论取代西方近代的法律与道德二分的理论传统，参见德国学者吕贝－沃尔夫（G. Lübbe-Wolff）：《黑格尔法哲学的现实意义》，《南京大学法律评论 2016 年秋季卷》，法律出版社 2017 年版，第 29—45 页。

他对市民社会所得主张的权利和提出的请求，就应同他以往对家庭所主张的和提出的一样。市民社会必须保护它的成员，防卫他的权利；同样，个人也应尊重市民社会的权利，而受其约束。①

作为"普遍家庭"，市民社会有义务监管那些不合格的父母对子女的教育，对没有自律能力的父母或成年人进行监管、承担起扶贫的责任等。黑格尔尤其关注现代社会的贫困问题，强调社会通过建立相应的制度，进行根治，而不要让贫困的解决停留在主观的道德层面：

> 贫困的主观方面，以及一般说来，一切种类的匮乏——每个人在他一生的自然循环中都要遭遇到匮乏——的主观方面，要求同样一种主观的援助，无论其出于特殊情况或来自同情和爱都好。这里尽管有一切普遍的设施，道德仍然大有用场。但是，因为这种援助自身并在它的作用上依存于偶然性，所以社会竭力从贫困和它的救济中找出普遍物，并把它举办起来，使那种主观援助越来越没有必要。②

显然，黑格尔此处所言的贫困问题，也就是后来青年黑格尔派——无论是马克思，还是冯·施泰因——所面临的并且想要解决的无产阶级问题。施泰因提出的解决办法在很大程度上同黑格尔的看法一致。两人都希望通过建立普遍有效的救助制度，解决这一严峻的社会问题。

不仅如此，在黑格尔这里，市民社会作为"普遍家庭"，也具有同"家庭"一样的伦理属性。换言之，在他看来，市民社会也应该是一种伦理组织。这一点主要体现在其所设想的"同业公会"上面。与作为一个庞大的"普遍家庭"的市民社会相比，同业公会构成了一个真正意义上的家庭，是以黑格尔称之为"第二家庭"（《法哲学》第252节），它有权接纳会员、鉴定其职业技能，并照看其利益等等。市民家庭的财富和生活不仅由此获得坚实的保证，市民社会的成员也由此获得了职业尊严。因此，正如农民等级在家庭拥有其实体性一样，市民作为同业公会的一员，也在同业公会获得相应的实体性规定。"他属于一个其本身构成普遍社会的一个环节的整体，并且有志于并致力于这个整体的无私目的：由此，他就在他的等级中具有他的尊严"（《法哲学》第253节）。显然，黑格尔试图通过同业公会制度的设立以及市民的参与，克服市民社会中的个体之间的疏离，使生活在利益领域的市民们在其劳

---

① 《法哲学原理》，商务印书馆1961年版，第241页。
② 《法哲学原理》（第242节），商务印书馆1961年版，第243页。在本节"附释"中，黑格尔同样指出："相反地，如果留给个人独立地依照他的特殊意见去做的事比之以普遍方式组织起来做的事愈是少，公共状况应认为愈是完美。"同前，第244页。

动和生活中获得一种家园和归属之感。他明言:"同业公会自在自为地不是封闭的行会,而是孤立的工商业的伦理化,并且上升到一个获得力量和尊严的领域。"(《法哲学》第 255 节"附释")

与其他伦理领域一样,黑格尔的市民社会理论旨在通过相关制度(主要是同业公会)的设立,化解现代市民社会的原子化、疏离化所导致的一系列问题,实现个人和社会的内在统一。黑格尔明确指出了市民社会的制度性维度。在《法哲学》第 263 节,他明言家庭和市民社会的"理性之物的力量",就是"前面考察过的诸制度"[①],称"这些制度构成特殊领域的宪法"[②],并声称,通过这些制度,个人便在市民社会这个特殊领域中实现了个别性和普遍性(实体性)的统一(《法哲学》第 264 节)。显然,正如他在论述贫困问题时所言一样,解决社会问题的根本在于这些理性的制度,而不是诉诸个人的怜悯、同情等主观情感。由此,他就在市民社会部分构建了一种全新的社会制度伦理。

与其市民社会部分相似,黑格尔成熟时期法哲学的国家部分同样致力于通过理性的宪法制度的建构,以超越青年时代的古典德性伦理。因此,我们在其晚期的《法哲学》(以及历次法哲学讲座)中很少看到对构成古典伦理之核心的德性的强调,更不能想象他会用古典自然法去颠覆现代的自然权利了。相反,他将论述的中心放到了宪法制度(Verfassung)上面。在谈到孟德斯鸠所言的"德性构成民主制的原则"时,黑格尔指出,"如所周知,他指出德性是民主制的原则,因为,事实上这种宪制是建立在仅仅是实体性形式的情感上……关于孟德斯鸠的这种见解,必须指出,在一个经过了教化的社会状态,在特殊性力量已经发展起来并且成为自由的情况下,国家首脑们的德性是不够的,所需要的是另一种形式,即理性的法律的形式,而不是情感的形式"[③]。因此,他在《法哲学》第 267 节谈到理念的主观方面和客观方面,即政治情感(爱国主义)和国家制度时,强调根本的东西为后者而非前者,唯有后者才是理性的体现。"政治情感……只是国家中的各种现存制度的结果,因为合理性现实地出现在国家之中。"他在批判宗教狂热的主观主义时,更是明确指出,国家制度(以及法律)作为理性的此在,乃是世界历史和教化的根本目的:"然而,与这种裹藏在感受和表象之中的真实相对的真实,乃是内在之物到外在之物、理性的想象到实在性的巨大迈进,全部的世界历史都在从事这

[①] 参见《法哲学原理》,商务印书馆 1961 年版,第 264 页。该节"附释"同样指出:"支配家庭和市民社会的法律,是映现在它们当中的理性东西的 制度。而这些制度的根据和最后真理是精神,精神就是它们的普遍目的和知晓到的对象。"参见同前,第 265 页。
[②]《法哲学原理》(第 265 节),商务印书馆 1961 年版,第 265 页。译文稍有改动。
[③]《黑格尔全集(理论著作版)》(G. W. F. Hegel, *Werke* 2, Frankfurt am Main, 1970),第 7 卷,第 437、438 页。中文参见《法哲学原理》,商务印书馆 1961 年版,第 289 页。

一劳作,通过这一劳作,经过教化的人类便赢得了理性的此在——即国家制度和法律——的现实性及其意识"①。由此,理性的制度建构也就理所当然地构成黑格尔成熟时期法哲学的核心和本质所在。

在宪制观念上,随着对现代主体性的认同,成熟时期的黑格尔明言古典宪制已经不适于刻画现代宪制:

> 古代宪制划分为君主制、贵族制和民主制。这种划分以尚未分化的实体性统一为基础。这种统一尚未达到其内在区分(一个自身展开了的机体),因此也就不够深入,没有达到具体的合理性。从那种古代世界的立场来看,这种划分是真实的和正确的,因为在那种还是实体性的、自身尚未进至绝对展开的统一那里,差别本质上是一种外在的差别,并且首先表现为人们数量的差别,那种实体性统一应当是内在于这些人之中的。……但是如人所言,这种单纯数量上的差别是完全肤浅的,并不表示事情[本身]的概念。现代有许多人谈到君主制中的民主要素和贵族要素,这同样是不恰当的;因为当此时所谓的这些规定出现于君主制之中时,就已经不再是民主和贵族的东西了。②

黑格尔这里着重强调了古今宪制在精神方面的根本差异,不容混淆。古典宪制,不论是君主制,还是贵族制或民主制,均以实体性统一为基础,彼此之间不存在本质差别,而只有外在的数量之分。反之,现在宪制则以主体性为前提,因此就不能拿古代宪制来衡量现代宪制:

> 一般说来,现代世界的原则是主体性的自由,这就是说,存在于精神整体之中的所有方面都发展出来,达到了它们的权利。从这一观点出发,我们就不能提出这种无聊的问题:哪种形式的宪制——君主制还是民主制——更好一些?我们应当说,一切自身无法容忍自由主体性原则、同时也不知道去适应一种经过教化的理性的国家制度形式,都是片面的。③

黑格尔的意思很明确,现代国家的宪制应以承认主体自由为前提,换言之,以承认市民社会的存在为前提;现代国家不应回到市民社会尚未发展起来以前的对国家制度的理解,因为如前所述,在主体自由原则确立之前,无论是君主制,还是民主制,都是以实体性统一为原则的。在这样的国家制度

---

① 《法哲学》第 270 节 "附释",中译文参见《法哲学原理》,第 272 页。
② 《法哲学》第 273 节 "附释",中译文参见《法哲学原理》,第 287—288 页。
③ 《法哲学》第 273 节 "补充",中译文参见《法哲学原理》,第 291 页。

下，个体自由是没有容身之地的。① 因此，如何在承认市民社会的前提下，构建合理的政治制度体系，便构成了黑格尔国家学的根本内容。

诚如马克思的《黑格尔法哲学批判》所指出的，黑格尔的国家学说的根本之处在于市民社会与国家的严格区分。黑格尔本人也特别强调这一点："如果把国家和市民社会混淆起来，而把它的使命规定为保证和保护所有权和个人自由，那么单个人本身的利益就成为这些人统一的最终目的。由此产生的结果是，成为国家成员是任意的事情。但是国家对个人的关系，完全不是这样。由于国家是客观精神，所以个人本身只有成为国家成员才具有客观性、真理和伦理。统一本身是真实的内容和目的，而人的规定是要过普遍生活的；他们进一步的特殊满足、活动、行动方式，都以这个实体性的和普遍有效的东西为出发点和结果。"②

黑格尔坚持私法和公法的传统划分，从而与自由主义区分开来。当然他并不反对自由主义，只是反对自由主义一统天下与僭越；他要将自由主义严格限制在市民社会（即"知性国家"）领域之内，并认为国家具有更加普遍的目的和利益，而非个人利益的简单相加。

基于同样考虑，他很早就反对自由主义国家观。在耶拿时期，他主要批判费希特的国家制度设计，而在古典德性伦理的基础上进行建构。随着古典立场的抛弃，黑格尔基于现代君主立宪制构建其宪制体系，对孟德斯鸠等人倡导的现代分权体制进行批判。黑格尔本人并不反对分权，反倒对它非常重视，认为它是"公共自由的保障"（《法哲学》第272节"附释"），但他反对权力绝对分离的观点，认为这纯然是一种知性的见解：

> 抽象知性对这一原则的理解在于，一方面是各个权力彼此绝对独立的错误规定，一方面是将它们相互之间的关系理解为否定的、彼此限制的片面关系。依据这一观点，每一权力都敌视和畏惧其他权力，反对它们像反对邪恶一样，彼此相互抗衡，通过这种制衡造成一种普遍均势，而不是一种活生生的统一。唯有概念在自身中的自我规定，而非其他任何目的和功利，才是各个不同权力的绝对起源，并且正因为如此，国家组织方为自身理性之物和永恒理性的摹本。③

---

① 这里可以顺便提一下马克思对黑格尔法哲学的批判。在批判中，马克思正是以古代雅典的民主制为典范，严厉批判黑格尔的宪制观念，说它以市民社会和国家的二分为前提，是二元论的，是矛盾的，等等，进而要求消除这种二元分裂，实现国家和市民社会的内在统一。从前面的论述来看，对黑格尔来说，马克思的批判是无效的，因为马克思的观念还完全停留以实体性统一为本质的古典宪制阶段，而他自己的宪制则完全超越了这一阶段，以承认现代的主体性原则为前提。
② 《法哲学》第258节"附释"，中译文参见《法哲学原理》，第253—254页。
③ 《法哲学》第272节"附释"，中译文参见《法哲学原理》，第284—285页。

这段话道明了黑格尔与自由主义之间的根本区别所在。他接下来更加明确地指出,"把仅仅否定的东西作为出发点,把恶的意志和对这种意志的猜疑提到首位,然后依照这个前提狡猾地筑起一道道堤坝,以对抗那些相反的堤坝,这些在思想上就是否定性的知性的特征,而在情感上就是贱民的特征"(《法哲学》第272节"附释")。

换言之,孟德斯鸠分权理论的前提为性恶论,如果不对掌权者的权力进行划分和限制,掌权者就会将手中的公权力挪作私用;黑格尔则认为,由于国家制度的根本保障,国家权力绝对不会沦为私人利益的手段和工具。"政府好像是受邪恶的或不大善良的意志所支配这一假设是出于贱民的见解和否定的观点。如果要以同样的形式来反驳这种假设,首先就应该责难各等级,因为它们都是由单一性、私人观点和特殊利益产生的,所以它们总想利用自己的活动来达到牺牲普遍利益以维护特殊利益的目的。相反,国家权力的其他环节从来就为国家着想,并献身于普遍的目的。这样说来,全部保障都似乎是专门由各等级来提供的,其实国家的其他任何一种制度都和各等级一起来保障公共的福利和合乎理性的自由,其中的一些制度,如君主主权、王位世袭制、审判制度等所提供的保障甚至还要大得多。"①

不是市民等级议会的监督,而主要是其他的国家制度,保障了国家的公权力的正确行使。不论人们对黑格尔的这一观点持何种看法,无论如何,他将政治伦理的根本寄托于理性的制度而非个人的德性的努力是毋庸置疑的。

综上所述,成熟时期的黑格尔一方面肯定了现代的个体性的自由的根本原则,由此从对古典德性政治伦理的沉迷中超拔出来;另一方面,他坚持认为现代个体自由的领域仅限于市民社会领域,而不能将其扩展到政治领域,因而主张市民社会和政治国家严格区分,从而希图超越自由主义的基本立场。并且,这种超越就再也不是借助于古典的德性政治,而是通过全新的伦理制度体系的构建。于是,黑格尔便在新的时代精神和时代状况之下,通过制度伦理的设计,在超越古典德性伦理的同时,保持了超越私人利益、追求国家普遍利益的根本诉求。

结　语

黑格尔在其时代处境下,殚精竭虑,在考索西方古今精神与现实巨变的基础上,提出了独树一帜的以制度为中心的伦理法体系,见解卓越,意义深远,值得玩味。

首先,与青年马克思从政治解放到人类解放的重大转折相比,青年黑格

---

① 《法哲学》第302节"附释",中译文参见《法哲学原理》,第320页。

尔正好反其道而行之，从人类解放转到以市民社会和政治国家的分离为基础的制度伦理体系的建构，将其法哲学思考的基础设立在一个国家、一族人民之上。黑格尔的转向，固然有其现实政治的具体考虑，但根本而言，确实比马克思所言的政治解放（或者康德的永久和平）赖以立基的人类立场要更加真实一些。无论是倡导马克思主义的社会主义国家，还是鼓吹自由主义的国家，在现实利益的考量中，最终必然是国家和民族利益优先。因此，类哲学的立场最多只能是一个次要选择，而不是成为现实的政治思考和行动的首要选项。对于18世纪末19世纪初的黑格尔来说，国家统一显得尤为迫切，将民族国家摆在首位也就更为必要。当然，另一方面，将国家和民族立场绝对化，完全将自己与其他国家置于霍布斯意义上的自然状态之中，突出国与国之间、民族与民族之间的绝对对立，也是完全不可取的。问题的根本还是在于，在国家立场优先的情况下，促进世界各国、各地区之间的和平交往与相互理解，逐渐趋向人类大同之境。

其次，在今天的语境下，黑格尔对西方古今之争的态度，尤其值得重视。黑格尔从青年时代的回归古典到成熟时期超越古典、肯定现代主体自由原则，对国人尤其重要。我国国民精神一向处于传统实体性原则（家长制）的支配之下，主体自由的原则尚不发达。个人的基本权利得不到有效保障，个人的人格尊严难获尊重，莫不与此密切相关。因此，今日中国的首要任务，绝不是到所谓古典政治（或施特劳斯所言的古典自然法）当中去寻找答案，而是普遍的自由、平等的个体意识的养成，要使对每一个个人的尊严和权利的尊重成为全社会的普遍共识。

在现实层面，黑格尔揭示出市民社会与个人自由之间的内在关系，表明市场经济的形成离不开对以抽象的人格和财产权利为核心和根本的个人自由权利的保障，同时，黑格尔通过对近代形式主义的批判，指明个人自由只有在市民社会中方能得到真正实现，就此而言，市民经济和市民社会实为个人自由成长的坚实基础。因此，可以认为，其法哲学所构建的家庭—市民社会—国家伦理结构模式（以及超出其上的"世界历史"，它相当于我国传统伦理所言的"天下"环节），不仅反映了现代社会人类生存的基本状况，而且为国人走出传统家—国二元的实体性伦理结构模式、实现个体自由提供了理论基石。实际上，近代西方人也正是在市民社会和国家的分离的基础上获得了对个人自由的基本保障。[①] 可以预料，市场经济的健康发展、市民社会的良好培植必将成为国人赢得个人自由和尊严的物质前提，当然，其先决条件是黑格尔所言的市民社会和政治国家的适当的、合理的界分。

---

① Siehe Ernst-Wolfgang Böckenförde, *Die VerfassungstheoretischeUnterschiedung von Staat und Gesellschaft als Bedingung der individuellen Freiheit*, Westdeutscher Verlag, 1973.

最后，黑格尔法哲学的高明之处在于，他将制度作为其伦理法哲学之核心，从而实现了其一向追求的超越康德、费希特主观哲学的"应当"与"是"割裂开来、实际上停留在抽象的"应当"之中的尴尬处境，以真正实现个人自由与普遍自由的具体统一。黑格尔此举不仅克服了主观观念论哲学的内在不足，而且将法哲学从主观的道德层面转向了客观的制度领域，这一点尤其值得我们高度重视。"鼓吹德行和高谈英勇献身的理想，这样的风气并不意味着完美无瑕的伦理，相反，它只是一个离现实的伦理关系相距甚远的社会和共同体的未开化状态的表现形式"。[1] 理性法秩序的根本在于理性的制度和法律，只有它们才是一国人民的自由和权利的根本保障，也只有它们才能使国民真正拥有淳风美俗，过一种合乎伦理的生活。将优良的伦理制度的思考置于法哲学的思考的核心，这是黑格尔法哲学留给后世的弥足珍贵的财富，也是我国当代从事法哲学和伦理学思考的学者的首要任务。德国当代著名学者吕贝-沃尔夫明言"黑格尔为制度思考的奠基人"[2]，此言无论怎样重视也不为过。

（作者系西南政法大学行政法学院教授）

---

[1] 吕贝-沃尔夫（G. Lübbe-Wolff）：《黑格尔法哲学的现实意义》，《南京大学法律评论 2016 年秋季卷》，法律出版社 2017 年版，第 40 页。

[2] 吕贝-沃尔夫（G. Lübbe-Wolff）：《黑格尔法哲学的现实意义》，《南京大学法律评论 2016 年秋季卷》，法律出版社 2017 年版，第 45 页。

个人的基本道德权利与法

——黑格尔辩证法视野中的道德（morality）

罗朝慧

道德主体的自治权利或个人自主选择，是以罗尔斯、诺契克等人为代表的新自由主义或新康德主义的核心主张和基本价值原则，他们主张在关于什么是善的问题上，人们各有自己的评价标准，不存在统一的善恶标准，因而在实践层面上的主要任务就在于协调各不相同的善观念，需要一套大家都可接受的"讨价还价规则"或"正义理论"。这种主张和观点在现今道德哲学、法哲学和政治哲学中占有突出地位并具有重要影响，当然也受到了以麦金太尔、桑德尔等人为代表的社群主义者的强烈批评。然而无论麦金太尔重返亚里士多德传统伦理的主张，还是桑德尔对罗尔斯正义论的驳斥，都难以击中新自由主义的要害，未能成功建树另一种令人信服的政治纲领。实际上，无论新自由主义的"个人权利优先于善"，还是社群主义的共同体伦理或传统美德，可以说都是作为黑格尔自由—权利辩证法中人类自由本质实现的特殊环节，它们处于彼此互为中介、自我实现、自我否定和扬弃的永恒运动之中。黑格尔关于道德主体自治权利的辩证分析与论证，坚定地维护个人道德主体自治权利的高贵性尊严，并表明如果将道德的主体权利固执化和极端化必然导致邪恶与不法、善恶不分，混淆合法与不合法的界限。

一、道德（morality）权利：个人主观自由的法

道德作为人之为人最高贵的本质，它与人类自身精神的自由和理性本质同一。黑格尔认为康德"这个原则的建立乃是一个很大的进步，即认自由为人所赖以旋转的枢纽，并认自由为最后的顶点，再也不能强加任何东西在它上面。所以人不能承认任何违反他的自由的东西，他不能承认任何权威"[①]。斯特劳斯也认为"康德将人的意志自由的道德法则作为政治实践的基础，以

[①] ［德］黑格尔：《哲学史讲演录》第4卷，贺麟、王太庆译，商务印书馆1997年版，第289页。

捍卫人的理性尊严和自由意志,这无疑是具有伟大的积极意义的"①。与康德一样,黑格尔认为道德才是真正体现人类主体精神或主观自由的高贵性尊严和价值所在,其自由—权利辩证法的政治哲学正是要努力辩护和坚守这属于人类精神最高贵的自由本质。如果说康德论证了真正的道德是什么,提出了纯粹形而上学的道德原则,那么黑格尔则以人自由本质的现实性为原则,探索康德形而上学道德原则的现实性,扬弃其抽象的或形式的普遍性与无限性,将其确立为个人主观自由的确定性领域,即"主观意志的法"②或道德权利(morality)。

在黑格尔看来,道德作为自由精神的主观实在性,属于个人内在的主观自由领域,是不同于作为自由精神客观实在性或自然定在的法权领域,即关于个人外在自由领域的法,扬弃和超越了那种仅仅外在地表达为"个人所有权"或"我的东西或财物"的自然自由本性。因为"在严格意义的抽象法中,还未发生什么是我的原则或我的意图的问题……人都愿意别人对他按他的自我规定来做出评价,所以不问各种外在的规定怎样,他在这种关系中是自由的……人的价值应按他的内部行为予以评估,所以道德的观点就是自为地存在的自由。"③

黑格尔认为道德的实现或完成,不可能像康德那样永恒地和严格地坚守于自我内心,远离一切外在的、自然的和感性的东西。道德既作为人自身最高贵的自由精神本质,它必须实现出来,成为被知道的确定性存在,也就是说道德必须超出自身,疏离自身,与自身发生对立与矛盾,继而克服这种对立和矛盾,才真正返回自身,实现道德的完成,使主观的道德权利成为客观普遍性的伦理规定。"因为关于道德的学说不是一种单纯的义务论,它包含着以自然规定性为基础的个性的特殊方面,所以它就是一部精神自然史。"④在黑格尔看来,道德必然首先直接地实现为单个人自我决定的主观意志或主体自治权利,即脱离一切外在的自然、社会和政治的各种关系与权威,独立自主地自我判断、自我决定,确信自身内拥有对理性普遍性知识,如善或义务的自我理解、判断和确认的主观能力。而且,这种道德意志的主观权利即主观上是"我的东西",必须在它的外在性中被我知道它是我的,行为是主观意志与外在客观领域联系的中介。"行为在于主体对它的主观性的扬弃,并使它的内部要素成为外在的。行为是意志的转变或翻译,是意志给予自身一种作

---

① [美]列奥·斯特劳斯、约瑟夫·克罗波西主编:《政治哲学史》(下),李天然等译,河北人民出版社1993年版,第617页。
② [德]黑格尔:《法哲学原理》,范扬、张企泰译,商务印书馆2007年版,第111页。
③ [德]黑格尔:《法哲学原理》,范扬、张企泰译,商务印书馆2007年版,第111页。
④ [德]黑格尔:《法哲学原理》,范扬、张企泰译,商务印书馆2007年版,第169页。

为存在（existent）的存在（being）模式。"① "人的真正的存在是他的行为；在行为里，个体性是现实的。"② "行为就是这个行为，它的存在不仅仅是一个符号，而是事情自身。行为就是这个人有什么样的行为就有什么样的个人。"③ 于是，个人行为成为道德的翻译者，使道德成为被知道的、与外在客观领域或他人相联系的东西，同时也意味着行为成为了解释或评价个人是否道德的客观依据。

黑格尔超越了康德抽象的形而上学的道德原则，将其具体化和现实化为个人的基本道德权利，具体包括：（1）我对自身行为及其外在客观存在的主观认识的权利；（2）我有把自己的福利满足作为行为的特殊目的或意图的权利；（3）我能在自身中将自己的特殊性提升为普遍性，即将普遍性的善或义务作为自身意志的绝对目的的自我确信，这就是我的良心和信念。

二、个人的主观认识权利

黑格尔首先从个人对其行为及责任的主观认识与自我判断上，肯定个人的理性认识能力和主体尊严。行为主体的主观认识权利，首先源于他是一个拥有自我意识的理性和自由意志主体，他能够根据自己的主观认识自我决定自己的事情及行为，并因此必须对自己的决定以及行为负责。"意志的法，在意志的行动中仅仅以意志在它的目的中所知道的这些假定以及包含在故意中的东西为限，承认是它的行为，而应对这一行为负责。行动只有作为意志的过错才能归责于我，这是认识的法。"④ "我只是对我事先已经对其存在有所知识的行为负有真正的责任。"⑤ "毕竟我只是与我的自由相关，而我的意志仅以我知道自己所作的事为限，才对所为负责。"⑥ 在这个意义上，道德的观点，正是强调任何一个心智成熟且精神正常的人，都必须被视作一个具有自己理智的主观认识和自我判断，并能够对自己的行为负责的理性主体，即法律上所说的具有民事行为责任能力的主体。这正是对个人作为自我意识主体尊严的尊重，而不是仅仅把他视为混沌不分的自然存在物，任意地左右、恐吓，甚至驱使和虐待他。黑格尔认为威吓刑罚论的不法性正是在于："威吓的前提是人不是自由的，因而要用祸害这种观念来强制人们……如果以威吓为刑罚的

---

① Hegel, *Lectures on Natural Right and Political Science: The First Philosophy of Right*, University of California Press,1995, p.108.
② [德]黑格尔：《精神现象学》（上），贺麟、王玖兴译，商务印书馆1997年版，第213页。
③ [德]黑格尔：《精神现象学》（上），贺麟、王玖兴译，商务印书馆1997年版，第213页。
④ [德]黑格尔：《法哲学原理》，范扬、张企泰译，商务印书馆2007年版，第119页。
⑤ Hegel, *Elements of the Philosophy of Right*, Edited by Allen W. Wood, Translated by H. B. Nisbet,（剑桥政治思想史原著系列影印本，中国政法大学出版社2003年版）p.144.
⑥ [德]黑格尔：《法哲学原理》，范扬、张企泰译，商务印书馆2007年版，第119页。

根据，就好像对着狗举起杖来，这不是对人的尊严和自由予以应有的重视，而是像狗一样对待他。"①

但是，黑格尔反对将道德的主观故意责任原则绝对化和极端化。"按照意志的法，意志只对最初的后果负责，因为只有这最初的后果是包含在它的故意之中。"②这样，个人就只是对行为最初的直接后果负责。或者说，主观故意只能为其行为的直接后果辩护，而不可能为自己整个行为的普遍性后果及影响辩护，由此可能逃避对于其行为产生的其他后果的责任。因此，仅仅道德的主观认识权利，不足以作为个人行为责任或法律判决的唯一根据或原则。行为主体的主观认识权利，如果仅仅局限于只对自己知道的东西负责，即只对自己主观目的中已经认识或表象了的行为后果负责，或者说把行为是否正当或道德的判断依据，仅限于行为主体直接的主观故意或主观认识环节，这是很不充分的。黑格尔指出，进入外在客观现象中的行为，实际上并非与其直接的主观目的或表象意识之间形成单一的必然联系，行为的外在存在可能超出意志主体预先的主观认识和表象。

故意和责任只是一种道德的理想状态，它假定了主观意志对其行为后果的必然性关系，认为其行为是其主观意志单一的必然性外在定在。黑格尔认为这种对于主观故意与其行为责任的单一必然性联系的认识，属于一种抽象的理智知识，它将行为的主观意志决定环节与其客观的外在对象及后果分离开来。由此将行为合理性与正当性的道德判断仅仅限于个人的主观意志领域，而与行为发生的外在客观存在分离开来。实际上，行为与其后果是不可分离的，不能脱离后果来论行为，也不能脱离行为主观意志而仅从后果论行为。两种片面、孤立的看法都是有限的，都会造成自由意志的主观性与客观性的分离。如果仅从行为本身直接的主观意志来论行为，即仅根据道德上"我的东西"来判断行为的本质，为行为辩护，就会使行为逃避法的追究。但是，另一方面，如果仅以行为的后果，即外在的客观现象来论行为是不是善的或恶的，又违背了行为责任主体作为人的尊严与价值，因为他是一个主观认识的理性意志主体，他必然对自己的行为有所认知和自我判断，从而自我负责。

黑格尔因此提出，主观故意或主观目的的道德法元素还在于，个人的主观故意中还应包含对自身行为及外在客观存在的普遍性认识。法自身的现实性和正当性还在于它必须承认并假定，每一个罪犯都是作为自我意识的理性主体而应有的道德尊严，尊重他们作为道德主体的主观认识权利，假定他们对自己的行为及其责任必定是有所认识的。故此，司法体系不得仅仅把罪犯当作有害动物，用棍棒加以恐吓和强制，刑讯逼供本身就是一种违法，它严

---

① [德] 黑格尔：《法哲学原理》，范扬、张企泰译，商务印书馆 2007 年版，第 102 页。
② [德] 黑格尔：《法哲学原理》，范扬、张企泰译，商务印书馆 2007 年版，第 120 页。

重违反了个人主观意志的基本权利。黑格尔根据道德法的观点，对犯罪行为作了重新界定："一种行为是否是犯罪，取决于：（1）犯罪情形是否出现于主体的意识中；（2）行为中的普遍性要素、公理、原则是否形成主体目的的一部分，行为必须已经先前想到过。主体必然知道犯罪或行为是某种与权利或法相对立的。"①

黑格尔在此强调我们的法律必须假定人类具有这种尊严，根据犯罪分子没有意识到行为的真正价值，使惩罚可能减轻。这是对人之异于动物的主体性尊严或高贵精神的尊重。"假定犯罪分子知道法律。然而，心智能力发展不健全的人可以获得减轻惩罚的辩护，但是只有当犯罪分子是一个小孩或神志不清的人，其他人总是假定具有这种尊严，他们自身内拥有这种普遍理性。因此，他们的行为与普遍的人类理性相对立，是理应受惩罚的。"②黑格尔认为拥有高度文明水平的民族，它们把自己的尊严置于他们自身内，拥有良好的法律，犯罪现象很少发生。相反，那些藐视人类主体尊严，仅仅依靠法的恐吓和强制来治理的民族或国家，犯罪现象却相当严重，个人受到的外在侵害也越深。因为，在那种情况下，无论司法体系或个人都没有被当作精神的东西来看待。道德法的观点，正是强调司法体系必须尊重个人的理性主体性地位和尊严，假定他们对普遍性的法以及自己的行为都必然有自己的主观认识，从而必须对其自我决定的行为负责，这是个人意图的主观权利。意图的主观权利，进一步确定属于个人行为的责任，更加强调人类自由本质内蕴的理性主体性尊严或道德尊严，尊重个人的主观认识或理性思维能力，即只要行为主体是拥有健全理智的理性意识主体，那么他就能充分地认识到自己行为所包含的普遍性本质，完全能够考虑和意识到自身行为发生的相关附带情形及后果，从而更加明确地确认属于自己主观意识的行为并对之负责。因此出于个人主观意图的行为，必然是属于他自己的行为以及责任。

三、谋求个人幸福或特殊福利的主体权利

关于道德的观点，人们通常将它与个人谋求福利的意图相对立。尤其康德与卢梭，将道德仅仅孤立为一种与普遍善同一的理性意志，保持为个人的道德良心，与个人的自然需要、物质欲望、私人利益，严格地对立起来。黑格尔主张，道德法不仅承认并尊重个人作为理性主体的主观认识权利，而且还必须肯定个人行为的主观意志中包含着属于他自己的特殊希求与满足，以

---

① Hegel, *Lectures on Natural Right and Political Science: The First Philosophy of Right*, University of California Press, 1995, p.112.

② Hegel, *Lectures on Natural Right and Political Science: The First Philosophy of Right*, University of California Press, 1995, p.113.

此构成其行为的实质性内容和动力。黑格尔认为，包含在主体行为中的这个特殊性内容的实现，构成了更具体意义上的主观自由，正是在行为中找到他的主体权利的满足。"行为内容的特殊方面给予行为主观价值以及我的兴趣"①，这正是行为的现实性与具体性力量之所在，也正是主体对于其特殊目的在行为中获得的满足即福利，构成了其行为的根本规定。

黑格尔将道德的观点与个人的特殊利益或福利满足结合在一起，不像康德和卢梭那样将道德与人的自然需求、特殊利益严格分离并对立起来，并特别指出："道德律绝对地支配和压迫着所有的自然意向，谁这样看待道德律，谁就像奴隶似的屈从于它。但是，道德律同时是自我本身，它来自我们自身本质的内在深处。如果我们服从它，那么，我们反正只是服从我们自己。谁这样看待道德律，谁就是从审美角度看待它。"②这就是说，对于一个现实而具体存在的个人，我们不可能将其身体上的自然、既定的原始事实与其精神或道德的东西割裂开来，自然和道德都是人之为人必然的存在本性，自然不能冒充道德，道德也不能排斥生命有机体自然需要的满足。所以，黑格尔主张"更高的道德观点在于在行为中求得满足，而不停留于人的自我意识和行为的客观性之间的鸿沟上"③，因为"人是生物这一事实并不是偶然的，而是合乎理性的，这样说来，人有权把他的需要作为他的目的。生活不是什么可鄙的事，除了生命以外，再也没有人们可以在其中生存的更高的精神生活了"④。

黑格尔赋予了道德更加丰富和具体的内容，不但考虑到行为目的的普遍性，而且将行为的特殊内容以及主体从其行为的特殊内容中获得满足，即特殊福利的满足，也赋予了道德的主体性意义，使道德不再与自然相排斥，并将主观意志的普遍性与特殊性二者结合起来。在黑格尔那里，道德就具有两方面的意义，即主观目的的普遍性与主观意图的特殊性。行为不可能完全是为普遍性的东西发生的，其中必然包含着行为主体的特殊目的，即个人福利的满足。"对于黑格尔来说，美德与世界存在方式，特殊利益与普遍性，道德与世界，都不是孤立的和外在的相互关联的对立的现实。它们是已经存在的单一精神现实中内在地相互关联的各部分，而不是某种仅仅应当实现的东西。……我们必须放弃那种仅仅作为原则和应当而存在的美德，因为它缺乏现实性的存在，并且它进入现实存在须通过牺牲个体性、特殊利益，或激情

---

① Hegel, *Elements of the Philosophy of Right*, Edited by Allen W. Wood, Translated by H.B.Nisbet,（剑桥政治思想史原著系列影印本，中国政法大学出版社 2003 年版），p.147.
② ［德］黑格尔：《费希特与谢林哲学体系的差别》，宋祖良、程志民译，商务印书馆 1994 年版，第 64 页。
③ ［德］黑格尔：《法哲学原理》，范扬、张企泰译，商务印书馆 2007 年版，第 124 页。
④ ［德］黑格尔：《法哲学原理》，范扬、张企泰译，商务印书馆 2007 年版，第 126 页。

来实现。"①

黑格尔虽然将道德观点与特殊福利的满足结合起来，主张道德的东西并不应该排斥自然需求及特殊福利的满足。但是，黑格尔反对特殊福利以个人普遍权利的名义，声称一切为了福利、不论是他人或自己福利的行为就必然是道德的和正当的，即认为主观意图是好的，行为本身也就是好的。功利主义道德就常常持这样的观点，认为为最大多数人带来最大幸福的行为，就必然是道德的和正当的。这不仅是康德的道德法则极为反感的，同样也是为黑格尔所极力反对的："一种促进我的福利以及他人的福利的意图，尤其后者特别被称为道德的意图，它不可能为一种错误的和不法的行为辩护"②，"真正的道德品质毋宁在于首先做对的事情"③。在黑格尔看来，自然的东西固然不与道德的东西相冲突，但是自然的东西并不就是道德的东西，并不能独立地作为行为正当合法或合理的标准。"当我为了道德的意图可以放弃我的特殊权利，但我不可能为了那个理由而侵犯他人的权利。我也不可能根据道德意图而放弃我的权利能力，因为我不可能放弃我的自由。"④ "在权利作为主体自己的确定性存在程度上，就是道德；在道德的意义上，邪恶的倾向就是侵犯他人的福利。"⑤ 因此，黑格尔强调在行为的外在客观性领域，道德不能完全充当或僭越法的原则，成为侵犯他人权利的借口。"权利因而决不能因为道德的目的而遭到侵害，无论它是什么样的道德目的。因为一种错误的行为侵犯自由。首要的道德义务毋宁首先在于，它是正当的，由法统治的。只有这样，才能进入道德的目的。"⑥

黑格尔主张，福利意图作为权利的主体确定性，必须与法相一致，任何人不得以个人或他人福利满足的道德意图而违法，侵犯他人所有权。但是，黑格尔提出，只有当个人生命权遭遇紧急危险的情况下，才对所有权具有优先性，此时法才让位于道德。黑格尔在此承继了康德关于生命紧急避险权的观点，同时也彰显了他在法和伦理政治世界中对人的生命及其道德尊严的执

---

① Philip J.Kain, Hegel's Political Theory and Philosophy of History,Robert Stern(ed.):HEGEL Critical Assessments Vol. IV: Hegel's Philosophy of Nature and Philosophy of Spirit,London and New York, 1993, p.365.

② Hegel, *Elements of the Philosophy of Right*, Edited by Allen W. Wood,Translated by H.B.Nisbet , (剑桥政治思想史原著系列影印本，中国政法大学出版社 2003 年版), p.153.

③ Hegel, *Lectures on Natural Right and Political Science: The First Philosophy of Right*, University of California Press, 1995, p.119.

④ Hegel, *Lectures on Natural Right and Political Science: The First Philosophy of Right*, University of California Press, 1995, p.120.

⑤ Hegel, *Lectures on Natural Right and Political Science: The First Philosophy of Right*, University of California Press, 1995, p.120.

⑥ Hegel, *Lectures on Natural Right and Political Science: The First Philosophy of Right*, University of California Press, 1995, p.120.

着坚守。"当生命遇到极度危险而与他人的合法所有权发生冲突时，它得主张紧急避难权。……一人遭到生命危险而不许其自谋所以保护之道，那就等于把他置于法之外，他的生命被剥夺，他的全部自由也就否定了。但是唯一必要的是现在要活，至于未来的事不是绝对，而是听诸偶然的。所以只有直接现在的急要，才可成为替不法行为做辩护的理由。因为克制而不为这种不法行为这件事本身是一种不法，而且是最严重的不法，因为它全部否定了自由的定在。"① 假如某人生命正处于危险之中，而不允许他采取措施挽救自身，他将注定丧失所有的权利。因为他被剥夺了生命，他的整个自由及其他一切活动就都被否定了。

个人意图福利的主观权利以及个人生命紧急避难权显示了抽象法权和道德法权的有限性与偶然性。这就是说，形式的权利或法是抽象的普遍意志领域，不是特殊人的实存，福利是特殊意志领域，缺乏权利和法的普遍性。为此，必须将法和福利，以及法和道德相结合，实现客观的主观普遍性，黑格尔提出善的概念作为道德意志的实体性内容，或作为道德意志的绝对本质，由此使"善"不仅仅被人们只是理解为"利他的福利满足"或"为了所有人的幸福"的观点，而且还必须与法相一致。简言之，善就是法和福利的统一，它反对无法的福利意图，同样反对无福利的法。"福利没有法不是善，同样，法没有福利也不是善。"②

四、个人良心和信念的自我确信权利

善的直接实现即个人的良心，也就是个人对善或普遍性道德意志的纯粹自我确信。但是良心作为一种形式的和主观的纯粹自我确信，它在现实世界中的外在实现必然具有个别的主观性、特殊性、偶然性和任意性，并可能转变成邪恶的东西。正如黑格尔所说："良心如果仅仅是形式的主观性，那简直就是处于转向作恶的待发点上的东西"③。在黑格尔看来，道德个体面临的最深刻的危险不是他可能被他的自私倾向引向背叛，而是当他坚持自己良心的神圣性时，他对善的意志自身的坚持变成了邪恶。"假如它将自己的特殊性作为它的确定性原则，这就是最高程度的伪善，直接与恶同一。"④

黑格尔指出，构成权利和义务的东西，作为理性的自在自为的意志确定

---

① [德] 黑格尔：《法哲学原理》，范扬、张企泰译，商务印书馆 2007 年版，第 130 页。
② Hegel, *Elements of the Philosophy of Right*, Edited by Allen W. Wood,Translated by H.B.Nisbet ,（剑桥政治思想史原著系列影印本，中国政法大学出版社 2003 年版），p.157.
③ [德] 黑格尔：《法哲学原理》，范扬、张企泰译，商务印书馆 2007 年版，第 142 页。
④ Hegel, *Lectures on Natural Right and Political Science: The First Philosophy of Right*, University of California Press, 1995, p.125.

性，本质上不是个别性的特殊所有物或任何其他个别的感性知识，而是法律和原则的形式。然而，良心只服从关于它的真理和错误的判断，它只诉之于自身的主观确信，因而直接地对立于它所努力寻求的东西，即自在自为的有效的理性规则和普遍的行为方式。所以，国家不可能承认作为主观认识而具有独特形式的良心，任何科学的有效性也不可能在于主观意见、独断，以及诉之于主观性意见。"原在道德中的应然在伦理的领域中才能达到，而且主观意志与之处于某种关系中的这种他物具有两重性，一方面它是概念这种实体性的东西，另一方面它是外部定在的东西。即便人们在主观意志中被设定了善，但这并不就是实行。"① 因此，黑格尔认为不能像康德那样将道德领域的主观自由与客观普遍的法权领域分离开来，即主张法权对道德领域自我决定的主观自由不得干涉和过问，个人相互之间根据道德自律原则达到和谐统一。黑格尔主张"自我意识的主观权利，即知道他的行为或者是善的或者是恶的确定性，这必须不能同这种确定性的绝对的客观权利相冲突，并把两者看作是分离开来的、不相关的或相互间是偶然对立的"②。

在黑格尔看来，善和恶、合法与不合法只有根据客观的理性普遍性的法的内容与规定才存在明确的区分和差异，它们是自由意志概念实现的不同环节或不同的特有规定。如果说根据道德领域的主观故意或主观意图的法来判断，善和恶则是无区分、无差别的，善和恶都是抽象的无规定的普遍性，它取决于个人的主观判断，即在我看来是善的、有用的东西就不是恶。如果所有一切被认为是权利和义务的东西，都被主观思想指明为虚无的、局限的和完全不是绝对的东西，一切之前有效的规定都消失了，那么这时，自我意识就能够或者把自在自为的普遍性当作自己的原则，或者把自己的特殊性、任意性提高为普遍性原则，并通过行为来实现它，这样它就成为邪恶的了。

如果善和恶都取决于个人主观性的自我认识和自我规定，这就取消了善与恶的区别，道德与不道德的区分，一切行为皆因善良的主观意图而免责。"如果好心肠、好的意图以及主观的信念据说是赋予行为价值的因素，那么就根本不再存在任何伪善和邪恶了。因为一个人可以根据好的意图和动机以及他的信念所坚持的善的要素，把他所做的任何事都转变成好的。因此，不再有为自身的犯罪或邪恶这样的事情，相反它们是自由的开放的。"③ 但是，黑格尔肯定，根据人的概念，邪恶与伪善必然是具有明确的普遍性品定和区分的。无论如何，有一个绝对的要求，即任何人不得从事罪恶和犯罪的行为。人既

---

① [德] 黑格尔：《法哲学原理》，范扬、张企泰译，商务印书馆 2007 年版，第 113 页。
② Hegel, *Elements of the Philosophy of Right*, Edited by Allen W. Wood,Translated by H.B.Nisbet,（剑桥政治思想史原著系列影印本，中国政法大学出版社 2003 年版），p.171.
③ Hegel, *Elements of the Philosophy of Right*, Edited by Allen W. Wood,Translated by H.B.Nisbet,（剑桥政治思想史原著系列影印本，中国政法大学出版社 2003 年版），p.178.

然是人而不是禽兽，他对于善恶邪正、合法与不合法是具有普遍性意识的。

黑格尔不仅指出了个人道德良心作为判断事物或行为本身正当性与合法性标准的不足，而且揭示了那种以个人信念为标准的自由主义，具有经验的实用主义或功利主义以及相对主义的主观倾向，同样取消了善恶之分、合法与不合法之分。黑格尔指出了信念的实质："只有通过他的信念某种东西才能成为善的。这里的缺陷就在于一切但凭信念，自在自为地存在的法已不复存在。……但是客观真理跟我的信念仍然是不同的，信念并无善恶之分。信念始终是信念，只有我所不确信的东西才算是恶的。"① 然而，"这种信念的原则不值一文，在这种最高标准中占支配地位的只是任性"②。

因此，信念观点就成为一种抹煞善和恶、合法与不合法的最高观点，它是对普遍性真理和义务的嘲弄或讽刺，因为它是以个人主观确信的东西为真善美标准，不再有任何自在自为的权利或法，善、真理和权利对于这种信念而言仅仅是它可以加以利用的形式，即借以使自己特殊意志、特殊权利获得普遍性承认及合法性地位。"伦理的自我意识，由于它的自我的普遍性的缘故，是直接与本质合而为一的；而信仰则是从个别的意识开始，它是个别意识永远趋赴于这个统一而又永远达不到它自己的本质的那个运动过程。"③ 所以，如果个人行为根据主观自由的信念辩护原则，那么个人最终将丧失意志自由，而且明显地感受到自身正在遭到外在力量的强制与压迫。因为在信念辩护原则之下，每个人都可以坚持自己的信念的真理性与合法性，而且都希望获得普遍的承认和合法性地位。我感到他人信念的正义实施对于来我说是一种外在强制或压迫，也正如他人感到我的信念的正义性实施对于他来说是一种强制。

黑格尔指出，特殊实存的个别意志是否达到与善的普遍意志同一，是属于主观教养差异的不确定问题。"由于这种法（主观意志的法）的形式上的规定，判断也可能是真的，也可能是单纯私见和错误。个人达到他的那种判断的法，根据仍然属于道德领域的观点，是属于主观教养的问题"④，从而使关于善恶、合法与不合法、正当与不正当的普遍必然性知识成为偶然的和任意的主观判断。由此，黑格尔主张判断道德善的法与判断行为的法必须区别开，二者同时想成为普遍有效的法，必然会产生冲突。"这种判断善的法和判断行为的法是有区别的。按照后者，客观性的法所具有的形态在于，由于行为是一种变化，应发生于现实世界中，而将在现实世界中获得承认，所以它必须一般地符合在现实世界中有效的东西。谁要在这现实世界中行动，他就得服

---

① ［德］黑格尔：《法哲学原理》，范扬、张企泰译，商务印书馆2007年版，第160页。
② ［德］黑格尔：《法哲学原理》，范扬、张企泰译，商务印书馆2007年版，第160页。
③ ［德］黑格尔：《精神现象学》（上），贺麟、王玖兴译，商务印书馆1997年版，第288页。
④ ［德］黑格尔：《法哲学原理》，范扬、张企泰译，商务印书馆2007年版，第134页。

从现实世界的规律,并承认客观性的法"①,"在国家的客观领域中,对权利的洞识与对合法或不合法的洞识相适应"②。

黑格尔反对将道德的主体自治权利看作至上的自由真理,而将其直接地贯彻到底。道德的主观权利作为一种无根基的主观自由或主体自治,它陷于纯粹自身内的自我反思与自我决定之中,最终取消了罪恶与美德、真理与谬误等的区别,权利、责任和义务皆取决于自我对于善的主观认识、主观意图以及个人信念。结果,为了摆脱纯粹形式的主观自由所导致的空虚性和否定性的痛苦,人们就产生了对客观性、普遍性和坚固性的权威东西的渴望,甚至宁愿在这客观性中降为奴仆,完全依从。黑格尔明确指出,纯粹道德领域内的主观自由或主体自治所造成的精神空虚与贫乏,将必然由其对立面,即某种不自由的专制或独裁式权威实体来代替,个人自由意志的精神主体性地位及客观的自然权利由此纳入个人特殊意志及权力的奴役与控制之下。

五、道德权利与法的统一

道德律的履行被托付给个体的善良意志注定是不充分的,它不可避免地充满了诸多主观感觉的任意性、偶然性与特殊性因素。道德仅仅表达了人类自由本质最直接的普遍性,它依然受到主体——道德个体——的特殊性影响。在黑格尔看来,只有在伦理的层面、政治的层面,道德律才能够不仅获得善的现实性,还获得善的普遍性,进而人们的道德尊严与主体性权利才能够得到客观而稳定的普遍性尊重与保护。"无论法的东西和道德的东西都不能自为地实存,而必须以伦理的东西为其承担者和基础,因为法欠缺主观性的环节,而道德则仅仅具有主观性的环节,所以法和道德本身都缺乏现实性。"③"主观的善和客观的、自在自为地存在的善的统一就是伦理。"④

无疑地,黑格尔将道德上的主观自由权利或人的主体性尊严纳入了普遍的人的概念,使之不再成为保持在个别道德英雄或精神牧师那里的自由特权,而是根本地内在于所有个人精神本质之中的普遍的自由。"'道德'、'道德良知'以及'道德的人'的发明,同时也是自由的发明。这一发明具有双重含义:在一个强的、现代的意义上,自由意味着克服主观性与政治客观性的直接同一","有必要承认,在每个人那里都有着一个道德主体的尊严,都有自我反思的能力,都有自由的资格。在古代,奴隶被看作劳动的工具,因此他们没

---

① [德] 黑格尔:《法哲学原理》,范扬、张企泰译,商务印书馆 2007 年版,第 134 页。
② Hegel, *Elements of the Philosophy of Right*, Edited by Allen W. Wood, Translated by H.B.Nisbet,(剑桥政治思想史原著系列影印本,中国政法大学出版社 2003 年版), p.159.
③ [德] 黑格尔:《法哲学原理》,范扬、张企泰译,商务印书馆 2007 年版,第 163 页。
④ [德] 黑格尔:《法哲学原理》,范扬、张企泰译,商务印书馆 2007 年版,第 162 页。

有被包含在人这个范畴之中。这使道德普遍性的建立成为了不可能"。[1]然而，主张道德自治、主观自由的自由主义者，却将这种审美主义的道德自治极端化和理想化，把国家客观的法和伦理政治秩序"谴责为一个羞辱性的、去个性化的强制，与他们基于个体自由意志和道德良知的'解决方案'对立起来"[2]。在黑格尔看来，这种将个人道德良知的主观自由坚持到底，最终走向它的反面——伪善与邪恶，从而践踏他人的道德尊严及主体权利，这离道德律本身则更加遥远了。"智慧与德行，在于生活合乎自己民族的伦常礼俗"。[3]"伦理的东西，正在于毫不动摇地坚持于正确的对的东西，而避免对合法的对的东西作任何变动、动摇和变更。"[4]"如果说它们应该得到我的意见的赞同，这就等于说我已经动摇了它们的坚定不移的自在存在，并把它们视为一种对于我也许真也许不真的东西。"[5]道德权利属于个人内心自由领域，外在自由的法必须予以尊重和保护，不得随意侵犯和剥夺。法是为保护个人所有自由本性的具体权利而设定的，不应与内心的主观自由相冲突甚至限制个人的道德权利。但是与此同时，道德权利不得冒充甚至僭越外在自由领域的客观普遍性法，将自己作为正当合法的最终根据和标准。

（作者系中国政法大学人文学院哲学系副教授）

---

[1]［意］洛苏尔多：《黑格尔与现代人的自由》，丁三东译，吉林出版集团2008年版，第312页。

[2]［意］洛苏尔多：《黑格尔与现代人的自由》，丁三东译，吉林出版集团2008年版，第314页。

[3]［德］黑格尔：《精神现象学》（上），贺麟、王玖兴译，商务印书馆1997年版，第235页。

[4]［德］黑格尔：《精神现象学》（上），贺麟、王玖兴译，商务印书馆1997年版，第289页。

[5]［德］黑格尔：《精神现象学》（上），贺麟、王玖兴译，商务印书馆1997年版，第290页。

所有权是如何可能的？
——康德法哲学中的一个先验演绎*

方 博

近现代自由主义的国家观大都建立在这一命题之上：国家存在的必要性在于它是保护个人所有权的必要手段。这在洛克那里得到了最为精确的表述："人们结成一个共同体并服从于一个政府的最大的和最主要的目的在于对他们自己的所有权的保护。"[1] 诺齐克在1974年出版的《无政府、国家与乌托邦》中对最小限度的国家的必要性的论证仍然在这一进路之内。[2] 依据这一命题，个人的所有权在逻辑上必须先于国家而存在。问题在于，如果我们将所有权理解为一种人与人的、而非人与物的关系的话，这一关系是如何可能先于国家而存在的？因此对于这一进路的国家论证的考察必须先回答这一问题：所有权是如何可能的？洛克所说的所有权当然并不仅仅限于对物的权利，而是包括生命、自由和财产，而相比于前两者的几乎不言而喻的自明性，个人的财产权作为一种排他性的权利在前国家状态下是如何可能的仍是需要回答的问题。

康德的国家论证同样与所有权有着密切的关系。但是与洛克不同的是，康德并不认为个人在前国家状态之下就可以拥有对外在物的充分的所有权，恰恰相反，所有权作为一种法律关系只有在国家状态之中才有可能存在，因为其实质上所涉及的并非单独的个人与物之间的关系，而是人与人之间的意愿的关系。所有权作为一种对世权必须能够对所有其他人的意愿具有约束力，单独的个人因此不可能独立于其他所有人的意愿之外而获得对外在物的所有权。而这样的一种约束力只有在存在普遍立法的条件之下才有可能存在，因此国家的存在不能被视为保护个人的所有权的单纯手段，而是相反，国家是个人所有权得以成为可能的必要条件。换言之，个人对外在物的所有权必须

---

* 原文发表于《世界哲学》2015年第4期，略有删节，此为完整版。

[1] John Locke, *Two Treatises of Government and A Letter Concerning Toleration*, ed. by Ian Shapiro, Yale University Press, 2003, p. 155.

[2] Robert Nozick, *Anarchy, State and Utopia*, Blackwell, 1974, p.10.

通过国家才能获得其现实性。因此以下的分析将主要围绕两个问题而展开：其一，对外在物的所有权为何是必要的？其二，对外在物的所有权是如何可能的？我们将会看到，通过对这些问题的解答康德同时论证了国家存在的定言的—权利的必要性。

一、所有权的必要性

与洛克非批判地将人的天赋权利设定为生命、自由和财产相比，康德所承认的天赋权利只有一种，这也构成了他的整个权利学说的出发点，即"自由（独立于他人的强迫的意愿），只要其与每个人的自由依据一条普遍的法则能够共存，就是这一唯一的、原初的、每个人凭借其人性即被赋予的权利"（Ⅵ 237）[1]。很明显，这样的一个出发点完全是个人主义的，因此其首先需要回答的是这一问题：从个人主义的前提出发是如何推导出政治共同体的存在的必要性的？与在理论哲学中纯粹知性概念需要一个先验演绎一样，对康德而言，法哲学同样也需要一个关于国家存在的必要性与正当性的先验演绎。[2] 近代以来的自然权利学说习惯于假设一个前国家的状态，即自然状态，并由此出发论证国家存在的必要性。康德的论证同样从自然状态开始，但是与所有其他人不同的是，自然状态在康德那里既不被视为一个历史的事实，也不能被视为一个经验的假设，而是必须被视为"一个这样的（非权利的）状态的理性理念"（Ⅵ 312），即外在的普遍立法并不存在的状态。在自然状态之中每个个体都拥有应当与他人的同等自由可共存的外在行为的自由。而作为自由的普遍可共存的可能性条件的，则是权利，这正是康德的著名的权利定义："权利是这样一些条件的总和，在其之下每个人的意愿与其他人的意愿根据一条自由的普遍法则可以被联合起来"（Ⅵ 230）。简而言之，权利是个人的自由得以普遍共存的条件。康德的整个法哲学因此可以被视为对每个人的自由得以共存的可能性条件进行研究的学说。这样的一种自由，就其作为个人的消极的外在行为的自由而言，首先涉及的是每个人的外在行为的自由空间的划分，因为必须在此区分出"我的"和"你的"自由空间来。权利在此意义上也可以被首先视为界定"我的"和"你的"的条件的总和。但这样的一种在自由空间的划分上的"我的"和"你的"在康德的定义中仅仅是一种

---

[1] 本文对康德的引用依据的是普鲁士皇家科学院编纂的《康德全集》（*Kants Gesammelte Schriften*, hrsg. von der Preußischen Akademie der Wissenschaften），Ⅵ 237=第六卷第237页。以下本文依此类推。

[2] Kevin Thompson, Kant's Transcendental Deduction of Political Authority, in: *Kant Studien*, Vol. 92, 2001, pp. 62-78. 汤普森正确地觉察到了康德在法哲学中同样需要一个关于国家的先验论证，但他在这一篇论文中所意欲论证的是原初契约在康德的国家论证中的构成性作用，这一观点并不被我们所接受。

内在的"我的"和"你的",因为其并不需要通过一个特定的法律行为,而是分析地包含在天赋的自由之中。这涉及康德对天赋的权利和取得的权利的一个区分,"前者是每个人独立于所有的法律行为之外由自然所赋予的,而后者则要求这样的一个行为"(VI 237)。就此而言,所有权在康德那里并非天赋的权利,因为人的唯一的天赋的权利就是与他人的同等自由可以共存的外在行为的自由。但是在严格的意义上,如果我们将权利理解为每个人的自由得以共存的条件的话,所谓的天赋的权利实际上就是自由自身,而非作为自由的条件的权利,因此依据康德的定义真正意义上的权利事实上只能是取得的权利。

问题在于,从个人的消极的行为自由出发是如何推导出作为自由的条件的取得的权利的必要性的?换言之,权利的必要性在康德的意义上是如何先天地被论证的?这一问题可能看起来是如此的不言而喻,以至于康德在《道德形而上学》的第一部分《权利学说的形而上学基础》(以下简称为《权利学说》)中并没有给出详细的论述。但是康德对取得的权利,即将外在的东西当成"我的"和"你的"的权利的论述业已暗示了,取得的权利的必要性仍然需要从作为其权利学说的唯一出发点的唯一的天赋自由那里获得其根据。康德声称,关于经验的正当的占有的命题仅仅是分析的,其"并未超出每个人就其自身而言的权利",因此每一个侵犯了我的占有的权利的行为都无非"对内在的我的(自由)的侵犯"(VI 250)。在"权利学说导言"中其更为明确地指出,"人们在此为什么要将这样一个划分引入自然权利(就其涉及天赋的而言)的体系,其意图在于,当围绕着取得的权利产生争端并出现这样的问题——谁对此负有举证责任(*onus probandi*)——之时,[……],其中自己否认这一约束性的一方,可以在方法上诉诸其自由的天赋权利(其根据其各种不同的关系而被进一步规定)[……]"(VI 238)。这业已表明,取得的权利的必要性同样可以回溯到天赋的权利之上。但是取得的权利的必要性是如何能够"分析地"从天赋的权利之中推导出来,康德在此并没有给出进一步的答案甚至是提示。

对这一问题的解答的提示出现在康德早期的《论优美和崇高感的考察的评注》里,即人对自己的身体的占有构成了从内在的"我的"和"你的"到外在的"我的"和"你的"的过渡。"身体是我的因为它是我的自我的一部分并且被我的意愿所驱动。缺乏自己的意愿的整个有生命的或无生命的世界都是我的,就我可以强迫它并且依照我的意愿驱动它而言。"(XX 66)我仅仅因为受我的意愿所驱动的身体是我的自我的一部分即自然地对我自己的整个身体拥有权利。对自己的身体的权利因此建立在人的自我占有之上,而这一占有,即"人的作为自己的主人的这一性质"(VI 237)。实际上,正如康德在《权利学说》中所指出的那样,也已隐藏在天赋的自由之中了。自我占有首先所涉及的是对自身的意愿的自主性的支配，但是其因为人的经验的此在而必然要延伸到对人自己的身体的支配的权利之上来。在这一论证环节之中再次被援引的是作为康德的整个实践哲学的人类学前提的一个命题，即人是有理性的自然存在者。作为一个有理性的自然存在者，人同时拥有两种品格，即理智品格和经验品格。"我"是一个包含双重含义的主语，因此人对自我的占有除了对理智的自我的占有之外还应该包括对经验的自我的占有，而后者始终与人自己的身体联系在一起。人的理智的自我并不能独立于经验的自我而存在，因为后者构成了前者的物质的载体。人的意愿只有与受其驱动的身体结合在一起才能外在地被运用，才能对其他人产生影响，也正因为如此，个人的自由才需要被限定在能够与他人共存的范围之内。在此意义上可以说，天赋的权利，即意愿的与他人可共存的外在运用的自由，在其自身之内即已预设了人对自己的身体的权利，人并不需要一个特别的法律行为才能获得对自己的身体的权利。①

由此可见，从内在的"我的"和"你的"即可推导出每一个理性权利主体对自己的身体在空间之中的自主运用的自由，只要这一运用与其他人的自由依据一条普遍的法则可以共存。但仅仅是对自己的身体的运用的自由尚不足以穷尽权利的概念，因为这一运用出于其经验的此在必然要延伸到外在的对象之上。每个人的身体作为自我的一部分总是处于一个经验的世界之中，因此正如赫费所指出的，他仅仅基于其身体的广延便已经占有了这个共同的世界的一部分了。②对自己的身体的权利的行使因此必然需要扩展到自己之外的自然之上，作为双重意义上的自我的主人在其自由的行使之中必然需要对外在物进行使用。而要使用外在物，需要先占有之，正如康德自己也指出的，"使用的可能性的主观条件是占有"（VI 245）。对一个外在的对象的占有意味着同时对其提出一个排他性的主张并由此约束所有其他人不再去使用这一对象，否则其将侵害到我的天赋的自由。而在权利的意义上，这一排他性的主张需要首先将外在物的权属确定为要么是"我的"要么是"你的"，才能使得所有人的自由的行使能够普遍共存。这样的一种权属，相对于作为内在的"我的"和"你的"的天赋的自由而言只能是外在的"我的"和"你的"。因此取得的权利，即对外在物的权利，对于每一个作为有理性的自然存在者的人的行为自由的普遍共存的可能性来说是必要的，换言之，权利概念作为自由的条件必然要扩及对外在物的所有权，才有可能使得所有人的外

---

① 赫费将人对自己的身体和生命的权利视为"既非内在的'我的'和'你的'亦非在习惯的意义上的外在的'我的'和'你的'"。Otfried Höffe, „Königliche Völker", Frankfurt/M, 2001, S.28. 但在此需要指出的是，这样一个权利相比较而言更接近于内在的"我的"，因为其可以直接借助于人的双重品格而从天赋的权利之中推导出来，而无需一个特别的法律行为，而这样一个法律行为对于取得的权利，即外在的"我的"和"你的"是必不可少的。

② Otfried Höffe, *Kategorische Rechtsprinzipien: Ein Kontrapunkt der Moderne*, Frankfurt/M, 1995, S.129-130.

在行为的自由得以共存。对外在的对象的权利的必要性仅仅是天赋的权利，即与他人共存的自由的自然的逻辑延伸，正是在此意义上，康德才宣称："我依据外在自由的法则将其置于我的力量之下并希望它是我的的东西，就变成了我的。"（VI 258）只有这样的一种占有，才能"并未超出每个人就其自身而言的权利"，即天赋的自由。就此而言，人的经验的此在作为康德的权利学说的必要的人类学前提，同时也就构成了从内在的"我的"和"你的"到外在的"我的"和"你的"的必要性的过渡。① 因此人的双重意义上的自我占有，正如布兰特所指出的，在康德这里构成了私人所有权的基础。②

　　但是这里所说的占有尚不是完全意义上的取得的权利。依据康德的定义，与天赋的权利相比，取得的权利必须经过一个法律行为才能获得，正如我们下面将要论述的，这在前国家状态，即非法律的状态之下是不可能的。换言之，从天赋的权利出发我们虽然能够推导出取得的权利的必要性，但是仅仅是个人对自己的外在自由的行使尚不足以构成对外在物的所有权的充分的基础。从天赋的权利出发能够推出的仅仅是，我有充分的理由排除他人对于正在我的身体的物理控制之下的外在的对象的使用，因为任何对这一对象的违背我的意愿的使用都将直接侵害到我的身体并最终是"对内在的我的（自由）的侵犯"。但是这一对象并未因此就可以在权利的意义上被称为"我的"，正如康德所指出的："一个外在的东西是我的，只有当我可以设想，我仍然可能会因为别人对某个我并未实际占有的物的使用而受到侵害。"（VI 245）换言之，对于一个我并未实际占有的东西，任何人违背我的意愿对它的使用，虽然并未直接损害我的身体和我的行为自由，但仍然会损害我的权利，只有在此意义上我才能说这个东西是"我的"，只有这样的一个权利才能被称为取得的权利。就此而言，"我的"这样的一个物主代词并非意指任何物理的归属，而是"一个带有权利意义的宣示占有的代词"。③ 仅仅在我的物理控制之下的外在的对象并未因此就能够被视为权利意义上的"我的"，因此取得的权利的实质并不仅仅是对某个外在的东西的物理的占有，而是即使我当下并未在物理上占有该东西，但我仍然可以宣称这是"我的"。由此产生了康德所谓的权利—实践理性的二律背反："正题：将某个外在的东西当成我的而拥有是可能，虽然我并未占有之。反题：将某个外在的东西当成我的而拥有是不可能的，如果我并未占有之。"（VI 255）如同在《纯粹理性批判》中理性的二律背反

---

①　人的"躯体是每一个经验的占有的前提并构成了可能的权利侵害的形式的条件，其并不属于权利的'质料'"。参见 Heiner Klemme, Das„ angeborne Recht der Freiheit ":Zum inneren Mein und Dein in Kants *Rechtslehre*, in Volker Gerhardt u. a. (hrsg.): *Kant und die Berliner Aufklärung*, Bd. 4, De Gruyter, 2001, S. 181.

②　Reinhardt Brandt, *Eigentumstheorien von Grotius bis Kant*, Stuttgart-Bad Cannstatt, 1974, S.168.

③　Reinhardt Brandt, *Eigentumstheorien von Grotius bis Kant*, Stuttgart-Bad Cannstatt, 1974, S.168.

通过对现象界和本体界的区分而得以解决一样，在此同样也可以区分出两种不同的占有来，即经验的占有和理智的占有，"对于前者所理解的是对某一对象物理的占有，而对于后者所理解的是权利的占有"（VI 245）。能够从天赋的权利之中分析地推导出来的，仅仅是经验的占有，其完全取决于个人在经验世界中对于自己的身体的能够与他人的自由共存的行使，这样一种占有仅仅是单独的个人对自己的身体的行使的结果，而并不构成人与人之间的自由的可共存的条件。而真正意义上的对外在对象的权利只能建立在理智的占有的基础上，其并不取决于对该对象的经验的物理的占有。因此对于取得的权利，即所有权是如何可能的追问就转化成了如下问题：对外在对象的理智占有是如何可能的？

二、所有权的可能性条件

依据康德的定义，理智的占有也可以被视为一种理性的占有，在这样的一种占有关系中，人的意愿的对象作为外在的东西必须被抽象掉一切经验的规定。在此意义上一个外在的对象"仅仅是与我（主体）不同的"，而非"处于另一个位置（*positus*）的，在空间或者时间之中的一个对象"（VI 245）。构成取得的权利的基础的理智占有并不在于在空间或者时间之中对某一对象的占有，因为这样的一种占有仅仅是经验的占有，从中并不能推导出完整意义上的取得的权利。理智的占有确切地说是"一种没有持有（*detentio*）的占有"（VI 246）。一块土地并不因此而被视为我的，仅仅因为我当下站在其上。取得的权利必须以另外的一种方式来进行规定，即"将外在于我的东西当成我的的方式，依据理智占有的概念，是主体的意志与对象的一种独立于其与该对象在空间和时间中的关系的单纯的权利的联系"（VI 253-254）。理智占有因此是独立于经验占有之外的主体的意愿与对象之间的权利的联系。但这一对空间和时间的规定的抽象仅仅是就理智占有中意愿的对象而言，并不意味着时间和空间的概念被排除出了康德的权利学说之外。相反，作为对物的持有的开始的"先占（*prior apprehensio*）"（VI 263）这样一个用法业已指向了一种时间的顺序。除此之外在康德这里作为权利学说的前提的人与人之间的不可避免的共处关系也已预设了一个在空间上有限的世界，只有如此一个人的意愿的外在运用才会不可避免地与他人的意愿的外在运用发生关系。但是在这样的论证之中时间和空间的概念并不指向任何一个特定的时间和空间，其毋宁说是，正如布兰特所指出的，将权利学说的开端与终点联结起来的权利的现实化的一个"范型（Schema）"。[①]

---

① Reinhardt Brandt, *Eigentumstheorien von Grotius bis Kant*, Stuttgart-Bad Cannstatt, 1974, S.184.

但是权利的概念，正如康德所指出的，实质上所涉及的"仅仅是一个人的意愿与他人的外在的然而是实践的关系"（VI 230）。不可能通过某个人的单方的意愿的运用在外在的物与主体的意愿之间建立起一种权利的关系，因此"设想一个人对物的约束性或者相反都是很荒谬的"（VI 260）。很明显，康德在此所批判的是当时占据主流地位的洛克的所有权理论，即认为人通过劳动将其人格附加于对象之上并因此获得对该对象的所有权的观点。① 与此相反，在康德看来，"对土地的初次加工、划界或者是根本上的塑形皆不能被视为取得土地的理由，换言之，对偶性的占有并不能为对实体的权利的占有提供一个基础"，因此即使是对物的取得的权利在根本上也无非"一个人与他人之间的关系"（VI 268）。在此意义上，"当我（在语言上或者通过行为）宣称我希望某个外在的东西是'我的'的时候，我实际上是在宣称，所有其他人都必须避免干涉到我的意愿的对象：如果没有我的这一法律行为的话，任何人本来都不应当承担这样一种约束力"（VI 255）。但是这样一个意思表示要获得约束力，必须预设主体的意愿与这一对象之间的一个权利的联系，由此主体才能对他人施加这样的排他性的约束性，要求他人不得染指这一对象。每个人的意愿的外在运用不能是任意的，而是必须与他人的自由依据一条普遍的法则能够共存。正如上面所说的，通过个人的意愿的单方面的运用不可能在主体的意愿与外在的对象之间建立起一种权利的联系，因此如果理智的占有是可能的（其必须是可能的，否则取得的权利作为每个人的自由可共存的条件就是不可能的，因而人与人的行为自由也就不可能共存），那就必须在人的意愿与外在对象之间预设这样的一种联系。这正是康德所谓的实践理性的权利公设："将我的意愿的每一个外在对象占为我的是可能的，也即，一条如果其变成法律就将导致意愿的一个对象自在地（客观上）变成无主物（*res nullius*）的准则是不合乎权利的"（VI 246）。主体的意愿与外在对象之间的这样一种联系虽然可以如此方式被预设，但是尚不足以被称为权利的联系，其毋宁是，正如康德所指出的，"实践理性的一个先天的前提"（VI 246）。没有这一前提对外在对象的理智占有是不可能的。类比于康德在《纯粹理性批判》中所提出的先验唯心论的基础命题：每一个对我们来说可能的经验的对象"在我们的思想之外并没有任何自在地被建立的实存"（Ⅲ B519），同样在法哲学之中也必须如此假定，不存在任何独立于人的意愿之外的无主的外在物，正如康德在一则笔记中所言，"世间万物皆臣服于自由的意愿"（XXIII 303）。

这一公设实际上已经指向了一种原初的共有，因为在此被预设的主体的

---

① 严格说来，当康德在《论优美与崇高感的考察的评注》中将对身体的权利归结于其被"我的意愿"所驱动的时候，他仍然与洛克保持着一致。但是在《权利学说》中康德很明显放弃了这样一个观点。对此可以参见 Wolfgang Kersting, *Wohlgeordnete Freiheit: Immanuel Kants Rechts-und Staatsphilosophie*, Paderborn, 2007, S. 213 ff.

意愿与外在对象之间的联系并不建立在某一个人的意愿的运用之上，而是出于实践理性的权利公设，其普遍性必然要求这一联系以同样的方式存在于每一个人的意愿与该对象之间，后者因此只能是共有的。需要指出的是，在康德这里，这一原初的共有关系仅须存在于对土地的占有之中。因为在所有的外在的东西之中，土地是最根本的。[①] 与一切在其之上的动产相比，土地应该被视为实体（Substanz），而后者作为土地的孳息其实存则只能被视为不可能独立于实体之外而存在的依存性（Inhärenz），换言之，对动产的理智占有的可能性最终仍需归结到对土地的理智占有的可能性之上来。因此"所有的人原初地（即先于意愿的任何法律行为）处于对土地的正当的占有之中，换言之，他们都拥有这样的一种权利，在自然或者偶然性（不掺入其意志）将他们所放置之土地上存在着"（VI 262）。这样的一种先于意愿的任何法律行为的原初共有仅仅是一个理性的理念，"其拥有客观的（权利的实践的）实在性，并且完全和从根本上区别于原始的共有（communio primaeva），后者是虚构出来的东西"（VI 251）。但恰恰是这样的作为主体的意愿和意愿的对象之间被预设的联系的原初共有构成了理智占有的首要条件，"因为如果不预设这样的一种共有的话，根本就不可能设想，当我并不占有某物之时，我是如何能够被正占有和使用该物的他人所侵害的"（VI 261）。换言之，只有在这一原初共有的条件之下，对外在的对象的占有才有可能被视为一个人的意愿与他人的意愿之间的外在的和实践的关系，而非仅仅是人与物之间的关系。

但仅仅是这一原初的共有并不能充分地论证理智占有的可能性，因为外在的对象只能在此意义上才能被视为我的，即我可以对它提出排他性的权利主张，这直接与共有的状态相矛盾。对外在对象的理智占有必须基于主体的意愿与该对象的一种权利的联系之上，而原初的共有尚不能被视为这一权利的联系，而是作为一种被设想的状态必须先于所有的法律行为。取得的权利根据其定义必须需要一个法律行为，因此对土地的原初的共有仍需通过个人的法律行为才能转化为个人的排他性的权利。在《权利学说》中康德将原初取得的程序划分为了三个步骤：（1）占有（apprehensio），在空间和时间之

[①] 康德显然是在宽泛的意义上理解所谓的"外在的东西"，因此不仅仅意指有体物，而是"既可以是有体物也可以是我的权利"（XVII 525），换言之，外在的东西依据康德的划分可以有三类："1）一个在我之外的（有体）物；2）他人的为某一个特定的行为的意愿；3）他人的在与我的关系中的状态。"（VI 247）这样的一个划分所依据的是康德的范畴表中的三个关系范畴，即实体、因果性和协同性。康德对取得的权利的论证很显然主要针对的是对有体物的占有的权利，但这正如布兰特所指出的，并不意味着康德的论证"思想的原则性的混乱"（参见 Brandt, 1974, S. 186）因为在与他人的因果性方面外在的我的和你的（对人权，das persönliche Recht）"不可能是原初的和恣意的"，而是必须"只能从他人的他的之中推导出来"（VI 271），而第三类外在的东西依据协同性的范畴仅仅是前两个范畴的综合，因此对这一类的外在的东西的权利最终表现为有物权性质的对人权（das auf dinglicher Art persönliche Recht），就此而言，后两类对外在的东西的所有都可以追溯到对外在的有体物的占有之上。

中将某个不属于任何人的我的意愿的对象置于我的物理控制之下，这仅仅是经验的或现象的占有（*possessio phaenomenon*）。（2）意思表示（*declaratio*），对我对该对象的占有的宣示，包括对我的意愿行为的宣示，要求他人不再染指这一对象。（3）确立权属关系（*appropriatio*），"作为一个外在的普遍的立法意志（在理念中）的行为，由此每个人都被约束着与我的意愿相一致"。（VI 258-259）在第一个要件之中，康德虽然仍然使用"先占（*prior apprehensio*）"这样的措辞，但是这在原初共有的前提下更确切地说是通过个人意愿的运用对共有的对象的初次分配。换言之，这里所谓的先占并非在人与物之间创设一个新的权利关系，而仅仅是描述了"对一个我与所有其他人一起（原初的或创设的）共有物的私自使用的权利"（VI 261）。在此意义上原初的取得无非就是我通过我的意思表示告知所有其他人，某个原先是共有的对象自此往后成为我的，换言之，仅仅属于我一个人。但是与在经验占有方面的权利命题能够分析从天赋的自由之中推导出来相比，在康德看来理智占有的权利命题只能是综合的，也即，为了能够在理智上占有某一外在对象，除了天赋的自由之外还必须附加上其他的条件，只有如此，"这样一个超出了经验占有的概念的先天命题才能成为可能"（VI 250）。正如上面业已指出的，在此所需的第一个条件是作为实践理性的一个理念的对土地的原初共有。但除了这一原初共有和个人的法律行为之外，在此还缺乏以上所说的第三个原初取得的要件，借此原初共有的外在物可以合乎权利地分配给每一个单独的个体。换言之，为了使得理智的占有成为可能，我的意愿的运用必须是对所有其他人都是有约束力的，由此"所有其他人都被施加一个其本来不应承担的责任，即不再染指这一外在的对象"（VI 253）。而这样的一个条件在不存在任何外在立法的自然状态之下是不可能具备的，因为在自然状态之下任何人都没有积极地约束他人的意愿的权利。

三、国家的必要性

在对自然状态的设定方面，康德明显深受霍布斯影响。在《对道德哲学的反思》之中康德就很明确地将自然状态称为"霍布斯的理想"（XIX R 6593），而早在《纯粹理性批判》里他也跟霍布斯一样将这一状态视为战争状态（III B 779），这样一个状态在《单纯理性限度内的宗教》里则更准确地被描述为"每一个人对每一个人的战争状态"（VI 96）。这一霍布斯式的观点在康德的作品之中一再出现。但康德的独特之处在于，他认为这样的一个战争状态不能被视为一个经验的事实，而必须被看作一个可以通过理性先天建构的理性的理念。在此意义上，那些对于霍布斯而言必不可少的经验性的考虑，如自我保存的意图以及人天生对自由和统治他人的爱好倾向，①在康德的自然状态设想之中不再占有任何地位。如果我们可以忽略掉作为康德的整个实践哲学的前提条件的人的双重品格的设定的话，那可以说，在康德的自然状态设想之中并不包含任何关于人的经验性的规定。作为战争状态的自然状态因此可以仅仅通过权利概念先天地进行建构，正如如康德所言："当每一个人都仅仅依据他自己的判断和运用他自己的力量去追求他所认为的权利的时候，他所处的就是战争状态（status belli）"（XIX R 7645）。这是对自然状态的一个先天的、权利的定义，依据这一定义在自然状态之中并不存在任何经由一个普遍地和在主体之间生效的立法确定的客观的权利，以将外在的东西规定为我的和你的，而只存在自己所认为的，即对外在的东西的纯主观的主张。

在康德看来，在自然状态之中虽然业已存在从人的天赋的自由之中产生出来并建立在经验的占有之上的对"我的"和"你的"的界定，但这一"我的"和"你的"尚不能被视为完全意义上的取得的权利，因为在此情况下占有人必须始终在物理上与外在的对象联结在一起才能排除他人的使用。而正如上面所指出的，取得的权利恰恰体现在，虽然我并没有在物理上占有某个外在的东西，但我仍然拥有它。借助于自然状态中的这样一种"我的"和"你的"只能临时地确定某个外在对象的权属，其因此仅仅是一种临时的"我的"和"你的"，"在自然状态之中虽然存在一种现实的、但却仅仅是临时的外在的'我的'和'你的'"（VI 256）。这在严格的意义上尚不能视为一种权利，而仅仅是"权利的预备状态（Prärogativ）"（VI 257）。在这一点上康德再次跟洛克区别开来，因为洛克所理解的自然状态是一个"有完善的自由的状态，在其中每个人在自然法的限度之内调整其行为，并如它们所看起来最好的那样拥有他们的占有物和他们的人格，而无需得到任何人的许可或依赖于他人的意志"②。这一自然状态的设想实质上建立在这样一个观念之上，即认为人可以仅仅通过他的劳动将其人格附加于外在的对象之上并由此获得对该物的所有权。只有在此意义上他才有可能完全独立于所有其他人的意志而拥有他的占有物，因此在洛克看来对外在物的权利即使是在自然状态之中也并非临时的，而已经是永久的了。③正如下面还将分析的，正是这一自然状态中的对外在物的永久的权利构成了洛克意义上的公民的积极抵抗权的潜在的权利基础。康德反驳了洛克对外在物的占有的这一观念，因为法律关系实质上是一个人与他人的意愿之间的关系，因此不可能有任何一个人能够独立于他人的意志之外获得一个在物之上的权利。自然状态之中对某个外在物的占有只能是经

---

① Thomas Hobbes, *Leviathan*, Oxford University, 1998, p. 111.

② John Locke, *Two Treatises of Government and A Letter Concerning Toleration*, ed. by Ian Shapiro, Yale University Press, 2003, p. 101.

③ Reinhardt Brandt, *Eigentumstheorien von Grotius bis Kant*, Stuttgart-Bad Cannstatt, 1974, S. 193.

验的占有，基于其上的也只能是一种临时的或不完全的权利。与此相反，对外在物的一种永久的权利，即完全意义上的取得权利只能建立在理智占有的基础之上。

正如前面所指出的，对外在对象的理智占有预设了个人的单方意思表示的约束力。但是在自然状态之中单独的个人对自己的意愿的单方面的运用对他人是没有约束力的，因为"通过单方的意志并不能给他人施加他自己本来不会承担的责任"（VI 264）。自然状态中的人虽然借助其人性都享有天赋的权利，但这仅仅是消极的行为自由，从中只能推导出对外在物的经验的占有。而理智的占有借此成为可能的意愿的单方运用的法律约束力，只能源自"外在的权利关系的一条普遍的规则"（VI 255）。在自然状态之中每个人都只能依据自己的判断和凭借自己的力量去要求和捍卫他的自由和他所认为的外在物的权属，因为在那里并不存在可以约束其他人的意愿以使其与我自己的意愿协和一致的普遍生效的外在立法。由此可见，在自然状态之中仅仅存在使得原初取得成为可能的前两个要件，因此完全意义上的所有权在自然状态之中是不可能的。如果我们将权利理解为使得包括外在的和内在的"我的"和"你的"依据一条普遍的法则能够共存的条件的话，那可以说，权利概念在自然状态之中是绝对缺乏现实性的。换言之，如果对外在对象的原初取得被视为对原初共有的法律分配（这在自然状态之中是不可能的）的话，那自然状态就是这样的状态，"在此之中没有分配正义"（VI 306），在此意义上的自然状态就是"一个无正义的状态（status iustitia vacuus），当在那里发生法律争端（ius controversum）之时，不存在一个有权限的法官能够对此作出有法律效力的裁决"（VI 312）。以上对原初取得的论述事实上已经指向了作为理智占有的条件的普遍的外在立法的存在的必要性，因为后者构成了理智占有的最终要件，没有这一要件权利概念将永远缺乏现实性。正如康德所明确指出的："将外在的东西占为他的，只有在一个在公共的—立法的权力之下的权利的状态之中才是可能的。"（VI 255）因此为了实现源自纯粹实践理性的权利概念，理性必要颁布一条康德自己称之为"公共权利的公设"的诫令："在一个与所有其他人的不可避免的相邻关系之中，你应当脱离自然状态并过渡到一个权利的状态，即分配正义的状态。"（VI 307）这是一条理性的定言命令，在他的文本中其他地方康德也将其概括为"脱离自然状态（exeumdum e statu naturali）"（XIX 243）。

但对康德的国家论证而言，自然状态中临时的"我的"和"你的"作为权利的预备状态也是必不可少的，因为"如果在自然状态之中也并不临时地存在外在的'我的'和'你的'的话，那在这方面也将不会存在任何的法律义务，因此也就不存在任何诫令，去要求脱离这一状态"（VI 313）。正如前所述，这一临时的权利状态构成了从天赋自由向外在的"我的"和"你的"的必要的中介，并因此论证了对外在物的所有权的必要性，公民宪法的状态就此而言"仅仅是一个权利的状态，通过这一状态每个人的属于他的东西只是得到了保障，而并非被构成或被规定"（VI 256）。但这仅仅是从占有而非从权利的角度来考察从自然状态到权利状态的转变，在前一个状态中的"他的"仅仅是一种基于天赋的行为自由的因而是经验的占有，而非权利的占有，虽然前者可以通过进入公民状态而转化为后者。因此正如布兰特所指出的，自然状态中的临时的'我的'和'你的'与真正意义上的取得的权利的真正区别如果依据康德的范畴表来界定的话，并不在于质也不在于量，而在于模态（Modalität）之别。① 就权利的模态而言，自然状态与公民状态的差别在于：前者是一个无权利的（rechtlos）状态，而后者则是一个权利的（rechtlich）状态，虽然并不必然是一个完全合乎正义的（rechtmäßig）状态。公民宪法通过对经验意义上的临时的"我的"和"你的"赋予法律的保护而产生了一种永久性的权利，从而将公民对于外在物的占有转化为理智的，即权利的意义上的"他的"，这才是真正意义上的所有权。就此而言，公民宪法，即国家，不应再被视为权利保障的单纯的手段，而首先是永久的权利的构成基础，只有在国家之中权利概念才能得到现实化。如果自然状态作为一个无权利的状态是绝对需要避免的话，这实际上等于说，进入或停留在国家状态之中也必须是绝对的、无条件的命令，因为只有在国家状态之中，"什么是正义的，什么是合乎权利的，什么是合法的才有可能得到确定"（VI 267）。国家的存在在此意义上构成了理性权利的现实性的必要基础，正如凯尔斯汀所言，它是权利上必然的。② 这一必然性源自纯粹实践理性的定言命令"脱离自然状态"。

在这一点上，康德区别于其他所有的将国家的存在的必要性仅仅视为一个手段的自然权利论者。比如在洛克那里，正如引言中已指出的，人们建立国家的目的是保全个人的所有权，只有当政治共同体给每个人提供了对他的原先在自然状态之中就已经充分了的所有权的保护之时，它才能获得正当性。国家在此意义上仅仅是个人所有权的保障手段，作为一个手段它的正当性完全取决于它是否能够实现它的目的，即保全个人所有权。这也就意味着当它一旦偏离了这一目的，也就同时失去了存在的正当性，在此情况下自然法当然也就允许个人放弃国家而重返自然状态。即使是在将国家比喻成"利维坦"的霍布斯那里，逻辑上仍然隐藏着这样的可能性，即当国家权力即使是通过有法律效力的判决危及个人的生命之时，臣民依据自然法仍然拥有对国家权力的抵抗权，因为对生命的保全在霍布斯看来是建立国家的最高原则。③ 绝大

---

① Reinhardt Brandt, *Eigentumstheorien von Grotius bis Kant*, Stuttgart-Bad Cannstatt, 1974, S. 193.
② Wolfgang Kersting, *Wohlgeordnete Freiheit: Immanuel Kants Rechts-und Staatsphilosophie*, Paderborn, 2007, S. 269.
③ Thomas Hobbes, *Leviathan*, Oxford University, 1998, p. 93.

部分国家论证理论实际上都基于对人的本性的经验性的规定之上,正如卡尔·施密特所言,"人们可以将所有的国家理论和政治理念归结到它们的人类学来进行检验,并依据它们是——不管是有意的还是无意的——预设了'本恶'还是'本善'的人来进行划分"①。比如霍布斯的国家论证就明显建立在他在《利维坦》的第一部分《论人类》之中所论述的人类学之上,因此在霍布斯看来,战争状态的根源就在于人的本性之中的争斗、不安全感和虚荣心。②洛克虽然并不将自然状态视为战争状态,但仍然将他的国家论证建立在对人的经验的规定之上,因为"人类之中的更大的一部分并不会恰当地尊重公平和正义"。③不管是洛克还是霍布斯都将其国家论证建立在对人的本性之恶的假设之上,一如麦迪逊(James Madison)所言,"如果人人都是天使,那政府就毫无必要了"④。

因此"脱离自然状态"在近代的自然权利学说之中虽然是一个共享的命题,但在康德之前的自然权利论者那里无非一个假言命令。而在康德看来,这必须是实践理性的一个定言命令,因为国家的建立并不仅仅是一个手段,而是其自身就是一个目的。"在这样的外在关系之中自在地就是义务并且是其他所有的外在义务的最高的形式条件(conditio sine qua non)的目的,是人在公共的强制法律之下的权利,通过这些法律每个人的'他的'都能得到规定并且在面临他人的侵犯之时能够得到保护。"(VII 289)不同于洛克和霍布斯,在康德看来,国家的存在的必要性可以仅仅通过权利概念就可以得到先天的论证。虽然在人类学、历史哲学甚至是政治哲学之中都曾考察过人的本性中恶的倾向,比如虚荣心、权势欲和占有欲(VII 271;VII 21),但康德并未将其带入到他的国家论证之中。相反,在《权利学说》中他特意强调,建立国家的必要性"并不在于这样的经验,我们通过它获知人类的暴力的准则,而且得知人的邪恶,他们在一个外在的有权的立法产生之前就会相互发号施令,也不在于使得公共的法律强制成为必要的事实,就算我们可以如人们所愿的那样将人设想为如此的善良和公正,那这一点在这样一个(非权利的)状态的理性理念之中仍然是先天有效的,即在一个公共的法律状态被建立起来之前,单独的个人、各民族、各国家都不可能从相互的暴力之中获得安全"(VI 312)。在自然状态之中并不存在真正的外在的权利,也就不存在使得人与人之间的自由的行使能够共存的条件,因此即使是善良公正如天使般的人在

---

① Carl Schmitt, *Der Begriff des Politischen*, Berlin, 1932, S. 46.
② Thomas Hobbes, *Leviathan*, Oxford University, 1998, p. 83.
③ John Locke, *Two Treatises of Government and A Letter Concerning Toleration*, ed. by Ian Shapiro, Yale University Press, 2003, p. 155.
④ Alexander Hamilton, James Madison, John Jay, *The Federalist Papers*, Pennsylvania, 2001, p. 232.

不可避免的共处关系之中也必然会陷入无序和纷争之中，这与人的本性无关，而是源自权利概念的现实性的缺失所导致的群己的边界无法被建立起来。由此可见，国家存在的必要性仅仅通过权利的概念就可以被先天地论证，在一则反思中康德明确指出这一点："这一点已经被证明，即从自然状态摆脱出来并非任意的，而是依据权利的规则必然的。"（XIX R 6593）如果国家的存在自身构成了权利概念的现实性的必要基础，那走出自然状态而进入国家状态就是权利上必然的。在此意义上，不仅仅是魔鬼的民族需要一个国家，即使是天使的民族也需要一个国家。

（作者系北京大学哲学系助理教授）

早期德国法治国观念的产生与发展
——以康德和费希特为主要考察对象[*]

李哲罕

一、引论

  法治国（Rechtsstaat）在德文语境中大多数时候所代表的不仅仅是客观上作为国家制度的一整套法律体系，而且也同时蕴含着这套法规是依照理性（抑或意志、自然法、民族精神等）建构起来的，其可以保障甚至促成人类（或公民）的权利（或自由、道德等）目标得以实现等丰富内涵。诸如根据对康德思想中道德哲学与法哲学两条不同进路的解读，后人试图在主体性权利（私法规范意义上的自由）和客观的法律建制（公法规范意义上对权力的限制）——即"das subjektive Recht"和"das objektive Recht"——两种不同的意义上去理解"法权"（Recht）这个词。①

  德国法治国观念是18世纪末期到19世纪初期的产物。这不仅大致对应于德国古典哲学产生的时期，而且也大致对应于德国资产阶级—自由主义兴起的时期。德国法治国观念的产生与发展可以说是对应于政治思想的断裂性发展——这乃是因为随着社会情势的发展，原先政治形式以及与之相关的观念已经不敷使用，一种新的政治形势以及与之相关的观念——抑或对旧事物的重构与解释——成为迫切的需要。在某种程度上，这是古今之争在德国的展现。按照陈新民在词源上的考察："在德国法制史上，第一次使用法治国用

---

* 本文为国家社科基金青年项目"德国法治国观念研究"（项目号16CZX039）的阶段性成果，亦受浙江省社会科学院地方法治研究中心基金资助，曾发表于《浙江学刊》2018年第4期，收入本书时有改动。

① 在这方面最具代表性的人物就是当代德国哲学家尤尔根·哈贝马斯，参见[德]哈贝马斯：《在事实与规范之间：关于法律和民主法治国的商谈理论》，童世骏译，生活·读书·新知三联书店2003年版。哈贝马斯的观点在一定程度上受到了早期法兰克福学派外围成员弗里茨·诺伊曼的影响，诺伊曼对此的观点可以参见Fritz Neumann, "The Change in the Function of Law in Modern Society", in Fritz Neumann *The Democratic and the Authoritarian State: Essays in Political and Legal Theory*, edited by Herbert Marcuse, Glencoe: The Free Press, 1957, pp. 22-68, p. 23.

语乃是普拉西度斯（J. W. Placidus）在1798年出版的《国家学文献》（Literatur der Staatslehre）一书。"① 现在已经不太有人知晓的这位本名约翰·威廉·彼得森（Johann Wilhelm Petersen）的普拉西度斯是一名康德哲学的信徒。虽然康德经常被认为是法治国观念的提出者，他的法哲学理论也的确涉及早期德国法治国观念的许多方面，但其实康德本人并未使用过法治国这一术语。后人之所以总是将康德与法治国联系起来，个中的原因正如陈新民所指出的："康德这种结合国家与实证法律成为其国家观的立场，以及国家任务（及个人自由所系）在于维护法律秩序，极清晰地将国家统治与法律连在一起，且是理性的体现。"②

不过德国法治国观念的产生根源远早于该词被提出之时——德国法治国观念是伴随着欧洲早期现代国家从罗马天主教神权体系中分化出来（也即世俗化）而产生的，它预设了一个由已经启蒙了的人所组成的世俗国家。依照德国法学家魏德士所指出的："（宗教——笔者注）改革分裂的不只是信仰。从那时起，也形成了不同的自然法学说。从此以后，统一的、对一切公民有效的、神学的并且因此也是前国家的法律根据不复存在。"③ 另一位德国法学家米歇尔·施托莱斯也持有与魏德士相近的观点，他指出："总体而言，自从1495年召开沃尔姆斯帝国议会，并颁布各项改革法案后，宪政的态势改变了。教会的改革则深入到一切的生活领域中，并且导致各个教派的分裂与宗教战争。上述发展为'那些塑造着共同体与政治秩序的各项规则与结构'提供了全新的条件。德意志民族的神圣罗马帝国——它从中世纪晚期就被赋予这个名称——不再能藉由罗马法与'共同'法来统治。它的正当性发生了裂痕。现代国家宣告了自己作为立法国家的特质，并且宣称有权清除在此之前一切的现行法。"④ 因此，德国法治国观念的历史渊源可以追溯到16世纪的宗教改革时期（1517—1555年），也即欧洲早期现代国家产生时期。

二、康德："自由法治国"的诞生

当深究启蒙时代那些主要思想家的自然法思想渊源的时候，我们不仅可以在基督教之前的古代智识资源中寻找到像斯多葛学派的相关思想，而且也可以在中世纪经院哲学家诸如托马斯·阿奎那（Thomas Aquinas）那里寻找到相关思想。但是启蒙时代那些主要思想家的自然法思想所针对的对象其实正

---

① 陈新民：《德国公法学基础理论》上册，山东人民出版社2001年版，第5页。
② 陈新民：《德国公法学基础理论》上册，山东人民出版社2001年版，第8页。
③ [德]魏德士：《法理学》，丁晓春、吴越译，法律出版社2005年版，第191页。
④ [德]Michael Stolleis：《德意志公法史导论》，王韵茹、李君韬译，（台北）元照出版公司2016年版，第16页。

是罗马天主教（即所谓的"普世教会"）。启蒙运动是自中世纪罗马天主教"普世教会"解体以来，欧洲早期现代国家产生与发展过程中所经历的一系列内在张力的变化过程。在这几个世纪之久的漫长过程中，专制统治集团、资产阶级和无产阶级都在一个从原先存在的各种束缚中解放出来的过程中逐步登上历史舞台，并成为政治斗争中的一个重要角色，他们需要以自己的方式来创制或重构与解释国家形式以及与之相关的观念。德国法治国观念在很大程度上也是各种新旧政治势力之间冲突的产物，这如伦纳德·克莱格所指出的："（法治国原则的功能——笔者注）是新的自由与旧的权威在实践中的和解。"① 只是因为当时德国特殊的现实情形，也即传统统治集团的势力依然强大，而自由主义—资产阶级相对过于羸弱，所以他们才首先在观念层面上实现了对旧观念的突破。

正如海因里希·罗门所指出的："（在普芬道夫之后，——笔者注）不再是上帝的本质，而是人的自然，从本质上和抽象地观察的人的自然，被视为自然法之源头。……在实践中，对于那些被视为善的、有用的和必要的历史性实证立法的改进和改良，实际上就披上了自然的外衣。"② 启蒙时代那些形形色色的自然法理论之所以被提出大致是为了尝试在一个后上帝的现代世俗社会中满足以下两个需求：第一，为早期现代的国家形式（包括实定法）寻找在终极意义上的根据；第二，为人的权利（或自由、道德等）寻找在终极意义上的根据，同时这也就意味着对国家（拥有和行使权力）的某种限制。简言之，这些启蒙时代的主要思想家试图以分离于上帝（但有时又不得不借助上帝这一设定，或者将上帝也置于自然法之下）和教会，并在一个去神学的（世俗化的）自然法基础上同时为现代国家和人类权利两者奠基。大多数早期自然法理论也总是联系于各种社会契约论，这是因为在之前传统中的"上帝"与人之间的契约已经不再具有效力了，其作为现代世俗理论只能求助于国家（君主）与人的，或人与人之间的契约。③ 严格意义上来说，这是一种词项上的替换，因此在那个时期的自然法理论及社会契约论依旧保有非常浓郁的形而上学色彩。

笼统地说，自然法理论在德意志境内的世系发展大致是沿着普芬道夫—

---

① Leonard Krieger, *The German Idea of Freedom: History of a Political Tradition*, The University of Chicago Press, 1957, p. 252.

② ［德］海因希·罗门：《自然法的观念史和哲学》，姚中秋译，上海三联书店2007年版，第88—89页。笔者认为引文中的"人的自然"改为"人的本质"或更为妥帖。

③ 关于法的正当性来源在中世纪晚期以来从上帝到自然法再到实定的宪法文件的转变过程，可以参见 Michael Stolleis, "The Legitimation of Law Through God, Tradition, Will, Nature and Constitution", in Lorraine Daston, Micheal Stolleis (eds,) *Natural Law and Laws of Nature in Early Modern Europe: Jurisprudence, Theology, Moral and Natural Philosophy*, Ashgate Publishing Limited, 2008, pp. 45-55.

托马修斯—莱布尼茨—沃尔夫的脉络。正如他们的自然法理论和欧洲其他国家的早期启蒙思想家互有影响一样,在他们之后的康德及康德之后德国观念论的法与国家思想也不仅深受德国自身传统的影响,而且同时深受卢梭《社会契约论》和孟德斯鸠《论法的精神》等为代表的其他欧洲国家的启蒙思想非常大的影响。康德延续着前人的思想线索,试图依照一种自然法和社会契约论而非宗教的进路来论证和构建自身的法与国家思想,这正如他在论及国家与宗教的关系时说道:"整个文明宪法是产生于这个世俗世界的,它是地上的(人的)权力,而这种权力连同它的后果都可以在经验中加以记载。"①

康德不同于前人从一种拟制的自然状态出发,他所采用的主要方法是从先天原则中演绎出后续的原则。他首先用一系列的区分和展开从道德法则中获得了关于外在行为(外在实践的自由)的法律的法则:"有别于自然法则的自由法则,是道德的法则。就这些自由法则仅仅涉及外在的行为和这些行为的合法性而论,它们被称为法律的法则。可是,如果它们作为法则,还要求它们本身成为决定我们行为的原则,那么,它们又称为伦理的法则。如果一种行为与法律的法则一致就是它的合法性;如果一种行为与伦理的法则一致就是它的道德性。前一种法则所说的自由,仅仅是外在实践的自由;后一种法则所说的自由,指的却是内在的自由,它和意志活动的外部运用一样,都是为理性的法则所决定的。"②按照英国学者克里斯·桑希尔所分析的,康德法哲学理论的开创性乃是:"(对于康德而言,——笔者注)真正的自然法事实上是反对自然的法律,而不是关于自然的法律,因为只有在人类使自己摆脱了(第一)自然的'他律'时(如受本能、冲动与刺激的影响),他们才能建构起具有普遍约束力的法律,关于自律、第二自然或'理性本质'的法律。因此,康德认为,传统的自然法不正当地把他律原则引入到人类世界,所以降低了理性自律的重要性。真正的自然法是关于自律或真实人性的法律;只有在自然法与人法等同,自律的意志把道德原则规定为实证法的要素时,真正的自然法才能够获得。根据康德的解释,第二自然的状态同时也是法律与政治组织的状态。"③简言之,康德首先在自然与自由的区分中划定了人类理性与自由的领域,这有完全别于之前自然法传统中关于自然状态的理解,而在此基础上才能再展开言及道德与法律等问题。

康德的法与国家思想的主要目的是试图在自身的理论内部调和个人自由

---

① [德]康德:《法的形而上学原理——权利的科学》,沈叔平译,林荣远校,商务印书馆1991年版,第206页。
② [德]康德:《法的形而上学原理——权利的科学》,沈叔平译,林荣远校,商务印书馆1991年版,第18页。
③ [英]克里斯·桑希尔:《德国政治哲学:法的形而上学》,陈江进译,人民出版社2009年版,第182页。

与共同体生活中的强制力（法律）二者，他在这里区分了自然法与实在法（实定法）："那些使外在立法成为可能的强制性法律，通常称为外在的法律。那些外在的法律即使没有外在立法，其强制性可以为先验理性所认识的话，都称之为自然法。此外，那些法律，若无真正的外在立法则无强制性时，就叫做实在法。"① 根据这种区分继而又产生了两种权利的区分："自然的权利以先验的纯粹理性的原则为根据；实在的或法律的权利是由立法者的意志规定的。"② 对于康德而言，自然法与实在法、自然的权利和实在的或法律的权利这两组对应关系在其内部虽然是有区分的，但或许也是可以部分重合或甚至应该是需要完全重合的。对康德而言，区分的目的实则是为了统一。这也就是康德为先验原则与后天经验二者所寻求的一致性："大自然给予人类的最高任务就必须是外界法律之下的自由与不可抗拒的权力这两者能以最大可能的限度相结合在一起的一个社会，那也就是一个完全正义的公民宪法。"③ 因此，对于康德来说，国家应该必然地呈现为一个法治国，而这个法治国所遵循的法律并非仅仅是由立法者所制定的，而且同时也应该是先验必然的："国家是许多人依据法律组织起来的联合体。这些法律必须要被看成先验的必然，也就是，它们一般地来自外在权利的概念，并不是单纯地由法令建立的。"④ 我们就此可以指出后来的实证主义法学家们只是片面发展了康德法与国家思想中形式主义的一面。从另一个角度而言，康德认为法律与权利两者（上文所提及的"Recht"的双重释义）在法治国中达致了统一："国家的福祉，作为国家最高的善业，它标志着这样一种状态：该国的宪法和权利的原则这两者之间获得最高的和谐。"⑤ 康德在这里也持有一种社会契约论的立场："人民根据一项法规，把自己组成一个国家，这项法规叫做原始契约。"⑥ 不过康德基于人类的理性自治能力，认为国家是通过人民之间类似私法性的契约所组成的，因此并没有赋予国家以太多的内容。

康德的这套设计其实目的是保障权利和限制权力。我们在各种自然法理论内部是很难做出私法与公法、国内法与国际法之间的区分的，因为他们都

---

① ［德］康德：《法的形而上学原理——权利的科学》，沈叔平译，林荣远校，商务印书馆1991年版，第31页。
② ［德］康德：《法的形而上学原理——权利的科学》，沈叔平译，林荣远校，商务印书馆1991年版，第49页。
③ ［德］康德：《世界公民观点之下的普遍历史观念》，《历史理性批判文集》，何兆武译，商务印书馆1990年版，第9页。
④ ［德］康德：《法的形而上学原理——权利的科学》，沈叔平译，林荣远校，商务印书馆1991年版，第138页。
⑤ ［德］康德：《法的形而上学原理——权利的科学》，沈叔平译，林荣远校，商务印书馆1991年版，第145页。
⑥ ［德］康德：《法的形而上学原理——权利的科学》，沈叔平译，林荣远校，商务印书馆1991年版，第142页。

试图用理性（或理性贯穿起来的一整套范畴体系）将这些区分解释为相关的内部环节。但究其实质，他们的用意都是从私法的原则出发以一种消除或限制公法（驯服权力本质上的任意性）的方式来构建国家和国际秩序。康德试图在私法与公法（也即权利和权力、社会和国家）之间做出一种并非实质性的区分，①这正如米歇尔·施托莱斯所指出的："康德提供的解决办法是，把私法归到自由的前国家状态之下，而把（被全面思考的）公法放到国家状态之下。"②康德的法与国家思想中也对国家所包含的三种权力（立法权、执行权和司法权）进行了分类和论述，并指出它们如此存在的合理之处，这是一种典型自由主义的分权与限权设置。

其实破除早期启蒙自然法观念最为关键的转变点正是出现在康德那里，根据海因里希·罗门的看法："（在康德之后，——笔者注）作为自然法的起点和首要原则的、纯粹形式化性质的自由，使得实质性自然法，即具有实质性内容的自然法成为不可能了。"③这也就同时意味着在康德那里自然法从人类被外在于自身的他律的实质性内容所规定转变为被内在于自身的自律的纯粹形式所规定，根据克里斯·桑希尔的看法："实际上，康德的核心思想就是想把理性自由的上帝的意志调换成人类意志，让人类意志重新把理智与由上帝一开始才拥有的自由结合起来，所以提出把人类意志作为有效的实证法之来源。"④因此，之后诸多德国实证主义法学流派总是可以和康德与新康德主义关联起来。

此外，在康德理论中将道德与法律对应于内在自由与外在自由的区分构成了之后许多理论发展及理论争论的起始点。这也正如克里斯·桑希尔所指出的："康德式的思维在德国政治思想中占据着独特的地位，大多数主要的后启蒙时代的观点都是通过与康德的观念存有根本分歧而得以发展的。"⑤桑希尔这句话其实只道出了一半真相，因为正是康德理论中的许多二元对立的存在，使得诸多后启蒙时代（后康德时代）的观点都发轫于康德的思想（其实康德的法与国家思想本身也自有其更为复杂的渊源），只是他们片面地发展了康德诸多二分法中一些面向。

---

① 参见[德]康德：《法的形而上学原理——权利的科学》，沈叔平译，林荣远校，商务印书馆 1991 年版，第 132—133 页。
② [德]米歇尔·施托莱斯：《德国公法史（1800—1914）：国家法学说和行政学》，雷勇译，法律出版社 2007 年版，第 20 页。
③ [德]海因里希·罗门：《自然法的观念史和哲学》，姚中秋译，上海三联书店 2007 年版，第 93 页。
④ [英]克里斯·桑希尔：《德国政治哲学：法的形而上学》，陈江进译，人民出版社 2009 年版，第 173 页。
⑤ [英]克里斯·桑希尔：《德国政治哲学：法的形而上学》，陈江进译，人民出版社 2009 年版，第 4 页。

三、费希特：对康德法哲学的批判性发展

如上文所述的，在康德的法与国家思想的影响下，普拉西度斯提出了"法治国"这个术语，康德的法与国家思想在那个年代的德意志境内产生了非常强烈的影响。这也正如米歇尔·施托莱斯所指出的："1790 年到 1810 年，当大量的康德自然法体系把宪政思想中的关键词汇纳入原来的自然法传统中时，人们越来越期盼：君主受成文宪法的约束，把私人的君主与作为国家'道德人'代表的君主区分开，人权与公民权，把国家干预可能性降在'提供安全'的限度内，其干预必须受当事人批准的法律的约束，警察必须与司法分离以及有反抗'肆意专横'的法律保护。"① 我们可以将康德的国家观念称为"自由法治国"，原因在于它符合资产阶级—自由主义的要求，试图通过对"社会"和"国家"的二分来划定各自的范围；与之相对的是后来模糊了（或者说是克服了）"国家"和"社会"之间界限——不论是国家自上而下去干涉社会还是社会自下而上去消解国家——的"社会法治国"。在 18 世纪末到 19 世纪初的短短几十年，德意志境内的哲学思潮就和政治形势一样变化剧烈。② 曾经一度风行的康德那些非常资产阶级—自由主义风格的观点在拿破仑时代之后的德意志境内很快成了明日黄花，因为当时的德意志人民需要的是一个凌驾于"社会"之上的强势的权力中心，而并非一个试图限制分化权力以保障公民权利的资产积极—自由主义风格的弱国家状态。

费希特的哲学出自康德，但是又不同于康德，特别是在他后期的相关作品中与康德渐行渐远，这也可以妥切地适用于其法权哲学部分。依照克里斯·桑希尔的看法："费希特的著作反映了一个更为急迫的尝试，即将宪政国家的范型从其原初康德式的纯粹主义中分离为一个伦理的人格，或在普遍规律之下的人格。费希特清楚地致力于获得和阐明人类行动者在宪法性法律和以法律为基础的国家中的构成性的社会维度，而且他试图将决定公共权威正当性的法律结构构想为源自人类交往的具体的和社会性的一个进程。"③

费希特在 1793 年匿名出版的《向欧洲各国君主索回他们迄今压制的思想自由》中积极响应了法国大革命所代表的进步精神并批评了普鲁士的专制制

---

① [德]米歇尔·施托莱斯：《德国公法史（1800—1914）：国家法学说和行政学》，雷勇译，法律出版社 2007 年版，第 19 页。

② 正如迪特·亨利希所指出的，从康德自 1781 年出版《纯粹理性批判》到 1804 年过世这短短二十多年，德国观念论完成了从康德、费希特、谢林和黑格尔的整个哲学发展。参见[德]迪特·亨利希：《在康德与黑格尔之间——德国观念论讲座》，乐小军译，商务印书馆 2013 年版，第 71—72 页。

③ Chris Thornhill, "Idealism and the Idea of the Constitution", in J. Walker, N. Boyle, E. Disley (eds.) *The Impact of Idealism: The Legacy of Post-Kantian German Thought: Historical Social, and Political Thought*, Cambridge University Press, 2013, pp. 51-81, p. 61.

度。他依靠启蒙传统中的自然法与社会契约论的思想资源质疑君主并没有充分的理由可以获得对臣民生杀予夺的权力，他认为君主权力的来源和对其限制实质上在于一种社会契约上的委托关系。费希特在这里做出了一个康德式的对内外自由的区分，君主在权力的实施时的范围仅限于可出让的，而不是见诸内心意向的权利："从可出让的权利与可出让的权利的这种交换中就产生了契约……这种按照契约可以出让的权利只能是见诸外在行动的权利，而不能是见诸内心意向的权利。"[①] 费希特依照康德式的观点，认为不可出让的内在的自由方才是人类不可被出让和剥夺的天赋权利。费希特在1793年到1794年又继续匿名出版了《纠正公众对于法国革命的评论》，他在其中延续了自己之前的观点，坚持个人本位，而将国家宪法视为实现人类自身目的的一种手段而非目的本身。他在文中继续沿用自然法和社会契约论来解释国家："一个公民社会按照常规只能建立在它的社会成员的契约之上，而不能建立在别的什么之上；任何一个国家，如果在此后不起码致力于寻求每一个成员对每一在法律上应属于他的东西的同意，他所做的就完全不合法，而且犯了违反人的第一权利、违反人本身的权利的罪过。"[②] 费希特在这个阶段和康德的观点分歧并不是很大，只是费希特相对而言表现得更具革命性一些。

但是费希特的法权哲学在1800年前后发生了一个明显的转变，从自由走向保守。这个转变在时间点上对应于法国大革命后期雅各宾派的暴政和普鲁士兵败于拿破仑法国的亡国边缘的危急时刻，但更为主要的是对应于他将康德基于先天法则的自然法学说转变为一个关于自我和社会性互主体（自我—非我）的去形而上学的人类学化的过程。他开始从个人本位转向国家（共同体）本位，并赋予国家（共同体）以他之前作品中所没有赋予的重要性，或者说将国家（共同体）视为目的而非手段。费希特出版于1796年（上卷）和1797年（下卷）的《以知识学为原则的自然法权基础》是其在耶拿大学讲授法哲学课程时期完成的，此时的费希特已经完成了对自己知识学的体系建构。正如按照古纳尔·贝克所言："从《自然法权基础》开始，费希特认为，国家对人之成为人的内涵来说有着重大意义，尽管青年费希特认为权利是防止国家侵犯的保障，但如今在形成和推动个体自我发展的积极条件方面，国家承担了明显的积极角色。"[③] 这个转变其实在费希特1794年的讲演《论人的尊严》的结尾就有所体现，他当时说道："一切个体都包含在一个巨大的纯粹精神统

---

① ［德］费希特：《向欧洲各国君主索回他们迄今压制的思想自由》，李理译，梁志学校，《费希特文集》第1卷，梁志学编译，商务印书馆2014年版，第145页。
② ［德］费希特：《纠正公众对于法国革命的评论》，李理译，梁志学校，《费希特文集》第1卷，梁志学编译，商务印书馆2014年版，第214页。
③ ［英］古纳尔·贝克：《费希特和康德论自由、权利和法律》，黄涛译，商务印书馆2015年版，第157页。

一体中。"^① 同样地,在《以知识学为原则的自然法权基础》中,他提出:"法权概念的全部客体,即各个自由存在者之间的共同体。"^②

后期的费希特认为法权关系实际上就是在相互关系中对各个个体自由的限制。他在《以知识学为原则的自然法权基础》中指出:"每个理性存在者都必须在自己用另一理性存在者的自由限制自己的自由的条件下,用那个关于另一理性存在者的自由的可能性的概念,来限制自己的自由;这种关系叫作法权关系,这里提出的公式是法权定理。"^③ 费希特认为法权经历了"原始法权""强制法权"而达致"国家法或一种共同体的法权"三阶段的发展。但诚如有论者所指出的:"他(费希特——笔者注)的自然法权就是实定法权或国家法,认为唯一真实的自然状态就是国家状态。"^④ 如上文所述,在费希特看来人必定是社会性的(自我—非我的辩证关系),否则将不能称之为人,所以费希特所谓的"原始法权"只是没有多少实际意义的一个理论假设。在费希特后期的法权哲学中,国家理论是法权理论的运用部分,这在《以知识学为原则的自然法权基础》的框架设计中就可以被清晰地认识到。在《以知识学为原则的自然法权基础》中,费希特认为,国家作为一个人类相互之间达成公共意志以进入法权状态所必须的条件,它必须具有凌驾于社会之上的权力(当然它同时也具备如此的正当性)。

费希特在1800年提出了一个"锁闭的商业国"作为其政治理想,这种偏"国家社会主义"的立场和当时各种各样的乌托邦政治主张一样^⑤(其实它们都可以在柏拉图的理想国里找到原型)。在《锁闭的商业国》开篇,费希特就对之进行了定义:"法治国家是由人们组成的一个锁闭的群体构成的,他们都服从国家的各种法律和国家的最高强制权力。这个由人民组成的群体应该被限定于他们在自己中间和为了自己而彼此进行贸易和从事工作,任何一个不服从同样的立法和强制权力的人都不得参与这种交往。这个群体就像现在构成一个锁闭的法治国家一样,会构成一个商业国,构成一个锁闭的商业国。"^⑥ 在

---

① [德]费希特:《论人的尊严》,梁志学译,《费希特文集》第1卷,梁志学编译,商务印书馆2014年版,第443页。
② [德]费希特:《以知识学为原则的自然法权基础》,谢地坤、程志民译,梁志学校,《费希特文集》第2卷,梁志学编译,商务印书馆2014年版,第263页。
③ [德]费希特:《以知识学为原则的自然法权基础》,谢地坤、程志民译,梁志学校,《费希特文集》第2卷,梁志学编译,商务印书馆2014年版,第308—309页。
④ 张东辉:《费希特的法权哲学》,中国社会科学出版社2010年版,第59页。
⑤ 梅尔认为费希特的"锁闭的商业国"是一个基于他自身法权哲学的呈给执政者的应用对策研究,而非乌托邦,但显然梅尔的这种观点并不能让人信服,参见 Jean-Christophe Merle, "Fichte's Economy and His Theory of Property", in David James, Günter Zöller (eds.) *The Cambridge Companion to Fichte*, Cambridge University Press, 2016, pp. 199-221, 199-200.
⑥ [德]费希特:《锁闭的商业国》,沈真译,《费希特文集》第4卷,梁志学编译,商务印书馆2014年版,第3页。

费希特的这个"锁闭的商业国"中，法律变成了统治者通过权力（意志）制定的法律，而不论农业、工业、手工业、商业还是官员等等的安排，都需要一个作为社会经济生活和各方利益调控者的国家。按照桑希尔的分析："（对于费希特而言，——笔者注）'理性国家'有能力分配对集体生活——或者特别是国家生活——来说非常必要的资源，也是能保证在公民社会中由经济所产生的离心力与利益不会扰乱政治秩序的国家。"[①] 虽然在费希特的这个设想之中不乏一些创见，不过这也暴露出他对于现代资本主义经济—社会的运作方式缺乏足够的了解。费希特在1813年未完成的手稿《国家学说或关于原初国家与理性王国的关系》中关于国家的观点更是趋于保守和背离了自身早期的启蒙思想。简言之，在费希特的理论中，原先在康德思想中所强调的人类的自律的优先性被他所取代，而且他律转化为一个凌驾于具体个人私利（社会）之上的国家。

费希特法权哲学的价值就在于完成了从自身早期资产阶级—自由主义倾向中"社会"与"国家"分立的观点转变到后来"国家"应该凌驾于"社会"之上的观点，这不仅对应费希特在理论内部对康德的批判性发展，而且更是对应于在拿破仑法国刺激之下普鲁士朝向"整体国家"的一系列改革。资产阶级—自由主义者这种依靠专制国家权力以抵制下层阶级兴起的策略也正如米歇尔·约翰所指出的："自由主义者最为害怕的是政治分化为各种利益，以及伴随着社会中的下层群体被发动起来去追求这样的利益。自由主义者对这些朝向大众政治的转变中所内含问题的回应是重新强调他们所委托于的一个'凌驾于'各种群体和政党政治的分化之间的冲突之上的政治形式。"[②] 从早期德国法治国观念的产生与发展来说，费希特的法权哲学实际上标识出了从"自由法治国"到"社会法治国"的一个发展。

四、结语

早期德国法治国观念的产生以及关键性变化是发生在康德与费希特那里，也即康德实现了人类的自主性，而费希特则实现了人类的社会性。和早期启蒙时代许多持有自然法及社会契约论的思想家在论证许多相关问题的时候不得不借助"上帝"一般，康德和费希特的法与国家思想也在论证许多问题的时候不得不借助自然法及社会契约论。不过在康德与费希特的基础上，在自然法及社会契约论思想之上所附着的形而上学痕迹逐渐褪去，直至德国法治

---

① [英] 克里斯·桑希尔：《德国政治哲学：法的形而上学》，陈江进译，人民出版社2009年版，第194页。

② Michael John, *Politics and the Law in Late Nineteenth-Century: The Origins of the Civil Code*, Clarendon Press, 1989, p. 254.

国观念在后来的发展中连自然法及社会契约论本身也被取消掉了。

在费希特之后的黑格尔进一步批判了之前的自然法和社会契约论，并在此批判的基础上建立起了自己的法哲学和国家法学说，其中他的主要观点就是"市民社会"和"国家"在具体历史中所生成和实现的对立统一。在黑格尔之后的马克思则更进一步地批判了黑格尔的学说，将之从一种被"手足倒置的"状态中恢复了过来，赋予了"社会"为代表的生产力和生产关系为人类发展动力的地位，并以之决定作为上层建筑的"国家"（以及"法律"）。

正如海涅在19世纪30年代所预言的："德国将要上演一出好戏，和这出戏相比较，法国革命只不过是一首天真无邪的牧歌。"① 在更为宏大的背景上来说，早期德国法治国观念的产生与发展背后所潜藏的是近现代德国政治思想所兼具的连续性与断裂性的两面特性。这两面特性使其在内在逻辑上不仅大致符合近现代欧洲政治思想演进的普遍性，而且也在表现方式上兼具自身的特殊性。正是因为在现实中德国人并没有很有效地解决旧问题，而新问题又不断地产生，他们只能寻求在精神层面上不断前行，这种跛足现象最后导致的只能是古今之争的问题在现实政治中的大爆发。

（作者系浙江大学哲学系"百人计划"研究员）

---

① ［德］亨利希·海涅：《论德国的宗教与历史》，海安译，商务印书馆1974年版，第150—151页。

关于私人财产所有权的当代哲学批判

薛丹妮

综合近年各大国际金融机构全球财富报告,"最富的 0.1% 人群大约拥有全球财富总额的 20%,最富的 1% 拥有约 50%,而最富的 10% 则拥有总额的 80%—90%。在全球财富分布图上处于下半段的一半人口所拥有的财富额绝对在全球财富总额的 5% 以下"[①],贫富差距愈加严重。由此而观,当代政治哲学至今未决的核心问题,亦即"私人财产所有权神圣不可侵犯"的私人权利正义与以再分配方式解决经济不平等的社会平等正义之间的冲突,也将日益锐化并亟待解决。"自由至上主义与其他右翼理论的区别在于这样一个断定:由于通过税收的再分配是对人们权利的侵犯,因此它本质上是错误的。"[②] 事实上,通常关于私人财产所有权与再分配问题的争论是在没有对作为自然人权与公民社会法权的财产所有权进行区分并对其来源与根据等方面进行清晰讨论的情况下产生的。一般有关私有产权的研究集中于处理法理与技术问题,本文则试图在哲学层面上反思私人权利正义的前提与根据,主张私有产权是一项有限的社会性权利,并且其于当代社会中的进一步完善与发展须将平等正义原则考虑在自身概念规定之内,税收再分配整体并不会对之有所侵犯。

一、逻辑前提批判:作为自然人权的私人财产所有权

什么是私人财产所有权,如何理解这一权利?一直以来的流行观点以为,私人财产所有权就是权利主体主张对财产所有行使独自且专断的完全控制权,排除一切他者的约束与限制,强调权利本身的特殊性、神圣性、完全性与绝对性,由此被彻底个体化、神圣化、主权化与绝对化。并且在这样一种观点看来,私人财产所有权的存在本身也是自然直接、理所应当的。加拿大著名政治经济学专家麦克弗森就认为可以在两种意义上将现代私人财产所有权视

---

① [法] 托马斯·皮凯蒂:《21世纪资本论》,中信出版社2016年版,第451页。
② [加] 威尔·金里卡:《当代政治哲学》,上海译文出版社2015年版,第131页。

为一项绝对性权利，其一就在于它是"一种并不受制于所有者所执行的任何社会功能的权利"①。英国著名法学家威廉·布莱克斯通亦将私人财产所有权定义为"支配或所有的权利，一种主张并拒斥其他一切个人的权利"②。这样一种关于私人财产所有权的绝对主权观甚至被写进了 1789 年法国《人权和公民权宣言》中，分别在第 2 条与第 17 条中被规定为"自然的和不可动摇的权利"与"神圣不可侵犯的权利"。以及 1804 年《法国民法典》第 544 条："所有权是对于物有绝对无限制地使用、收益及处分的权利，但法令所禁止的使用不在此限。"③

上述关于私有财产的绝对且完全的权利主张背后预设了一个通常为研究者忽视的重要前提，即私人财产所有权被默认为一项天赋人权，并以近代自然法及其自然权利论为理论根据。麦克弗森就曾试图把整个私人财产所有权理论解读为，"对无限个体私占的……自然权利证成"④。现代自然法复兴运动的重要代表登特列夫也认为，"近代自然法会有那么大的威力和活力，还是因为它为人权辩护"⑤。诺齐克《无政府、国家和乌托邦》更是以关于个人自然权利的强力表述为开端，以为只要权利主体对某物的获取是正当的就对它拥有绝对财产权，即使它会导致收入和机会分配方面的极大不平等政府也无权干涉，并据此明确主张出于任何目的的强制再分配，包括税收，都是不正义的。那么，关键问题就在于，私人财产所有权能否被划归为自然权利，并进而被主张为纯粹私人的与绝对完全的权利？

不可否认，自然权利与财产所有权问题的确是 17—18 世纪政治思想，尤其是近代自然法理论传统的重要问题。自然权利论通常强调每个人作为人生而俱有的一些权利，它们源于自然法的诫命，以神恩为来源基础，与任何特殊身份、地位、职业等规定性无关，生命权被普遍接受为最基本的自然权利。而自然法的要义又在于一切能够用来满足自我保存的就都是正当的，因为上帝制造人类并厚赐万物的目的并非让他们自我毁灭，继而，对一切能够满足自我保存的对象或手段的权利，包括财产所有权及其基于个体劳动之上的私人化亦被推归为自然权利，在创世之初就已经存在，受上帝保障，神圣不可侵犯，无限不受约束，并且绝对不可取消。"人既是自己的主人，自身和自身

---

① C. B. Macpherson, *Democratic Theory: Essays in Retrieval*, Clarendon Press, 1973, p. 126.
② William Blackstone, *Commentaries on the Laws of England*, West Publishing Co., 1897, p. 167.
③ "法令所禁止的使用"与对物的无限所有权并不矛盾。如，法令禁止所有人侵害他人财产，但所有者仍然可以在非能动性侵害他人财产的情况下主张对自身财产所有的绝对权利，并以之为由拒绝出于任何目的的强制再分配，比如税收。
④ C. B. Macpherson, *The Political Theory of Possessive Individualism: Hobbes to Locke*, Oxford University Press, 1962, p. 221.
⑤ [意] 登特列夫：《自然法——法律哲学导论》，李日章、梁捷、王利译，新星出版社 2008 年版，第 70 页。

行动或劳动的所有者，本身就还具有财产的基本基础。"①这里蕴含的深层逻辑是："自我所有"→"人身所有"→"劳动所有"，此链条本身存在着诸多问题，但往往被默认接受而得不到批判展开。"它的前提本身是很值得认真检讨的。这种学说的基础是非常脆弱的；它假装为个人提供的对抗国家专制行为的保障其实是非常靠不住的。"②

　　首先，由"自我所有"到"人身所有"再到"劳动所有"推衍出的作为天赋人权的私人财产所有权只是从自然本能与伦理道德角度出发得出的结论，仅仅是一种局限于主体自身范围内的闭合性道德权利，忽略了社会与政治因素，具有极大的偶然性与任意性，无从普遍实现。且"自我所有"的逻辑亦不能扩用到自身之外的任何客体之上，尤其在一个一切物质资源都不可被单方面私有化的公民社会之中。其次，洛克式劳动财产权，即个体无须经过他人同意与公民成文法律支持仅通过劳动便可将自然共有物化为私人所有的条件在当代资本社会几近丧失：以使用价值为目的的单纯劳动被商品化，以交换价值为目的，并且被从与劳动客观条件的原初统一中分离出来；物质资源相对匮乏，无法实现同样多且一样好的剩余情况下为人类予取予求且不必要作任何财产划分；全部世界的货币资本化亦模糊了不致使腐坏的使用限度，不但致力于资本积累、增殖，而且大多是所谓不当财产，比如资本家对剩余价值的占有。最后，以"自我所有"为前提基础的作为自然权利的私有产权主张太过将自身等同于天赋自由，以为财产所有权就是自我意志的自由行使，即财产所有者能够根据自己的意愿自由处置自身及其所有物。霍布斯就曾将一般著作家们口中谈及的自然权利概括为"每一个人按照自己所愿意的方式运用自己的力量保全自己的……生命……的自由"③。如此强调权利本身的绝对完全性与自由独立性，并据此抑制国家合理性建设，极易陷入权利个人主义，从而在整个社会范围内造成非正义的且无从解决的贫困与经济不平等。"虽然我主张所有人都平等地拥有自由权，但没有人有绝对或无条件的做或不做某事或被特别对待的自由。"④

　　概言之，以诺齐克为代表的自由至上主义以天赋自然权利无限不受约束且神圣不可侵犯为由反对运用税收再分配解决经济不平等的主张预设了一个前提，即私人财产所有权是一项天赋自然权利。然而通过对其逻辑前提，即"自我所有"→"人身所有"→"劳动所有"的批判性考察，不难看出，关于

---

① [英]洛克：《政府论（下篇）》，叶启芳、瞿菊农译，商务印书馆2009年版，第28页。
② [法]莱昂·狄骥：《公法的变迁·法律与国家》，郑戈、冷静译，辽海出版社、春风文艺出版社1999年版，第228页。
③ [英]霍布斯：《利维坦》，黎思复、黎廷弼译，商务印书馆2015年版，第97页。
④ H. L. Hart, "Are There Any Natural Rights?", In: Jeremy Waldron, ed. *Theories of Rights*, Oxford University Press, 1984, p. 78.

私有产权的自然权利主张并不具有正当性。"我想要提出的观点是，自然权利主张与所有权并不相干。"①

二、理论根据批判：私人财产所有权之于近代自然法传统

除上述把私人财产所有权主张为一项天赋自然权利，继而将之纯粹私人化、无限完全化与绝对神圣化的流行观点外，还有一个亟待反思的流行做法，即以近代自然法理论传统做根据为关于私人财产所有权的绝对主权观辩护：在霍布斯之前的近代自然法理论家主张财产所有权来自自然法，由上帝规定，是一种天赋人权，国家的目的就在于辅助自然法保障这一权利；霍布斯以后（包括霍布斯）则相反，主张财产所有权是人为建立起来的政治社会的产物，霍布斯因此被尊崇为现代政治哲学的开端。本部分将通过对近代自然法学派著作家理论的考察，论证此种断裂并不存在。自格劳秀斯、普芬道夫到霍布斯、洛克与休谟的一个共同主张就是：在自然状态下不存在私人财产所有权，它毋宁是后天人为的，是公共政治权力与普遍社会法律得以建立之后的事情，并且在这之后形成的作为法权的私有产权也并非排除一切他者的对物的完全权利。

从格劳秀斯、普芬道夫到霍布斯、洛克、休谟，都清楚地知道，自然状态下对物的占有及使用与对物的所有权并不相同：前者是自然法教导人用以自我保存的推论，是物资原始共有状态下一切人对一切物的自然占有与使用的天赋能力，并且这些独立、自由且平等的人身主体性主张在没有公共权力约束与明确财物划分的情况下极易引发冲突与战争，不能获得真切实现；后者则是由以公民社会秩序与公众福利为旨归的法律关系规定并由公共权力保障的人为产物，是被明确划分并承认的特定的人对物的排他性权利，是同时对他人与国家承担并主张义务的有限的社会性权利，真正现实有效并安全得享。具体表述分列如下："事物的所有权并非直接源于自然"②；"人类之初的所有权和共同占有之涵义，不同于当今时代"③；"有关我的、你的（即私有财产权）……的规章便是市民法，也就是每一个国家各自具有的法律"④；"法律规定财产权……成文宪法加以确定"⑤；"一切关于所有权的问题全都服从于民法

---

① See John Crhristman, *The Myth of Property: Toward An Egalitarian Theory of Ownership*, Oxford University Press, 1994, p. 54.
② ［德］塞缪尔·冯·普芬道夫：《自然法与国际法（第一、二卷）》，罗国强译，北京大学出版社2012年版，第243页。
③ ［荷］格劳秀斯：《捕获法》，张乃根等译，上海人民出版社2015年版，第245页。
④ ［英］霍布斯：《利维坦》，黎思复、黎廷弼译，商务印书馆2015年版，第138页。
⑤ ［英］洛克：《政府论（下篇）》，叶启芳、瞿菊农译，商务印书馆2009年版，第31页。

的权威"①。本质讲来，这些理解深深地植根于他们对自然法与自然人的社会性本性的理论主张。

对于人类原初的自然状态与调节法则，大多以为向来就是鲁滨逊式单个个体孤立地从事某种生产活动，强调个体独立性与权利私人性，尤以18世纪亚当·斯密和大卫·李嘉图的政治经济学理论出发点为典型。对此，马克思在其第一部经济学手稿开篇就明确指出，这是"每个新时代所具有的错觉"②，它不仅是对人类自然生活的非历史性虚构，也是对近代自然法传统基础的通常误解。近代自然法传统的理论对象是在具有自由意志并可根据自身理性行动意义上的独立平等主体，但并非无关于任何自然联系或社会纽带意义上的鲁滨逊式自然个体；并且，调节主体间际行为的自然法则也并不主张私人权利至上，而是以与他人一起组成社会为原则对人类行为进行调整、规定与塑造，使社会交往成为可能，从而把人类凝聚在一个秩序良好、和平安全的社会之中，实现保存全人类的根本目的。这种自然法，在格劳秀斯那里是"博爱之法"或"慈善之法"③，在普芬道夫那里是与"社会的本性相一致"④之法，在霍布斯那里是"引导人们摆脱单纯自然状况"⑤之法，在洛克那里则是"加入社会""保护人类"⑥之法。至此，呼之欲出的结论是，对于近代自然法理论来说，私人财产所有权有赖于公民社会法律规定，而公民社会法律又是自然法根本社会性旨归的现实有效表达并且代表着以全体人类的和平安全与福利为根本目的的国家人格，那么私人财产所有权之于近代自然法理论传统就必不是所有人对财产的绝对私人性且完全控制性权利。

关于人的自然本性，亦存在着对近代自然法理论观点的误解，太过渲染人性自私、贪婪与特殊，但其实在近代自然法理论家看来，人虽具有自私自爱的天然倾向，即使自己个别化、追求私利的非社会属性，引发战争，但同时又好交际且相互依赖，天生就倾向于过一种社会性的生活，自然地具有社会性本性。一切动物都有趋利避害的本性，但人之区别于动物的根本就在于其还具有社会性本性。两者并不矛盾，正是因为人们极度渴望自保，但又任性、易怒、恶意伤人，所以才更需要社会性本性进行平衡，然却并非出于自我利益的精致推论。格劳秀斯称"爱就是两方面的：对自己的爱与对他人的爱"⑦；普芬道夫称"人类的本性就是被如此构成的，以至于没有社会生活人类

---

① [英] 大卫·休谟：《道德原则研究》，曾晓平译，商务印书馆2015年版，第48页。
② 参见《马克思恩格斯全集》第30卷，人民出版社1995年版，第25页。
③ [荷] 格劳秀斯：《战争与和平法》，何勤华译，上海人民出版社2013年版，第252、259页。
④ [德] 萨缪尔·普芬道夫：《论人与公民在自然法上的责任》，支振锋译，北京大学出版社2010年版，第37页。
⑤ [英] 霍布斯：《利维坦》，黎思复、黎廷弼译，商务印书馆2015年版，第97、138、277页。
⑥ [英] 洛克《政府论（下篇）》，叶启芳、瞿菊农译，商务印书馆2009年版，第48、85页。
⑦ [荷] 格劳秀斯：《捕获法》，张乃根等译，上海人民出版社2015年版，第15页。

种群就不能安全生活"①；洛克称人"为某种自然倾向推向社会"②；休谟则明确主张，"我们必须放弃用这种自爱原则来说明一切道德情感的理论"，"社会性的德性的价值……主要产生于天然的仁爱情感使我们对人类和社会的利益所怀抱的那种尊重"③。这里需要特别说明的是霍布斯的观点，与其他近代自然法理论家不同，他并不赞同人类自然本性的双重性，而是宣称人的自然本性只在于自爱与自保，从而自私贪婪、残暴好斗，他也因此把自然状态直接描述为战争状态。不过即便如此，在霍布斯那里，和平与安全仍然被规定为自然法的根本教导，所有人都会尽一切可能做到为之所需的一切，这在与他人的交往关系中就表现为调整自己的行为以适应他人，并设身处地为对方着想，霍布斯由此将所有自然法则精简为一条简易的总则，即"己所不欲，勿施于人"④。换言之，即使并非先天本性，社会性在霍布斯那里也是人与人之间的必然交往性征，与自私自爱一并作用。

这里的人性社会性，首先表现在人们对社会，尤其是对社会秩序的渴望，包括对你的和我的，以及人所应得的清晰界定和划分等。仅凭自然法则并不能有效束缚人的自然激情与私人判断，在一切人都自由平等且对一切物都有权利的情况下必然引发战争，这不但不利于个体的自我保存，更无助于实现全体人类的保存与福利。人们因此对走出自然状态，进入公民社会，进而获得那能够有效保障勤劳、明晰产权、调节全体、维护和平安全并实现公众福利的政治社会秩序极度渴望。人性社会性，其次表现在对他人的慈爱上。自爱与自保的确是近代自然法理论的根本教导，必须被优先考虑，但同时它也坚持要求出于个体主观认同的对他人的爱与保存，即自主自觉地调整自己的行为，善待并尊重他人，顾及他人福利与全体人类利益，并在一些情形下甚至优先考虑大多数人的利益，履行利于维护社会和平与安全的义务。比如，近代自然法理论中的必需权设计，一种紧急情况下请求他人的权利，包括格劳秀斯复苏原始共有的主张、普芬道夫富人与穷人之间交互负有的权利与义务、霍布斯对违法行为的宽恕以及洛克那里的仁爱思想等，都是对他人慈爱的典型表征。皆因对于近代自然法理论家来说，一切法律规定的根本目的在于保存全人类、实现公共善与公众福利。当然，这一设计还须同时受到多重限制以防被滥用，诸如并非出于自然过错的极端必需，不能损害财产富余者的利益，个人或国家公开承诺归还等。人性社会性，最后表现在对国家的义务承担上，以税收为典型，主张税收是"每人由于受到保卫而对国家所负债

---

① ［德］萨缪尔·普芬道夫：《论人与公民在自然法上的责任》，支振锋译，北京大学出版社2010年版，第42页。
② ［英］约翰·洛克：《自然法论文集》，李季璇译，商务印书馆2014年版，第34页。
③ ［英］大卫·休谟：《道德原则研究》，曾晓平，商务印书馆2015年版，第70、81页。
④ ［英］霍布斯：《利维坦》，黎思复、黎廷弼译，商务印书馆2015年版，第120页。

务"①，是"国家事务的运行……经费"②，因此"纳税就是合法的"③。换言之，税收主要供给国家，是国家运行开支与经济结构调节的必需且主要来源，而国家的本质就是按其认为有利于全体的方式运用力量和手段的公共权力，以保障社会秩序与公众福利为根本目的。实际上，当个体一旦同意并进入公民社会之后，一项明示或默示的协议就已然成立于共同体与个体之间，前者允诺后者以权利的真正实现与安全得享，后者则承诺公正地分担维持前者的负担。普芬道夫还进一步规定国家统治者的责任就在于保障抽取适宜赋税，既不超过国家所需，又要尽可能保持低税赋，减轻公民负担。以上关于自然人的社会性本性及其于他者、社会与国家的多重义务表现均显白地表明，私人财产所有权之于近代自然法传统是一项有限的社会性权利，而非排除一切他者的对物的完全控制权。

三、当代内涵重构：作为公民法权的私人财产所有权

基于有关私人财产所有权通识观点的逻辑前提与理论根据批判，本文以为，一般被谈论的权利概念存在语义模糊，那在人身主体意义上谈及的权利是天赋自然权利或人权（natural rights or human rights），而以社会与实证法为证成根据的权利则是公民社会权利或法权（civic social rights or legal rights）。如果说权利与法权的差别不排外有翻译层面的原因，那么天赋自然权利（人权）与公民社会权利（法权）的差别就绝然是质的不同，前者为人（human being）所有，后者为公民（civic person）所有。"人权，它本身不同于公民权。"④ "权利至少具有两种不同的证成基础：一方面是社会认同与法律效力；另一方面是道德合理性。"⑤ 当代社会私人财产所有权分属公民社会法权。

不同于只是出于自然本能对自然法的接受与遵守的自然权利或人权，公民社会权利或法权为公民法规定并支持，而公民法又是为政治国家的公民所共同承诺、确定并强制遵守的，是在全体公民范围内建立起来的权利义务统一体，具有普遍性与必然性，不但不再囿于权利主体自身，而且还规避了前者的偶然性与任意性。政治国家法权可以概括为如下基本公式，即，"X 有权做……，Y 有义务（不去）做……"。换言之，人权与法权的本质差别在于，前者强调权利主体自身的行为自由，尤以自保为目的而自由行使的权利，后

---

① [英]霍布斯：《利维坦》，黎思复、黎廷弼译，商务印书馆 2015 年版，第 269 页。
② [德]萨缪尔·普芬道夫：《论人与公民在自然法上的责任》，支振锋译，北京大学出版社 2010 年版，第 166 页。
③ [荷]格劳秀斯：《战争与和平法》，何勤华译，上海人民出版社 2013 年版，第 49 页。
④ 《马克思恩格斯全集》第 3 卷，人民出版社 2004 年版，第 182 页。
⑤ Alan Gewirth, *The Community of Rights*, The University of Chicago Press, 1996, p. 10.

者则强调在权利主体间际中合法限制所有主体行动自由的权利,突出表现为对权利主体与非权利主体同时享有并承担的权利与义务规定。如为这里的法权概念寻找一个同义词的话,则以分析法学代表人物霍菲尔德提出的"请求权"(claim)① 最为适宜,其基本含义就是当且仅当 Y 对 X 负有做出某种行为的义务,X 对 Y 才有权利主张 Y 做出(或不做出)某一特定行为,即或者是要求他者做某种行为的积极主张,或者是禁止他者做某种行为的消极主张。无关任何义务的仅囿于主体自身范围内的自由权利的确存在,但私人财产所有权显然是在主体间际法律关系中建立起来的权利,因为它需要他者的承认与义务以及国家的规定与支持,否则就只能沦为霍布斯那里一切人对一切物都具有的权利主张,不仅毫无意义,而且导致战争,始终无从获得真切有效地实现。"讨论一种任何人都没有义务甚至没有能力实现的状况的权利问题,实是毫无意义的。"② 此外,当人们一般论述私人财产所有权神圣不可侵犯时,其实就已经暗示它是一项法权或请求权,只是谈及者不自知而已。权利"侵犯"首先要满足两个要素:其一,该权利不仅仅是人身主体性权利,而且还与非权利者相关联,包含非权利者对自身的义务;其二,非权利者没有完成义务。因为当我们说侵犯肯定是非权利者对权利者的侵犯,不存在权利者自己对自身的侵犯,并且如果非权利者从未对权利主体承担过任何义务或承诺过任何尊重,包括戒取权利主体财物与尊重权利主体财产权,又何谈侵犯?"只有当这些权利是请求权的时候他们才对我的权利构成侵犯"③,私人财产所有权就在"这些权利"之中。"严格讲来,人类生存权、个体自由权以及对完善道德生活追求的权利,均属于自然法。就生产方式的私人所有权需要人类合作与管理来说(更多的是根据社会与国家的经济发展形势而变化),对物质资料的私人所有权(private ownership of material goods)虽以自然法为根据,但却隶属于国家法。"④

关于当代社会作为法权的私有产权的社会性与有限性,马克思的提示尤为精当:"在每个历史时代中所有权是以各种不同的方式、在完全不同的社会关系下面发展起来的"⑤;"'社会'本身……是所有权……的根源"⑥。换言之,财产权并非一成不变的抽象概念或绝对权利,私人财产所有权更不是人自伊始就理所当然享有的自然权利,社会生产关系(经济关系)决定所有权关系

---

① [美]霍菲尔德:《基本法律概念》,张书友译,中国法制出版社 2009 年版,第 32 页。
② [英]哈耶克:《法律、立法与自由(第二、三卷)》,邓正来、张守东、李静冰译,中国大百科全书出版社 2000 年版,第 181 页。
③ John R. Rowan, *Conflicts of Rights: Moral Theory and Social Policy Implications*, Westview Press, 1999, p. 23.
④ Jacques Maritain, *The Rights of Man and Nature Law*, Charles Scribner's Sons, 1943, pp. 71-72.
⑤《马克思恩格斯文集》第 1 卷,人民出版社 2009 年版,第 638 页。
⑥《马克思恩格斯全集》第 33 卷,人民出版社 2004 年版,第 418 页。

（法的关系），如原始农业社会以使用价值为目的的生产方式下氏族所有，手工业社会以交换价值为目的的生产方式以及资本社会以价值增殖为目的的生产方式下私人所有。劳动者与对劳动实现条件的所有权的分离，以及作为劳动的私有财产关系向作为资本的私有财产关系的转变就在资本社会发生，个人分散的生产资料逐渐集中并且劳动逐步商品化、社会化，单纯闭合性劳动所有被否定，其纯粹私有性、神圣性与完全性亦因此被消解，所有权关系社会化、有限化成为必然。至于说当生产资料集中与劳动社会化程度最终达到资本社会都无力负荷时，新时代或许会降临，私有产权概念亦会被进一步扩展完善，但与本文主题无关，暂且不论。至少目前，私人财产所有权仍然不可以"完全不依赖于共同体"，不可以"仅仅以个人意志即以对物的任意支配为基础"①。

这里同时需要警惕的是将作为法权的私人财产所有权简单理解为由公民法律或经济关系规定的实证权利，前者并不接受公民法律与经济关系的任意规定，它有着自己的形上来源与根据，在黑格尔那里被称为人格与自由意志，关乎人之为人的本质及其完善与发展。对于黑格尔来说，"人就是自由意志"，这自由意志的最大特点就是能够独立于一切偶然不真（包括被给予的情景、欲望与主观情感、目的作用的影响），试图通过自己的思维与理性规定自己的行动，从而构成了法、道德和一切伦理的基地与出发点。如此，在人之为人的本质与规定根据的意义上，自由意志、自我意识与人格同义。因为，"人格……开始于对自身……具有自我意识的时候……从而它是人"②，并且三者均是法权的灵魂与根据。"一种定在只有以自由的实体性的意志为根据才是一种法权"；"法权及其全部规定事实上却唯一地以自由的人格为基础"③；人格在初时又是除单纯自我相关外便没有任何内容的自我意识，因此在将纯粹自我外化并获得客观实存的过程中要求将其定在，亦即财产私有化，是为私人财产所有权。"某种作为维持或发展人格的必要条件的东西就是权利……私人财产所有权就是此种意义上的权利。"④黑格尔规定，"人间最高贵的事"，就是"成为一个人，并尊敬人为人"⑤。"成为一个人"的命令就是去唤醒人格与自由意志，而私有财产就是人格与自由意志得以实现的外部领域，通过建立人格人对物的优先关系，而非物对人的奴役或统治。其次，"尊敬他人之为人"，即尊重每一个人的人格并承认作为其定在的私人财产，使得每一个人格人都获得平

---

① 《马克思恩格斯文集》第 1 卷，人民出版社 2009 年版，第 585 页。
② ［德］黑格尔：《法哲学原理》，范扬、张企泰译，商务印书馆 2009 年版，第 53、45—46 页。
③ ［德］黑格尔：《哲学科学全书纲要（1830 年版）》，薛华译，北京大学出版社 2010 年版，第 348、354 页。
④ Jeremy Waldron, *The Right to Private Property*, Clarendon Press, 1988, p. 353.
⑤ ［德］黑格尔：《法哲学原理》，范扬、张企泰译，商务印书馆 2009 年版，第 46 页。

等对待；克制侵犯其抽象领域或任意自由。对私有产权的任意规定，尤其是导致不公正的贫困与经济不平等的任意规定，将造成对人格的贬损或抑制，有碍于每一位平等个人的自我实现与全面发展，有违于人间最高贵之事。现实更甚的是，人们或将因此丧失自食其力的正义与自尊的感情，产生嫌恶劳动以及对富人、社会甚至政府等公共政治建制的不满与反抗情绪，一心想要通过恳扰乞讨的方式维持生存，最后沦为"暴民"①。

要言之，作为法权的私人财产所有权，既不是单纯出于自然法的天赋自然权利，也不是仅为公民法律规定的后天实证权利，而是一个特殊范围内的权利，即哈特提出的"法的道德性"②领域，权利于中还将包括义务、正义与公平等在自身概念规定之内，它们互为条件与前提并彼此成全，此即为当代公民社会私人财产所有权的本质与内涵。"依吾人见解，将法令限制及其所产生的义务，纳入所有权的概念，认为所有权蕴含义务，实符合社会经济需要及所有权法秩序的发展。"③

四、结语

本文的最终结论是，以解决不公正的经济不平等为目的的现代税收再分配整体并不对私人财产所有权构成侵犯。私人财产所有权，从来就不是一项天赋的自然权利，也不是一项纯粹私人性与绝对排他性的对财产的完全控制权，任何试图到近代自然法理论传统中为私人财产所有权做自然权利辩护的努力与将之纯粹私人化、无限化与完全化的主张都是无效的；它毋宁是一项公民社会法权，即以人之为人的本质与权能为基础，以社会生产方式为根据，并由公民社会法律与公共政治权利加以规定与保障的权利义务统一体，因此是对私有财产不完全控制的有限的社会性权利，并且只有后者才是当代私人财产所有权的极具现实性与合理性的存在形式。本文的证成路径，与其说是在对作为自然权利的私人财产所有权与公民法权的私人财产所有权进行区分，不如说是在分析并阐述私人财产所有权概念的渐进发展与完善过程，它并非

---

① 笔者认为黑格尔于《法哲学原理》第 240 节中首次提出的"贱民"概念应译作"暴民"。在《法哲学原理》较为通用的英译本 Elements of the Philosophy of Right（Cambridge University Press, 1991）中，对应"rabble"一词，其在最新版《牛津高阶英汉双解词典》中的第一条释义就是"暴民"，意指"a large group of noisy people who are or may become violent"。"贱民"的译法往往使研究者仅将注意力集中于它之贱或导致贱的贫困与不平等问题上，但问题的关键并不在于贫困与不平等，而在于进一步由此导致的非正义与无自尊的情绪，因为这种情绪与人之为人的独立、自尊的人格、自由意志及自我意识相违背，如此才是黑格尔想要解决贫困与不平等问题的深层原因与根据。

② H. L. Hart, "Are There Any Natural Rights?", In: Jeremy Waldron, ed. Theories of Rights, Oxford University Press, 1984, p. 79.

③ 王泽鉴：《民法物权》第 1 册，《通则、所的权》，中国政法大学出版社 2001 年版，第 162 页。

像蘑菇一样出现时就已然得到了充分实现，其完成形式更不是绝对主权式财产所有权和契约自由权。"财产观念的扩展和完善，肯定是个渐进的过程，甚至迄今仍未完成。"① 因此，不应以神圣不可侵犯的自然权利或勤劳获取为由拒斥平等正义与以之为原则的国家合法性作为，包括现代税收再分配整体，并且私人财产所有权概念在现代社会的进一步发展与完善也需将平等正义原则考虑在自身概念规定之内，避免把社会正义与个体权利做抽象化与对立化处理。

经由对社会善与个体责任的强烈感知平衡的权利理论将会是我们所能够拥有的最佳道德政治理论。②

（作者系上海社会科学院哲学研究所助理研究员）

---

① ［英］哈耶克：《致命的自负》，中国社会科学出版社 2016 年版，第 30 页。
② Louis Pojman, "On Equal Human Worth: A Critique of Contemporary Egalitarianism", In: Louis P. Pojman, Robert Westmoreland, ed. *Equality: Selected Readings*, Oxford University Press, Inc., p. 282.

现代国家启蒙的辩证法：从卢梭到马克思

吴照玉

2019 年是中华人民共和国成立 70 周年，回顾这 70 年来的伟大历程，我们既取得了令世人瞩目的辉煌成就，同时也衍生出一系列新的社会矛盾和社会问题。新的社会矛盾和社会问题的解决依赖于国家治理体系和治理能力现代化的逐步推进。如何处理国家和社会之间的关系则构成了国家治理现代化的核心内容，二者之间的关系互动不仅是政治实践中的重大议题，也是所有理论家都不可回避的理论难题。作为启蒙以来影响现代历史进程最为重要的两位思想家，卢梭和马克思对现代国家的批判性反思，为处理国家和社会之间关系这一现代难题提供了两条重要路径，对我们持续推进国家治理现代化具有重要的启示。卢梭通过公意而缔结的契约论国家奠定了现代国家理念的基本原理，以卢梭《社会契约论》为理论指导的法国大革命所建立起来的现代资产阶级国家构成了现代国家的典型。马克思不满卢梭通过社会契约论所构建的现代国家，在马克思看来，政治解放所达到的至多是一种虚幻的共同体，在这种共同体中个人与社会仍然处于对立的状态。马克思认为要从根本上超越现代国家的启蒙困境，必须要走出启蒙的视域，寻找到这样一个阶级，它的特殊性即代表了普遍性，只有这样才能实现现代国家的根本转型。

一、卢梭：启蒙的政治规划及其困境

卢梭的社会契约论本身是启蒙精神的重要产物，但同时卢梭也是现代政治生活的严厉批评者，他最早洞察了现代性的危机，揭露了启蒙的神话，开启了对启蒙的批判视域。卢梭与现代性之间的这种辩证关系集中体现在他关于现代国家的思考之中。

卢梭从自然状态出发，在解释自然状态向社会状态过渡的过程中，阐释其政治哲学的全部内涵。卢梭认为，在进入人类社会之前，人类长期处于自然状态之中，自然状态之中的人是自由的，人们处于一种天然的平等状态。随着人类从自然状态向社会状态过渡，人失去了自由，人与人之间的这种天然平等状态消失了。所以卢梭在《社会契约论》开篇即指出："人是生而自由的,但却无往不在枷锁之中。"① 这里的枷锁指的就是现代社会中束缚人的自由和平等得以实现的经济和政治制度。那么要如何摆脱这种枷锁,重新获得自由,实现平等呢? 卢梭对现代国家的批判集中体现在他对现代国家法律及其背后的财产权的批判。在人类社会中,取代自然法的是社会状态的法律,卢梭认为这一法律非但没有恢复自然状态中人的自由和平等状态,反而进一步强化了不平等状态。"法律永远消灭了天赋的自由,使自由再也不能恢复,法律把保障私有财产和承认不平等的法律永远确定下来,把巧取豪夺变成不可取消的权利,从此以后,便为少数野心家的利益,驱使整个人类忍受苦难、奴役和贫困。"② 为什么会出现这一状况呢? 按照启蒙思想家的观点,人人生而平等,现代国家的法律赋予每个人以平等的权利和自由,这种平等的权利和自由何以演变成卢梭所说的不平等? 卢梭认为法律之所以从保障自由和平等异化为对抗自由和为不平等辩护的一个根本原因就是在于财产权。各种不平等最后都必然会归结到财富上去,人类一切不平等的根源都在于财富的不平等,所以要想消灭政治上的不平等,也必须从财富上的不平等入手。在《科西嘉宪法制宪意见书》中,卢梭更是毫不客气地指出:"有的人想取得政府权力,一边转手倒卖给富人;另外一些且是绝大多数人,则直接搜刮钱财,因为他们知道,只要有了钱,就终有一天会买得官职或买通那些掌握政府权力的人。"③ 在这里,卢梭尖锐地指出社会状态中的不平等状况之所以会不断加深,一个根本的原因就在于权力和财产的勾结。

在卢梭看来,一个新的自由平等社会的重新建立必须以克服权力的异化为首要目的。至于如何克服这种权力的异化,卢梭在《社会契约论》中给予了明确的回应:"要寻找出一种结合的形式,使它能以全部共同的力量来卫护和保障每个结合者的人身和财富,并且由于这一结合而使得每一个与全体相联合的个人又只不过是在服从其本人,并且仍然像以往一样地自由。"④ 在卢梭看来,国家基于个人的自由意志而建立,每个人都将自己的财产、自由和权利让渡给了集体,让渡了自己全部权利的个人,在新缔结的共同体中可以获得自己所让渡出来的同样权利。这样,人们不仅重新获得了自己通过让渡而丧失的权利,并且将自己的权利置于更加有力的共同体的保护之下,这个共同体恪守公意,着眼于全体人民的根本利益,是正义的代表。以公意为基础的国家之所以能够克服权力的异化问题,其根源在于国家的公共权力源于个体权利的让渡和集中。从权力的来源上来看,权力的正当性源于权利,公意是合法性的唯一来源,而公意完全建立在个人的自由基础之上,实现了自由

---

① [法]卢梭:《社会契约论》,何兆武译,商务印书馆2017年版,第4页。
② [法]卢梭:《论人类不平等的起源和基础》,李平沤译,商务印书馆2013年版,第129页。
③ [法]卢梭:《论人类不平等的起源和基础》,李平沤译,商务印书馆2013年版,第53页。
④ [法]卢梭:《社会契约论》,何兆武译,商务印书馆2017年版,第19页。

与主权的同一，个体在公意形成中身份的二重性能够保证政治权力的正当性。以缔结社会契约的方式所形成的共同体中，每一个公民既是主权者，同时又是臣民。一方面，公民以主权者的身份参与共同体法律的制定，形成共同体的公意，作为主权者的公民不受任何外在权力的约束，他自己就是自己的主人。另一方面，以主权者的身份参与共同体的法律制定之后，公民的主权者身份便隐藏起来，而更多以臣民的身份展开日常生活，这个时候公民的身份就从法律的制定者转变为法律的服从者。故而，公民身份的二重性之所以能够克服权力的异化，就在于以根据公意所缔结的共同体实现了个体身份中公与私的同一。

卡尔·洛维特进一步明确了卢梭关于共同体中人的二重身份："卢梭的著作包含着对市民社会属人的问题的第一次、也是最清晰的刻画。这种问题在于，市民社会的人不是统一的、整体的东西。他一方面是私人，另一方面又是公民，因为市民社会存在于同国家的一种成问题的关系中。"[①] 在洛维特看来，卢梭早就意识到了现代市民社会中人的身份的二重化，洞察到了社会历史的进步所带来的人的失落。卢梭公意概念的提出，正是试图解决这一矛盾，保证个体在缔结社会契约，进入政治共同体的过程中不失掉自然状态中的自由。通过社会契约缔结而成的政治共同体之所以能够达到这一点，是因为共同体与其中的个人是完全同一的，是服从自己本身的。所以按照卢梭对公意的定义，社会契约不但没有否定个人，反而使个人成为更加积极的主体，其在社会契约中的自由比自然状态中的自由更加主动和彻底。但是，卢梭公意的完美恰恰也内涵了它的缺陷，不论公意多么地趋向公共利益，其首先遭遇的是个人，在此之后才体现公共性。黑格尔在《法哲学原理》中曾就这一点对卢梭的公意进行了批判："卢梭虽然有使理性的意欲成为国家的原则的伟大功绩，但他尽管如此却没有认清国家与社会的真正关系。他不能积极地扬弃'全体的意志'和'普遍的意志'之间的矛盾，因为他仅仅把共同意志理解为各个个别的公民的集体意志，而没有把它理解为真正普遍的意志。"[②] 所以在黑格尔看来，卢梭的错误就在于他将公意仅仅理解为公民的集体意志，而非普遍意志，这样一来，以公意为基础的社会契约就不具备伦理上的必然性，而更多体现为现实的任意性。事实上，黑格尔在这里对卢梭有一定的误解，公意和众意之间的区别是卢梭十分关注的一个问题，卢梭在《社会契约论》中曾明确指出："众意与公意之间经常总是有很大的差别；公意只着眼于公共的利益，而众意则着眼于私人的利益，众意只是个别意志的总和。但是，除掉

---

① [德] 卡尔·洛维特：《从黑格尔到尼采：19世纪思维中的革命性决裂》，李秋零译，生活·读书·新知三联书店2006年版，第319页。
② [德] 卡尔·洛维特：《从黑格尔到尼采：19世纪思维中的革命性决裂》，李秋零译，生活·读书·新知三联书店2006年版，第326页。

这些个别意志间正负相抵消的部分而外，则剩下的总和仍然是公意。"① 由此可以清楚地看到，卢梭是将公意置于实践层面的众意之上的一个更加高的层次之上来谈论的，也就是说卢梭的公意恰恰就是黑格尔所强调的普遍意志，而非主观任意的众意，其本质也是一种伦理原则。作为卢梭社会契约论的基础的公意，其最大的困境不在于黑格尔所批判的现实的任意性，而恰恰在于道德上的理想性。事实上，卢梭本人对其在公意基础上所建立起来的民主政体的理想性是有十分清醒的认识的，对卢梭来说，完美的政体只是促使现实国家不断努力趋向的标准，而绝非等于现实国家本身。所以卢梭说："就民主制这个名词的严格意义而言，真正的民主制从来就不曾有过，而且永远也不会有。"②

二、走出启蒙：从政治解放到人类解放

和卢梭一样，同样处于启蒙和启蒙批判之间的马克思一方面沿着启蒙主义的路径思考现实政治问题，另一方面则在对人的现实解放的关注中，逐渐意识到启蒙的缺陷，并最终找到了一条走出启蒙困境的政治哲学路径。

启蒙主义对马克思的影响集中体现在马克思早期的政治哲学文本中。马克思赞同卢梭关于现代国家中的人的抽象性特征的论述，在《论犹太人问题》中马克思逐字引用了《社会契约论》中的一段文字："敢于为一国人民确立制度的人，可以说必须自己感到有能力改变人的本性，把每个本身是完善的、单独的整体的个体变成一个更大的整体的一部分——这个个体以一定的方式从这个整体获得自己的生命和存在——，有能力用局部的道德存在代替肉体的独立存在。他必须去掉人自身固有的力量，才能赋予人一种异己的、非由别人协助便不能使用的力量。"③ 在这里，马克思赞同卢梭关于现代国家中的人的抽象性特征的论述，诺曼·莱文就认为，马克思在撰写《黑格尔法哲学批判》时期已经是一个卢梭主义者了，"马克思拒绝了卢梭的自然权利理论，但接受了他的民主理论和社会契约论。事实上，在《黑格尔法哲学批判》中，马克思将卢梭称为黑格尔的矫正者。"④ 马克思是否接受了卢梭的社会契约论还有待进一步商榷，但正是在卢梭社会契约论和黑格尔国家哲学的启发下，马克思开始考察现代国家的启蒙内涵。

黑格尔关于市民社会与国家的分离是马克思思考国家问题的基本语境。

---

① [法] 卢梭：《社会契约论》，何兆武译，商务印书馆 2017 年版，第 35 页。
② [法] 卢梭：《社会契约论》，何兆武译，商务印书馆 2017 年版，第 84 页。
③ 《马克思恩格斯文集》第 1 卷，人民出版社 2009 年版，第 46 页。
④ [美] 诺曼·莱文：《不同的路径：马克思主义与恩格斯主义中的黑格尔》，臧峰宇译，北京师范大学出版社 2009 年版，第 262 页。

按照黑格尔的国家观，国家的确立是为了克服市民社会的不足，是为了实现普遍的善。黑格尔认为市民社会中的个人是一种原子式的个体，人与人之间主要依靠外在的利益联结才达到彼此之间的联合，而非依靠普遍的道德目标而结成共同体。这种依靠外部强制力量整合而成的市民社会，充满了盲目性和任意性，很容易发展为一切人反对一切人的战场。为了防止市民社会的瓦解，黑格尔主张通过国家这一更高的伦理实体来统合市民社会中人与人之间的关系。国家作为自在自为的伦理实体，代表着普遍利益，它能够将一切私人利益整合其中，从而克服市民社会的缺陷和不足。在黑格尔那里，国家具有普遍性和绝对性，而市民社会则是国家之中的有限性领域，国家高于市民社会并决定市民社会，马克思承认资产阶级革命所确立的现代国家的积极意义。在马克思看来，"政治解放一方面把人归结为市民社会的成员，归结为利己的、独立的个人，另一方面把人归结为公民，归结为法人。"① 马克思这一表述集中体现了通过政治解放所建立的现代政治国家的辩证法内涵。现代资产阶级革命所带来的政治解放是"人民所排斥的那种国家制度即专制权力所依靠的旧社会的解体"，也就是说资产阶级革命消灭了封建社会中的权力等级制度，把人在政治上提升为国家的主人，获得了平等的政治权利，这是政治解放不容忽视的进步意义。受黑格尔理性主义国家观的影响，马克思也曾坚信"国家应该是政治理性和法的理性的实现。"② 但另一方面政治解放本身却没有带来人的普遍解放。莱茵报时期，大量的现实难题，迫使马克思开始反思社会现实和国家理性之间冲突的根源。也正是在对二者矛盾的分析中，马克思对黑格尔的国家观产生了怀疑。接续黑格尔对市民社会的分析，马克思指出："随着分工的发展也产生了单个人的利益或单个家庭的利益与所有互相交往的个人的共同利益之间的矛盾……正是由于特殊利益和共同利益之间的这种矛盾，共同利益才采取国家这种与实际的单个利益和全体利益相脱离的独立形式，同时采取虚幻的共同体的形式。"③ 也就是说，国家产生的原因在于生产力的发展以及私有制的出现，私人利益与公共利益之间发生了矛盾，社会上开始出现不同的利益集团，面对这些不同利益集团之间的矛盾冲突，需要有一个中立的第三方对各方矛盾进行调节，而国家正是作为这种超越各方利益之外的第三方形式出现的共同体。由此可见，国家是调和私人利益和公共利益之间矛盾的必然产物。所以，不是国家决定市民社会，而是市民社会决定国家。在这里，马克思重置了市民社会和国家之间的关系，这一重置进一步证明了现代国家中人的解放的根源在市民社会之中。

正因为马克思敏锐洞察到了现代社会中国家与市民社会的真实关系，所

---

① 《马克思恩格斯文集》第 1 卷，人民出版社 2009 年版，第 46 页。
② 《马克思恩格斯全集》第 1 卷，人民出版社 1995 年版，第 118 页。
③ 《马克思恩格斯选集》第 1 卷，人民出版社 2012 年版，第 163—164 页。

以马克思认为资产阶级的国家并不具备黑格尔意义上的普遍善的特征，它只是进一步强化了对资产阶级狭隘阶级利益的保护。在此基础上，马克思进一步从对现代国家人权批判的视角阐明了现代国家启蒙的政治限度。《论犹太人问题》中马克思对资产阶级国家人权的批判是马克思开始走出启蒙主义国家观的重要标志。法国大革命所确立的国家被看作现代资产阶级国家的典型代表，通过革命所确立的《人权宣言》被视作人的自由和平等的保障。但是在马克思看来，法国大革命看似轰轰烈烈，其实质不过是一场资产阶级的政治革命罢了，通过革命所建立的现代国家也并没有实现国家的历史使命。马克思指出，包括法国大革命在内的现代资产阶级革命使得社会生活分化为两大领域，即公共领域和私人领域，与这两个领域相对应的，现代社会的个体同时具备两种身份，即公民身份和私人身份。基于现代社会中个体的二重身份，在谈到启蒙主义的人权概念时，马克思指出："不同于 droits du citoyen［公民权］的 droits de l'homme［人权］，无非是市民社会的成员的权利，就是说，无非是利己的人的权利。"① 首先，公民权就是社会成员参与政治共同体的权利，按照现代启蒙国家的定义，作为现代国家的成员，每个个体都拥有平等的权利，他们平等地参与国家政权，享有选举权和被选举权，拥有直接或间接参与法律制定的权利。但是，在马克思看来，这种看似平等的公民权不过是一种虚构的权利。马克思尖锐地指出："在国家中，即在人被看作是类存在物的地方，人是想象的主权中虚构的成员；在这里，他被剥夺了自己现实的个人生活，却充满了非现实的普遍性。"② 所以，现代国家承诺的每个个体都是国家主权的拥有者的诺言，在马克思看来，这种主权不过是一种想象的主权，作为一个想象的主权中的成员，个体作为主权者也就丧失了其现实性。

通过对现代政治国家人权现状的考察，马克思深刻地意识到，作为现代国家启蒙成果的人权，异化为革命的主要意识形态，这些权利仅仅属于抽象的人，而在现实中，资本主义促进的则是具体的人的自私自利的个人利益。法国大革命宣布了在法律面前人人平等，但群众要求的是另一种平等，即以分配财产做保证的实际的平等。现实的平等与财产联系在一起。"形式平等加剧了现实的不平等，削弱了人与人之间现实的直接的关系。"③ 马克思通过对《人权宣言》中自由、平等思想的批判，深刻阐明了启蒙主义所确立的人权概念的局限性，进而论证了现代国家的历史局限性。马克思将人和公民或社会与国家之间的差别作为他理论的基础，认为，《人权宣言》仍然是以市民社会中的人作为前提的，而这种人还不是作为类存在，法国大革命所带来的政治解放最终还必须借助一场人的解放来完成其最终使命。从理论上讲，国家是

---

① 《马克思恩格斯文集》第 1 卷，人民出版社 2009 年版，第 40 页。
② 《马克思恩格斯文集》第 1 卷，人民出版社 2009 年版，第 31 页。
③ ［英］科斯塔斯·杜兹纳：《人权的终结》，郭春发译，江苏人民出版社 2002 年版，第 171 页。

为了实现普遍的善，事实上，人们通过现代国家而达到的政治解放只是一种抽象的解放，"在政治国家真正形成的地方，人不仅在思想中、在意识中，而且在现实中，在生活中都过着双重的生活——天国的生活和尘世的生活。前一种是共同体的生活，在这个共同体中，人把自己看作是社会存在物；后一种是市民社会中的生活，在这个社会中，人作为私人进行活动，把他人看作工具，把自己也降为工具，并成为异己力量的玩物。"① 在这里，马克思清楚地表明政治解放不仅造成国家和市民社会的分离，并且这种分离在个体身上集中体现为每个人自身生活的二重性。在政治生活中，每个人都以共同体的公共利益为目标，作为社会存在生活。而在市民社会中，每个人都从自己的特殊利益出发，并以此为原则展开和他人的交往，在此过程中，每个人都将他人视作实现自身利益的工具，如此一来，整个市民社会中的个人也都被某种外在的异己的力量所控制。如此一来，就如同国家和市民社会的分裂一样，每一个现代人都始终生活在矛盾和分裂之中。

卢梭的《社会契约论》为法国大革命提供了重要的思想资源，催生了法国大革命关于人权斗争最具标志性的成果《人权宣言》。在《论犹太人问题》中，马克思通过对资产阶级人权概念的批判，深刻揭示了资产阶级革命所建立的现代国家所实现的不过是政治解放，只有克服市民社会与国家的分离，才能克服政治解放的内在限度。针对市民社会和国家分离所造成的私人领域的个人与国家的对抗问题，卢梭主张通过公意来调和个人和国家之间的关系。通过对资本主义社会阶级利益的分析，马克思清楚地认识到，在资本主义社会中，国家本质上是资产阶级统治的工具，它所要维护的只能是资产阶级的特殊利益，而不可能代表任何普遍利益。从这个意义上讲，马克思并不承认资产阶级社会中存在卢梭心目中所谓的公意。通过对资产阶级国家虚幻本质的批判，马克思超越了卢梭启蒙主义国家观的视域，在未来社会政权的组织形式上，马克思不再局限于现代国家内部对个人和国家矛盾的调和，而是从唯物史观的视域中找到了一个能够代表普遍利益的无产阶级。正如洛维特所言："黑格尔在扬弃中保留了特殊利益和普遍利益之间的差异，而马克思却想在清除的意义上扬弃这种差异，为的是建立一个拥有公有经济和共有财产的绝对共同体。"② 马克思"一方面超越黑格尔，另一方面又返回到卢梭的区分（人与公民）。他是卢梭的一个受黑格尔教育的后继者，对于他来说，普遍的阶级既不是小市民（卢梭），也不是有公职的公民（黑格尔），而是无产者。"③

---

① 《马克思恩格斯全集》第 3 卷，人民出版社 2002 年版，第 172—173 页。
② [德]卡尔·洛维特：《从黑格尔到尼采：19 世纪思维中的革命性决裂》，李秋零译，生活·读书·新知三联书店 2006 年版，第 332 页。
③ [德]卡尔·洛维特：《从黑格尔到尼采：19 世纪思维中的革命性决裂》，李秋零译，生活·读书·新知三联书店 2006 年版，第 333 页。

三、从现代国家到无产阶级专政

在《共产党宣言》中,马克思、恩格斯宣告了无产阶级必将取代资产阶级创造一个新世界,但是对于未来社会的政权形式,马克思这时候还没有一个明确的定义,他只说:"工人革命的第一步就是使无产阶级上升为统治阶级,争得民主。"至于上升为统治阶级的工人阶级将通过何种政权组织形式来实现民主,马克思并没有指出。1848年欧洲革命失败后,马克思对资产阶级国家机器有了更加深刻的认识,他目睹了革命中资产阶级通过强化军事官僚机器对广大无产阶级的镇压。据此,在《路易·波拿巴的雾月十八日》中,马克思提出未来的共产主义社会必须"打碎军事官僚机器"。直到1871年巴黎公社失败之后写作的《法兰西内战》中,马克思进一步明确了打碎资产阶级国家机器之后,以何种方式来组织新社会的政权。在《共产党宣言》1872年德文版序言中,可以清楚地看到巴黎公社实践经验对马克思国家观的影响。他指出:"由于首先有了二月革命的实际经验而后来尤其是有了无产阶级第一次掌握政权达两月之久的巴黎公社的实际经验,所以这个纲领现在有些地方已经过时了。特别是公社已经证明:'工人阶级不能简单地掌握现成的国家机器,并运用它来达到自己的目的。'"① 由此可见,马克思、恩格斯在《共产党宣言》发表24年后,所做的这一修改,主要是借鉴了巴黎公社的经验。工人阶级取得革命胜利后,之所以不能简单地掌握现成的国家机器来达到自己的目的,主要基于马克思在巴黎公社这一实践中对资产阶级国家政权的本质有了更加彻底的认识。

在马克思那里,现代国家是与现代私有制相适应的,属于资产阶级的范畴。资产阶级革命消灭了封建等级及其特权,是一个以阶级存在为主要特征的政权组织形式。在《法兰西内战》中,马克思认为,国家的本质是一个阶级镇压另一个阶级的机器。恩格斯进一步认为,作为阶级镇压机器的现代民主共和国并不比君主国更先进,"国家再好也不过是在争取统治的斗争中获胜的无产阶级所继承下来的一个祸害;胜利了的无产阶级也将同公社一样,不得不尽量立刻除去这个祸害的最坏方面,直到在新的社会条件下成长起来的一代有能力把这个国家废物全部抛掉。"② 在这里,恩格斯将资产阶级的国家称为"祸害",资产阶级国家政权从"社会的公仆变成了社会的主人"。对于资产阶级的国家政权何以异化为社会的"祸害",马克思进行了深入的论证。通过分析法国大革命以来社会经济和政治的发展状况,法国大革命扫除了中世纪封建专制君主制度的一切障碍,但是现代工业的深入发展,使得现代国家

---

① 《马克思恩格斯选集》第1卷,人民出版社2012年版,第377页。
② 《马克思恩格斯选集》第3卷,人民出版社2012年版,第55页。

劳动和资本之间的对立日益加剧，现代国家的政治性质也随着社会经济变化而发生了深刻的变化。马克思指出："国家政权在性质上也越来越变成了资本借以压迫劳动的全国政权，变成了未进行社会奴役而组织起来的社会力量，变成了阶级专制的机器"。① 并且现代国家的这种压迫本质在不断发生的阶级斗争中愈演愈烈，"帝国制度是国家政权的最低贱的形式，同时也是最后的形式。"在对帝国的本质进行了彻底的揭露之后，马克思紧接着指出"帝国的直接对立物就是公社"②。公社之所以能够成为直接对抗帝国的政权组织形式，主要原因在于"公社体制会把靠社会供养而又阻碍社会自由发展的国家这个寄生赘瘤迄今所夺去的一切力量，归还给社会机体。"③ 在这里，马克思认为公社能够克服恩格斯所说的资产阶级国家政权的异化，将原本属于社会的力量重新归还给社会。

公社何以能够克服资产阶级国家的异化，成为未来社会理想的政权组织形式？归根结底还在于在经济解放上的决定性影响。马克思指出："公社的真正秘密就在于：它实质上是工人阶级的政府，是生产者阶级同占有者阶级斗争的产物，是终于发现的可以使劳动在经济上获得解放的政治形式。"④ 公社之所以能超越现代国家的阶级统治本质，是因为马克思从所有制的角度洞察了资产阶级国家阶级剥削的秘密。"如果没有最后这个条件，公社体制就没有存在的可能，就是欺人之谈。生产者的政治统治不能与他们永久不变的社会奴隶地位并存。所以，公社要成为铲除阶级赖以存在、因而也是阶级统治赖以存在的经济基础的杠杆。劳动一解放，每个人都变成工人，于是生产劳动就不再是一种阶级属性了。"⑤ 在这里，马克思对阶级的分析是深刻的，资产阶级国家机器的阶级压迫是以生产资料的私有制为前提的，不从所有制入手，就无法触碰资产阶级国家统治的根基。消除资本和劳动的对立，还必须从生产资料的私有制入手。事实上，早在《德意志意识形态》中，马克思就已经开始从分工的角度，阐明了所有制产生的内在依据。马克思指出："与这种分工同时出现的还有分配，而且是劳动及其产品的不平等的分配（无论在数量上或质量上）；因而产生了所有制，……所有制是对他人劳动力的支配。其实，分工和私有制是相等的表达方式，对同一件事情，一个是就活动而言，一个是就活动的产品而言。"⑥ 根据马克思对分工与所有制之间关系的深入考察，分工产生了所有制，所有制所表征的不过是在分工过程中所生产的劳动产品的

---

① 《马克思恩格斯选集》第 3 卷，人民出版社 2012 年版，第 96 页。
② 《马克思恩格斯选集》第 3 卷，人民出版社 2012 年版，第 98 页。
③ 《马克思恩格斯选集》第 3 卷，人民出版社 2012 年版，第 101 页。
④ 《马克思恩格斯选集》第 3 卷，人民出版社 2012 年版，第 102 页。
⑤ 《马克思恩格斯选集》第 3 卷，人民出版社 2012 年版，第 102 页。
⑥ 《马克思恩格斯选集》第 1 卷，人民出版社 2012 年版，第 163 页。

归属，而所有制背后的分工才是与现实的人的劳动本身直接相关联的。所以，马克思对于打碎资产阶级国家机器的思考，背后蕴含着深刻的历史唯物主义基础。公社取代资产阶级国家机器的现实根据只能存在于对资产阶级生产资料所有制的超越之中。所以在《法兰西内战》中，马克思不仅从政治的角度解答了《共产党宣言》关于未来国家政权组织形式的秘密，还从所有制的角度，进一步回答了《共产党宣言》中所提出的"共产党人可以把自己的理论概括为一句话：消灭私有制"之后，所建立的新政权的所有制形式。当有人批判巴黎公社试图消灭人类全部文明产生以来所形成的所有制基础时，马克思立刻反驳道："它是想要把现在主要用作奴役和剥削劳动的手段的生产资料，即土地和资本完全变成自由的和联合的劳动的工具，从而使个人所有制成为现实。"①关于未来社会所有制形式的这一设想，马克思在《资本论》中有更加清晰的论述："从资本主义生产方式产生的资本主义占有方式，从而资本主义的私有制，是对个人的、以自己劳动为基础的私有制的第一个否定。但资本主义生产由于自然过程的必然性，造成了对自身的否定。这是否定的否定。这种否定不是重新建立私有制，而是在资本主义时代的成就的基础上，也就是说，在协作和对土地及靠劳动本身生产的生产资料的共同占有的基础上，重新建立个人所有制。"②所以在《法兰西内战》中，马克思重申了《资本论》中关于未来社会所有制形式的构想，也可以进一步看出，他关于未来社会政权组织形式的思考与所有制的思考密切相连。在某种程度上，我们可以说"重建个人所有制"是马克思关于未来社会政权组织形式的政治经济学表达。

公社以个人所有制为基础，其原则是无产阶级专政，在马克思那里，无产阶级专政和现代国家是两回事，列宁对公社的性质有着较为清楚的认识："恩格斯甚至宣布公社已经不是原来意义上的国家。"③取代现代国家的公社已经不再属于国家的范畴，在马克思那里，无产阶级专政是与国家消亡紧密联系在一起的。恩格斯在《社会主义从空想到科学的发展》中关于国家消亡做了十分清晰的阐释："当国家终于真正成为整个社会的代表时，它就使自己成为多余的了。当不再有需要加以镇压的社会阶级的时候……就不再有什么需要镇压了，也就不再需要国家这种特殊的镇压力量……那时，国家政权对社会关系的干预在各个领域中将先后成为多余的事情而自行停止下来。那时，对人的统治将由对物的管理和对生产过程的领导所代替。"④在这里，恩格斯清楚地指出，社会可以脱离国家而存在，在未来共产主义社会中，社会可以将

---

① 《马克思恩格斯选集》第 3 卷，人民出版社 2012 年版，第 102—103 页。
② 《马克思恩格斯选集》第 2 卷，人民出版社 2012 年版，第 299—300 页。
③ 《列宁专题文集（论社会主义）》，人民出版社 2009 年版，第 24 页。
④ 《马克思恩格斯文集》第 3 卷，人民出版社 2009 年版，第 561—562 页。

原本由国家所掌握的对社会经济的调节以及社会管理职能重新承担起来。当然社会可以脱离国家而存在的前提是阶级和阶级对立的消除，社会已经没有了对抗性的矛盾，作为阶级压迫工具的国家也就丧失了存在的现实性。概言之，国家消亡的根源在于国家的阶级本质，马克思是在人的解放的意义上来谈论国家消亡的，国家消亡的实质是作为对人的阶级统治的国家的消亡。

结　语

卢梭和马克思的国家思想都对现代社会产生了重要的影响，卢梭在公意的指导下，通过社会契约的方式缔结的政治共同体，代表了启蒙思想家试图解决现代资产阶级国家内在矛盾的努力，但这种国家政权组织形式并非现实历史发展的结果，而更多体现为一种现代国家启蒙政治的理想规划。马克思基于历史唯物主义的社会发展规律，通过对现代国家政治解放限度的揭示，为未来社会的理想政权组织形式提供了坚实的基础，尤其是《法兰西内战》中国家消亡思想的提出，从根本上转变了现代国家的思考路径，主张通过无产阶级专政来代替现代国家，从而将现代国家的问题转换为无产阶级的解放和人的解放问题。

（作者系中国政法大学人文学院哲学系讲师）

当代中国法治理论与实践

从"三个根本性变化"看改革开放与法治建设

王松苗

习近平总书记指出,"改革开放这场中国的第二次革命,不仅深刻地改变了中国,也深刻影响了世界"。这些改变体现在哪里?从法治角度看,至少已经发生或正在发生"三个根本性变化"。

第一是从法治中国建设看,中国共产党的执政方式发生了根本性变化。

如果把40年的法治建设分为法制恢复时期(1978—1997年)、法治确立时期(1997—2012年)、全面深化时期(2012年至今)三个历史阶段,可以发现中国共产党的执政理念、执政方略和执政方式,逐渐应和改革开放的步伐,与时代同频共振,走出了一条从人治到法制到法治再到"良法善治"的中国特色社会主义法治道路。

先看第一阶段。1978年,党的十一届三中全会作出了改革开放的重大决策,要求加强社会主义法制,根据邓小平同志"为了保障人民民主,必须加强法制。必须使民主制度化、法律化,使这种制度和法律不因领导人的改变而改变,不因领导人的看法和注意力的改变而改变"的重要论断,党提出了"有法可依,有法必依,执法必严,违法必究"的十六字方针,开启了法制建设恢复重建的帷幕。1979年3月,全国人大法工委成立后,创造了"三个月立了七部法"(因在1979年7月1日一天通过,也有人称"一日七法")的佳话。当年9月9日,中央发布"九九指示"(《关于坚决保证刑法、刑事诉讼法切实实施的指示》),虽首次提到"社会主义法治",但其实质内容仅仅停留在法制建设层面。随后,外界从举世瞩目的"世纪审判"和"八二宪法"的颁行中,看到了中国共产党人"搞法制靠得住些"的底气和信心。

第二个阶段的标志是1997年,党的十五大将"依法治国"确立为党领导人民治理国家的基本方略,并于1999年载入宪法,使"依法治国"从党的意志转化为国家意志。2002年,党的十六大在强调法治建设时,明确提出"推进依法行政"。2007年,党的十七大将"执政三原则"写入《中国共产党章程》,将深入落实依法治国基本方略列入全面建设小康社会的奋斗目标之一。这一阶段确立了依法治国的基本方略和依法执政的基本方式,形成了中国特色社会主义法律体系。迄今为止,中国现行有效法律269部、行政法规

755 部、地方性法规 12000 部，形成了以宪法为统帅，以法律为主干，以行政法规、地方性法规为重要组成部分，由宪法相关法、民法商法、行政法、经济法、社会法、刑法、诉讼与非诉讼程序法等多个法律部门组成的有机统一整体。

第三个阶段大家都非常熟悉，以 2012 年党的十八大召开为标志，中国法治进入全面深化新时代。十八大确立了"科学立法，严格执法，公正司法，全民守法"的新十六字方针，要求从时间上"加快"建设社会主义法治国家，从空间上"全面"推进依法治国。十八届三中全会提出要推进"法治中国"建设，十八届四中全会作为中国共产党历史上第一次专门研究法治建设的中央全会，通过了《中共中央关于全面推进依法治国若干重大问题的决定》，提出了推进全面依法治国总目标是建设中国特色社会主义法治体系（最原创性贡献）、建设社会主义法治国家。决定明确提出坚持依法治国、依法执政、依法行政共同推进，坚持法治国家、法治政府、法治社会一体建设。确定了"法治小康"的定位，即依法治国基本方略全面落实，中国特色社会主义法律体系更加完善，法治政府基本建成，司法公信力明显提高，人权得到切实保障，产权得到有效保护，国家各项工作法治化。2017 年，党的十九大明确了法治建设"两步走"的目标，决定在全国人大设宪法和法律委员会，进行合宪性审查，特别是将全面依法治国上升为新时代坚持和发展中国特色社会主义的基本方略，凸显了法治在"五位一体"总体布局和"四个全面"战略布局中的地位，提升了法治在推进国家治理现代化和建设社会主义现代化强国中的基础性、支撑性、引领性作用。

"小智治事，中智治人，大智立法"。循着三个阶段的法治发展轨迹，不难看出，为了改变中国长期的人治传统，中国共产党始终注意正确处理党与法的关系问题，逐渐改变依靠红头文件和政策治国理政的方式，义无反顾地走上了科学执政、民主执政、依法执政的道路。习近平总书记指出，"如果说'党大还是法大'是一个伪命题，那么对各级党政组织、各级领导干部来说，权大还是法大则是一个真命题。纵观人类政治文明史，权力是一把双刃剑，在法治轨道上行使可以造福人民，在法律之外行使则必然祸害国家和人民"。为此他多次强调全面依法治国的核心是坚持党的领导、人民当家作主、依法治国有机统一。一方面，党领导人民制定宪法和法律，保证宪法法律实施，通过"四个善于"领导立法、保证执法、支持司法、带头守法。另一方面，强调"宪法法律至上"，党本身也要在宪法法律范围内活动。"依法治国首先是依宪治国，依法执政首先是依宪执政"。一切组织和个人要以宪法为根本活动准则，并负有维护宪法尊严、保障宪法实施的职责。坚持依法治国与依规治党相统一，把完善党内法规体系纳入五大法治体系建设中。目前已搭建起由 1 部党章、3 部准则、25 部条例、1800 多件规则、规定、办法、细则构成的党内法规制度体系,为全面从严治党奠定制度基础。坚持纪法分开、纪法衔接、纪严于法,出台监察法,加大反腐力度,全党面貌焕然一新,全社会为之精神一振。

执政方式的重大变化体现在国家治理的方方面面,带来了清风正气朗朗乾坤。比如,与20世纪80年代的"严打"相比,2018年开展的"扫黑除恶"专项斗争自工作伊始就重视依法办事,强调标准先行——既没有下指标,更不搞"运动式执法",而是要求实事求是办铁案,确保办案经得起历史的考验。同时也在国际上进一步了显现了马克思主义政党与时俱进的生命力。美国《国际纽约时报》评价:"中国向着现代法治体系迈进的种种变革并不是'做样子',而是反映了中共领导层认识到推进法治的重要性。每一次改革都为实现改变和开展新的改革提供了机会。"

第二是从法治政府建设看,国家治理体系和治理能力正在发生根本性变化。

完善和发展中国特色社会主义制度,推进国家治理体系和治理能力现代化,是全面深化改革的总目标。国家治理体系是在党领导下治理国家的制度体系,是一整套紧密相连、相互协调的国家制度,包括经济、政治、文化、社会、生态文明和党的建设等各领域体制机制、法律法规安排,也就是一整套紧密相连、相互协调的国家制度。改革开放40年来,我们不断适应国家现代化总进程,提高党的执政水平,提高国家机构履职能力,提高人民群众依法管理各项事务的能力,在不断完善国家制度的过程中,推进国家治理体系和治理能力现代化。其中一个重要方面,就是审慎处理政府与市场的关系,在"苟利于民不必法古,苟周于事不必循旧"的鼓励声中,强化法治的及时跟进,始终注重用法治引领和推动市场经济发展,通过有形无形"两只手",让市场在资源配置中发挥基础性作用,让政府在市场监管中到位不越位。40年来,国家先后颁布民法通则与民法总则、合同法、劳动法、担保法、物权法等一系列法律,既为各类市场主体提供应有保护,又不断厘清政府与市场关系,保障市场经济持续健康运行。40年的改革实践证明,"法治是一种基本的思维方式和工作方式,法治化环境最能聚人聚财、最有利于发展"。正是法治的引领和推动,社会主义市场经济得到有力保障和健康发展,"市场经济就是法治经济"焕发出勃勃生机。

牵住了"政府与市场"这个"牛鼻子",如何处理改革和法治的关系就可以迎刃而解。尽管改革具有灵活性、创新性,法治具有稳定性、长远性,将两者统一协调起来并不容易,但正如习近平总书记指出的,改革与法治如鸟之两翼、车之双轮,共同推动小康社会建设,是小康社会必不可少的动力支持与保障力量。近年来特别是党的十八大以来,我们坚持在法治下推进改革,在改革中完善法治,使改革因法治而得到有效推进,使法治因改革而得到不断完善；坚持改革决策和立法决策相统一、相衔接，将改革和法治同步推进，确保"于法周延"与"于事有效"的统一。一方面，我们坚持运用法治思维和法治方式深化改革，发挥法治对改革的引领和推动作用，确保重大改革于法有据，以法治凝聚改革共识、引领改革方向、化解改革风险、巩固改革成果。另一方面，把法治改革纳入全面深化改革的总体部署，主动适应改革的要求，加强重点领域法律的立改废释，完善中国特色社会主义法治体系，同步推进立法体制、执法体制和司法体制改革。中央全面依法治国领导小组（委员会）对法治领域具有重要意义的改革举措，纳入改革任务总台账，一体部署、一体落实、一体督办。十八届三中全会出台20多项重大法治改革举措，十八届四中全会出台190项重大法治改革举措，绝大多数都得到落实或正在持续推进。一些涉及利益关系调整和权力格局变动的"硬骨头"，躲不开、绕不过的"深水区"，多年来想都不敢想、想了也不敢做、做了也未做成的老难题，先后得到了有效破解。如成立国家监察委员会，推进监察体制改革，加强党对反腐败工作的集中统一领导，实现对所有行使公权力的公职人员监察全覆盖，使党内执纪与反腐败执法在机制、程序、标准等诸方面实现更有效的衔接，实现依法治国和依规治党有机统一。在坚定不移地推进司法改革方面，中央全面深化改革领导小组先后42次审议司法改革方案，出台涉及司法体制改革的文件多达53件。不断推出新举措，搞好司法改革"精装修"，重点深化完善以员额制为抓手的司法人员分类管理、司法责任制、司法人员职业保障、省以下地方法院检察院人财物统一管理等基础性、制度性改革，确保司法机关"依法独立公正行使审判权检察权"，"努力让人民群众在每一个司法案件中感受到公平正义"。改革取得令人瞩目的成效，近年来"两高"工作报告赞成率不断创造历史新高。

法律是治国之重器，良法是善治之前提。我国改革开放与法治建设之所以能够取得历史性成就，从法治层面看，就在于我们坚定不移地走中国特色社会主义法治道路，牢牢把握了这条道路的"三个核心要义"，即坚持中国共产党的领导，坚持中国特色社会主义制度，贯彻中国特色社会主义法治理论。其中，党的领导是根本，中国特色社会主义制度是基础，中国特色社会主义法治理论是指导思想和学理支撑。同时坚持党的领导，坚持以人民为主体，坚持法律面前人人平等，坚持依法治国与以德治国相结合，坚持从实际出发。

第三是从法治社会建设看，中国人的生活样态正在发生根本性变化。

法治中国建设的终极目标在价值层面是培树法治精神，熔铸法治文化，让法治成为人们的行为习惯和生活方式，"使全体人民都成为社会主义法治的忠实崇尚者、自觉遵守者、坚定捍卫者"。为此，我们坚持民主立法、科学立法、依法立法，保障权利，规范权力。一方面，保护公民权利的法治之网越织越密。以2004年"人权入宪"为标志，宪法不仅明确定了"国家尊重和保障人权"的基本原则,还列举规定了 20 多项基本权利和自由。2012 年,"尊重和保护人权"写入刑事诉讼法,使"人权入宪"得以具体化。民法总则等民事法律确认了完整的民事权利体系,强化对人身权、财产权、名誉权和信息、数据、网络虚拟财产的保护。为有力保护公民各项基本权利,立法机关先后修改刑事、民事、行政三大诉讼法,严格限制人身自由,完善民事权利保护程序,明确检察机关可以提起民事行政公益诉讼,切实维护公共法益和当事人合法权益。出台国家赔偿法、行政复议法等,建立公权不当侵犯私权的法律救济制度。修改刑法,取消九个死刑罪名,提高对死缓罪犯执行死刑的门槛。废止收容遣送和劳动教养制度,实施特赦制度,彰显法治人道。可以说,相关宪法性法律、民法商法、行政法、经济法、社会法等,都从不同层面对公民的政治权利、经济权利、社会权利、文化权利等人权作了具体规定,从法律制度上保证公民享有广泛真实的人权和基本自由。法律面前人人平等、公民合法财产不受侵犯、罪刑法定、疑罪从无等法治理念深入人心。

另一方面,限制公权力的制度笼子越编越紧。国家依法明确行政权力边界,加快推进行政机构、职能、权限、程序、责任法定化,推进责任政府建设。深入推进行政审批制度改革,实施权力清单、责任清单制度,加强规范性文件监督管理。1989 年颁布行政诉讼法,为"民告官"提供法律支持。1996 年颁布行政处罚法,创立听证制度,专门规范行政行为程序,促进行政机关依法行政。2003 年颁布行政许可法,对行政机关设定和实施行政许可行为念起"紧箍咒"。2011 年出台行政强制法,规范行政强制措施和行政执行程序,推进依法行政。到 2020 年基本建成职能科学、权责法定、执法严明、公开公正、廉洁高效、守法诚信的法治政府的法治建设总体目标[《法治政府建设实施纲要(2015—2020 年)》],正在从蓝图变为现实。

"法律的生命力在于实施,法律的权威也在于实施"。法律实施需要行政机关严格执法,更需要司法机关公正司法——因为司法是社会正义的最后一道防线。"司法公正对社会公正具有重要引领作用,司法不公对社会公正具有致命破坏作用"。在公检法司等各部门的共同努力下,近年来,聂树斌案、呼格吉勒图案、念斌案、张氏叔侄案等一大批刑事冤假错案得以昭雪,张文中案等一批涉产权民事案件得到纠正,使社会公众平添了法治信心,依法办事成为绝大多数人的理性选择。从"一元钱官司"到公民打假索赔,从重庆"钉子户"到孙志刚案件,从养路费叫停到各项税收政策的不断调整……公民依法维权的一道道风景,得益于生动的法治个案启迪,得益于七个"五年普法"的接力,得益于法治思维的训练和法治文明的浸润。自觉守法、办事依法、遇事找法、解决问题用法、化解矛盾靠法,正成为越来越多公民的行动自觉。

"一切法律之中最重要的法律,既不是铭刻在大理石上,也不是刻在铜表上,而是铭刻在公民的内心中。"(卢梭)让法治真正成为公民的一种思维方式和生活样态，在我们这样一个封建专制和人治传统根深蒂固、法治虚无主义"左"的思潮不时沉滓泛起、西方法治中心主义不时冲击的社会，必须首先强化尊法意识，树立法治信仰。正如习近平总书记所指出的，"过去我们都是提学法尊法守法用法，我特意把'尊法'调在前面，意在表明如果对法律没有敬畏心，那是难以学法守法用法的。只有内心尊崇法治，才能行为遵守法律。只有铭刻在人们心中的法治，才是真正牢不可破的法治。"越来越多的实践也使广大公民逐渐认识到，"在我们私人生活中，我们是自由而宽容的；但是在公家的事务中，我们遵守法律。这是因为这种法律使我们心悦诚服。"（希腊伯利克里）只有内心对法律心悦诚服，才能真正敬畏法律、尊重法律、提高法商。因此，当法治成为社会公众的一种价值标准、一种信仰坚守，当"言必称法"成为全社会的一种思维习惯、一种条件反射，当依法办事成为各个阶层的一种行为模式、一种理性选择，一句话，当法治文明真正融入社会主义先进文化的血液之中，真正与大众生活水乳交融时，法治就真正成了公民生活的一种基本样态，"法治指数"就可以真正成为公民幸福指数的晴雨表。

"法律是人类最伟大的发明，别的发明使人类学会了如何驾驭自然，法律则让人类学会了如何驾驭自己。"（博登海默）放眼寰宇，法治能成为治国理政的基本方式，是因为法治凝聚着最大的社会共识，是所有规范中最大的社会公约数。法治的本质是民主，目的是维护公平正义，逻辑原点是"私权自治，公权法定"，所以，它当仁不让地成为推进政治民主和管理社会的制度首选：法治体现人类理性，能有效防止执政者的偏私；法治具有稳定性、连续性，不受个人情感的影响，能有效保障国家长治久安；法治具有强制性，以国家暴力机关为后盾，能有效惩治违法犯罪，维护公民权利；法治具有规范性，可以防止权力滥用。回眸改革 40 年来，从"以经济建设为中心"到"以人民为中心"，从"人治"到"法制（rule by law）"到"法治（rule of law）"再到"良法善治（rule of good law）"，从"以法治国"到"依法治国"再到"全面依法治国"，从"民主法制""健全社会主义法制""法律体系""法治国家"到"民主法治""健全社会主义法治""法治体系""法治中国"，从权力本位到权利本位，从"疑罪从挂"到"疑罪从无"……每一个字词的变化，背后折射的都是理念的变迁；法治建设的每一点进步，都是中国共产党作为执政党不断深化认识、不断把握执政规律的产物，都是党领导全国各族人民行进在中国特色社会主义法治道路上的铿锵足音！

新时代改革开放再出发，全面依法治国作为国家治理的一场深刻改革，依然在路上。中国这条法治道路怎么走？归根结底还是要以习总书记全面依法治国的新理念、新思想、新战略为指导，贯彻落实《关于全面推进依法治国若干重大问题的决定》和党的十九大报告，自觉做到"六个坚持"。一是坚持党对依法治国的领导。二是坚持依法治国的总体布局，把握依法治国的核心要义。包括建设中国特色社会主义法治体系，通过依宪治国、依宪执政统领依法治国和法治中国建设，坚持依法治国、依法执政、依法行政共同推进，坚持法治国家、法治政府、法治社会一体建设。三是坚持人民主体地位，反映人民意志，保护人民利益，维护人民权利。调动人大、政府、政协、司法机关的积极性，自上而下与自下而上相结合共同推进法治建设。四是坚持依法治国和以德治国相结合，法治与自治相结合，依法治党与依规治党相统一。五是坚持法治与改革双轮驱动。统筹立法、执法、司法和监察体制改革，确保法治因改革而定，改革因法治而进。六是坚持从中国的实际情况出发。既遵循法治规律，又秉持中国法理，不仰视西方法治，不搞三权分立、司法独立。既注重总体谋划、全面推进，又注重牵住"牛鼻子"、重点突破，鼓励各地各部门因地制宜先行先试，不断丰富中国特色社会主义法治道路。

具体到司法工作而言，就是要"从问题中来，奔着问题去"，通过"精装修"，全面落实司法人员办案责任制，着力破解少数司法人员办案中不敢担责、不愿担责的问题；科学界定司法机关的办案工作，细化办案规则，构建务实管用的办案业绩考核评价体系；进一步完善司法人员分类管理制度特别是员额制改革，全方位打通不同人员职业发展通道。多措并举，推陈出新，进一步深化司法体制改革，坚持和完善中国特色社会主义司法制度，确保审判机关、检察机关依法独立公正行使审判权、检察权，努力让人民群众在每一个案件中都感受到公平正义。

"历尽天华成此景，人间万事出艰辛。"实践已经证明并将继续证明，只要坚定不移地走好中国特色社会主义法治道路，改革开放就一定能绽放出更加耀眼的光芒！

[作者系最高人民检察院办公厅（新闻办）主任]

超越"市民社会",重思权利与权力的关系

文 兵

权利与权力及其相互的关系,被视为法律上最重要的现象,或者法学上最重要的范畴①,据说在法学领域已取得了大体的共识。在法学领域,权利与权力基本上是被视为相互对立的一组概念。但是,如果权利与权力之间仅限于法学的领域,进而被理解为分离与对抗的关系,就可能没有把握到权利与权力之间真实而又复杂的关系。在马克思看来,权力与权利的这对范畴的产生及其对立是市民社会的产物,也必将随着对市民社会的扬弃而被扬弃。我们这里考察马克思在创立他的唯物史观的过程中,涉及的对权力与权利之关系的思考,而这一思考是通过对德国的国家哲学与法哲学进行的。马克思恩格斯明确说过,他们"对法〔权利〕的批判是与对德国哲学的批判联系在一起的。"② 由此可以看出,这种批判对于他们创立自己新的学说所具有的重要意义。我们这里主要考察的是马克思到写作《德意志意识形态》时,在有关权利与权力及其相互关系问题上的新的思考。

一、超出权利与权力的主体固化

权利与权力这对范畴,常常被归之于不同的主体,也就是权利是就公民而言的,而权力是就国家而言的。这种划归主体的方式被人们普遍采用,是因在他们看来是有意义的。在当代著名的法理学家博登海默看来,法律就是用以限制权力的侵略性、扩张性,以维持政治与社会领域中的妥协、和平与一致,而其依赖的一个重要手段,"便是通过在个人与群体中广泛分配权利以达到权力的分散和平衡。当这样一种权利结构建立起来时,法律就会努力保护它,使其免受严重的干扰和破坏。"③ 将权利与权力对立起来,以公民权利制约政治权力,一直以来就是自由主义的基本观点。限制公权,这也是自近代

---

① 参见童之伟:《再论法理学的更新》,《法学研究》1999年第2期。
②《马克思恩格斯全集》第3卷,人民出版社1960年版,第229页。
③ [美] 博登海默:《法理学:法律哲学与法律方法》,邓正来译,中国政法大学出版社2004年版,第374—375页。

以来的所谓民主社会的一个重要问题。即使在马克思盛赞的具有"全新的历史创举"的巴黎公社中,仍然需要"防止国家和国家机关由社会公仆变为社会主人",而"这种现象在至今所有的国家中都是不可避免的。"①但马克思并不是用这种权利与权力的对抗来解决这样的问题,因为他本人把"权利"本身视为资本主义的产物。马克思在1864年10月写的《协会临时纲领》中,因使用了"权利""义务"这样的字眼而专门进行了解释。他在致恩格斯的信中解释说,这只是"用目前水平的工人运动所能接受的形式表达"②他们的观点,并称这些字眼已妥为安排使其不可能造成危害。

从公民来看,公民在两重意义上具有"权力",简单来说,既包括法律上的强制力,也包括政治上的影响力。在《元照英美法词典》(2003年版)中,在"权利(right)"这一词条中,有这样的一个界说:"权利被认为是与法律相一致的为某一行为或占有某物的自由,或者更严格地说,如果侵犯这种为某一行为或占有某物的自由,将会受到法律制裁。在最一般的意义上,权利既包括以某种方式作为或不作为的自由(为法律所保护者),也包括迫使特定的人为或不为某一特定行为的权力(为法律所强制者)。"在这一词典的理解中,公民既有法律赋予的权利,又有法律赋予的权力。在这里,并没有将权利与权力归之于不同的主体。

至于权力作为政治上的影响力,马克思在其早期思想中就已注意到了这个问题。在19世纪初的时候,犹太人问题成了德国政治生活中的突出问题,这主要表现在犹太人的政治权利受到了很大限制。鲍威尔在他的《论犹太人问题》与《现代犹太人和基督教获得自由的能力》两部著作中提出了犹太人的政治解放问题。马克思对鲍威尔的认识表达了不同的看法。

鲍威尔在《犹太在问题》中说:"在维也纳只不过是被人宽容的犹太人,凭自己的金钱势力决定着整个帝国的命运。在德国一个最小的邦中可能是毫无权利的犹太人,决定着欧洲的命运。"③马克思指出,这种情形并不是个别的事实,"犹太人用犹太人的方式解放了自己,不仅因为他掌握了金钱势力,而且因为金钱通过犹太人或者其他的人而成了世界势力,犹太人的实际精神成了基督教各国人民的实际精神。"④马克思再次引用了鲍威尔的看法:"这种情况是虚假的:在理论上给予犹太人以政治权利,实际上他却是有很大的权力,而且在很大的范围内显示自己的政治影响。"⑤马克思从理论上直接指明了政治

---

① 《马克思恩格斯选集》第3卷,人民出版社2012年版,第55页。
② 《马克思恩格斯文集》第10卷,人民出版社2009年版,第216页。
③ 鲍威尔:《犹太人问题》,转引自《马克思恩格斯文集》第1卷,人民出版社2009年版,第50页。
④ 《马克思恩格斯文集》第1卷,人民出版社2009年版,第50页。
⑤ 鲍威尔:《犹太人问题》,转引自《马克思恩格斯文集》第1卷,人民出版社2009年版,第51页。

权力与政治权利的关系:"犹太人实际政治权力同他的政治权利之间的矛盾,就是政治同金钱势力之间的矛盾。虽然在观念上,政治凌驾于金钱之上,其实前者是后者的奴隶。"① 在马克思的思想中,政治权利本身就是建立在政治权力基础之上的,这种名义上的政治权利的丧失并不能影响到他们的政治权力。马克思在《德法年鉴》时期,正处于走向历史唯物主义的过程中,虽然没有能够从物质资料的生产方式来说明整个社会的存在及其变化,但已开始从物质关系来说明政治权利与法律关系。

从国家来看,国家是否只有权力而无权利?目前不少学者否认国家有权利,而只是认为国家机关或部门有权利。在近代以来的英美自由主义的政治哲学传统中,一般从契约论的立场出发,多是坚持权利是一种自然权利,并以此出发来论证国家的起源与职能,权利与权力的二分就比较明确,也就是明确归之于公民与国家这两个不同的主体。但在德国哲学传统之中,情况较为复杂。德语中的权利(Recht)一词比较难译,在中文甚至英文中都没有可与之对等的词,中文可译为"权利""法权""公道""正当""正确"等意。康德在《法权论》(1796年付印)中对其的使用,有我们这里讨论的"权利"一词的含义。康德在该书中,论述了"私人法权"与"公共法权",而"公共法权"这一部分的第一章即为"国家法权"。他在此谈到了国家对人民的法权。在他看来,"国家对人民的法权"之一,就是国家为了维持社会的那些不能自己维持自己的成员,政府有权强迫富人提供资金。"为此,国家如今把自己的法权建立于其上的富人们就使自己有责任为保存他们的同国公民而作出他们自己的贡献。现在,这可以通过向国家公民的私有财产或者其贸易往来征税,或者通过建立基金会及其利息来实现;不是为了国家的需要(因为国家是富裕的),而是为了人民的需要,但不只是通过自愿的奉献(因这里说的仅仅是国家对人民的法权),其中有些奉献是追求记得的……而是强制性的,是国家捐税。"② 可以说,在康德那里,国家是具有一定的权利的。

黑格尔在《法哲学原理》中,反对近代以来的以契约论来对国家的论证,反对将个人与国家对立起来。黑格尔虽然将市民社会与政治国家视为客观精神在伦理阶段上的两个环节,把国家视为市民社会的内在目的,但在经验层面上实际上是将两者对立起来了,因为他将市民社会视为对个人私利的追逐,而将政治国家视为对普遍事务的关注。按黑格尔的说法:"市民社会是个人私利的战场,是一切人反对一切人的战场,同样,市民社会也是私人利益跟特殊公共事务冲突的舞台,并且是它们二者共同跟国家的最高观点和制度冲突

---

① 《马克思恩格斯文集》第1卷,人民出版社2009年版,第51页。
② [德]康德:《道德形而上学(注释本)》,张荣、李秋零译注,中国人民大学出版社2013年版,第116页。

的舞台。"① 马克思一方面高度评价黑格尔说:"黑格尔觉得市民社会和政治社会的分离是一种矛盾,这是他的著作中比较深刻的地方。"② 市民社会与国家的分离,也只是表现了现代社会的结果,不外是市民等级和政治等级的"分离"。马克思另一方面则对其提出了批评,认为他的错误在于:"他满足于这种解决办法的表面现象,并把这种表面现象当作事情的本质"③。黑格尔的解决之道就是力图用政治国家来统摄和吞食市民社会,将两者的关系完全颠倒过来,并进一步强化了国家的权利。黑格尔在《法哲学原理》中宣称,国家这个实体性的统一是绝对的不受推动的自身目的,"在这个自身目的中自由达到它的最高权利,正如这个最终目的对单个人具有最高权利一样,成为国家成员是单个人的最高义务"④。但这样一来,国家有了最高权利,而市民社会实际上却没有了任何权力。法国公法学家狄骥在引述黑格尔这段话时说:"这段话恐怕是我们理解黑格尔国家理论的最佳入口。"⑤ 在他看来,如此理解的国家,在黑格尔的理论之中就不会存在个人权利与国家权力的关系问题。这里值得注意的是,马克思对黑格尔将国家视为绝对至上的相关思想的批判,与自由主义的批判大异其趣,不是从个体权利出发,而是深刻揭露这一思想的神秘主义的根源,如在分析黑格尔《法哲学原理》第 261 节"国家法"谈到的国家对于家庭与市民社会的最高权力时,马克思指出黑格尔把观念变成了主体,因此,才有了这样的颠倒:"家庭和市民社会使自身成为国家。它们是动力。可是,在黑格尔看来又相反,它们是由现实的观念产生的。把它们结合成国家的不是它们自己的生存过程,而是观念的生存过程,是观念使它们从自身中分离出来"⑥。

二、揭露权利与权力的虚假对立

权利与权力的对立,与市民社会与政治国家的对立有着密切的关联。按苏联法学家帕舒卡尼斯的说法:"一般说来,马克思描绘的政治国家分离于市民社会的现象反映在法的理论中,就导致了两个独立的问题。"⑦ 其中一个问题就是主观法(权利)与客观法的关系。"主观法描绘了利己主义个人的特征,他们作为市民社会的成员,沉溺自我,限于个人利益和能力的牢笼,与集体

---

① [德] 黑格尔:《法哲学原理》,范扬、张企泰译,商务印书馆 1961 年版,第 309 页。
② 《马克思恩格斯全集》第 3 卷,人民出版社 2002 年版,第 94 页。
③ 《马克思恩格斯全集》第 3 卷,人民出版社 2002 年版,第 94 页。
④ [德] 黑格尔:《法哲学原理》,范扬、张企泰译,商务印书馆 1961 年版,第 253 页。
⑤ [法] 狄骥:《法律与国家》,冷静译,中国法制出版社 2010 年版,第 94 页。
⑥ 《马克思恩格斯全集》第 3 卷,人民出版社 2002 年版,第 11 页。
⑦ [苏] 帕舒卡尼斯:《法的一般理论与马克思主义》,杨昂、张玲玉译,中国法制出版社 2008 年版,第 54 页。

分离开来。客观法则表达了作为政治国家的资本主义国家统一的愿望，以及对它自己的组成部分生效的普遍性的要求。"① 另一个问题与此相关，就是公法与私法的问题。公法与私法之间其实难以划分，因为个人利己主义的利益与整个政治国家的普遍利益之间只能在抽象的层面上分开。

马克思对黑格尔法哲学的批判，其中最重要的一点，就是要揭露他的保守性。马克思在1842年3月致卢格的信中说："我为《德国年鉴》写的另一篇文章是在内部的国家制度问题上对黑格尔自然法的批判。这篇文章的主要内容是同立宪君主制这个彻头彻尾自相矛盾和自我毁灭的混合物作斗争。"② 这篇论文虽然并没有在《德国年鉴》上发表，但其主要思想体现在了随后的《黑格尔法哲学批判》与《〈黑格尔法哲学批判〉导言》之中。而这种保守性，正是体现于他通过颠倒权利与权力的关系来颠倒市民社会与政治国家的关系。在批判黑格尔的长子继承权时，马克思就明确指出，长子继承权并非如黑格尔说所的那样是政治的要求，恰恰相反，"黑格尔当成长子继承权的目的、规定性因素、始因来描述的东西，倒反而是长子继承权的成果、结果，是抽象的私有财产对政治国家的权力，而黑格尔却把长子继承权描写成政治国家对私有财产的权力。"③ 在马克思这里，显然不是政治国家对私有财产具有权力，而是私有财产对政治国家具有权力。

马克思在同一时期进行的对政治解放与人的解放的探讨，也是对黑格尔法哲学批判的深化。政治解放是要求从专制统治之下解放出来，而人的解放则是要从市民社会之下解放出来。马克思肯定了政治解放的意义，对市民社会中的个体的权利即"人权"给予了充分肯定。在《论犹太人问题》中，马克思进一步分析，这种政治国家与市民社会的分离，导致了人权与公民权的分离。而这里所谓的"人权"，只不过是市民社会的成员的权利，是与他人并同共同体分离开来的权利，因此，《人权与公民权宣言》中的自由，不过是"人作为孤立的、自我封闭的单子的自由。"④ 而自由这一人权的运用，实际上就是私有财产这一人权。"这就是说，私有财产这一人权是任意地、同他人无关地、不受社会影响地享用和处理自己的财产的权利；这一权利是自私自利的权利。这种个人自由和对这种自由的应用构成了市民社会的基础。这种自由使每个人不是把他人看作自己自由的实现，而是看作自己自由的限制。"⑤ 所谓的公民权，就是一种政治权利，是在政治共同体即国家中与别人共同行使的

---

① [苏] 帕舒卡尼斯：《法的一般理论与马克思主义》，杨昂、张玲玉译，中国法制出版社2008年版，第54页。
② 《马克思恩格斯全集》第47卷，人民出版社2004年版，第23页。
③ 《马克思恩格斯全集》第3卷，人民出版社2002年版，第124页。
④ 《马克思恩格斯文集》第1卷，人民出版社2009年版，第40页。
⑤ 《马克思恩格斯文集》第1卷，人民出版社2009年版，第41页。

权利。而这种市民社会与政治国家的分离，使人过着双重的生活：天国的生活与尘世的生活。前一种是政治共同体中的生活，是人把自己作为一种社会存在；而一种是市民社会中的生活，一种作为私人进行活动，既把他人看作工具，也把自己降为工具，成为异己力量的玩物。

市民社会与政治国家在表面上的分离，也就形成了私法与公法这两个相对独立的领域，故而，对于"法治"才有了这样一个经典的表述："私域自治、公权受限"。但是，如果按个人主义的理解，这个表述就是把市民生活与政治国家相互对立起来，把个人权利与国家权力对立起来。这种对立其实只是表面的对立，因在两者之后其实就是市民社会各种权力的博弈，而这种博弈的结果，就是国家仅只是个人权利的捍卫者、自由市场的"守夜人"："个人和团体通过市场来进行交易，追求自身的利益天经地义，其前提是不妨害他人同样追求自身利益的努力，国家只是这种自身交易的公平裁判者，而不必卷入社会福利的追求本身。这个基本信念成了自由主义者的一个基本信条，并且反映在其对政府合法性的论证方面"[①]。按自由主义的理解，国家的作用仅是保护私有财产而已，而其应有的社会责任则被抹去了。

在马克思看来，公民权与人权的分离所造成的人们不仅在思想中而且在现实中的双重的生活，使自己成了异己力量的玩物。要克服这种异化，还必须由"政治解放"进入"人的解放"。把权利与权力对立起来的这种法治理念绝非马克思对于未来社会的一种构想。马克思在后来的《关于费尔巴哈的提纲》中说得非常明确了："旧唯物主义的立脚点是市民社会，新唯物主义的立脚点则是人类社会或社会的人类。"[②] 马克思这里的"市民社会"，还是在狭义的意义上的使用，即资本主义的物质生产与交换关系。

三、重释权利与权力的真实关系

一旦我们进入规定权利与权力关系的法律的前提，如果仍然将权利与权力的主体分别归之为公民与国家，我们就可能陷入理论混乱。权利与权力在法律体系中都可以清楚加以厘定，但超出法律的框架，权利与权力的关系就可能是另外的样态了，因为法律本身并不是自足的，而是受物质生活所决定的。

在历史唯物主义的视域中，规定权利的法律体系是受权力所决定的。马克思恩格斯在《德意志意识形态》中批判施蒂纳时指出，在现实的历史中存在着两种相互对立的理论家：一是那些认为权力是法的基础的理论家，二是

[①] 顾肃：《自由主义基本理念》，中央编译出版社 2005 年版，第 76 页。
[②]《马克思恩格斯选集》第 1 卷，人民出版社 2012 年版，第 136 页。

那些认为意志是法的基础的理论家。马克思恩格斯赞同霍布斯的观点，但明确认为构成了法的基础的权力正是现实的物质生活所赋予个人的，从而赋予了"权力"这一概念以唯物主义的内涵。马克思恩格斯指出："如果像霍布斯等人那样，承认权力是法的基础，那末法、法律等等只不过是其他关系（它们是国家权力的基础）的一种征兆，一种表现。那些决不依个人'意志'为转移的个人的物质生活，即他们的相互制约的生产方式和交往形式，是国家的现实基础，而且在一切还必需有分工和私有制的阶段上，都是完全不依个人的意志为转移的。这些现实的关系决不是国家政权创造出来的，相反地，它们本身就是创造国家政权的力量。……他们的个人统治必须同时是一个一般的统治。他们个人的权力的基础就是他们的生活条件，这些条件是作为对许多个人共同的条件而发展起来的，为了维护这些条件，他们作为统治者，与其他的个人相对立，而同时却主张这些条件对所有的人都有效。"① 个人的意志恰恰是由物质生活所决定的，而这些个人通过法律形式来实现自己的意志，同时使其不受他们之中任何个人的任性所左右，这一点也不取决于他们的意志。马克思恩格斯指出，尽管被统治阶级有消灭国家和法律的"意志"，但这些东西的存在与否也不是由他们的意志所能决定的。甚至，当现实的关系"还没有发展到能够实现这个意志以前，这个'意志'的产生也只是存在于思想家的想像之中。"②

权利实际上是特定社会形式之下对个人权力的一种法律上的确认。在马克思恩格斯看来，在特定的生产关系中占统治地位的个人，"除了必须以国家的形式组织自己的力量外，他们还必须给予他们自己的由这些特定关系所决定的意志以国家意志即法律的一般表现形式。"③ 马克思恩格斯批评施蒂纳把争取权利与平权的斗争变成了争取这些"概念"的斗争，看不到体现为法律的权利、平权也仅是特定生产关系的产物，就如在中世纪的特权一样，在现代的权利、平权，都是不同生产方式的表现，法律关系也只与这两种生产方式相适应而已。

对于产生于特定社会形式之下的"权利"这一概念，马克思在这一时期就对之有着十分清楚的认识。在他看来，"权利"根本没有超出"退居于自己的私人利益和自己的私人任意，与共同体分隔开来的个体的人。"④ 政治国家与市民社会具有内在的一致性，所以马克思才这样以反讽的方式说道："令人困惑不解的是，一个刚刚开始解放自己、扫除自己各种成员之间的一切障碍、建立政治共同体的民族，竟郑重宣布同他人以及同共同体分隔开来的利己的

---

① 《马克思恩格斯全集》第 3 卷，人民出版社 1960 年版，第 377—378 页。
② 《马克思恩格斯全集》第 3 卷，人民出版社 1960 年版，第 378 页。
③ 《马克思恩格斯全集》第 3 卷，人民出版社 1960 年版，第 378 页。
④ 《马克思恩格斯全集》第 3 卷，人民出版社 2002 年版，第 185 页。

人是有权利的（1791年《宣言》）。"①政治共同体被那些谋求政治解放的人贬低为了维护自己私利、所谓人权的手段而已。正是因为这样的一种认识，可以说马克思从这一时期开始，就没有落入用权利以对抗或制约权力这样的自由主义的话语。马克思在此后的无产阶级政党的纲领之中，也是非常慎重地使用"权利"这样的词语。在建构中国特色社会主义法治理论体系的今天，是否仍然把"权利与权力"作为法学中最为核心的范畴，也是值得我们进一步思考的。

  G.A.科恩为了在历史唯物主义的理论框架中，将经济基础与上层建筑在概念上区分开来，对于权力与权利这对概念进行了剖析。在他看来，在生产关系的表述中出现"财产权""所有权"这样的表达权利的法律概念，无疑是在生产关系这一概念中混杂着上层建筑的因素，这就难以运用经济基础决定上层建筑这样的原理。在他看来，对于"对Ø的权利"这一形式的短语，可以代之以"权力"这个词来表示一种权力。经过这样的置换，我们就可以把新短语表示的"权力"视为与原短语表示的"权利"相对应的权力。这样一来，"如果 x 拥有权力 p，而权力 p 对应权利 r，我们可以粗略地说，他拥有的权力内容与权利 r 的内容相同，但我们不能推断他还拥有权利 r。拥有权力不需要拥有它们对应的权利，拥有权利也不需要拥有对应它们的权力。只有拥有合法的权力才需要拥有它对应的权利，而只有拥有有效的权利才拥有它对应的权力。"②科恩认为，权利与权力之分，就权力来说，它不仅可以与法律脱离开来，而且还在于权力可以有程度上的不同。科恩对权力的界定："一个人当且仅当能够做Ø的时候，他才拥有对Ø的权力，而'能够'（able）是非规范意义上的。"③因此，人们对于Ø的权力是不尽相同的，这取决于他们遇到的困难如何、付出的代价如何。他的这个区分，对于我们"权利平等"有一个新的视角：权利在法律上往往都是平等的，但这种权利的保有或实现又是很不相同的。权利的平等完全可能掩盖权力的不平等。恩格斯后来在《反杜林论》中指出："无产阶级抓住了资产阶级所说的话，指出：平等应当不仅仅是表面的，不仅仅在国家的领域中实行，它还应当是实际的，还应当在社会的、经济的领域中实行。"④这无疑是强调资本主义所谓政治平等并不意味着经济的、社会的平等。

---

① 《马克思恩格斯全集》第 3 卷，人民出版社 2002 年版，第 185 页。
② ［英］G. A. 科恩：《卡尔·马克思的历史理论》，段忠桥译，高等教育出版社 2008 年版，第 253 页。
③ ［英］G. A. 科恩：《卡尔·马克思的历史理论》，段忠桥译，高等教育出版社 2008 年版，第 253 页。
④ 《马克思恩格斯选集》第 3 卷，人民出版社 2012 年版，第 484 页。

四、超越"市民社会"

马克思在其思想成熟期,对于权利这样的概念明确持否定的态度。如他在《德意志意识形态》中所说,"至于谈到权利,我们和其他许多人都曾强调指出了共产主义对政治权利、私人权利以及权利的最一般的形式即人权所采取的反对立场。请看一下'德法年鉴',那里指出特权、优先权符合于与等级相联系的私有制,而权利符合于竞争、自由私有制的状态;指出人权本身就是特权,而私有制就是垄断。"①

马克思恩格斯在这里的立场是,"权利"产生于由原子式的、利己主义的个人之间的交换需要,法律就成了保护这种交换关系的形式,故而也成了统治一切的最高形式。在《论犹太人问题》中,马克思就已指出,"在这个自私自利的世界,人的最高关系也是法定的关系,是人对法律的关系,这些法律之所以对人有效,并非因为它们是体现人本身的意志和本质的法律,而是因为它们起统治作用,因为违反它们就会受到惩罚。"②苏联法学家帕舒卡尼斯对马克思的相关思想有这样的阐释:"资本主义社会最大的特征在于公共利益与个人利益的分离与对立。正是在这种对立中,他们不知不觉地采取了私人利益的形式,这就是法律形式。由此可以推断,国家组织中的法律因素首先就是那些可以纳入冲突的私人利益框架中的东西。"③

马克思对于作为保护法律而设置的"国家",也是持一种拒斥的态度,这是因为,这种国家就是建立在特定的以利己主义为原则的市民社会基础上的。马克思恩格斯在《德意志意识形态》中指出:"因为国家是统治阶级的各个人借以实现其共同利益的形式,是该时代的整个市民社会获得集中表现的形式,所以可以得出一个结论:一切共同的规章都是以国家为中介的,都获得了政治形式。"④马克思认为,国家只是一个冒充的、虚假的共同体,而在真正的共同体之中,各个个人克服了相互的分离,克服了异己的关系。这种真正的共同体的形成,在于共产主义的运动,即"推翻一切旧的生产关系和交往关系的基础,并且第一次自觉地把一切自发形成的前提看做是前人的创造,消除这些前提的自发性,使这些前提受联合起来的个人的支配。"⑤马克思对于"国家"的拒斥也贯穿在他此后的思想之中,如在《法兰西内战》中,马克思在高度评价公社体制时,把"国家"视为阻碍社会自由发展的"寄生赘瘤"⑥。

---

① 《马克思恩格斯全集》第 3 卷,人民出版社 1960 年版,第 228—229 页。
② 《马克思恩格斯文集》第 1 卷,人民出版社 2009 年版,第 53 页。
③ [苏]帕舒卡尼斯:《法的一般理论与马克思主义》,杨昂、张玲玉译,中国法制出版社 2008 年版,第 56 页。
④ 《马克思恩格斯选集》第 1 卷,人民出版社 2012 年版,第 212 页。
⑤ 《马克思恩格斯选集》第 1 卷,人民出版社 2012 年版,第 202 页。
⑥ 《马克思恩格斯选集》第 3 卷,人民出版社 2012 年版,第 101 页。

当然，马克思也是十分清楚的，国家的产生与存在是与社会物质生产发展的一定阶段相联系的，即便是在无产阶级取得国家政权之后，国家仍然会存在。马克思的设想是，在从资本主义社会到共产主义社会之间，有一个从前者变为后者的革命转变时期，与此相应地，在政治上也存在一个过渡时期，"这个时期的国家只能是无产阶级的革命专政。"[①] 国家的消除即使在无产阶级革命专政下也有一个相当的过程。

就"权利"来说，马克思认为，刚刚从资本主义社会产生出来的共产主义社会第一阶段，仍然还带有它由之脱胎出来的那个旧社会的痕迹。所以，马克思指出，在分配上所要求的"平等的权利"，虽然在这里原则和实践不再相矛盾，但仍然是资产阶级权利，仍然被限制在一个资产阶级的框框中。马克思具体分析了"平等的权利"在这样的阶段所可能导致的不平等，最后的结论是：就它的内容上来讲，"它像一切权利一样是一种不平等的权利"[②]。马克思的这一分析，警示我们，对于"权利"这样的概念，不能只是限于法律体系之中来理解，而必须置于广阔的社会历史领域及其变化之中来加以理解。

（作者系中国政法大学人文学院哲学系教授）

[①]《马克思恩格斯选集》第 3 卷，人民出版社 2012 年版，第 373 页。
[②]《马克思恩格斯选集》第 3 卷，人民出版社 2012 年版，第 364 页。

工具再造：政法智能化战略下的智慧检务实践思考[*]

赵志刚　金鸿浩

《论语·卫灵公》中记载，子曰："工欲善其事，必先利其器"，被视为中国古典哲学中对工具作用的经典诠释之一。

一、"作为工具的法律"和"法律实施的工具"

在马克思主义哲学中，工具被视为人之所以为人的重要标志之一，马克思曾指出"制造和使用工具，就是人最显著的特点"。生产工具突出体现了生产力水平的变化，从而推动了历史的发展，因为"各种经济时代的区别，不在于生产什么，而在于怎样生产，用什么劳动资料生产"。毛泽东在在八届二中全会上的讲话中也指出："生产力有两项，一项是人，一项是工具。工具是人创造的。"

工具与法律是非常值得研究的一个领域。一方面，法律本身是治理国家的一项工具（即作为工具的法律），法律是统治阶级为了实现统治并管理国家的目的，经过一定立法程序，所颁布的基本法律和普通法律，是统治阶级意志的体现，是国家的统治工具。另一方面，法律实施也需要大量的工具，例如侦查机关的侦查工具、公诉机关的公诉工具、审判机关的审判工具等等，中国古代衙门的威武棒、惊堂木、签筒、印盒都属于这类工具。本文研究的主要是后者，即法律实施的工具。

对于侦查机关而言，拥有先进的工具是其克敌制胜的重要法宝，很多情况下"道高一尺，魔高一丈"，特别是近代以来，科技的快速发展，犯罪工具的不断更新，也倒逼着侦查工具的科技创新。例如，反间谍侦察工作中的无线电侦听工具，网络犯罪侦查工作中的电子证据取证工具等等。

法律实施不局限在具体的某项工作之中，而是贯穿政法机关（侦查机关、

---

[*] 本文系最高人民检察院检察理论研究课题"智慧检务战略和检察科技创新应用研究"（项目号GJ2018D55）的阶段性成果。原发表于《人民检察》2019年第8期，收入本书时有改动。

检察机关、审判机关、司法行政机关、国家安全机关）的办案、管理、服务、决策的全部领域、全部层级和全部过程。因此，打造法律实施的先进工具也必然是一项全面的系统工程，是新时代政法机关与时俱进的战略选择。

2017年7月作出"要遵循司法规律，把深化司法体制改革和现代科技应用结合起来"的重要指示后，2018年1月、2019年1月，习近平总书记又先后作出政法机关要"深化智能化建设""推动大数据、人工智能等科技创新成果同司法工作深度融合"的重要指示。中央政法委多次召开会议指出，智能化建设已成为全国政法机关继平安中国建设、法治中国建设、过硬队伍建设后的第四大建设任务。

检察机关作为中国特色的法律监督机关，承担着"追诉犯罪，维护国家安全和社会秩序，维护个人和组织的合法权益，维护国家利益和社会公共利益，保障法律正确实施，维护社会公平正义，维护国家法制统一、尊严和权威"的神圣职责。如何为检察工作打造智能化、科学化、人性化的专业工具，始终是检察科技条线的职责所在，使命所系。

最高人民检察院历届领导高度重视该项工作，先后提出了"科技强检"战略（2000年）、"三位一体"思想（2005年）、"四统一"指导原则（2009年）、"智慧检务"建设（2015年）、"三化"原则（2018年）。张军检察长多次指出："科学化是智慧检务的基础，最终要体现在办案质量效率提高、办案能力提升上。智慧检务是要用好智能手段，而不是依赖智能手段。要与公安、法院、司法行政机关实现互联互通，同时向社会公开；要成为开放、可持续、发展着的系统。"

2017年以来，最高人民检察院先后出台了《最高人民检察院关于深化智慧检务建设的意见》《检察大数据行动指南》《全国检察机关智慧检务行动指南》等系列重要规划文件，明确"到2020年底，全面构建应用层、支撑层、

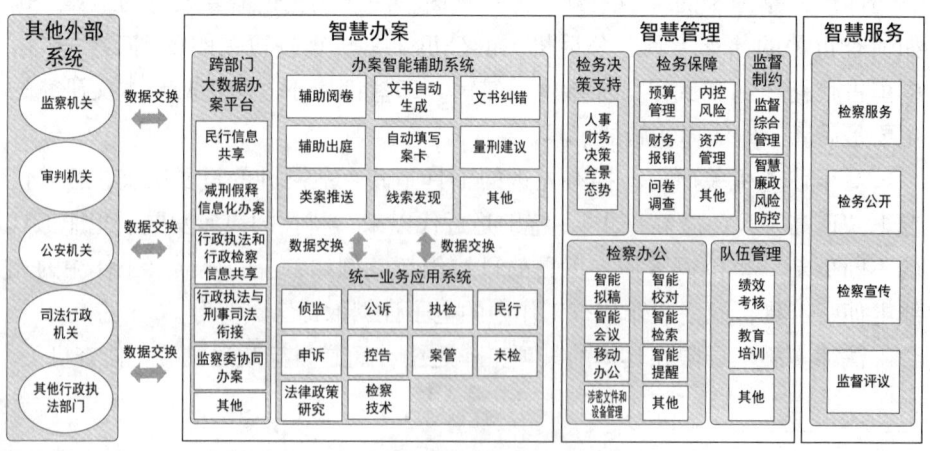

图1 智慧检务架构示意图

数据层有机结合的新时代智慧检务生态，助力提升检察机关司法办案的法律效果、政治效果和社会效果"的建设目标。实质上就是在为检察办案、管理、服务工作提供实用好用的现代工具。本文也将分别就智慧办案工具、智慧管理工具、智慧服务工具作简要介绍。

二、司法办案工具再造

当前，人民检察工作分为四大领域，分别是刑事检察领域、民事检察领域、行政检察领域、公益诉讼检察领域。2018年最高人民检察院内设机构重塑性改革后，共设立十个检察厅，其中负责刑事检察工作的有第一厅、第二厅、第三厅、第四厅、第五厅、第九厅，负责民事检察工作的主要是第六厅，负责行政检察工作的为第七厅，负责公益诉讼检察工作的为第八厅，第十厅负责受理向最高人民检察院的控告和申诉。

（一）再造刑事检察辅助工具

刑事检察工作是检察机关的传统优势领域，主要负责审查逮捕、公诉、刑事执行检察等工作，承担着惩治犯罪的重要职责。

1. 审查逮捕辅助工具，包括"研发犯罪嫌疑人'社会危险性'指数模型，实现审查批准逮捕工作的智能辅助办案；升级完善'两法衔接'平台，积极推进侦查监督平台建设"等。例如，2017年，贵阳市政法大数据办案系统在公安机关提请批准逮捕环节设置智能关口，按照证据指引对案件进行智能审查，对缺少检察机关制定的《审查逮捕证据标准指引》中规定证据的案件进行自动拦截。对证据材料不符合要求的案件，系统自动阻止该案进入下一个办案环节，并提醒侦查人员被阻止的原因和缺项清单，待补齐缺项后，提交法制部门审核，通过后推送至检察机关。再如，2015年广东检察机关侦查活动监督平台在全省三级检察院上线运行，将侦查监督环节监督事项精细分解为25类111项，涵盖侦查办案全过程，依托检察机关统一业务应用系统，把填报监督案卡和制作监督文书作为每个案件的必经程序，实现审查逮捕与开展监督同步。对违法违规问题进行汇总、分析，定期向相关侦查单位、侦查人员提出分析报告，督促侦查人员增强依法依规办案和规范执法意识。

2. 刑事公诉辅助工具，包括审查起诉智能辅助工具、量刑建议智能辅助工具、出庭公诉智能辅助工具等。例如，在辅助证据审查方面，江苏省检察机关刑事办案智能辅助系统，具有智能甄别判断证据疑点瑕疵功能，由计算机自动抽取电子卷宗，搜索归类、甄别判断出程序、证据、事实等方面存在的疑点和重点问题，供公诉人逐一审查判断，最终作出审查处理决定，截至2018年5月，共发现取证违法及证据瑕疵问题2139处，防止案件"带病起诉"。再如，浙江省宁波市海曙区检察院办案智能辅助系统，以犯罪要素抽取比对技术为基础，根据关键证据指标提供基准刑计算（如危险驾驶罪的酒精浓度指标、盗窃罪的盗窃金额指标等），同时列出本案具体法定、酌定量刑情节，供检察官勾选，自动生成认罪案件的审查报告和量刑建议。自 2017 年 10 月智慧公诉模块正式上线以来，累计处理危险驾驶、盗窃案件 245 件，准确率逾 97%。又如，2017 年 7 月，北京市检察机关上线"出庭能力培养平台"，旨在应用互联网思维打破出庭经验传播的壁垒，创造一种公诉同行评价机制和人才发现机制，打造公诉人自我组织管理、自我迭代进化的效果。截至 2018 年 6 月 3 日，北京市检察机关共发布观摩庭 2098 场，共计 5664 人次预约旁听，发布出庭百科 1170 条。

3. 刑事执行检察辅助工具，包括建立数学分析和类案比对模型，加强对羁押必要性审查、刑罚变更执行、社区矫正、财产刑执行等业务进行大数据智能分析和评估；非正常接触预警和日常行为智能监测等。例如，山东泰安智慧检务系统执检子系统具有减刑假释筛查、社区矫正数据比对、羁押必要性审查、图像及视频审查等功能。其中视频审查功能可以对多个 AB 门、提审室、监室、劳动场所等监控点的监控视频进行智能分析。通过和全市监管干警和在押人员的面部画像采集数据库对比，当有非监管干警或非在押人员出现时，系统就会自动提醒检察官，并对陌生人进行面部特征分析。再如，浙江省绍兴市检察院研发社区矫正智慧检察平台，具备智慧网络巡察、智慧任务派单、智慧分析反馈三项功能。绍兴市 4 名检察人员配备装有该平台客户端的手机，仅用 5 天时间就完成了对该市 12 个司法所 236 本矫正档案 317 个环节的排查任务，日均检查 2—3 个司法所，每个环节检查仅耗时 2 分钟，最终发现问题 52 个，发出检察建议 2 份。

（二）创新民事检察、行政检察辅助工具

2017 年 12 月，《最高人民检察院关于深化智慧检务建设的意见》明确指出："推进人工智能、大数据等现代科技在民事行政检察工作中的应用。加强行政执法、行政复议等信息的共享利用，探索构建与法院系统共享的民事行政诉讼监督平台，通过对民事、行政案件裁判文书的智能分析，辅助民事、行政案件抗诉工作；积极研发自动甄别民行审判异常、执行案件信息反常的智能信息系统，发现虚假诉讼、违法执行案件线索。"

1. 民事检察辅助工具，包括民事裁判文书分析系统、审判信息共享平台等。例如，河南省新乡市检察院研发智慧民行辅助办案系统，系统每 15 分钟检索一次新乡地区贴吧、论坛、微信、微博、新闻网站，联通"两法衔接"平台和法院裁判文书系统的信息通道，已积累互联网数据 40 余万条，4000 余万份公开裁判文书、120 余万条法律法规，实现了大数据与民事检察工作的深度融合。再如，2016 年，内蒙古自治区赤峰市检察院依托电子检务工程，以点对点专线联网为载体，创新搭建电子卷宗数据共享平台，平台上线一年间，赤峰市检察院共从法院调取民事行政监督类案卷 34 件 82 卷，有效节省了调卷时间，降低了印卷成本。

2. 行政检察辅助工具，包括行政执法检察监督平台、行政审判信息采集平台等。例如，2017 年江苏省丹阳市检察建立行政执法检察监督平台，汇总导入检察机关统一业务应用系统、两法衔接平台、12345 政府热线等数据，建立行政执法信息数据库。通过对信息进行碰撞、抓取、筛选、比对，并对线索信息的打分排序，获得有价值的案件线索，解决对行政机关监督难的问题。截至目前，一期平台已收录信息 76610 条，从中发现疑似线索 48 条。再如，2018 年，河北省承德市鹰手营子矿区常委会通过《鹰手营子矿区行政检察监督平台建设与运行暂行规定》，要求各行政机关加强与检察机关之间的信息沟通与协作。目前，该区 27 个行政机关已全部纳入平台管理，录入各类行政执法信息 4.4 万余条。行政检察监督平台通过设定关键词、关键节点，对行政执法主体执法程序、执法行为等多个执法环节进行自动对比、自动发现、自动预警，自平台运行半年来，检察院已立案监督案件 13 件。

（三）打新公益诉讼检察辅助工具

习近平总书记指出，"检察官作为公共利益的代表，肩负着重要责任；中国检察机关是国家的法律监督机关，是保护国家利益和社会公共利益的一支重要力量"。当前，公益诉讼已成为检察机关新的战略增长点。在信息时代，加快推进大数据、人工智能等前沿科技在检察公益诉讼领域的应用研发落地，显得尤为必要。

公益诉讼辅助工具包括公益诉讼线索分析平台、举报系统、辅助办案系统、无人机等取证固证工具等。例如，2017 年，吉林省检察机关建立公益诉讼大数据中心，已实时对接环保、国土、食药监等 40 余个行政执法单位信息，自动为检察官推送线索，解决民事行政公益诉讼案源线索发现难的问题。通过闭源数据采集，无需行政执法机关、软件公司配合即可获取行政执法数据，有效降低沟通协调成本 80% 以上。目前，平台已收录数据总量近 200 万条，检察机关已发出公益诉讼诉前检察建议 323 份，提起公益诉讼案件 5 件。再如，浙江省余姚市检察院开发了"掌上检察微公益"小程序，用户可以选择对应的五类公益诉讼案件类型，填写线索标题、详细内容、选择涉案地点、上报相关图片、音频、视频即可提交线索。线索初核通过后，小程序会自动建立对应的线索讨论空间，在该空间下检察官可以分别与举报人、媒体代表、行政机关代表沟通，作出是否立案决定。截至 2018 年 8 月，余姚市检察机关通过该平台，共收到公众线索举报 19 条，调查后已立案 3 件，发出诉前检察建议 5 件。又如，2017 年智慧检务创新研究院建立卫星遥感和区块链联合实验室，正在探索新技术由机器自动发现线索，一旦监测到指定区域内林地面积变小、耕地用途变更、水域被填埋或者污染等侵害公益的情况发生，线索信息将直接发送至检察机关,并在系统中同步存证,成为举证材料,从而可使公益诉讼取证固证过程更具客观性与公信力。

三、司法管理工具再造

全要素智慧管理是智慧检务的重点。通过建立智能检察管理模式,统筹优化检察机关人、事、财、物、策各项管理要素,探索智慧检察办公、智慧队伍管理、智慧监督制约、智慧检务保障、智慧决策支持等智能辅助应用,全面提升检察机关现代化管理水平。

(一)优化检察办公辅助工具

办文、办事、办会是确保政令畅通和国家机关工作高效、协调运转的关键,通过电子政务对检察办公进行流程再造,可以有效减少"文山会海"现象。

检察办公辅助工具包括检察办公信息系统、检察移动办公系统、检察档案信息化管理系统等。例如,2018年正式启动运行的最高人民检察院检察办公管理信息系统,具有公文处理、文件传阅、通知公告、事务督办功能、个人助理等功能。以发文管理为例,可以实现公文的起草、审核、签发、发号、校对、排版、部门会签、存档、发文办理的过程:首先由承办人在系统内进行拟稿,报处室负责人审核后,呈送厅局领导、院领导审批,根据审批意见选择后续办理节点,领导签发后交由文印室排版打印下发。再如,2017年12月,由江苏省检察院研发的"苏检掌上通"正式上线运行。"苏检掌上通"系统将全省三级院办公事项整合在同一系统上,服务全省检察人员办公、办案需要。系统包括掌上办文、办事、办会、办公、办案,开发了7大模块86个子模块。日常公文办理、请假、派车等事项和用警申请、同步录音录像申请等以及无纸化会议系统都可在掌上完成。又如,甘肃省检察院统一建设了全省检察档案管理信息系统,并采取集中式数据库模式,全省检察机关录入的机读目录120余万条、扫描档案1120余万页,干警可随时通过检察专网根据有关规定,进行实时在线归档、查询、管理。

(二)探索队伍管理辅助工具

习近平总书记多次指出"政法队伍是和平年代奉献最多、牺牲最大的队伍",要"加快推进政法队伍革命化、正规化、专业化、职业化建设,忠诚履职尽责,勇于担当作为,锐意改革创新","努力打造一支党中央放心、人民群众满意的高素质政法队伍"。

队伍管理辅助工具包括干部管理系统、机关党建系统、绩效考评系统、内部监督平台、网络培训平台等。例如,全国检察机关队伍管理系统采用统一研发、两级部署、四级应用的模式,项目包括"一库、一平台、两体系、十一个系统","一库"指建设全国检察机关队伍信息资源库;"一平台"是指开发支撑平台;"两体系"是指标准规范体系和系统安全保障体系;"十一个系统"分别为组织人事管理、宣传表彰管理、教育培训管理、政工综合指导、基层院建设指导、援藏援疆援赣、政工专项任务管理、纪检监察管理、机关党务管理、离退休干部管理、综合统计分析管理等子系统。满足全国检察机关队伍建设信息化管理需要,支持对全国检察人员从人员进入、岗位职责、任免调配、教育培训、表彰奖励、考核考评、人员退出的全生命周期管理。再如,2017年上海市浦东新区检察院研发部署检察官智能化业绩考评系统,实现对该院153名入额检察官履职绩效的自动化考评。考评系统从案件、时间、人员、绩效4个维度、7类56项实体问题,对检察官办案活动进行实时统计、分析和管理。可以一键生成检察官"业绩快照",自动生成涵盖不同条线、层级检察官的综合业务评价表及排名表,解决数据计算复杂、考核工作量大等问题,有效缓解考核职能部门工作强度和压力。又如,2015年,山东省检察机关廉政风险防控系统在全省范围推广,系统主要设置了同步监督、自动预警、综合处置、分析评估、结果运用和公开公示6项功能将检察工作涉及的214个风险点预先固化于计算机程序,并将相关法律法规、制度规定等提炼为具体的排查规则,由排查规则构成排查组件程序,自动运行开展同步监督。对发现的廉政风险,以"一人一案,一事一档"形式自动计入执法档案、廉政档案。承办人接到预警后,需及时进行整改,整改完毕并达到标准要求的,系统自动识别并予以确认。

(三)完善检务保障辅助工具

最高人民检察院《"十三五"时期检务保障工作规划纲要》明确提出,着力构建检务保障"六个体系",即以预算为重点的经费保障体系,以信息化为重点的科技装备体系,以"两房"为重点的基础设施体系,以满足业务需要和干警需求为重点的服务保障体系,以内部审计为重点的监督管理体系,以检务保障信息系统为重点的智慧检务保障体系。

检务保障辅助工具包括财务管理系统、资产管理系统、智能楼宇建设、公车管理调度平台等。例如,2018年,全国检察机关检务保障信息系统以预算管理为主线,以资金管控为核心,已基本实现全国四级检察院预算执行信息、检察保障业务、管理过程的全覆盖,一期系统的网上报销、财务管理、资产管理、财务报表等四个子系统已经部署应用。如网上报销子系统包括初始设置、费用申请、借款管理、采购支付、报销、报销查询、公务卡管理、费用统计等模块。在每项支出前,申请人需要填写系统内置的支出申请电子审批单(如差旅费、会议费、出国费、公务接待费、培训费电子审批单),打印凭单,粘贴原始凭证,提交财务预审和领导审批,会计对原始票据和在线单据进行核对,审核通过后自动生成凭证,由出纳支付报销款项。再如,山东省烟台市莱山区检察院研发车辆智能管理子系统，配置车钥匙智能卡柜，将"莱检通"、执法执勤车辆使用管理权限和网络连接到一起，每次用车均需刷卡，并与车辆行车记录仪、车辆出入射频扫描登记、周末公车封存等结合，实现了对执法执勤车辆的实时全程监督。

四、司法服务工具再造

全方位智慧服务是智慧检务的关键。通过建立智能检察服务模式，拓宽公开渠道，以人民为中心，构建实体检察院、网上检察院、掌上检察院三位一体的"互联网＋检察工作"新模式，全面提升检察为民服务质效。

（一）更新检务公开宣传辅助工具

最高人民检察院检察长张军多次强调，"检察新闻宣传工作是检察工作的重要组成部分"，"必须坚持党的绝对领导，坚持党管意识形态、党管媒体"，"要创新宣传形式，用好'两微一端'，善于运用网络语言、群众语言宣传检察工作，讲好检察故事"，"要适应网络传播差异化特点，有针对性加强网络舆情引导工作，形成正确的舆论导向和价值"。

检务公开宣传辅助工具包括官网网站、微博、微信、官方新闻客户端、短视频、涉检舆情分析系统等。例如，2017年2月，江苏检察机关门户网站集群正式上线，网站集群把江苏三级检察院125家门户网站进行深度整合、统一管理，集群化开展网络宣传和检察实务。网站首页共设置9个板块50余个栏目，涵盖队伍、检务、管理等各方面内容，突出了集群功能、履职功能、服务功能和宣传功能，可以一键直达全省125家检察院网站，便于快速浏览和在线互动。2017年共发布信息总量25万条、浏览量已经超过560万，全年点击阅读率与去年同期相比上升了265%。再如，山东泰安智慧检务系统专门设置了"热度分析"模块，相关部门可以在系统预置的"关键词列表"中，选取热点案件相关的案件关键词，并提取到靶标数据库，分析案件舆情热度、辅助生成案件舆情报告，报送检察长参考，完成对重大、敏感、复杂案件的精准把握。目前，山东省泰安市检察机关靶标数据库已预制了关键词一百余个，支持综合舆情、专题分析、简报生成、预警中心、热点追踪等功能。

（二）强化检察为民服务辅助工具

习近平总书记在十八届中央政治局第四次集体学习时谈到，"要努力让人民群众在每一个司法案件中都感受到公平正义，所有司法机关都要紧紧围绕这个目标来改进工作"。"司法工作者要密切联系群众，规范司法行为，加大司法公开力度，回应人民群众对司法公正公开的关注和期待。"

检察为民服务辅助工具包括服务大厅智能化改造、网络服务中心建设、检察服务小程序等。例如，2018年6月28日，最高人民检察院12309检察服务中心实体大厅正式启用。12309检察服务中心实体大厅包括业务咨询、控告申诉、国家赔偿与国家司法救助、案件管理等四类工作区域，实体大厅中各工作区域可以相对独立和隔离。同时根据工作需要，可以设置接待区、等候区、安检区、配套区等功能区域。12309检察服务中心网络平台包括12309网站、12309移动客户端（手机APP）、12309微信公众号和12309检察服务热线，具体承担检察服务、案件信息公开和接受外部监督等服务功能。网络平台由最高人民检察院统一研发、统一管理、统一部署，各地按要求分级使用、分级维护。再如，湖北省检察院已将湖北团118名全国人大代表、41名全国政协委员以及700余名省级人大代表、700余名省级政协委员对检察工作的意见建议录入大数据分析系统，系统可以按照不同要求，通过关键词抓取，自动实现代表委员意见建议的分类。系统还具有分组、记录、整理、导入、对比分析、分派、办理、提醒、预警、审批、反馈、归档、查询等15项功能。为代表委员建立个性化的联络档案，实现了见面率、办结率和满意率等多项指标显著提升。

五、小结与思考

在国家治理大局中，法律工作是一项专业性很强的工作。而在法律工作之中，法律工具的生产、加工、维护、改造更是一项专业性很强的具体工作，有许多需要思考和在实践中高度重视的注意事项。

一是明确法律工具的服务对象。俗语说"闭门造车，出门不合辙"。法律工具的服务对象是谁？应当是生产法律工具首先要明确的内容。在逻辑上，法律工具的服务对象同时也应当是该项工具的主要评价者，产品实不实用、好不好用，用户最有发言权。但是在实践中，生产者、使用者、管理者、评价者可能存在错位问题。例如不少产品管理者并不是日常工作主要的使用者，但是却主要承担了评价者功能。这样生产出来的产品绩效导向就可能存在严重偏差。

二是选择法律工具的技术路线。法律工具的技术路线容易有两种极端，一种是一味追求新技术，但是许多新兴技术并不完全成熟，或适应于法律场景，这样会导致法律工具的不稳定、不安全等问题，更容易有噱头之嫌。另一种是固步自封，完全抗拒新技术，这样会导致法律工具缺乏先进性，性能上存在较大差距，不能满足用户需求。技术路线的选择是一项在技术先进性和可靠性之间的反复估量过程，而不是由少数人"拍脑袋"决策的。

三是管理法律工具的规范制约。法律工具特别是国家机关法律工具是由财政拨款，包含大量公共数据或涉密数据的软硬件系统。一方面，在生产、加工、维护法律工具时，需要加强廉洁廉政工作，围绕政府采购项目、电子政务项目常见风险点进行科学化、精准化预防。另一方面,管理、使用法律工具时需要加强制度制约、保密管理,违规使用国家机关法律工具可能会导致国家秘密、个人隐私泄露,也可能会影响政法机关正常办案,有必要进一步加强法律工具日常管理的刚性规范和常态监督。

四是维护法律工具的高效运转。在制造业中,工具模型一次成型,一道工序就可以完成零件的制造加工。但是在社会科学领域中,法律工具的制造加工一次成型的概率不大,更需要的是工匠精神,需要法律专业人员和技术专业人员在设计中、使用时反复打磨,精益求精,甚至还需要为适应不同地区、不同检察官办案需求进行个性化配置。维护法律工具是和开发法律工具同等重要的工作,但是在实践中往往被人忽视,投入资源不足,需要引起高度重视,在开发、维护法律工具的同时持续建设精干内行、专业高效的检察信息化队伍。

参考文献

[1]张洋:《习近平在中央政法工作会议上强调全面深入做好新时代政法各项工作促进社会公平正义保障人民安居乐业》,《人民日报》2019年1月17日。

[2]张军:《智慧检务建设要聚焦科学化智能化人性化》,《检察日报》2018年6月5日。

[3]赵志刚、金鸿浩:《智慧检务概论:检察机关法律监督的科技智慧》,中国检察出版社2018年版。

[4]赵志刚、金鸿浩:《传统检察信息化迈向智慧检务的必由之路》,《人民检察》2017年第12期第10—13页。

(赵志刚系江苏省检查院党组副书记、副检察长;
金鸿浩系国家检察院讲师、清华大学法学院博士后)

人民陪审员制度的价值指向与实践契合

刘 峥 刘知行

人民陪审员制度并不是一项新的制度，早在20世纪上半叶就在中国共产党领导下的革命根据地具有制度运行的实践雏形，并在新中国立法中对其加以确立。人民陪审员制度虽然在司法实践中几经兴衰，且在理论界也是一直争论不休，但仍然呈现出顽强的生命力和影响力。2005年5月施行《全国人大常委会关于完善人民陪审员制度的决定》（以下简称《决定》）以后，人民陪审员制度得以全面复苏，并得到了长足发展，也为社会各界广泛认知。长期以来，由于受到司法权力结构、司法观念、法官习惯、陪审意识、民众共识等诸多因素的影响，人民陪审员制度在司法实践中仍然不同程度地存在"陪而不审、审而不议"等问题。为了解决上述问题，从2015年5月开始，人民陪审员制度启动了新一轮改革试点，对《决定》的部分内容作出了较大幅度的调整，并在部分法院试点工作基础上催生了人民陪审员法的诞生，标志着人民陪审员制度进入新的发展阶段。本文从该部法律的重点条文出发，简要剖析其中蕴涵的价值指向和基本内涵，力图使这项制度的实践操作更好地贴近立法要义和预设空间。

一、人民陪审员选用程序中的"三次随机"

按照民主的一般理论，一项制度的规则基本确定后，参与其中的潜在人数越多，就越能更好地实现这项活动的正当性和公信力。普通民众参加司法审判代表体现了司法民主，而司法民主的一个量化指标之一就是社会成员参与司法过程中的广泛性。在立法中，之所以在人民陪审员选用阶段不厌其烦地采用三次随机抽选或抽取，就是要设计出一种程序和技术，让更大范围内的民众有机会能进入人民陪审员队伍中，并能够平等地参与案件审理，从而保证人民陪审员成为无偏见的、公平的事实认定者或者法律适用者。《决定》规定，人民陪审员的选任由组织推荐和个人申请，由人民法院会同司法行政机关进行审查。从过去的实践来看，人民陪审员的选任工作基本上由基层人民法院主导进行。由此，有学者认为，与其他国家随机抽签决定候选陪审员的方式相比,我国候选陪审员的挑选过程既简单又体现出很强的法院意图,在选择过程中法院的偏好性不受控制。① 针对这一问题,改革试点已对人民陪审员选任程序作出较大改变。结合试点中反映的情况,人民陪审员法对此作出较为恰当的规定,即基层人民法院根据审判案件的需要,提请同级人大常委会确定人民陪审员的名额后,启动选任中的两次随机:一是司法行政机关会同基层人民法院、公安机关,从辖区内的常住居民名单中随机抽选拟任命人民陪审员数五倍以上的人员作为人民陪审员候选人,并对其进行资格审查,征求候选人意见;二是司法行政机关会同基层人民法院,从通过资格审查的人民陪审员候选人名单中随机抽选确定人民陪审员人选,由基层人民法院提请同级人大常委会任命。需要说明的是,前两次随机抽选的牵头机关由原来的基层人民法院变更为县级司法行政机关。第三次随机抽取发生在案件审理前,当符合人民陪审员参审范围的案件需要由人民陪审员参加合议庭审判的,由法院在人民陪审员名单中随机抽取确定。

目前,世界上绝大多数国家,无论是实行英美法系陪审团制还是大陆法系参审制,民众参与案件审理基本上是采用随机抽取模式,其主要目的在于通过随机方式临时确定案件的陪审员,限制了少数陪审员常驻法庭参加审判的可能性,也为其他陪审员参加审判提供了更多的机会,以实现陪审员参与审判的广泛性和中立性,彰显司法民主、防止司法腐败、增强监督功能、促进司法公正。如果仅要求人民陪审员选任环节具有广泛的代表性,而忽视个案随机抽取确定人民陪审员参审,仍然难以实现人民陪审员制度所要求的广泛性和代表性。我国采用的是个案抽取制,与其他国家相比,只是其个案陪审员的选任程序相对简略,没有对候选陪审员进行询问、审核的程序,检察官、当事人、律师也没有参与选取个案陪审员的权利。笔者认为,这一做法也是出于对传统的尊重、运作成本、民众接受度、规则的强制性等因素的考虑。近年来,各级人民法院的信息化建设有了长足进步,设计专门软件采用电脑摇号方式进行抽选,为人民陪审员选用程序中的三次随机提供了较为便利的技术条件。

过去,各级法院特别是经济发达地区基层法院普遍面临"案多人少"的压力,不少法院出于审判工作高效便利的考虑和惯性思维,认为采用随机抽选方式费时费力,总是倾向于选择那些空闲时间较多、配合程度高、社会阅历较为丰富的人民陪审员参加审判。久而久之,随机抽选人民陪审员的形式不断弱化,而逐渐代之以相对固定的模式,少数人民陪审员长期驻扎在法院参与案件陪审现象不可避免,并逐渐演化为实质上的"编外法官",甚至当作缓解法院人力资源不足的补充力量。长此以往,这部分陪审员与职业法官朝夕相处,一方面,法官在法律专业具有天然优势,且对陪审员在审判过程中加以

---

① 刘晴辉:《中国陪审制度研究》,四川大学出版社 2009 年版,第 175 页。

指引；另一方面，陪审员进入自己完全陌生的工作状态，自觉不自觉地在心理和行动上也有刻意向法官看齐的现实需求。在这样频繁反复的陪审过程中，人民陪审员的思维方式、道德标准日渐与职业法官趋同，最终丧失了人民陪审员作为法律外行在认识视角和价值观念上的独特优势，也与设置人民陪审员制度的初衷渐行渐远。上述三次随机抽选制度的关键就是随机，即确保每一位参与抽选的人民陪审员候选人都有同等的概率被选中，避免人民陪审员制度在实践中的异化现象。除此之外，人民陪审员法第二十四条还规定："人民法院应当结合本辖区实际情况，合理确定每名人民陪审员年度参加审判案件的数量上限，并向社会公告。"这一规定将极大地限制少数陪审员成为"编外法官"的可能性，是实现人民陪审员均衡参审的制度性保障。当然，这一上限标准是人民法院综合考虑本地的实际情况估算出来的。上限数量确定后，如果发现不符合实际情况的，可以在下一年度进行必要调整。

二、人民陪审员平民化或专业化的辨认

纵观世界各国的法治发展史，大多国家通过司法的精英化和大众化两种方式实现司法公正，司法的精英化代表着司法的职业理性，而司法的大众化则体现了大众理性，它们有着不同的生存空间。从某种意义上讲，司法的精英化和大众化同时并存，各有空间并形成互补。由于现代社会纠纷的复杂性，对于案件审理中一些涉及专业领域的技术性问题，各国都通过专门的司法程序加以解决。从理论上讲，法院寻求专业人士帮助存在多种选择项，如专家证人、鉴定人、技术调查官或专家辅助人。这些专家在诉讼中居于不同的诉讼地位。如专家证人、专家辅助人由当事人聘请，在法庭上针对专业问题进行解释或作证，从属于当事人；鉴定人或技术调查官主要向法庭提供专门技术意见，协助法官审查专门问题，类似于法官助手的性质。从实践情况来看，有不少法官反映，专家陪审员的作用往往要大于鉴定人和专家证人的作用。在案件审理中，由于专门性问题非一般普通人包括法官所能深入认知或理解，所以在法庭中专家陪审员的意见起着重要作用。在此过程中，专家陪审员不仅可以在法庭调查时有针对性的提问，而且在合议庭评议时可以有准确权威的发言，还可以促进法律文书制作的专业化和说服力。因此，在人民陪审员选任中，应注重考虑吸收社会不同行业、不同性别、不同年龄、不同民族的人员。严格意义上说，人民陪审员的广泛性和专业化之间并不存在绝对的矛盾和冲突，可以在扩大选任规模和严格选任标准的前提下得到协调和平衡。在人民陪审员选任中，一方面，要准确把握人民陪审员法中规定的选任资格条件，吸收社会各行各业的普通民众进入人民陪审员队伍，以大众的道德水准和日常经验对案件事实和各类证据进行综合分析和准确把握，弥补法官法律

职业思维的局限和不足；另一方面，也应适当兼顾审判工作所涉专业技术知识的实际需要，从相关专业领域岗位中选任一定数量的专业人员，以利于从专业角度准确认定案件事实和适用法律。在人民陪审员法中，虽然没有专门规定选任专门人员的程序，但也没有排斥专门人员进入人民陪审员队伍的规定。

近年来，"专家陪审"在德国、丹麦、瑞典等国家中悄然兴起，主要是针对一些需要金融、财会、专利等专门知识的案件审理，引进专门人员参与案件审理，以帮助法官更好地认定案件事实。根据我国实际情况，人民陪审员的选任，应当综合考虑现有诉讼制度、基层管理模式和公民对此项制度的可接受度等因素。一方面，绝大多数人民陪审员是采用两次随机的方式选出来；另一方面，仍然在该法第十一条规定保留了个人申请和组织推荐这两种方式，实际上就是为一部分专业人士进入陪审员队伍留出通道，但也明确作出限定，即通过这一方式选任的人民陪审员数量不得超过选任总数的五分之一。当然，笔者只是提倡不必刻意排斥专门人员进入人民陪审员队伍，并非赞同大规模采用"专家陪审"的方式。因为如果人民陪审员队伍大量充斥着各领域的专门人士，就显然违背了陪审制度的本质要求和价值底线。在司法实践中，尽管专家所具备的专业优势在一定程度上克服了法官知识的局限性，但每一个专家总会对专业知识中的分歧保持自己独特的观点，而对与之相反的观点予以排斥。在此类案件的事实认定上，法官大多对人民陪审员有过多的依赖，专家陪审员的专业偏见可以轻易地对合议庭的意见产生决定性的影响，有时甚至比无知还要有害，从而有碍司法公正和效率。况且，当案件处理涉及的一方当事人与陪审员具有相同或相似的社会角色时，"专家陪审"容易对这一方当事人倾注过多的同情，从而偏离审判中立之精神。如医疗专家审理医患纠纷、环保专家审理环境纠纷、企业主审理劳资纠纷等。在专业分工越来越精细的当下，即使在相同专业领域里，一个人也不能系统地掌握所有的知识和信息，有时愈到精深处出现的专业分歧愈加明显。我们在感叹人类智慧无比伟大的同时，每个人都不得不承认自身认识上的巨大局限性，正所谓隔行如隔山。鉴于此，审理每一类专业案件时，都希望有相关领域的专家参与陪审工作几乎是不可能实现的。在规则与民意的双重压力下，虽然人民陪审员制度为民意介入司法打开了一条通道，但不能指望某一项制度能够解决司法面临的各种难题。因此，除了在人民陪审员制度运行中综合平衡平民化与专业化的关系，还需要落实司法公开、完善诉讼制度、发挥庭审功能、改进裁判说理等配套措施。

三、人民陪审员参与审理案件的范围

人民陪审员法第十五条、第十六条将参审范围分为两种情形：一是保留了 2009 年最高人民法院《关于人民陪审员参加审判活动若干问题的规定》关于参审范围的界定，即"涉及群体利益、公共利益的以及人民群众广泛关注或者其他社会影响较大的案件"，同时增加规定："案情复杂或者有其他情形，需要由人民陪审员参加审理的"，也由法官与人民陪审员组成三人合议庭。二是规定了法官与人民陪审员组成七人合议庭审理第一审案件的范围，包括：（1）可能判处十年以上有期徒刑、无期徒刑、死刑，社会影响重大的刑事案件；（2）根据民事诉讼法、行政诉讼法提起的公益诉讼案件；（3）涉及征地拆迁、生态环境保护、食品药品安全，社会影响重大的案件；（4）其他社会影响重大的案件。上述参审范围的界定，既是对中央司法体制改革精神的具体贯彻，又是紧密结合改革试点以来的实践状况，同时也充分考虑到目前法院的审判力量、物质保障、基础建设等因素。第十五条和第十六条两者是包含关系，只不过第十六条规定的案件性质应更为重大。至于上述两个条文如何在审判组织、诉讼程序上作出具体区分，应由人民法院根据案件内容和其他具体情况而定。因为合议庭的组成属于人民法院依法依职权决定的内容。经过一段时间的司法实践后，最高人民法院也将出台司法解释对此作出进一步的明晰。此外，还在第十七条规定了当事人申请的情形，即"第一审刑事案件被告人、民事案件原告或者被告、行政案件原告申请由人民陪审员参加合议庭审判的，人民法院可以决定由人民陪审员和法官组成合议庭审判"。这一规定实际上扩大了人民陪审员的参审范围，也就是在第十五条、第十六条规定的范围以外，可以通过这一程序获得人民陪审员参与案件审理的机会，但这一程序的适用还是由人民法院根据个案的具体情况作出决定。

关于参审范围的界定，需要说明的是：第一，适用陪审制度审理案件的程序更为复杂，耗费司法成本更大，对适用陪审制度的案件范围和适用法院进行明确限制，旨在控制司法民主有可能被滥用而出现异化的趋向，且这是世界上大多数法治国家的通行做法。第二，案件社会影响较大或重大，往往来自方方面面的干扰也较大。由随机抽取的人民陪审员参与审判，可以使合议庭成员相互形成监督氛围，并有效抵御各种外界的干扰，集中精力审理案件，确保公正高效司法。这类案件已经超越个案的利益诉求和对某单一秩序的破坏，许多案件的发生有其特殊的社会结构根源，社会公众已从单一维权或对人身安全的诉求发展到对立法的合理性提出质疑。有的是依据现有法律规定已不能妥当解决纠纷，其中包含着现实情势的复杂变化、人情伦理的激烈冲突、法律适用的例外情形。对这些案件的审理，往往需要通过解释法律或者"造法"的方法进行。司法实践中这类案件的有效解决，会自觉或不自觉地促进法律制度的良性发展和社会治理方式的善性回归。如近年来舆论高度关注的许霆案和于欢案等。第三，公益诉讼案情复杂度高、涉及人数众多、利益冲突巨大、社会影响面广，涉及不特定主体的社会公共利益。公益诉讼不仅具有解决纠纷、保护公共利益、制止不当行为等功能，还具有形成公共政策、弥补行政执法不足、制约公权力滥用等特殊功能。当然，对于司法实践中提出的公益诉讼是否均应由七人陪审合议庭审判的问题，笔者认为，以文义解释为基础，从第十六条所列内容的内在结构和上下文的体例安排来理解，公益诉讼本身就应当是社会影响重大的案件。当然在司法实践中对公益诉讼的范围尚存一定争议，但这种认识上的分歧并不影响这一条款的适用。因为从体系解释出发，不能孤立地理解这一条款，而要将其与本法其他条款有机联系起来进行解释，以尽可能保持含义的一致性，也就是拉伦茨所说的"法律的意义脉络"。①第十六条规定的均是社会影响重大的案件，笔者理解应是对这一条规定情形的性质定位和范围限定。同理，并不是所有可能判处十年以上刑罚的刑事案件均列入参审范围，而是只有社会影响重大的案件方可纳入其中。第四，七人陪审合议庭的适用范围应有所控制。第十六条第（四）项规定的"其他社会影响重大的案件"，主要是指与前三项列举的案件具有类似程序的社会影响的案件，其目的是给司法实践中未列举的案件适用七人陪审合议庭留有余地，但立法中的弹性规定并不是鼓励扩大七人陪审合议庭的适用范围。因为人民法院的司法资源还相对有限，七人陪审合议庭的启用毕竟司法成本较高，应在司法实践中有所控制，不宜大范围铺开。第五，当事人申请陪审，既是对人民陪审员法第十五条、第十六条规定范围的补充，又体现了当事人对人民陪审员的充分信任。人民陪审员来源多、分布广，社会经验和生活阅历较为丰富，他们深谙社会规则的运行之道，不易受到当事人、证人或律师的诱导或蛊惑，也不易执着于僵化的固定思维。面对形形色色的案件当事人，人民陪审员可以设身处地现身说法，既能提高调解效果，又能增强判决的可接受性，使案件顺利解决，缩短诉讼周期。除了上述法律刚性规定的案件类型以外，对于社会关注度高、案情复杂疑难的其他案件，可以引导适用但不强制适用。第六，在当前"案多人少"的情境下，实行人民陪审员制度，且将其参审案件范围分成两类，客观上为案件审理的繁简分流创造了条件。人民陪审员参加合议庭审判案件，可以使审判资源进一步实现合理配置，既可以促进合议庭办案质量的提高，又能够保证独任法官有足够的时间和精力适用简易程序快审快结大量的案件。

四、事实审与法律审的区分

人民陪审员法第二十一条规定："人民陪审员参加三人合议庭审判案件，对事实认定、法律适用，独立发表意见，行使表决权。"第二十二条规定："人

---

① ［德］卡尔·拉伦茨：《法学方法论》，陈爱娥译，商务印书馆 2003 年版，第 204 页。

民陪审员参加七人合议庭审判案件,对事实认定,独立发表意见,并与法官共同表决;对法律适用,可以发表意见,但不参加表决。"这一规定实际是对人民陪审员制度的结构性改造,既保留了传统的法官与人民陪审员权力共享的模式,又适当参照了英美国家的陪审团做法,陪审员仅判断证据的真伪和事实的真相,从而形成了全世界独具中国特色的人民陪审员参审模式。之所以这样规定,主要是要解决"人民陪审员是不懂法律的外行,不应该勉为其难要求其对法律问题作出裁断"的问题。从理论上讲,事实问题与法律问题的区分并非绝对,且即使人民陪审员仅对事实问题作出认定,也无法脱离诉讼程序以及对证据规则的了解和判断。虽然法律已经规定了在七人陪审合议庭中区分法律审与事实审,但对如何在程序、标准、方法和内容上作出具体区分尚无明确规定,导致许多法官在司法实践中出现欲可为却不知如何为的窘境。

第一,强调法官的指引、提示义务。人民陪审员法第二十条规定:"审判长应当履行与案件审判相关的指引、提示义务,但不得妨碍人民陪审员对案件的独立判断。"这一规定实际上对法官办案提出了更高的要求,需要法官承担不可推卸的法律义务,且这一义务贯穿诉讼的全过程。从这一意义上说,事实审与法律审的区分是不是能够真正得到有效实施,关键因素不在人民陪审员的作为,而在于法官是否认真履行了这一法定义务。开庭前,法官应将案件可能涉及的法律条文、庭审程序、合议规则等提前发送给人民陪审员,并根据人民陪审员的要求适当进行解释。对疑难复杂的案件,还应当制作事实问题清单,帮助人民陪审员把握案件审理重点。庭审中,审判长应当与人民陪审员及时沟通,征询人民陪审员在案件事实判断方面存在的问题,适时归纳案件争议焦点,并根据情况组织庭审调查和法庭辩论,积极引导和帮助人民陪审员围绕案件待查事实对当事人进行必要的发问,通过庭审完成证据审查和事实判断。评议中,审判长应当总结归纳案件事实和法律的诉争要点,必要时,还可以再次完善列明事实问题清单,并按照法律规定,对本案中涉及的事实认定、证据规则、法律规定等事项及应当注意的问题,向人民陪审员进行必要的解释和说明,以合理引导人民陪审员作出正确的事实认定,但不能影响其对案件事实作出独立的判断。此外,在有些案件中,事实问题和法律问题交叉,认定事实是以法律规定为前提,由于人民陪审员并不熟悉法律规定,很难作出恰当的事实认定,这就需要审判长就有关法律、司法解释规定的标准进行必要的解释和说明。这里需要特别注意的是,各个环节的指引、提示内容应当清晰明了、逻辑一致,特别是庭审中的指引、提示应当在当事人在场的情况下作出,并记入庭审笔录,以便于当事人及其代理人或律师进行必要的监督,从而保证法官指引、提示的中立性和公正性。对法官违反中立要求,滥用人民陪审员指示权,并造成人民陪审员事实认定上的偏差,影响案件的公正审判的,最高人民法院应当在后续的司法解释中对此作出相关救济性规定。法官的指引和提示对于保证人民陪审员准确判断事实问题意义重大:一方面,人民陪审员对案件事实的认定,即使是对原生事实问题的判断,也应受证据规则等法律规范的约束。人民陪审员如果不能理解并遵守这些法律规范,就不可能准确判断事实问题。另一方面,法官对控辩双方基本立场和证据的客观总结,有助于人民陪审员厘清思路和回忆案情,从而更好地回答事实问题。

第二,列举问题清单是法官行使对人民陪审员指导职责的法定方式。问题清单的内容应包括基本问题、事实争点问题和综合问题三个部分。基本问题是指案件的相关构成要件是否成立或满足;事实争点问题是指影响各项构成要件成立与否的、有待查明和判断的争议事实;综合问题是指在解决上述基本问题和事实争点问题的基础上,询问人民陪审员被告人是否有罪、原告的诉讼请求是否成立或部分成立。关于问题清单中问题之表达,基于尽可能区分法律问题与事实问题的基本要求,问题清单的设计要注意:一是用来表达问题的措辞尽量采用日常生活用语,必要时也可以用法律概念来表达,以确保需要人民陪审员回答的问题是原生的事实问题。二是问题之表达只能用一般疑问句,且应采用一问一答方式,仅需要人民陪审员回答是或否、有罪或无罪即可。目前,上述问题清单虽然还没有全国通行的范本,但部分试点法院对此已进行了有益探索。最高人民法院将对地方法院探索进行总结提炼,并结合七人陪审合议庭审理案件的范围和类型,尽快研究制作出事实问题清单的指导性范本,供全国法院参照使用。

第三,明确区分案件事实问题的判断规则。对事实问题和法律问题的区分主要考虑是何种问题适合人民陪审员作出判断。人民陪审员认定的案件事实应仅限于实体事实,不包括程序事实。因此,在案件审理中,由人民陪审员认定的事实问题主要包括证据事实和基于证据规则、法律规定演绎的事实,其中涉及事实认定的证据规则和相关法律规定,则由审判长向人民陪审员作出解释和说明。一般来说,诉讼程序、证据能力、法律适用、法条解释、罪名选择和量刑确定等属于法律问题,应当由法官决定。[①]结合我国三大诉讼法相关规定,具体而言,在刑事诉讼中,人民陪审员参与认定的事实是指刑事案件公诉人指控的犯罪事实,以及犯罪构成要件和量刑情节事实;在民事诉讼中,人民陪审员参与认定的事实是指民事案件当事人主张和举证证明的事实,以及基于证据规则、法律规定认定的事实;在行政诉讼中,人民陪审员参与认定的事实是指行政机关作出的行政违法事实和行政相对人实施的行为

[①] 贺小荣、何帆、危浪平:《〈人民陪审员制度改革试点工作实施办法〉的理解与适用》,《人民法院报》2015年5月22日。

事实。我们应该承认，目前，区分案件事实问题的界限还比较模糊，基于法官在法律专业和审判经验上的优势，何为案件事实问题争议的判断权一般交由法官作出裁决。

第四，案件事实问题认定分歧的解决机制。人民陪审员法第二十二条规定，人民陪审员参加七人合议庭审判案件，对事实认定，独立发表意见，并与法官共同表决。在司法实践中，由于各自职业立场、知识背景等因素，法官与人民陪审员对于事实认定的分歧经常发生。如果出现意见分歧，应当按多数人意见对案件事实作出认定，但是少数人意见应当写入笔录。有人因此就会担心，人民陪审员会因为人数占优而推翻法官的专业意见，但该法已同时规定，合议庭组成人员意见有重大分歧的，人民陪审员或者法官可以要求合议庭将案件提请院长决定是否提交审判委员会讨论决定。从这一意义上，这种机制有利于法院实现对审判权力的有效控制，体现了职权主义诉讼模式下权利行使的要求。其实，为了避免对重大案件的明显误判，日本裁判员法中规定，裁判员参与审判的案件中，不是采用包括裁判员和法官在内的简单多数意见，而是规定如果要判决被告人有罪，必须同时包括有法官和裁判员的过半数意见决定，即除了要过半数以外，持多数意见者必须有一名是法官，否则只能按无罪处理，旨在体现分担责任、互相协作、共同决定。这一做法也值得我国人民陪审员制度的配套措施中加以借鉴。

（刘峥系最高人民法院司法改革领导小组办公室副主任；
刘知行系中国政法大学国际法院涉外法律实验班学生）

孔子、马克思与法治

——论法治话语的两种非典型构境

倪寿鹏

党的十八届四中全会提出了全面推进依法治国的总目标,并强调要"汲取中华法律文化精华,借鉴国外法治有益经验,但决不照搬外国法治理念和模式"。①2017年5月3日,习近平总书记在中国政法大学考察时再度指出:"全面推进依法治国是一项长期而重大的历史任务,要坚持中国特色社会主义法治道路"。②这都要求我们立足中国国情、民情和党情的实际情况,充分重视和汲取世界范围内的法治理论资源和实践经验。

对于什么是法治,古希腊大哲亚里士多德有一个著名的观点:"法治应包含两重意义:已成立的法律获得普遍的服从,而大家所服从的法律又应该本身是制订得良好的法律。"③在亚里士多德看来,"谁说应该由法律遂行其统治,这就有如说,惟独神祇和理智可以行使统治;至于谁说应该让一个个人来统治,这就在政治中混入了兽性的因素。常人既不能完全消除兽欲,虽最好的人们(贤良)也未免有热忱,这就往往在执政的时候引起偏向。法律恰恰正是免除一切情欲影响的神祇和理智的体现。"④可见,亚里士多德主要是从法治优越于人治的角度来立论。

亚里士多德的这一观点在国际学术界本来是常识,但是在我国国内一直不乏反对者。这些反对者常常也充满理论自信,一个重要的原因就是他们将孔子或马克思引为同道,认为这两位大哲和他们一样也是反对法治的。这种看法或多或少是出于误读,因为孔子和马克思批评的法治都只是某种狭义的法治,前者批评的是刑治即专务刑罚的法治,后者批评的是名不副实的资产阶级法治。就法治的一般含义和根本精神来说,孔子、马克思和亚里士多德

---

① 《中共中央关于全面推进依法治国若干重大问题的决定》,《人民日报》2014年10月29日,第1版。
② 《习近平在中国政法大学考察》,《人民日报》2017年5月4日,第1版。
③ [古希腊]亚里士多德:《政治学》,吴寿彭译,商务印书馆1963年版,第199页。
④ [古希腊]亚里士多德:《政治学》,吴寿彭译,商务印书馆1963年版,第168—169页。

一样都丰富和发展了法治理论。

一、孔子：法治与礼治、德治

先看孔子是怎么说的。在这方面，人们经常引用《论语·为政》中的话，譬如，"为政以德，譬如北辰，居其所而众星共之"①，"道之以政，齐之以刑，民免而无耻；道之以德，齐之以礼，有耻且格"②。就法律作为刑律这一狭义而言，孔子主张礼治和德治，确实反对纯粹的法治；但就法律作为社会普遍规范这一广义而言，孔子的礼治思想则包含着与法治相通的意蕴。清人孙星衍在《重刻故唐律疏议序》中说"律出于礼"，"周公寓刑于礼，不制刑书"。③孔子一生以恢复周礼为己任，他只是反对外在于礼的刑律，并不反对作为礼的一部分的刑律。这种内在包含刑律但更注重道德教化的礼就是孔子心目中的国家根本大法，礼治也就是孔子式的良法善治。当然，在孔子的时代，对于礼中蕴含的道德的理解还比较粗疏和独断，不能区分梁启超所谓私德和公德，或者李泽厚所谓宗教性道德和社会性道德，这就使得礼中混杂着一些不宜作为社会普遍规范尤其是法律规范的狭隘观念，这是我们需要指出并克服的。

有人以孔子说过"为政在人，取人以身，修身以道，修道以仁"④（《礼记·中庸》）一类话为根据，断言孔子主张人治。萧公权在《中国政治思想史》中批驳了这种观点，他说孔子"爱惜周道之伤，故亟图以人治救方策之弊。故孔子之注重'君子'，非以人治代替法治，乃寓人治于法治之中"⑤。这就是说，孔子在强调为政在人的时候，并没有后世心性儒学那种舍弃制度专务道德的倾向，只是希望通过一时的人治恢复周礼，补救和修正当时已遭破坏的制度。在孔子心目中，周礼乃至殷礼、夏礼与人的主观任性无关，都是圣贤们研究宇宙人生的一般规律之后，从人类生存和发展的现实需要出发而制定的，可谓"先天而天弗违，后天而奉天时"⑥。试引周礼的集大成者周公的话为证："且闻禹之禁：春三月，山林不登斧，以成草木之长；下三月，川泽不入网罟，以成鱼鳖之长。且以并农力执，成男女之功。夫然，则土不失其宜，万物不失其性，人不失其事，天不失其时，以成万财。万财既成，放此为人。此谓

---

① [宋] 朱熹：《四书章句集注》，中华书局1983年版，第53页。
② [宋] 朱熹：《四书章句集注》，中华书局1983年版，第54页。
③ [唐] 孙星衍：《重刻故唐律疏议序》，载长孙无忌等：《唐律疏议》，刘俊文点校，中华书局1983年版，第667页。
④ [汉] 郑玄：《礼记正义》，北京大学出版社1999年版，第1440页。
⑤ 萧公权：《中国政治思想史》上册，商务印书馆2011年版，第78页。
⑥ [清] 李道平：《周易集解纂疏》，中华书局1994年版，第65页。

正德。"①(《逸周书·大聚解》)这大概是环境保护法的原始形态吧!大禹和周公等人设下这样的禁令,其礼法之治在孔子看来是出于清明之理智而非偏私之情欲。

从孔子近似法治的礼治思想中,我们可得出如下启示:

第一,法治的形式正义一定要能体现实质正义,故有"德礼为政教之本,刑罚为政教之用"②、"德又礼之本也"③等说。

第二,法治的实质正义必须通过制度化的形式来加以落实,故有"道德仁义,非礼不成"④、"动容周旋中礼者,盛德之至也"⑤等说。

第三,法治的实质正义是以人为本的,遵循包括人性在内的万事万物的自然规律,故有"使人以有礼,知自别于禽兽"⑥、"制礼义以分之,以养人之欲,给人之求"⑦等说。

当然,我们也不必讳言,孔子学说的人治色彩仍然很浓郁,其所谓礼治并不是共同体成员民主自治的表现形式,说到底仍然是一种圣贤政治或精英政治。孔子虽然也重视人类理智和自然规律,但重视程度远远不足。因此,在使礼或广义的法律超越地方的狭隘性和个人的主观性方面,他只是寄希望于当权者复古改制,即使能收一时之效也难免人亡政息的结果,另外后世将礼教条化也容易走向以人为本的反面,出现鲁迅所批评的那种假礼教之名而吃人的现象。

二、马克思:法治与社会主义

再看科学社会主义的奠基人马克思与法治的关系。马克思 1835 年进入波恩大学法律系学习,第二年转入柏林大学法律系。他修读过法学纲要、自然法、罗马法史、罗马法全书等多门课程,并广泛阅读了相关文献。一开始他对康德和费希特的法治理论感兴趣,并试图创立某种法哲学体系贯穿整个法的领域,"根据一种不是来自任何事实、不可能寓于任何事实的规律,对事实进行评判"⑧。但是马克思很快意识到这种"体系的虚假,体系的纲目近似康德的纲目,而执行起来却完全不是那样"⑨。康德和费希特式的法哲学体系虽然

---

① 黄怀信等:《逸周书汇校集注》,上海古籍出版社 1995 年版,第 430—431 页。引文依校注改"有生而不失其宜"为"土不失其宜"。
② [唐]长孙无忌等:《唐律疏议》,刘俊文点校,中华书局 1983 年版,第 3 页。
③ [宋]朱熹:《四书章句集注》,中华书局 1983 年版,第 54 页。
④ [汉]郑玄:《礼记正义》,北京大学出版社 1999 年版,第 14 页。
⑤ 杨伯峻:《孟子译注》,中华书局 1960 年版,第 338 页。
⑥ [汉]郑玄:《礼记正义》,北京大学出版社 1999 年版,第 15 页。
⑦ 章诗同:《荀子简注》,上海人民出版社 1974 年版,第 203 页。
⑧《费希特著作选集》第 1 卷,梁志学等译,商务印书馆 1990 年版,第 193 页。
⑨《马克思恩格斯全集》第 40 卷,人民出版社 1982 年版,第 13 页。

看起来体大思精，但是在德国的专制现实面前显得软弱无力，到1837年马克思已觉得它不仅不能改变世界，甚至也不能解释世界。他在一首小诗中写道："康德和费希特在太空飞翔，对未知世界在黑暗中探索；而我只求深入全面地领悟，在地面上遇到的日常事物。"①

这时候黑格尔哲学强烈吸引了马克思，因为黑格尔体系宣称能不断扬弃现有和应有之间的矛盾，并断言这是作为主体的实体的基本存在方式。马克思据此相信"在生动的思想世界的具体表现方面，例如，在法、国家、自然界、全部哲学方面……我们必须从对象的发展上细心研究对象本身，决不应任意分割它们；事物本身的理性在这里应当作为一种自身矛盾的东西展开，并且在自身求得自己的统一"②。然而，马克思对黑格尔的皈依并没有持续多长时间，1842年他主编《莱茵报》时遇到要对所谓物质利益发表意见的难事，那时他便开始对国家和法的一般精神能否扬弃市民社会的原子化状态将信将疑了。因为根据黑格尔的逻辑，国家对于个人是以国家的身份出现的，其义不容辞的职责就是把事情办得符合自己的理性、自己的普遍性，保护每一位公民生存和发展的权利，然而在实际生活中，国家却常常使自己降到私有制的与理性和法相抵触的水平。

在费尔巴哈的启发下，马克思领悟到黑格尔只是在思维中扬弃了感性世界诸矛盾的思维形式，比如用国家的概念扬弃市民社会的概念，这一思辨游戏根本没有穿透意识的内在性，并不能揭示现实的国家与市民社会的关系。在正义理想和不义现实之间，黑格尔较之康德和费希特至多是五十步笑百步而已。于是马克思对黑格尔法哲学展开批判分析，结果发现："法的关系正像国家的形式一样，既不能从它们本身来理解，也不能从所谓人类精神的一般发展来理解，相反，它们根源于物质的生活关系，这种物质的生活关系的总和，黑格尔按照十八世纪的英国人和法国人的先例，称之为'市民社会'，而对市民社会的解剖应该到政治经济学中去寻求。"③

在这一思路下，马克思得出了一些激进结论。他对工人说过："难道经济关系是由法的概念来调节，而不是相反，从经济关系中产生出法的关系吗？"④他还说过："你们认为公道和公平的东西，与问题毫无关系。问题就在于：一定的生产制度所必需的和不可避免的东西是什么？"⑤这些表述都将法权观念视为生产关系的副现象，或者说不具有自身独立性的上层建筑。恩格斯后来解释说，马克思和他以往总是从经济基础来解释法权观念，这主要是

---

① 《马克思恩格斯全集》第40卷，人民出版社1982年版，第651—652页。
② 《马克思恩格斯全集》第40卷，人民出版社1982年版，第10—11页。
③ 《马克思恩格斯全集》第13卷，人民出版社1962年版，第8页。
④ 《马克思恩格斯选集》第3卷，人民出版社2012年版，第361页。
⑤ 《马克思恩格斯选集》第2卷，人民出版社2012年版，第47页。

针对资产阶级唯心史观进行纠偏,确切说来,"政治、法、哲学、宗教、文学、艺术等等的发展是以经济发展为基础的。但是,它们又都互相作用并对经济基础发生作用。这并不是说,只有经济状况才是原因,才是积极的,其余一切都不过是消极的结果,而是说,这是在归根到底不断为自己开辟道路的经济必然性的基础上的相互作用"①。

恩格斯的解释并没有打消人们对于马克思主义法学的疑虑。哈贝马斯就认为马克思主义缺乏一个令人满意的法学传统。②阿图尔·考夫曼则说:"人们对克伦纳提出的'马克思主义法律理论留下了什么'之问,只能以确实没有来回答,尽管马克思作为哲学家无疑将与世长存。"③但是也有不少学者如博登海默等人接受了恩格斯的修正式解释。拉德布鲁赫还进一步发挥道:"把这个经济利益和权力'转化和改写'为法律的文化形式,就促使法律本身固有的规律性逐渐摆脱了经济利益的主宰。"④他的意思是说,我们通常认为资产阶级的法权革命仅仅实现了政治解放,无关超越阶级的人的解放,实际上像作为普遍人权的自由一旦在政治层面得到确认,也会惠及无产阶级,例如"各种自由中的结社自由也为斗争中的无产阶级发挥过作用,而且变成了反对资产阶级的斗争工具,而这个自由本来是来源于资产阶级的利益的"⑤。

就法治理论的构建而言,拉德布鲁赫的观点富有建设性,但还没有抓住问题的要害。因为按照经济决定论的思路,只是要求资产阶级的国家和法能够代表资产阶级的全局利益和长远利益,并不排除它在一定程度上包含无产阶级的利益,甚至偶尔也损害某些具体的资本家的利益。问题的要害在于能否确立一种有别于资产阶级法权的社会主义法权,我认为答案是肯定的。过去我们对马克思的《黑格尔法哲学批判》这部书的解读,通常只抓住"市民社会决定国家"⑥方面,相对忽视建立"真正的民主制"⑦方面。有些学者虽然注意到马克思讲的民主制,但是将之与资产阶级民主制混为一谈,认为这不过是马克思思想不成熟的表现。实际上资产阶级民主制和马克思讲的民主制存在重大区别,前者是国家和市民社会二元对立框架下的一种资产阶级国家政体,后者则力图扬弃国家和市民社会的二元对立,使法的统治贯穿市民社会的物质性内容,成为"人民的自我规定"⑧。如果说"市民社会决定国家"代

---

① 《马克思恩格斯选集》第 4 卷,人民出版社 2012 年版,第 649 页。
② 参见郁建兴:《自由主义批判与自由理论的重建》,学林出版社 2000 年版,第 352 页。
③ [德] 阿图尔·考夫曼:《当代法哲学和法律理论导论》,郑永流译,法律出版社 2002 年版,第 105—106 页。
④ [德] 拉德布鲁赫:《法哲学》,王朴译,法律出版社 2005 年版,第 22 页。
⑤ [德] 拉德布鲁赫:《法哲学》,王朴译,法律出版社 2005 年版,第 22 页。
⑥ 参见《马克思恩格斯全集》第 3 卷,人民出版社 2002 年版,第 10—12 页。
⑦ 参见《马克思恩格斯全集》第 3 卷,人民出版社 2002 年版,第 41 页。
⑧ 参见《马克思恩格斯全集》第 3 卷,人民出版社 2002 年版,第 41 页。

表一种具有科学精神的解释线索，那么建设"真正的民主制"则代表一种充满人文关怀的实践线索。只有将这两条线索统一起来，在准确把握历史一般规律和趋势的基础上推进扬弃私有制的社会主义法治实践，才能超越政治解放实现人的解放。

从马克思的法学思想中，我们可以得出如下启示：

第一，法治的资本主义形式不同于社会主义形式。在资本主义社会中，由于资本家和工人在生产关系中的不平等地位，"强者的权利也以另一种形式继续存在于他们的'法治国家'中"[1]。社会主义法治则消除阶级分化，限制强者的权利，保障弱者的权利，建设以最广大人民为主体的真正的民主制。

第二，法治和平等权利一样都是历史的产物，只是随着近代市场经济的发展，市民社会与国家分离后，限制公权力、保障公民平等权利的法治才有望较普遍地成为现实。用恩格斯的话说："要从这种相对平等的原始观念中得出国家和社会中的平等权利的结论，要使这个结论甚至能够成为某种自然而然的、不言而喻的东西，那就必然要经过而且确实已经经过了几千年。"[2]

第三，只有大力推进社会主义市场经济，解放和发展生产力，使以人身依附关系为本质特征的传统农业社会向现代工商业社会和信息社会转型，培植和促进市民社会在我国发展成熟，进而实现市民社会与国家的良性互动，才能为中国特色社会主义法治创造现实的主客观条件。

必须指出，马克思在使社会从空想到科学的过程中，越来越倚重实证分析，集中论证资本主义社会的内在矛盾运动必将激起无产阶级革命，但革命过程中和成功后通过何种制度使"每个人的自由发展是一切人的自由发展的条件"[3]成为可能，他后来并没有沿着其在《黑格尔法哲学批判》中建立"真正的民主制"的思路深入下去。他甚至没有完成其政治经济学批判的计划，更加没有时间回到这个至关重要的论题上。根据马克思早期著作提供的思想线索，他一直希望帮助人类实现"定在中的自由"[4]。他之从事政治经济学批判，就是要深入研究人的定在、人在市民社会中的现实存在，为最终扬弃这种定在的不合理形态而奋斗。从实践的观点看，这一理想的实现除了要掌握历史发展的一般规律和趋势，更重要的是要能动地进行制度建构，实现良法善治。尽管马克思没有具体深入地探讨未来社会的制度建构问题，但是在其《国际工人协会共同章程》《法兰西内战》等著述中，我们还是隐约可见一些扬弃资产阶级法权的新的政治价值原则。

---

[1]《马克思恩格斯全集》第30卷，人民出版社1995年版，第29页。
[2]《马克思恩格斯全集》第20卷，人民出版社1971年版，第113页。
[3]《马克思恩格斯选集》第1卷，人民出版社2012年版，第422页。
[4]《马克思恩格斯全集》第1卷，人民出版社1995年版，第50页。

三、几点余论

在 21 世纪的中国建设社会主义法治国家,我们决不能教条主义地照搬古人的思想,必须立足我们的国情、民情、党情等实际,以史为鉴,博采天下之长为我所用。联系孔子和马克思的有关思想,我们认为值得借鉴的至少还有:

第一,法治是以民为本的,更确切地说,是以人民为主体的。正如金耀基所说,孔子的"政治思想固不足以称民主主义,但实含浓厚之民本思想。……其种种主张,如尊王也,正名也,表面观之似系为封建君主说法,实则,骨子里无一而非为生民立命也"①。孔子的民本思想上承《尚书》中民为邦本的古训,下启孟子民贵君轻的石破天惊之语。尽管我们不能像康有为那样将孔子说成是民主先驱,却必须承认他对执政者的谆谆告诫始终是以民为本的,以民为中心的。封建统治者是很难听进逆耳忠言的,只有到我们的人民共和国,共产党作为执政党,中央才一再申明治国理政都要"以人民为中心"②。党的工作坚持以人民为中心并不意味着否定马克思主义传统中人民的主体地位,恰恰相反,党作为人民的先锋队内在于人民之中,党领导广大群众建设中国特色社会主义,正是人民当家作主在当代中国的具体方式。党的十九大报告深刻指出:"人民是历史的创造者,是决定党和国家前途命运的根本力量。必须坚持人民主体地位,坚持立党为公、执政为民,践行全心全意为人民服务的根本宗旨,把党的群众路线贯彻到治国理政全部活动之中,把人民对美好生活的向往作为奋斗目标,依靠人民创造历史伟业。"③

第二,法治不是严刑峻法之治,而是与德治相统一。为了防止德治传统的人治的、专制的因素冲淡今日法治作为民主自治的核心意涵,笔者曾追随李德顺先生写过《从德治到法治——中国廉政建设的必由之路》一文。该文的中心思想是:"德治的各种提法,其含义始终未能超出古代儒家以德治国的水平;而法治的各种提法,必须严格区分两种含义:一种含义源自古代法家,主张君主用严刑峻法来治理臣民;另一种含义源自西方启蒙思想家,主张人民平等地订立社会契约,选举并监督自己的代表来处理公共事务。作为执政理念,只有法治的第二种含义才属于现代政治文明,有望从根本上解决廉政建设问题。"④有鉴于此,该文也对法治与德治并提表达了疑虑。从最新的中央文件精神看,尽管一些地方再度出现了法治与德治并提,但二者的地位不

---

① 金耀基:《中国民本思想史》,法律出版社 2008 年版,第 58—59 页。
② 习近平:《决胜全面建成小康社会 夺取新时代中国特色社会主义伟大胜利——在中国共产党第十九次全国代表大会上的报告》,人民出版社 2017 年版,第 19 页。
③ 习近平:《决胜全面建成小康社会 夺取新时代中国特色社会主义伟大胜利——在中国共产党第十九次全国代表大会上的报告》,人民出版社 2017 年版,第 21 页。
④ 倪寿鹏:《从德治到法治——中国廉政建设的必由之路》,《学术探索》2012 年第 12 期。

是等量齐观的。习近平总书记明确指出，我们党已经把"依法治国上升为党领导人民治理国家的基本方略"①。在这个大前提下，他也强调了德治的辅助作用："法律是成文的道德，道德是内心的法律，法律和道德都具有规范社会行为、维护社会秩序的作用。治理国家、治理社会必须一手抓法治、一手抓德治，既重视发挥法律的规范作用，又重视发挥道德的教化作用，实现法律和道德相辅相成、法治和德治相得益彰。"②

第三，法治是形式正义和实质正义的统一。由于纯粹的德治难以摆脱个体的主观性，必须以制度化的形式加以落实，由黑格尔所谓道德法发展为国家法。没有宪法等根本的制度保障，指望圣君贤相的时代已经一去不复返了。即使偶有历史的逆流，大势所趋之下，料也难翻出多大的浪花。康有为断言孔子托古改制，似不能说全是杜撰。孔子的复古主张对当时的社会制度构成了尖锐的批判，这一点与马克思面向未来的制度批判有异曲同工之妙。二者的出发点和落脚点都是以人为本，矛头所向都是唯利是图的不正义社会。只不过在孔子时代，统治阶级恃强凌弱是赤裸裸的，在马克思时代，阶级剥削则披上了一层公平交易的面纱。孔子的义利之辨一目了然，马克思则要深入社会再生产的整个环节，揭示资本主义正义观的虚伪性。但是，二者都注重形式正义和实质正义的统一。孔子说："人而不仁，如礼何？"③没有仁的精神贯通内外，外在的礼法必定是没有生命力的。马克思则提醒大家注意法的阶级性，他对资本家们说："你们的观念本身是资产阶级的生产关系和所有制关系的产物，正像你们的法不过是被奉为法律的你们这个阶级的意志一样，而这种意志的内容是由你们这个阶级的物质生活条件来决定的。"④阶级社会的法的正义性往往流于形式，是难以贯通国家和市民社会的壁垒的，共产主义也就是要将法的普遍性落到实处。

总而言之，建设中国特色社会主义法治理论应将孔子的礼治思想和马克思的法治思想结合起来。孔子强调规范之治，并将规范立足于人的理性化的情感，注重道德教化和性情陶冶的重要性。马克思则强调规范的历史背景，探索规范演变的内在逻辑，注重生产关系结构的变革和完善，从而现实地推进包括法律体系在内的社会规范体系建设。从历史唯物主义观点看来，孔子重视法治作为上层建筑的能动作用，马克思则强调法治在经济基础层面的前提条件，这二者是可以通过综合创新而取长补短的。

（作者系中国政法大学人文学院哲学系副教授）

---

① 《习近平谈治国理政》第 2 卷，外文出版社 2017 年版，第 114 页。
② 《习近平谈治国理政》第 2 卷，外文出版社 2017 年版，第 116 页。
③ ［宋］朱熹：《四书章句集注》，中华书局 1983 年版，第 61 页。
④ 《马克思恩格斯选集》第 1 卷，人民出版社 2012 年版，第 417 页。

法治思维与法律推理

法律程序为什么重要？
——反思现代社会中程序与法治的关系

雷 磊

如果从季卫东教授的《法律程序的意义》一文算起，对法律程序的关注和研究在中国至今恰好走过了二十年的历程。[①] 这二十年无疑是中国社会转型极为关键的历史时期，而在作为应对措施的诸多法制变革方案中，程序主义进路尤为引人瞩目。在制度建构的层面，程序改革被作为法律体系全面更新的牵引器。1994年仲裁法通过，2000年立法法颁布，2010年人民调解法制定。刑事诉讼法继1996年修订之后，于2012年2月再次进行全面修订。2007年至2012年，民事诉讼法两次通过修正案。而已经实施14年的行政诉讼法的修订工作也在紧锣密鼓地进行中。在理论论证的层面，学界对于法律程序、程序正义、正当法律程序等主题的研究掀起了前所未有的热潮。一批西方研究成果被翻译过来，不少国内学者的代表性论著也陆续出版。[②] 在论文发表方面，至少就数量而言也已相当可观。[③]

上述著述涉及法律程序的方方面面，有的是关于法律程序一般理论的研究，有的则涉及具体的法律程序制度。就前者而言，又大体可以被分为彼此联系但相对独立的三组问题：第一，法律程序是什么（定义、特征、与实体的区分）？第二，法律程序如何建构（结构、功能、基本原则等）？第三，法律程序为什么重要？也就是关于法律程序的概念论、方法论与价值论问题。

---

① 本文简篇发表于《中国社会科学》1993年第1期，详篇发表于《比较法研究》1993年第1期，并被收入本文作者的文集《法治秩序的建构》（中国政法大学出版社1999年版）。

② 前一方面参见［日］谷口平安：《程序的正义与诉讼（增订本）》，王亚新、刘荣军译，中国政法大学出版社2002年版；［美］迈克尔·D.贝勒斯：《程序正义：向个人的分配》，邓海平译，高等教育出版社2005年版。后一方面比较有代表性的参见孙笑侠：《程序的法理》，商务印书馆2005年版；陈瑞华：《程序正义理论》，中国法制出版社2010年版；季卫东：《法律程序的意义（增订版）》，中国法制出版社2012年版。

③ 通过初步检索CNKI的结果粗略估计，从1993年至2013年的20年间，公开发表的相关学术论文超过600篇，其中不乏同一位作者的连续性研究。例如肖凤城教授曾在《行政法研究》1997年第1期、2001年第3期、2002年第3期相继发表《论"法即程序"》《再论"法即程序"》《三论"法即程序"》。

而如果以"正义"这一价值领域的统辖性概念来称呼的话,那么程序价值论也可以用另一个称呼来替代,即程序正义(procedural justice)。本文即是有关法律程序的价值问题或者说法律程序正义问题的研究。①

应当承认,目前国内有关这一方面的研究成果已然不少。没有疑问的是,学者们基本都赞同将对于程序的强调和重视作为区分传统社会与现代社会之治理模式的核心特征,但对于"为什么法律程序对于现代社会是重要的或必不可少的"这一问题却给出了不尽相同的答案。同时,如果我们也赞同将法治视为现代社会区别于传统社会的另一个显著标志的话,那么问题就可以转化为:为什么法律程序对于法治而言是重要的或必不可少的?大体来说,回答的思路可以分为两种:第一种思路将遵循程序的法律运作与不遵循程序的法律运作进行对比,并认为法律程序的意义在于它能促进和提升某些实体性目标的实现,而这些目标是法治固有的内涵。②另一种思路认为,法律程序之所以重要,不是因为它能提升某些实体性目标,而是因为它本身就显现着某些值得尊重的要素,而这些要素与法治则是一体两面的关系。③晚近的程序主义者基本持后一种意见。但在本文看来,这两条思路都不足以充分回答上面那个问题。前一种思路在理论逻辑上蕴含着自我否定的危险,后一种思路则由于其独断式宣称的色彩大于理论证成,因而都是基础不稳固的理论。尽管目前几乎没有学者否认法律程序的重要性,但如果对于它为什么重要这个问题不提供理论基础更加稳固的答案,那么这种共识就将是建立在流沙之上的海市蜃楼,最终会因为时间的侵蚀而倒塌。本文的要旨,即在于为"为什么法律程序对于法治而言是重要的或必不可少的"问题提供一种更为稳固的回答思路。

一、价值类型理论

实际上,上述问题的提问方式本身已经初步地蕴含了对于这个问题的回答方式。一方面,我们必须证明法律程序与法治之间存在着某种必然联系;另一方面,这种必然联系必须是在"重要性"这个面向上展开的。如果我们将"重要性"叫作"价值"的话,那么就可以认为,法律程序与法治之间的必然联系必然要通过一套恰当的价值理论来说明。因此,我们首先要解决的

---

① 严格说来,程序正义的问题在逻辑上可以一分为二:其一,程序为何正义?其二,程序如何正义?但对于这两个问题的回答往往是一次性给出而不是分离的。本文涉及前一个问题,尽管两者间存在诸多牵连。

② 参见孙笑侠、应永宏:《程序与法律形式化:兼论现代法律程序的特征与要素》,《现代法学》2002年第1期,第76页。

③ 参见王锡锌:《论法律程序的内在价值》,《政治与法律》2000年第3期,第18页。

一个问题是：什么叫作"有价值的"？

(一)外在价值

第一种思路是这样的。当我们说某事物是有价值的或重要的时，指的是它能够满足或实现某个外在的目标。这类价值被称为"外在价值（extrinsic value）"。我们传统的价值概念通常就是在外在价值的意义上来加以理解的。价值意味着客体对于主体需要之满足的属性，或者说客体属性与主体需求之间的契合。① 这种类型的价值具有如下结构："X 拥有外在价值，当且仅当 X 是实现 Y 的手段，而 Y 是 X 所欲实现的目标。"② 例如，对于一个刚运动完的人来说，一杯水是有价值的，是因为它能够满足喝水的人的需求，即解渴。而我们可能会认为在同等情况下，一杯饮料的价值就没这么大，因为它无法很好地满足想要解渴之人的需求。可见，对于"解渴"这件事而言，水、饮料都是满足它的手段或工具。也只是在这个意义上，它们才被称作有价值的，其价值依附于解渴这个本身就具有价值的目标。因此，外在价值又被称为"工具价值（instrumental value）"或者"作为手段的善（the good as means）"，因为它实际上是以某个事物所能导致的结果评价该事物，并且将被评价的事物视为获取那个结果的手段。这是一种后果主义（consequentialism）的思考方式。

用这种类型的价值理论来证明某事物的重要性，其缺陷是很明显的。因为我们马上会发现，外在价值具有以下三个弱点③：第一，价值判断的不确定性。具有外在价值的事物的重要性会随着其所能实现的目标的重要性而有增减。例如，对于口渴的人而言，一杯水能够满足他的需求因而具有外在价值。而对于不口渴的人来说，一杯水就不具有这种外在价值。因为目标不同，水具有多大外在价值是不确定的，它并没有一个客观而一致的判断标准。第二，价值判断的多元化。作为手段，具有外在价值的事物可能所能实现的目标不止一个，即往往存在一个手段实现多个目标的情形。而此时缺乏判断标准来证明这个目标中哪个更为重要。这也意味着这个手段的外在价值是什么并不

---

① 此即经典的价值"关系说"。参见王玉樑：《价值哲学新探》，陕西人民教育出版社 2000 年版，第 176 页。法学领域的代表参见李步云主编：《法理学》，经济科学出版社 2000 年版，第 58 页。

② 陈景辉：《法律的内在价值与法治》，《法制与社会发展》2012 年第 1 期。当然，这种结构本身并没有说明 Y 本身是不是有价值的或善。有论者根据这一点进一步区分了功利价值和狭义的外在价值（参见陈瑞华：《程序正义理论》，中国法制出版社 2010 年版，第 135 页）。所谓功利价值是指 X 是实现 Y 的手段，而不论 Y 本身是不是善的。而所谓狭义的外在价值指的是 X 是实现一个原本是善的目的 Y 的手段。比如一把刀，可以用来切菜，这时它实现的是狭义的外在价值；也可以被用来砍人，此时它可能实现功利价值。在通常情况下，本文在第二种意义上来谈论外在价值，即当人们在外在价值的意义上来看待法律程序时，通常假定它所实现的目标是实质正义（或符合实质正义的实体法内容），尽管不能排除法律程序被用以实现恶法（如纳粹法律）的可能。

③ 部分参考了陈景辉：《法律的内在价值与法治》，《法制与社会发展》2012 年第 1 期。

清晰，甚至可能相互冲突。例如，对于一个刚运动完的人来说，一杯水既可以用来喝（满足口渴的生理需求），也可以用来洗手（满足干净的外表需求），这完全是个主观判断问题。第三，被评价事物本身的去重要化。仅具有外在价值的事物的重要性取决于它实现目标的能力，因此，如果能证明别的事物能够以同样、甚至更好的方式实现那些可欲的目标，那么前一事物的重要性就会下降、甚至被取消。因为对于目标而言，手段是可以替代的。例如如果有一天我们发明了一种饮料，能够比水更好地满足解渴的需求，那么在这种情况下水就可能是完全没有价值的。之所以外在价值具有这些弱点，是因为这种价值判断方式完全将事物的重要性判断依附于其他事物，因而取消了被评价的事物本身的重要性。这种依附性导致了对事物重要性进行判断时的相对主义和主观主义，因而在许多情形中不足以来证明事物本身的重要性。

（二）两种内在价值

那么，我们还可以用什么方式来说明一个事物的重要性呢？有时，当我们说某个事物是有价值的，意味着它的存在本身就是一种价值，尽管它仅仅存在而已、却没有任何其他相伴随的结果。① 或者说，有些事物的价值并不依赖于某个外在目标，而是因其自身即具有不可被取代的重要性，即拥有某些独立的品质（quality）或善（goodness），我们将这类价值称为"内在价值（intrinsic value）"。人的生命、尊严、知识和艺术等就具有内在价值。这些事物的重要性来自自身，而不是因为它们能实现某些我们想要来追求的外在目标。例如，人的生命存在本身就是重要的，它不会因为这个人对于社会贡献的大小而具有不同而有所不同。所以，尽管一般情况下一个政治家或高级知识分子对于国家和社会的贡献要远大于一个农民或智障人士，但两者在内在价值上具有同等的重要性。再如，之所以我们去保障一个罪犯（甚至是死刑犯）的尊严，就是因为人的尊严对于每个人都是同等重要的内在价值，它不会因为某人是对社会做出了贡献还是伤害而有所区别。内在价值具有这样的结构："X 拥有内在价值，当且仅当 X 的存在本身即足够重要，而不是因为 X 是实现目标 Y 的手段和工具。"② 在这个意义上，内在价值又被称作"自有价值（value for its own sake）"或作为目的的善（the good as purpose）。概言之，内在价值具有这样三个特点：第一，价值判断的独立性。内在价值只需依据自身来判断重要性，而不依赖于它是否以及在多大程度上能够实现某个外在目标，因此它不受外在目标多元化这一情形的影响。第二，价值判断的确定性。也因为它不依赖于

---

① 摩尔使用了"内在善（intrinsic good）"一词，但它基本上等义于"内在价值"。See G.E.Moore, *Ethics*, edited by William. H.Shaw, Clarendon Press, 2005. p.32; G.E.Moore, "Is Goodness a Quality？", in his *Philosophical Papers*, Collier Press, 1962, pp.93-95.

② 陈景辉：《法律的内在价值与法治》，《法制与社会发展》2012 年第 1 期。

外在目标，所以它不会随着这些外在目标的重要性而有所增减。第三，被评价事物本身的必要性。某一事物的内在价值使得该事物的存在具有足够的必要性，因为如果缺乏这种价值，那么该事物的性质将会发生改变或者说会取消该事物的存在本身。

但是，说事物存在本身就是一种价值或者具有不可取代的重要性，这又是什么意思呢？第一种思路可能认为，上述表述本身是不能够再被进一步追问的。说事物存在本身就是一种价值就意味着在我们的直觉上它显现为很重要。就好比对于一部分艺术的痴迷者而言，艺术本身就是有价值的，去追问"艺术有什么价值"本身就不合理。他们将艺术活动视为有价值的活动，既不是因为它能实现某些外在目标（例如能够挣钱或者成为社交的谈资），也不是因为它是某种更大目标的组成部分。对于他们而言，艺术只要存在，就是有价值的。我们把这样来理解的内在价值叫作"固有内在价值（inherent intrinsic value）"[①]，即某个事物的存在本身就是有价值的，在判断它的价值时无需考虑该事物之外的任何其他事物以及两者的关系。这类内在价值的结构为："X拥有固有内在价值，当且仅当X的存在本身即足够重要（此时X即是价值评判的对象，又是价值本身）。"[②] 它具有两个特点：其一，价值判断与价值性事实不可分。[③] 对于固有内在价值而言，作出价值判断的标准与具有价值的对象或事实构成了一个硬币的两个方面。例如对于艺术而言，既可以说任何特定的艺术形式都是有价值的，此时艺术就成为价值判断的对象；也可以说艺术是一种值得保护的价值，此时艺术本身就是价值判断的标准。其二，它是一种终极价值（ultimate value）。也就是说，它并不来自其他价值（非派生性），而是独立于其他任何价值而存在的，在此意义上它才是"固有"的。

但我们也可以用第二种思路去理解"本身就是一种价值或者具有不可取代的重要性"这个表述。例如在上述艺术的例子中，有一部分人会认为，艺术之所以重要，是因为艺术构成了"完整人生"的一个组成部分。他们甚至无法想象一种没有艺术的生活，并且认为那根本无法被合理地称为"人生"。所以，艺术之所以重要，就是因为"完整人生"是值得向往的，而艺术则构成了这种人生的必要部分。在这个意义上，它对于完整人生是构成性的。构成性内在价值具有如下结构："X拥有构成性内在价值，当且仅当X是Y的构成性要素，且Y本身是一个值得追求的目标。"[④] 我

[①] Joseph Raz, *The Morality of Freedom*, Clarendon Press, 1986, pp.200-201.
[②] 陈景辉：《法律的内在价值与法治》，《法制与社会发展》2012年第1期。
[③] 典型代表为德国学者马克斯·舍勒的"价值实在论"，参见其《伦理学中的形式主义与质料的价值伦理学》上册，倪梁康译，生活·读书·新知三联书店2004年版，第117页以下。
[④] 陈景辉：《法律的内在价值与法治》，《法制与社会发展》2012年第1期。

们把这样来理解的内在价值称为"构成性内在价值（constitutive intrinsic value）"，即如果一个事物是另一个本身即有价值的更大事物的构成性部分，那么该事物就具有构成性内在价值。构成性内在价值一方面不同于固有内在价值，因为它是借助于另一个更大事物而不是某个事物本身来说明后者的价值的，另一方面也不同于外在价值。从表面看，构成性内在价值与外在价值的说明方式很接近，它们都借助于一个事物 Y 来说明另一个事物 X 的价值，但两者的根本区别在于：在外在价值中，X 对于 Y 而言构成手段关系，因而如果有更好的手段来实现 Y，X 就可以被放弃。但是在构成性内在价值上，X 尽管区别于 Y，但却构成了 Y 的必要组成部分，放弃了 X，Y 就不再是 Y 了。因此，在上面所举的例子中，喝水就只是具有外在价值，因为对于某些人而言喝茶能起到更好的解渴效果；而艺术对部分人而言则必然具有构成性内在价值，因为放弃了艺术，完整人生就不可能存在。后者的一个更好的例子或许是足球比赛。对于足球比赛而言，具有构成性的是足球规则。规则不同决定了我们在从事不同的游戏活动。之所以我发现在我面前的那批人不是在踢足球比赛而是在踢野球，就是因为踢球的人并没有遵守足球比赛规则，尽管他们在足球场地上，用的也是足球。[①] 同时也可以发现，构成性要素与整体目标之间的分离只是理论上的（足球比赛规则与足球比赛在实践中不可分离），而外在价值与评价目标之间的分离不仅是理论上的，也在实践中存在。

综上所述，价值可以被分为外在价值和内在价值这两个基本类型，而内在价值又可以被分为固有内在价值与构成性内在价值。因此，说一个事物是有价值的，这意味着：(1) 要么它是实现另一个所欲实现的目标的手段；(2) 要么它的存在本身即足够重要；(3) 要么它是一个值得追求之目标的构成性要素。

二、法律程序与价值理论

以上我们回答了"什么叫作有价值的？"的这一问题，并给出了三种可能的回答。接下来，我们将首先对学说史上具有代表性的诸种程序理论进行类型化处理，然后以这三种标准来对它们进行分析，并试图对我们的问题进行初步的思考。

（一）诸种法律程序理论

纵观有关法律程序的学说史，我们大致可以区分出三种对待法律程序的

[①] 参见塞尔对构成性规则与相关例子的讨论（John Searle, *Speech Acts: An Essay in the Philosophy of Language*, 外语教学与研究出版社、剑桥大学出版社 2011 年版，第 33 页）。

主张，即程序工具主义、程序本位主义以及程序综合主义。这些主张主要是围绕最为典型的一类法律程序，即司法审判程序来建构的。

1. 程序工具主义

工具主义程序理论认为，法律程序不是作为自治和独立的实体而存在的，它没有任何可以从其自身的品质上找到的合理和正当的因素，它只是用以实现某种外在目的的手段或工具，也只有能实现上述目的时它才有存在的意义和价值。① 程序工具主义的代表是功利主义的鼻祖、程序法的理论先驱杰里米·边沁（Jeremy Bentham）。边沁对于法律程序价值之说明是以程序法（刑事审判程序）与实体法（刑法）的关系为中心的，而这一说明的基础在于他那个著名的功利原理（principle of utility）：最大多数人的最大幸福。② 总体而言，边沁的基本思路如下：（1）人类法律制度的一般目的在于实现"最大多数人的最大幸福"，国家制定法律的主要目标就在于对破坏"最大多数人幸福"的人实施惩罚和威胁，即有效地进行社会控制。（2）为此首先必须制定实体法，因为它通过对社会成员明确的令行禁止和惩罚来控制社会关系。（3）但立法者无法亲自实施实体法，他必须在实体法之外颁布一种次级或依附于前一种法律的法律，即"附属法（subsidiary laws）"。这种附属法就是程序法，它只能通过确保实体法的有效实施来间接完成社会控制的任务。（4）实体法唯一正当目的是最大限度地增加大多数社会成员的幸福，而程序法唯一正当目的是最大限度地实现实体法。（5）所以，评价一个程序法的唯一标准就是最大限度地实现实体法的目的。③ 可见，相对于实体法而言，法律程序只是工具性的，它除了作为实现实体法的手段而有价值外，本身并没有任何意义。

2. 程序本位主义

程序本位主义认为，评判法律程序的标准是程序本身是否具备一些内在品质，而不是作为实现某种外在目的的手段的有用性。④ 罗伯特·萨默斯（Robert Summers）认为，法律程序可能具有两个方面的能力，即好结果效能（good result efficacy）和程序价值（process value efficacy）。前者指的是法律程序是实现某一好结果的手段，后者指的则是通过程序本身而非通过结果

---

① 陈瑞华：《程序正义理论》，中国法制出版社 2010 年版，第 50 页。

② "当一项政府措施之增大共同体幸福的倾向大于它减小这一幸福的倾向时，它就可以说是符合或服从功利原理。"［英］边沁：《道德与立法原理导论》，时殷弘译，商务印书馆 2000 年版，第 59 页。

③ 此段为笔者的概括，具体论述参见 Jeremy Bentham, "The Principles of Judicial Procedure", in: John Bowring ed., *The Works of Jeremy Bentham* (Vol. 2), William Tait 1843, p.5ff; Gerald I. Postema, "The Principle of Utility and the Law of Procedure: Bentham's Theory of Adjudication", *Georgia Law Review,* vol.11, 1977, p.1393ff.

④ 陈瑞华：《程序正义理论》，中国法制出版社 2010 年版，第 60 页。

所体现出值得追求之价值的能力。程序价值与好结果效能在很大情况下和谐一致，但它们之间也可能发生冲突。此时，我们要用程序价值而非程序的结果来评价程序，因为前者不仅独立于好结果效能，也是程序理论的核心和基石。要成为程序价值必须满足三项条件，即能够通过法律程序得以实现，能够在法律程序的运作过程中而不是最终结果中得到实现，能够使法律程序更易为人们所接受而不论对程序结果是否产生影响。在萨默斯看来，满足这些条件的程序价值包括：（1）参与性统治，体现公民自治；（2）程序正当性，体现公民的同意以实现政治正当性；（3）程序和平性，以实现秩序；（4）人道性及尊重个人的尊严，典型例子为禁止刑讯；（5）个人隐私；（6）协同性（意见一致性），体现对自愿选择的许可；（7）程序公平性，体现无偏袒；（8）程序合法性，以确保确定性与可预见性；（9）程序理性，即要说明理由；（10）及时性和终结性。① 总之，萨默斯理论的要旨在于强调法律程序的意义不仅在于实现一个好的结果，更为重要的是通过程序的进行而展示和实现上述程序价值。

3. 程序综合主义

程序综合主义结合了程序工具主义和程序本位主义的考量。迈克尔·贝勒斯（Michael Bayles）的综合性程序正义理论标志着程序研究的高潮。在贝勒斯看来，法律程序拥有两个目标，即"发现事实真相"和"解决问题"。首先，发现事实真相就要避免裁判错误所导致的成本支出。那么，如何避免这种成本支出呢？一方面，司法过程要最大限度地减少错误成本（EC）与直接成本（DC）之和；另一方面，司法过程要最大限度地降低道德成本（MC）。② 因此，就发现事实真相这一层面而言，程序的目标可以表述为最小化经济成本、道德成本和直接成本之和，即满足这样一个评价公式：最小化（EC+MC+DC）之和。其次，解决问题就要避免争议或使争议最小化。避免争议或使争议最小化往往不是实体正义的结果，反而是"固有程序价值（inherent process value）"发挥的效果。因为公正的程序能既在心理层面也在实际层面上满意地解决问题，从而避免争议。与道德错误成本和经济错误成本产生于不正确的决定不同，程序所要实现的内在价值是独立于具体结果的。在吸纳萨默斯

---

① See Robert Summers, "Evaluating and Improving Legal Process: A Plea for 'Process Values'", in his *The Jurisprudence of Law's Form and Substance*, Ashgate, 2000, p.103ff. 马修将这些程序价值统称为"尊严价值"（dignitary value），See Jerry Mashaw, "Administrative Due Process: The Quest for a Dignity Theory", *Boston University Law Review*, vol.61, 1981, p.885f.

② 贝勒斯关于经济成本与道德成本的考虑分别来自波斯纳与德沃金，他将波斯纳的理论称为"单一价值工具主义"，而将德沃金的理论称为"多重价值工具主义"。关于后面两位作者的论述可分别参见 Richard Posner, "An Economic Approach to Legal Procedure and Judicial Administration", *The Journal of Legal Studies*, vol.2, 1973, p.399ff., 以及［美］罗纳德·德沃金：《原则问题》，张国清译，江苏人民出版社 2005 年版，第 88 页以下。

和马修观点的基础上,贝勒斯提出了参与、公平、易懂、及时、表面正义这样一些内在价值。这些价值是与直接成本相对应的利益(程序利益)。因此,就解决问题这一层面而言,程序的目标可以表述为最大化程序利益(PB)。最后,结合以上两方面的考虑,程序产生的成本与获得的收益可以也应当相互折抵计算(尽管这一点在方法论上不无疑义),从而得出这样一个程序评价公式:程序的目标在于最小化(EC+MC+DC−PB)之和。①

(二)价值类型分析

依照前文关于价值的分类,我们可知法律程序存在三种基本形态:基于外在价值的程序理论,基于固有内在价值的程序理论,以及基于构成性内在价值的程序理论。基于外在价值的程序理论,将法律程序仅仅视为达成某种目标的手段和工具,其存在本身并不体现任何实质价值。基于固有内在价值的程序理论,认为法律程序存在本身即有价值,这种价值并不依赖于具体的程序结果;程序与该种(数种)价值形成表里关系,即程序是这些价值的外在表现,这些价值则是程序的内容。基于构成性内在价值的程序理论,则将程序与某种拥有实质价值的事物联系起来,认为程序是该事物的构成性部分,一旦缺乏了程序,那么该事物本身也就不复存在。

现在,上面所说的三种程序理论的价值类型定位也就逐渐清楚起来:第一,程序工具主义是非常明显的基于外在价值的程序理论,因为它仅仅将法律程序等同于服务于实体法的手段。这种程序理论认为,在现代社会中,政府对于社会福祉的追求主要是通过法律这个手段进行的,而法律程序是法律手段的组成部分。劳伦斯·索伦(Lawrence Solum)将这种程序模式称为"准确性模式(the accuracy model)",它假定法律适用程序的目标在于准确适用(实体性)法律。②如前文对外在价值的弱点分析所指明的,程序工具主义的错误之处是非常明显的。因为如果我们可以通过其他方式更好地得出正确的结果(正确适用实体法),程序本身就将变得毫不重要。而这一点也经常为我们的经验所证明,因为建构良好的程序并不总是能得出正确的结果,假如的确存在判断结果之"正确性"的独立标准的话。有时违反程序反而能获知事实真相(如基于非法但真实的证据定罪)。所以,按照其内在的思路,程序工具主义理论将完全取消程序本身的重要性。③对于程序工具主义者而言,一旦有更好的手段来实现其所欲实现的目标,他立刻就会成为一位反程序主义者。

---

① 参见[美]迈克尔·D.贝勒斯:《程序正义——向个人的分配》,邓海平译,高等教育出版社2005年版,第140页以下,尤其是第148、157页。

② Lawrence Solum, "Procedural Justice", *Southern California Law Review*, vol.78, 2004, p.191.

③ 索伦认为,在精确性模式之下,程序的正当性来自作为其基础的实体规则的正当性,因而称之为"程序正当性的衍生理论(derivative theory of procedural legitimacy)"。See Lawrence Solum, "Procedural Justice", *Southern California Law Review*, vol.78, 2004, p.189.

第二，程序本位主义是基于固有内在价值的程序理论。① 正是因为看到了工具主义的缺陷，萨默斯才提出了这种独立于程序结果的内在价值的主张。萨默斯的九项程序价值（或马修说的"尊严价值"）都"源自程序本身的满足"②。从程序到程序价值或尊严价值的因果链并不需要经过具体结果这一环节，它们是可以建立在这样或那样的（"正确"或"不正确"的）结果之上的。这种主张一定程度上回应了这样一些工具主义没法回答的问题：一个假定公平的程序如果导致一个不正义的结果，那么它还有何用？对于一位遭受实质不公正的当事人而言，程序正义能提供什么？他们可以回答说，程序的存在本身就是有价值的，即使它并非总能导致正确的结果或提供给当事人所想要的正义，因为通过程序的展开展现出某个或某些值得追求的人类价值，而这些价值至少不低于、有时甚至高于程序结果所体现的实质价值。这些价值是自我指涉的：坚持程序价值本身就是目的，不坚持程序价值的后果就是导致这些值得珍视的价值受到不应有的牺牲。③

第三，程序综合主义融合了上述两种价值理论。贝勒斯的理论一方面考虑了成本问题，其中来自波斯纳的经济成本是工具主义导向的，而来自德沃金的道德成本概念则是固有内在价值导向的；另一方面，源自固有程序价值的收益同样也体现了固有内在价值。但在笔者看来，这种将不同价值理论熔于一炉的做法是行不通的。首先的一个原因在于，在价值理论的视野中，程序综合主义并不构成与基于外在价值的程序理论以及基于固有内在价值的程序理论相并立的一种理论立场。其次，即使这种立场可以成立，基于上文所指明的程序工具主义的错误以及有待下文指明的程序本位主义的不足，程序综合主义也不足以来说明"程序为什么重要"这个问题。最后，这种立场的具体操作涉及一个重大困难，即所谓的"不可通约性（incommensurability）"难题。④ 即使经济成本是可以计算的，错误定罪所导致的道德权利的减损又如何进行量化计算？也即是说，"道德的成本"如何可能？同样，固有程序价值又如何在利益上测算？进而，经济成本如何能够与道德权利和程序价值放在同一个公式中进行共量呢？

---

① 这一点并不是没有争议的。有论者可能会认为它们同样属于某种建立在外在价值之上的程序理论，因为程序的目标就在于实现这些实质价值，所以程序相对于这些价值就是一种手段和工具。但是这种看法是错误的，因为它将程序与这些实质价值看作两个虽有联系但却相互分离的事物。然而在萨默斯和马修等程序本位主义者看来，程序与这些价值之间并非相互独立的两个事物，主张程序就是主张这些价值，落实程序就是实现这些价值，它们之间是互为表里的关系，这恰恰符合了建立在固有价值之上的程序理论的基本要求。同时，这一点也说明了它不是建立在构成性内在价值基础上的程序理论，否则程序就成为这些价值的一个构成性部分。

② Marvin Frankel, *Partisan Justice*, Hill and Wang, 1980, p.6.

③ Robert Summers, "Evaluating and Improving Legal Process: A Plea for 'Process Values'", in his *The Jurisprudence of Law's Form and Substance*, Ashgate, 2000, p.33.

④ See Joseph Raz, *The Morality of Freedom*, Clarendon Press, 1986, p.328.

如此看来，既有学说中可行的思路似乎只剩下了一种，即基于固有内在价值的程序本位主义理论。据此，"程序为什么重要"这一问题的答案在于：程序的存在本身就足够重要，因为它显现出了某些值得追求的价值。但真的是如此吗？至少在我看来，固有内在价值的思路尽管重要，但依然不足以充分地回答我们的问题。这是因为基于固有内在价值的程序理论至少具有以下两个缺陷：

其一，没法判定程序的固有内在价值包括哪些价值，这些价值间的关系是什么。萨默斯提出了九项程序价值（马修则在尊严价值之下统合了主要的六种，并认为是不完全列举），这些价值要素之间既有重合也有分歧。所谓程序固有内在价值的范围究竟有多大？应该取一个最小公约数还是最大公分母？不回答清楚这个问题，就会引致一个非常严重的后果，即我们没法在程序的固有内在价值与外在价值之间做出清楚的区分，进而无法充分地说明哪些价值使得程序本身就足够重要。因为或有论者会指出，某些价值是程序的存在本身就体现了的（与程序构成表里关系），而有些价值则是程序本身未必体现但却是要尽量去追求的（与程序构成目的与手段的关系）。一旦通常情形下被认为是固有内在价值的要素被证明其实是外在价值，那么程序本位主义理论就陷入了自我溃败的境地。另一方面，这些价值之间该形成何种关系？作为固有内在价值，这些价值必然要以某种方式形成"价值的统合（the unity of value）[①]"。程序是一个整体，因而这些价值就不能满足于分别说明程序的某个方面而处于相互隔绝的状态，而必须形成一个和谐有序的整体。但程序本位主义本身并没有提供关于它们之间关系的说明。马上可以排除的是这样一种主张，即这些价值中有一个是终极价值，而其他的都是由其派生出来的价值，因而两者之间是派生性关系。但这种主张与前述"固有内在价值通常是非派生性价值"的看法相矛盾。也就是说，即使可以证明某种价值是固有内在价值，由其派生出的其他价值也将失去固有内在价值的属性。[②]如果价值统合不能按照派生关系来型构，那么又该是怎样一幅图像？究其根本，是因为基于固有内在价值的程序理论缺乏一种"整体叙事（the narrative in whole）"，因而无法断定哪些价值是与这个叙事相关的，而相关价值又在这个叙事中处于什么位置。

其二，它没有说明程序与法治的关系。固有内在价值止步于"程序的存在本身即足够重要，因为它的内核是值得追求的价值"这种说明，因而提供了一幅自我证成式的（self-justificatory）图景。在这幅图景里面没有法治的位置。而我们要意图说明的却是现代社会中程序与法治的关系。当然，也可能会有论者指出，这种预设本身就是错误的。程序就是程序，它无需与别的事物联系在一

[①] Ronald Dworkin, *Justice for Hedgehogs*, Harvard Univerity Press, 2011, p.1.

[②] 当然，持此主张的论者可以进一步说，只有他所认为是终极价值的价值才是真正的固有内在价值，其他的都不是。但这里依然无法证明说，为什么他所坚持的唯一那个终极价值才是真正的固有内在价值。

起才能证明自己的重要性。但是这样一种看法是明显错误的。因为，程序并非一种自我指涉（self-referring）和自我满足（self-satisfying）的活动，它毋宁是一种目标指向（aim approaching）的实践。其中的道理非常简单：没有任何一种程序被设计出来是纯粹为了展现那些所谓的固有内在价值（这一点与艺术品不一样），或者说是为了程序而程序。程序的制作与运行本身是为了实现一定的实践目标，而具体实践目标的不同也使得我们可以区分出不同的程序类型。例如，如果程序的目标是为了最终创制一部法律，那么它就是立法程序；如果程序的目标是为了得出一个适用于个案的裁判，那么它就是司法程序；如果程序的目标是为了规范行政机关的行为，那么它就是行政程序；等等。[1]

迄今为止，我们得出了这样一个重要思路：为了说明程序对于法治的重要性，我们需要有一种与目标相关的整体叙事，这个叙事与法治关联紧密。同时，为了避免落入外在价值理论的窠臼，程序必须被证明构成了这个整体叙事的一个必不可少的部分。也就是说，缺少了程序，这个整体叙事就是不完整的，甚至也就不存在了。这样一种说明方式，恰恰要从迄今为止的法律学说几乎尚未涵盖的构成性内在价值理论出发。

三、法治与价值理论

前已述及，关于程序的整体叙事是与法治相关联的。而要说明这种关联，就必须在此处暂定一下，先去回答另一个重要问题，那就是，"法治为什么对于现代社会是重要的或必不可少的？"我们只有说清楚了这个问题叙事才能恰当地进行下去，而程序在这个叙事中才可能找到一个恰当的位置。

（一）法治的概念争议及其类型化

毫无疑问，法治是一种值得追求的政治理念，同时本身又是一个"本质上有争议的（essentially contested）"概念。[2]为什么会产生争议？原因至少有两个：第一，人都具有认识能力，它包含认识世界的能力和组织概念的能力。藉由认识世界的能力，每个人都可以认识世界；而藉由组织概念的能力，每个人都可以产生一个关于世界的概念架构。但是认识的能力会受到我们身处的地域和社群的限制，由于这些限制，我们形成概念和组织概念架构的材料

---

[1] 从这个角度看，似乎又回到了外在价值的基本思路上：不同程序就是实现这些不同目的的手段。但这种想法预设了一个重要的前提，即关于这些目的是否实现存在一些独立于程序的判断标准。在这些独立标准的关照下，我们可借以评价程序实现目的程度的高低，并因此来评价程序的重要性。也在此意义上，程序被认为是"服务于"这些目的的。而后文将指出这一预设不能成立，程序不是实现这些目的的手段，而是这些目的的构成性部分。

[2] W.B.Gallie, "Essentially Contested Concepts", *Proceeding of the Aristotelian Society*, vol.56, 1956, pp.167-198; Jeremy Waldron, "Is the Rule of Law an Essentially Contested Concept (in Florida)?", *Law and Philosophy*, vol.21, 2002, pp.137-164.

会有所不同。同时形成概念和组织概念架构本身也会受到主观影响。当概念架构是由特定社群所发展出来的，或者预设了如麦金泰尔（MacIntyre）所说的特定的宇宙观、对于宇宙秩序的习俗关系以及个人与社群的特定关系的证成[①]时，那么完全通约的情况就无法成立。法治概念的产生也不例外。

第二，"法治"本身是一个诠释型概念。德沃金将概念分为"判准概念"、"自然类属概念"与"诠释型概念"三种。[②]判准概念是指人们共享的这样一些概念，他们对该概念的定义有着大略或明确的共识，而该概念的定义是评断人们是否正确使用这个概念的判准。例如我们可以清楚地定义说，单身汉就是未婚男子。自然类属概念指有特定物理或生物结构的对象，例如黄金、树木、狮子等等。而诠释型概念，指的是藉由对特定社会实践进行反思、诠释所得到的概念。显然，"法治"既不是一个判准概念，也不是一个自然类属概念。判准的研究方法，简单来说就是试图寻找法治这类政治性概念的公共标准，但显然这种公共标准并不存在。如果存在，西方学说史上对"法治"的含义也就不会存在如此多的争论了。[③]自然类属的研究方法是运用自然科学的方法来探求事物的本质，因此正确的概念本身就来自于某种确定的事实。比如目前最有效的方式就是检测事物的 DNA。但法治并没有 DNA 可供我们检测，政治性概念在本质上不同于自然对象。当我们用一个语词来表达一个诠释型概念时，并不是依照某种语义判准或自然事实来界定语词所表达这个概念的范围，也无法精确地给出一个标准来说明这个概念是什么。并且，即使当我们对于一个诠释型概念拥有一个共同的看法，对于这个概念的观念（conception）也可能不同。

因此，"法治"之所以会有争议，并不是因为我们之间对于法治的概念判准或某个自然事实发生了争议，而是因为我们对于这个诠释型概念拥有不同的观念，因而当我们要判别一个社会实践是否可归于"法治"时，才发生了真正的争议。例如我们都赞同"法治"就是"法律的统治"，但对于"法律的统治"实际要求什么却可能有各种不同的立场，这些不同的立场就是对于法治这个概念的不同观念，而这些不同的观念造成了争议的产生。

当然，对于任何理论作业而言，类型化都是必要的处理方式。对于"法治"或者"法律的统治"而言，大体存在着两种相对立的立场：一种立场认为，法治是一种严格依据实现颁布的规则进行治理的事业，本身并不包含任何特

[①] Alasdair MacIntyre, "Relativism, Power and Philosophy", *Proceedings and Addresses of the American Philosophical Association*, vol.59, 1985, pp. 5-22.

[②] Ronald Dworkin, "Hart's Postscript and the Character of Political Philosophy", *Oxford Journal of Legal Studies*, vol.24, 2004, pp.1-37. 更详细的讨论请见 Ronald Dworkin, *Justice in Robes*, Harvard University Press, 2006, pp. 9-12.

[③] 从判准概念的角度来研究"法治"等政治性概念的典型方法是语义分析。德沃金将这种不当的方法称为"语义学之刺（semantic sting）"，参见 Ronald Dworkin, *Law's Empire*, Harvard University Press, 1986, p.45.

定的实质内容；而另一种立场认为，法治必然蕴含某种实质原则或者说实质正义的要求。① 简言之，两种立场的区分标准在于是否认为法治所提出的要求仅仅是形式性的。坚持严格形式主义的法治观念被称为"形式法治观"，而坚持法治同样提出了某种实质要求的观念被称为"实质法治观"。② 当然，这并不是说形式法治观不关注某些实质原则或者认为法律本身不需要符合实质正义的要求，只是在这种观点看来实质正义本身是一个与法治互不统属的政治理念。而在实质法治观看来，法治本身就包含着实质正义的要求。当然，类型化的处理不应被理解为非此即彼的两极，可以说在最极端的形式法治观与最极端的实质法治观之间存在着大量的中间性看法，它们中有的更偏重于形式，有的更偏重于实质。塔玛纳哈（Tamanaha）曾用一个图表较为全面地总结了迄今为止的各种版本的法治观念：③

	备选的法治观念		
	比较薄弱─────→ 到 ─────→ 比较浓厚		
形式版本	1. 依法而治	2. 形式合法性：普遍、面向未来、明晰、确定	3. 民主 + 合法性：合意决定法律的内容
实质版本	4. 个人权利：财产、隐私、自治	5. 尊严权和/或正义	6. 社会福利：实质平等、福利、社群的存续

（二）价值类型分析

依据价值的分类，我们同样可以获得三种法治价值理论，即基于外在价值的工具主义法治理论，基于固有内在价值的法治理论和基于构成性内在价值的法治理论。以这三种理论来对上述图表中的各项法治观念进行分析，这张图表的意义就马上清晰起来。

首先，最薄弱的法治版本——依法而治（rule by law），明显是基于外在价值的工具主义法治理论。因为在这种观念下，法治被等同于一种特定的政府治理方式，即"政府无论做什么事情，它都应该凭借法律行事"④。以这种方式理解，法治本身没有真正的意义，因为它仅仅被认为是政府用以治理社

---

① See Antonin Scalia, "The Rule of Law as a Law of Rules", *University of Chicago Law Review*, vol.56, 1989, pp.1175-1181.

② 德沃金曾对比过这两种观念的一个特定版本，他分别命之为"规则手册式的法治观念（the rule-book conception）"以及"权利式的法治观念（the rights conception）"。参见［美］罗纳德·德沃金：《原则问题》，张国清译，江苏人民出版社 2005 年版，第 6 页。这个特定版本下的许多见解亦可适用于形式法治观与实质法治观。

③ ［美］布雷恩·Z. 塔玛纳哈：《论法治——历史、政治和理论》，李桂林译，武汉大学出版社 2010 年版，第 117 页。本文对于这张表格的翻译同时参考了该书以及陈景辉：《法律的内在价值与法治》，《法制与社会发展》2012 年第 1 期。

④ Noel Reynolds, "Grounding the Rule of Law", *Ratio Juris*, vol.2, 1989, p.3.

会的一种手段，尽管可能在现代社会中它是最为重要的一种手段。每一个现代国家都具有这种狭义的法治。依法而治在逻辑上并没有承载在许多理论家来看十分重要的对于政府的法律限制之意，而这恰恰是法治传统的必要条件。正好相反，按照这种工具主义的法治理论，法律之所以存在，不是为了限制国家而是为了服务权力。[①] 这也就意味着，一旦国家有更好的手段可以用来实现其治理的目标（诸如国家富强、民族复兴等等），作为备选手段之一的法治将毫不犹豫地被放弃。如此，法治看起来无异于空洞的同义反复，甚至谈不上是一种政治理念，因为法律完全可以设立奴隶制而不违背法治。[②] 显然，这种基于外在价值的工具主义法治理论无法从根本上说明"法治为什么对于现代社会是重要的"这一问题，因为在任何存在法律的社会都可能存在这种意义上的法治。

其次，所有的实质法治观念（从最薄弱到最浓厚的），都是基于固有内在价值之上的法治理论。不过，这一点可能存在争议。一方面，有论者可能认为它们属于基于外在价值的法治理论，因为实现这些实质价值的要求可以被视为法治的目标，而法治就是实现它们的手段。另一方面，也有论者会认为它们属于基于构成性内在价值的法治理论，因为这些实质价值可以被视为更大的政治理想，而法治构成了这些政治理想的一个构成性部分。但是这样两种看法都是错误的。因为严肃的实质法治观念的支持者（譬如德沃金）都认为，法治与这些实质价值并非两个相互独立的政治理想，法律的统治实际上就是这些实质价值的统治。换言之，这些实质价值与法治构成了表里关系，法治是这些实质价值的制度性外表，而这些实质价值则是法治的内核，法治的实现也就意味着这些实质价值的最终实现。无论这些实质价值是个人权利、尊严权和/或正义，还是社会福利，都不影响这一见解。因此这恰好符合固有内在价值理论的基本思路。当然，基于固有内在价值的实质法治观念依然无法充分地来回答"法治为什么对于现代社会是重要的"问题，其理由与针对基于固有内在价值的程序理论之缺陷提出的理由大体相似。一则，法治所固有的实质价值到底是什么或者说法治究竟包含哪些固有内在价值，这无法根据其本身得到回答。[③] 二则，法治同样是一种目标指向的实践。也就是说我

[①] Thomas Carothers, "The Rule of Law Revival", *Foreign Affairs,* vol.77, 1998, p.97. 反观我国关于法治的讨论，其所关心的依然是这种意义上的法治，即政府治理手段问题，只不过论者在这个手段如何运用或多大程度上解决中国社会的问题上存在分歧。参见蒋立山：《中国法治道路初探（上、下）》，《中外法学》1998 年第 3、4 期；苏力：《变法、法治建设及其本土资源》，《中外法学》1995 年第 5 期。

[②] See Joseph Raz, "The Rule of Law and Its Virtue", in his *The Authority of Law*, 2nd edition, Clarendon Press, 1979, p.211, 212.

[③] 陈景辉通过逐一检讨三种论证方式否定了对这一问题存在合理答案的可能，参见其《法律的内在价值与法治》，《法制与社会发展》2012 年第 1 期。

们选择之所以要重视法治，是因为它对于某个值得追求的价值目标而言是必不可少的。缺乏了这个更大的价值目标，法治的重要性本身就无法得到说明。所以，我们同样需要一个完整的整体叙事来说明这一点，而在进行这种叙事的同时来证明哪些固有内在价值是与法治相关、且如何相关的。

再次，"形式合法性（formal legality）"观念应被归类为基于构成性内在价值的法治理论。为此必须说明，它们既非基于固有内在价值的法治理论，也非基于外在价值的工具主义法治理论。① 首先要指出的是：其一，"合法性"版本的法治在最薄弱的形式法治之外附加了一些更严格的条件，塔玛纳哈的那张表中所列明的"普遍""面向未来""明晰""确定"四项只是这些条件中的一部分，因而是不完整的。公认的比较完整的条件是朗·富勒（Lon Fuller）的八项法律的内在道德（the inner morality of law）：普遍性、公开性、禁止溯及既往、明晰性、不得自相矛盾、不得颁布超出人们能力之要求的规则、稳定性、官方行为与公布的规则之间的一致性。② 其二，这些合法性条件与某些实质价值之间可能存在联系，例如法律的普遍性与公平之间就可能有内在关联。所以在持这种主张的学者看来，对上述八项条件的满足将会有助于提高一整套值得追求的"善"。③ 这后一点说明，一方面，"形式合法性"并不是一种基于固有内在价值的法治理论，因为即使合法性条件会较好地满足某些实质价值的要求，但这些实质价值并非法治的必备成分，而是外在于法治本身的。另一方面，它也引发了一个问题：为什么不能将法治视为追求这些外在实质价值的手段，从而认为"形式合法性"是基于外在价值的工具主义法治理论呢？④ 本文认为，这些合法性条件之所以会被富勒认为是内在道德，是因为它们尽管可能与外在价值有联系，但它们本身的意义并不在于追求这些外在价值，而在于，它们是使得法治承担起其必须承担的任务的必要条件，或者说使得法治成为那个任务之构成性部分的前提。那么，法治应当承担什么任务？这就必须进入到我们在前文已反复提及的那个整体叙事之中。

（三）构成性内在价值与形式合法性

法律起源于冲突，它是为了解决纠纷与冲突而出现的一种制度化系统，这是一个常识。然而，冲突为什么会发生？又为什么必须要得以解决？很显

---

① 由于"民主+合法性（democracy+legality）"只是在"形式合法性"的基础上加上了"民主"的要素，可以说对"民主+合法性"之构成性的证明首先就绕不开对"形式合法性"之构成性的证明。出于论述顺序的考虑，在本部分我们只围绕"形式合法性"展开论述，而将对"民主+合法性"的论述留待下一部分。

② 参见 [美] 富勒：《法律的道德性》，郑戈译，商务印书馆2005年版，第55—107页。富勒借此将"合法性（legality）"与"法治"等同起来。

③ 参见 Andrei Marmor, "The Rule of Law and Its Limits", *Law and Philosophy*, vol.23, 2004, p.10.

④ 比如拉兹就认为，所谓的内在道德只具有中立性的工具地位。参见 Joseph Raz, "The Rule of Law and Its Virtue", in his *The Authority of Law*, 2nd edition, Clarendon Press, 1979, pp.225-226.

然，首先，冲突是一种社会现象，而社会现象意味着它涉及的是人与人之间的关系，在一种人与人之间相互隔绝而不发生任何关系的状态下是不存在发生冲突的可能的。其次，这种人与人之间的关系被认为是"不符合常态"的，而之所以会出现这种异态现象，是因为资源的有限性。如果人们可以索取和利用的资源足够丰富，以至于每个人的需求都可以得到最大程度的满足，那么冲突依然不会发生。因此，冲突的根源在于人们之间围绕有限资源之不同需求间的紧张关系。这种紧张关系使得爆发社会战争的危险始终存在。[①] 为了避免战争，维系社会的存续（最终是为了每个个人的自我保护和存续），必须及时解决冲突。当然，出于成本与效率的考虑，一种更加可行的方式并不是等到纠纷发生之后再以决疑论的方式——对它们加以解决，而是事先就颁布一套公共行动标准（the public standards of action）[②][③] 来指引人们的行为（往往表现为"规则"的形式），通过人们行为趋向的一致性来最大限度地防止冲突的发生。而一旦冲突实际发生之后，这套标准也同时成为冲突解决的依据。最终，借助这套公共行动标准，人们的行动得以协调，从而社会整合（social integrity）得以实现。只有社会得到整合，社会的存续才是可能的。所以，树立一套公共行动标准并加以实施成为人们的"共享合作事业"。可以说离开了这套公共行动标准，甚至谈论"社会"也是不可能的。

显然，即使不能说所有的公共行动标准都是法律，法律也一定是公共行动标准中最为重要的组成部分。因为法律作为"规定外部行为并被认为具有可诉性的规则之整体"[④]，恰好满足了公共行动标准的要求。一方面，它必须是公共的，也就是说，该标准必须对所有的社会成员一体适用、一律开放，而不能仅适用特定的人群。因为无论是何种场合，必然有被所有社会成员参与其中的可能；如果该标准只适用于特定人群，那么就会放任某些冲突的出现，也就是坐视社会分裂。如果仔细考虑"形式合法性"所提出的那些条件以及富勒的八项法律的内在道德要求，就会发现，它们实际上正是围绕"公共性"

[①] 对此可参见霍布斯对于自然状态的描述：[英]霍布斯：《利维坦》，黎思复、黎廷弼译，商务印书馆1985年版，第94页以下。

[②] 陈景辉从另一个角度切入，谈及了法律是一种"公共判断标准"（陈景辉：《法律的内在价值与法治》，《法制与社会发展》2012年第1期）。其含义与我所说的"公共行动标准"基本一致，但由于我在后文中主张将"行动标准"划分为"行动标准的认知"与"行动标准的实施"两个部分，而"判断标准"有与"行动标准的认知"相混淆之嫌，因此为避免误会，不采"公共判断标准"这个表述。

[③] 在此意义上，我们也可以理解，为什么我们会认为法律是一种实践理性（practical reason），因为所谓"实践的"就是"关涉行动的"，而"理性"就意味着一种公共的标准。

[④] [德]赫尔曼·康特洛维茨：《为法学而斗争：法的定义》，雷磊译，中国法制出版社2011年版，第156页。

这一点展开的，缺乏了这些形式合法性条件，规则也就不成其为规则①，而社会整合这一目标就岌岌可危。另一方面，它必须是行动标准。它必须告诉人们在特定场合，什么样的行动被认为是恰当的。同时，它还隐含着某种制裁机制（虽然未必在所有场合下使用），一旦当有人未采取被认为是恰当的行动（因而产生冲突），这种标准中的制裁措施就会适用以纠正偏离性行为，使之恢复到标准或常态。法律必然是这样的行动标准，它不仅告诉人们该怎么做，也迫使人们实际上去这么做。所以，"合法性"的法治观尽管没有言明，但必然蕴含着这样的基本观念：法律应当有能力提供有效的行动指引。②这同样是"规则"的应有之义。因此，在"合法性"的法治观看来，确保社会成员对于法律这套公共行动标准的遵守就是法治的根本任务所在。行文至此，似乎答案已经呼之欲出了：为了社会存续，必须要进行社会整合；树立和遵循公共行动标准是社会整合的构成性部分；而法律是最重要的公共行动标准。所以，树立和遵循法律是社会整合的构成性部分。显然，这是建立在构成性内在价值基础上的法治理论，因为它非常符合"X 拥有构成性内在价值，当且仅当 X 是 Y 的构成性要素，且 Y 本身是一个值得追求的目标"的结构，只要我们用"合法性"来代替 X，用"社会整合"来代替 Y 即可。同时，最为恰当的法治观念似乎也就一并明了：法治就意味着"合法性"。

但不得不指出，上述叙事尽管没有问题，但却是不完整的。公共行动标准要能够有效发挥社会整合的效果，其本身还必须被证明为"正确的（correct）"或"对的（right）"。只有正确的公共行动标准才能真正发挥社会整合的功能。进而，在任何存在法律的社会，要确保社会成员对于法律的长期遵守，仅仅依靠支撑"公共行动标准"的那些形式合法性条件及制裁机制是不够的。还必须要有一般性的方式来证明，社会中既存的特定法律是正确的。或者说，社会成员必须拥有对于特定法律之正确性的一般确信。这是因为：

第一，针对任何行动标准的行为，都包括"认可（recognition）"和"实施（performance）"两个部分。行动标准的认可与行动标准的实施属于针对同一个行动标准自然展开的不同阶段。诚然，这两个阶段可以是相对独立的，它们之间并不存在逻辑上的必然联系。因为出于种种原因，人们会认可某种行动标准，但在某些场合中却不去实施它（例如我们都可能会赞成"见义勇为"，但当自己面对抢劫他人的歹徒时却畏葸不前）。反之，在某些场合中人们会实施某种行为，但却未必见得认可相关标准（与抢劫他人的歹徒奋

---

① 在富勒看来，法律是使得人们的行动服从于规则之治的事业（参见［美］富勒：《法律的道德性》，郑戈译，商务印书馆 2005 年版，第 88 页）。换言之，缺失了形式合法性条件，法律就不能被视为"规则"。这些形式合法性要件是规则的构成性要素。

② Joseph Raz, "The Rule of Law and Its Virtue", in his *The Authority of Law*, 2nd edition, Clarendon Press, 1979, p.218.

勇搏斗的人未必认可"见义勇为",也有可能是出于社会压力)。但是,如果认知与实施长期处于隔绝状态,不仅会在许多情况下使得该行动标准丧失实效,也会在很大程度上影响该标准的效力。对于法律这种公共行动标准而言同样如此。法律本身并不调整人们的内在思想,而只要求外在行为的一致性(合法性),也就是说只要求对法律的遵守(实施),而不要求对法律内容的认可。但是,如果法律的内容得不到社会公众的普遍认同,那么以制裁机制为后盾的外在行为一致性必然无法长期保持。对法律的认可自然不必与法律的实施时刻保持同步。但从长远看,对法律的消极态度可能导致公民不服从(civil disobedience)现象,影响法律的实效(efficacy)。① 一旦丧失实效,即人们实际上不再遵守法律,法律显然再也无法完成社会整合的任务。因此,尽管"合法性"本身并不要求对法律的认可(即认为"法律是正确的"),但缺乏对法律的认可却会导致社会分裂的后果。在此意义上,我们才能恰当地体会伯尔曼(Berman)的那句名言的深意——"法律必须被信仰,否则它将形同虚设。"②

第二,法律必然会提出正确性宣称(the claim to correctness)。③ 当然,严格说来,是法律实践的参与者而非作为规范体系的法律本身必然会提出正确性宣称。④ 这意味着,法律实践的参与者(典型例子是立法者与法官)在从事制度性行为时,必然同时从事这样一种非制度性的行为,后者包含三方面的要素:首先,参与者必然会主张,特定法律在内容上是正确的;其次,参与者必定能够提出理由来支持其主张的正确性;最后,参与者必然期待,每个站在当时的法律体系立场之上的人,都会将特定法律接受为正确的。⑤ 离开了正确性宣称,法律也就无法自洽地称自己为法律体系,因为它无法区别于纯粹的强制性系统(例如黑社会的法则)。显然,这种寻求"正确性"的活动及其内容与标准是无法在法律的制度化系统之内部进行的,它必然要涉及一套制度之外的价值系统,而且它不能是参与者个人的主观价值,而必须是为其他参与者乃至其他社会成员所分享的一种客观

---

① 这方面的研究层出不穷,参见郑哲民:《社会制度与个人因素对法律服从性与有效性的影响》,《比较社会学:中美社会之比较研讨会论文集(1982年)》,第277—278页。此外,在有的学者看来,对法律的消极认可甚至可能会影响法律的效力(validity)本身。非法律实证主义者就持这样的观点,只不过对法律的认可(法律的实质正确性)在多大程度上影响法律的效力上存在差异。阿奎纳的"恶法非法"到拉德布鲁赫的"极端的不法(正义)不是法"是为两种典型代表。

② [美]伯尔曼:《法律与宗教》,梁治平译,中国政法大学出版社2003年版,第3页。

③ Siehe Robert Alexy, *Begriff und Geltung des Rechts*, 4.Aufl., Karl Alber, 2005, S.64f.

④ Siehe Robert Alexy, "Recht und Richtigkeit", in: Werner Krawitz, Robert S. Summers, Ota Weinberger, Georg Henrik v. Wright (Hg.), *The Reasonable as Rational? Festschrift for Aulis Aarnio*, Duncker & Humblot, 2000, S.4.

⑤ 参见[德]罗伯特·阿列克西:《法的双重本质理论的主要素》,《法:作为理性的制度化》,雷磊编译,中国法制出版社2012年版,第266页。

价值系统。

第三，任何有效的法律背后都必然存在一个社会价值系统或一种形成共同价值观念的机制。一个有可能被整合的社会必然要分享某些作为背景的价值，这些价值在法律的形成过程中默默地为特定法律的有效运行提供着稳定的支持。一方面，这种价值系统或机制赋予法律以正当性（legitimacy）。就此而言，韦伯（Weber）所主张的那种观点，即法律的"形式合理性"（它是"合法性"观念的早期版本）本身就能"自创生地"分娩出正当性来，是站不住脚的。正如哈贝马斯（Habermas）所分析的，法律的形式属性，只有在一种道德实践的意义上是"合理的"，才能够在特定社会条件下使得合法性具备正当性成为可能。[1] 这说明，法律的正当性只能向外而不能向内去寻找。另一方面，这种价值系统或机制也赋予法律以权威（authority）。法律总是伴随着一定的权力，权力总是试图阻断法律的形式与法律的内容之间的联系，从而让社会成员只服从法律本身而不去追问法律内容的正当性。但是权力如果想要达成这种效果——当人们面对行动问题时，搁置自己的判断而听从权力的判断——它就必须上升为权威。权威是一种被承认为正当的权力。[2] 正如哈贝马斯所说的，民众对一种权力在认同、信任和忠诚等方面缺失或出现赤字，就会产生所谓正当化危机。[3] 而这种认同、信任和忠诚无疑也是建立在权力本身是否与社会价值系统或机制相容这一点之上的。可以说，这种社会价值系统或机制就是使得权力变为权威的条件。在这里，正当性与权威合在一起，构成了正确性的两个面向。同时也可以看到，社会价值系统为特定法律之正确性提供确信的方式是"一般性的"，也就是"概括认可"。它并不要求每一个具体的法律规范都符合特定的价值要求，而只是要求法律体系大体吻合社会价值系统。也正是这一点，使得法律的权威可以阻隔对于具体法律规范内容正确性的追问。

总之，有效的社会整合所要求的不仅仅是社会成员在外在行动上的一致性，也要求信念与行动、认可与实施的统一。因而它必须建立在"正确的公共行动标准"基础上。"正确性"无法为"合法性"所包容，这使得"正确性"与"合法性"共同成为社会整合这个终极目标的构成性要素。[4] 正确性必须由

---

[1] 参见［德］哈贝马斯：《在事实与规范之间：关于法律和民主法治国的商谈理论》，童世骏译，生活·读书·新知三联书店2003年版，第566页。

[2]［德］马克斯·韦伯：《经济与社会》（上），林荣远译，商务印书馆1997年版，第263页。

[3]［德］尤尔根·哈贝马斯：《合法化危机》，刘北成、曹卫东译，上海人民出版社2000年版。与所引用的译著不同，本文将legality译作"合法性"，相应将legitimacy一概译作"正当性"。

[4] 当然，这里首先要解决一个价值理论上的先决问题，即事物的构成性要素可以不止一个。这一点已为学者所证明，本文不再赘述。关于对"构成性的多样性"的证明参见Andrei Marmor, "Constitutive Conventions", in his *Positive Law and Objective Values*, Clarendon Press, 2001, pp.16-17.

外在于法律的社会价值系统或机制来供给①，而合法性则以内在于法律的形式标准和规则属性为基础。因此，仅仅基于"形式合法性"的法治理论并不足以说明法治的构成性内在价值。

四、现代社会中的程序与法治

如此一来，恰当的法治理论就只剩下一种，即基于"民主+合法性"的法治理论。根据上文，要想证明这种法治理论恰当反映了法治的构成性内在价值，就必须同时说明"民主"与"合法性"的构成性要素地位。"合法性"的构成性地位已经得到证明，所以接下来的任务就只是证明"民主"的构成性地位。②同时，我们还要说明那个已经被我们搁置已久的概念——程序——与民主的关系③，从而最终证明程序之于法治乃至于有效社会整合的构成性地位。

（一）价值分歧与民主

上文已说明，法治大体等同于树立和遵守"正确的公共行动标准"。其中"合法性"大体等同于树立和遵守"公共行动标准"，因而民主要成为法治的构成性要素，就必须说明民主是如何与"正确性"发生关系的。而这一点要从"价值分歧（disagreement of values）"说起，后者构成了整体叙事的另一个部分。

正确性是一种价值共识。社会冲突尽管主要表现为社会成员之间行动上的分歧，但往往与观念上的分歧有着直接联系。观念上的分歧虽然未必都是价值分歧，但价值分歧肯定是观念分歧的一个主要成因。例如当甲要求通过邻居乙的一块土地时，通常会认为自己"有权"这样做；而乙阻止甲通过自己的土地时，会认为甲"无权"这样做。因此，表面看是行动上的分歧，背后则关联着关于权利的观念或者说价值的分歧。从理论上讲，价值分歧包括两种类型：④第一，价值适用的分歧。某些情形中，社会成员不会对"我们应

---

① 不同社会以及社会价值体系的并存说明这种正确性必然是相对的正确性。

② 这里其实存在着一种递进式的构成性关系：民主是法治的构成性要素，法治是有效社会整合的构成性要素，因而民主是有效社会整合的构成性要素。可以存在递进式的构成性关系同样是一个价值理论上的先决关系。但这一点很容易证明：根据前文所说的反证法，A 是 B 的构成性要素等于说"无 A 则无 B"，而根据逻辑推导关系，"如果'无 A 则无 B，无 B 则无 C'，那么'无 A 则无 C'"无疑是成立的。

③ 必须要指出的是，除了将程序与民主联系起来的做法，也有人可能会认为程序同样可以与"合法性"联系起来。比如富勒就认为他所说的法律的内在道德乃是一种程序版的自然法。但他所说的"程序"含义极其广泛，指"一些建构和管理规范人类行为的规则系统的方式，这些方式……保持着作为规则所应有的品质"，为的是显示所关注的不是法律规则的实体目标，因而大体可与"形式"相等同。参见［美］富勒：《法律的道德性》，郑戈译，商务印书馆 2005 年版，第 114 页。

④ 本部分参考了陈景辉：《法律的内在价值与法治》，《法制与社会发展》2012 年第 1 期。

当认可何种价值"的问题发生分歧，但会对"如何落实这些价值的要求"出现严重分歧。也就是说，此时社会成员之间的分歧不是发生在价值本身，而是发生在实现价值的手段方面。例如，人们可能都会认同"公序良俗"，但可能会在"如何算落实公序良俗的要求"这一点上看法不一，有的人会认为"严格按照事先的约定来履行合同"是符合公序良俗的，而有的人则认为"重大情势变更时变更相关的合同条款"才是真正符合公序良俗的。第二，价值之间的固有分歧。在另外一些情形中，人们在"我们应当认可何种价值"这一点上就已经发生严重分歧。例如，关于堕胎问题，就存在支持堕胎的妇女自决权观念与反对堕胎的生命义务论观念间的固有价值分歧。与价值适用分歧相比，价值之间的固有分歧无疑更加深刻。随之而来的是，两种分歧所导致的效果也是不同的：价值之间的固有分歧往往隐含着社会分裂的危险，因为当社会成员之间缺乏基本共识时，也就意味着他们不愿意以"共同体"的方式进行共同生活了，"社会"于此难以存续。相反，价值适用的分歧只是在行动协调方面存在问题，却没有在社会价值系统或形成机制的内在凝聚点上发生争议，因而社会大体可以存续下去。我们把只存在价值适用分歧的社会称为价值一元的社会或同质社会，而把存在价值之间固有分歧的社会称为价值多元的社会或异质社会。价值多元的社会必定同时存在价值之间的固有分歧和价值适用的分歧。

如果比照这个标准，那么我们大体可以认为，前现代社会属于价值一元的同质社会，而现代社会则属于价值多元的异质社会。任何社会都会存在价值分歧，但前现代社会的一个重要特征在于，社会成员之间在大体上分享着同一社会价值系统，尽管对如何落实这套体系的具体做法上存在分歧。在古典时代和中世纪，人们普遍相信：法律的内容具有道德正当性，是以共同体的善为导向的。[①] 社会成员在"何为共同体的善"这一点上存在基本共识。一方面，这种基本共识为法律这种公共行动标准直接提供了正当性基础。从某种意义上说，西方自然法理论所试图找寻的，正是作为实在法标准的基本价值共识，不管这一标准被概括为逻各斯、上帝的谕令还是人的理性。另一方面，这种基本共识还是使得法律具备权威性的条件。在前代社会中，权威之所以能阻隔社会成员对于法律具体内容的追问，根本还在于社会成员拥有这样一种一般性确信，即法律体系建立在他们所分享的社会价值系统之上。[②] 正

[①] [美] 布雷恩·Z. 塔玛纳哈：《论法治——历史、政治和理论》，李桂林译，武汉大学出版社2010年版，第177页。

[②] 拉兹关于证立正当权威的依赖命题（dependence thesis）可以作为佐证："所有的权威指令都应当基于原本就独立地适用于指令对象、并在指令所涵盖之情形中与这些对象的行动相关的理由之上。"（See Joseph Raz, *The Morality of Freedom*, Clarendon Press, 1986, p.47.）这意味着，权威不能在权威指令（法律）原本所应该基于的理由（存在于固有价值体系内）之外创造出新的理由，而必须在固有价值体系内寻找理由，否则会影响其权威地位。

因为这种一般性确信,所以社会成员大可依赖权威者所作的判断,而无需时时刻刻去自行考量该如何行动。从这一点而言,无论是奇理斯玛型的权威还是传统型的权威概莫能外。[1] 历史文化传统固然由于其稳定化了社会成员的共享价值系统而可以构成权威,超凡领袖表面上看是由于其个人魅力而获得权威,但其背后依然以这套价值系统为支撑——他之所以成为超凡领袖就是因为他是(或宣称是)这套价值系统最完美的代表者(例如"天子"和"圣人")。也因为如此,他所颁布的行动标准("天宪"或"圣言")才会成为权威性指令。正因为这种能赋予法律以正确性(正当性与权威)的基本价值共识的存在,保证了前现代社会中对于法律的认可与实施之间不存在太大的张力,从而有效的社会整合得以进行。

但这种"天然结合"在现代社会中不复存在。自从尼采(Nietzsche)宣布"上帝已死",现代社会就进入了一个"诸神之争"的阶段。原本为社会成员所共享的社会价值系统已经崩溃,一元论的世界景象消失了,随之而来的是价值的多元化。社会成员之间在许多重大社会行动方面都存在着"信念上的缝隙(doxastiche Kluft)",而造成这种缝隙的原因则在于社会成员各自所带有的"社会图景"不同。[2] 每个人都在经历一场整体性危机(integrity crisis)[3],一种不安的自问:生活的意义何在,自己正去向何方。他们不仅作为个人,而且作为民族和各个群体提出同样的问题。尤其是在转型时期的中国,交叠着前现代、现代与后现代的诸多价值要素,不同的地域、民族、宗教、代际间呈现出极其多元的价值。这一切造成了"正确性"与"合法性"之间的分裂。法治理想的核心要素最初是在信仰之上建立起来的,但信仰不再有效。[4] 作为公共行动标准,形式化的法律系统似乎是一个迫不得已的替代性方案:它只要求社会成员保持最低限度即外在行动上的一致性,而同时在他们的价值观方面保持足够的开放。也就是说,社会成员可以不认同法律,但他们必须遵守法律。法律尽管"不正确",但必须要得到实施。这样,社会的存续也似乎是可能的。但前文已揭明,这种信念与行动、认知与实施之间的落差如果长期存在,即使社会从短期看是可能存在的,但却无法长期存续(想想因宗教信仰引发的社会分裂就可窥一斑)。因此,只有消弭这种落差才能达到有效社会整合的目标。也就是说,在缺失了一套实质社会价值系统或固有价值共识的前提下,必须

---

[1] 参见 [美] 马克斯·韦伯:《经济与社会》(下),林荣远译,商务印书馆 1997 年版,第 242 页以下。

[2] Robert Brandom, *Making it Explicit*, Harvard University Press, 1984, p.139.

[3] Eric Erikson, *Insight and Responsibility*, W.W.Norton, 1964, p.134.

[4] [美] 布雷恩·Z. 塔玛纳哈:《论法治——历史、政治和理论》,李桂林译,武汉大学出版社 2010 年版,第 138 页。

有某种机制来确定公共行动标准的"正确性",使得有效的社会整合重新变得可能。那么,这种机制是什么呢?

我们的回答是"民主"。在异质社会之中,既然价值之间的固有分歧并不能借助于既有的价值共识来消除,那么就只能通过人为形成一个新的共识来加以解决。这种在价值分歧的情形下制造或凝聚人为共识的机制,就是民主。价值分歧的事实使得制造或凝聚人为共识的机制对于现代社会具备构成性的地位,如果一个社会并不存在这样的机制,那么这个社会将会处于瓦解的危险之中。与实质价值系统的不同之处在于,民主本身在实质上是空洞的,因为它对法律的内容必须如何没有作任何规定。民主作为一种决策机制,规定的是法律内容的决定方法。① 这里尚有两点需要说明:其一,作为形成共识的机制,民主通常只能导致暂时共识。所谓暂时共识,指的是特定的人为共识无法获得一劳永逸的解决方案,民主本质上以尊重价值分歧(其实是尊重拥有不同价值观的个体)为基本条件,因此所有人为共识只能暂时解决特定价值分歧,而这种共识也可能后来被推翻。但这不应被视为民主的缺陷。恰恰相反,暂时共识所导向的"动态的正确性"可以革除前现代社会静态僵化的弱点,因应社会不断发展变化的各项条件,灵活动态地适应社会的整体变迁。其二,民主形成共识的"人为"色彩,并不意味着民主只能通过"立法(legislation)"的方式与法律相联系。立法固然是制造人为共识的最重要的方式,但判例法也同样是凝聚共识的途径。判例法从表面看呈现出非民主的特征,其根本的原因在于司法裁判的"反多数"色彩。② 除去在一些国家存在的体现民主因素的制度设计(如陪审制、法官的民主选举)不提,反多数指责的背后隐含着的是将民主等同于多数决制度(人头式代表)的误解。③

(二)审议式民主与程序

什么样的民主模式能为我们提供产生"正确性"的机制?民主解决价值分歧的理想状态当然是取得全体社会成员的共识,但这无疑是不切实际的。所以在现实中能够想象到的第一种方式往往是退而求其次,以"多数人的共

---

① [美]布雷恩·Z.塔玛纳哈:《论法治——历史、政治和理论》,李桂林译,武汉大学出版社2010年版,第128页。

② 尤其当司法机关有权进行司法审查时,就会呈现"反多数难题(counter-majoritarian difficulty)"。See Alexander Bickel, *The Least Dangerous Branch: The Supreme Court at the Bar of Politics*, Bobbs-Merrill, 1962, pp.16-17.

③ 在马上要说到的审议式民主之下,司法同样可以与民主相容,它毋宁体现的是一种论证式代表(argumentative Repräsentation)。由于这并非本文重点,兹不赘述,有兴趣者可参见 Robert Alexy, "Grund-und Menschenrechte", in: Jan Sieckmann (Hg.), *Verfassung und Argumentation*, Nomos: Baden-Baden, 2005, S.71; ders., "Abwägung, Verfasungsgerichtbarkeit und Repräsentation", in: M.Becker und R.Zimmerling (hg.), *Politik und Recht- Politische Vierteljahresschrift*, *Sonderheft* 36, 2006, S.256.

识"来等同于"全体共识"。① 这就是"多数决民主（majority democracy）"。根据多数决观点，所谓民主系指代表多数人的意志，因此，藉由选举投票的方法，让所有公民都表达出自己的偏好，进而得出一个与社会上最大多数人意志一致的选项。多数决的最大特征就是奉行多数人通过一个合法的决策机制所决定的一切决定，而对这套合法决策机制的主要要求就是所有的公民都必须获得平等的决定权，至于对于决策机制所做出来的决定没有任何的要求。多数决民主的缺陷是很明显的：它肯定了任何情况下少数服从多数的合理性，而忽略了少数人的价值观被忽视、利益受到损害的实情，少数服从多数的规则也蕴含了多数人决定少数人命运的结果。在极端的情况下，多数决机制会导致"多数人的暴政"和"价值专制"。基于这一缺陷，德沃金提出过一种修补措施，要求民主制度必须尊重某些基本价值而不能否弃它们。这就是民主的第二种模式，即"伙伴式的民主（partner democracy）"。② 伙伴式民主观认为民主的最佳形式就是将所有社会成员都视为一个个体，并给予同等的关注与尊重③。这个平等的关注不仅是要保障公民平等的参与权，同时也要给予公民实质的平等。④ 因此，建立一种伙伴式的社会关系，兼顾各方面的权益，才是民主的真正目的。伙伴式的民主提供了非常重要的洞见，但并没有说明应当如何去实现平等的关注与尊重。况且就取得价值共识而言，仅仅强调社会成员之间的平等也是不够的。这就导向了第三种民主模式，即"审议式民主（deliberative democracy）"。正是在这种民主模式的主导下，才能真正为社会成员提供正确的公共行动标准。

审议式民主是这样一种民主机制，它促使自由而平等的公民（及其代表），提出互相能够接受且普遍可以相信的理由来为各种决定辩护，其目的在于达成对当前全体公民具有约束力、但未来仍可接受挑战的各种结论。⑤ 简单来说，审议式民主认为，为了达到人民统治的目的，必须提供一个机制，在这个机制中，自由而平等的公民们通过说理来支持或反对某个主张，这些理由在沟通的过程中接受批评与客观的判准，最后得到一个普遍被接受的理由作为决定现阶段议题的选项。如果说"多数决民主"的核心是"（人头）意

---

① See Jeremy Waldron, *Law and Disagreement*, Oxford University Press, 1999, p.23.

② 德沃金是通过提出两项实质价值准则，即"内在价值原则"与"个人责任原则"来限制多数决民主、建立伙伴关系的。对此不赘述，参见 Ronald Dworkin, *Is Democracy Possible Here? : Principles for a New Political Debate*, Princeton University Press, 2006.

③ Ronald Dworkin, *Freedom's Law: The Moral Reading of the American Constitution*, Oxford University Press, 1996, p. 17.

④ Ronald Dworkin, *Sovereign Virtue: The Theory and Practice of Equality*, Harvard University Press, 2000, p. 186.

⑤ See Amy Gutmann and Dennis Thompson, *Why Delberative Democracy ?*, Princeton University Press, 2004, p. 7.

志"、"伙伴式民主"的核心是"实质平等",那么"审议式民主"的核心就是"说理(reasoning)""论证(argumentation)"或"商谈(discourse)"。商谈的首要目标是公民及其代表为彼此加诸对方的决定和法律加以辩护,同时都赞成通过这样的审议过程,借此我们应尽可能达成一致的意见。因此,审议式民主解决多元价值社会所带来的困难的方法是,通过公民之间在理性、反思以及公共判断之中,共商公共议题的解决方案。简言之,一个正当的法律必须源自公民的审议。① 审议式民主或商谈式民主由三个相互关联的要素构成:(1)合意(consensus);(2)理由(reason);(3)程序(procedure)。

(1)商谈的目的是希望通过公民(及其代表)之间的理性论辩,就价值判断即"什么是正确的公共行动标准"达成合意。当然,这里所谓的"合意"并不是说每一个公民对于每一个具体的法律规范的内容都表示同意。如果每次遇到行动问题都需要所有公民来达成合意,树立公共行动标准就将变得毫无意义,而它的权威性(让公民搁置自己的判断而听从于它)也无法产生。因此"合意"指的不是事实上的赞同,而是一种规范性标准。同意不是指公民在被咨询的情况下将实际地赞成,而是指他们如果依据理性行事就会赞成。② 它是一种调整性观念(regulative idea),要求将制定出所有受其影响的人们一致同意的法律作为目标,而不是期待这一目标在实际中得到实现。实践当中,只能通过按照理性的和合法的原则组织起来的程序作出能够为社会成员所认同的决定。③也就是说,合意并不要求每个特定的个体都对商谈的结果表示赞同,而只是要求这种结果是经由理性程序而获得的。事实上,商谈未必能在每个具体行动标准上都获得全体认同,但只要后者是在保证了公民平等参与的理性商谈程序的基础上作出的,它就应被视为是合意的结果。在这里,经由程序的正当化和经由合意的正当化是相辅相成、相互作用的。这种相互作用总体上追求这样的一个目的,即通过理性和中立的程序,产生对于大多数民众来讲是合理可接受且有约束力的法律规范和决定。④ 进而,社会成员的个人同意应该根据民主机制受到管制,即仅就用来作出有关法律内容之决定的程序达成一致,而不是对产生的每一项法律的内容达成合意。⑤ 正是为了保证合意的纯度才需要程序的正当过

---

① See James Bohman and William Rehg(eds.), *Deliberative Democracy: Essays on Reason and Politics*, The MIT Press, 1997, p. IX.
② See Immanuel Kant, *Political Writings*, Cambridge University Press, 1991, pp.78-80.
③ [德]莱茵荷德·齐佩利乌斯:《法哲学》,金振豹译,北京大学出版社2013年版,第42页。
④ 参见[德]莱茵荷德·齐佩利乌斯:《法哲学》,金振豹译,北京大学出版社2013年版,第91、174页。由于合意也代表了一种契约思想,因此,程序正义是契约的非契约性基础,而契约是程序的非程序性基础;程序以同意为自身的正当性依据,而契约原理构成了程序本身的道德论证。参见季卫东:《法律程序的意义(增订版)》,中国法制出版社2011年版,第157、160、175页。
⑤ 参见[美]布雷恩·Z.塔玛纳哈:《论法治——历史、政治和理论》,李桂林译,武汉大学出版社2010年版,第129页。

程原则,在这个意义上满足程序要件就是正当化的前提和基本标尺。① 这里我们看到了一个从合意到程序的明显的论证负担转移。

(2)商谈的内容是为各自的主张提供理由。民主社会要求商谈的参与者向其他参与者出示既好又充分的理由。② 这种理由必须经得起主体间的检验。因此,从性质上讲,这样的理由不能是私人理由,而必须是公共理由(public reason)。公共理由是这样一种理由,它依赖于社会公众大体上可接受之理由的前提与方式,包括:(a)所有理由的一般特征;(b)普遍分享的信念、常识推理以及无争议的科学方法。③ 公共理由是那些分享平等公民权的人的理由,其理由的目标是共同善(common good)这个民主社会的特征。④ 它对于参与商谈的公民与官员施加了一种政治道德的要求,即必须藉由公共推理(public reasoning)获得结论。公共推理蕴含着一种互惠性标准(criterion of reciprocity)。互惠性标准承认社会成员之间的差别是无法消除的,但它认为:只有当我们真诚地相信为自己的行动所提供的理由可能被其他成员合理地接受下来,作为他们行动的正当依据时,我们的行动才是恰当的。⑤ 公共理由的出示抑制了公民出于私利将独断的价值观强加于他人的可能。⑥ 公共理由与程序同样是扭结在一起的。一方面,程序不强加任何有关法的内容的要求,也不指定一个社会必须拥有的法律的类型,但却要求,无论社会选择制定什么样的法律,它都必须由理由证成。换言之,它要求政府官员和公民受由理由证成的规则的约束并依据这些规则行为。⑦ 另一方面,什么样的理由可算作"公共理由",不同的公共理由如何被组织起来并对最终的结果发生影响,这又是由程序和程序规则来决定的。

(3)商谈的核心要素是程序。商谈关注的是,如何才能更有助于产生得以被合理证成并合乎公共利益的规范或决定。其提供的答案是通过公开陈述理由的商谈程序。在这样的商谈程序中,参与商谈的公民都可针对议题提出自己的看法,通过不断的商谈和辩论,让可能造成负面结果的私利观点被排除,达成合意,得到一个"正确的"结果。所以,程序是商谈最重要的构成

---

① 季卫东:《法律程序的意义(增订版)》,中国法制出版社 2011 年版,第 160—161 页。
② See Lawrence Solum, "Procedural Justice", *Southern California Law Review*, vol.78, 2004, p.230.
③ John Rawls, *Political Liberalism*, Columbia University Press, 1993, pp.224-225.
④ John Rawls, "The Idea of Public Reason", in: James Bohman and William Rehg(eds.), *Deliberative Democracy: Essays on Reason and Politics*, The MIT Press, 1997, p. 93.
⑤ John Rawls, "The Idea of Public Reason Revisited", *The University of Chicago Law Review*, vol.64, 1997, p. 767.
⑥ 个人动机是无法变成支持主张的理由的。故而科赫和吕斯曼说,有疑问的动机不会使好的理由变坏,值得褒扬的动机也不会使坏的理由变好。一切都取决于理由的性质。Siehe Hnas-Joachim Koch und Helmut Rüßmann, *Juristische Begründungslehre*, C.H.Beck'sche Verlagsbuchhandlung, 1982, S.1.
⑦ [美]玛蒂尔德·柯恩:《作为理由之治的法治》,杨贝译,《中外法学》2010 年第 3 期。

性要素,离开了程序,理由的出示就是"无效的",合意的达成也是"无根据的"。正是程序为商谈提供了"正确性"的标准。简言之,这种理论认为,当一个规范可能是理性商谈程序的结果时,它就是正确的。①这样一种观念接近于罗尔斯所说的"纯粹的程序正义(pure procedural justice)"。在纯粹的程序正义中,不存在判定正确结果的独立标准,而是存在一种正确的或公平的程序,这种程序若被人们恰当地遵守,其结果也会是正确的或公平的。所以它的一个明确特征是,决定正确结果的程序必须实际地被执行,因为在这一情形中没有任何独立的、通过参照即可知道一个确定的结果是否正义的标准。②

这样,我们对于"正确性"的关注重心就从商谈结果转移到了程序本身的设计上来。公正的程序能使得商谈结果兼备正当性与权威性。之所以商谈结果(公共行动标准)正当性的标准完全依赖于程序,是因为在异质社会中已经丧失了独立的实质价值判准来宣称某个结果是唯一正当的。只有经过公共理由辩驳并致力于达成合意的程序本身才能做到这一点。一旦公正的程序得以实施,其结果就将被视为正当的。如果某个社会成员此时主张认为这个结果"不正当",那么也只是从他的个人价值观出发所作的评判,因而不足以对抗乃至否定程序结果的正当性。权威涉及服从问题。大量的经验研究表明,公正的程序与服从之间存在着正相关关系。例如有学者通过研究美国最高法院的实践表明,某项制度的决定程序越公正,公民就会认为它越正当,他们也就越可能去服从它,即使它的内容并不受欢迎。③也有学者通过更为广泛的对"决定—服从关系"的研究表明,程序正义通常在塑造人们遵守法律权威所作的决定时起到尤其重要的作用。④进而,程序的公正性同时塑造了决定的接受性与对决定者的评价。⑤正因为如此,卢曼(Luhmann)曾指出,在当代西方,提供权威基础的自然法的失落是由程序法来补偿的。⑥所以在一个诸如

---

① 参见[德]罗伯特·阿列克西:《程序性法律论证理论的理念》,《法理性商谈》,朱光、雷磊译,中国政法大学出版社2011年版,第88页。必须注意的是,程序本身并不提供特定的实质性主张,它只是在各个参与者既有的价值主张中通过理性方式来确定其一作为商谈结果。所以考夫曼认为,商谈不是一种虚构之思维模式,而是发生于事实上存在的论证共同体之中,在其中实际经验和关于"实在"的确信不断呈现。Siehe Arthur Kaufmann, *Prozedurale Theorien der Gerechtigkeit*, Verlag der Bayerischen Akademie der Wissenschaften, 1989, S.30.

②[美]约翰·罗尔斯:《正义论(修订版)》,何怀宏等译,中国社会科学出版社2009年版,第67页。

③ See James Gibson, "Understandings of Justice: Institutional Legitimacy, Procedural Justice, and Political Tolerance", *Law & Society Review*, vol.3, 1989, pp.469-496.

④ Allen Lind and Tom Tyler, *The Social Psychological Procedural Justice*, Plenum Press, 1988; Tom Tyler, "Procedural Justice, Legitimacy, and the Effective Rule of Law", *Crime & Justice*, vol.30, 2003, pp.283-357.

⑤ Tom Tyler and Heather Smith, "Social Justice and Social Movements", in *Handbook of Social Psychology*, vol.2, ed. by Daniel Gilbert, Susan Fiske, and Gardner Lindzey, MacGraw-Hill, 1997.

⑥ Nicolas Luhmann, *Legitimation durch Verfahren*, 3.Aufl., Darmstadt Luchterhand, 1975, S.148.

中国这般缺乏自然法信仰的社会建立法治秩序，法律的权威性更有赖于程序的合理与公正。①它反映了这样一种政治道德原则：每个公民，假如要受到解决分歧之制度化程序的约束，都应当能够将程序视为权威的正当来源，后者为争议双方创设了独立于内容的政治道德义务。②可见，程序公正、正当性认知以及对法律的服从态度，这三者之间存在密切的因果关系。同时，将正确性考量从商谈结果向程序公正转移，正确性问题在一定程度就被转换为制度设计问题进行处理，可以尽量在技术化、理性化的条件下化解进行适当的价值判断的困难。故而，只要法律程序接近于充分的程序合理性的要求，因为它们与建制化的、因而是独立的标准相联系，根据这些标准就可以从一个非参与者的眼光出发来确定法律规范是否是正确的。③

程序公正有赖于独立的程序标准，而这些标准中最重要的是程序规则。通过受理性规则调整的程序来证明公共行动标准的正确性，这种方式可以被称为"'普洛克鲁斯特之床式的'证立（'Procrustean bed' justification）"④。因为它要求以程序规则来评判商谈中提出的理由：符合程序规则的理由是有效的，而不符合规则的理由是无效的。因而，程序是否公正就与程序规则是否理性联系在了一起。

理性的程序规则包括商谈参与规则⑤与商谈结果的决定规则两大类。商谈参与规则涉及社会成员（及其代表）参与相关商谈程序的保障、责任与效果等。这类规则最重要的目标在于确保社会成员（及其代表）有效地参与商谈。参与可以是直接的，也可以是间接的（代表）。但无论是直接的还是间接的，都必然符合这样一个"参与正当性命题（the participatory legitimacy thesis）"：必须授予那些受程序约束者以参与权，以便使这些程序被视作权威的正当性来源。参与的价值不能被化约为对商谈之结果发挥效果这一功能，也不能被化约为一种主观的偏好或满足感。⑥以参与为核心的结构要求程序发挥促进和制约两方面的重要作用。⑦促进在于调动参与者的积极性来"为权利（价值）

---

① 季卫东：《法律程序的意义（增订版）》，中国法制出版社 2011 年版，第 85 页。
② See Lawrence Solum, "Procedural Justice", *Southern California Law Review*, vol.78, 2004, p.278.
③ 对这些标准的一个经验性研究，参见 John Thibaut, Laurens Walker, Stephen LaTour, and Pauline Houlden, "Procedural Justice as Fairness", *Stanford Law Review*, vol.26, 1974, pp.1271-1289.
④ Colin Kaufmann, "The Nature of Justice: John Rawls and Pure Procedural Justice", *Washburm Law Review*, vol.19, 1980, p.199.
⑤ 例如，阿列克西将普遍商谈规则划分为五组，即基本规则、理性规则、论证负担规则、证立规则与过渡规则（参见［德］罗伯特·阿列克西：《法律论证理论》，舒国滢译，中国政法大学出版社 2002 年版，第 366—369 页）。它们都属于我说的商谈参与规则，当然它们并非穷尽性的。
⑥ See Lawrence Solum, "Procedural Justice", *Southern California Law Review*, vol.78, 2004, p.191, 275.
⑦ ［日］谷口平安：《程序的正义与诉讼（增补本）》，王亚新、刘荣军译，中国政法大学出版社 2002 年版，第 20 页。

而斗争";制约则起到"安全阀门"的作用,即约束并引导参与者有序地提出、论证自己的主张,并排除掉不合理的要求。故而,参与正当性命题是一种关于程序之规范正当性的宣称,而并非首先是关于这类程序在心理上的可接受性的宣称。[①] 我们可以认为自己受到一个"错误"决定的约束是正确的,假如它是这样一种程序的结果,后者为我们提供了一种充分的参与机会。

同时我们也可以发现,在商谈参与规则这里,以"参与"为核心,法律程序的固有内在价值被吸附在了一起:首先,法律程序必然显现人权。因为参与成为可能的一项前提是,承认每个社会成员拥有"政治自由"或"自治":每个社会成员都拥有判断什么是应当的与善的、并采取相应行动的权利。[②] 因而法治下的民主以这一理念为目标,即经由一种政治体系,实现受理性引导的个人自治的共存。[③] 当然,除了个人自治,树立公共行动标准更需要一种公共自治,虽然个人自治是公共自治的基础。公共自治要求协调个人自治来共同获得对于行动标准的自我决定,将自治从单视角的"我"转变为复数视角的"我们"。而自治要成为可能,就必然要实现其他一些权利,这些权利的目录可以从思想自由、集会自由、出版自由一直延展到普遍、自由、平等与秘密的选举权。[④] 要参与自治,参与者必须可以自由参加商谈,同时他们在论证地位上必须是平等而不受外力强迫的。因而,参与原则将排除一切不可能普遍化的利益,而只允许那些确保所有人平等自由的规则。这样,民主的行使同时就确保了人权。[⑤] 其次,法律程序也会显现尊严,如果我们将自由、平等与自治视为尊严的不同面向的话。康德的绝对命令(kategorische Imperativ)可以视为对人的尊严的精准表述:永远把人作为目的而非手段来对待。[⑥] 商谈意味着所有参与者都彼此视为平等的"对话伙伴",都视为"人(person)"而非对象。让所有利益受商谈结果影响的人都有机会(直接或间接地)参与程序并提出自己的主张和理由,是为了使其作为人的尊严和道德主体地位得到维护。因为他在这一法律程序中没有仅仅被视为实现他人或社会利益的工具,而是具有独立意识与价值主张的主体。最后,法律程序也与某些社会福利措施有着间接联系。公共商谈之得到呼应的程度仅仅取决于它的扩散程度,

---

① See Lawrence Solum, "Procedural Justice", *Southern California Law Review*, vol.78, 2004, p.286.

② 参见[德]罗伯特·阿列克西:《商谈理论与人权》,《法理性商谈》,朱光、雷磊译,中国政法大学出版社 2011 年版,第 147 页。

③ [德]莱茵荷德·齐佩利乌斯:《法哲学》,金振豹译,北京大学出版社 2013 年版,第 174 页。

④ 参见[德]罗伯特·阿列克西:《商谈理论与人权》,《法理性商谈》,朱光、雷磊译,中国政法大学出版社 2011 年版,第 148 页。

⑤ 参见[德]哈贝马斯:《在事实与规范之间:关于法律和民主法治国的商谈理论》,童世骏译,生活·读书·新知三联书店 2003 年版,第 631 页。

⑥ Siehe Immanuel Kant, *Grundlegung zur Metaphysik der Sitten*, Hg. v. Wilhelm Weischeded, Frankfurt a.M.: Suhrkamp Verlag, 1974, S.64.

也就是说，仅仅以一种广泛的、积极的、同时具有分散作用的参与作为条件。而这又要求有一个平等的、剥去全部教育特权的、全面地知识化的政治文化作为背景。① 只有赋予社会成员以尽可能充分的知识、教育水准、资源与信息，他们才能真正有效地参与程序（武器平等）。可见，法律程序要以参与为核心涉及规则的，就必然显现人权、尊严与社会福利。后者的作用不仅体现在它们都是固有内在价值，更在于它们能够实现有效参与这个目标。

商谈结果的决定规则涉及当商谈程序无法得出共识时，该如何决定商谈结果的问题。合乎理性程序的商谈实施之后，会产生三种可能：某个规范或决定相对于商谈参与规则、对其满足的程度以及参与者而言是商谈上必然的；某个规范或决定相对于它们是商谈上不可能的；某个规范或就定相对于它们既非必然也非不可能，而是商谈上可能的。② 商谈上必然与商谈上不可能的都意味着参与者达成了共识，一种是积极共识（正确的行动标准被树立），一种是消极共识（没有特定树立行动标准）。但商谈上可能则意味着共识未达成。有时参与者之间的价值分歧是如此之大，以至于经过理性程序规则下的充分商谈之后依然无法得出一个唯一正确的答案。此时，必须要借由某种结果决定规则来获得一个结论。它可以是一种决断规则，比如授权某个人在商谈的基础上作出决断（例如司法程序中的法官），或者通过投票的方式来决定（如立法中的多数决）。③ 它也可以是一种推定规则，例如刑事审判程序中无法证明被告人有罪（但也不是完全没有有罪证据）时推定其无罪（无罪推定）。在一个价值多元的社会，容忍价值分歧的存在是合理的，穷尽了商谈之后留待决断或推定来获得结果的做法也是合理的，它们是"合意"达成的特殊形式。

总之，审议式民主的核心原则在于商谈，而商谈的核心要素在于程序。程序不仅为合意提供了可能与限制，也对公共理由的有效运用和组织化施加了外部规制。理性商谈程序及其规则最终为公共行动标准提供了"正确性"标准。如果说法律是一种"齐步权威"的话，那么能够发挥这种调整社会成员行动之功能的权威性恰恰来自具备理由论证功能的程序。④ 同时我们也注意到，审议式民主也结合了多数决民主与伙伴式民主的优点。以参与为核心的商谈原本就对参与者施加了平等的关注与尊重。实践中发生的许多商谈（如立法商谈）都是由民主选举出的代表来参与的，而当商谈无法保证共识时多

---

① 参见［德］哈贝马斯：《在事实与规范之间：关于法律和民主法治国的商谈理论》，童世骏译，生活·读书·新知三联书店2003年版，第650页。
② 参见［德］罗伯特·阿列克西：《商谈理论问题》，《法理性商谈》，朱光、雷磊译，中国政法大学出版社2011年版，第117页。
③ 关于程序规则、合意原意以及多数决原则之间关系的细致研究，参见Ernst Zimmermann, "Multideontische Logik, Prozedurale Rechtstheorie, Diskurs", *Rechtstheorie*, vol.30, 1999, S.311f.
④ 参见季卫东：《法制的权威》，《中国法学》2013年第1期。

数决原则可能会发挥重要作用。但是，审议式民主不同于两者之处恰恰在于合理而公正的程序。可以说，程序是区别健全的民主制度与偏执的群众专政的分水岭。① 没有程序，就没有民主；没有民主，现代社会就没有正确性标准；没有正确性标准，有效的社会整合就无法实现。

（三）作为整全性法律实践的法治

行文至此，我们已经大体证立了一种"民主+合法性"式的法治的构成性地位。但仍有论者会认为，尽管民主与合法性都是有效社会整合的构成性要素，但是法治依然可以只与"（形式）合法性"相关。因为民主与法治不是一回事，它们分别构成了"正确性"与"公共行动标准"这两个虽有联系但逻辑上依然可分的不同部分。因而它们虽然都具有构成性的地位，但却依然是两个没有必然联系的事物。② 正是基于这种观念，拉兹（Raz）指出，"一种根植于否定人权、普遍贫穷、种族隔离、性别歧视以及宗教迫害的非民主的法律体系，在总体上可能比任何更为开明的民主法律体系更符合法治的要求"。③

但在笔者看来，这样的理解尽管在逻辑上没有问题，但在价值上却是不可取的。前已述及，法治是一个诠释型概念。诠释型概念需要运用建构性诠释（constructive interpretation）。建构性诠释的关键在于目的与实践的关系。诠释者一方面要从实践中抽象出一个一般性的目的，另一方面也要比照这个目的来调整实践以便使之以最佳的方式实现目的。当我们诠释法治实践时，"我们会对它进行批评，这也是诠释的一部分，在进行批评和提出意见的同时，我们就已经将自己的立场所希望的目的加诸进去，这就是诠释者对诠释对象所赋予的目的。"④ 前现代社会与现代社会当然存在着诸多方面的差别，但在这些差别中最重要的无疑包括了"人治"与"法治"这两种治理价值之间的差别。即使在价值多元的现代社会阶段，也既存在延续前现代人治色彩的国家，又存在真正秉持现代法治色彩的国家⑤，尽管在话语层面上几乎所有国家都宣称自己是法治国家。因此我们必须要借助于某个判准将两者区分开来。在对"法治"进行诠释时必须要吻合这个目的。但是，仅仅依据"（形式）合法性"是无法将两者有效区分开来的。纳粹第三帝国的法律同样符合这些形

---

① 参见季卫东：《法律程序的意义（增订版）》，中国法制出版社 2011 年版，第 82 页。
② 参见陈景辉：《法律的内在价值与法治》，《法制与社会发展》2012 年第 1 期。
③ Joseph Raz, "The Rule of Law and Its Virtue", in his *The Authority of Law*, 2nd edition, Clarendon Press, 1979, p.211.
④ Ronald Dworkin, *Law's Empire*, Harvard Uniriersity Press, 1986, p.52.
⑤ 由此也可以知道为什么人治在前现代社会大体是合理的，而在现代社会却是不合理的：因为前现代社会是价值一元的同质社会，即使实行人治也不会违背社会价值系统；而现代社会是价值多元的异质社会，实行人治往往意味着迫使持有不同价值观的社会成员强行接受某种特定的价值观，即实现"价值专制"。

式条件,大部分德国人民在第三帝国时期一如既往地严格遵守着法律。但我们绝难以说纳粹时期处于法治状态。所以,法治模式与非法治模式的差别并非在于是否存在法律,也不在于法律有无展现出"规则"的属性或者符合某些形式条件。如果以形式合法性作为法治的标志,那么似乎可以说许多前现代社会与绝大多数现代社会都是法治社会,而这将大大降低法治作为一种政治道德的理想色彩。

　　法治必然要包含法律的"正确性"问题。当然,这并不是说前现代社会不关注正确性问题。但是在具有同质性的前现代社会,法律的正确性问题显现得并不明显,因为一元价值系统足以确保法律体系大体建立在价值共识(我们可以认为它们是"天然的"共识)的基础之上,至于这种价值共识的形成方式为何——是因传统形成抑或由超凡领袖来表述的——并不重要。民主问题在此时也显得不重要,因为一元价值社会并不需要创造和凝聚一种人为共识。正确性问题凸显出来的背景,正是由于价值分裂而导致的异质社会的出现。在现代社会中,不再有既定的价值共识,因而必须要通过某种人为方式来达成至少是暂时的共识,以作为公共行动标准的正确性基础。这种方式就是民主,更精确地说,是审议式民主。[①]正是凭借民主,以法治为特征的现代社会才得以与前现代社会和延续前现代社会特点的非法治社会区分开来。法治固然难以排除人的因素,但法治是一种"众人之治"。因此,法治与人治最主要的区别不在于"合法性",而恰恰在于"民主"。

　　能把合法性与民主联系在一起作为法治之构成性要素的,是一种我称之为"作为整全性法律实践的法治(rule of law as an integrative legal practice)"观念。它表达了这样一种政治理想:法治应当被视为一种关于法律实践的整体性追求,它不仅要求法律合乎特定形式要件并能有效指引人们的行动,而且要求法律的产生本身也符合特定的要求,以确保对法律的一般正确性确信。这样的理想可以追溯到法治最古老和最经典的版本,即亚里士多德(Aristotle)所界定的法治的双重意义:已成立的法律获得普遍的服从,而大家所服从的法律又应该本身是制定得良好的法律。[②]此即所谓"普遍服从"与"良法之治"。前者涉及法律的遵守与实施,而后者则涉及法律的认可与信念。只是,在价值多元的现代社会中所谓的"良法(正确法)(das richtige Recht)"是通过审议式民主的方式或者说商谈程序来确立的。[③]而

　　[①] 价值相对主义社会唯一承认的绝对价值是和平与宽容(参见季涛:《法哲学的阿卡琉斯之踵》,《同济大学学报(社会科学版)》2006年第5期),而审议式民主是唯一与和平、宽容相容却又不会导致社会分裂的方式。
　　[②] [古希腊] 亚里士多德:《政治学》,吴寿彭译,商务印书馆1983年版,第199页。
　　[③] 这也导致了"法律"与"法治"在概念上的分离:法律可以是不正确的,而法治必然要求正确法。这种要求不是法律要求而是政治道德的要求。

在以参与为核心的商谈程序的展开过程中，个人权利、尊严乃至社会福利都因与参与的概念或与参与之间的因果联系而逐渐显现出来。因而可以说，一方面，法治是一个吸附性的概念（absorbing concept），它不仅吸纳了民主与程序，也因程序将人权、尊严与社会福利吸纳进来，并使得它们呈现出与程序远近不同的格局。另一方面，法治又是一个在实践中可以在不同程度上实现的一般性的规范性原则。[①] 程序的公正与合理，公民的自由、平等权与尊严，能促进有效参与的社会福利措施，这些价值都可以有实现程度的差异。法治本身虽然提出了"尽最大可能满足这些价值"这一规范性要求，但不同社会对这一要求的满足毫无疑问会存在程度差别。正是因为这种差别，不同社会的法治状况才有比较的可能，而"追求法治"本身也才有意义。

因此，法律是一种实践理性或者说公共行动标准，法律实践的完整领域包括法律的认可与实施两部分，法治就是将这两部分紧密结合在一起的整全性法律实践。"作为整全性法律实践的法治"可以用下图来展示[②]：

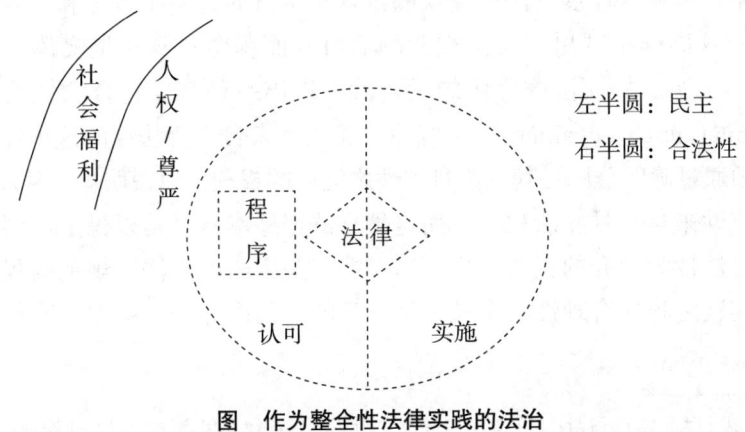

图　作为整全性法律实践的法治

由此可以推导出三个重要的观点：

首先，民主／商谈程序与合法性构成了法治的两个相互支持的构成性部分。一方面，在现代社会中法律相对于社会生活构成了一个功能封闭的自治系统，但它不是独自获得其自主性的。它自主的程度取决于，为立法和司法的目的而建制化的那些程序，在多大程度上保证了公平的意见形成和意志形成过程，并且以这种方式使道德的程序合理性有可能同时进入法律和政治之

---

① ［美］玛蒂尔德·柯恩：《作为理由之治的法治》，杨贝译，《中外法学》2010年第3期。
② 要注意的是，图中所说的"法律"既可以被理解为法律规范或法律体系，也可以被理解为司法判决或判例法。如果是前者，那么图示中的"程序"指的就是立法程序，如果后者，那么"程序"指的就是司法程序。

中。民主不实现，法律就没有自主性可言。① 由此合法性也就无从谈起。另一方面，即使是道德上得到充分论证的法律规范，它们也只有在这种情形下才是可期待具有效力的：用这些规范来指导其实践的那些人，也可以期待所有其他人也合乎规范地行动。② 因为规范得到充分证立是一回事，而人们愿意实施或遵守它是另一回事。③ 通过商谈程序获得的、认定一个规范正确因而有效的一致性判断不必然导致为所有人所遵守的后果。当毫无疑问会有一些人违反规范时，就不能指望任何人遵守它。这导致了以强制性为后盾的法律及其实施的必要性。④ 因此哈贝马斯认为，法律具有双重有效性⑤根据：一方面涉及证立原则，另一方面涉及颁行原则。法律的有效性模态同时指向两种期待：一种是政治性的，期待人们会服从决定和强制；另一种是道德性的，期待人们会在合理推动下承认一种只能通过论证才能兑现的规范的有效性主张。⑥ 法治要实现的，是道德基础上的合法强制。

其次，在现代法治社会中，程序本身受到法律的调整，是一种建制化的程序即法律程序。法律程序规范集中被规定于程序法（立法法、诉讼法等）之中。遵循程序展开法律商谈的过程，本身亦是一个遵守和实施程序法的过程，这同样呈现出"合法性"的面目。而程序本身又是实体法之正当性标准的来源。故而法律程序的运行就显现出一种"通过合法性的正当性（Legitimität durch Legalität）"之悖论。正当性来自于合法性的这种悖论性现象，必须通过确保公民对其政治自主性之运用的权利得以说明。⑦ 因为现代法律的正当性来自一种立法程序，而这种立法程序本身又是以民主原则为基础的。以合法性为中介的正当性之所以可能，是因为产生法律规范的程序也是在道德实践之程序合理性的意义上是合理的，是因为法律程序与服从其自身

---

① 参见[德]哈贝马斯：《在事实与规范之间：关于法律和民主法治国的商谈理论》，童世骏译，生活·读书·新知三联书店 2003 版，第 615—616 页。

② 参见[德]哈贝马斯：《在事实与规范之间：关于法律和民主法治国的商谈理论》，童世骏译，生活·读书·新知三联书店 2003 版，第 583 页。

③ 这一想法可以追溯到康德关于判断原则（principium diiudicationis）与执行原则（prinxipium executionis）的区分，参见 Immanuel Kant, *Vorlesung zur Moralphilosophie*, Berlin: de Gruyter, 2004, S.55f; 也可参见 Günther Patzig, "'Principium diiudicationis' und 'Principium executionis'", in: ders., *Gesammelte Schriften* Bd. I, Wallstein, 1994, S. 255-274.

④ 参见[德]罗伯特·阿列克西：《商谈理论与人权》，《法理性商谈》，朱光、雷磊译，中国政法大学 2011 年版，第 139 页。

⑤ 有学者概括为"事实效力"（可接受性）与"社会效力"（主体间接受的社会事实）。Siehe András Karaácsony, "Prozedurale Rationlität und die Möglichkeit der Gesellschaftskritik", *Archiv für Rechts-und Sozialphilosophie*, vol.87, 2001, S.99.

⑥ 参见[德]哈贝马斯：《在事实与规范之间：关于法律和民主法治国的商谈理论》，童世骏译，生活·读书·新知三联书店 2003 年版，第 615 页。

⑦ 参见[德]哈贝马斯：《在事实与规范之间：关于法律和民主法治国的商谈理论》，童世骏译，生活·读书·新知三联书店 2003 年版，第 105 页。

程序合理性的道德论证之间的相互交叉。[①] 这一点不仅对于法律程序是如此，对于被法律程序吸附而来的其他法治价值同样如此：在现代国家中，各类人权、尊严权乃至社会福利的种种措施大多都为法律所规定，因而在商谈中运用这些权利及福利不仅是固有价值（正当性）的体现，也是"合法性"的体现。但是不言而喻的是，这里的"合法性"就必须包含比上文所讲的合法性更多的东西。它不仅包括"形式合法性"（公共性）和"有效指引"（行动标准），也包含"程序合法性"（正确性）。

最后，作为整全性法律实践的法治是以程序为中心的，不妨称之为"程序法治"。将它与上文中塔玛纳哈的那张图表进行对比，就会发现程序法治位于"民主＋合法性"版本的形式法治与三个版本的实质法治之间。它既包含了形式法治的内涵，也包含了实质法治的内涵，毋宁说程序正义是在兼备实质正义和形式正义的层次上获得的一种新的内涵。[②] 程序正义是一种复合型正义，而商谈是程序正义的核心组织原则与整合原则。[③] 商谈的核心是给出理由并达成合意，因此程序法治展现了法治作为"理由之治"与"契约之治"的色彩。

结　语

法律程序对于法治而言是重要的还是必不可少的？这是法律理论和政治理论上争论不休的问题。它的困难之处在于，存在着太多可以回答的角度，而每个角度都各有合理之处。本文尝试从价值类型理论出发，对这一问题给出不同以往的回答，并认为这个回答更好地回应了问题本身。如果要重新整理一下迄今为止已显得过于冗长的论述的话，那么它的基本思路如下：

1. 无论是程序还是法治，都应从内在价值出发来说明其重要性。

2. 内在价值可以分为固有内在价值与构成性内在价值，前者不足以充分说明法治与程序的重要性，只有后者才能担当起这个任务。

3. 社会冲突是任何社会的常态，为了避免社会分裂必须进行有效的社会整合。

4. 树立和遵守正确的公共判断标准是有效社会整合的构成性要素，而法律是最主要的公共判断标准。

5. 合法性解决了树立和遵守法律（规则）的问题，但没有解决法律的正确性问题。

---

① 参见［德］哈贝马斯：《在事实与规范之间：关于法律和民主法治国的商谈理论》，童世骏译，生活·读书·新知三联书店2003年版，第569页。
② 季卫东：《法律程序的意义（增订版）》，中国法制出版社2011年版，第121页。
③ Roland Hoffmann, *Verfahrensgerechtigkeit*, Ferdinand Schöningh GmbH, 1992, S.14.

6. 现代社会中价值分歧的常态化，使得援引特定价值判断的做法无效，只能通过形成人为共识的机制来获得正确性，这就是民主；在诸多民主模式中，审议式民主是最恰当的获取共识的机制。

7.1. 法治是通过审议式民主树立法律并加以实施的整全性实践。

7.2. 审议式民主的核心原则是商谈，商谈的核心要素是程序。

8. 结论 I：程序是法治的构成性要素。

9. 结论 II：没有程序，就没有民主；没有民主，就没有法治；没有法治，就无法进行有效的社会整合；缺乏有效的社会整合，因价值分歧和社会冲突所导致的现代社会的分裂将无法弥合，社会也将难以存续。

所以，程序之所以对于法治而言是重要的或必不可少的，就是因为在现代社会中，它是法治的构成性要素，最终也是社会整合的一个构成性要素。而将程序与法治联系起来的中间环节，就是民主。只有清楚这一点，才能理解美国大法官道格拉斯（Douglas）那句广为流传、并被季卫东教授《法律程序的意义》一文铭于卷首的话："正是程序决定了法治与恣意的人治之间的基本区别。"[①]

（作者系中国政法大学法学院教授、副院长）

[①] Justice Willian O.Douglas's Comment in *Joint Anti-Fascist Refugee Comm. V. Mcgrath*, See *United States Supreme Court Reports* (95 Law. Ed. Oct. 1950 Tem), The Lawyers Cooperative Publishing Company, 1951, p.858. 转引自季卫东：《法律程序的意义》，《中国社会科学》1993 年第 1 期。

反面推论的逻辑分析

孔 红

反面推论又称反向推理、反对解释等，被认为是"法学中的一种重要的论述形式"①，法律方法论的文献对此多有论述。法律方法论的核心问题是为待决案件寻找可资适用的法律规则。可资适用的法律规则并不总是以正面推论的方式直接用于裁判，如果案件事实仅仅是相似于法律规则的事实类型，就可能需要进行类比推论。如果制定法对待决案件所属的事实类型未作规定，但对相反的事实情况有明确规定，则可能需要依据规则进行反面推论。比如，法官确认案件事实是 M、且 M 属于法律调整的范围，但是制定法没有就 M 应当如何处理作出规定，却规定了"如果某个事实是非 M，则该事实引起法律后果 P"，法官就可能运用反面推论据此得出"如果某个事实是 M，则该事实引起法律后果非 P"。如梁慧星先生所说："各地法院在一些案件的审理中，总是自觉不自觉地运用反对解释方法。"由于反面推论发生于法无规定的情形中，一些学者如卡尔·恩吉施、郑永流教授明确地将其作为填补法律漏洞的推论方法。

一方面，反面推论在实践和理论中得到了普遍认可，另一方面，关于反面推论的很多论述却令人感觉似是而非、难以自洽，甚至于论者本人也存犹疑。在《裁判的方法》中，梁慧星先生认为反对解释的逻辑是：若 M→P，则非 M→非 P。他对此作了一个很长的脚注，说有人从形式逻辑的角度对此提出了质疑，但是他所谈反对解释均是参考了其他学者的论述，如台湾学者杨仁寿的《法学方法论》，他说："我认为，法学方法论虽从形式逻辑借鉴而来，但其运用又与逻辑学有所不同，应不奇怪。"② 相同的脚注也出现在《民法解释学》谈及反对解释的地方。③ 由此推测梁先生在这个问题上是存有疑惑的，且在两书出版相隔的几年中，始终未解除这个疑惑。再以郑永流教授的教材《法律方法阶梯》为例："法律条文多以命题形式存在，从结构上可为'事实构成 M+ 法律结果 P'，这是一个如果—那么的假言命题，即

---

① 颜厥安：《法与实践理性》，中国政法大学出版社 2003 年版，第 162 页。
② 梁慧星：《裁判的方法》，法律出版社 2003 年版，第 170 页。
③ 梁慧星：《民法解释学》，中国政法大学出版社 2000 年版，第 272 页。

有 M 则有 P 或'M → P'。……进行反向推论，所得命题当然应是原命题的否命题，即'非 M →非 P'，这是反向推论的逻辑结构，也是反向推论的规则。"[①] 在接下来的"反向推论的适用条件"部分，作者却又指出："对某一法律规范可否作反向推论，应视事实构成与法律结果间之逻辑关系加以决定"，当 M 为 P 的充分条件时，不能进行反向推论。这与前面关于法律条文之结构为如果—那么的假言命题、进行反向推论可从原命题"M → P"得出"非 M →非 P"的说法是不一致的。而且，若反向推论以法律条文为前提，则不应认为制定法于此存在漏洞。因为依常理而言，制定法的漏洞只能用制定法以外的材料如自然法、习惯法等加以填补。

反面推论的相关理论可追溯至台湾学界和德国学界。鉴于相关理论所产生的持续而广泛的影响，有必要对反面推论的概念、模式、原理等问题重新加以阐释，以形成对相关法律思维及方法的正确认识。

一、反面推论的前提：假言命题还是普遍性命题？

法律是用语句表达的，准确理解法条的逻辑结构是正确理解法律的前提。通说认为，陈述裁判规则的法律条文由事实构成（用 M 表示）和法律结果（用 P 表示）两部分组成，前者与后者之间是蕴涵关系，记为：M → P。正是这种形式的命题充当了反面推论的前提。为了澄清反面推论，有必要先对作为其前提的法律条文进行分析：法律条文的一般形式是假言命题吗？

逻辑上的假言命题是对自然语言中诸如"如果 A 则 B""只要 A 就 B"一类语句的逻辑抽象，其形式为 A → B，A 和 B 分别称为假言命题的前件和后件。按照弗雷格在现代逻辑的奠基之作《概念文字》中的表述，只有当"A 和 B 意谓可判断的内容"且有真值时，它们才有资格充当假言命题的前、后件，假言命题的真值则由其前、后件的真值确定。在《思想结构》一文中，弗雷格强调说，并不是每一个具有"如果 A 则 B"形式的句子都表达一个假言命题。若 A 或 B 不是表达完整思想的独立的句子，则"如果 A 则 B"就没有表达一个假言命题，而是属于另一种结构。关于另一种结构的情形他举了这样一个例子："如果某人是凶手，那么他是罪犯。"这个句子的两个分句"某人是凶手"和"他是罪犯"分别包含着非特定指称的指示词："某人""他"，因此这两个分句都不能独立表达一个完整的思想。一旦脱离了整个句子，就无法判断"某人是凶手"和"他是罪犯"表达了什么，也无从判断它们是真的还是假的。尽管如此，整个句子"如果某人是凶手，那么他是罪犯"则表达了一个完整的思想，这依赖于"某人"与"他"在整个句子中具有的相互

---

① 郑永流：《法学方法阶梯》，北京大学出版社 2008 年版，第 213 页。

参照关系，以及"如果……那么……"所起的联结作用。在一个假言命题"如果 A 则 B"中，总共出现了三个命题："A""B""如果 A 则 B"。而如果是"另一种结构"，就只有"如果 A 则 B"这一个命题。弗雷格阐述假言命题时所举的例子如"如果月亮位于方照，那么月亮呈半圆形""如果 2 大于 3，那么 4 是一个素数"等，均不出现相互参照的非特定指示词。他指出，同一种形式的句子并不是只对应一种逻辑结构，对于具有"如果 A 则 B"形式的句子来说，区别两种不同的逻辑结构是至关重要的。①

与假言命题相对的"另一种结构"是什么？如何从形式上表示具有相互参照关系的指示词？这就涉及弗雷格在《概念文字》中讲到的"普遍性"，即现代逻辑中的量词公式。用字母 x 代表不确定的指示词"某人"，同样用 x 替代"他"在句子中的出现，以表示两者总指示同一个对象，整个句子的形式可表示为：∀x（如果 x 是凶手，那么 x 是罪犯），其中∀是全称量词符号，∀x 读作"任一 x"。

弗雷格从逻辑上区分的普遍性命题和假言命题，分别对应着法律中的一般规范命题和指向特定对象的具体规范命题。弗雷格强调对"如果 A 则 B"这类句子的两种不同逻辑结构加以区分具有重要意义，同样，区分一般性的法律规范命题与适用情境下的具体规范命题也具有十分重要的意义。哈特曾说：法律的标准方式是一种普遍性的行为指示："这种普遍性并不会指出特定人，也不会只对特定人发出，更不会指出特定的行为。"② 恩吉施则指出："一个条件式的法律命令由前句和后句组成，因而，'事实构成'和'法律结果'作为法律规范的要素，不允许与具体的生活的事实构成和具体的法律结果（当它依法律规范作出时）相混淆。"③ 法律条文作为一般性的规定，其逻辑形式必然是携带变元的，因而并不是一个假言命题。只有当法律规则适用于某个具体情况，特定的主体、客体等对象出场时，句子表达才会具有假言命题形式，如"如果张三是凶手，那么张三是罪犯"。

如果混淆了法律命题的两种不同形式和思维层次，将法律条文视为假言命题，就会掩盖一些重要的问题。例如，只有将一个法律规则的逻辑形式表示为∀x（M（x）→P（x）），我们才可能提出这样的问题：变元 x 的论域是什么？换言之，这个法律规则所适用的对象范围是什么？用来约束变元 x 的一定是全称量词吗？如果使用全称量词，法律规则的例外情形又当如何表示？这些都是法律逻辑中至关重要的问题。以量词为例，近年来兴起的概称句逻辑就提供了另一种处理手段。根据概称句逻辑，省略量词的句子可能是一个全称句，如"偶数是能被 2 整除的"，也可能是一个概称句，如"鸟会

---

① [德] 弗雷格：《弗雷格哲学论著选辑》，王路译，商务印书馆 1994 年版，第 172 页。
② [英] 哈特：《法律的概念》，许家馨、李冠宜译，法律出版社 2011 年版，第 20 页。
③ [德] 卡尔·恩吉施：《法律思维导论》，郑永流译，法律出版社 2004 年版，第 34 页。

飞"。"鸟会飞"并不是说所有的鸟都会飞，而是说一般的鸟或典型的鸟会飞。法律条文中有一些是全称句，还有大量的属于概称句，需要用概称句逻辑来表达、处理其中的推论。基于这个考虑，以下将全称量词∀x改写为（x），（x）（M（x）→P（x））可以解释为全称命题或者概称命题。

二、反面推论的图式：充分条件还是必要条件？

我们把标准法律条文的逻辑形式表示为（x）（M（x）→P（x）），下面只分析该公式量词辖域中的部分：M（x）→P（x），并且不严格地称M（x）是P（x）的充分条件。公式┐M（x）→┐P（x）读作"如果x不是M，则x不是P"，或者"仅当x是M，x才是P"，同样不严格地称公式┐M（x）→┐P（x）表示M（x）是P（x）的必要条件。大致可以认为梁慧星先生和郑永流教授所描述的反面推论图式为：从法律规定的M（x）→P（x）推出┐M（x）→┐P（x）。但是，公式M（x）→P（x）在逻辑上并不蕴涵┐M（x）→┐P（x），从"A是B的充分条件"推不出"A是B的必要条件"。尽管两人都举了一些支持反面推论的例子，但正如他们所意识到的，实践中也存在大量不支持反面推论的例子。可以说，上面的图式在逻辑上不正确，在法律实践中亦非普遍有效。那么，反面推论何以被广为接受？很可能是由于受到了某种看似自圆其说的理论的影响。

克卢格在《法律逻辑》一书中对反面推论做了比较细致的论述。鉴于此书在法律逻辑领域产生的深远影响，本文将主要针对克卢格的图式加以分析。克卢格观察到法律实践中有很多反面推论的典型例子，而从法哲学角度看，凯尔森的消极规范理论恰好为实践中这一通行的做法提供了理论依据。因此，他将反面推论列为法律逻辑的一种特殊论证形式。

在法律学科中，通过反向论证进行的推理大多数时候都是依照如下图式来进行的：

前提：如果某个事实满足了制定法前提 V_1，V_2，V_m，那么它就会引发法律后果 R_1，R_2，R_n。

结论：如果某个事实未满足制定法前提 V_1，V_2，V_m，那么它就不会引发法律后果 R_1，R_2，R_n。[1]

为了统一表述，将上述图式改写为：

图式1　前提：如果某个事实满足了制定法前提 M，那么它就会引发法律后果 P。

---

[1] ［德］乌尔里希·克卢格：《法律逻辑》，雷磊译，法律出版社2016年版，第186页。

结论：如果某个事实未满足制定法前提 M，那么它就不会引发法律后果 P。

尽管从经验和法理两方面看，克卢格都对反面推论抱有相当的信心，但由于他的图式与梁慧星先生、郑永流教授描述的图式一样，均属于逻辑无效的假言推理否定前件式，因此他必须设法回应来自逻辑学的质疑。正是在克卢格试图对反面推论进行逻辑证明的过程中，反面推论突然偏离了原来的方向，变得面目全非。在用直言命题逻辑做了一番不成功的"证明"后，克卢格转而求助于谓词逻辑。"一旦用希尔伯特—阿克曼的一阶谓词演算公式来翻译其前提，就马上可以说明，它并没有得到清晰的表述。"[①] 他认为，从作为前提的法律条文本身无法看出其中发生的是充分条件、必要条件还是充要条件关系，而这恰恰决定着是否允许作反面推论。克卢格接着分别就这三种情形讨论了反面推论，其结果可以视为主图式 2 之下的三个子图式（其中"…←…"读作"只有……才……"，"…↔…"读作"……当且仅当……"，"…∧…"读作"……且……"）：

图式 2-1　前提：$(x)(M(x) \rightarrow P(x))$

此时不能作反面推论。

图式 2-2　前提：$(x)(M(x) \leftarrow P(x))$（此公式等值于 $(x)(\neg M(x) \rightarrow \neg P(x))$）

结论：$(x)(\neg M(x) \rightarrow \neg P(x))$

图式 2-3　前提：$(x)(M(x) \leftrightarrow P(x))$（此公式等值于 $(x)(M(x) \rightarrow P(x) \land \neg M(x) \rightarrow \neg P(x))$

结论：$(x)(\neg M(x) \rightarrow \neg P(x))$

以上图式统称为图式 2。在图式 2-3 中，前提所包含的断定充分条件的部分 $M(x) \rightarrow P(x)$ 是不起作用的，推论仅依赖于其中断定必要条件的 $\neg M(x) \rightarrow \neg P(x)$，因此图式 2-3 实际上是图式 2-2 的一个特例。按照理论简单性的要求，不必再将图式 2-3 单列为一种。这三个子图式可以概括为：反面推论是从"A 是 B 必要条件"推出"A 是 B 必要条件"的有效推理。这个概念与图式 1 定义的反面推论是不同的。为了区别于图式 1，以下将三个子图式定义的推论称为"基于必要条件的反面推论"。

在具体运用时，图式 2-2 的前提与结论的表述方式当有所不同。克卢格解释说，图式 2-2 说的是："'如果对于所有 x 而言，只有当 x 是一个满足前提 M 的事实时，x 才是一个引发法律后果 P 的事实，那么，对于所有的 x 而言，只要当 x 是一个不满足前提 M 的事实，x 就是一个不引发法律后果 P 的事实。'或者简言之，'如果只有当前提 M 被满足时法律后果 P 才会发生，那

[①] ［德］乌尔里希·克卢格：《法律逻辑》，雷磊译，法律出版社 2016 年版，第 190 页。

么,只要前提 M 不被满足法律后果 P 就不会发生。'"① 这个解释并不具有多少实际意义,因为陈述必要条件关系的法律条文未必采纳前其提的"只有……才……"形式,例如"法律没有明文规定为犯罪行为的,不得定罪处罚","未经人民法院依法判决,对任何人不得确定有罪"。由于"只有 A 才 B"与"如果非 A 则非 B"可以表示成相同的逻辑形式,图式 2-2 只不过是在对前提简单地加以重复,不能算是一个推论,更算不上是一个反面推论。"所谓反对解释,是将一个法律条文反过来运用的法律漏洞补充方法"②。"反向推论是对法条反面意思的阐述"③。图式 2-2 显然并不具有一般所理解的反面推论的特征。如果真要从前提 (x)(¬M(x)→¬P(x)) 出发进行反面推论,通过否定前件来否定后件,所得结论应为:(x)(¬¬M(x)→¬¬P(x)),即 (x)(M(x)→P(x))。例如从"法律没有明文规定为犯罪行为的,不得定罪处罚"推出"法律明文规定为犯罪行为的,得定罪处罚"。又如,法律规定"只有主管机关依法查阅船舶文书时船长才应将文书送检",做反面推论得出的结论为"只要主管机关依法查阅船舶文书,船长即应将文书送检"。

以上分析表明"基于必要条件的反面推论"是不能成立的。然而,也许有人会问:反面推论之"反面"难道不可以理解为针对命题"只有 A 才 B"中的 A 和 B 所作的否定吗?从"只有 A 才 B"推出"如果¬A 则¬B"这一过程至少形式上符合"对法条反面意思的阐述"。这个提问再次将我们拉回到那个丁字路口,要求重新审视将要做出的选择:法律里的反面推论,究竟是图式 1 所定义的基于充分条件的推论、还是图式 2 所定义的基于必要条件的推论?下面从四个方面进一步论证"基于必要条件的反面推论"是不成立的,法律里的反面推论乃是图式 1 所定义的基于充分条件的推论。

首先,"基于必要条件的反面推论"与推论实践不符。关于反面推论的那些实例,其前提很难理解为陈述必要条件关系的命题。例如"依法禁止出版出版、传播的作品,不受《著作权法》的保护","违禁品和供犯罪所用的本人财物,应当予以没收","故意或重大过失之责任,不得预先免除"(引自郑永流《法律方法阶梯》、梁慧星《裁判的方法》),均应理解为"如果……则……"的关系,而非"只有……才……"的关系。

其次,"基于必要条件的反面推论"与对法条的一般认识不符。图式 2 之所以区分三种情况,理由是"法条没有得到清晰的表述",从法条本身看不出是充分条件、必要条件还是充要条件关系。事实上,学界关于法条结构是有共识的,即认为法条陈述的是充分条件关系。恩吉施在论法律规范的结构时说:法律规范是一个条件式的关系,依据这种关系,"事实满足了法律规范的

---

① [德]乌尔里希·克卢格:《法律逻辑》,雷磊译,法律出版社 2016 年版,第 192 页。
② 梁慧星:《裁判的方法》,法律出版社 2003 年版,第 168 页。
③ 郑永流:《法学方法阶梯》,北京大学出版社 2008 年版,第 214 页。

抽象事实构成，将变成判断法律结果的现实性的充分理由"①。拉伦茨指出，法条"是一种假言语句，此意指：只要具体案件事实 S 实现构成要件 T，对于该案件事实即应适用法效果 R，简言之，每个 T 的事例都适用 R"②。这些说法并未否认陈述必要条件或充要条件的法条的存在，而是说，绝大多数法条都是充分条件关系的，并且少数必要条件或充要条件的法条也能统一到充分条件关系的一般形式之下。例如，"法律没有明文规定为犯罪行为的，不得定罪处罚"相当于"如果法律没有明文规定为犯罪行为，则不得定罪处罚"，"只有主管机关依法查阅船舶文书时船长才应将文书送检"相当于"如果主管机关不依法查阅船舶文书，则船长不应将文书送检"。充要条件则相当于断定了两个充分条件关系。

再次，"基于必要条件的反面推论"与关于反面推论的其他理论不一致。很多人认为反面推论是对类比推论的排除。"类比与反向论证之逻辑关系的问题对于法律逻辑而言意义重大，因为大量关于制定法适用的法律争议都被尖锐化为这样一个二选一的问题，即在相关情形中是应该进行类比推理还是进行反向推理。"③这意味着，当一个人考虑应该选择作类比推理还是作反向推理时，他所面对的是同一个法律前提。根据对类比推理的理解，作为其前提的命题并不是必要条件，而是充分条件关系的命题。④

最后，图式 2 本身是悖谬的。任何一个必要条件关系都等价于一个充分条件关系。一个依图式 2-2 进行的反面推论，若将其前提"只有 A 才 B"转换为"如果非 A 则非 B"，其形式又符合了图式 2-1，但是根据图式 2-1，对此命题不能进行反面推论。这意味着对于同一个命题，既可以又不可以进行反面推论。

在《法与实践理性》一书中，颜厥安列出了反面推论的两种形式。第一种是"一般而言"的逻辑形式：

（1）（x）（Fx → OGx）

（2）（x）（Fx → ¬OGx）

但从（1）推出（2）在逻辑上是一个错误的推论。因此，又有法逻辑学家将反面推论表示为另一种正确的逻辑形式：

（1）（x）（OGx → Fx）

（2）（x）（¬Fx → ¬OGx）

---

① [德] 卡尔·恩吉施：《法律思维导论》，郑永流译，法律出版社 2004 年版，第 41 页。
② [德] 卡尔·恩吉施：《法律思维导论》，郑永流译，法律出版社 2004 年版，第 41 页。
③ [德] 乌尔里希·克卢格：《法律逻辑》，雷磊译，法律出版社 2016 年版，第 194 页。
④ 从前提（x）（M（x） → P（x））出发作反面推论包括两种情形，一是依矛盾关系的反面推论，得出的结论是：对于任一 x，如果 x 是非 M（即 x 不是 M），则 x 是非 P。另一种是依反对关系的反面推论，得出的结论是：对于任一 x，如果 x 是 N（N 与 M 是反对关系），则 x 是非 P。依反对关系的反面推论会与类比推论形成竞争关系。

这正是克卢格所主张的基于必要条件的反面推论。颜厥安认为,"要在法律适用中找到逻辑上正确的反面推论似乎不太容易",也就是说,后面这种形式尽管在逻辑上是正确的,但并不符合法律适用实践中真正运用的反面推论。

就其本身而言,"基于必要条件的反面推论"所描述的推论过程是没有任何问题的——如果法律陈述了"只有某个事实满足了 M,它才会引发法律后果 P",当然可以据此推断说:"如果某个事实未满足 M,那么它就不会引发法律后果 P。"但是,这个过程并不是反面推论,"基于必要条件的反面推论"太过平庸,不能为从事反面推论的法官提供任何所需的帮助。图式 1 才是对反面推论的正确描述。克卢格有着很好的逻辑素养,但是当他把法律中的反面推论阐释为一种演绎有效的推论形式时,就未免在偏离了的方向上走得太远了。①

三、反面推论的原理:相对推论还是绝对推论?

如果反面推论的理据不在于逻辑的演绎有效性,那么,支撑反面推论的依据、道理究竟是什么?郑永流教授认为其依据的原则是"相同的情况相同对待,不同的情况不同处理"。这句话的前一半是关于正面推论和类比推论的,后一半则是关于反面推论的,简称"区别原则"。"区别原则"是否意指不同的情况必定不会引起同样的法律结果?显然不是。法律中存在很多同样结果可由多种事实引起的情况。一个买卖合同可以因违背善良风俗而无效,也可以因违反法律规定而无效,还可以因恶意欺诈而无效。依据刑法的规定,人们可能由于各种不同的犯罪行为而被判处相同的刑罚。所谓"不同的情况不同处理"或许只是想强调,相对于法律条文 r 规定的"如果某个事实满足 M,那么它引发法律后果 P",对任一不同于 M 的事实 c 均不能援引 r 进而得出 P(c)的结论,换言之,r 不适用于 c。但这不意味着这一事实所引起的法律结果一定不是 P。在关于反面推论的各种论述中,我们几乎都能发现隐含在"区别原则"中的一个逻辑的跳跃,即从"不能肯定 P(c)"一下跳到了"能肯定¬P(c)",也可以说,从"r 不适用于 c"一下跳到了"r 的法律结果 P 不适用于 c"。为了破解反面推论的理论困局,必须对"跳跃"造成的逻辑断裂加以修补。

由于意识到反面推论不总是行之有效的,论者一般都会特别提出一些适

---

① 罗伯特·阿列克西受克卢格影响,也认为反面推论是逻辑上有效的推论。不过他又说:"假如特殊的法律论述形式仅仅不过是把普遍有效逻辑推论形式应用于法律论证过程的话,那么它们几乎不会成为这么多人讨论的对象。但事实上并非如此,而这正是为什么它们令人感兴趣。"参见[德]罗伯特·阿列克西:《法律论证理论——作为法律证立理论的理性论辩理论》,舒国滢译,中国法制出版社 2002 年版,第 345 页。

用条件以限制反面推论的运用。修补上述逻辑断裂的工作不妨从反面推论的适用条件切入，看看这些适用于条件提供了哪些保障。梁慧星先生认为："可以作反对解释的法律条文，其适用范围必须是封闭的。……这有两种情形，一种是法律条文采取定义的方式，明确规定了构成要件。……另一种情形是法律条文采取了完全列举的方法。"①对概念 P 下定义一般采取条件句形式："如果满足条件 M，则是 P"。根据定义规则对 M 与 P 外延相称的要求，这个条件句还有一层言外之意："如果不满足条件 M，则不是 P"，因此定义属于充要条件关系。所谓采取完全列举的方法，如"如果是 M_1 或 M_2 或 M_3，则是 P"，作为一个完全列举，它也有一层言外之意，即"如果不满足条件 M_1 或 M_2 或 M_3，则不是 P"。因此完全列举也属于充要条件关系。克卢格通过三个子图式说明了反面推论的适用条件是必要条件关系（充要条件包含必要条件），然后又补充说："在德国理论中尤其存在这样的建议：例外条款要进行反向推理。"②针对克卢格的必要条件关系的适用条件，霍尔维茨进一步解释说："当一个法律条文采取了否定的形式，或者是作为主规则之例外的辅助性规则，又或者是包含'仅当'这类表达，则可认定该法律条文陈述了必要条件关系"③，就可以从这个法律条文出发有效地进行反面推论。

可以看出，在反面推论的适用条件中反复出现的关键词除了前面讨论过的"必要条件关系"外，还有"完全列举""例外"。尚不十分清楚的是，"列举"是在什么范围内进行的？"完全"是相对于什么标准的"完全"？"例外"又是相对于什么而言？下面结合反面推论的两个例子具体展开分析。

［例1］《著作权法》第五条规定："本法不适用于（一）法律、法规，……及其官方正式译本。（二）时事新闻。（三）历法、通用数表通、用表格和公式。"做反面推论得出：不属于本条款所列范围的，适用《著作权法》。

［例2］《刑法》第四十九条第一款规定："犯罪时不满十八周岁的人和审判的时候怀孕的妇女，不适用死刑。"做反面推论得出：犯罪时已满十八周岁且非审判时怀孕妇女的人，适用死刑（可以依法判处死刑）。

法律条文的事实部分都可以视为对情况或对象的列举，有些条文列举多项，有些条文仅列举一项。将这些法律条文的逻辑形式表示为 (x)(M(x) → P(x))，列举所相对的范围即是变元 x 的论域，记为 X。相对于前提所给的列举，反面推论的结论将覆盖 X 中的全部剩余对象或某些剩余对象。有些条文从本身的表述即可发现它所相对的范围，如，例 2 是相对于一般犯罪人而言的。有些条文则必须结合上下文才能找出它所相对的范围，如例 1，根据

---

① 梁慧星：《裁判的方法》，法律出版社 2003 年版，第 170 页。
② ［德］乌尔里希·克卢格：《法律逻辑》，雷磊译，法律出版社 2016 年版，第 193 页。
③ Joseph Horovitz, *Law and Logic: A Critical Account of Legal Argument*, Springer-Verlag Wien New York, 1972, pp. 44-45.

《著作权法》第二至三条知道，它的相对范围是中国人和符合条件的外国人创作的文学、艺术、自然科学、社会科学、工程技术等作品。

一旦找到一个法律规定 r 所相对的范围 X，就可以进一步考虑对于 X 中的一般对象而言法律是否默认了与 r 相反的法律结果。法律的一般性默认是指对于一定范围内的对象在一般情况下默认某种法律结果。如果一个法律条文（x）（M（x）→P（x））是一般性默认的例外，则相当于说，法律默认对其论域 X 中的一般对象 x，有¬P（x）。对于例 1 来说，法律默认中国人和符合条件的外国人创作的文学、艺术、自然科学、社会科学、工程技术等作品适用《著作权法》，作品适用《著作权法》是常态，不适用《著作权法》是非常态，在此意义上说，《著作权法》第五条就是一个例外。对例 2 来说，法律默认一般的犯罪人适用死刑（可以依法判处死刑）。犯罪人适用死刑是常态，不适用死刑是非常态，在此意义上说，《刑法》第四十九条就是一个例外。法律予以默认的这些情况是如此自明且不存争议，制定法不会、也无须将其明确地表达出来。在进行反面推论时，它们作为背景信息发挥作用、参与推论，正是由于这个原因，反面推论又被称为"诉诸沉默的论证"。

为了保证反面推论结论的正确性，还要求作为前提的法律条文对情况或对象的列举是完全的、穷尽的。如果法条的事实构成部分使用了"等""其他"一类未尽性表述，则由法条本身即可看出列举实质上是不完全的。但一般情况下，要判断列举是否完全、穷尽，则必须参照其他法律条文所作的规定。由于《刑法》第四十九条第二款又规定："审判的时候已满七十五周岁的人，不适用死刑，但以特别残忍手段致人死亡的除外"，可知《刑法》第四十九条第一款关于死刑适用对象的排除是不完全的，因此，反面推论得出的"如果是犯罪时已满十八周岁且非审判时怀孕妇女的人，则适用死刑"是不正确的。

不论是确认法律条文中变元解释的相对范围，还是确认其是否属一般性法律默认的例外，还是判断其是否作了完全列举，都不能只看法律条文本身，还需要参照其他条文乃至法律整体。从其适用条件涉及问题的广度看，反面推论显然属于霍尔维茨所说的"相对适用"的推论。霍尔维茨区分了法律规则的绝对适用和相对适用：只依赖于规则 r 本身、无须参考其他法律规定的适用为"绝对适用"。除了规则 r 本身、还要参考其他法律规定的适用为"相对适用"。他认为，直接运用规则 r 进行正面推论以及基于 r 作类比推论，都是无条件的、绝对的，规则 r 本身就为其适用或类比适用提供了充分的理由。与之不同，基于 r 作反面推论则是有条件的、相对的。如果法律明确规定了规则 r："对于事实 M 应当 P"，而我们面对的是不同于 M 的事实情况 N，那么究竟该得出"对于 N 应当¬P"抑或"对于 N 应当 P"的结论，霍尔维茨认为："即使无法通过类比涵摄于给定的规则 r 之下，所假设的规则 r′（指

'对于 N 应当 P'）也仍然可能因其他的一些法律规定而得到辩护。因此，除非有充分的理由表明 r′ 不能得到其他法律的辩护，否则，对 r 作反面推论所得到的、与 r′ 相反的规则（指'对于 N 应当￢P'）就不能认为是可适用的。总之，经由反面推论所建立的法律结论是否成立，这总是相对的。"① 因此，依据 r 所作的反面推论，除了其前提 r，还要考虑其他相关的法律规定乃至法律整体。这正体现了法律适用的整体性要求，一部法律并不是法律条文的偶然集合，所有法律条文共同形成了具有某种统一性的规范体系。恩吉施转述法哲学家施塔姆勒引证的一句话："一旦有人适用一部法典的一个条文，他就是在适用整个法典。"② 立法技术越复杂，对法律条文碎片加以整合的要求就越高。霍尔维茨认为反面推论本质上是元法律层面的，其推论形式必须理解为省略了某些东西。他又具体解释说，如果对规则 r 作反面推论得出结论"某个 M 不是 P"，则应当认为 r 既未明确规定也未类比式地蕴涵"所有 M 都是 P"。而如果对 r 作反面推论得出结论"所有 M 都是 P"，则应当认为 r 既未明确规定也未类比式地蕴涵"有某个 M 不是 P"。霍尔维茨正确地揭示了反面推论作为相对推论的省略性特征，但是关于反面推论究竟省略了什么，我认为，并不像他说的那样仅涉及规则 r 所规定或蕴涵的内容，而是涉及规则 r 背后的法律的一般性默认。

四、可废止的反面推论

反面推论并不总是行之有效的。因此，问题的关键在于对任一给定的法律规则需要判断能否进行反面推论。找到能进行反面推论的一般规律，就等于发现了反面推论的原理。在我看来，这个规律并不是作为前提的法律规则陈述了必要条件关系，而是该法律规则是法律一般性默认的一个例外。

"反向推理只能据此来命名：根据被法律规则规定和未被规定这一对立关系，来赋予它们不同的法律后果。"③ 制定法规定什么，不规定什么？在假定正常立法能力的前提下，大致上可以说，如果一个事项是立法者感到需要在法律中加以规定的，那么立法就会对此加以规定。这一说法的反向等值表述是：如果法律对一个事项未作规定，则该事项被认为是法律不需要规定的。这些相对的、未规定的情况形成了法律的一般性默认，而一般性默认正是法律表达的一个基本特征。以刑法为例，制定刑法是为了确认犯罪、施加惩罚，同时也要防范乱扣罪名、滥施刑罚，以保护公民使其免受国家权力的侵害。因

---

① Joseph Horovitz, *Law and Logic: A Critical Account of Legal Argument*, Springer-Verlag Wien New York, 1972, p. 46.
② ［德］卡尔·恩吉施：《法律思维导论》，郑永流译，法律出版社 2004 年版，第 73 页。
③ 雷磊：《类比法律论证》，中国政法大学出版社 2011 年版，第 276 页。

此，刑法只对有必要规定的犯罪、责任和刑罚作出规定，且由罪刑法定原则确保：只有明确规定为犯罪的才是犯罪，未作规定的不是犯罪，只有明确规定应处以刑罚的才能处罚，未作规定的不能处以刑罚。基于刑法条文的这一语用特征，刑法条文的规定就可以视为相对于未规定的、一般性默认的例外。正如拉丁法谚所说："例外恰恰确证了非例外的规则情形。"当然，并不是所有条文都属于这种用法，如"醉酒的人犯罪，应当负刑事责任"就是一个旨在对犯罪中的某一类型加以特别提示的强调性规则，而不是例外规则。

判断对法律规则 r 能不能作反面推论，首先要从整个法律系统的内在逻辑出发，看就其性质而言 r 是不是属于一般性法律默认的例外，其次要看它的事实构成是否作了完全列举。如果这两个条件都满足，就可以直接对 r 作反面推论。具体步骤为（其中"…∨…"读作"……或……"）：

图示 3　步骤 1　确认 r:(x)(M(x)→P(x)) 是一般性法律默认的例外。
步骤 2　检查是否存在与 r 平行的、蕴涵相同法律结果的其他规定。

2.1 如果不存在与 r 平行的其他规定，则径行对 r:(x)(M(x)→P(x)) 作反面推论得出：(x)(¬M(x)→¬P(x))。

2.2 如果存在与 r 平行的其他规定如 r′:(x)(N(x)→P(x))，则将 r 和 r′ 整合为：(x)(M(x)∨N(x)→P(x))，然后作反面推论得出：(x)(¬M(x)∧¬N(x)→¬P(x))。

[例 3]《刑法》第十八条第四款规定："醉酒的人犯罪，应当负刑事责任。"其中事实构成"醉酒的人犯罪"相对的范围是（一般的）犯罪，而刑法默认（一般的）犯罪是应当负刑事责任的，故此条款不是一般性法律默认的例外，不能进行反面推论。

[例 4]《刑法》第四十九条第一款规定："犯罪时不满十八周岁的人和审判的时候怀孕的妇女，不适用死刑。"第一步，其事实构成相对的范围是（一般的）犯罪人，而刑法默认（一般的）犯罪人适用死刑（可以依法判处死刑），故此条款是一般性法律默认的例外。第二步，由于第四十九条第二款规定："审判的时候已满七十五周岁的人，不适用死刑，但以特别残忍手段致人死亡的除外"，因此将这两款整合为："犯罪时不满十八周岁的人或审判的时候怀孕的妇女，或者是审判的时候已满七十五周岁且不是以特别残忍手段致人死亡的，不适用死刑。"然后作反面推论得出："如果不是犯罪时不满十八周岁的，也不是审判的时候怀孕的妇女，又不是审判的时候已满七十五周岁且不是以特别残忍手段致人死亡的，则适用死刑。"

图示 3 所定义的反面推论基本可以保证结论的正确性，从形式上能够转化为"必然得出"的有效逻辑推论。但是，这个反面推论的概念涉及两个问题：一是该定义实际上预设了法律的完备性。事实上法律永远不会是完备的，法律有冲突、有漏洞，法律体系实际上总是保持着一定的开放性。二是按步骤 2.2 进行的法条整合有可能极其复杂，甚至在理论或操作上是不可实现的，比如当与前提平行的法律规定数目庞大时。问题在于，要保证结论的正确性，又必须使前提对事实类型的列举是完全的、穷尽的，尽管在法律实践中这些平行规定并不需要一一加以考量。要解决这两个问题，还需要对上述反面推论的概念和图式予以修正。

在司法论证过程中，需要对两种不同层面的推论加以区分，一种是从法律规则推出法律规则的过程，如从 $(x)(M(x) \lor N(x) \to P(x))$ 推出 $(x)(M(x) \to P(x))$，本文称为"法律推论"。另一种是从法律规则和事实推出裁判结论的过程，如从 $(x)(M(x) \to P(x))$ 和 $M(c)$ 推出 $P(c)$，本文称为"裁判推论"。一个尚未被充分考虑的问题是，反面推论究竟属于法律推论还是裁判推论？前面所引学者们对反面推论的说明显然都是将其视为法律推论。雷磊就此还做了特别说明："必须注意到的是，由于反向推理是对相似性 1 的一般化排除方式，因此其论述形式本身不包含对待决案件的描述（c 是一个 x）。也就是说，它排除了一切 $\neg c_j$（事实构成 $\neg T$）的案件情形具有法律后果 R 的可能，而不仅仅针对待决案件 c。"① 如是观之，反面推论是法律适用之前的预备工作，即先运用反面推论从一般性前提推出一般性结论，再将该一般性结论适用于待决案件。应当指出，将反面推论视为纯粹法律推论并不是理论上必须的。实际上，反面推论只会发生在为待决案件找法的过程中，因而总是和具体案件事实相联系的。像类比推论一样，我们可以将其视为一种个案情境下的、具有裁判属性的法律推论。如果法律对案件事实 c 未作规定，但对于相反的情况有明确规定，则可考虑就关于相反情况的规则 r 进行反面推论。其具体步骤为：

图示 4　步骤 1　确认法律规则 r: $(x)(M(x) \to P(x))$ 是一般性法律默认的例外。

步骤 2　根据待决案件 c 的事实特征，确认 $\neg M(c)$。

步骤 3　从 r 推出 r′: $(x)(\neg M(x) \to \neg P(x))$。

步骤 4　将 r 适用于 c，得出结论 $P(c)$。

如果说图式 3 描述的是理论上的反面推论，那么，图式 4 定义的则是个案情境下的实际运用的反面推论。这样处理最大的好处是只需考虑与待决案件事实相关的法律规定，从而大大降低了推论的复杂度。例如，如果犯罪人是个年轻人，对于是否适用死刑，显然不必涉及《刑法》第四十九条第二款关于七十五岁以上犯罪人之规定，在此个案情况下，该条款根本不会被提及。同时，由于认可法律的开放性以及不再要求前提 r 对事实类型作完全列举，作反面推论得出的结论 $\neg P(c)$ 是暂时性的、可辩论的。反面推论不再

---

① 雷磊：《类比法律论证》，中国政法大学出版社 2011 年版，第 280 页。

是演绎有效的推论,而是有说服力的推论。如果用于反驳其结论的法律理由或其他实质性理由被提出且被证立,那么,已经得出的结论¬P(c)就可能被撤销。

一旦不再把反面推论看作演绎有效的推论形式,就能将其置于辩论程序中加以研究,并由此引出一些有意思的问题,比如反面推论的辩论策略。如果运用反面推论的一方不希望遭到反驳,他可能会更谨慎地考察法律规定、案件事实及其相关性。在这种情况下,步骤1中的法律规则可能不是一个简单的法律条文,而是由多个条文整合得到的一个法律规则。而如果运用反面推论的一方认为不太可能招致反驳,他会倾向于直接就某个法律条文作反面推论,只是在对方提出某个反驳意见时,他才需要针对反驳意见来补强前面的推论。从这种意义上说,反面推论是具有一种可废止性质的推论,应当运用非单调逻辑来研究。

(作者系中国政法大学人文学院逻辑研究所教授)

三维度的法律思维*

[美]弗兰克 著　姚远 译

萧伯纳（Bernard Shaw）为自己的《易卜生主义精华》（*The Quintessence of Ibsenism*，1891年初版）撰写"1913年版序言"，其中写道："在后面这本书中，我无意篡改往昔那位35岁的小伙子的创作成果。我从不认可年长作者有权改动年轻作者的著述，就算他们实为同一人亦不例外"。本人虽不是萧伯纳，但当我为自己1930年发表的《法律与现代心智》的新印刷本拟就序言之际，我确是心有戚戚焉。

然而我得承认，如今我要是再来写作该书，不会照搬18年前的那种方式了。首先，我当年提出自己对于"法律（Law）"一词的定义，这就铸成大错。由于该词意思含糊，至少已经存在十来种数得上号的定义。新增一种定义实属枉费心机。更糟糕的是，我旋即受到其他定义"法律"之人的抨击，而这些人的意见也并不统一。简直难以想象还有什么争论比这更加费时费力不讨好的。于是我立刻撤出这场扯淡的语词之争。我在1931年发表的一篇论文①里面指出：今后凡就该书主题撰写作品时，我将尽可能避免使用"法律"一词；相反，我会直奔我的写作主题（而不从"法律"一词的定义迂回取道），亦即：（1）具体的法院判决；（2）它们微乎其微的可预测性和一致性；（3）做出判决的过程；（4）要为公民主持正义的话，能够和应当在多大程度上改进此一过程。我真希望自己当年在该书中已经采取上述操作。我相信，读者一旦遇到"法律"一词，会知道（如我在原书第46、47页所言）我所谓"法律"仅仅是指有关具体诉讼的实际既往判决，或者未来判决之揣测。

我当年为《法律与现代心智》采取的（对待法院工作的）立场冠以"法律现实主义（legal realism）"的标签，这就再次犯下错误，并招致种种误解。当时我怀着振奋不已的心情，从友人卡尔·卢埃林（Karl Llewellyn）那里借用了"法律现实主义"这一提法。卢埃林曾用这一提法命名许多美国

---

* 本文后来作为《法律与现代心智》第六次印刷本的新序言，译自 Jerome Frank, "Legal Thinking in Three Dimensions", in *Syracuse Law Review*, Vol. 1, Issue 1, 1949, pp. 9-25. 本译文是国家社科基金重大项目"新时代中国改革创新试验的法治问题研究"（18ZDA134）阶段性成果。

① "Are Judges Human?", 80 *University of Pennsylvania Law Review* 17, 233 (1931).

法律人的观点,他们在20世纪头二十年间,以各自方式在著述中质疑有关法律事务的这样那样的传统概念。但是,在1931年,也就是本书初版不足一年之际,我发表文章①表示自己后悔使用该标签,因为(且不论其他事项)"realism"在哲学话语中广为接受的含义,②跟所谓"法律现实主义者"的观点毫无瓜葛。我由此建议把法律现实主义者称为"建设性的怀疑论者(constructive skeptics)",把他们的态度称为"建设性的怀疑论(constructive skepticism)"。③

我之后悔使用"realists"作为这些法律怀疑论者的标签,还出于更为切实的理由。这标签让某些批评者得以找到口实,视他们为同质性的"学派(school)",仿佛他们实际上在全部或多数问题上立场一致。这种误解大概是由于没有仔细阅读他们的著作,催生出一种华而不实的指责,即"现实主义学派(realistic school)"采纳了有着离谱分歧的观点。实际上,这样的"学派"并不存在。在前面提及的论文中,我将一位批评者所运用的打包处理(lumping-together)方法引述如下:"不妨大致这样来描述:(1)甲在关税问题上不同意乙;(2)丙在泡菜汤的美味问题上不同意乙;(3)既然甲和丙都在某个问题上不同意乙,由此推知(a)甲和丙在一切问题上都不同意乙,而且(b)甲和丙在关税、泡菜汤的美味、国联(League of Nations)、货币数量论(quantity theory of money)、活力论(vitalism)、萧伯纳、普鲁斯特(Proust)、好彩香烟(Lucky Strikes)、共产主义、威尔·罗杰斯(Will Rogers)以及其他一切问题上意见相合。卢埃林、格林(Green)、库克(Cook)、英特马(Yntema)、奥利芬特(Oliphant)、哈奇森(Hutcheson)、宾厄姆(Bingham)、弗兰克,各以其方式对约定俗成的法律理论表示异议。于是,狄金森(Dickinson)假定:(a)他们出于一致的理由不同意那套理论;(b)他们对各自提议的替代性理论彼此认同。这就好像假定:所有在某一刻离开芝加哥的人都向北行,并且去往同一城镇。狄金森为他所讨论的著述者们创制了一幅合成相片。可以说,我们看到的是格林的头发、英特马的眉毛、库克的牙齿、奥利芬特的脖颈、卢埃林的嘴唇……。这图像反映的是不真实的、想象中的造物,是怪异的、畸形的、没有后裔的杂种。"

事实上,这些所谓的现实主义者只有一种共同纽带,即一种前已指出的否定性特征:对某些约定俗成的法律理论抱持怀疑精神,且这怀疑精神实出于一种热情,一种为伸张正义而改良某些法院运作方式的热情。这些"建设性的怀疑论者"的正面观点尽管缺乏同质性,但大致说来确实分为两派;而这两派之间存在着批评者所忽视的显著差别。

---

① "Are Judges Human?", 80 *University of Pennsylvania Law Review* 17, 233 (1931).
② 指与"唯名论(nominalism)"相对的"唯实论"。——译者注
③ 我在1933年发表的一篇文章中,提议把"现实主义者"称为"实验主义者(experimentalists)"。

第一派大约以卢埃林为首，我称之为"规则怀疑论者（rule skeptics）"。他们追求更大程度的法律确定性（legal certainty）。也就是说，律师应能在大部分未决诉讼中为其委托人预测判决结果，这一点被规则怀疑主义者视为在社会层面值得追求的目标。他们深感，外行人的行为一旦涉诉，往往在行事时难以确知法院将如何判决，此类事例不胜枚举。按照这些怀疑论者的看法，麻烦在于大家每每最终发现，法院意见中宣布的正式法律规则——有时被称为"纸面规则（paper rules）"——并不是预测判决结果的可靠指南。他们相信可在"纸面规则"之外，发现某些可以描述实际司法运作之一致性或规律性的"现实规则（real rules）"，而且这些"现实规则"将成为更加可靠的预测工具，使得未来诉讼的结局呈现出可行的高度可预测性。为此，规则怀疑论者几乎心无旁骛地关注上级法院（upper-court）的判决意见书。他们并不扪心自问：一件普通案子在初审法院（trial court）起诉或进入审判流程之前，他们自己的或任何其他的预测谋略能否让律师或外行人预知结果。换言之，这些规则怀疑论者想方设法寻求准确揣度的对象，不是初审法院的判决，而是上级法院的判决（如果当事人就初审法院判决提起上诉的话）。这些规则怀疑论者对初审法院不屑一顾。可是在大多数情况下，这些规则怀疑论者并未告诉读者：他们的写作主要围绕着上级法院。

我把第二派称为"事实怀疑论者（fact skeptics）"。他们同样盯着"纸面规则"背后的东西，从而涉足"规则怀疑论"。他们和规则怀疑论者一样都对影响上级法院判决的因素抱有兴趣，而上级法院的判决意见书却常常并不透露此类因素。但事实怀疑论者显然走得更远。他们主要对初审法院感兴趣。这些事实怀疑论者指出，无论正式法律规则可能有多么精确或多么明白，也无论在这些正式规则背后可以发现怎样的一致性，既然作为判决基础的事实本身晦暗不明，那么对于大部分（但并非全部）尚未提起或尚未审理的法律诉讼，就不可能预测其未来判决结果，现在不可能，以后也永远不可能。鉴于那种追求大幅度提升法律确定性的做法多半属于徒劳，鉴于该做法实际上可能容易造成不公正，事实怀疑论者转而追求强化司法公正。事实怀疑论者这一派包括莱昂·格林院长（Dean Leon Green）、马克斯·雷丁（Max Radin）、瑟曼·阿诺德（Thurman Arnold）、威廉·O.道格拉斯（William O. Douglas，现在是大法官道格拉斯先生），或许还包括 E. M. 摩尔根（E. M. Morgan），等等。

这两派内部，大家在许多观点上都有分歧。但我想可以大体认为：多数规则怀疑论者自囿于上级法院的层面，生活在人为的二维法律世界之中，而事实怀疑论者的法律世界是三维的。显然，发生在事实怀疑论者的三维宇宙中的许多事情，在规则怀疑论者的宇宙中是见不到的，因而也不在其构思范围内。

持批评态度的反怀疑论者（anti-skeptics），同样生活在人为的上级法院世界中。自然而然，他们更容易挑剔的是事实怀疑论者而非规则怀疑论者。例如，批评者说：卢埃林有点不守规矩，但还不至于全无章法，但格林院长之流明显夸大了法律不确定性（亦即判决的不可预测性）的程度。依我之见，批评者不得要领：规则怀疑论者与那些批评者全都明显夸大了法律确定性的程度，因为他们的作品仅涉及上级法院判决的预测。规则怀疑论者实为［法律］传统的左翼（left-wing）倡导者。事实怀疑论者反叛的正是这［法律］传统本身。

展阅《法律与现代心智》的许多章节，可知我是一位事实怀疑论者。① 不妨这样总结其中的要点：就法院判决的形成方式而言，如果一个人接受约定俗成的相关描述，视其为正确的描述，那么任何诉讼的判决均由于一定的法律规则适用于案件事实。这听上去相当简单，而且看来就算一件案子尚未起诉或审理，也很容易预知其判决结果，尤其恰逢可适用的规则既明白又精确的时候（常常就是如此），比如，在路上靠右行驶的规则。但特别是当初审中的关键证言（testimony）是口头进行并且相互冲突的时候（在大部分诉讼中正是这样），初审法院的事实"查明（finding）"牵涉大量难以捉摸的因素：首先，非陪审团审判中的初审法官，或者陪审团审判中的陪审团，必须从证人那里获悉事实；证人因其生而为人、做不到万无一失（fallible），常在叙述所见所闻时、回忆观察结果时、当庭汇报回忆时犯下错误。其次，初审法官或陪审团也是人，可能在对待某些证人、诉讼当事人或者律师的时候，持有正面或负面的成见（prejudices），这些成见常常是无意识的，连他们自己都没觉察。

这些成见如果是种族、宗教、政治或经济方面的，别人有时或可猜到。但是初审法官或陪审员有些隐秘的、无意识的偏见（biases），没人能够觉察到，比方说，以正面或负面的态度对待女性、未婚女性、红发女性、深色发肤之人、嗓音低沉或声调高尖的男性、惴惴不安的男性、佩戴厚重眼镜的男性、姿态果决或者神经性抽搐之人。这些隐匿起来的、高度特质性的偏见，为每个法官或陪审员各自特有，我们无法将其表述为一致的东西，或将其强塞进常规化的"行为模式（behavior patterns）"。在这方面，法官和陪审员都不是标准化的。

因此，由于存在上述难以逆料的因素，在预测初审法院判决时的最大障碍，就是无法预见特定的初审法官或陪审团会相信的事实。尤其请考虑，当一名律师被要求猜测尚未提起之诉讼会出现何种结局时，他有多么迷惘：他必须猜测，某些证人是会信誓旦旦地说谎，还是会诚实但信誓旦旦地作出不

---

① 尤其参见原书第 100—185 页、第 268 页注释、第 302—309 页，这些地方涉及初审法院的运作。

准确的证言；由于他常常连哪位初审法官（或哪批陪审团）将会审理案件都不知道，他还必须猜测那未知的法官或陪审团会对证人、当事人和律师作何反应。

讨论法律确定性问题或者判决预测问题的大部分学者（包括规则怀疑论者在内），都忽视了以上困难。他们常称自己撰写的是"jurisprudence（法理学，或法的实践智慧）"作品；但鉴于他们几乎从未虑及陪审团和陪审团审判（jury trials），我们不妨责备他们遗忘了"juriesprudence（陪审团的实践智慧）"。

此外，他们大都忽视了另一个特征，该特征在关于法院判案方式的传统描述中未予体现，而又异乎寻常地困惑人心：按照传统描述，初审法院的审判由两部分组成，二者最初泾渭分明，随后在逻辑上结合起来促成判决。据称，那两个组成部分是：（1）确定事实；（2）确定那些事实应予适用的规则。但实际上，在初审法官或陪审团的思考过程中，那两个组成部分并非泾渭分明，而是缠绕在一起的。判决往往是一种未分化的合成物，它先于任何析分（analysis）或拆解（breakdown）为事实和规则的活动。很多时候可以一视同仁地指出，初审法官在未作解释而径直给出判决的时候，没有从事任何此类的析分或拆解活动。但即便他公布了解释，那也可能是对实际判决方式的错误描述。与初审法官相关的判决过程的这种迷误，在《法律与现代心智》第103—116页、第134—135页得到讨论。[作为判决的]合成物的不可捉摸（impenetrability），在陪审团审理的案件中表现得淋漓尽致，该书第170—185页、第302—309页将会予以讨论。兴致勃勃的读者会发现，我近期发表的论文《以乐代言》（Say It with Music），① 更全面地考察了[作为判决的]合成物问题；我在其中把那合成物视为一种**格式塔**（gestalt）。

由于对审判的现实情况不闻不问，围绕法庭问题为其他律师或外行写作的大部分律师，成为"上级法院神话（Upper-Court Myth）"的受害者。他们凭借如下两条彼此关联的虚假信念，不仅欺骗了自己，而且（唉！）欺骗了许多不是律师的人：（1）他们相信，法律不确定性的主要原因在于规则的不确定性，所以如果法律规则（或者说"纸面规则"背后的"现实规则"）完全清晰简明，那么关于未来判决的疑惑将消失大半；（2）他们相信，在上诉审中，上级法院能够纠正初审法院犯下的大部分错误。其实，如前所见，法律不确定性的主要原因在于事实的不确定性——在判决之前，无法知晓法院会"查明"什么样的事实，以及在判决之后，无法知晓法院当时是怎么"查明"那些事实的。对于诚实但不准确的证人或者撒谎的证人的口头证言，初审法院若是信以为真，那么上级法院鲜有能甄别此种错误的；因此，上级法院通常

---

① 61 Harv. L. Rev. 921 (1948).

采信初审法院认定的事实。之所以如此，是因为初审法院目睹听闻了证人的作证过程，而摆在上级法院面前的，只有一份记录证言的毫无生气的打印报告，报告里并不含有通常颇有显示度的证人举止。

如果初审法院基于不准确的证言，曲解了真实的事实（real facts），那么它就在判决一件不真实的亦即假想的（hypothetical）案子。上诉法院更有可能如此行事；毕竟它更加远离真实的事实，从而常常不得不采信初审法院认定的事实版本，将其作为某种既定的（given）东西。由于初审法院在多数案件拥有无从控制的权力（自由裁量权）去选择事实——即选择相信这位证人或者那位证人——因此，在司法治理之中扮演主角的是初审法院，而非上级法院。所有这些都旨在揭露"上级法院神话"的谬误。

依此视角，我们对"遵循先例"这一准则有了新的体认。该准则要求，如果一家法院已在某案中（明示或隐含地）创设一条规则，那么除非遇到非同寻常的情况，否则该法院应将该规则适用于事实基本相同的后来案件。按照格雷（Gray）的论述，[①] 该准则对于普通人的实际意义，可能不像其热烈拥护者以为的那么重要。不过，但凡心智健全的有识之士都不会否认：在适当的范围内，司法恪守先例的做法价值重大，若加以废除，实难想象。（我在1942年的航空火花塞公司诉B.G.公司案的司法意见里，[②] 阐明了我认为该原则所具有的优点和适当范围；如我在其中所言："法院应在扰乱先例时、至少是在溯及既往地扰乱先例时慎之又慎，毕竟人们可能已经出于对那些先例的信赖，而对自己的立场作出重大调整。"亦参见我的论文《词与乐》。[③]）

然而，对某些将审视对象局限于上级法院判决的人来说，遵循先例的惯例即便得到妥善而尽心的运用，也无法确保该惯例看似许诺的那种稳定性和确定性。因为在上诉法院那里，一般不存在查明事实的问题，因为事实已由初审法院查明，不属于争议的范围。于是，对上级法院来说通常的问题在于：呈报于本院的案件事实，是否与某一先前案例的事实足够相似，从而可以适用该案的规则？若存在这种相似性，是应当即刻适用该规则，还是应当加以修正或废除？精干的律师虽然并不总能猜到上级法院会如何回答这些问题，但其训练有素的猜测在多数情况下可圈可点。如果在初审法院的审理过程中，诉讼的双方当事人都认可案件事实，从而排除事实争议，那么初审法院就仅仅面对上级法院面对的那些问题；而精干的律师也还是常常能够猜到答案。

但是，我重申一遍，初审法院审理的大部分案件中，双方当事人确实存在事实纠纷，并且关于事实的证言是口头进行且相互冲突的。但凡遇上这样的案件，在什么意义上认为案件事实基本类似于先前案例的事实呢？这种说

[①] Gray, *The Nature and Sources of the Law* §225 (1st ed. 1909).

[②] Aero Spark Plug v. B. G. Corp., 130 F.2d 290, 294-299 (2nd Cir. 1942).

[③] "Words and Music", 47 Col. L. Rev. 1259 (1947).

法顶多能够表明，初审法院认定两案事实大同小异。可由于没人知道初审法院会查明什么样的事实，也就没人能够猜到应把什么作为先例，或者初审法院或（如有上诉）上级法院会遵循什么先例。一旦我们考虑到"合成物"因素，即规则和事实在初审法院判决中的缠绕，先例准则的这种弱点就更加昭彰。

这种弱点也将殃及任何替代性的先例体系，这类体系立足于规则怀疑论者借助一定方式发现的"现实规则"，包括借助于人类学（即风俗习惯）、心理学、统计学或者关于法官政治—经济—社会背景的研究等等。因为没有任何规则可被密封起来，免遭（初审法官或是陪审团可能相信的）虚假或不准确的口头证言的侵入。①

先例准则的此种弱点，在《法律与现代心智》上编第十二、十三、十四章中得到反复讨论。恰如许多段落所表明的那样，②这几章论及初审法院判决，尤其涉及口头证言的案子。由于前述论点不落窠臼，我本该更加着重地予以强调，这大概算是我的疏失。如果当年我真那样做了，我兴许可以预先阻止一些批评者的批评意见：［他们认为］在我看来，任何法院实际上都不受先例或制定法条文的约束，而且也不应受此约束，即便案件事实不存在争议或（像在很多上诉案件中那样）不容争议。这显然不是我的立场。

在几乎任何法律诉讼中，一方当事人可提出事实上的争点（issue of fact），于是判决结果将有赖于初审法官或陪审团的一种不可预见的态度，即采信抑或不采信彼此冲突的口头证言中的某部分——正是有鉴于此，如下事情才着实令我吃惊：像罗斯科·庞德（Roscoe Pound）这样睿智的思想家，竟会提出并规劝许多其他人赞同这样一种观点，即如果一件案子关乎"财产"或者"商事交易"，则人们通常能够比较容易地预言判决结果，因其源自"以权威形式（authoritatively）预先规定且以机械方式（mechanically）加以适用的"精确法律规则。只有当人们对初审法院的日常实务视而不见，上述庞德式论点——在《法律与现代心智》第207—213页有所讨论——才显得煞有介事。如我在1931年所言：在涉及……本票（promissory notes）……的案件中，总有可能引入某种关乎欺诈、过失、错误、变更或禁止反言（estoppel）的事实问题。大部分有［事实］争议的（contested）案子里，③一方或另一方当事人经常突然引入此类问题。试想这么一件案子在陪审团面前审理，并且其中的事实问题"交由陪审团裁决"。说规则此时将以机械方式得到适用，这难道不是很荒唐吗？任何亲眼见识过陪审团审判的人都知道：规则经常成为纯粹

---

① 如果谁对这一点存疑，请他阅读科宾的出色论文：Corbin, "The Parole Evidence Rule", 53 Yale L. J. 603 (1944).

② See 106-112, 116, 127 note, 128-129, 134, 137, 145, 147 notes, 149-150, and 151 note.

③ "有［事实］争议的"在此是指：一件案子中引入了相互冲突的口头证言，并且这些证言涉及相关的事实问题纠纷。

次要的细枝末节,从属于法官当着陪审团之面吟诵的无意义但有威严的祷告仪式,而陪审团对之几乎不以为意。当陪审团坐在那里进行裁决的时候,说固定的规则始终不变地主宰着财产案件和商事案件,这不啻是在否认明摆着的真相。原告的俊美外表、宗教信仰或经济地位,或者各自代理律师的举止风度,或者诸如此类的情况,都很可能作为促成判决的决定因素。而如果法官在没有陪审团的情况下坐在那里审案,并且当事人提出了类似的事实问题,那么,关于相同的……本票,那些定型化的(crystallized)不可变更的规则会以机械方式产生判决吗?肯定不会。当然,如果那位法官撰写判决意见书,那么,千篇一律的(stereotyped)规则将会出现在判决意见书里。但是法官会以这样或那样的方式判定"事实",并且这些"事实"随着具体案情和法官对这些"事实"的观感而各不相同——尽管涉案票据(instrument)是一张与任何其他本票毫无二致的本票。其实,关于规则在财产、商事等案件中的机械性操作的说法,根本不是在描述法院审理有[事实]争议案件时的现实运作。那种说法是一种基于不适当观察的教条。因其未能将一项重要情况考虑在内,即未来任何关于某笔财产或商事合同的法律诉讼,都可能存在争议,而如果存在争议的话,那么就能够由于导入相互冲突的证言而引发事实问题。……如果"事实"问题被引入诉讼(情况常常如此),那么(如我们所见)"事实"就可能至关紧要。……而这些事实尤其随着法官注意力的变化而变化。某些类型的证人相较于其他人更可能引起法官的注意,或者说,更可能招致法官的反感或博得法官的同情。我们决不可忽视的是,"事实"并非客观的东西。法官认为"事实"是怎样的,"事实"就是怎样的。而法官所认为的"事实",取决于证人作证之时法官的所见所闻,而这或许不同于、实际上也常常不同于另一位法官的所见所闻。("虚构地")假设商事交易所涉规则具有最完备的刚性。……但由于"事实"仅是法官所认定的样子,判决结果仍会随着法官对事实的不同把握而变化。换言之,规则并不在我们所谓"有[事实]争议的"案件中催生判决结果的一致性,而仅仅使得包含规则的那部分判决意见具有一致性。甲法官可能在审判一件涉及本票的"有[事实]争议的"案子时,判决支持持票人(holder)。如果由乙法官审判该案,他或许判决支持出票人(maker)。甲法官和乙法官的判决意见将会包含相同的规则。这差不多就是("有[事实]争议的"案件中)本票的非唯一性(non-uniqueness)教条的全部合理之处。

读者多半能够搞清楚,一些博学的法律人怎会误解《法律与现代心智》:无论是右翼的还是左翼的传统主义者(traditionalists),都假定法律领域的大部分不确定性源自规则的不确定性。他们由此断定,当一位事实怀疑论者论及法律不确定性问题时,他也必定仅仅是指规则的不确定性。结果,我的论点——即在提起或审理诉讼之前,许许多多的判决结果都不可预测——被传统主义者指责为夸大其词的歪曲。

法律传统主义者的看法，已在法律职业之外的有教养人士中广为散布，让他们对我国的司法治理运作形成了虚假的、一般说来快慰人心的印象。我力图通过《法律与现代心智》这部著作，以一种我希望是对明智的外行人来说容易理解的方式，祛除那种虚假的印象，因为我感到民主国家的公民有权知道本国所有政府部门的真相，而且因为公众若不了解司法运作的真实情况，相关的实质变革也就暂时无从谈起。

《法律与现代心智》没有提及"自然法（Natural Law）"。但由于一些罗马天主教徒在解读时，认为该书隐含地批评了经院派（托马斯主义）版本的"自然法"，我想现在做出如下澄清：① 我无法理解，如今还有哪位体面人士竟会拒不采纳"自然法"的基本原则，竟会不把托马斯·阿奎那（Thomas Aquinas）阐明的这些关乎人类行为的原则视为现代文明之根。阿奎那认为：存在一些第一性的原则（primary principles），比如追求共同善、避免损害他人、使人人各得其所；还存在若干第二性的原则（secondary principles），比如不要杀人、不要偷盗、返还保管的物品。现在托马斯主义者们坦率地承认，在适用这些极其笼统且高度弹性的原则时——此类适用必然采取人定规则（man-made）的形式——必须因时、因地、因情况而做出调整。事实上，托马斯主义者布伦丹·布朗（Brendan Brown）近来提倡一种"经院派实用主义（scholastic pragmatism）"。更为重要的是，无论天主教的抑或非天主教的"自然法"，所提供的至多是一种关于正义和道德的标准，该标准用于批判性地评价人定规则，并且或许用于确保这些规则的适度确定性；但是，"自然法"并不为评价初审法院在多数诉讼中的事实认定提供有用标准，也无助于保障事实认定中的一致性、确定性或可预测性。"自然法"的目标在于人定规则的正义性以及适度确定性，而人定规则是指：以或多或少抽象的、一般化的人类语言，对人们可以或不可以合法从事的行为做出表述。但司法公正若要具有实际意义，就必定不仅仅停留于抽象层面，还要体现在具体层面，即体现于数不胜数的个案法院判决。一条禁止伪造文书（forgery）的一般规则，或是一条禁止违约的一般规则，显然是正义的，而且十分确定。但是，如果一项法院判决认定坎贝尔这个人伪造文书，或者一项法院判决认定威尔科克斯这个人违约，而其实人家并没有伪造文书或违约，只是初审法院信赖那些不符合实情的口头证言的可靠性，错误地相信是此人所为——那么这样的法院判决肯定是不正义的。于是就产生了一项难题，即初审法院在各个法律诉讼中确认事实的时候，如何实现正义、确定性和一致性；该难题仅在一定程度上可经由"自

---

① See Frank, "A Sketch of An Influence", in *Interpretations of Modern Legal Philosophies* 189, 222-230, 234-237 (1947); Frank, *Fate and Freedom* 115-142, 294-297 (1945).

然法"化解,即如果遇到口头证言在关键事实问题上出现冲突的情况,"自然法"原则可能影响并控制初审法院事实查明过程中的那些主观的、不可触及的、常常是无意识的、非标准化的因素。我没有发现这些原则如此运作与控制的征兆。据我所知,"自然法"的信奉者们无论是否为天主教徒,既未考虑以上难题,也未考虑如何应对初审法院判决中的"合成物(composite)"这一难题。

应该补充说明的是,我当年在《法律与现代心智》里面对"经院主义"的讨论,是肤浅而偏颇的。后来我就此致歉;参见我为航空火花塞公司诉 B.G. 公司案执笔的司法意见,以及我的著作《命运与自由》(*Fate and Freedom*)。① 我对亚里士多德的一些评论,也有点信口雌黄;我相信我已在自己的著作《倘若人类是天使》(*If Men Were Angels*, 1942)和《命运与自由》里面做出修正。《法律与现代心智》对于逻辑的论述,在我的如下两篇论文中得到增补:《大法官霍姆斯先生与非欧几里德式法律思维》(*Mr. Justice Holmes and Non-Euclidean Legal Thinking*)② 和《以乐代言》③。

担任法官之后,我在 1943 年出具的一份涉及初审法官的司法意见中,大致吐露了《法律与现代心智》的全书基调:④

"如果我们的法院不能公平审判,民主势必垮台,而要是法官做不到无所偏倚,公平审判也就无从谈起。但如果我们在定义'偏见(bias)'和'偏袒(partiality)'的时候,对应的是法官心中全无前见(preconceptions),那么谁也不曾经历公正审判,而且谁都决不会经历公正审判。人的心智,纵在幼年亦非白纸一张。我们生来具有某些性情(predispositions);正式和非正式的教育过程为所有人培育出种种态度,这些态度影响人们对于事情的判断,在具体情况下先于推理(reasoning)发挥作用,从而依其定义即为成见(pre-judices)。若没有习得的'取向(slants)'亦即前见,生活将难以为继。每个习惯都构成一种预判(pre-judgment);谁若缺失这些被我们称为习惯的预判,谁若不得不把每件事看作呈现全新难题的前所未有之危机,谁就肯定得疯掉。利益、立场、偏好,乃生活之本。只有死亡带来彻底的不动情(dispassionateness),因为这样的不动情意味着完全处之泰然(indifference)。'要生活就要有志业(vocation),要有志业就要有一套伦理或者价值体系,要有价值体系就要有立场,要有

---

① Pp. 98-99, 259-260. 如果偶有读者认为,《法律与现代心智》第十八章表达了反宗教的情感,那么请他阅读《命运与自由》第 168—169 页、206—220 页。

② 17 *Cornell Law Quarterly* (1932) 568.

③ 61 *Harvard Law Review* (1948) 921, 928-933, 950-952.

④ In re J. P. Linahan, 138 F.2d 650, 652-654 (2nd Cir. 1943).

立场就要有成见或偏见……'① 所谓不含任何前见的'开放的（open）心智'，将是没有学习能力的心智，将是全无感情之人的心智，大抵对应着精神病学家所描述的弱智（feeble-minded）。更要紧的是，一切人类社会都有纷纭杂沓的既成态度（established attitudes）亦即毋庸置疑的假定（postulates）。放眼天下（cosmically），这些东西可能看似偏安一方的成见，但其中多有共同体最珍贵价值理想的表征。此类社会成见——即一定社会的成员认为理所当然、用作不言而喻之思维公理的'价值判断'——渗入该社会的法律体系，成为所谓的'法律评价体系'。我们社会的法官，有义务按照我们法律体系固有的基本偏好而行事（尽管他当然有权利时不时地敦促修正或抛弃其中的某些偏好）。不动情这一标准，显然并不要求法官革除此类社会态度的潜移默化。"

"然而，除了那些习得的社会价值判断之外，每位法官都不免带有很多特质的'心智倾向（leanings of the mind）'，亦即个人独有的成见，它们可能干扰法官的公平审判。法官在审案时，无意识地同情或厌恶某些证人、律师或当事人，可能刺激法官的审判活动。乔西亚·罗伊斯（Josiah Royce）评论道：'奇特的容貌或肤色、稍微异于常人的肢体、怪异的装束、疤痕、过度的不苟言笑、跛脚、洪亮或低沉的嗓音，凡此种种的特征……在张三看来可能是令人心驰神往的东西，在李四看来……则可能是强烈的刺激，是极度厌恶的对象。'……坦率承认此类成见的存在，实为明智之举。尽职尽责的法官会尽可能认清自己的此类偏见，并且经由这种自知之明而设法抵消偏见的影响。认为一个人只要披上黑色法袍且宣誓就任法官，就不再是人，并摆脱一切偏好，化身为一台无情的思维机器——此种神话贻害甚广。隐藏司法过程中的人性要素（human element），使得该要素有可能以一种夸大的方式发生作用；觉识（awareness）之光，对成见具有杀菌效果。法官若是直率地承认自己是人，那他就能够而且应当通过自查自纠来抵制此类偏见的影响。法官亟须这种自知之明，因为他特别容易感情用事；'法庭是情感奔涌之所……；诉讼双方情绪激昂地进行争执；经常出现公然的挑衅；庭辩主题常常经过悉心策划，以便激起席上法官的同情、成见或者嘲笑。'法官的判决常常基于他所相信的案件事实。法官作为事实查明者，本身就是一名证人，是所有证人的证人；因此，他应当学会避免某些差错，这些差错常常借助成见而影响到证人。"

"但是，正因为法官的事实查明工作立足于他对证人的评估，即立足于他对证人的见闻汇报可靠性的评估，他才有义务在倾听和观察证人的同时，形成对待证人的态度。法官必须尽其所能弄清证人的动机、偏

---

① Kenneth Burke, *Permanence and Change* 329 (1936).

见、主要情感和兴趣,惟其如此才能判断证人陈述的准确性。法官还必须敏锐洞悉双方律师的谋略,察觉他们如何努力通过因应法官的偏好而左右法官。法官必须精明地看穿他们表面言辞背后的真实目的和动机。在这种意义上怀有成见,是法官的职责所在。不偏不倚并非容易上当(gullibility)。公允无私并不等于像孩子似的天真。法官要是不对那些法庭戏剧——我们将其称为审判活动——里面的角色形成判断,就绝不可能做出判决。法官在查明事实时可能会出差错,他毕竟是人,做不到万无一失;事实上,号称凌驾于人类之上的法官,很可能受到不当成见的宰制。"

在《倘若人是天使》里面,① 我已试图详细回应《法律与现代心智》所遭到的多数批评。在此我将简要谈谈其中一些批评意见。②

开篇数章提出如下问题:为什么众多的律师和非法律界人士竟然坚信,如今已经或者能够达成远超先前实际程度或可能程度的法律确定性?为什么总有人孜孜不倦地渴求这种显然无法企及的法律稳定性?我仅仅提出一种解说,并反复申明它只是一种不完全的(partial)解说。我列举了另外十四种不完全的解说。③然而一些批评者坚称,我把自己提出的解说当作唯一的解说。

(与庞德遥相呼应的)肯尼迪(Kennedy)曾说:我试图"依据弗洛伊德式的情结(Freudian complexes)"解说"法律中的不确定性"。我当然没有做过这样的事情。当年我力求在一定程度上揭示,人们为何渴望一种不可企及的法律确定性。这样做的时候,我利用了弗洛伊德和皮亚杰(Piaget)的某些儿童心理学著作,尤其涉及儿童年幼时对于父亲的依赖(father-dependence),以及长大之后由此产生对于父亲替代物(father-substitutes)的迷恋倾向。一些批评者未能注意到我当年的如下评论:④ 我的论点符合我们这种"准父权制(quasi-patriarchal)社会",但并不适于那种让父亲承担针对幼童的较少规训性角色(disciplinary role)的社会。有人以为,我在谈到"儿童(child)"的时候仿佛该词是指一种常量——《法律与现代心智》第 75 页的注释回应了这种看法。尽管我一再申明,⑤ 我认为心理学不是一门科学而是一门艺术,并且尚未成熟;但仍有些批评者指责我向心理学卑躬屈膝,将其奉为"权威科学"(authoritative science)。卢埃林认为我连篇累牍的心理学讨论徒使读者分心。但鉴于弗洛伊德的门徒现在纷纷为大众杂志撰稿,我的心理学讨论在当下某

---

① Pp. 226-315.
② 读者在通览《法律与现代心智》之前,不妨略过以下七段文字。
③ P. 263.
④ P. 327, n. 5.
⑤ Pp. 21 note, 163, 359-360.

些读者看来简直不言而喻。可是在 1930 年的时候,我专门引入法学研究的一些观念颇有新意,比如:"升华(sublimation)",以及成人对其幼时的父子关系问题的反应。① 即便在今日,此类观念也未对法律思想家产生太大影响——迟至 1946 年,辛普森(Simpson)和菲尔德(Field)还这样写道:在我以及其他同仁的提议下,出现了心理学进路的审判过程研究,但它仍处于初创阶段,理应得到进一步发展。两位非法律职业人士近来指出,我的心理学论点在非法律领域仍具启发性,参见史蒂文森(Stevenson)的《伦理学与语言》(*Ethics and Language*, 1944)、德格拉齐亚(de Grazia)的《政治共同体》(*The Political Community*, 1948)。

肯尼迪等人曾断言,我是"行为主义(behavioristic)"心理学的皈依者。但是,我在《法律与现代心智》里面,② 批评了行为主义(behaviorism)的一项基本信条,③ 也批评了规则怀疑论者奥利芬特将兽医心理学转用于法律事务的尝试;次年(即 1931 年),我发表了一篇论文详细批判行为主义。庞德将我归为心理学决定论者(psychological determinist);然而《法律与现代心智》全无一丝信奉决定论的痕迹。关于科学的讨论④是明显反决定论的;我在后来出版的两本书中,煞费苦心地抨击决定论,包括弗洛伊德式的决定论、马克思主义的决定论以及各种其他类型的决定论,参见《先救美国》(*Save America First*, 1938)和《命运与自由》(1945)。

许多规则怀疑论者极力主张,创建一种基于自然科学模式的法律"科学",不仅是可取的,而且是可能的。一些批评者把这种荒唐的念头归到我的头上。相信读者自可明鉴此种无稽之谈。我已在后续著述中尽力更为详细地指明,竭力创建所谓的法律科学或"社会科学(social sciences)",在我看来是何等的荒谬和不可取。数位批评者指出,我在描述自然科学的时候,仿佛它本身及其"法则(laws)"可为人们提供一种在法律领域无法获得的终局性(finality)与确定性;这些批评者准没读过《法律与现代心智》第 98—99、245—248、285—288 页;我在这些地方区分了科学和"科学精神(scientific spirit)",并在《法官是人吗?》⑤和《命运与自由》⑥里面做出进一步阐发。

---

① 写就这篇"序言"以来,我读到两份发表于 1948 年的、对该论题有所推进的新作,皆出自法律人之手。参见 Rosenfarb, *Freedom and the State* 209-211 (1948),联系着政府语境讨论"家父符号论(fatherhood symbolism)的作用";Levin, "Maine, McLennan and Freud", 11 *Psychiatry* 177 (1948),涉及父权主义(patriarchalism)对于法学研究态度的影响。试对比《法律与现代心智》里面的相关讨论,尤其参见 pp. 13-21, 79-81, 193-195, 199-203, 219-221, 248-252, 291-294, 296-301, 336 note 15, 360-361.

② Pp. 162-163.

③ P. 151.

④ Pp. 285-288.

⑤ "Are Judges Human?", 80 *University of Pennsylvania Law Review* 17, 254-258 (1931).

⑥ Pp. 40-41.

我提及的"法治而非人治（government of law and not of men）"，引发了一些反对意见；我的回应包含在《倘若人类是天使》（第十二章）关于该提法的更详尽考察之中。在《法律与现代心智》里面，我欢迎语义学家（semanticists）对文字魔术（word-magic）和语言弊病（diseases of language）的抨击；但是我也花费一定笔墨表明，我为何认为文字医生们（word-doctors）纷纷开出的方子，对于法律问题上的流行误解并非万灵药。然而，有位批评者称我为教条的语义学家，并且还荒谬地认为，我相信语言是清晰思维（clear thinking）的宿敌。谁若倾向于像批评者那样，声称我喜欢法律中或其他领域中的混乱，或是喜欢变动不居，就该去读读《法律与现代心智》第249—252、361—362页。

卢埃林、庞德等人曾说，我低估了由以下两股约束力而促成的司法一致性：（1）那些担任法官的法律人接受过相似的法律教育，并具有相似的从业经历；（2）他们有共同的司法传统。但这些约束力没有深切到足以在各个初审法官那里，将那些独有的、特质的、阈下的（sub-threshold）偏见和偏好塑造为相似的东西，而正是这些偏见和偏好影响着法官对证人、当事人和律师的反应，并最终落实于事实的查明。此外，这些约束力当然对陪审员不起作用。①

一些批评者认为，一切所谓的"现实主义者"（包括我在内），紧盯着律师的盘算，而没有考虑法官的视角；另一些批评者则提出截然相反的批评意见。我认为，《法律与现代心智》显然是要努力设想律师和法官两方面如何看待审判，无论这番努力多么欠火候。

因为我强调诸多非规则因素在法院判决制作过程中的影响（这一点跟其他事实怀疑论者相仿），数位批评者抱怨道：我对法律规则嗤之以鼻，视其为不真实的或无用的东西。我得说，这样的批评意见是荒唐的。如果有人说，水（H₂O）里面除氧之外还有氢，且对两者皆做出讨论，那么我们当然不能指责此人是在贬低氧，也不能指责此人认为氧是不真实的或无用的东西。有些人遵循霍姆斯（Holmes）的观点指出，规则无论由立法机关制定抑或由法官制定，皆为社会政策、价值、理想的体现，因此他们呼吁，应以周期性的审慎方式对规则进行重新查验——我素来衷心拥护这些人的宗旨。我不妨补充一点：在过去七年里，我忝列上级法院席位，而上级法院主要关注规则，甚少涉及事实查明，有鉴于此，我肯定是看重规则的。

---

① 这一点应该有助于回应经济决定论者，他们持有一种万变不离其宗的、教条主义的阶级偏见观点。在一定范围内，该观点有时具备部分的解释力。但除此之外，面对阶级偏见完全阙如的海量法律诉讼——比如经济上平等的两位"小本"生意人之间的诉讼，或者两家巨型公司之间的诉讼，或者"无产阶级"的两名成员之间的诉讼——那种观点就连针对判决结果的部分解说都无法提供。

但是，无论是制定法规则还是法官创制的规则，都不是自行实施的（self-operative）。一旦初审法院的事实查明工作出错，致使规则被适用于并不存在的（non-existent）事实，那么规则就遭受挫折，无从发挥效力。如果法院弄错了事实并将无辜之人定罪，那条禁止谋杀的极具道德色彩的规则能算真正施行了吗？如果法院经由错误的事实判定，而判决实施诈骗者未犯有诈骗罪，那条禁止诈骗的规则能算真正施行了吗？确保法律规则表达道德价值，是一项不容小觑的任务。但我们的司法体系若仅限于谋划规则或者解释规则，就不算恪尽职守。只要规则在个案中没有适用于真正的事实，我们的司法体系就不完善。

完善（perfection）乃是痴人说梦。纵然凭借人类能够发明的最佳法院制度，也无法保证始终可以确知或接近真正的事实；鉴于初审法院必定由做不到万无一失的人［即法官］来运转，而法官又必须从（同样容易犯下是人就会犯的那些错误的）证人那里了解事实，许多不可避免的错误就会一再发生。但是，法庭在认定事实之际若是出现**可以避免的**错误，一切信仰正义的人士必定痛心疾首；而且这类错误——它们并非归咎于规则，而是由于初审法院查明事实之际本可杜绝的种种缺陷——每天都在导致本可杜绝的种种悲剧。

当我称其为"本可杜绝的"之时，我绝无丝毫暗示如下想法之意：大部分初审法官在能力和品性方面逊色于上级法院法官。我的观点是：（1）相比于上级法院的审判，初审法官的工作远为困难和错综复杂，需要远为渊博的才华；（2）初审法官目前不得不忍受的我们那套初审方法，迂腐陈旧到令人抓狂。如果我们的司法系统要做到在人力所及范围内尽可能充分地伸张正义，我想我们至少必须彻底检查我们的初审方法，并对未来的初审法官进行专门训练。

有些人沾沾自喜，认为此类改革纯属小题大做，认为我们的法院当下颇有保护法律权利的能耐——这些人要是知道我们最伟大的法官勒尼德·汉德（Learned Hand）作于1926年（当时他已在初审法院长期任职）的如下评论，必定垂头丧气："我得说，作为诉讼当事人，我最害怕的除了病魔和死亡，几乎莫过于法律诉讼了。"如此直截了当地揭露诉讼的无常（chanciness），将打消那种对于我们法院有口皆碑的态度，而那种态度是卡多佐（Cardozo）相对四平八稳的司法过程描绘很可能催生的东西。不幸的是，卡多佐在描述司法过程时，忽略了初审的无常性质。他的描述就上级法院而言自是上乘之作，但若被视为同时包含了有关初审法院运作方式的叙述，就显得不伦不类，打个比方来说吧，就相当于认为有关白金汉宫（Buckingham Palace）那里言行谈吐的叙述，同时也是纽约地铁高峰时段行人举止的真实写照，这样的看法自有方枘圆凿之感。卡多佐一生大部分时光要么担任上诉法院律师，要么出任上诉法院法官，因此患有一种职业病，即"上诉法院炎（appellate-courtitis）"。在卡多佐度过自己职业生涯的那类法庭上，气氛安宁平和。在那儿，没有证人的侵扰；律师们独自向法庭陈辞，其时必须端庄得体、井井有条、铿锵有力。初审法庭上可不是这样，那儿没有平和的肃静。套用威格莫尔（Wigmore）的说法，初审法庭"充斥着旁逸斜出的插曲和轰动性的意外"。那里的好戏总是时断时续，导演方式也是乱哄哄的，律师与证人之间或双方律师之间的持续交锋一再打断演出进程。但在上诉法院，这些交锋只以沉稳缄默的书面材料形式出现。栖身于上级法院的卡多佐，对初审特有的喧嚣只字未提。他的著作对研究上诉法院的人来说自是无价之宝，却也因此不幸助推一种做法，即分散公众注意力，使其不再聚焦于我们那极端落后的初审操作。

鉴于以上所述，读者自会理解我为何对一些批评者的如下评论感到震惊：我在《法律与现代心智》里面，鼓吹"反理性主义（anti-rationalism）"和"反理想主义（anti-idealism）"，我全神贯注于法院上实际出现的情况，不仅无视如今在司法判决中起作用的理性因素和道德因素，而且无视在法庭工作中进一步打通理想与现实的那种可能性。其实，我像多数"建设性的怀疑论者"那样，心中激荡着一种挚烈的——或许是太过挚烈的——渴望，渴望改革我们的司法系统，渴望在可行范围内尽量为日常司法工作注入更多理性和更多公正。但要落实此一改革，我们就得直面（而非回避）目前在司法治理中起作用的非理性因素和非理想化因素。其中有些因素颇为棘手。但是我们不应冒昧推定，呼吁关注缺陷之人乐见缺陷。如果一名医生将一种可以预防的危险疾病的肆虐状况公之于众，他所希冀的不是病情传之久远，而是将其治愈。最阻碍理性（rationality）成长壮大的，莫过于人们明明做了幻觉（illusions）的傀儡却虚幻地自以为合乎理性。人能够发明的戕害自身理想的绝妙伎俩，就是"那些理想业已实现"这一妄念（delusion）。我们如若真的珍视我们关于民主公正／司法的理想，就决不能停留于只是嘴上说说。

那得到规则怀疑论者和事实怀疑论者两方面倡导的规则怀疑论，无论有怎样的毛病，我想它毕竟产生了一些明显可取的结果。它激起争论，有时还惹来不公平的驳斥，但终究潜移默化地影响到诸多司法考量。它在一定程度上有助于许多法官（包括某些公然诋毁规则怀疑论的法官）从过于刻板的法律概念的奴役下获得解放，并促使那些法官把自己的推理立足于更加广阔、更为人性的规则前提。然而我还是感到，法庭的事实查明工作改进甚微，而且仅有的改进皆不能归因于事实怀疑论者的事实怀疑论。不过，在这方面，相关争论兴许又随着时间推移而逐步转化为新的思维习惯。我们挑起对于现行的不公正事实查明方法的质疑，或许不久之后终有一天将会带来我们迫切需要的种种改进。

附注：如果读者对《法律与现代心智》所表达的观念存有疑问，他或许可从我在

1930 年之后发表的如下论文和著作中，找到其中某些疑问的答案：

［1］"Are Judges Human?", 80 *University of Pennsylvania Law Review*（1931）17, 233.

［2］"What Courts Do in Fact", 26 *Illinois Law Review*（1932）645, 761.

［3］"Mr. Justice Holmes and Non-Euclidean Legal Thinking", 17 *Cornell Law Quarterly*（1932）568.

［4］"Why Not a Clinical Lawyers' School?", 81 *University of Pennsylvania Law Review*（1933）907.

［5］"What Constitutes a Good Legal Education?", 19 *American Bar Association Journal*（1933）723.

［6］*Save America First*（1938）.

［7］*If Men Were Angels*（1942）.

［8］Book Review, 54 *Harvard Law Review*（1941）905.

［9］"White Collar Justice", *Saturday Evening Post*, July 17, 1943.

［10］Book Review, 52 *Yale Law Journal*（1943）935.

［11］Book Review, 57 *Harvard Law Review*（1944）1120.

［12］"The Cult of the Robe", 28 *Saturday Review of Literature*（1945）12.

［13］*Fate and Freedom*（1945）.

［14］Book Review, 59 *Harvard Law Review*（1946）1004.

［15］Book Review, 56 *Yale Law Journal*（1947）549.

［16］"A Plea for Lawyer-Schools", 56 *Yale Law Journal*（1947）1303.

［17］"A Sketch of an Influence", in *Interpretations of Modern Legal Philosophies*（1947）189.

［18］"Words and Music", 47 *Columbia Law Journal*（1947）1259.

［19］"Say It with Music", 61 *Harvard Law Review*（1948）921.

［20］Book Review, 15 *University of Chicago Law Review*（1948）462.

［21］"Cardozo and the Upper-Court Myth", 13 *Law and Contemporary Problems*（1948）369.

杰罗姆·弗兰克

1948 年 11 月 21 日

（译者系南京师范大学法学院副教授，中国法治现代化研究院研究员，国家 2011 计划司法文明协同创新中心团队成员）

反对形式法治

沈宏彬

导　论

按照法治观中是否包含对法律内容的规定，可将不同的法治观划分为形式法治和实质法治。其中，形式法治只关注法律的"恰当形式与渊源"，包括法律应当一般、稳定、不溯及既往等，而实质法治进一步包含对法律内容的限制，如法律应当保护私有财产权等。形象地说，前者只限制法律"怎么说"，不限制法律"说什么"，而后者对两者都有限制。①正因为形式法治不涉及规定法律的具体内容的特点，所以它吸引了绝大多数理论家的目光，塔玛纳哈甚至指出，在很多讨论中，形式法治已经成了法治的代名词。②这是因为，现代社会中，人们对各种实质道德议题存在广泛的合理分歧，而法律的基本功能就是在分歧环境下治理社会，组织稳定的社会合作。因此，如果法律之治的蓝图中，包含了过多的实质内容，那么对于这些内容持有合理反对意见的人而言，就没有理由接受法律之治对自身行动的指引，法律治理社会的基本目标也就落空了。形式法治并不对法律内容作具体的规定，因此不存在上述困难，但同时又承诺能够实现法律之治的目标，那么它具有格外的理论吸引力也就在情理之中。

---

① 参见［美］塔玛纳哈：《论法治》，李桂林译，武汉大学出版社 2010 年版，第 118 页。从国内的讨论看，一方面，一些学者明确支持本文所界定的形式法治，并给出了相当强有力的论证，另一方面，即便有很多学者反对形式法治，但也很少能说明，形式法治究竟错在哪里。很多对形式法治的批评，实际上是诉诸这种法治观。这种批评实际上犯了"诉诸后果"的论证谬误。一个观念是否正确，并不取决于实行它是否对会带来好的后果，而取决于它内部的逻辑结构是不是合理的。正因为缺乏对形式法治内部逻辑的细致分析批评，使得很多人在正面不接受形式法治，但在分析其他问题时，又将其作为一个当然的前提——很多研究和确定"法治指数"的研究，实际上就预设了某种精细化版本的形式法治。国内近期对形式法治的部分研究，可参见郑玉双：《实现共同善的良法善治》，《环球法律评论》2016 年第 3 期；雷磊：《适于法治的法律体系模式》，《法学研究》2015 年第 5 期，以及《法律方法、法的安定性与法治》，《法学家》2015 年第 1 期等。关于"诉诸后果"的论证谬误，可参见翟振明：《迷失在"诉诸后果"谬误中的中国哲学学术》，《学术月刊》2007 年第 10 期。

② ［美］塔玛纳哈：《论法治》，李桂林译，武汉大学出版社 2010 年版，第 152 页。

然而，本文尝试对这种看似完美的法治观提出批评。我将主张，形式法治是一种失败的法治观。为了说明这一点，本文分为三个部分。首先，我将对法治的概念进行初步的整理，指出提出一种合理法治观的难点，在于调和法律所提出之义务性要求的公共性与第二人称性之间的张力。之后的两个部分，我将分别检讨围绕规则建构的形式法治观，以及加入程序考虑的形式法治观。这是形式法治在逻辑上的两种可能。从既有的讨论看，富勒和沃尔德伦的理论分别代表了上述两种理论形态的典范，而我将针对他们的理论作出检讨。通过检讨这两者的理论，我将证明单纯依靠形式原则并不能调和规则与义务性要求之间的张力，形式法治这类观念必然是失败的，并指出构建一个妥当法治观可能的路径和方向。

一、对法治概念的初步整理

（一）法治与行动指引

虽然人们在法治议题上存在诸多分歧，但严肃对待法治的人们都承认，"法治是一种政治理想（ideal）"。这一看似稀薄的前提，便可作为讨论法治的起点。它促使我们考虑，对法治的界定至少不能让法治变得冗余。（1）既然法治是"一种"政治理想，那么法治就不可能包含理想社会的全部条件，平等、正义等同样是重要的政治理想。（2）法治不等于"以法而治（rule by law）"，社会中存在一个法体系，不等于就实现了法治。这是因为，既然法治是一种"理想"，那么就意味着并非每个法体系都满足它的要求，只有部分卓越的法体系才可被视为实现了法律之治。（3）法治也不可能直接等同于特定意义的"良法之治"。这里所说的"良法之治"是指，法律中包含了某种实质的理想，如包含了保护个人权利、尊重政治民主内容的法律。这些法律当然是好的，值得人们追求，但这种"好"来自于个人权利、政治民主这些内容，法治本身为何作为一种理想，依然没有得到说明。

功能路径提供了一种满足上述否定性条件的分析路径。在这种路径下，理想不必被视为某种难以理解的形而上学实体，而只是一种功能上的完备运转状态。这并不陌生。我们可以说，锋利的刀是一把好刀，锋利是刀的理想状态。这是因为，锋利的刀是最能实现切割功能的刀，而这个功能是刀这个东西固有的功能。与之相似，我们也可以通过功能分析法治。如哈特所说，"法律在所有时空中所具有之作为显著的一般特征即是：其存在意味着，某些类型的人类举止不再是随意的（optional），而是在某种意义下是义务性的（obligatory）"。这就是说，法律本身的基本功能，就是通过向人们提出义务性的要求，指引人们的行动。那么，法治就可初步被界定为，法律能够成功地以这种形式指引人们的行动。

通过法律的指引功能界定法治,就必须和另一个容易混淆的议题相区别,即法律权威的正当化议题。① 之所以会产生混淆,是因为法律权威的正当化议题旨在解决,在何种条件下法律拥有正当地权威指引人们行动,这似乎和法治议题是相互重合的。然而事实并非如此。形象地说,正当化议题所涉及的是,人们是不是有理由进入一个法律实践的内部。当一个法律权威享有正当性时,我们就必须参与到这个法律实践内部,服从它的统治。因此,正当化议题总是和服从义务关联在一起出现。而法律作为社会合作的整体框架,对它的正当化,势必需要综合考虑各种重要的政治理想,做出合理的决定。这个任务显然不是法治这一种理想能解决的,否则法治又将会被视为"一个冗余的概念"。而法治议题所涉及的是,对法律官员来说,面对那些已经进入法律实践内部,决定接受官员对自己的行动加以指引的民众,自己的指令应当满足何种条件,才能成功地指引这些人的行动。乍看上去,法治的问题颇为古怪,如果人们已经进入到法律实践的内部,似乎就意味着只要官员做出指令,那么就会指引人们在法律上的行动。然而,比方说,如果官员做出的指令是秘密的,或者前后矛盾,这些指令同样无法指引人们的行动。这些情形就是法治所要予以纠正的。这种理想表达了法律自身作为指引他人行动的规范性实践,内部运转良好的状态。②

那么,法律指引人们行动的理想状态究竟是怎样的呢?要回答这个问题,首先必须分析何谓"指引行动"。早期的理论家往往诉诸强制来说明这个概念,这一方面符合人们对法律的基本常识,更重要的是,这些理论家注意到,法律是一种"人工制品",因此它并不必然符合正确理性的要求。将法律的指引功能与正确理性的要求挂钩,将使得前者不再必然具有指引功能,而强制就能绕开这个问题。③ 即便劫匪指示受害人交出钱包的命令在道德上是错误的,也不会妨碍受害人为了防止受到劫匪的强制,遵循劫匪的指令。奥斯丁就明

---

① 加德纳在批评德沃金的观点时,强烈地主张了这种观点。这使得法律权威的正当化、法治和守法义务三个不同的议题清晰地呈现出来。不过,尽管加德纳的观点是正确的,但我并不认为德沃金犯了他所指责的错误,相反,德沃金同样支持而不是反对他的看法,即法治只是确保法律能够指引那些已经进入法律内部之人的行动,而人们是否进入法律,这需要诉诸深层和复杂的道德理由。德沃金所说的整全性美德,就旨在处理指引法律内部之人行动的问题。他意识到,有时候正义、公平、正当程序的紧迫性,会压倒整全性的要求。因此,德沃金才引入了"纯净的整全性"(pure integrity)的观念,用以处理判断在何种情况下,我们应当坚持法治,而在什么情况下我们应当偏离法治,去实现正义。See John Gardner, "The Legality of Law", in his *Law as a Leap of Faith*, Oxford University Press, 2012, p. 192. And Ronald Dworkin, *Law's Empire*, Harvard University Press, 1986, pp. 404-407.

② 将法治界定为法律能够指引进入法律内部之人的行动,而使其和法律权威正当化相区别,深层的理由是,法律作为一套确定特定合作方案的规则体系,并非如道德那样,是每个行动者都必然参与的规范性事业。See John Gardner, "Nearly Natural Law", in his *Law as a Leap of Faith*, Oxford University Press, 2012, p. 160.

③ 中国政法大学的范立波教授促使我注意到这个事实,特此表示感谢。

确主张，法律就是主权者发布的，以强制为后盾的命令，如果人们违反该命令，强制将会带来严重的不利后果。

然而，这种简洁的观念在哈特那里受到了毁灭性的批评。这种批评的关键，是指出法律是以一种与强制不同的方式，对人们给出理由，从而指引人们行动的。简言之，强制是通过激发性的方式给予理由。当我们受到劫匪的强制时，强制会激发我们"保全性命"的理由。这个理由是我们每个人都有的，只是在一般情况下它是不相关的，或者权重很轻。劫匪强制所带来的不利后果会激发这种理由，使之出现在人们对理由的权衡中，最终影响人们的行动。既然强制是以激发性的方式给出理由，那么施加强制的人为了确保自己的指令得到服从，往往会施加一个会带来严重不利后果的强制，从而保证所激发的审慎理由有足够的分量，压倒与之相反的理由。试想如果劫匪抢劫时不是主张，"不交钱就杀了你"，而是说，"不交钱就捏你一下"，则显然没有人会服从劫匪的指令。但法律对人行动的指引则并非如此。从常识看，即便法律规定，不得随地吐痰，否则罚款一元钱，而绝大多数人并不认为一块钱是难以承受的巨额罚款，我们依然会认为自己在法律上有理由不随地吐痰。法律给出理由的方式是，当立法者如此规定时，人们就会因为"这是立法者的规定"这个事实，在法律上负有一项义务性的行动理由。① 大卫·伊诺克将这种给出理由的方式称之为"强劲模式（robust reason-giving）"。这便是法律指引人们行动的方式。②

然而，要以强劲模式给出理由的方式指引行动，纯粹立法者的意志就不充分了。只有当发布者获得了相应的授权之后，他的指令才可能对他人具有约束力。强劲模式预设了命令发布者和接受者之间存在某种规范性关系。这种关系可以被描述为，命令接受者有义务服从发布者所发布的指令，而发布者则相应拥有统治接受者的权利。从既有的讨论看，法律所拥有的这种权利往往被称之为"统治/治理的权利（right to rule）"。③ 既然统治的权利确保了法律拥有向他人施加义务的资格，那么这种权利本身必然不是法律内部的权利，而只能是一种道德权利。当法律拥有这项权利时，它向人们提出的是正当的道德义务。正因如此，此时法律提出的要求，无论人们在事实上是否同意，都必须执行。此时，"这是法律的规定"这个事实，就构成了人们必须作出相应行动的理由。

---

① 参见［英］哈特：《法律的概念》，许家馨、李冠宜译，法律出版社2006年版，第78—86页。
② See David Enoch, "Authority and Reason-Giving", in *Philosophy and Phenomenological Research*, Vol. LXXXIX No. 2, September 2014. "强劲模式"这个翻译参考了庄世同的一篇文章。参见庄文《法律的规范性与理由的给予》。
③ See Joseph Raz, "Introduction", in *Authority*, Joseph Raz (eds.), New York University Press, 1990, p. 2.

不过，这并不是分析的终点。霍费尔德指出，权利—义务这组关系可能包含了四种不同的情况，因此必须进一步确定这种权利的性质。霍氏对权利的概念分析如下：

（1）主张权—义务（Claim Right-Duty）：我主张，你必须；

（2）特权—无权利（Liberty-No Right）：我可以，你不可以；

（3）权力—责任（Power-Liability）：我能够，你必须接受；

（4）豁免—无能力（Immunity-Disability）：我可以免除，你不能。①

其中有两组关系与统治的权利的实践特征差别较大，故可以排除。其中，第四种关系可以很容易排除。这种关系的典型情形是，某人符合免税条件，因此他豁免于某些税费，而其余人不能豁免。但统治的权利显然不是指法律官员能够豁免于某种民众所不能豁免的负担，而是指他们有对我们施加义务的资格，因此可以排除。有一些理论家尝试在第二种关系上界定统治的权利。他们认为这项权利意味着法律官员有调动国家垄断强制力的特权，而一般民众则没有。这种界定的好处是，它使得官员的指令并不会成为民众的义务性要求，从而避开了哲学无政府主义，特别是先验无政府主义的批评。②哲学无政府主义者主张，在任何情况下，一个人将他人所说的指令，当作自己的义务，排除自己对理由的权衡，这都是不合理的。因此，不存在统治的权利这个概念。③但这种观念建立在一种错误的"自主"的观念上，故而它的攻击是失败的。④相反，将统治的权利和能够影响相对方实践推理的义务观念割裂，实际上就丧失了我们对法律所享有的统治的权利的基本理解。换言之，这种关系所描述的统治的权利，并不是"我们"所理解并尝试予以说明的东西，因此同样应予以排除。⑤

值得考虑的是第一、第三种规范性关系。在既有的讨论中，一些学者主张，法律和民众之间所预设的是第三种关系。这是因为，权力是一种单方行使的规范性概念，无论权力方作出何种决定，相对方只能选择接受。这就和法律给出理由的方式有契合之处，特别是它能确保，人们是因为"这是法律规定的"这个事实，负有相应的义务。深层次上说，权力赋予了法律单方面做出决定的资格，似乎能确保无论民众持有何种观点，都必须遵循法律的指

---

① 沈宗灵：《对霍菲尔德法律概念学说的比较研究》，《中国社会科学》1990年第1期。

② See R. B. Friedman, "On the Concept of Authority in Political Philosophy", in *Authority*, Joseph Raz (eds.), New York University Press, 1990.

③ See R. P. Wolff, "The Conflict between Authority and Autonomy", in *Authority*, Joseph Raz (eds.), New York University Press, 1990.

④ See J. Raz, "Authority and Justification", in *Authority*, Joseph Raz (eds.), New York University Press, 1990.

⑤ Joseph Raz, "Introduction", in *Authority*, Joseph Raz (eds.), New York University Press, 1990, pp.4-5.

令,从而保证了法律有能力在分歧环境下指引法律内部之人的行动。然而,将统治的权利界定为权力,事实上会使法律的义务性变得难以理解。这是因为,在霍费尔德那里,权力是一种次级概念,它的功能在于改变既定的主张权—义务关系,而非直接影响相对方的实践推理,真正影响相对方实践推理的,是改变之后的主张权—义务关系,而非权力的主张本身。① 举例来说,赠予是一种典型的单方面行使的权力。X 可以将自己的电脑赠予 A,也可以赠予 B,对此 A 和 B 只能消极接受 X 的决定,而无权要求 X 将电脑赠予自己。当 X 决定将电脑赠予 A 时,这个决定并未对 A 直接给予新的行动理由,而是改变了 X 和 A 之间的主张权—义务关系。A 获得了一些之前没有的主张权,而消灭了一些义务(如尊重 X 电脑财产权的消极义务),X 则丧失了一些主张权,同时获得了一些义务。此时,无论 X 还是 A,进一步的行动都依赖于 A 和 X 作出的进一步决定。然而,法律有能力直接向人们下达指令,并不需要依赖任何第三方作出进一步的决定,因此法律和民众之间的关系,必然是主张权—义务关系,而非权力—责任关系。

这样,对"统治权利"的妥当说明就只能落在主张权—义务关系上。这种规范性关系的基本特点就是,享有主张权的一方,能够向对方直接施加一项义务。这符合法律指引行动的基本模式。但主张权并不是一种单方面行使的概念,它和义务是相互对应的概念。只有当一方负有一项义务时,对应方才会在这件事上享有一个主张权。② 比方说,当 A 向 B 借钱之后,A 就负有了到期清偿债务的义务,相对应的 B 就拥有一项到期主张 A 还钱的主张权。读者可能会问,既然权利方只有在对方负有义务的事项上,才享有主张权,那么权利方的主张就只有认识论的意义:要么他的主张准确要求了义务方本来就该做的事情,此时他的主张并没有对义务方添加任何新要求;要么他的主张要求了对方本不该做的事,那么这个要求本身就是不正当的,义务方就可以置之不理。但这就和法律的基本特征存在差异。法律是一种实践权威,而非认识论权威,它自己的决定的确能够产生实践差异。"这是立法者的规定"这个事实并非拥有认识论的价值,而是拥有影响人们实践推理的能力。这似乎是主张权—义务关系难以说明的。③

然而,这仅仅是一个表面现象。举例来说,上述 A 和 B 之间的债权债务关系中,尽管 B 的主张权相对的是 A 本来就拥有的清偿债务的义务,但 B 可以对 A 具体如何清偿债务作出规定。如果 B 要求 A 以支票的方式清偿,那么

---

① Wenar, Leif, "Rights", *The Stanford Encyclopedia of Philosophy* (Fall 2015 Edition), Edward N. Zalta (ed.), URL =〈http://plato.stanford.edu/archives/fall2015/entries/rights/〉. 最后访问时间 2016/7/22。

② Wenar, Leif, "Rights", *The Stanford Encyclopedia of Philosophy* (Fall 2015 Edition), Edward N. Zalta (ed.), URL =〈http://plato.stanford.edu/archives/fall2015/entries/rights/〉. 最后访问时间 2016/7/22。

③ 中国政法大学的陈景辉教授促使我注意到这个问题,特此表示感谢。

A 就有了一个以这种方式清偿债务的义务，这个义务在 B 作出决定之前是不存在的。因此，单凭一方可以向另一方创设新的义务的现象，并不足以在概念上证明，此时一方所享有的必然是权力，创设新的义务的行为，完全可能是对某种宽泛义务的具体化。因此，以这组关系界定法律给出理由所预设的条件，并不会导致法律蜕变成认识论权威，立法者的决定本身，依然可以对民众的行为产生实践差异。

（二）法治理论的难点

前文述及，法治是一种确保法律指令得以成功传达，从而使得法律能够指引进入法律内部之人行动的理想。那么，结合上一节的结论，法治必须确保法律成功向人们传达它通过行使主张权而作出的指令。传达一个可向对方施加道德义务的主张权指令，有何困难之处呢？要回答这个问题，首先就必须对主张权的性质和行使条件作出分析。既然主张权和义务是相互对应的概念，我们可以通过首先澄清后者的性质，从而反推出前者的相关性质。

首先，从实践上看，相较于其他理性所提出的要求，道德义务具有一个非常突出的特征。当人们违反了这种要求时，会招致持久而强烈的社会谴责，并且这种谴责本身会被视为正当的。斯特劳森将这种态度称之为"反应性态度"，而达沃尔进一步指出，这种态度是一种与行动者相关的态度。换言之，当一个人违反了自身所负有的道德义务，我们会具体地谴责"这个"人，而不是任何中立于行动者的事实或属性。如果你在公交车上被人踩脚，那么你会向这个特定的人投射谴责性的态度，而不是去谴责这个人具有的任何抽象特征。从中可以反推出，与这种反应性态度紧密关联的道德义务，同样是一种与行动者相关的要求。形象地说，义务的发出总是预设了一个"我—你"的第二人称关系，而为道德义务辩护的，也就可被称之为第二人称理由（second-personal reason）。①

达沃尔从反应性态度中分析出的另一个结论是，这种指向特定个人的态度中，包含了"要求对方负责"的意味。这里的"责任（accountability）"是道德意义上的责任，与之对应的是因果意义上的责任（causal responsibility）。小猫将花瓶碰倒，它只会有因果上的责任，即这件事是有它引起的，但不会有道德上的责任。但如果有人故意将你家中的花瓶打碎，他就必须承担道德上的责任了。这种责任预设了人的一种能力，它使我们能够承认他人对我们的平等权威，并从我们自身的视角脱离出来，站在与我们地位平等的他人视角考虑问题，并依据这个视角所获得的理由去行动。这种与道德责任紧密相关的能力，被称为第二人称能力（second-personal capacity）。这种能力并不依赖任何特定的知识或者技能，而是每个成熟的个人都有的一种换位思考的能

---

① Stephen Darwall, *The Second-Person Standpoint: Morality, Respect, and Accountability*, Harvard University Press, 2009, p.8.

力。① 这样，道德义务实际上依赖于一种平等且相互负责的网络，它表达了一种相互承认和尊重的人际关系。从上述观点，可以最后推导出，能够为道德义务提供辩护的第二人称理由，应当可被每一个自由的理性行动者公共地视为无法合理拒绝的理由。②

从最后得出的这个结论，就能说明法治理想出现的必要性，以及妥当的法治观必须解决的理论难题。③ 对比来看，在道德实践中，满足公共性的要求（the requirement of publicity）与内容上必须诉诸第二人称理由辩护的要求（后者下文简称"第二人称性要求"），都是通过道德论辩完成的。当我们能明确说出一个合乎理性的原则为自己的主张辩护时，这两项要求就同时满足了。④ 但法律并不是如道德那样，在每个情境下对特定的个人给出特定的指令，它要在一个大范围的复杂社群中指引人们的社会生活，只能通过制定一般化的规则来实现。满足公共性要求的规则，必然是一种一般化、清晰、稳定的规则，以确保每个人都能明确知道法律要求了什么。但这种规则就和第二人称性要求之间就存在内在的紧张，因为满足公共性要求的规则，提供的必然是一种中立于行动者的理由——它不针对某个具体行动者，而是对每个人提供理由，但第二人称性要求则依赖与行动者相关的理由，也就是说，有效的第

---

① 达沃尔在一篇单独的文章中，详细讨论了第二人称能力对道德义务的充分性。See Stephen Darwall, "Moral Obligation: Form and Substance", in his *Morality, Authority, and Law*, Oxford University Press, 2013.

② See Stephen Darwall, "Moral Obligation: Form and Substance", in his *Morality, Authority, and Law*, Oxford University Press, 2013 pp.35-38.

③ 一些学者主张，达沃尔所说的权威预设了一组相互关系，但法律是一种官员向民众下达指令的实践，并不存在相互性，因此达沃尔的理论并不能用于法律领域。我认为这种主张明显错误，原因有三。（1）如果之前的分析是可靠的，那么法律所享有的统治的权利是一种主张权，主张权必然只能获得第二人称理由的支持。如果我们要推翻法律享有的主张权，那么同时将推翻法律以给出理由的方式指引行动，此时我们就只能拥抱命令理论了。命令理论显然是一种错误的理论，因此推翻这个结论是不可能的。（2）这些学者对达沃尔所说的相互关系的理解是错误的。达沃尔所指的相互关系并非指，只有当 A 能向 B 提出要求，且同时 B 能向 A 提出要求时，道德义务才存在。而是指，能够作为道德义务的，必须是每个自由的理性行动者都能反思认可的。相互性体现在，道德义务的要求不依赖于任何特定的身份，不是只有特定身份的人才负有义务，而其余人能单方面向他们提出主张，不必承担任何义务。道德义务一旦存在，就是自由的理性行动者都应如此相互对待的，没有人能豁免。事实上，达沃尔在著作中，专门给出了军队的例子。在军队中，自然只有军官能向士兵下命令，反过来则不成立，但这并不影响军官的命令可能是一种第二人称要求。军官的命令是第二人称要求，是指这个命令尽管是军官下达的，并且只在军队中有效，但这个命令同样是那些加入军队的自由的理性行动者可以反思认可的。即使这个军官某天变成了士兵，他也会认为这个命令本身是合理的而去服从它。（3）作为理性行动者，道德是每个人都必须参与的规范性事业，因此在成为任何特定制度中的一员之前，我们必然都是道德共同体的成员。因此，理性行动者构建任何具体的社会制度都必须以符合道德要求为根本原则，因此用具体制度中权威的不对等来反驳道德理论，这本身就是一个范畴错误。道德理论只可能诉诸道德理由支持或反对。达沃尔的相关论述可参见 Stephen Darwall, *The Second-Person Standpoint: Morality, Respect, and Accountability*, Harvard University Press, 2009, p.259.

④ See Stephen Darwall, "Moral Obligation: Form and Substance", in his *Morality, Authority, and Law*, Oxford University Press, 2013, pp.313-315.

二人称要求只可能存在于具体的"我—你"关系中,指向特定具体的相对方。因此,公共性和第二人称要求呈现出相互背离的紧张关系,似乎只能以削弱一方的方式,满足另一方的要求,但由于这两者都是义务性要求存在的必要条件,因此这就构成了法治要解决的棘手难题。事实上,这个看似抽象的难题经常出现在我们的生活中。将这些一般化的规则运用到具体的情况,特别是与我们自身的利益密切相关的情况时,总会觉得这些规则过于僵化,我们自身很多合理的理由,它似乎都不予以考虑,这使得让我们遵循它的指令变得非常勉强和困难。这种勉强和困难,就是法治要解决的难题。

需要强调的是,公共性和第二人称性之间的张力,存在于法律所施加的义务性要求的概念内部,因此即使立法者本人对各种深层次的政治理想有很好的把握,他治下的人民也的确愿意参与到他的统治中来,但要想使得他所制定法律成功指引人们的行动,他就必须解决这个内部张力。法治作为法律所必然承诺的理想,其所提供的法治原则,就旨在指导立法者解决上述这组因为法律特殊的工作环境和方式,而进入到义务性要求内部的张力,从而确保法律具有指引他人行动的能力。这也就构成了下文判断形式法治观成败与否的基本标准。

二、法律的内在道德

(一)富勒的论证

在既有的讨论中,富勒的理论往往被视为形式法治观的典范。这种理论起始于富勒对法律事业性质的基本界定,即法律是一种"使人类行为服从规则治理"的事业,法治则是促成这种事业成功的规范性条件。[①]这与本文在第一部分的界定基本一致。进而,他构想了一个糟糕的立法者雷克斯国王的故事。他的臣民对他始终保持耐心,愿意遵守他制定的规则——这显示出富勒准确意识到了,法治并不涉及我们参与法律的深层理由,而只涉及如果各方都愿意参与法律之治,那么使其可能的条件有哪些。但由于雷克斯一系列的错误,导致能够指引其臣民行动的规则始终未能制定出来。从这些错误中,富勒就反推出八项他称之为"法律的内在道德"的形式法治原则:

(1)法律应具有一般性;
(2)法律应当公布;
(3)不得制定溯及既往的法律;
(4)法律应当清晰;
(5)法律不应自相矛盾;
(6)法律不得要求不可能之事;

---

① [美]富勒:《法律的道德性》,郑戈译,商务印书馆2005年版,第113页。

（7）法律应具有连续性；

（8）官方行动与公布的规则应保持一致。①

为何上述八项原则能使法律之治成为可能？原则上说，唯一的回答就是，这八项原则能够成功调和义务性要求的公共性与第二人称性之间的张力。显然，符合上述八项原则的法律，肯定满足了公共性的要求。问题集中在，这些原则如何确保义务性要求的第二人称性。在正面检讨富勒本人的论证之前，有必要首先检讨一种简单的回答，以便过渡到富勒的观点上。这种简单的回答是诉诸形式平等的观念来解决上述问题。一些理论家指出，上述原则的确能确保法律展现某种意义上的平等，这种平等往往被称之为"形式平等"。它确保了法律体系平等地适用于每个公民，不存在任何法外之人。之前我们已经看到，义务性要求最终依赖于一个平等且相互负责的人际关系，这种关系表达了对每个人平等的承认和尊重。既然如此，形式平等就和义务性要求之间似乎发生了某种关联。此外，既然法律是在分歧环境下工作，因此法律不可能诉诸各方都无法合理反对实质道德原则来确保平等尊重，以规则为核心的形式化的平等，被这些理论家认为是在这种环境下能实现的最充分的平等对待。值得一提的是，上述观念对法学家具有极强的吸引力，不同时代的学者都曾主张过上述观点。颇为有趣的是，理论立场倾向于某种自然法的拉德布鲁赫，与坚定的法律实证主义者哈特，都认可上述看法。②

然而，形式平等与义务性要求所依赖的平等承认与尊重之间，并不存在必然的关联。平等承认和尊重的核心，是平等地对待每个人具体所持有的理由，因此这势必要诉诸与具体行动者相关的第二人称理由。而形式平等只意味着"一律按规矩办事"，并不考虑个体差异和具体情况，因此它必然不可能提供有效的第二人称理由。这样，诉诸形式平等的概念说明形式法治可以调和义务性要求公共性与第二人称性之间张力的尝试，就失败了。不过，从这个失败的方案中，可以看出要解决上述张力，就必须说明形式法治足以对进入法律实践内部的行动者的具体理由给予关切，而不能将注意力只停留在规则本身上。富勒本人的论证注意到了这一点，他的解决方案就是上述法治原则的第八项原则（以下简称P8）。③

从直观上看，前七项原则都只涉及规则本身的形式问题，而P8明显不同，涉及官方行动与规则要求的一致性。为什么这项原则能对法律实践内部的民众

---

① [美] 富勒：《法律的道德性》，郑戈译，商务印书馆2005年版，第55—107页。
② [英] 哈特：《法律的概念》，许家馨、李冠宜译，法律出版社2006年版，第153—154页。对拉德布鲁赫观点的说明可参见雷磊：《再访拉德布鲁赫公式》，《拉德布鲁赫公式》，中国政法大学出版社2015年版。
③ 与范立波教授的多次交谈，促使我注意到第八项原则在富勒法治理论中扮演的重要角色，特此表示感谢。

给予具体的关切呢？较为遗憾的是，富勒在集中说明"法律的内在道德"概念的《法律的道德性》一书中，并未给出一个连贯清晰的论证。不过，这并不等于此处需要的论证不存在。沃尔德伦在一篇文章中，提炼出这个论证的关键步骤。他认为，官员通过遵循 P8，实际上向民众宣布了以下意图：

> 我们尊重你们的能动性和目标。我们现在邀请你在追求目标 G 的过程中予以配合，并给予我们支持。并且我们知道，你们中的一些并不真正支持目标 G 本身。但我们将给予你们如下保证：我们以目标 G 为名所提出的要求，将绝不会以漠视你自己的目标为基础。我们的要求将总会认真考虑你是一个能动者，并且有自己的事业和目标这个事实。基于这个理由，我们对目标 G 的追求将只会通过制度化的形式进行，为你的行动提供一个具有可预测性的环境。这就是我们的提议，以及这就是我们邀请你合作提出的价码。①

按照沃尔德伦的看法，相较于普通民众，统治者不仅更有能力违反法律，且通过违反法律而追求自己的目标可能是一种更有效的方式，但这将损害信赖法律并将其作为生活指引的民众的利益。因此，当统治者以符合法律规则要求的方式追求自己的目标时，实际上也就是尊重了进入法律实践内部的民众各自的利益。换言之，尽管表面上官员只是遵循规则行动，但实际上他们通过与民众在如何理解规则上的互动，尊重了每一个民众基于规则所形成的具体生活的利益。这种尊重显然是具体的，与行动者相关的。进而，既然统治者是以尊重民众目标的方式实现自己的目标，那么民众就不能仅仅因为不赞成统治者的制定的法律内容而抛弃法律，相反同样应该以尊重统治者利益的方式实现自己的目标和利益。② 这实际上就是在统治者和民众之间形成了一种特殊的相互尊重的责任关系。富勒强调，法治的实现在根本上就依赖于这样一组连锁责任关系，而 P8 是整个连锁责任关系的拱顶石，而剩下的七项原则实际上是服务于 P8 的。③

（二）相互利益与相互尊重

仔细注意沃尔德伦的论述会发现，在他对富勒论证的整理中，核心的概念是利益而不是理由。P8 的确能确保官员对民众基于法律规则所形成的利益予以一定的尊重，但这种相互利益关系和义务性要求所依赖的相互责任关系是否一致呢？答案是否定的。上文对义务的分析中已经指出，义务性要求所

---

① See Jeremy Waldron, "Why Law: Efficacy, Freedom, or Fidelity？", (13) *Law and Philosophy* 259, 280 (1994).

② See Jeremy Waldron, "Why Law: Efficacy, Freedom, or Fidelity？", (13) *Law and Philosophy* 259, 280 (1994).

③ ［美］富勒：《法律的道德性》，郑戈译，商务印书馆 2005 年版，第 250 页。

预设的"我—你"的第二人称框架中,双方都是自由的理性行动者,而有效的第二人称要求,也必须是这种行动者所无法合理拒绝的要求。然而,相互利益关系中并不预设自由的理性行动者,双方在事实上相互尊重对方利益的行动,也并不必然是自由的理性行动者所无法拒绝的行动。举一个简单的例子,两个势均力敌的黑帮,决定签订划分势力范围的协定,互相尊重对方所控制的地区以及相应的利益,从而确保双方获得长期的利益。显然,这种协议体现了类似富勒通过 P8 所建立起的尊重彼此利益的相互关系,但这种关系显然不是一个有效的第二人称关系,因为这种分赃协议是自由的理性行动者完全可以合理拒绝的。这样,富勒通过 P8 调和义务性要求公共性与第二人称性之间张力的做法也并不成功。

深层次上说,富勒的失败并非仅仅是因为他忽视了相互利益和第二人称关系所要求之相互尊重之间的区别,而是因为在他的理论中,这组区分就根本不存在。富勒在《法律的道德性》一书的第一章,对道德义务提供了一种一般性的说明。在这个说明中,义务就被安置在了"互惠"的概念上,而所谓互惠是指,"只要我从你那里得到保证,你将以你希望被对待的那种方式来对待我,我就会投桃报李地以类似的方式对待你",而这种互惠关系是"每一项对社会会对另一位负责任的个人负有的义务"的基础。应当承认,相互利益关系在以下两个基本特征上类似于第二人称关系。(1)这都是一种相互关系,(2)这些关系都要求一种主动的自我约束。但由于个人利益并不总是合理的,因此这两种相互关系并不能相互替代。[①] 进一步来说,要能注意到个人利益和合理性之间的张力,必须首先承认,理性行动者有能力遵循客观正确的理由行动,而非只能按照自利动机行动。这一点也就是富勒理论的深层问题所在:他将理性的、负责任的行动者,仅仅刻画为按照自利动机行动的人。这样单薄的行动者观念,导致了之后的一连串错误。[②]

然而,就此主张富勒的理论是没有价值的,这同样是错误的。尽管富勒在行动者性质的实质观念上存在缺陷,但退一步说,他的理论显示出,法治是如何要求法律具体地关切每个行动者的。富勒指出,在 P8 原则要求官方行动和规则保持一致时,官员不能不顾民众对规则的理解,单方面地主张自己是在按规则办事,相反他们必须与民众之间保持一种互动关系,从而确保他们的行动会被民众视为的确是在按规则办事。只有这样,才能确保官员能通过按规则办事,尊重民众依赖于规则所形成的各种利益。即使我们将富勒较为单薄的理

[①] 巴利在《作为公道的正义》中,对相互利益关系提出了较为详细的批评。See Brain Barry, *Justice as Impartiality*, Oxford University Press, 1995, pp. 28-51.

[②] 帕菲特对这种单薄的行动者观念提出了详细的批评,他指出以这种观念为基础提出的行动理论,实际上是自我击败的(self-defeated)。See Derek Parfit, *Reasons and Persons*, Oxford University Press, 1986, pp. 3-52.

性行动者观念，替换成可遵循客观正确理由行动的、较为丰满的理性行动者观念，上述洞见依然有效。这就是说，我们必须在理由的概念上重建官员和民众之间的互动关系。此时，官员对自己的行动必须援引公共的法律规则给出辩护，只是这种辩护的根本目标不再是尊重民众的各种自我利益，而是要确保自己的行动能够获得作为自由的理性行动者的民众的反思认可。这样，理由和辩护（justification）就成了中心环节，而程序法治观恰恰就是在这个方面修正和发展了形式法治。下一节中，我将着力检讨这种版本的形式法治观。

三、程序法治观

（一）程序、理由与论辩

顾名思义，程序法治观就是将法律程序纳入法治理想之中的法治观，而法律程序最重要的功能就是在法律内部搭建了进行有序论辩的平台。各方通过程序对自己的主张给出理由予以辩护，并回应对方可能提出的质疑。因此，程序法治观乍看上去有望沿着上一节讨论最后得出的方向，最终实现法律之治。从既有的讨论看，沃尔德伦的法治观是一种较为典型的程序法治观。他主张，法治的实现除了富勒所说的那些围绕规则公共性展开的形式原则之外，还包括以下程序性的原则：

（1）一次由公道审判机构进行的听证，该审判机构根据提交给它的正式证据和论证作出判断，这些证据和论证则应以相应的法律规范为根据；

（2）一个受过法律训练的司法裁判官员，他的地位独立于其他政府机构；

（3）一项获得律师代理的权利，并有相应的时间准备辩护材料；

（4）一项出席所有关键审判阶段的权利；

（5）一项当庭询问证人的权利；

（6）一项确保政府所搜集的证据都符合法律要求的权利；

（7）一项举出自己所获得之证据的权利；

（8）一项当庭举证质证，并进行法庭论辩的权利；

（9）一项获得判决理由的权利，该判决理由应当基于提交法庭的证据和论证做出；

（10）上诉的权利。[①]

值得说明的是，上述原则似乎和形式法治的基本界定相冲突。很显然，这些原则并非仅仅对法律的妥当形式和渊源做出限制，还涉及了法律应当规定某些特定的内容，因此似乎应属于实质法治。但这种不一致是表面的，实

[①] See Jeremy Waldron, "The Rule of Law and the Importance of Procedure", in *Getting to the Rule of Law*, eds. James E. Fleming, New York University Press, 2011.

质法治所指的对法律内容的规定，是指某些实质性的规定，这些规定直接涉及"我们在法律上应当如何和行动"的问题，如"我们在法律上应当尊重私有财产权"等等。上述程序性的规定，并非实质性的规定，并不涉及我们在法律上具体应该如何行动，而只涉及法律应如何做出决定。因此，从原则上说，这些原则依然只涉及法律"怎么说"，而不涉及法律"说什么"，因此程序法治观依然是一种形式法治。①

可以想象，满足上述程序条件的法体系，能够保障当事人和官员之间充分的论辩。这就确保了每个人所持有的独特理由能为法律所考虑，并且法官必须回应这些独特的理由，从而为自己的法律决定提供辩护。这表达了对行动者所持理由的尊重。试想在面对同样判决结果的情况下，其中一个法庭不允许当事人提交任何证据，参与任何论辩，并且在判决书中没有任何说理，而另一个法庭充分确保当事人的诉讼权利，并在判决书中给出充分说理，回应当事人提出的合理质疑。显然，只有在后一种情况下，人们会认为的确是法律对自己提出了合理的要求，而非运气好，偶然碰上了正确的裁判。马蒂尔德·科恩在一篇文章中将包含程序的形式法治观称之为一种"理由之治"。②这就是说如果我们承认尊重每个人的方式就是尊重他们所持有的理由，那么程序提供了法律关切并回应每个人所持有之特殊理由的平台。这似乎就成功调和了义务性要求公共性和第二人称性之间的张力。

（二）特定理由类型问题

不过，事实上问题并没有得到解决。举一个简单的例子，在一个信奉基督教的法官看来，一国的法体系最好是被理解为暗中贯彻上帝意志的规范性实践。他完全可以发展出一套整全教义，从而对公开的法律规则提出特定的诠释，使得从这些规则中给出的理由大致符合宗教教义的要求。但问题是，从他个人善观念出发对公开的规则进行的诠释，对持有不同合理善观念的人而言，并不是一项有义务予以尊重的第二人称要求。此处的要点是，程序性规则只要求法官为自己按规则办事的行动，给出理由上的辩护，但它并不能限制官员所给出理由的类型。因此，尽管每个人都可以从自己支持的深层观念出发，构造一套对法律的合理解读，但自己认为合理的观念并不必然是他人有义务予以尊重的第二人称要求。而前文述及，法

---

① 一种观点认为，沃尔德伦的程序法治观尽管内容上是形式的，但它是围绕某种价值（比方说自主）建立起来的，因此依然有理由将其视为"薄"的形式法治。这种观点忽视了形式法治和实质法治区分的标准。这两者区分的标准，就是法治原则的内容是否包含实质内容，前者不包含而后者包含，而不是法治原则是否服务于某种道德价值。如果是后者，那么法治作为一种道德理想，势必是因为其服务了价值之网中其他的道德价值，这样所有的法治观都必然是"实质法治观"了。即使拉兹所持有的明确的工具性的形式法治，他也承认这种法治在某种程度上也服务于人的尊严和自主。如果因为这一点，就将拉兹的主张视为实质法治，那显然就错了。

② ［美］玛蒂尔德·科恩：《作为理由之治的法治》，杨贝译，《中外法学》2010年第3期。

治理想要解决的问题是，调和进入义务性要求内部的公共性和第二人称性之间的张力，既然程序法治观并不能确保法律通过公开的规则总是可以给出有效的第二人称要求，那么它就无法调和上述两者之间的张力，自然也就不是一种合格的法治观。

论证至此，有一种反对意见值得我们重视。一些学者指出，既然法律是在分歧环境下提供行动指引，这就意味着我们对究竟如何正确行动并无共识。在这种情况下，合理的程序所得出的结果就是我们应当遵循的结果，并不存在独立于程序之外的正确理由的要求。在上述信奉宗教法官的例子中，如果我们允许当事人与法官所持有的根本信念进行论辩，可能就会发现，在法律这种公共事务中，应当将这种善观念排除出去，或者说与法律实践变得不相关。那些能够经得起论辩的原则，实际上就是那些作为自由的理性行动者可以普遍接受的原则，也就是有效的第二人称要求。持有这种观点的学者，往往借助哈贝马斯的某种程序道德理论作为理论基础。①

值得注意的是，尽管同样将哈贝马斯作为理论基础，阿列克西意识到法律程序和哈贝马斯所说的程序性的道德理论存在很大的差别。阿列克西将后者称之为"无限制的实践推理"，而将前者称之为"有限的实践推理"。② 这并不难理解。对道德问题我们可以展开无限制的商谈，即使我们这一代人对某个道德问题达成了共识，下一代人同样可以对这个共识的合理性展开反思和商谈，没有任何人有权利宣布道德商谈终止。但法律中的实践商谈是有限的，它必须让法官在有限的时间和条件内做出公共决定。这就导致法律程序所担保的实践商谈，并不必然能得到各方都能普遍接受的结果。在之前法官按照自己宗教观念解读法律，进行裁判的例子中，当事人在法庭上运用沃尔德伦所授予的程序性权利与法官之间的论辩，必然受到法官/民众这组基本分工的限制。这就是说，论辩终止的权利掌握在法官手里，因此，如果不对法官所给出的理由类型予以限制，那么他将在自认为已经对自己的决定给出足够合理辩护时，宣布终止辩论，并给出决定。这就意味着，在这个有宗教信仰的法官看来，基于基督教义对法律的解读，以及对自己判决的辩护，就是完全合理的，并因此具有最终定论的地位。这样，法律程序作为有限的实践论辩，就不足以总是对我们给出有效的第二人称理由。事实上，阿列克西本人的主张则更为温和，他主张实践理性是程度性的，有些结论的确比另一些更为合理，但无法确定唯一正解，因此包含程序的法律提供了有限的实践商谈，这总比完全没有任何商谈的法律更能得出较为合理的结论。这个结论或许是

---

① 参见雷磊：《法律程序为什么重要？反思现代社会中程序与法治的关系》，《中外法学》2014年第2期。

② ［德］罗伯特·阿列克西：《法、理性、商谈：法哲学研究》，朱光等译，中国法制出版社2011年版，第222—223页。

值得接受的，然而得出更合理的结论并不等于程序能担保法律对每个人的尊严予以具体的关切，因此，上述对程序法治观的辩护依然不成立。而从程序法治的失败中，我们可以得出一个更普遍的结论。既然法治要调和义务性要求中公共性和第二人称性之间的张力，那么它就必然要对官员通过法律规则所给出的理由的类型做出限制，单纯的限制法律的形式和渊源必然是不充分的。这也就意味着，形式法治观作为一类法治观，都必然是失败的。

余　论

法治作为一种与平等、正义等并列的独立政治理想，主要旨在解决法律所提出的义务性要求内部公共性与第二人称性之间的张力，从而确保法律有能力通过施加义务的方式指引进入法律实践内部之人的行动。由于法律的存在预设了法律官员/民众的基本分工，只有前者有资格制定法律，因此正如富勒所言，法治实际上是针对和约束法律官员的一种理想，其规范性要求构成了他们的基本职责。他们要想通过法律来治理社会，就必须尊重法治。进而我们看到，形式法治作为一类只限制法律形式和渊源，而不对法律内容作任何实质限制的法治观，尽管具有在本文开篇所提及的理论吸引力，但它并不能成功解决义务性要求公共性和第二人称性之间的张力，因此是一类失败的法治观。

从上述的结论中可以进一步得出某些重要的推论。既然适当的法治观必须解决上述张力，那么在原则上就必须要求法律官员在作出决定时，必须从公开的法律规则中提炼出有效的第二人称要求。但是，在每个具体的实践活动中，人们可以提出不同的第二人称要求。例如在友谊关系中，我们可以正当地要求对方保持必要的忠诚，而在军队中，长官则可以要求士兵严格的服从。这就是说，既然有效的第二人称要求必须获得第二人称理由的辩护，而后者是一种与具体行动者相关的理由，那么它就必然敏感于具体行动者所在的环境和实践形式，因此在不同的环境下会有不同的第二人称要求。那么，当法治要求官员必须从既定的法律规则中解读出对民众而言有效的第二人称要求，从而解决公共性和第二人称性之间的张力时，我们必须具体地确定，法治所要求的第二人称要求具体是什么，否则法治就是空洞和缺乏实践意义的。要确定这一点，就必须诉诸法律权威正当化的理由。这个理由是使得法律对我们享有施加义务之权威的根本规范性基础，而法治无非要求官员在作出决定时应将既定的法律规则诠释为最佳证立这一根本规范性基础的状态。而确定法律权威正当化的理由，并以此推导出一个妥当的法治观，这都是需要另文处理的工作了。

（作者系华东政法大学法律学院讲师）

法治、相互责任与忠诚：基于第二人称视角[*]

孟媛媛　郑玉双

导　言

　　法治是一项被广泛推崇的政治理想，跨越不同文化、社会和国家，成为现代政治实践的共识。实现法治也是我国政治实践的一个重要内容。2014年《中共中央关于全面推进依法治国若干重大问题的决定》出台以来，法治再次成为政治和法律思考的一个关键词。相应地，理论界关于法治的价值、如何对法治进行评估等问题的讨论文献也开始大量呈现。尽管这种学术讨论上的复兴与政治进程有密切联系，但放眼全世界来看，法治命题的确在整体上出现了新一轮的讨论热潮。以研究法治著称的澳大利亚法学家马丁·克里杰尔 Martin Krygier 继 2011 年发表《Four Puzzles about the Rule of Law: Why, What, Where? And Who Cares?》[①]《关于法治的四个迷思：为什么，是什么，来自哪里？以及谁关心？》一文以来，于 2016 年再次抛出一篇颇为吸引人的草稿论文《The Rule of Law: Pasts, Presents, and Two Possible Futures》[②]《法治：过去，现在与两种可能的未来》。如果我们把 Krygier 的研究作为西方世界法治理论研究的风向标之一的话，单从题目来看，西方世界的研究也进入了一个对法治概念进行反思重构的阶段。

　　相应地，在国内的研究中，除了将法治作为一项重要的政治价值进行的研究之外，也有文章从元理论层面和规范层面对法治的价值、法治与法律的概念之间的关系等问题进行反思。[③]法律概念是关于法律本质的理论说明，而法治价值则关注法治在政治社会实践中的功能定位。尽管有学者如沃尔德伦

---

[*] 本文由孟媛媛撰写初稿，郑玉双对初稿做了实质性修改和补充，形成定稿。

[①] Martin Krygier, "Four Puzzles about the Rule of Law: Why, What, Where? And Who Cares?", in James E. Fleming, ed., *Getting to the Rule of Law, Nomos no. 50*, New York University Press, 2011, pp. 64-104.

[②] 论文出处：https://www.law.berkeley.edu/wp-content/uploads/2015/04/Krygier-Rule-of-Law.pdf.

[③] 陈景辉：《法律的内在价值与法治》，《法制与社会发展》2012 年第 1 期；郑玉双：《合法性与法治——教义性视角的考察》，《南京师大学报（社会科学版）》2014 年第 2 期。

（Jeremy Waldron）提议在法律的概念和法治之间建立更实质性的关联①，但前者主要解决的是法律这种社会实践的概念结构问题，而法治作为一种理想，更主要的体现为法律规范社会实践所应具备的美德和品质。法律的概念分析是非常现代的事情，而法治理念则有着悠久的历史传统，比起民主、尊严等政治价值，法治在两千多年前就得到了反复的讨论。②

然而，正如克里杰尔的文章所显示的，对于法治究竟是什么、为什么重要等问题，我们仍然无法达成共识。正是由于法治内容的不确定性和空洞性，有学者对法治概念的探讨持悲观态度。比如於兴中教授在一篇文章中说道："法治这个概念到世纪末世纪初的时候已经成为一个内涵外延都非常混乱的名词。法治似乎已经很难成为一个有效的分析工具。"③这个担忧的部分原因在于我们可以从任意一种视角对法治做一个观念界定，比如形式法治与实质法治，薄法治观和厚法治观，权利法治观和工具法治观等，这些形形色色的法治观使得法治这个本来看起来清晰的概念显得更加模糊，以至于法治已经无法在学术分析中被有效地分析。

然而，我们或许无需如此悲观。法治观的纷繁复杂，一方面反映了法治实践作为一种制度性实践，是诠释性的，而非约定俗成的。另一方面反映了法治观存在着不同的理论面向，以不同名号出现的法治观，并不必然会给法治的分析意义带来混乱，反而在一定程度上会充实法治观的理论面向，从而为现实法律实践中一些有争议的话题，比如法治指数的设计和评估，提供更为全面的反思资源。尽管我们无法就一个完整的法治观的内容达成完全一致，但我们可以从法治社会包括什么要求、具有什么价值等方面对法治观的结构性要素进行梳理。

本文从法治作为一种社会治理方式出发，分析法治的实践结构及其所蕴含的道德和政治文化意义，从而从一个间接的角度回答法治为什么重要、如何认识法治与法律的概念之间的关系等问题。本文所采取的方法论立场借助了伦理学家达尔沃所提出的第二人称视角。④文章主张，法治是一种具有特定结构的理由之治，在给出理由的法律与公民之间内嵌着一种第二人称性。法律要统治，就需要给出理由，这提供了法治的程序性要求或合法性要求的基础，而这种第二人称性在社会结构意义上体现为官员与公民之间的相互责任，也即忠诚性。第二人称视角下的合法性和忠诚性维度能够将法治的理论理解

---

① Jeremy Waldron, "The Concept and Rule of Law", *Georgia Law Review*, V.43(1), 2008, pp. 1-61.

② Jeremy Waldron, "The Rule of Law as a Theater of Debate"，in *Dworkin and His Critics: With Replies by Dworkin*, J. Burley ed., Blackwell Publishing, 2004, p.319.

③ 於兴中：《"法治"是否仍然可以作为一个有效的分析概念》，《人大法律评论》2014年第2辑，第4页。

④ 参见[美]斯蒂芬·达尔沃：《第二人称观点：道德尊重与责任》，章晟译，译林出版社2015年版。

向前推进。

一、作为理由之治的法治

人们推崇法治，常常源于一种直觉上的亲近感——法治比人治好。"法治而非人治"是这种直觉的简要表达。这里的"人治"，意指由某个人或某些人的意志指引社会成员的行动；"法治"则指由各种具有规范内容的法律来指引社会成员的行动，或者说，社会成员服从于法律的统治，而非个人的意志。法治比人治更具有吸引力，因为法治消除了我们"受制于人"的不平等与不自由的感觉，而自由与平等又是人类一直向往与追求的政治道德价值。

然而，法治这种直觉上的吸引力也常遇到一个质疑，即与人治相比，法治并不必然产生好的结果。支持这一质疑的一个理由是法律之治存在的方式。法律以一般规范的形式存在并指引社会成员的行动，而社会成员是具有独特性的个体，法律并不能具体且直接地关注到社会成员的独特性，比如电影《秋菊打官司》所反映的法律与某地乡间文化之间的冲突。生活在某一地方文化中的人，可能有独特的社会秩序和交往模式，法律作为一般规范，对这些独特之处必然存在一定程度的忽视。相反，这些独特之处却是人治可以考虑的因素。这样，在促进作为个体的社会成员的好生活方面，"冷冰冰"的法治似乎不如人治或者礼仪之治那么温情。一个典型的例子是 2016 年深圳市的禁摩限电的整治行动。① 摩托车或电动车的确加剧了维持交通秩序的压力，然而一刀切式的整治虽然降低了执法成本，但却忽视了与公民日常生活更为相关的出行、快递等刚性需求。

如果禁摩限电的规定经过了合法的程序而颁布，那么这一规定就是有效的，我们可以把它视为法治实践的一部分内容。然而，这种所谓的"法治"实践不能获得认同，人们至少会认为这种治理可以采取更为灵活的形式。这样，我们对法治可能有两种截然相反的直觉性态度，一种将其推崇为自由与平等的保护神，使我们摆脱他人的武断和多变的意志的控制，从而使我们的行动有确定的规则可循；而一种则将其视为忽视个人独特性和社会复杂性的律令，其统治的效果甚至不如贤人政治的变通和灵活。如何认识和对待法治，就成为一项重要的社会议题，需要我们反思性地探究法治的概念与价值，即建立一个稳妥的法治观。

理解法治的独特性，首先关注法治区别于人治的特征。传统的法律实证主义者如奥斯丁，将法律视为主权者的意志。② 如果法律传达了主权者对于何

---

① 2016 深圳禁摩限电细则出台，http://jt.sz.bendibao.com/news/2016331/763122.htm.
② [美]沃尔德伦：《法律：七堂法治通识课》，北京大学出版社 2015 年版，第 53 页。

为善恶的判断，那么我们如何能说我们是受法的统治，而非人的统治？当我们说，法治使人们摆脱他人意志的控制的时候，这是怎样的一种实践场景？回答这一问题，需要分析"服从他人意志"的准确含义。毫无疑问，服从他人意志的一个典型方式，是由他人的单纯意志内容来决定我们的行动。马蒂尔德·柯恩展现的一个实例可以帮助我们体会法律之治与单纯意志之治的界线。她展示了发生于美国地方法院中的一段辩护：

> 里尔法官：被告提出的不予受理的提议不予支持，解除中止的提议也不予支持。很抱歉，不予受理的提议有十天时间可以修改。
> 凯茨先生：不支持解除中止的提议？
> 里尔法官：对，不支持。
> 凯茨先生：尊敬的先生，我能问问理由吗？
> 里尔法官：律师先生，理由我刚刚说了。[①]

柯恩指出，这样"没有给出理由、没有援引权威、没有提及提议或其他请愿书，没有设定联系、没有平衡权益"的判决是对司法权力的粗暴运用。简言之，这一实例中，法官拒绝给出作出判决的理由（或者说，将自己说了什么作为判决的"理由"），使得它不能被合理地与法治概念相联系，而是与单纯的专断意志相关。它与抢匪情景如出一辙，抢匪暴力威胁被害人交出钱财，也不需要给出任何理由，或者说他认为自己要求交钱就是被害人交钱的"理由"。可能会有观点认为，抢匪展现出来的暴力是被害人交钱的理由，这并不影响上述实例与单纯的专断意志之间的联系。然而，在没有理由给予的情形下，抢劫中的暴力与这一实例中法官背后的司法权力，并没有本质上的差别。

"法治"这一概念蕴含的不是单纯的强制，而是法律规范所传达的理由的给予。[②]社会成员进入法律之治的共同体，并不是要使自己处于被害人的境地，"宪法不是一项自杀协定"[③]。相反，他们进入了一个以理由来约束执法者和司法者的公共平台。法治理想要求法律官员在作出法律决定时给予理由，将这一理由交由社会成员去评判。换言之，法治区别于人治的一个必要条件，是法律之治需要给出理由。理由是关于现实世界的安排、个体生活的完善的规范性考量，通过法律所给出的理由的约束，法律以一种统摄性的方式避免了

[①] See Mathilda Cohen and Mathilde Cohen, "The Rule of Law as the Rule of Reasons", *Archives for Philosophy of Law and Social Philosophy*, Vol. 96, No. 1 (2010), pp. 1-16.

[②] See Mathilda Cohen and Mathilde Cohen, "The Rule of Law as the Rule of Reasons", *Archives for Philosophy of Law and Social Philosophy*, Vol. 96, No. 1 (2010), pp. 1-16.

[③] See John Finnis, *Natural Law and Natural Rights*, Oxford University Press, 1980, p.275.

人们按照他人意志来行动可能产生的专断和混乱。

然而将法治与公民服从于他人意志区分开来，还需要对为何法律的治理是"给出理由"的治理进行探讨。因为他人完全可以按照自己的价值取向、道德标准给出作出决定的理由，如果我们恰好与其观点不一致，则仍可能是在受他人意志制约。"根据实证主义者的定义，法律仅仅是碰巧得到社会大多数民众的注意和服从的人所发出的任何命令。"① 法律是一种重要而独特的社会规范，在社会实践中具有独特意义，这些独特之处决定了法治给予理由的标准和要求。法治以给出理由的方式存在，本质上是一种理由之治。我们找到法治观构建的一个起点。法治旨在对专断的权力进行限制，也避免人的意志所可能产生的不确定性和脆弱性。在经典文献中反复被讨论的一些法治原则，比如法律要公开、具有一般性，司法应当是中立的等等，与法治的给出理由性之间存在着紧密的认识论和文化关联。② 而建立这种关联的结构性要素，包含着法治中的责任和忠诚的观念。

二、限制权力专断与形式合法性

法治要求法律官员行使权力时给予理由，立足于法治的一个共识性内涵——限制权力专断。限制权力专断，意指权力行使者承担责任。专断与独裁不同，并非指单纯地由少数人作出决定，少数人决定不仅可能产生好的结果，也具有实践上的必要性；专断也并非单纯的不可预测，比如上述法庭辩护的例子中，里尔法官完全可以提前告知判决，却不能否认他在专断地行使权力。专断与不承担责任（unaccountable）相关。波斯特玛对责任结构的展示可以给我们很好的启发：

"A 为 X 对 B 负责，其中 B 经常是一个确定的当事人，X 是 A 的决定、行为、活动或政策。这一责任关系具有规范性意义：A 有被 B 质问，并且 B 不仅仅可以期待，还有质问 A 的规范性权力，B 拥有主张 A 作出解释的权利，A 有义务提供这一解释。"③

A 对 B 负责，意味着 A 和 B 之间存在一种规范性关系，这一关系中，A 负有给予理由的义务和责任，B 具有要求给出理由的主张权和权力。法治限制权力的专断行使，意味着法律官员（A）为其行使权力的行为（X）向公民（B）负有责任，负有给予与其行使权力行为相关理由的义务和责任；同时，权力行使的对象——公民，拥有要求法律官员给出理由的主张权和权力。承

---

① ［美］沃尔德伦：《法律：七堂法治通识课》，北京大学出版社 2015 年版，第 53 页。
② ［美］玛蒂尔德·柯恩：《作为理由之治的法治》，《中外法学》2010 年第 3 期，第 354 页。
③ Gerald J. Postema, "Law's Rule", In Bentham's *Theory of Law and Public Opinion*, Cambridge University Press, 2014, pp.13-14.

认法治的核心理念是限制权力专断行使，对法治结构的探讨就转化为对法律官员行使权力时的理由给予的关注。

这样的理由必须是公民能够合理接受的，或者说能够支持公民按照法律的要求去行动。受他人意志制约，是在自己的意志不认同以某种方式行动，因为他人意志的要求而如此行动的意义上说的。如果行使权力的理由给予能够使得公民合理地认同按照某种方式行动，这就不是权力的专断行使。因为限制专断与给予理由之间的分析性关系，不同的法治观也可以看作不同的限制权力专断行使的理论体系。通过较为一般的理由给予来构建法治观，也是在对法治限制专断这一核心要素要求何种法治结构进行探讨。

需要说明的是，限制权力专断可能会得到多种深层次道德原则的支持，从各种道德价值一直追溯到对人性的认识，这可以说是法治的道德源头问题。显然，不同的政治道德学说对法治所紧系的道德价值做出了不同的说明，比如自由主义、保守主义和激进左派等。[①] 本文关注法治的结构性要素以及相关的道德评价问题，而不进入更为具体和价值源头之争。通过限制专断权力这一中间层次的政治理念，探讨法治的实践结构。因为如上所述，很少人会认为，拥抱法治是要追求一种被他人意志专断控制的生活方式，换言之，拥抱法治是在追求一种自杀协定。因此，限制专断权力是法治的核心理念，这是具有相当程度普遍性与合理性的基本共识，可以作为讨论法治问题的前提预设。问题在于，通过法治对专断权力的限制，是否就意味着法治在内容上就自然获得了正当性？

如前所述，法治理论包括形式法治与实质法治两种。形式法治关注理由给予的形式或程序要求，使得公民能够合理地按照法律的要求行动，比如法律要具有持续性、一般性和清晰性；实质法治认为要达到这一目标，理由给予的内容还需要符合一定道德原则，如个人权利（财产、隐私、自治）、尊严权、社会福利（实质平等、福利、共同体的延续）等。[②] 然而，诸多实质目标的选项存在，揭露了实质法治面临的困境：人们对哪些道德价值是法律必然追求的目标存在争议，甚至质疑是否存在法律必然追求的特定道德目标。夏皮罗也指出，法律出现的环境，一般是在道德争议无法解决或解决成本过高的领域，他称其为合法性环境[③]。换言之，法律存在就可能意味着道德争议，道德争议下法律是否必然追求特定道德目标确实值得质疑。因此，通过符合外在道德要求的理由给予，并不能支持公民合理地按照法律要求去行动。

另一种提出理由给予的要求的进路诉诸法治的内在德性。内在德性指法

[①] 参见［美］塔玛纳哈：《论法治——历史、政治和理论》，李桂林译，武汉大学出版社2010年版。

[②] 参见［美］塔玛纳哈：《论法治——历史、政治和理论》，李桂林译，武汉大学出版社2010年版，第117页。

[③] See Scott. J. Shapiro, *Legality,* Harvard University Press, 2011, pp.170-173.

律本身必然具备的形式或程序方面的某些品质。这一路径一般由形式法治所采取，其代表为朗·富勒的程序自然法法治理论。富勒提出，法治包括八项基本原则：（1）一般性；（2）颁布（或公开）；（3）不溯及既往；（4）清晰性；（5）不自相矛盾；（6）不要求不可能之事；（7）在时间之流中保持连续性；（8）官方行动与公布规则之间的一致性。[①] 这八项法治原则任何一项的彻底缺失，将导致带有"法律"标签的事物不再是法律。由于法律是由法律官员制定、颁布和实施的，这八项原则也可视为对法律官员行使法律权力的理由给予的要求。用科恩的话来说，"给出理由是法治的程序性主张的主要成分"。[②] 如果法律官员给出的理由不满足上述八项原则，如理由未经颁布、溯及既往、要求不可能之事、与公布的规则不一致等，公民就不能合理地按照法律的要求来行动，共同体的合作事业也就无法实现。

富勒的法治观有两个关键的特征，一是他将法治理解为一些程序性的要求，他将这些要求视为法律的内在道德或愿望的道德。二是他的法治与法概念的一元论立场，即法治的程序性要求本身包含了对法律之本质的理解。[③] 然而，八项原则只保证了人们对规则及行动后果的可预测性，却仍然不能保证法律在内容上是正当的。富勒的立场遭到了大量的批评。拉兹批评富勒的法治原则与邪恶目标相容，他主张法治只是一种消极德性，犹如锋利对于刀的意义。[④]

本文无法进入思想史中回顾这场有大量学者参与的争论中的相互角力，但富勒所提出的八项原则可以通过寻找理论资源来维持其力量。这种理论资源可以从人与人之间的互惠关系（reciprocity）这个概念获得线索。富勒在《法律的道德性》开始探讨了互惠关系的概念，他说这是理解义务性道德的关键，"每当一项对义务的诉求需要为自己寻找正当化理据的时候，他总是会求助于某种类似于互惠原则的东西"[⑤]。然而，富勒在探讨八项原则的时候，开始承认了法律的内在道德包含着一种"义务的道德和愿望的道德"，但他很快又判断说"法律的内在道德注定基本上只能是一种愿望的道德"。[⑥]

不得不承认，富勒所发展的程序法治观是近几十年以来最有影响力的法治观。而对他的法治观的改造或重构也是重建法治观的捷径。这种重建包含两个方面，一是前面所分析的，将富勒所提出的八项法治要求理解为理由之治的程序性面向，也可被称为法治的合法性内容。二是通过互惠的理论重构克服符合程序要求却仍然可能邪恶的治理困境。对互惠的重构也包含两部分：一是探索

---

① [美] 朗·富勒：《法律的道德性》，郑戈译，商务印书馆 2005 年版，55—96 页。
② [美] 玛蒂尔德·柯恩：作为理由之治的法治，《中外法学》2010 年第 3 期，第 356 页。
③ 对富勒的一元论的讨论，see Michael Sevel, "Legal Positivism and the Rule of Law", (2009) 34 *Australian Journal of Legal Philosophy*, pp.58-60.
④ [英] 约瑟夫·拉兹：《法律的权威》，朱峰译，法律出版社 2005 年版，第 196 页。
⑤ [美] 朗·富勒：《法律的道德性》，郑戈译，商务印书馆 2005 年版，第 25 页。
⑥ [美] 朗·富勒：《法律的道德性》，郑戈译，商务印书馆 2005 年版，第 50、52 页。

互惠的实践形式和社会文化特征，二是在认识论上寻找互惠的哲学基础。

互惠指社会成员相互为实现自己的目的向对方提供条件。在法律的治理中，互惠关系的双方为公民和官员，他们通过为对方的目的提供实现条件来实现自己的目的。官员的目的是使人们服从规则的治理，通过公民负有服从义务实现；公民的目的是维护尊严①，通过官员制定和执行法律时受一些形式或程序上的制约来实现。如果官员不按照这些原则行事，互惠关系的纽带就会断裂，公民也不必服从法律。互惠在理由给予过程中，扮演着重要的角色。通过互惠，人们按照法律要求行动的理由来自"处理自己事物的过程"②，或者说，是为了实现人们自己的目的。公民参与互惠的目的是"维护尊严"，这里蕴含着富勒对人的基本界定："人是或者能够变成一个负责的理性行动主体，能够理解和遵循规则，并且能够对自己的过错负责……每一个偏离法律的内在道德之原则的事件都是对作为负责的理性主体的人之尊严的一次冒犯。"③

从这一表述可知，富勒将"人"界定为"负责的理性行动主体"，理性行动主体意味着公民能够"理解、遵循规则并为自己的过错负责"。换言之，法律官员行使权力时，以符合八项法治原则的方式给予理由，这样就与公民处于一种互惠关系之中，帮助公民维护了"理解、遵循规则并为自己的过错负责"的尊严，因此公民能够合理地按照法律的要求去行动。菲尼斯强化了互惠在法治的结构中的实质角色，从而使得法治的程序性要求更具有复合性和内在价值性。这种转换在一定程度上克服了富勒的困境。他指出，"遵守法治总是有助于降低一个邪恶政府邪恶的结果，因为它体系性地限制了政府的操纵自由。法治的理念建立在这样的观念之上，即统治者和被统治者之间涉及互惠和程序公正的互动特性，本身就是有价值的，这种特性不仅是实现其他社会目的的手段，也不能为了这些目的就被轻易地牺牲掉"。④ 为什么互惠能够增加法治的实质意义，并且凸显法治这种治理方式在现代政治实践中的特殊性？这个问题的答案要回到互惠在法治结构中所蕴含的忠诚问题，以及作为它的哲学根基的人类实践的第二人称性之上。

三、法治中的忠诚与相互责任

法律治理中的主体，是如何呈现这种互惠关系的？按照戴雪的经典界定，

---

① [美]朗·富勒：《法律的道德性》，郑戈译，商务印书馆2005年版，第188页。
② [美]朗·富勒：《法律的道德性》，郑戈译，商务印书馆2005年版，第240页。
③ [美]朗·富勒：《法律的道德性》，郑戈译，商务印书馆2005年版，第188页。
④ John Finnis, *Natural Law and Natural Rights*, Oxford University Press, 1980, p. 274. 类似的回应方案，参见谌洪果：《天人交战的审判——哈特与富勒之争的再解读》，葛洪义主编：《法律方法与法律思维》第4辑，法律出版社2007年版，第274页。

法治体现了法律的至尊性。① 在这种法律主治的至尊结构中，统治者和被统治者之间，以相互责任（mutual accountability）这个概念相互关联。相互责任是互惠在法治实践中的气质表达，反映了法治的工具性特征之外的独特气质（ethos）。富勒的形式法治理论关注了互惠在人类交往行动中的重要性，但其不完善之处，在于它在社会成员对法律的忠诚层面上的缺失。② 八项法治原则关注程序和形式上的要求，然而，要求公民按照某一方式行动，还需要有道德层面的支持，特别是法律处理的都是对社会成员的生活具有重要意义的事项。法治只有在社会成员按照法律的要求行动的情况下，才能得到充分实现，必然需要社会成员对法律的忠诚——相信按照法律的要求行动是我们必须承担的责任。

按照法律要求去行动的责任，具有独特的责任形式和文化意义。这一责任形式可以从法律之治的方式中分析而来。法律是一项公共行动准则，"法律的第一要务不是构建一种统治权威，而是表达一种社会秩序，构建一种交往模式"③。这一界定存在两个要点：第一，"公共"意味着它发挥作用的范围是全体社会成员，而非个别成员；第二，法律要构建一种社会秩序，或者说构建一种社会成员的交往模式。法律要发挥这一功能，就需要有一定的自我实现性（self-executing），法律的要求必须是能够被社会成员获得的。理想的状况当然是全体社会成员共同制定公共行动标准，然而在社会实践中这很难实现。特别是在一个大型的政治共同体中，由于参与能力、参与意向、构建成本等原因，不可能所有的成员都参与到这些行动中来。因此社会成员授权给政治权威去构建和实施法律，一般来说就是法律官员。

第二个要考虑的问题，是如何通过法律来构建社会秩序。社会成员授予权力的目的仍是由法律来治理社会，而非由政治权威的意志。"法律不仅是权力的工具，还是限制权力的缰绳"④，即需要限制权力的专断行使。这个限制当然也需要由法律来施加。换言之，运用法律统治他人的人，也需要从属于法律。然而此时就出现一个问题，法律官员制定实施法律，又受其制定实施的法律的限制，这是否可能呢？

---

① ［英］戴雪：《英宪精义》，雷宾南译，中国法制出版社 2001 年版，第 244 页。

② Gerald J. Postema, "Law's Rule: Reflexivity, Mutual Accountability, and the Rule of Law", In Bentham's *Theory of Law and Public Opinion*, Xiaobo Zhai & Michael Quinn ed., Cambridge University Press, 2014, p.20.

③ Gerald J. Postema, "Law's Rule: Reflexivity, Mutual Accountability, and the Rule of Law", In Bentham's *Theory of Law and Public Opinion*, Xiaobo Zhai & Michael Quinn ed., Cambridge University Press, 2014, p.22.

④ Gerald J. Postema, "Law's Rule: Reflexivity, Mutual Accountability, and the Rule of Law", In Bentham's *Theory of Law and Public Opinion*, Xiaobo Zhai & Michael Quinn ed., Cambridge University Press, 2014, p.23.

法律作为一种制度不能单独施加，只能通过社会成员按照其规定施加。那么选项只剩下法律权威自己施加和公民向政治权威施加。自我施加的限制本身是一个不被承认的概念，因此只能由公民向政治权威施加限制，施加的方式即为"A 对 B 负责任"的方式。这样，法律官员依据法律指引公民的行动，反过来，公民依据法律要求法律官员对自己行使权力的行为负责。二者之间的责任形式是相互的，且都处于法律的规范之下。换言之，法律规范社会成员行动的方式，是使他们处于相互责任之中。社会成员之间，特别是法律官员与公民之间，互相使得对方承担起尊重法律、按照法律要求行动的责任，这种相互责任与法治的合法性特征之间的关联点就是给出理由。

　　上述推理有可能遇到的一种质疑，是由他人限制权力专断并不必然产生相互责任。限制专断的方式是负责。政治权威内部可以通过等级制的负责方式来限制专断。霍布斯为君主制辩护就采取了这种主张，简要来说，就是 A1 对 A2 负责，A2 对 A3 负责，A3 对 A4 负责……以此类推，这一责任链条的顶端，是一个不对任何人负责的主体，即君主[①]。但这种观点与我们对法律的界定——"公共行动标准"相悖，并没有规范其效力范围内的所有社会成员。君主不对任何人负责，却可以要求他人对自己作出解释，并按照自己的意志评判这种解释。这种统治方式无异于人治，因为君主的权力专断，已经使其违背了法治的核心理念——限制权力专断。因此，人们对法律忠诚而负有的责任，其形式一定是相互责任。

　　忠诚既在文化意义上体现为法治观的道德面向，也需要制度的支持和实现。在文化意义上，忠诚涉及的是个人的信念和社群文化，而在制度意义上，它必须通过社会和法律机构的协助以及促进和支持负责任的担当来实现。[②] 首先，忠诚包括相互责任，即社会成员之间，特别是法律官员与公民之间，互相使得对方承担起尊重法律、按照法律要求行动的责任。"A 为 X 对 B 负责"，意味着 B 拥有要求 A 作出解释的权力，A 则有责任提供这一解释。换言之，法律官员对于公民负有一种回应性责任。

　　以回应性责任为例，回应性责任是相互责任的表现方式，包括两个方面。一方面，公民拥有质询法律官员的规范性权力，需要制度上使其形式权力成为可能。比如公民的言论、集会、游行等政治自由得到保障。另一方面，法律官员有责任就其法律决定作出解释，也需要制度上的支持。依据法律统治

[①] See Gerald J. Postema, "Law's Rule: Reflexivity, Mutual Accountability, and the Rule of Law", In Bentham's *Theory of Law and Public Opinion*, Xiaobo Zhai & Michael Quinn ed., Cambridge University Press, 2014, p.27.

[②] Gerald J. Postema, "Law's Rule: Reflexivity, Mutual Accountability, and the Rule of Law", In Bentham's *Theory of Law and Public Opinion*, Xiaobo Zhai & Michael Quinn ed., Cambridge University Press, 2014, p.33.

要具有公开透明性，立法要为公民提供容易获得的、有效的质询途径；法官裁判时，要听取两造之言，对双方的证据和辩论开放；作出法律决定的理由，如何清晰有效地传达给公民，要有制度和程序上的保障。

四、法治的第二人称性

（一）法律的第二人称结构

忠诚和相互责任的观念反映了关于法治的一个基本共识——法治的核心是限制权力的专断行使。虽然没有人会真诚地反对这一共识，但仍需从反思意义上说明其理论基础。反思层面的说明不仅使得人们对这一共识的认识和坚持更为清晰，也支持了对法律忠诚所要求的社会成员间的相互责任。上一节中，人们负有相互责任的理由是实践考虑，即政治权威不能自己限制自己的权力专断。这一论证处于证成层面，即我们这么做是被需要的，却并没有从反思意义上说明相互责任的正当性，即这么做是具有道德原则支持的。本节的目标，是要说明相互责任的哲学基础。

相互责任的具体方式，是"A 为 X 对 B 负责"，其中 A 可以具化为法律官员或公民。A 为 X 对 B 负责，意味着 A 有责任就 X 向 B 作出解释，即给予理由；B 拥有要求 A 给出理由的权力，并对这一理由作出回应，正如波斯特玛所言，"B 有权力要求法律官员做出一个解释，或者要求对法律官员的一个审判"[①]。A 和 B 之间的这种规范性关系，蕴含着一种特殊的规范性结构，即达尔沃所称的"第二人称关系"。第二人称视角是理解人类道德实践之基本要素的不可还原的第二人称性。人的知识体系所建构的很多基本概念，比如责任、权利、权威和尊严等，都包含着这种不可还原的第二人称性，如果不能揭示出内在于这些概念之中的这一特性，那么就不能完整地理解道德实践的特征。[②]

按照达尔沃的主张，第二人称视角揭示了道德实践长期被忽视的一个核心特征，这个特征同时适用于我们对法律实践结构的理解。[③]法律指引行动不是以独白的方式，必然是向公民提供某种理由，要求公民按照某种方式行动。然而，道德要求、命令也通过向他人提出要求的方式发挥规范性作用，法律与这些要求如何区分？其独特的重要性是什么呢？根据上文，法律与人治、礼仪之治的主要区别，在于法律实践包含的相互责任。要理解这种相互责任，

---

① Gerald J. Postema, "Law's Rule: Reflexivity, Mutual Accountability, and the Rule of Law", In Bentham's *Theory of Law and Public Opinion*, Xiaobo Zhai & Michael Quinn ed., Cambridge University Press, 2014, p.14.

② See Stephen Darwall, *Morality, Authority and Law*, Oxford University Press, 2013, pp.168-178.

③ See Stephen Darwall, *Morality, Authority and Law*, Oxford University Press, 2013, pp.168-178.

区分两种提出要求的方式将十分有益。向他人提出要求的方式有两种，一种是让接收者感觉到按照这种方式行动是道德上好的，是能够获得道德支持的，如向公交车上踩你脚的人主张，减轻别人无谓的痛苦是好的，因此他应该移开他的脚；另一种方式是让接收者明白，主张者有权威要求他按照某种方式行动，这种权威来源于主张者与接受者相互间的关系，比如公交车上踩脚者与被踩者，处于一种人身侵犯关系之中，成为这一关系的受害者是任何理性人都不能接受的，因此受害者有权威主张对方应当移开自己的脚。

两种理由具有不同的规范性意义，前者涉及人对善的追求，而后者则与人承担义务相关。第一种方式给予的是做某事的好理由，而第二种方式是要求别人做某事的义务性理由，被达尔沃称为"第二人称理由"[①]。这一理由是第二人称的，是因为如果不存在提出要求者与接收者之间的权威性关系，这种理由将不会存在。比如，人有好的理由帮助贫困者，但说我们有义务帮助贫困者，却是不合理的；与此同时，如果一个福利国家通过某项帮助贫苦者的法案，因为建立了一种权威性关系，说这个国家的公民有义务帮助贫苦者就是合理的。法律实践要求法律官员与公民承担相互性责任，以双方互相相信与承诺的权威关系为基础，是一种第二人称关系。

另外一个印证相互责任具有第二人称结构的依据，是人们对法律官员不承担责任的反应或态度。如果他人不回应第一种理由类型，即不按照好的理由去做，我们并不会表现出谴责他们的态度，比如当我们向一个吝啬的富翁作出应该帮助贫困者的传达，如果受到他的严词拒绝，我们只会表示遗憾，却不会在道德上表示谴责；而他人不按照义务性理由去做，比如假设这个富翁拒绝纳税，则会引起谴责、怨恨、制裁的态度，这些要求对方负责任的态度被斯特劳森称为"反应性态度"[②]。反应性态度与第二人称理由，均以提出要求者与接收者之间的权威性关系为基础，否则这一要求将变成单纯的强制。正如上文所言，法律不是一项自杀协定，必然以提出第二人称理由的方式发挥作用，并在接收者不回应这一理由时报以反应性态度。

换言之，法律给出理由的必然是义务性理由，即以主张公民负有义务按照其要求行动。哈特指出，法律的存在即意味着人们的行为不仅是非任意的，而且是义务性的[③]。法律条文的标准形式，由适用条件、行为模式和规范后果组成，表现为"符合……条件的，应当……，否则依法……"。需要说明的是，这里仅指直言规则的"应当"，即要求实施一定行动的规则中的"应当"。法律以人的行为为对象，与其他含义的"应当"（如表示预测的"今天应当会

---

① ［美］斯蒂芬·达沃尔：《第二人称观点》，章晟译，译林出版社2015年版，第18页。
② ［美］斯蒂芬·达沃尔：《第二人称观点》，章晟译，译林出版社2015年版，第4页。
③ 参见［英］H. L. A. 哈特：《法律的概念（第2版）》，许家馨、李冠宜译，法律出版社2006年版，第6页。

下雨")并无关联。由适用条件、行为模式和规范后果组成的法律,对公民提出行动上的要求并对不服从者主张谴责。即使像"中华人民共和国的国旗为五星红旗"这一陈述句,也伴随着"每个公民与组织应当尊重和爱护国旗"的规范性要求和"故意侮辱中华人民共和国国旗的,依法追究刑事责任"的规范性后果。

不向公民提出任何要求的"法律"或即使违背之也不会产生任何规范性后果的"法律",将使这一词语变得空洞且毫无价值。假定另一相反情形,"马萨诸塞州的州鸟为山雀"被宣布为一项"法律",除此之外并无对州内公民的任何规范性要求。人们依旧可以随意捕杀、贩卖山雀并随意使用山雀形象,正如这项"法律"出现之前的情况。那么将山雀规定为州鸟的这一"法律",将是一件略显滑稽的事。因此,作为一种公共行动标准的法律,只能以提出第二人称主张的方式存在。

第二人称理由的提出必须预设了人的第二人称能力。后者指理解主张并按照其要求行事、违背之可被合理谴责的能力。我们可以通过对待人和动物态度的对比来证成这一论断。人们向宠物传达某些指令,比如不得偷食,并没有期待它能够理解、接受这一指令并合理地按照它行动,只是依照某些条件反射操纵它。当它违背这一指令而活动时,人们可能不悦,但并没有谴责态度。而向一个负责的理性主体宣布"不得偷盗",他期待后者能够理解,对于一个理性人来说,偷盗是错误的。如果后者不按照这一要求行动,将招致其他社会成员的合理谴责甚至惩罚。换言之,他将偷盗者视为可自我认定责任的理性存在。法律只能以预设社会成员第二人称能力的方式给出行动理由。

(二)第二人称关系中对人的尊重

第二人称关系将人作为自由平等的理性人来对待,否则就不会存在这一权威形式。这一观点可以通过比较我们对待宠物和对待人的方式加以探寻。人们向宠物传达某些指令,比如不得偷食,并没有期待它能够理解接受这一规则并合理地按照它行动,在宠物违背它而行动时,人们虽可能不悦,但并没有回应性态度;而当向一个负责的理性主体宣布"不得偷盗"时,他期待后者能够从社会共同体的立场上理解、接受这一规则,后者不按照这一规则行动时,将招致其他社会成员的反应性态度。两种对待方式的差别,可以说明第二人称关系建立在对人作为平等的理性行动主体的尊重之上。①

当法律官员向公民提出一项主张,期待公民按照它行动并在违背时报以回应性态度(表现为合理制裁),他需要将公民视为有能力理解、反思、接受法律主张并按照其行动的理性存在。换言之,公民具有尊重法律、按照法律

---

① 参见[美]斯蒂芬·达尔沃:《第二人称观点:道德尊重与责任》,章晟译,译林出版社2015年版,第14—15页。

的指引去行动的能力。公民此时采取的,是一个作为社会成员的理性行动者的立场,或者说是另一个"自己",与未经反思的行动的"自己"相区别。前一个理性的"自己"站在社会成员的立场,反思之后可能接受自己负有按照法律要求行动的责任。"我们所能负责的事情,只有那些我们能够认定自己负有责任的事情,后者是通过从作为众人之中的一个自由和理性行动者的视角,我们向自己提出道德要求而产生"。① 以纳税为例,未经反思的"我"可能对交付金钱感到排斥,同时,第二人称能力使得"我"作为理性行动者考虑:"我"在享受他人纳税利益时,负有同样的纳税责任。

作为一种第二人称关系的相互责任,将公民作为平等、自由和理性的人来看待,这是它得到社会成员参与的道德基础。然而第二人称关系从人与人传达要求必须要预设的一些条件——平等、自由的理性人为基础,可以在调和以下两种目标上发挥更有意义的作用:一是人们对道德价值的不同认识,一是法治原则追求的普遍性。因为不论法律以追求何种道德价值为目标,都要提出要求;而要提出要求,就要满足第二人称关系,这样就必须接受第二人称关系的预设——人是自由平等的理性人。这一预设要求法律官员和公民之间负有给予理由的相互责任,即要求对法律的忠诚。

富勒的程序法治观意欲达到的目标,应该也是要实现对人之自由与平等的尊重,"能够理解和遵循规则,并且能够对自己的过错负责的主体","每一个偏离法律的内在道德之原则的事件都是对作为负责的理性主体的人之尊严的一次冒犯"②。但正如前文所述,他在将这一目标具体化为法治原则时,应该是想维护法治原则的可普遍性,因为人们对尊重人之尊严包含哪些具体的实质道德价值,存在各种分歧,特别是在价值多元的现代社会,这也是各种实质法治观遇到困境的共同原因。但是将对人的尊严的尊重简化为形式合法性原则的做法,会使得法治与邪恶结果相容,因而法治难以被称为一种值得追求的政治理想。而从第二人称视角出发,对忠诚和相互责任的道德基础加以说明,呈现并尊重了人作为平等自由的理性人地位。社会成员拥有相信和承诺法治的道德理由,并通过彼此的忠诚和相互责任进入共同体的合作事业之中。③ 这种基于第二人称视角而提炼出的法律气质,是对富勒未竟事业的推进,也是建构法治观的一个可行方向。在此基础上,我们可以进一步地探究良法善治在政治实践中的实现方式。

---

① [美]斯蒂芬·达沃尔:《第二人称观点》,章晟译,译林出版社2015年版,第260页。
② [美]朗·富勒:《法律的道德性》,郑戈译,商务印书馆2005年版,第188页。
③ Gerald J. Postema, "Law's Rule: Reflexivity, Mutual Accountability, and the Rule of Law", In Bentham's *Theory of Law and Public Opinion*, Xiaobo Zhai & Michael Quinn ed., Cambridge University Press, 2014, p.8.

结　语

　　法治是一项重要的政治理想。法治观是对这种政治理想内容和价值的系统性认识。法治不同于人治和道德之治，通过制度性的理由给予指引人的行动。在法治社会，社会共同体通过法律的统治来共同参与到关乎共同事业的基本工程之中。比如当下引发学界持续研究的民法典编纂立法事业，即表明了以民法典这样一部基本法来规范私人主体之间的交易的社会工程。私人交易的繁荣和社会经济发展的实现本身并不能给民法典的制定提供一个道德意义上的证成。通过民法典进入这种公共事业，在一般意义上表明社会成员之间、公民与政府之间的信任和忠诚。作为理由之治的法治理念建立在通过法律限制权力专断行使的基本共识之上，这一核心信念法治不仅包括形式合法性要素，还包含道德层面的对法律忠诚的要素。这一包含双重内容的法治观，是尊重人与人之间第二人称关系的法治观。社会和法律机构可以从三个关键方面承担起支持相互忠诚的义务：第一，鼓励和塑造忠诚性气质；第二，授权、促进和协助责任的担负；第三，通过相应机制和实践来训练承担责任的努力。[1]基于第二人称而重构的法治观念，从道德和制度两个层面，为良法善治在现代社会的成就提供了蓝图。

（孟媛媛系中国政法大学法学院博士研究生；
郑玉双系中央财经大学法学院副教授）

---

[1] Gerald J. Postema, "Law's Rule: Reflexivity, Mutual Accountability, and the Rule of Law", In Bentham's *Theory of Law and Public Opinion*, Xiaobo Zhai & Michael Quinn ed., Cambridge University Press, 2014, pp.33-34.

论法治思维和日常思维之间的比较[*]

王金霞

在一个成熟的法治国家，法治须成为人们普遍自觉的生活方式，成为人们日常生活中必不可少的一部分，表现为人们常常按照法治的规则、原则和精神来思考和处理问题。为此，法治思维需要融入日常思维，获得日常生活的日常性，进入普通人的常识和经验的结构当中，因而对法治思维和日常思维的比较也成为某种重要的理论工作。纵观目前关于法治思维的研究，多有就法治思维谈法治思维的研究，少有从日常思维和法治思维比较的角度进行的研究，也少有从人类整体思维方式对法治思维进行的"关照"，本文则试图在这些方面做更为深入的讨论。

一、整体思维背景下的法治思维和日常思维

要理解法治思维和日常思维，对思维本身的简略考察似显必要。那么，在一般意义上怎么理解思维？《辞海》中对思维概念有三个解释：一是指思考。二是指理性认识，或指理性认识过程。是人脑对客观事物能动的、间接的和概括的反映。包括逻辑思维和形象思维，通常指逻辑思维。它是在社会实践的基础上进行的。认识的真正任务在于经过感觉而到达思维。思维的工具是语言；思维的形式是概念、判断、推理等；思维的方法是抽象、归纳、演绎、分析与综合等。三是与存在相对，指意识、精神。如思维与存在的同一性问题。[①] 思维是人类的基本存在方式，也是人类的基本活动。如果把思维定义为认识过程的高级阶段或理性认识阶段，它可能是人类所独有的一种存在方式。

从历史来看，人类思维方式发生变化可能有几个关键性的节点，一个重要的节点可能是人类借助语言和概念等进行思维。如李德顺先生指出，

---

* 本文系国家社科基金重大项目"社会主义核心价值观与法治文化建设研究"（项目编号17VHJ005）的阶段性成果之一；也获得西北政法大学"国外马克思主义法哲学与当代思潮"青年学术创新团队项目资助。李璐博士给文章提出了很多善化建议，作者也曾和翟红彦、王琳等博士同学广泛讨论文章中内容，在此致谢。

① 夏征农、陈至立主编：《辞海》（第六版）彩图本，上海辞书出版社2009年版，第2030页。

人类思维的第一次大变革，是从远古时代的原始思维（动作思维或形象思维）走向现代文明思维，也叫概念思维或逻辑思维。① 德国哲学家恩斯特·卡西尔（Ernst Cassirer）则把语言和概念思维推进到更为彻底的立场上，他认为人是符号的动物，人生活在一个符号宇宙之中，语言、神话、艺术和宗教则是符号宇宙的各部分，它们是织成符号之网的不同丝线，是人类经验的交织之网。② 对卡西尔来说，符号宇宙即是人类文化的世界，其哲学即是关于符号形式的哲学，人类的思维即是一种符号思维。然而，语言、逻辑或符号思维是否概括了人类思维的全部？远古时期那种物我不分、主客不分的思维方式是否完全被语言、逻辑或符号等思维方式所取代？语言、逻辑或符号是否可以囊括人类创造的丰富多彩的现实？为什么要用语言、逻辑或符号去切割一个浑然一体的整全事物？语言、逻辑或符号是否可以跟上历史实践的演进步伐？语言思维、逻辑思维的缺陷可能暴露无遗，李德顺先生曾指出人类的概念思维有三个缺陷：一是抽象性的，经常舍弃掉了具体去追求一般，然后用一般代替具体和个别。二是隔离性，在事物本身那里浑然一体的各个方面、各种性质，在逻辑上、思维上不得不把它分隔开来。三是凝固性，因为抽象和隔离，概念就要凝固，概念要界定清楚，内涵就要稳定。③ 所有这些都可能导致我们对人类思维方式的某种新的认识，必须把握一个整全的人类思维概念。语言思维之外，非语言思维也同样存在。④ 存在逻辑思维，也存在情感思维、直觉思维、形象思维、悟性思维等等。⑤ 在我们的时代，更为贴近人类思维本身的思维方式可能需要从一种过程和时间的角度来理解，人类思维是思维者思维过（thought），思维者思维着（thinking），思维者去思维（to think）。思维过是人类的历史思维，思维着是人类的实践思维，去思维则是人类的生成思维。

在对思维本身有了初步的了解之后，可以对日常思维和法治思维做一个初步的总结。东欧马克思主义者赫勒指出日常思维是以日常知识为基础而进行的思维方式，主要包括习惯思维、常识思维和经验思维。⑥ 从思维本身的角度来看，日常思维更多的是一种直接的、具体的、形象的、直觉的、惯性

---

① 李德顺：《21世纪人类思维方式的变革趋势》，《社会科学辑刊》2003年第1期，第4页。
② [德] 恩斯特·卡西尔：《人论》，甘阳译，上海译文出版社1985年版，第33页。
③ 参见李德顺：《21世纪人类思维方式的变革趋势》，《社会科学辑刊》2003年第1期，第4—5页。
④ 参见王小潞等：《语言思维与非语言思维》，《浙江大学学报（人文社会科学版）》2006年第3期。
⑤ 依据相关学者的观点，悟性思维指借助形象，运用直觉、灵感、联想、想象等思维形式，把感性材料组织起来，使之构成有条有理的知识，具有直觉性、形象性、主观性、整体性、模糊性等特征。参见连淑能：《中西思维方式：悟性与理性——兼论汉英语言常用的表达方式》，《外语与外语教学》2006年第7期，第35页。
⑥ 参见 [匈] 阿格妮丝·赫勒：《日常生活》，黑龙江大学出版社2010年版，第47—51页。

的、实用的思维方式,尽管日常思维中也存在着理性思维如常识理性和经验理性等,但是情感思维等可能常常占据上风,因为直觉、经验、常识等内在的反思性尺度可能会比较微弱。法治思维是人类思维发展到一定阶段的产物,其从总体上来看可能是一种理性思维主导的思维方式,讲究概念的、命题的、逻辑的、推理的思维方式。它从前提上来看是一种和平的思维方式,从核心属性来说是一种规范性的思维方式,从内容上看是讲究权利的思维方式,从程序上来看则是讲究说理的思维方式,这些都要求一种法治思维必须做到某种严谨、中立和客观。然而,法治思维作为一种典型的概念思维、逻辑思维在人类思维的演进过程中展现了某些固有的缺陷,这些缺陷包括过于强调一般性或标准化,而难以做出一个最佳化的判断;把法律体系当作某种自组织的体系,而同其他体系相互分隔,法治思维也同其他思维方式划定界限而老死不相往来;把法律当成某个封闭的概念金字塔,妄图通过演绎模式解决所有的法律实践问题;等等。因此,法治思维需要重新放在人类整体思维的背景下进行研究,需要明确法治思维方式和人类其他思维方式的关系;需要用实践思维来弥补其固有的缺陷或者说要从实践思维的视角下对法治思维作出某种重新诠释。下面先从日常思维和法治思维的比较中切入讨论。

二、法治思维与日常思维的比较

(一)法治思维和日常思维的理论比较

法治思维和日常思维可以从职业与非职业的角度进行初步的比较,职业思维和非职业思维一般是基于某种社会分工,职业分殊导致了思维方式同样会存在各式各样的差别。法治思维首先是一种法律思维,在法治(法律)传统之下,法律相对于宗教、道德、习惯等具有某种程度的自治;法律的施行有专门的法律职业人;这些法律职业人经过专门的培训,有自己的一套职业术语;并且有专门的学术机构进行法学的研究;等等。法律作为专门的职业为社会整体所接受,随着社会分工更加精细化,法律的职业化程度在加强,法治(法律)思维同日常思维等非职业思维之间的鸿沟也在不断扩大。① 与日

---

① 关于法治思维和法律思维之间是否需要区分是存在争议的,中共十八大报告中指出:"提高领导干部运用法治思维和法治方式深化改革、推动发展、化解矛盾、维护稳定的能力。"有学者在诠释的时候主要是把法治思维当作约束公权力机关的思维,而指出法律思维是法律职业共同体的思维。事实上,法律思维和法治思维之间本身难以区分,把法治思维仅仅局限于公权力机关的思维则有可能会缩小法治思维的范围,如果把法治的核心概括为"公权受限,私权自治",私权或权利的内容何以排除在法治思维之外?对普通人而言,也可能存在一种法治思维,如尊重人权的思维(权利思维)等。从日常生活的话语来看,当我们说"要有一点法律思维"和"要有一点法治思维"两者多是在表达相同的意义。因此,从日常思维和法治思维比较的角度来看,本文并不强调法律思维和法治思维之间的区分。

常思维相比较而言，法治（法律）思维的特殊性主要体现在如下的几个方面：

第一，法治思维是一种规范性思维，遇到某些同法律相关的事件首先试图的是从现行法律体系中寻求某种规范支持，把这一事件包裹在法律教义学的体系之下，注重从法律体系内部对这一事件做出分析、解释和判断。日常思维遇到此类事件时首先想到的是从个人的直觉、常识、经验，社会的传统习惯、道德等维度寻求正当性或合理性的支持。表达的句式常是"我认为应当怎样""大家都这样干""历来都如此"等等，而较少直接考虑"法律如何规定""如何做才合法"。

第二，法治思维一种普遍性思维，法律一旦制定就适用其治下所有的人，包括制定法律的人，谋求同等条件下同等对待，并没有谁应该享有法律之下的特权。然而，法律并不是不考虑特殊性，而是以普遍性的方式来考虑特殊性，普遍性作为特殊性的基础，也即像有学者主张的"普遍性优先于特殊性"，只有在满足两个条件下特殊性才优先于普遍性，一是不优先考虑特殊性，就会使具体的法律问题的处理产生不同寻常的恶果，以至于同法律的基本理想发生令人难以容忍的冲突；二是特殊性同时被提升为普遍性，使今后的类似问题得到类似的处理。① 第一个条件也是拉德布鲁赫公式所说的，原则上合秩序性要优先于合目的性，只有在极端的不正义的情况下，才能打破这种优先性。② 在此，普遍性依然是前提（即合秩序性优先于合目的性），即最大限度的适用和激活现行的实在法。第二个条件则可能处于某种法官造法的场合，法官判决特殊性案件本身即是一种普遍性的立法，然而法官造法也必须以现行普遍性的法律为基础。其实还存在第三种特殊性优先于普遍性的情况，即法律范围内允许的追求特殊性的情况。如美国某些州存在的特赦制度；我国《刑法》第六十三条第二款关于"犯罪分子虽然不具有刑法规定的减轻处罚情节，但是根据案件的特殊情况，经最高人民法院核准，也可以在法定刑以下判处刑罚"。此时，一般为特殊性附着了普遍性的程序条件。可见，以上三种追求特殊性的方式，都没有改变法律是以普遍性的方式来考虑特殊性。

第三，法治思维具备法律职业的精确性特点，是一种系统性思维。如发

---

① 参见郑成良：《论法治理念与法律思维》，《吉林大学社会科学学报》2000 年第 4 期，第 8 页。

② ［德］古斯塔夫·拉德布鲁赫：《法律智慧警句集》，舒国滢译，中国法制出版社 2001 年版，第 18—19 页。对拉德布鲁赫公式的完整表达："正义和法的安定性之间的冲突可以这样来解决，实证的、由法令和国家权力保障的法律具有优先地位，即是内容上是不正义的或者是不合目的性的，除非实证法与正义之间的矛盾达到了一个如此令人难以忍受的程度，作为不正义的法律则必须向正义让步。［不能容忍公式］我们不可能在法律不公正的情况下与尽管内容不正当但仍然有效的法律之间划出一条清楚明确的界限；但最大限度地作出另一种划界还是可能的：凡是正义根本不被追求的地方，凡是构成正义之核心的平等在制定实在法时有意被否认的地方，法律就不再仅仅是'非正确法'，毋宁说它压根就缺乏法的性质。［否定公式］"参见《法律的不法与超法律的法》，［德］古斯塔夫·拉德布鲁赫：《法哲学》，王朴译，法律出版社 2013 年版，第 258 页。在此参考了雷磊的翻译，见雷磊：《再访拉德布鲁赫公式》，《法制与社会发展》2015 年第 1 期，第 108 页。

生一个事件，法律人思维会寻求某种精准定位，这是什么法律关系？是宪法法律关系、民法法律关系、刑事法律关系还是行政法律关系等等，在法律关系内部还需要进行更为精确的定位，是民事法律关系需要确定其是合同、侵权还是其他，侵权中又需要确定是特殊侵权还是一般侵权，在特殊侵权中又需要确定其是特殊侵权中的哪一种类，是高度危险责任、环境污染责任、饲养动物致人损害责任、物件损害责任等，高度危险责任又需要确定是哪一种具体的责任类型。相对而言，日常思维则可能是非精确的，零散的，模糊的。以日常生活中的法律意识为例，普通民众关于法律的意识可能是零散的、模糊的，其法律意识的来源是其所能接触到的法律条文、法律案件、法律事件等法律的相关物，其对法律的认识可能并不是某种系统或整全的体系，而只是某几次直接对法律的体验，其法律意识的全部就是其关于法律的所有体验。人们关于法律的意识直接链接的是他们关于法律的体验，而不是要遵守法律，守护法治的信仰。另外，日常思维中也只有某种大法律意识，一般民众可能只知道作为整体的法律，而不知道法律的内在划分，什么和法律相关，什么和法律不相关，在日常生活中并不是十分明确的。

第四，法治思维还具有某种职业的独立性。法律人做出某种理解、判断和解释，多基于规范本身和事实之间的对应关系，理想的法治思维应该尽可能独立于其他思维方式，如人情思维、关系思维等。而日常思维则较容易受到其他思维方式的影响，如情感思维、意识形态等，举例来说，如日常判断的做出很容易受到民粹主义的影响，"仇官仇富"可能决定了某些人对具体问题所采纳的态度。

第五，美国法官威廉姆·道格拉斯（William O. Douglas）曾言，"权利法案的大多数规定都是程序性条款，这一事实不是无意义的，正是程序决定了法治与恣意的人治之间的基本区别"[①]。强调程序和实质的合一与单独强调实质结果是法治思维和日常思维两相比较的关键一环。对法治思维来说，正义必须实现，而且要以一种合乎正义的方式来实现，以一种公开透明的或看得见的方式实现，正义本身包涵了某种"即体即用"的关系。以一种合乎正义的方式实现正义，也即以一种合乎程序的方式实现实质，法律的程序和实质共同构成了法律的内容。法治思维中程序和实质合一，程序正义和实质正义合一。[②]如对罪犯的惩罚必须符合正当程序，首先基于无罪推定，除非经过一个判决程序否则不

[①] Justice William O. Douglas's Comment in Joint Anti Fascist Refugee Comm. V. Mc-Grath, see *United States Supreme Court Reports*(95 Law. Ed. Oct.1950 Term), The lawyers Co-operative Publishing Company, 1951, p.858.

[②] 值得强调的是，本文反对那种主张法治思维中"程序问题优先于实体问题"或"重程序而轻实体"。对法治思维来说，实质（实体）和程序两者不可偏废，不能分离，相辅相成，体用不二。它们之间并没有谁优先于谁，谁比谁更加重要的关系。谈法治思维则必须要两者结合来谈，否则容易陷入"一条腿走路"的片面性之中，而忽视一个整体的法律体系，一种整全的法治思维。

能宣布为有罪。需要把举证责任负担加之于控方，犯罪嫌疑人不得自证其罪，也不受双重追诉，刑事证明标准必须排除合理怀疑，有获得充分辩护的机会，有请律师或获得法律援助的权利等等。此外，对罪犯的处罚也必须符合实质的刑法标准，罪刑必须法定，罪、责、刑必须相适应等等。如此，才是对犯罪嫌疑人作为一个人的内在尊严的尊重。日常思维中，实质结果可能更为重要，程序和实质可能并没有法治思维这种合一的关系。较正义的结果获得实现，以一种什么方式获得这种结果似乎居于某种更为次要的位置。

（二）法治思维和日常思维比较的案例分析

前面已经论述了法治思维是理性思维主导的思维方式，而日常思维则容易受到情感思维等的影响。法治思维具有某种职业的封闭性或独立性，而日常思维则可能以常识、经验、习惯等为基础而具有某种开放性。以下举例来说明。

1. 人贩子是否一律死刑

在2015年6月中旬，一条赞成"人贩子一律死刑"的舆论瞬间刷爆朋友圈。这些舆论往往以"是中国人就转""是妈妈就转"等口号引导传播，文章先放一些催人泪下的儿童被拐卖的图片或父母伤心欲绝的图片，然后把矛头指向立法，群情激奋地喊出"呼吁人贩子一律死刑，呼吁买卖同罪"。瞬间点燃了一大群"妈妈爸爸"们的激愤。激情之后，理性的讨论也随之跟进，《我为什么不赞成人贩子一律死刑？》《人贩子一律死刑？没那么简单！》《我不支持人贩子一律死刑及其他》等文章也迅速流行。下面可以从日常思维和法治思维之间的比较的角度，做进一步的分析。

日常思维并不是不反思，只是其反思的程度有限，往往强调现实的实用性和情感的某种宣泄。反思的方式可以称之为试错式反思。这种反思通过各

表1 "人贩子一律死刑"从日常思维和法治思维角度比较分析

	日常思维	法治思维
表现形式	初步赞成人贩子一律死刑，后逐渐反对	反对人贩子一律死刑
理由分析	(1) 人贩子可恨。 (2) 买卖妇女儿童同样可恨。 (3) 拐卖儿童的现象极为严重，刺痛家长心灵。	(1) 拐卖妇女儿童罪所保护的法益：最有效地保护儿童自身的利益。 (2) 死刑的威慑效果如何？死刑的强威慑效果并没有得到充分证明。 (3) 刑罚梯次设置的意义：如果人贩子是一个对刑罚轻重有敏感度的理性人，那么，刑罚差异性的规定，就会对人贩子的行为选择形成激励，从而让孩子在最坏的情况下，能相对地少受一些伤害。
理由成分	激情的理由、道德站队、从众效应等	法律本身的理由
反思的尺度	浅层次反思	深层反思
反思的方式	试错式反思	职业式反思

种结果不断地调整自己的立场，如本次讨论中，初步赞成人贩子一律死刑的人，后来由于受到法律职业反思的冲击，逐渐接受反对人贩子一律死刑的立场。试错式反思可能是一种螺旋式上升的反思方式，通常成本如所需要的时间成本等较高，因此需要其他反思方式的支持，如职业式反思。职业式反思在此主要指法律职业式反思，指以理性为基础，借助法律设置背后的法理或意义之网，对人贩子是否一律死刑等进行充分的论证。即设置一条法律必须进行充分的理由分析或利弊分析，必须既看到解决眼前的某些难题，又看到长远的效果；既看到某种私人的利益，更要看到此处的公共利益，以一种公共主体的立场来进行思考。

2."大学生掏鸟被判十年半"

2015年5月28日，河南新乡市辉县市法院一审法院认定闫某2014年7月非法猎捕国家二级保护动物燕隼16只，销售了10只；非法购买国家二级保护动物凤头鹰1只。法院以非法猎捕珍贵濒危野生动物罪判处闫某十年有期徒刑，非法收购珍贵、濒危野生动物罪判处有期徒刑1年，数罪并罚，决定执行有期徒刑十年半。除去部分媒体无端炒作，从案件本身的事实和规范来看，依据我国刑法第341条，最高人民法院《关于审理破坏野生动物资源刑事案件具体应用法律若干问题的解释》，闫某的行为构成非法猎捕珍贵濒危野生动物罪，猎捕鹰隼超过10只，属于情节特别严重，应判10年以上有期徒刑，并处罚金，法院判决符合我国法律相关规定。

表2 "大学生掏鸟被判十年半"网友的典型评论

网友A：上贴吧看到这人在学校发的帖子，简直是个惯犯，杀多少鸟了，没法数。居然还有人为他开脱罪的，不信的话自己去搜索他的帖子，叫"×××"。法律一点没判错，一个字——该。
网友B、C：支持村民意见、学生是在教育阶段、不应该重判、朋友们、支持的点赞一个！回复：你被霉体，砖家，叫兽误导了！好好百度下这个学生吧！！！！！剧情早就反转了！！！
网友D：他还不职业？你去网上看看他发布的那些售卖广告，贩售娴熟，订货抓捕贩卖一条龙，绝对不是他家人所说偶尔掏鸟窝那么简单，就是个职业贩卖的，只不过他年轻，又打上大学生标签，家人在媒体造势让人觉得他初犯罢了，你当公检法都蠢，没有真凭实据乱判刑吗？
网友E：国家平时宣传教育不到位，普通百姓也不认识那些珍稀濒危鸟类！
网友F、G：原评论：隼这种猛禽是有领地的，而且一窝也有就孵化一两只。掏16只相当于附近百十平方公里的鸟窝全部掏了。这恐怕不能用"掏个鸟蛋"四个字来概括吧。而且燕隼的窝都非常高，10米以上。一般人没事是不会掏它的窝的。回复：不管怎么样毕竟是鸟啊？
网友H、I：原评论：假如是你掏了呢？你认为判得轻还是重？回复：根本没有假如！中国要走法治社会必须克服情大于法这个怪圈，还法律应有的威严！
网友J：爱鸟人士居然有杀人之心，真特么奇葩了啊！法律维护了鸟儿的权利，但是却背离了人。

资料来源：《村民联名为掏鸟大学生求情：让他回校园吧》，手机凤凰网 http://iphone.ifeng.com/video/waplist.f?ch=zd_mt&vt=5&v=5&aid=103748236&mid=6C4Zna（截至2015年12月10日17时，共58613条评论）。

法院以符合法律规定程序和实质做出的判决,为什么会在社会上引起广泛回响?如果从日常思维和法治思维比较的角度来分析,由于诸多方面的原因,日常思维容易受到媒体导向的影响,较为看重案件的结果。如本案当中部分媒体以"大学生掏鸟16只被判十年","某官员受贿人民币1615万元被判12年"试图从结果的角度左右舆论的导向,煽动某种民粹意识,试图把舆论引向某种非理性的激情。

然而,日常思维并不只有一个面向,日常思维具有某种发散性,从网友的评论中可以看出,他们并不能掌握全面的信息做出一个综合的判断,许多评论是基于私人的直觉、经验、常识等做出的,它也并不在乎法院的判决是否符合法律本身的规定。而随着信息拼凑的不断完整,日常思维同样会走向一种综合和理性的判断和分析,符合法律规定的程序和实质做出的判决同样可能得到日常思维的支持。

三、法治思维和日常思维在生活实践中的统一

以上建构了关于法治思维和日常思维的纯粹类型,在生活实践中,法治思维和日常思维则是你中有我,我中有你,并不存在法治思维和日常思维的绝对切割或分离。前面已经指出日常思维中常识思维、经验思维等占据着重要位置,常识和经验并不是封闭的,也可能吸收法治思维中的简明成分,如一些基本的法治理念、法治精神、法治原则,一些基础的法律制度如很多和日常生活息息相关的法律规定等等。法治思维同样建立对日常思维的倚重关系,日常思维中朴素的道德感、正义感等,则可能奠定了法治思维的某种基础。更为根本的是,日常思维和法治思维最终要在生活实践中谋求统一。

(一)实践的人是整体的人

日常思维和法治思维连接着思维的人,二者在生活实践中的统一首先必须要以实践中的人作为理解。在思想史上,有众多的理论家对人本身或实践中的人做出讨论。如自古希腊以来,"人作为理性的动物"一直是作为一个具有说服力的命题存在,人是理性人,理性构成了人的本质(nature)。从理性人中,又生发出理论理性的人和实践理性的人。理论理性的人是知道把握客观真理、规律的人,实践理性的人则是知道在实践中如何行为的人。如康德所说,人同此心,心同此理,人同时是伦理人,具有先天的道德律令。在此,伦理人可以看成具有实践理性的人。在中世纪,人是宗教的人,人的理性是堕落或原罪的产物,只有依靠上帝的启示和恩典才能重新踏上回返之路。在更为现代的场域当中,人又被看成非理性的人。如叔本华主张彻底的意志论(悲观意志),尼采公开宣扬的权力意志,弗洛伊德强调的性欲本能,等等。人还可能是彻底异化的人,如马尔库塞所说的现代人可能是单向度的人;海

德格尔认为，日常生活中的人是经常隐藏在"常人"中存在的人。人也可能是艺术的人，人的眼睛是美的眼睛，人的耳朵是音乐的耳朵，人的存在则可能是诗意地存在。总之，真的、善的、美的是人，死亡、焦虑、绝望、痛苦、恐惧、罪过、堕落的人同样是人，生活实践中的人是一个整体的人，存在的人。以下是从马克思主义哲学的立场和角度做一些阐发。

实践的人不是某种抽象本质的存在，而是具体的、历史的人，作为整体的人绵延于自己的历史当中，理解人就需要理解人的历史。正如马克思在其"天才提纲"中所提到的："费尔巴哈把宗教的本质归结为人的本质。但是，人的本质不是单个人所固有的抽象物，在其现实性上，它是一切社会关系的总和。"[1]在分析原因时，马克思指出："费尔巴哈没有对这种现实的本质进行批判，因此他不得不：（1）撇开历史的进程，把宗教感情固定为独立的东西，并假定有一种抽象的——孤立的——人的个体。（2）因此，本质只能被理解为'类'，理解为一种内在的、无声的、把许多个人自然地联系起来的普遍性。"[2]在马克思看来，人的本质不是某种现成的东西，可能也没有什么先天的预设纳入人的本质当中，不能把人假定为某种普遍性的人，要理解人，就必须回到历史的进程，每一个具体的人即是其所创造的所有社会关系，全部人类的本质则是所有人类所创造的社会关系的总和，社会关系的总和放在本文的语境来看，即是人类迄今为止所有历史和实践的总和。我们对人的信心即是来源于人类长期以来绵延的历史和实践。不管人类有多么堕落、恐惧、痛苦、绝望，发动了多少战争，行了多少罪孽，总还是能在绝望中发现希望，在黑暗中发现光明，在堕落、痛苦、灭亡中发现走出堕落、痛苦和灭亡的路。

实践的人是实践着的人，正在开展的实践本身是不容怀疑的，正在承担的生活实践不是虚假的。17世纪的哲学家笛卡尔曾经从普遍怀疑的角度出发，为近代哲学奠定一个坚实的基础，他说："当我要把一切事物都想成是虚假的时候，这个进行的思维的'我'必然非是某种东西不可，我认识到'我思故我在'这条真理十分牢靠、十分确信，怀疑论者的所有最狂妄的假定都无法把它推翻，于是我断定我能够毫不犹豫地承认它是我所探求的哲学中的第一原理。"[3]事实上，笛卡尔所奠定的这个主观的基础可能并不十分牢靠，当"我"正在进行思维的时候，"我"进行的并不是某种纯粹的思维，不是为思维而思维，思维本身是有内容的，思维也是用某种语言来进行转换的，语言则连接着客观的现实的世界。尽管"我"是在思考，但是这种思考并不是纯

---

[1]［德］卡尔·马克思：《关于费尔巴哈的提纲》，《马克思恩格斯选集》第1卷，人民出版社2012年版，第135页。

[2]［德］卡尔·马克思：《关于费尔巴哈的提纲》，《马克思恩格斯选集》第1卷，人民出版社2012年版，第135页。

[3] 参见［英］罗素：《西方哲学史》下卷，马元德译，商务印书馆2004年版，第87页。

粹主观的，而是具有某种基于主体的客观性。从马克思主义实践唯物主义的角度来看，不是"我思故我在"，而是"我实践着，故我在"。"社会生活在本质上是实践的"，思考本身即是一种实践。

实践的人是生成的人，即实践本身蕴含着人去实践，去生成。马克思曾指出，"费尔巴哈想要研究跟思想客体确实不同的感性客体，但是他没有把人的活动本身理解为对象性（gegenständliche）的活动"①。人的实践活动是一种主体性活动，也是一种对象性活动，人的实践活动会意向某种对象。正如李德顺先生所指出的，"主体性实际上是指人在自己对象性行为中的权利和责任"②。"人的这种能力、作用、地位，体现着人性的精华，即人的自主、有目的、主动、能动、自由地活动的地位和特性。这才是'主体性'这一概念的确切指谓。"③ 总之，人的实践活动作为一种主体性活动，具有独立性、能动性、目的性和创造性，也即一种主动自为性。实践的人本身会不断地去实践，去生成，去完成。人在历史的、实践的、生成的过程中，不能片面、孤立、抽象地理解，而必须把人当作一个实践的人，一个整体的人，一个存在的人。

（二）实践思维是整体的思维

马克思曾指出："人的思维是否具有对象性的真理性，这不是一个理论问题，而是一个实践的问题。人应该在实践中证明自己思维的真理性，即思维的现实性和力量，自己思维的此岸性。"④ 这就马克思所说的实践思维，和前述笛卡尔把思维当作某种纯粹主观的不同，马克思这里承认的是思维的对象性（主体性）、此岸性、真理性和客观性。至此，马克思完成了哲学思维方式的彻底转换。依据前面对实践的人的解读，实践思维可以从三个角度进行分析。

首先，实践思维是一种历史思维。历史是实践的完成形态，那什么又是历史思维呢？什么又是历史地看问题的方式？在这里可以简要来理解，历史思维即是要看到实践的"来龙"，看到历史的绵延，看到时间的过去。历史并不处于某种阻隔状态，而是一个"无接缝之网"。历史具有历史延续性，历史惯性，历史的某种决定性，历史的普遍性和规律性等等。一定的历史构成了一定传统，我们想问题，办事情都需要放在这样的历史传统中去开展。举例来说，历史是一本连环画，它的作者是全体人类，它的对象是原有的自然和人类的文化，一本连环画故事情节的展开不可能脱离其已有的内容，往往是在已有内容的基础上生成出新的内容。也就是说，历史思维和实

---

① ［德］卡尔·马克思：《关于费尔巴哈的提纲》，《马克思恩格斯选集》第1卷，人民出版社2012年版，第133页。Gegenständliche 这个词德语翻译为"具体的、具象性的"，在文中语句中翻译成"对象性的"，具有一定的根据。
② 李德顺：《价值论（第2版）》，中国人民大学出版社2007年版，第54页。
③ 李德顺：《价值论（第2版）》，中国人民大学出版社2007年版，第51页。
④ ［德］卡尔·马克思：《关于费尔巴哈的提纲》，《马克思恩格斯选集》第1卷，人民出版社2012年版，第134页。在文中，Gegenständliche 一词继续翻译为"对象性"。

践思维（狭义）、生成思维并不能割裂来理解，生成和实践并不是恣意或任性的，而是在历史的基础上或背景下生成和实践，是历史地去生成、历史地去实践。

实践思维是一种实践着或生成着的思维，是正在实践或生成的思维。从时间上来看，主要是现在进行时。此时，实践思维是一种关系思维，实体并不是单独的实体，而是处于一定的对象性关系或主客体关系之中。实践思维是一种主体思维，在对象性关系或主客体关系中突出人的主体地位，让人在对象性关系中拥有权利和承担责任。实践思维是一种动态的思维方式，不是把客体、对象仅仅看成是孤立、静止的，而是看到客体跟主体的动态联系或关系。[①]

实践思维是一种去实践、去生成的思维。从时间上来看，是一种将来时态。在此，生成思维认为实践着的人并没有现成的本质，具有未完成性。历史则处于背景和基础的地位而不是决定者的地位，生成什么？如何生成？这种权利和责任都需要交给社会生活的实践承担者，在尊重历史传统的基础上，让他们去生成，去实践。[②] 值得注意的是，在去实践、去生成的过程当中，并不是一个和谐的过程，而是充满了内在的冲突、矛盾、张力。人是作为一个整体的人、存在的人去实践、去生成。整体的人是理性和非理性的人，是创造各种美好事物的人也是犯各种错误的人。然而，用海德格尔的话说，存在者去存在才是把握存在问题的关键。放在这里，也即实践的人去实践，去生成，去改变，去创造，才是人的希望所在。

（三）法治思维和日常思维在生活实践中的统一

从实践思维的角度来看，法治同样是作为一个历史和实践概念，法治这个概念从最初生成到我们的时代已经拥有了十分丰富的涵义，法治本身具有未完成性，在现实和实践中会不断生成。随着历史和实践的演进，法治的形式和内容可能不断添加新的意义。在法治的基础上，法治思维同样具有这样的特点。法治思维不是某种现成的思维，而是一种动态的实践思维展现过程。我们积累的已有法治传统也不能保证我们下一个实践一定符合法治方式，在每一个时间、地点都需要我们主动去生成法治，而不能丢弃权利和逃避责任，通往法治的道路总在"施工"，法治思维正是要调动我们去主动争取权利、承担责任的重要因素。我们适用法律的过程也并不是机械的过程，法官判决过

---

① 对实践思维更为详细的阐述，参见李德顺：《21世纪人类思维方式的变革趋势》，《社会科学辑刊》2003年第1期，第4—9页。

② 对生成思维的更为详细的讨论，参见邹广文、崔唯航：《论海德格尔"建构生成"的思维方式》，《社会科学战线》2001年第5期，第66—70页；邹广文、崔唯航：《从现成到生成——论哲学思维方式的现代转换》，《清华大学学报（哲学社会科学版）》2003年第2期，第1—6页；李文阁：《回归现实生活世界——哲学视野的根本置换》，中国社会科学出版社2002年版，第150—159页。

程根本不是自动售货机的售货过程，法治（法律）思维也给诠释性思维留下了很大的空间。法治思维是一种理性思维，但可能并不是一种独断的理性，而较多地体现为一种交往理性。

作为一个整体的人，其思维方式同样具有这种整体的特点，有理性思维，也存在着非理性思维。法治思维方式只是理性思维方式中的一种，和人类其他思维方式比起来，甚至是一种较为"弱势"的思维方式。因此，法治思维方式在扩张过程中，必须要"拉帮结派"，法治在生成过程中不得不面临和其他思维方式交融的问题。法治还需要跨越从这样想到这样做的鸿沟。如在法律面前，人们守法或是不守法，用法或是不用法，尊重法律或是不尊重法律，都将取决于法律能否成为人们日常生活某一方面的权威理由，这样才能实现法治真正成为人们的一种生活方式。日常生活当中，是什么在影响人的行为？某一个命题是对的，并不构成我们如此行为的充分条件。一个最简单的例子是，"早睡早起，长命百岁"。我们理性的范围内很容易把握这种观点的合理性，但能不能做到早睡早起，则要受到诸多因素的影响。再如，一个好学者应该具有什么样的品质？一个好学者应该具有独立思考的精神，具有悲天悯人的情怀，具有耐得住孤寂的心灵，具有博通古今中外的知识背景……当理性进行这样的例举时，我们会发现执行力的脆弱。一项行为的做出，是人的理性、感觉（直觉）、本能、情感、欲望、信仰、意志、潜意识、习惯、经验、常识等多种要素共同作用的结果，既要受到理性因素的影响，非理性因素的作用同样不容小觑。法治思维如果"单兵作战"很可能会一败涂地，因此必然需要和其他思维方式融合，以获得某种支撑，其中关键的是要获得日常思维的某种支撑，以减少法治生成的阻力。

日常思维同样并不是封闭、固定或僵化的，其在历史和演进的过程中同样在不断添加新的内容，或抛弃一些旧有的弊端。日常思维和法治思维在相互生成的过程中，会不断吸收对方的合理性因素，而生活实践为二者提供了相互融合的可能性。

更进一步来看，法治的生成过程中需要适度缩小这两种思维之间的鸿沟。例如发生一个法律事件，日常思维和法治思维得出的结论并不是处于经常性的对抗状态，二者之间的差异方式不能经常性以图1中的方式（即二者处于绝对的对抗状态）。正常的状态下，两种思维之间的差异会以图2的方式呈现，此时虽然具有差异，但得出结果的方向性差别并不巨大，此时二者的合力会朝着良性的方向运转。

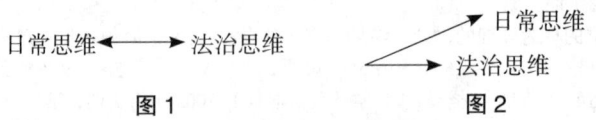

图1　　　　　　　　图2

图 2 中的状态意味着日常思维中不能仅仅从个人私利出发，也需要考虑一定公共利益。日常思维对法治思维给予必要的尊重和认可（同时也是对法律运行过程和法律本身给予必要的尊重和认可），日常思维中享受权利也须承担责任，减少对法治思维得出结果的恶意揣测（如法官是否受贿？原告或被告找了关系才这样判，轻易得出法律本身就是恶法的结论等等）。法治思维也必须对日常思维给予充分考虑，如对日常思维中朴素道德感、正义感、常识经验等给予尊重，使得法律适用的过程（法治思维的过程）不至于过于机械，而融合诸多的现实智慧和一定的人道关怀，则会使法律在普遍性思维的基础上，在现实面前具有一定的意义深度和诠释性的空间。所有这些都需要回归实践的人，并具有一种实践思维，才是可能的。

结　语

从人类整体思维的角度看，法治思维需要和日常思维等相互塑造和融合，也需要获得日常思维方式的支持。同时，需要用实践思维来弥补法治思维的某些固有缺陷，在生活实践中谋求日常思维和法治思维之间的统一对一国法治状态的生成意义重大。

（作者系西北政法大学刑事法学院讲师，
《马克思主义与法律学刊》编辑）

法文化史

中国近代的民事判例述要

张 生

一、序说

"例"在中国古代法律体系中占有重要地位。在清代国家法律体系中有条例、则例、事例、榜例等，在地方有省例、例规等。由于例相对律典、会典具有灵活性，多来源于法律实践，故而有学者认为中国古代是"'成文法'与'判例法'在相互消长中走向平衡"的"混合法"①。应当说，中国古代的例很大程度上属于制定法的范畴。例的生成多源于法律实践，但例是经过"立法程序"②形成的，并且具有普遍拘束效力的例在形式上多是抽象的规范③，形式上更加近似于近现代的制定法。

中国近代的判例源自对日本、德国等大陆法系国家法律体系的全面继受。中国在继受大陆法系国家的民法、刑法、行政法等实体法的同时，继受了大陆法系国家的司法裁判制度，最高法院有权将其"判决"确定为"判例"，作为对制定法的具体解释④，下级审判机关在裁判时，必须将制定法和相关判例一体遵守。判例是法律体系的一部分，是制定法的延伸性规范。因此，中国近代的判例，与英美法系国家的判例法有不同，英美国家的判例法以"遵循先例原则"为基础，上级法院或本院的"判决先例"具有普遍的拘束力，判例本身就是法律规范的主要形式。中国近代的判例和德国、日本等大陆法系国家一样，只有最高审判机关可以通过判例具体解释法律，最高审判机关的判例对本院和下级法院具有拘束力，地方法院不具有通过判例解释法律的权力。

按照判例在民法体系中的作用，中国近代可以分为清末民初（1906—

---

① 参见武树臣：《中国法律文化大写意》，北京大学出版社 2011 年版，第六章。
② 隋唐以后国家法律体系中出现了多种例，凡是具有普遍效力的例，都是经过主管部门甄选、奏请，皇帝或中书门下裁可的法律规范。
③ 杨一凡、刘笃才：《历代例考》，社会科学文献出版社 2012 年版，第 407 页以下。
④ 民国时期最高审判机关解释法律的权力通过两种方式：一种是通过判例对法律的具体解释，另一种是通过解释例对法律的抽象解释。本文注重探讨最高审判机关通过

1927年)和南京国民政府(1927—1949年)两个历史时期。清末民初时期,民事法律体系处在初创阶段,民事法律渊源包括"现行律民事有效部分"、民事单行法、大理院民事判例和解释例。民事判例是民法体系中重要组成部分,特别是在民国初期(1912—1927年),大理院形成了一套完整的判例生成、编辑、变更的制度,其民事判例是民法体系的主体部分,对其他各种法律渊源起到整合作用。南京国民政府成立之初,最高法院沿用民初大理院的判例制度,在1930年以后,随着《中华民国民法》(以下简称"民国民法")各编的颁布实施,民国民法及其附属关系法成为具有最高效力的法律渊源,最高法院的民事判例退居为"具体司法解释"的地位。因为民事判例全文篇幅过长,实际发挥法源功能的是民事判例要旨。

二、清末民初的民事判例及判例要旨汇编

清政府自光绪三十二年(1906)实行官制改革,改大理寺为大理院,为全国最高审判机关。依据同年颁行的《大理院审判编制法》,当时大理院分设民、刑两科[①],分别管辖民事案件与刑事案件的裁判。《大理院审判编制法》第十九条规定:"大理院之审判,于律例紧要处表示意见,得拘束全国审判衙门"[②]。该规定确立了大理院的法律解释权,这是日后创设判例的法律依据。宣统二年(1910),清政府又颁布了《法院编制法》,该法第三十五条规定:"大理院卿有统一解释法律,必应处置之权"。进一步明确了"统一解释法律"的权力,由大理院卿代表整个机构统一行使,意即创设判例和解释例的权力由大理院卿统一掌控。《法院编制法》第三十七条规定:"大理院各庭审理上告案件,如解释法令之意见,与本庭或他庭成案有异,由大理院院长依法令之义类,开民事科或刑事科或民刑两科之总会审判之"。该规定旨在解决判例和解释例的变更问题,当新判例或解释例与"成案"有异时,由大理院卿召集民事科或刑事科,或民刑两科总会讨论决定,以保障法律解释的统一性。宣统二年八月,清政府正式举办全国法官考试[③],具有近代法学教育背景的法官是在考试选拔以后,才正式出任各级审判厅推事。大理院作为清政府的最高审判机关,其民科(包括民事各审判庭)法官主要由刑部旧有推事(审判官)转任而来,多具有丰富的司法经验,为从事全新的民事审判和法律解释奠定

[①] 清政府于光绪三十二年十二月十七日(1907年2月9日)开始启用大理院院印,大理院各庭印信于次年十一月初二(1908年11月25日)颁领。最初大理院民科设两个审判庭,刑科设四个审判庭;后改为民科、刑科各三个审判庭。
[②] 该法刊录于《光绪新法令》,收录于《大清新法令》,商务印书馆2010年版。
[③] 参见李启成:《宣统二年的法官考试》,《法制史研究》第3期,2002年12月。

了基础。从清末《各省审判厅判牍》①所收录的大理院判牍文书来看，该汇编共收录大理院 15 则判牍，其中只有两则民事批示。大理院的民事批示，即大理院对上诉民事案件的终审判决。清末民事法律从删修后的《大清律例》分离出来，被称作"现行律民事有效部分"。在民事审判刚刚分离出来，民事制定法极不完备的情况下，大理院公开发布的民事批示实际上就是最初的民事判例，对地方各级审判厅的民事裁判具有重要的指导作用，不仅为地方各级审判厅确立了裁判的规范依据，而且在民事审判程序方面也可以作为参考。

自 1912 年 5 月民国北京政府大理院（以下简称"民初大理院"）改组成立以后，该院作为最高审判机关其内部最初设有两个民事审判庭和一个刑事审判庭，负责民事、刑事裁判事务。②民初大理院民事审判庭对民事上诉案件、上告案件、上控案件所做的终审裁判（包括判决和裁定，但绝大多数是判决）。民初大理院的民事裁判一般都包括五部分内容：（1）裁判时间及字号；（2）上诉方（或上告方、或抗告方）及被上诉方（或被上告方、或被抗告方）的基本情况（双方当事人姓名、性别、住址，以及委托代理人的姓名、职业情况）；（3）主文（判决结果）；（4）理由；（5）审理此案的合议庭各推事以及书记官、具体判决时间。民事裁判的核心是第四部分的"理由"，大理院推事在这一部分阐述对案件事实的分析和裁判依据。"理由"部分一般又包括三方面的内容：（1）上告人依据的基本事实和理由；（2）被上告人答辩的基本事实和理由；（3）合议庭在对双方当事人所依据的事实、理由进行分析的基础上阐述的裁判依据，即"本院按"以下部分。自民国元年（1912）民初大理院开始受理案件，至民国十六年闭院，大理院民事各庭做出裁判的民事案件共两万余件。③大理院的民事判决一般只对具体案件的双方当事人具有拘束力，并不具有普遍的规范效力。民初大理院早在 1912 年 12 月就开始公开出版《大理院判决录》④，从 1913 年开始，每月编辑出版《大理院判决录》一册，连续出版至 1914 年 7 月，共计 20 册。

民国北京政府沿用清末"现行律民事有效部分"（《大清律例》中不科刑的民事条款以及《户部则例》的部分条款，仅有一百个条文）为民事基本

---

① 两函，法学研究社 1912 年刊行，其中收录的判牍为宣统三年（1911）辑录。

② 大理院审判庭数量依受理案件数量的多少而定，到 1919 年大理院民事审判庭扩充至四个，刑事审判庭增加至两个；直到 1927 年没有发生过变化。

③ 大理院判决现保存于南京第二历史档案馆，档案全宗号为二四一，共有 15651 卷。据台湾政治大学的黄源盛教授较为精确统计，大理院民事审判共有 25000 件，详见《政大法律评论》第 59 期《民初大理院司法档案的整理与研究》一文。

④ 大理院书记厅编，收录民国元年七月至三年七月民事、刑事判决。

法①，从制定法的角度来看，民事法律体系极不完备。

1913年2月1日，大理院民事审判庭做出重要判决——《民国二年上字第三号判决》，在判决的"裁判理由"部分明确阐述了中国固有民事习惯习成为习惯法的四项条件，即"习惯法构成之要件"。②该判决被民事审判庭议定、大理院最后确定为判例，这也是民初大理院第一次通过判例来解释法律：何为"习惯法"？自此以后，在大理院2万余件民事判决中有1757件被确定为判例，或明确解释了现行民事法律，或确认民事习惯的效力，或采用某一条理补充法律的不足。大理院民事审判庭将这些判决著为判例，不但对本案当事人有拘束力，而且对同类法律关系有普遍的规范效力。在制定法不完备的情况下，习惯、条理③成为民法体系的补充性法源；但是，在什么情况下习惯可以成为习惯法？在什么情况下可以适用条理？均需要大理院在判例中做出具体解释。民国初期大理院裁判民事案件可以依据的法律规则包括：法律（现行律民事有效部分为民事基本法，还有各项单行法），民事习惯（修订法律馆在各省区设有调查员，负责调查地方民事习惯），条理（包括西方民法之学说、原则，以及民律草案之条文）。上述三种法律渊源在民事司法中的适用顺序是："判断民事案件应先依法律所规定；法律无明文者，依习惯法；无习惯法者，依条理"④。在当时制定法不完备，各种法律渊源杂乱的特殊历史时期，大理院的民事判例不仅发挥具体解释法律的作用，甚至起到"发现法律"、构建民法体系的作用。

大理院最初通过《大理院公报》⑤、《政府公报》、《司法公报》⑥向社会公开公布判例全文，还有《法律评论》《法政杂志》等多种民间法学杂志刊登判例全文。但是随着判例数量的不断增加，每月出版的判例汇编不断积累，判例的庞杂性不便于各级审判机关检索、适用，于是判例要旨的抽取与编辑应运而生。判例要旨是从判例全文中抽象概括出来的，与一般民事判决不同的是，经大理院著为判例的民事判决，"本院按"部分阐述的判决依据，经过资深之评议推事进行抽象提取，将判例中具有普遍规范效力的部分从判例全文中分离出来，

---

① 此外还针对具体问题颁布了《验契条例》《契税条例》《清理不动产典当办法》等少数民事单行法。
② 郭卫编：《大理院判决例全书（第3版）》，会文堂新记书局1932年。
③《大清民律草案》没有经过立法程序成为法律，民国北京政府司法部通令各级审判厅"可以作为条理加以引用"。"条理"在南京国民政府时期改称"法理"，即相关民法学说、法律原则等，在没有制定法和习惯可以适用的情况下，可以作为裁判的依据。
④ 郭卫编：《大理院判决例全书（第3版）》，会文堂新记书局1932年，1913年上字64号判例要旨。
⑤《大理院编辑处规则》第六条第二项规定：［大理院公报］登载判例解释，其要旨及全文应一并登载，无要旨可以摘记者，则无庸摘记。但是，《大理院公报》也仅仅于民国十四年发行了三期。
⑥《政府公报》《司法公报》登录大理院判例，稳定而连续，成为官方正式的公布方式。

形成判例要旨。由此可知，大理院民事判例要旨来源于民事判例，是民事判例中阐述的普遍民事法律规则。当今散见于各种公报、各主要法学杂志，以及保存于南京第二历史档案馆的大理院原档民事判例全文，总数有 1267 件。可是《大理院判决例全书》（郭卫编辑，上海会文堂书局，民国二十一年版）收录的民国二年至十六年的民事判例要旨有 1757 则；现存的判例要旨与判例全文相比较，存有判例要旨，而无全文者有 490 件。① 可见，民事判例全文不若判例要旨更便于检索适用，也更为受到各级法院的重视。

1915 年 10 月大理院编辑处首次编辑刊行《大理院判例要旨》，其中不仅公布了 1912 年 9 月至 1914 年 12 月的判例要旨，还附录了《大理院判例要旨汇览及大理院解释文件汇览编纂规则》②。该编纂规则第二条规定了判例要旨汇览与判例的标准编纂样式，如下：

判例要旨参考	上栏			判例要旨			
	（1）同例异例裁判号次	（2）现行法条	（3）解释文件号次及汇览页次	（4）惯例	（5）前清旧法及草案条文	（6）外国法条及判例	（7）学说
下栏裁判原文							

以上编纂样式表明两点：第一，大理院非常注重判例要旨的作用，因而在汇览中上栏先列判例要旨，下栏再列裁判原文（全文）；第二，为保障判例要旨的编纂质量，在编纂规则中列出了七项与判例要旨相关的参考内容，避免本判例与现行法、既有判例和解释例相抵触，以及本判例的依据（惯例、旧法、法律草案、学说等）。在审判实践中，因大理院面对"案多人少"的问题，刊著判例的推事没有能力在短时间内详尽开列诸多参考内容。③ 因而，该编纂规则第十一条，又做简易规定：可以暂行省略参考门第四至七之款目。④

---

① 判例全文的总数，为黄源盛先生在编辑《大理院民事判例全文汇编》过程中所统计。可参见黄源盛文《民初大理院司法档案的典藏整理与研究》（《政大法律评论》第 59 期）。

② 李相森：《民初大理院法令解释制度研究（1912 至 1927）》，南京大学法律史专业硕士学位论文（2011 年），第 18—19 页。该论文称 1916 年刊行《判例要旨汇览》，似应为 1915 年刊行，1916 年再版。

③ 系统掌握"惯例"，非经实地调查不能详查；"外国法条及判例"非受过良好的比较法训练，而不易得知；谙熟"学说"，必须有深厚的理论造诣。如此高的要求，就当时国内民法学界也无人能够做到。

④ 当时大理院三个民事裁判庭的裁判任务极重，同时需要对判例进行编辑，难以对每个判例要旨提供学说、外国立法例的支持。

1918年8月，大理院公布《大理院编辑规则》①，规定大理院编辑处编辑判例汇览、解释文件汇览的格式如下：

眉 批			
要 旨	参考旧例（或旧解释）	参考法文	参考解释文件（或判例）
年 份			
某字号次			

民国四年大理院编辑《大理院判决要旨》之后，在民国八年、民国十三年先后编辑出版了《大理院判例要旨汇览》正集、续集首尾相连，以及《政府公报》《司法公报》《大理院公报》，对民事判例要旨的公布几无遗漏。判例要旨在汇编体例上也发生了变化：最初判例是按照发布时间先后来编辑、发布，到1915年以后则是大体按照民法典②（总则、债权、物权、亲属、继承）的篇章顺序来分类汇编。判例要旨汇编在形式上，已经极为近似于民法典的。民事判例要旨在性质上属于司法解释③，一般而言，它的法律效力应该准同于法律，即处于第一适用顺位，优先于民事习惯、条理的适用。大理院民庭推事郑天锡曾指出："我国法律，尚未完备，裁判时，常赖判例为之补充。大理院为我国最高法院，其判例在实际上与法律有同一效力。外国法院，如上海英美法院，每逢适用中国法律而无明文可引用时，亦采用我国判例。我国大理院判例，在中国法律上占有之地位，其重要亦可想见矣。"④

三、南京国民政府时期的民事判例与判例要旨汇编

南京国民政府时期以《中华民国民法》的颁布实施为界线，可以将民事判例的作用分为两个阶段：前民法典时期和后民法典时期。在前民法典时期，判例仍旧是民法体系的主体部分，对制定法的解释甚至可以覆盖了制定法本身的功能；对习惯效力的认定，对法理的适用，都具有权威性。旧有的民事判例要旨的汇编，仍然发挥效力。南京国民政府最高法院正式发布判例始于1928年，当时各项主要法律尚未公布实施，北京政府时期的法律法规凡是与国民党中央

---

① 收录于《改订司法例规》，民国北京政府司法部参事厅编，1922年刊行。
② 即《大清民律草案》和民国《民律草案》的分编体例。
③ 对于判例要旨的性质有不同见解，有认为属于"习惯法"的，有认为是"判例法"的，还有认为属于"条理"的，而笔者认为"司法解释"最为妥当。参见张生：《中国民法法典化研究（1907至1949）》，中国政法大学出版社2004年版，第三章第二节以下。
④ 郑天锡：《大理院判决研究》，《法律评论》第36期；郑天锡所谓"判例"，在司法适用中实际就是判例要旨。

所发布的各项政策不相违背的，仍然有效。最高法院在民事审判方面，主要依据大理院的判例与解释例作为裁判依据；同时，最高法院的三个民事审判庭精选本庭的裁判，著为判例，作为本院和下级法院遵循的依据。法律界对最高法院判例的反应极为迅速，自 1928 年 10 月，郭卫开始连续编辑出版《最高法院判例汇编》[①]；1929 年 4 月，张虚白也开始连续编辑出版《最高法院判例汇编》[②]。民事判例包括五部分内容：(1) 判决时间与字号；(2) 要旨；(3) 上诉方（或上告方、或抗告方）及被上诉方（或被上告方、或被抗告方）的基本情况（双方当事人姓名、性别、住址，以及委托代理人的姓名、职业情况）；(4) 主文（判决结果）；(5) 理由。与民国北京政府大理院判例的区别在于，略去原判决合议庭推事和书记官，以及判决时间（在判决字号部分已有）。

民法典颁布实施以后，南京国民政府最高法院民事判例的内容和功能都发生了变化：判例的内容沿袭了之前的五项内容，又增加了"参考法条"一项，附于"要旨"之后；民事判例从"可以发现"民事法律规范，转变为"具体解释"制定法（特别是民法典）。民法典等重要法律颁布之后，民事判例要旨与各项制定合编为一体，判例要旨依照制定法进行分类，成为"六法全书"的一部分。从以下表格可以看到，民法典颁行前后，民事判例要旨分类汇编的差异：

民法典颁行前后民事判例要旨分类表

判例要旨类别	民法及关系法颁布实施前	民法及关系法颁布实施后
民法及 相关实体法	关于民法总则	关于民法总则
	关于民法债权	关于民法债编
	关于民法物权	关于民法债编施行法
	关于民法债及继承	关于民法物权
	关于民法亲属	关于民法物权编施行法
	关于民法继承	关于民法亲属
	关于清理旗地官产章程	关于民法亲属编施行法
	关于寺庙监督条例	关于民法继承
	关于商法	关于民法继承编施行法
		关于公司法
		关于票据法
		关于著作权法
		关于破产法
		关于船舶法

[①] 上海法学编译社出版，连续出版 28 辑。
[②] 第 1 辑由中华法学社出版，从第 2 辑开始由上海法政学社出版。

续表

判例要旨类别	民法及关系法颁布实施前	民法及关系法颁布实施后
民法及相关程序法	关于民法诉讼	关于不动产登记
	关于民事诉讼	关于民事诉讼
	关于民事诉讼律	关于民事执行
	关于民事执行	关于法律适用条例
	关于县知事审理诉讼章程	
	关于法律适用条例	

资料来源：根据郭卫、周定枚编：《最高法院民事判例汇刊》，上海法学书局1934年版，第1—17期之内容整理。

在民法、商法等实体法和民事诉讼法、民事诉讼执行规则等程序法公布实施之前（基本以1930年为时间分界线），判例要旨已形成民事实体法、民事程序法的分类。在民事实体法中又按照民法和商法来划分。民法主要依照"民律草案"①的五编（总则、债权、物权、亲属、继承）来分类，其中又有一些"清理旗地官产""寺庙监督"等特种产业的处理规定。在当时，涉及商事的裁判较少，没有再做具体分类。在民法、商法等法律公布实施之后，判例要旨完全按照相关法律进行分类，法律概念更为准确统一。

南京国民政府成立之初，沿袭民初大理院"统一解释法律"的制度，判例的确认和变更都由最高法院来决定。民事判例的确定和变更由各民事审判庭讨论决定；涉及多个民事庭的，由院长召集民庭总会决定。涉及刑事问题的，由院长召集民事、刑事各庭总会讨论决定。1935年《法院组织法》施行之后，判例变更规则也发生了重大变化。《法院组织法》第二十五条规定："最高法院各庭审理案件，关于法律上之见解，与本庭或他庭判决先例有异时，应由院长呈由司法院院长召集变更判例会议决定之。"②原来由最高法院行使的"统一法律解释权"，转由司法院来行使。变更民事判例的提议、判例要旨的初步编辑，由最高法院承担，但是民事判例的变更，由最高法院院长呈请司法院院长召集变更判例会议来决定，避免判例之间产生矛盾。

---

① 包括《大清民律草案》和民国《民律草案》，二者的编别基本相同。

② 吴经熊编，郭卫、元觉增订：《中华民国六法理由判解汇编》第1卷，上海法学编译社1948年版。国民党败退台湾省以后，"司法院"于1952年9月公布了《"司法院"变更判例会议规则》八条，大体规定：变更判例由"最高法院"院长向"司法院"院长呈请提出，由"司法院"院长召集变更判例会议；变更判例会议由"最高法院"院长、所属审判庭庭长与推事组成；以出席会议三分之二以上决议变更与否，变更之判例由"司法院"公布。

四、余论

　　清末在法律改革进程中，仿效大陆法系国家创设了民事判例制度。民国北京政府时期民事制定法不完备，大理院的民事判例是民事法律体系中的规范主体，但民事判例以判例要旨的形式发挥规范功能。南京国民政府时期，在民法颁布前后，最高法院的民事判例在法律体系中所发挥的作用不同，但其发挥规范作用的形式仍然是判例要旨。民国民法典是在短短一年的时间里起草完成的，整个起草、审议、颁布的时间也只有 23 个月，民法典没有给不断变化的社会生活提供完备的行为规范和裁判规范。民事判例成为民法规范具体化的必然制度手段之一。民事判例来源于最高法院终审民事判决，包含了每个民事案件的法律事实，内容比较庞大，不便于检索与参照适用。最高审判机关将判例中具有规范意义的裁判理由——"判例要旨"提取出来，并按照制定法的结构体系加以汇编。判例要旨与制定法相结合，构成了更为完善的民法体系。判例变更制度，可以将社会所需要的规范在裁判中创制生成，替换旧有的判例。而长期司法裁判所形成的大量判例，为制定法的修订积累了经验，逐步完成了理论准备。中国近代最高审判机关生成判例、编辑判例要旨、变更判例的制度值得我们汲取借鉴。

（作者系中国社会科学院大学法学院教授、
中国社会科学院法学研究所研究员）

近代中国权利观念特性及其分析

张丽清

中国的"权利"用语,是西学东渐的产物,对应英文"rights"一词。[①]语词翻译,离不开客观文化交融及主观的本土化创造,语词的内涵与其背后使用情境、主体对语词的意义追求密不可分。启蒙运动后西方对于权利的主流观念,多以个人为逻辑原点和目的。人的有形存在、意志自由与人格尊严是人之为人的基本条件。对个人有形存在的保障及对个人尊严与自由的尊重,是权利产生和发展的基点和目的,甚至后者(个人尊严和自由)更为根本。自然权利理论认为,人的尊严与自由要绝对并无条件地获得保障,任何道德、社会理由都不得对其进行压制与剥夺,唯一的限制只能来自权利主体的同意与认可。因此,权利在根本上属于个人;权利个人为了自身权利受到有效保障同意让出部分个人权利给国家。因此,"权利"多在对应"权力"并绑定主体的意义上使用,权力是以国家为主体的公权力,权利则是个人为主体的资格、利益、要求。个体享有权利,国家行使权力,权利是权力的边界,权力是权利的保障。个人权利优先于国家权力,国家权力来源于个人权利。简言之,在与国家"权力"对照、并以个人为基点和目的的西方"权利"观念,强调了公民个人与国家之间根本关系的性质和原则,为维护公民权利、限制国家权力奠定了理论基础,是西方近代政治、法律理论的基点之一,反映了西方政治法律发展进程。

近代是权利概念在中国形成的初始阶段。近代中国如何理解权利概念,中外已有大量研究。其中,"史华兹典范"一度影响颇盛。20世纪60年代美国学者史华兹(Schwartz)《追求富强——严复与西方》一著出版后[②],"以追求

---

① 据李贵连考证,"所能见到的最早的近代'权利'"出现于1864年译著《万国公法》中,18世纪末19世纪初期的日本语言学家大槻、美国学者詹森、意大利学者马西尼也认为权利概念首先产生于中国而非日本。同时,也有研究认为权利概念是从日本对英文"rights"翻译后再传入中国,如中国近代法学家梅仲协、当代语言学家高明凯、刘正琰和王立达,当代中国(含台湾)一些法学者持此观点。对此的具体争论,可参见李贵连:《近代中国法制与法学》,北京大学出版社2002年版;王健:《沟通两个世界的法律意义》,中国政法大学出版社2001年版,第六章。无论"权利"首先产生于中国,还是从日文对英文翻译后传入中国,被普遍认可的一点是,中国的"权利"用语是西学东渐的产物,对应英文"rights"一词。

② 参见[美]史华兹:《追求富强——严复与西方》,叶凤美译,江苏人民出版社1990年版。

富强为最高诉求、将个人自由当作解放个人能力以达到国家富强之工具与手段"的结论成为诠释严复乃至中国近现代思想史基本品格的论述。近代中国的权利概念不具有朝向个人的目的价值,而是追求国家富强的手段(工具),"工具主义和功利主义性质"成为理解近代中国权利观念的主流。

近代知识者是未能体认抑或是刻意回避权利与个人的关系?近代知识者如何解读权利?如此解读背后的深层原因是什么?本文力图以近代中国知识者为视角,分析中国权利观念的特有性质。

一、权利与个人

权利在中外历史中的出现,面临大相径庭的需求与情境。对于饱受屈辱的近代中国而言,求富求强是上下追求的主要目标,这也左右近代知识者的权利思想。近代知识者在不同程度上都关切权利与国家富强的关系,将权利视为走向国家富强的要素之一。但权利与个人的关系并没有因此不被察觉。从19世纪末对"天赋权利""自然权利"的认可,到20世纪初期人权意识的初兴,再到20世纪30年代的"人权论战",近代知识者对权利与个人的关系有所体认。但总体而言,这种体认在尚未达到一定深度之际即被有意遮蔽或排斥。

(一)对权利与个人关系的体认

何启、胡礼垣在1887—1900年间所著的《新政真诠》中,不仅明确谈到"性命之权""身家之权"与"性道之权"等具体权利内容,且已经用"天赋"思想论证权利的来源,[①] 权利与个人的关系及其意义都有显现。康有为在其《实理公法全书》中,力图以"实理"为基础推演出"公法"。他认为,人类关系最大的实理是人的存在,人的存在首先又是一种自然存在。"人各分天地原质以为人","实理乃生命至重"。康有为的公法六条目,即"人有自主之权、人人平等、以相互逆制立法、以兴爱去恶立法、重赏信罚诈之法、制度定于一",主要指立法原则与目的,其中最重要的原则是"人有自主之权"。"人有自主之权"是所有公法的核心内容,是人类门公法正目六条之首,在其文反复出现12次之多。因人有自主之权,因此在婚姻、父母子女、师徒、君臣、长幼、朋友等等关系范畴中,都应该是平等的。[②] 梁启超在其《新民说》

---

① 何启、胡礼垣指出人的权利是与生俱来的,既非君主所赐,也非君主所能剥夺,包括性命之权、身家之权与性道之权,实际就是生命、财产和自由权。"一切之权皆本于天,然天不自为也,以其权付之于民……民之所欲,天必从之。是天下之权,唯民是主。然民亦不自为也,选立君上以行其权,是为长民。……天子之权得诸庶民。"参见《新政真诠·劝学篇后》。

② "父母不得责子女以孝,子女不得责父母以慈,人有自主之权焉","民之立君者,以为己之保卫者也。"康有为:《实理公法全书》,谢遐龄编选:《变法以致生平——康有为文选》,上海远东出版社1997年版。"故全世界人欲去家界之累乎,在明男女平等各自独立始矣,此天予人之权也;全世界人欲去私产之害乎,在明男女平等各自独立始矣,此天予人之权也;全世界人欲致大同之世、太平之境乎,

中，反复提到"个人之权利""人之权""人之权利""人人权利""个人权利"等用语，讲权利是人之为人的标志，与人的生命一样是人存在的两个主要特性。① 五四运动前后，是近代中国权利意识的勃兴期，言论、出版、思想自由被视为个人权利的重要内容。权利与法律、权利与国家关系也得到前所未有的关注，法律以确认权利为核心、国家以保障个人权利为任务的观念不再变得陌生。②

（二）对权利与个人关系的反思与修正

虽然缺乏知识论进路的论证，近代知识者对权利与个人的联系并非无所体察，没有基于富强诉求完全遮蔽。但是对于权利和个人的关系，近代国人在初始进行了有意地忽略乃至修正。这种变化，主要可归结为两点：

其一，权利主体从个人到多元。近代西方"国家—个人""权力—权利"二分思维，难以得到近代国人的内心认同。最早接触"rights"一词，中国知识者并没有明确的主体意识，潜意识中将 rights 指向个人、群体、国家。在最早 19 世纪 60 年代的《万国公法》及《万国公报》文章中，汉语的"自主之权"不仅对应 rights，也对应 liberty、independent sovereignty，"主权"和"权利"互换使用，权利的主体既指个人也指国家。在外敌入侵的局面下，实质上"国家权利"更多被运用。中国早期"民权"概念的流行，既可以指包括人权在内的每个人的权利，也可以指人民作为一个整体应当享有的权利，后者似乎更被认同。五四运动个人观念兴起后，权利的个人性得到一定程度认可。20 世纪 20 年代法学界一度有过关于权利概念的争论，总体而言，国人更重视从社会学角度论证个人权利，狄骥社会职务说、庞德社会连带说影响广泛，对权利中责任、义务方面更多强调，多认为对绝对个人思想的限制与引导是实现权利的重要步骤。如当时法学界影响最大的《法学会杂志》曾在1922 年就民商立法四次征求意见。涉及的主要问题包括契约应否自由、是否应限制利息、财团法人的承认与限制、对错误意思的表示采何种主义等，争论的过程涉及法律价值的核心问题：如何对待个人主义法律。从征求意见结

（接上页）在明男女平等各自独立始矣，此天予人之权也；……欲以度我全世界之同胞而永救其疾苦焉，其惟天予人权、平等独立哉！""人者天所生也，有是身体即有其权利。侵权者谓之侵天权，让权者谓之失天职"；"凡人皆天生，不论男女，人人皆有天与之体，即有自主之权，上隶于天，人尽平等，无形体之异也"；"人人有天授之体，即人人有天授自由之权……禁人者，谓之夺人权，背天理也。"罗炳良主编：《康有为大同书》，华夏出版社 2002 年版，第 296、157、161、163 页。

① "人之所以贵于万物者，则以其不徒有形而下之生存，而更有形而上之生存。形而上之生存，其条件不一端，而权利其最要也。""苟不尔者，则忽丧其所以为人之资格，而与禽兽立于同等之地位。……无权利者，禽兽也。"《新民说·论权利思想》，辽宁人民出版社 1994 年版，第 43 页。

② "自唯心论言之，人间者，性灵之主体也；自由者，性灵之活动力也。自心理学言之，人间者，意思之主体也；自由者，意思之实现力也。自法律言之，人间者，权利之主体也；自由者，权利之实现力也。""举一切伦理，道德，政治，法律，社会之所向往，国家之企求，拥护个人之自由权利与幸福而已。"陈独秀：《东西民族根本思想之差异》，《青年》1915 年第 1 卷第 4 号。

果而言，最终反对个人主义法律说占据了明显上风，得到修订法律馆的支持。总结反个人主义法律观，理由集中如下：中国情状已有西方社会的个人绝对引发的问题，如阶级对立、贫富差别、罢工不断；从法律价值的取向而言，法律应主要关注正义与平等问题而非经济上"偏胜的发达"；中国确实存在资产不发达的现实，但其原因是私权不巩固，并不是不采个人主义。有学者重点强调巩固私权与实行个人主义，是本质上不同的两个概念。巩固私权是承认合理的个人权利，而法律个人主义是以个人为绝对目的与核心；摒弃个人主义法律符合近代法律的发展趋势，符合法律社会本位的精神。"社会之发达，贵在平均，不贵在偏胜。偏胜之发达，比于平均，固觉显著易见……常为他人无数失败所集而成，……集腋成裘，掘地为山……形成社会之阶级，而使人生不平之心……积久则破坏生产力……个人主义……重苦细民，以养高等游民……契约自由乃一造自由，非两造自由……置社会不平等之关系于不顾。""庶双方均衡，可抵于平，正以谋共利之道，协进之方，非谓摧残实业也。""今兹定法，宜以法律为调和阶级之缓卫国，不宜以法律为促成爆裂之导火线。"[1]20世纪30年代罗隆基与章渊若关于人权的论战，权利的个体性与集体性、人权与民权概念在主体意义上的区分被有意识关注、论争，但社会连带论、义务优先论在学界依然是主流，反映了学界主观上对权利与个人绝对关系的排斥[2]。

总体来说，近代知识者所接纳的权利概念，始终没有把群体、国家排除在权利主体之外；追求个人权利和国家权利的共生共进，最终实现个人与他人乃至整个人类和谐的圆融生活样式，是近代知识者思考、接纳、重塑权利概念的目的。

其二，权利德性化。西方学者认为权利来源于"自然人性"或者"天赋"，近代知识者也在不同程度上借此言说权利的根据，早期更为明显。如康有为在其《实理公法全书》中重视人的自然欲望并将去苦求乐作为评判一切社会制度和道德规训的标准，可见对于个体人身心的重视。在其《大同书》中，明确倡导天赋人权是达到大同的必要途径。"天授自由""天予人之权""天与之体""天权"等用语都表达了康有为对天赋人权理论的吸纳。但19世纪后，权利的社会学根据渐渐被更多地认可。中国知识者对权利根据、权利目的、权利实现路径的深入解读，与西方权利观念有根本区分，最核心的是"德性"要素的参与。

"德"在中国文化中是一个非常重要的概念。《说文》中认为"德，升

---

[1] 朱学会：《读许藻镕君"限制利息之我见"》、许藻镕：《限制利息之我见》，《法学会杂志》1922年第6期。

[2] 此阶段的具体分析，可参见张丽清：《近代中国人权观念研究——以知识者为视角》，中国政法大学出版社2010年版，第五、六章。

也。"但历代学者更多是以"惪"释德。《说文》:"直下心,外得于人,内得于己。从直从心。"徐复观认为,在中国古代德字首先指具体的行为,即"德行",后来才内在化为人的心的作用,发展成"德性"。① 从德行到德性的演变是以孔子对仁的叙述为体现,孔子认为仁是具有明确道德倾向性并内在于主体的德性。孔子道德内在化的结果是开创了一个"内在的人格世界",人向善的根据内在于人的内心之中,并且礼是仁的外化,是仁的外在表征。内在于人的"仁"与外在于人的"礼"具有内在统一性,内在自觉与外在他律之间互融互通,并且在此统一与交融的关系维度中,孔子更重视内在自律的作用,德性在儒家那里具有目的和形上的功能,修己安人、修己安百姓、修己安天下,由一己出发,由道德自觉出发,最后成人成己,通向他人、社会、国家、天下,完成修齐治平。孔子以后的历代儒者,都继承了这种内在德性为起点的内圣外王的逻辑,并进一步进行发扬。近代知识者在思考权利一语时,普遍把"德性"认为是先于权利或与权利同在的要素。具体体现在如下三个方面:

一是权利根据。如果说西方强调个体平等、不侵犯他人的自然欲望本身对于权利而言的正当性,近代国人对"自然""天"的认识则与传统相连,含有传统天命、天理的意味,最终含有德性意义。道德之天、义理之天是传统儒家理解"天"的重要意义之一。在传统儒家中也有以物质原理论述天的,但最终也是为了论证其道德目的。② 天命、天理在中国传统中是终极而绝对的价值源头,内涵着对社会人生的价值安排。天命是儒家为伦理规范所寻求的形而上的基础。在中国特有的天命论下,仁爱、利他等道德成分自然包含在天理之中,也符合自然人性。不忍之心、恻隐之心等"仁"心或者利他、利群等道德特性也归于自然人性的一部分。比如康有为认为自然人性包括道德判断,一则道德感和自觉心是人天性所具有的,是人"大脑、小脑和脑气筋"所起的作用,源自人天然的不忍之心;另则康有为强调,人最终的价值判断不在于感性的爱恶而在于"天行",天行似乎是一种理性的抉择,人与人相处时理性抉择的结果是人必须尽自己相应的义务和责任,也就是遵循一定的道

---

① 徐复观:《中国人性论史·先秦篇》,上海三联书店 2001 年版,第 21 页;赵卫东在《分判与融通——当代新儒家德性与知识关系研究》一书中也谈到,在周初文献中"德"字有两个特征,一是偏重于外在德行,还没有内在性规定;一是一个中性概念,没有必然至善的品格。参见该书(齐鲁书社 2006 年版)第 8—9 页。

② 如张载开创气说,认为个体因气充满全身而存在,但他强调气中固有的道德才是与宇宙主宰——天相联系的生命中心。宇宙是一个充满生命、生生不已的宇宙,正是为了与变化的万物有机体生存在一起,人类个体需要不断进行道德自我更新,道德积极的能动主义蕴涵在人心中。天与理相通,朱熹对《中庸》中"天命之谓性,率性之谓道,修道之谓教"进行注解,认为天命就是天理,天理规定了万物的秩序和人的本质,人道和天道获得统一,人道出于自然。人只有遵循社会规范(礼教),才是真正的恢复天性,也就是依从天理。

德价值和伦理原则。"惟君子责己而不责人，先自尽其子臣弟友之道焉。"①"人人共禀受之性，则可公共互行。"

二是权利目的。如果说，西方天赋人权的目的价值是为了维护人的自由与尊严，是为了"人之为人"，那么近代知识者认可的权利，目的是个人道德的圆融、社会的和谐、国家的强盛，三者之间又是内在统一的。即使认可人的自由和尊严，也不是西方不违反他人及法律状态下的意志自由和个人抉择，而是内涵道德自律与人格内修。没有德性考量和追求的人，并不是"人"而应划入禽兽之列②，更谈不上人的自由与尊严。

"自主之权由众主而得名者也。众主者谓不能违乎众也。人人有权，又人人不能违乎众。其说何居？曰：权者利也、益也。人皆欲为利己益己之事，而又必须有益于众人，否则亦须无损害于众人。苟如是，则为人人所悦而畀之以自主之权也。人之畀我者如是，则我之畀人者亦如是。是则忠恕之道、絜矩之方也。"③

三是权利实现途径。如果说，西方在个人—国家、权利—权力二分的范畴中理解权利，注重权利的客观化、法律化和与国家权力的界限，近代国人则更着意在理想层面设计有利于人生最终生活图景的权利理想，强调自律、教化等德性要素在权利诉求及实现权利过程中的积极作用，更加希冀个人权利和国家权利的和谐共进。在梁启超的思想中，权利的主体并非限于个人，群体、国家都是权利主体，④个人权利、群体权利、国家权利之间并不对立。梁启超把国家比喻成大树，而个人具有权利思想就像树根，两者密切关联为一统一体。人人有权则国有权，人人无权则国无权。⑤个人权利、群体权利、国家权利相统一是事物的常态。当然也有冲突之时，如遇冲突，"国民不能得权利于政府也，则争之，政府见国民之争权利也，则让之"⑥。如若冲突不能以相让解决，梁启超最终主张群体利益优先于个人利益，团体自由大于个人自由。传统儒家的内仁外礼、克己修身在思考如何主张、实现权利时，彰显出重要作用。

正是由于权利内涵德性意义，因此个人在主张自身权利时，首先要有他

---

① 康有为：《中庸注》，（台湾）商务印书馆1987年版，第8—9页。
② 人何以为人，通过思想史中的孟子斥朱人禽之辨可见一斑。杨朱与墨子在孟子时代是很有影响的大人物，"天下之言不归于杨则归于墨"。孟子斥责他们为禽兽而非人，"杨氏为我，是无君也；墨氏兼爱，是无父也。无父无君，是禽兽也"。参见《孟子·滕文公下》。
③ 何启、胡礼垣：《新政真铨·劝学篇后》，第50—51页。
④ 梁启超多次提到"群之权利""国家权利"的用语，"今夫人之生息于一群也，安享其本群之权利，即有当尽于其本群之义务。"《新民说·论公德》，第18页。
⑤ "一部分之权利，合之即为全体之权利；一私人之权利思想，积之即为国家之权利思想。故欲养成此思想，必自个人始。……必自个人始。"《新民说·论权利思想》，第50页。
⑥ 《新民说·论权利思想》，第39—40页。

人意识与责任考量，自修依然是个人主张权利的重要内容；正是由于权利内涵道德意义，个人、社会、国家的一致性在逻辑上才得以可能。

二、近代中国权利观念形成的原因

多元权利主体、权利的德性要素，是近代知识者接纳西方权利观念过程中的创造性改造，也是近代知识者权利观念的特点。此特点的形成，有现实的需求，更有深层的文化原因。

（一）现实需要

中国传统政治实践的结果以及当时面临的历史遭遇，使中国面临与西方不同的政治情境和现实难题。西方近代启蒙源于商品经济要求、宗教文化及国家权力对个人的压迫，而在中国传统政治中，个体参与政治的道德责任，德治、王道、民本的治国理念，统治阶级选拔人才的经验和做法，种种因素交融实质上很大程度缓解了专制权力对个人的直接压迫，利维坦式的国家及国家与个人的剧烈冲突，在中国尚未出现。外族入侵、国家民族危亡使个人与国家命运更紧密地关联而非对立起来。文化、政治传统以及现实需求的差异，使近代知识者对权利的需求和理解不同。

（二）文化根源

近代西方哲学的主题是人的觉醒，强调人为世界、自然与自身的核心。人所特有的理性使人在经验原则的基础上能够认识外物、实现人性的圆满，人是自身的创造者，自己创造自身的意义、行为与理想。因此，人不是神的肖像，也不是承担太多宇宙必然性与形而上压力的被动存在物，人自身就是最可靠的并具有无限性的存在。如此对人的认识产生了这样的逻辑：在宇宙观中，人具有存在的优先性与绝对性，人的生存权是构建合理世界的道德基点与最基本的法则；在认识观上，主体对客体具有的优先性和支配力，人的自由意志应受到最大限度的尊重；在价值观上，只要是生物学上的人都不可以被当作手段与工具，人的价值在于人本身。不仅人的肉体存在，更重要的是人的精神存在应该得到保障，精神存在的核心是人的尊严与自由。由此人的尊严与自由应该得到无条件的、与生俱来的绝对性保障。维护人之为人的必要权利是人的基本权利，也就是人权。在社会秩序的安排规则上，社会或国家应以保障人权为前提，任何权力尤其是政治权力不得以任何名义侵犯人权。近代人之观念为基础的人权理论首先把人看作一个生物，一个具有理性和自由意志的生物。人的生存权及由此引申的追求自由和幸福、保障个人尊严的权利成为人之为人的基本条件，要求在保障人之为人的基础上构建一个社会的政治权力秩序与价值理想。

中国古典不乏尊人贵人的重人学说。《易经》《礼记》中都有人是"万物之灵""天地之心""五行之秀气"的记载。孔孟理论也把人放在核心地位，胡适曾经从儒家的修身谈起，认为"这个'身'，这个'个人'便是一切伦理的出发点。"①儒家重视"我""己"，对个人的确给予了高度重视。但古代儒家重视人，并非重视生物性与生理性存在的人，而是强调一个高于生物、生理的道德人。传统儒学更强调一个道德人、关系人的存在，对人的尊严与自由的认可，也主要体现在道德的圆满与内在道德人格的独立。依照当下的认识，传统儒学更符合"善高于权利"的理念。而且，对善的认识，具有具体的内容和统一的标准，与康德的"意志自主与自律"的道德及罗尔斯"合理生活计划"的善观念截然不同。以儒家理想为依托的道德标准是传统中国人之为人的主要标志，也是社会一切行为与活动得以可能的前提和目的。如何通过自修的工夫论完成一个道德人并从修身走向齐家治国平天下，是人之为人的重中之重。

国家危亡之际，知识者对人最终生活图景、生活样式的思考也未泯灭，这种思考影响了其权利观念的建构。近代知识者从人的最终生活图景出发对权利进行了思考：人到底是怎样的存在？人应该或只能过一种怎样的生活，才有价值并值得追求？传统中国文化中的人，是一个道德而非生物的人，是一个关系而非孤立的人，是重内修而非外束的人。人与他人、人与社会、人与自然之间具有不可割断的连续性，人是整个具有连续性存在的组成部分，谋求个体与他人、社会的和谐存在，才是最终应有的生活图景。"修身、齐家、治国、平天下"，在个体德性内修与人格挺立的基础上，扩充于他人、社会、天下，完成心与身、个人与社会、人与自然有机互动，圆融统一。古代中国对权力（如皇权）的制约，也在很大程度上依赖道德教化与道德制约。"西洋人尽自人与一切生物所同具之点出发；中国人则自人性中所以异乎一切生物之点出发。"前者即"有对"，此观点认为每一个人都是独立自主的个体，从而表现出个体的对外性，人与人之间、人与物之间，都是对立反抗的局面；后者即"无对"，是"超利害的是非心"，是人之道德的展现。②

三、近代中国权利观念分析

强调权利的道德性及社会性，强调个人权利与国家权利的共生共进，这是近代知识者对权利的理想勾画。但不可否认，近代中国最终没有形成制度层面切实的权利保障，理想的权利并没有转化为实有的法律权利。可以说，近代权利实践总体上是不成功的。导致这种实践的不成功，有诸多因素。核

---

① 胡适：《中国哲学史大纲》（上），（上海）商务印书馆1919年版，第283页；国外学者在研究孔子思想时，也有看到孔子思想中对人的重视。如休斯（Hughes）在比较东西方社会的个人时，曾以"个人的发现"来说孔子；克里尔（Greal）在《孔子与中国之道》一书中，强调孔子思想"个人的优先价值"。参见金耀基：《中国的"现代转向"》，牛津大学出版社2004年版，第139页。

② 梁漱溟：《中国民族自救运动之最后觉悟》，台北学术出版社1971年版，第64—65页。

心的一点，是否因为没有遵循西方个人为逻辑起点和目的、权力—权利对立的权利逻辑？近代权利观念为当代中国权利建设提供了怎样的启迪和思考？

包括权利观念在内的任何理论，无不是现实社会关系状况及其发展要求的反映，它们既有其合理的历史根据，又有其特定的历史局限。近代西方的权利理论，人的有形存在、意志自由与人格尊严是人之为人的基本条件。对个人有形存在的保障及对个人尊严与自由的尊重，是西方权利理论产生和发展的基点，甚至后者更为根本。西方权利理论的确塑造了一个分离的、孤立的个人。现实生活实践中的人，是在不同层面存在着的人，是社会关系中的人。人不但有个人生活，还要有社会生活，公共生活。如果仅是孤立个人，也不会出现所谓的权利概念。个人、国家、人类都是人的不同存在层次。人类法律实践已经承认不同层次存在的人的权利，比如某些民族权、国家主权。以契约、合意的形式对个人限制，最大限度保障了个人意志，但契约立法并非绝对有效。契约正义在现实中容易产生强者为上的结果，已引起西方知识界的反思。伴随技术的发展，当下人类如何开发太空、深海，不能遵照先到先得或者带有强者较量的契约合意原则，而应站在类生存的立场，衡量此类开发是否有利于类的生存发展。就此而言，近代知识者注重在关系状态中确定权利，关注权利主体的多元性，关注权利对于人与社会状态的意义。权利不仅仅是"我愿意如此这般"，而是阐述"我可以如此这般"，权利不是每个人自己认为合理、正当的需求，而是划分界限、保持和谐状态、促进个人与社会发展的存在。这种权利思考的出发点，不是以个人为原点和目的，而是着眼于人的整体生存关系，在某种角度符合实践生活中的人的实践特征，有其现实性与合理性。①

但是，为什么具有一定现实基础并圆满理想诱惑的近代中国权利观念，没有能够转化成实践？近代知识者追求多元主体的和谐，但对多元权利主体如何达到和谐共生理想状态的途径、手段思考，存在两个问题：其一，观念设计没有推进到制度设计，缺少必要的程序保障，换言之，近代知识者表达了其认为的"应然权利"，但对政治权利与法律权利及前者向后者的转化缺乏深度思考，换句话说，中国注重"观念"而非"制度"在公共生活中作用的

---

① 美国学者狄百瑞将中国权利阐述为儒家人格主义权利观念，认为儒家人格的价值与尊严不是表述为"粗鲁"的个体，而是在现成的文化传统、社会共同体及其自然环境中塑造与成型并达到"充分人格"的自我，是不同于西方个体主义与集体主义的第三条道路；张彝鼎在《中外人权思想之比较》一著中结合中国传统文化、对照不同的中西人权模式认为：中国模式力求在整个人类社会和谐发展中推动个人的发展，西方模式是在个人自由发展的制度下求得社会的平衡，两者历史文化与遭遇的现实问题不同，解决问题方式的先后顺序及重点也不尽相同，中国关照人类整体，西方关照个人，中国向往世界大同，西方向往世界和平。尽管对中国缺乏个人自由的现状多有批评，但作者似乎更同情以"全人类社会、全民为中心"的中国人权观念，认为其"更深远、更完整"。参见［美］狄百瑞：《亚洲价值与人权——从儒学社群主义立论》，陈立胜译，（台北）正中书局 2003 年版；张彝鼎：《中外人权思想之比较》，（台北）"中央"文物供应社 1981 年版。

这个传统，具有阻碍作用；其二，近代知识者对权利冲突的问题缺乏深刻认知。权利和谐及一统的思维占据优势。如果每个人主张权利的同时有德性制约，权利冲突似乎可以避免。近代知识者多不同程度强调权利的德性制约，同时将教化、内心自律等传统的德性修养方式，运用于权利观念培育。实际上，注重德性的外在教化容易导致自我意识的薄弱和主体性的缺失，内心自律仅对圣人可求，对利欲熏心及强权者无异于水中捞月。所谓权利主体意识，主要指权利主体对为何拥有、怎样拥有、如何保障权利等问题的认识。道德方式覆盖法律程序，权利主体的主体性难以有效激发，和谐共生很可能是单方牺牲、顺从，丧失部分人主体性和责任感的表面和谐。

权利概念引入中国后，不管是文化层面还是法律层面，不管近代还是当代，多元主体权利（而非个人权利）始终在实践中存有且并有其深厚的哲学、历史依据。这也是中国能提出诸如"人类命运共同体"理念的原因，显现了某种文化的优性。同时，由于历史上具有更重群、集体利益的传统，现实中国家在各个层面发展中的主导作用，如何使多元权利主体和谐发展，尤其是不使个人权利压抑于集体权利之下，也成为中国权利理论和实践发展面临的艰巨任务。中国的权利观念并没有在与国家直接对立过程中萌生、发展，相反，部分承担着"国家富强"的使命，部分与"人的最终生活图景"相连，德性要素同样具有重要的影响力。一方面，权利没有与权力直接对立、此长彼消；另一方面，也导致权利主体意识不完善。"权力—权利"对立理论在应然层面不符合中国国情，相反，二者应该在人民主权基础上获得应然的统一。人民如何成为权利的主体和权力的主人，如何在制度层面得到有效的保障，还需在实践中不断尝试和探索。

（作者系原中国政法大学人文学院哲学系副教授）

晚清灾荒中的妇女拐卖及法律惩处*

赵晓华

在传统中国社会中，妇女买卖几成灾荒年代人们自救的一种常见手段。在灾荒时期的人口买卖市场，女性也比男性更易出售："彼其贩子也，恒重女而轻男。何也？女长则如奇货可居，而大家媵妾妓寮粉头皆取资于此。男则惟卖家僮鳏夫抱子娱老。故女子之鬻也易而其价可以昂，男孩之鬻也难而其价不能贵。"① 关于晚清饥荒中的买卖妇女现象，笔者曾经进行过初步探讨②。与清朝历代政府面对灾荒时期买卖人口的不一而同的政策相比，对于拐卖妇女，有清历代皆视作犯罪行为，予以严惩。但是事实上，当严重的饥荒威胁人的生命时，拐卖妇女现象往往愈加猖獗。时人论其原因曰："丰熟之时，此等匪徒本难净绝，一遇饥荒，妇女不能存活，诱拐更为易易，即曰善堂林立，收养有人，而奸徒腾其口说，蛊惑万端，妇女无知，安得不入其彀中？"③ 灾荒中严重的妇女拐卖现象不仅加重了无数女性的悲惨遭遇，也常常演化为影响地方社会秩序和人口变迁的重要因素，要求国家与地方政府在赈灾进程中做出相应的法律应对。

一、晚清灾荒中的妇女拐卖现象及影响

晚清灾荒中拐卖妇女现象非常严重。由于晚清社会自然灾害频繁，灾区范围广阔，拐卖贩运妇女的行为可谓层出不穷，还会在数省同时发生。光绪初年"丁戊奇荒"中，河南信阳县因"河、陕、汝等人民饿死过半，就食信

---

* 原文刊于《兰州学刊》2016年第9期，收入本书时注释有调整。
① 《申报》光绪五年（1879）三月二十日。
② 参见拙文《晚清饥荒中的妇女买卖现象：以光绪初年华北大旱灾为中心》，《史学集刊》2008年第5期。就晚清拐卖妇女犯罪的研究，主要研究成果包括郭松义《清代京师拐卖妇女的犯罪活动》（《中华女子学院学报》2012年第5期）、曹婷婷《道光以来江浙地区略及略卖女性现象初探》（《北京联合大学学报》2008年第1期）、艾晶《清末民初女性拐逃防治研究》（《学术论坛》2008年第9期）等，但对晚清灾荒时期拐卖妇女现象的探讨则还较少涉及。
③ 《申报》光绪五年闰三月二十九日。

阳一带者数逾百万,奸民贩运妇女者尤众"。①资料记载,仅苏州一带,光绪三年(1877)冬天及次春,"汴女之被贩而下者已不下数百人矣"②。与此同时,在山西赈灾的英人李提摩太称他"每天都碰到载满妇女去外地贩卖的大车"③。《申报》光绪四年称,"统计去年由津买去女孩总在五百口以上,而买者固系粤妓,卖者亦系拐来,所得身价仅饱拐匪囊橐耳。"④河南"自正阳拆流以至周口,沿途捎贩妇女船只连樯东驶",⑤周家口有匪徒"均挟资纠党,向晋豫荒区贩买妇女南下,每次有贩得一二百人或三五百人不等,其价每名二三千文起,至三十余两止,总以年貌而定价之贵贱,近月来即绝色佳人亦止须五十金耳"⑥。地方官在拿获该地季长和等七名案犯后就"起出妇女四十余人"⑦。拐犯多半结成团伙,携带枪支,声势浩大。光绪四年,有人自江苏出发,"所经豫鄂皖浙等处,均见有贩鬻妇女者","自周家口至颍州府正阳关寿州一带,所见贩卖妇女者俱成群结队,大半是六安、庐州、舒城、桐城等人,各穿号褂,身带洋枪,并有大官护照。若亳州怀远县王家营等处窝所更多,如一时无主顾,便教之弹唱,以冀鬻入青楼。"⑧贩卖之人还与地方官府相互勾结,"或买通巡丁,或捏称眷口,适以饱关差役之私橐,而拐带者仍难绝迹。"⑨地方官的疏于稽查和缉拿也令拐贩团伙愈加明目张胆,如入无人之境。人贩在山西、河南等地"一贩一二百人,或三五百人,甚则千余成群,沿途病死,而所经地方仅被饥民索买路之钱,而不逢官府申门斗之禁"⑩。再如,光绪三十二年江皖水灾中,贩卖妇女现象同样十分严重。据两江总督端方称,在清江、山阳、安东、桃源、阜宁、铜山、邳州、宿迁、睢宁、萧县、海州、沭阳、赣榆等州县皆有匪徒"诱卖饥民、妇女、幼孩,兴贩图利"⑪。《大公报》也称:"乃闻近有不肖绅商挟资前赴江皖灾区贩卖幼女,私运往长江、苏杭一带,发卖于花船娼寮之内,更有缙绅巨族收买难民幼女为婢为妾情事,幸灾乐祸,趁人之危,奸人妻女,罪莫大焉","又据安南报云,近日奸民由江北灾区贩来幼女,销售于广东沿海一带"。⑫此外,还有借机贩卖妇女出洋者。光绪初年,山

---

① 民国《重修信阳县志·大事记·灾变》,民国二十五年排印本。
② 《申报》光绪四年三月十八日。
③ [英]李提摩太:《亲历晚清四十五年》,李宪堂、侯林莉译,天津人民出版社2005年版,第111页。
④ 《申报》光绪四年正月初八日。
⑤ 《申报》光绪五年二月初一日。
⑥ 《申报》光绪四年四月二十九日。
⑦ 朱寿朋:《光绪朝东华录》,中华书局1958年版,第647页。
⑧ 《申报》光绪四年十二月二十六日。
⑨ 《申报》光绪五年闰三月二十九日。
⑩ 《申报》光绪四年四月三十日。
⑪ 《江北赈务电报录》第六册,光绪三十三年四月初四日南京电。
⑫ 《大公报》光绪三十三年二月二十三日。

西、河南有以散赈为名的英国人与当地奸民勾结,"贩卖妇女出洋",被地方官"严行禁止"①。光绪十九年,华北连年洪涝,灾区"张家口、库伦、恰克图一带大伙贩卖女子至外邦者仍络绎不绝"②。拐卖之风广东尤其猖獗,正是因为广东"地处滨海,且香港一区地属英辖",该地拐匪因此专好拐人出洋③。

  严重的拐卖妇女现象导致了一系列的社会问题。首先,被拐卖妇女多受虐遭欺,命运堪忧。人贩动辄将被拐妇女鞭扑敲打,或将贩来幼女烙伤,备极惨毒④,甚至将难妇"抑勒逼卖,恣意污辱,军民侧目,地方兵役不敢禁拿"。有人叙述光绪三年山西妇女的流离之惨说:"黄河船家满载妇女运往下游,偶染疾病,水手将衣服剥去,生投水中,此水路流离之惨也。其逃之河南者又有挑梢头目,驱数百妇女执长鞭而随之若牛羊然,此陆路流离之惨也。"⑤光绪四年,有人自河南贩女千数,"一路来至浦口,已病死四百八十余名矣"⑥。其次,灾区容易出现严重的人口性比例失调。譬如,光绪初年的华北大旱灾中,山东临朐"妻妾姊妹,贩鬻他方,故各村止有男而无女,所存者不过一二老媪,孩提之童亦绝少,闻在官衙报册,凡子女出售者已有十万余口"⑦。河南妇女光绪三、四两年,"死者贩者各得其半,现所存者无几耳"⑧。对于本已男灾女荒的华北诸省而言,"灾后妇女一空,日后婚配之难,更胜于江浙十倍",更令时人担忧的是,"流民既无室家,即无悬恋,犯法之事,何惮不为?"⑨再次,本已混乱的社会秩序因此更加失控。光绪三十二年江皖水灾中,据两江总督端方奏称,江淮地区"人心不靖,匪徒乘机啸聚,辄敢张立伪号,追胁饥民裹巾起事"⑩,又据江苏巡抚陈夔龙称,海州等地土匪自夏秋以来,"借口凶年,益肆劫抢,并通常熟、崇明、宝山等处各匪……现海属遍地皆匪,共计不下万余人,首要有百数十起,其访闻及指控者已六百余名"⑪。而如前所述,拐卖妇女活动的猖獗愈令当时的社会秩序趋于混乱,使得灾区人口的流失雪上加霜,对于地方政府招抚流亡、恢复灾后生产无疑构成了极大的破坏。

---

 ① 朱寿朋:《光绪朝东华录》,中华书局1958年版,第586页。
 ②《申报》光绪十九年六月二十八日。
 ③《申报》光绪八年五月十六日。
 ④《申报》光绪五年七月初八日。
 ⑤ 李用清《大荒记》,《民国昔阳县志》卷四十二第三册,民国三年手抄本。
 ⑥《申报》光绪四年四月二十九日。
 ⑦《申报》光绪三年六月初一日。
 ⑧《申报》光绪四年六月三十日。
 ⑨《申报》光绪四年六月十一日。
 ⑩《端忠敏公奏稿》卷八,文海出版社1967年版,第1013—1014页。
 ⑪ 中国第一历史档案馆、北京师范大学历史系:《辛亥革命前十年间民变档案史料》上册,中华书局1985年版,第273页。

二、清代因灾拐卖人口的法律规定

灾荒岁月,灾民通过买卖人口以求苟延残喘,多属不得已而为之之事。若一概禁止,反而是断绝了灾民的生路。在因灾荒而买卖人口的问题上,清代自雍正以后的中央政府,对于因荒买卖人口,大都不再严禁,而是采取听之任之的态度。但是,清代严禁官员参与买卖灾地人口。乾隆五十三年(1788),谕令派差委员、由驿行走之人严禁私买、携带灾地贫民子女,违者严参。①在地方司法档案中,也有不少丈夫因饥荒卖妻,去官府备案的情形。道光二十九年(1849),南部县民人刘继尧娶妻张氏,连续两年遭遇饥荒,"不但恒业俱无,栖身莫所,且而身染残疾","欲贸无本,辗转无路",夫妻商议将张氏嫁卖,"奈人言生妻不敢说娶,是以赴案禀明存案,伺获觅得张氏生活之路,不致后患"②。晚清以来,有外国媒体抨击中国可以自由买卖妇女的政策,认为此"实为五洲各国罕有之陋俗",即使是灾区买卖幼女,也非人道行为:"中国自名文明大邦,乃于逆天害理之事行者安之,或曰购买幼女尤胜于饿死于灾区也,然富者既有资财购买幼女,何不出资赈贷之,既云购买幼女,只为救伊性命,又何以专买幼女而置老弱男子于不顾,其居心惨忍,奸邪不待办而可知已"③。光绪三十二年(1906),两江总督周馥以"有伤天地之和、未洽文明之化"为由奏请禁革买卖人口,认为当前"振兴政治,改订法律,百度维新,惟买卖人口一端,既为古昔所本无,又为环球所不齿","此为野蛮陋习,非文明之国所宜",重视民命才是天下公理④。同时酌拟六条禁革意见,对灾荒时期贫民鬻妻卖子、婚娶纳妾等不同情况分别拟定执行办法、善后措施,如对于地方偶遇凶荒,贫民不能养赡子女,现今不许鬻卖,应"筹两全之法":即立据作为雇工,准其议定年限,先给雇价,男女长幼总以扣至本人25岁为限,只准减少不准加多,限满听归本家,限内雇主要带去远方,需要征得本家的同意,限满后女子如母家无人,交其近属亲族领回婚配,而纳妾婚娶者,"务须两厢情愿,不得抑勒"⑤。同年,沈家本撰写《禁革买卖人口变通旧例议》,力主此后永远禁止买卖人口作为子孙、妻妾、奴婢,违者治罪。旧时契买之例,也一律作废。因贫困而买卖子女的人,均罚金15两以下,身价入官,人口交由亲属领回。略卖、和卖案中的不知情买者,也照此办理。

灾荒时期买卖人口的法律规定在不同时期有着不同的变化,但是,在对

---

① 中国第一历史档案馆(以下简称一史馆)藏:《清代灾赈档案专题史料》第76盘,第1134页。
② 南部县档案,档号:01-4-289-1。
③ 《大公报》光绪三十三年二月二十三日。
④ 一史馆藏:《奏请禁革买卖人口事》,档号:04-01-01-1077-041。
⑤ 一史馆藏:《呈酌拟禁革买卖人口条款清单》,档号:03-5744-012。

拐卖妇女犯罪的惩处上，清代法律则予以严惩，相关立法细密而全面。如前所述，饥荒时期，因为米贵人贱，拐卖人口现象极易滋生："民食不足，卖儿鬻女。即有一班恶徒从中把持取利，或强分身价，或包价转贩，或不令亲属见面，远售与闽广客商，或诱引拆卖发妻，总使一散而不能复聚。此等名为救急，实属惨毒，急宜访拿严禁。"①清代法律禁止以欺诈方式、暴力手段诱拐人口，拐卖人口当属严禁。《大清律例·刑律》"略人略卖人"条载："凡设方略而诱取良人及略卖良人为奴婢者，杖一百、流三千里；为妻妾、子孙者，杖一百、徒三年。因而伤人者，绞；杀人者，斩。被略之人不坐，给亲完聚。"对于诱拐妇人子女者，更要予以严惩："凡诱拐妇人子女，或典卖，或为妻妾、子孙者，不分良人奴婢，已卖未卖，但诱取者，被诱之人若不知情，为首者，拟绞监候，被诱之人不坐"，如以药饼及一切邪术迷拐幼小子女，为首者立绞；为从，应发宁古塔给穷披甲之人为奴者，照名例分别改遣之例问发。对于开设妓院娼馆诱拐、藏匿妇女的，为首者也斩立决："凡伙众开窑，诱取妇人子女藏匿勒卖事发者，不分良人、奴婢，已卖、未卖，审系开窑情实，为首照光棍例拟斩立决，为从发黑龙江给披甲人为奴"②。此外，在"强占良家妻女律"及"白昼抢夺律"内，对聚众伙谋抢夺行路妇女而贩卖者，亦有处斩的严厉措施③。

虽然清代准许人口买卖，但对购买被拐妇女的买方市场也有相关规定，尤其对购买妇女而逼良为娼者，枷号三个月，杖一百，徒三年；如果是籍充牙人将领卖妇女逼勒卖奸图利，除枷号杖责外，还要发云贵、两广烟瘴地；娼优乐人买良婚娶杖责一百④。此外"收留迷失子女律"中规定，若收留良人迷失子女不报官而转卖者，为奴婢杖一百，徒三年，为妻妾、子孙杖九十，徒二年半，略贱减等⑤。对于拐卖妇女出洋者，虽然1860年《北京条约》签订后，清政府被迫允许华人合法出洋，但是仍坚决打击诱骗妇女的犯罪活动，将诱拐男妇匪犯"就地正法""斩立决"⑥。

地方官及其他执法人员对诱拐人口者若不严行查拿，也要承担相应的法律责任：地方官匿不申报，查参议处。⑦"略人略卖人律"规定："凡收留迷失子女不报，及诱拐人犯，各衙门番捕不行查拿，经他处缉获，将番捕照缉盗

---

① 万维翰：《荒政琐言》，《中国荒政全书》第二辑第一卷，第478—479页。
② 马建石、杨育棠主编：《大清律例通考校注》，中国政法大学出版社1992年版，第750—751页。
③ 马建石、杨育棠主编：《大清律例通考校注》，中国政治大学出版社1992年版，第450、705页。
④ 马建石、杨育棠主编：《大清律例通考校注》，中国政治大学出版社1992年版，第962页。
⑤ 马建石、杨育棠主编：《大清律例通考校注》，中国政治大学出版社1992年版，第411页。
⑥ 陈翰笙主编：《华工出国史料汇编》第1辑，中华书局1985年版，第47—116页。
⑦《清高宗实录》第五八四卷。

逾限律责处。知而不拿者，照应捕人知罪人所在而不捕律，减罪人罪一等发落，该管官按窝留诱拐人数分别议处。"地方保甲对"外来之人带有幼童、幼女行走住宿"者要及时盘诘捕治。倘有疏纵，经别处拿获，地方保甲照窝藏逃人例治罪，容留之家照知情容留拐带例惩治，该地方官亦照例议处。"①

三、地方官府的具体惩处措施

1. 严禁与查拿

从实际操作来看，严厉查拿和处置人贩也确属地方官赈灾中的重要工作。道光年间，王凤生知河南归德府，多次颁布戒恶条约，对"兴贩妇女幼童""拐抢他人妇女、嫁卖奸污、或外来贩卖为婢为娼"者，无论四邻、乡甲、地保都要"随时查察，拏获送官，如敢容隐，一体治罪"②。光绪初年华北大旱灾中，河南巡抚涂宗瀛对于专事贩卖女子渔利的不轨之徒，遴派练军驻扎槐店一带，"一面出示严禁，悉数查拿"。江苏省也接二连三地发布申禁拐带妇女告示③，将凡在贩卖三名以上妇女者名之为奸拐贩鬻者，对此类拐贩予以从严惩办。同时，对获贩之兵丁差弁也予以相关奖励，按照妇女口数由局给赏二千文。光绪三十二年（1906），江皖水灾中，两江总督端方也多次严令若有奸徒诱卖妇女，兴贩渔利，"应即饬由袁杨二道督饬徐淮海各属，从严查禁，有犯必惩，一面责成镇江关荣道、海州汪直牧在于各口暨淮河各厘局于经过船只严密盘查，遇有兴贩妇女，立即拿获解究，并将妇女解回原籍，给领团聚"。④此外，还令各属发布张贴严禁匪徒贩卖妇女告示，并令各府道定期将查拿拐犯情况禀报督抚⑤。从资料来看，此次查拿拐犯效果还是显著的。邳州在光绪三十二年冬至次年春天，共发生诱匿妇女案五起，已经起获三起，被拐妇女已分别给领；⑥光绪三十三年四月，清江先后盘获被拐妇女共八起，计十五名⑦，徐州也起获拐卖妇女案两起，其中一案首犯谢广春年已六旬，窝留转卖妇女，渔利已非一次，铜邑也查获三起，其中案犯石怀献被妇女指证有强抢污辱之事，另一案犯潘孟如贩买妇女二口。⑧拐犯一经拿获后，从严议罪，

---

① 《大清律例》，法律出版社 1998 年版，第 406—408 页。
② 王凤生：《宋州从政录》，道光十六年刊本。
③ 《申报》光绪四年七月十六日载《苏抚院申禁拐带妇女告示》："倘有外来徒棍，带有妇人子女，转卖与人，并形迹可疑者，立即投保送究，如敢通同留匿，与犯同科，地保得规容隐，察出并究不贷。"
④ 一史馆藏：端方档，去 123 号，第 23 件。
⑤ 一史馆藏：端方档，去 123 号，第 77 件。
⑥ 一史馆藏：端方档，来 153 号，第 147 件。
⑦ 一史馆藏：端方档，专 75 号，第 007 件。
⑧ 一史馆藏：端方档，来 154 号，第 46 件。

永远监禁，先在热闹市镇枷号示众。① 同时，还对举报拐犯者予以奖励。如光绪三十二年十二月，镇江粥厂委员、巡警委员赴镇江道面禀，有人送信，称扬州有一女子被拐来镇，镇江道荣恒因此派人将拐犯秦三抓获，并赏报信人钱二十吊，以示鼓励。②

2. 申请就地正法

所谓"治乱世用重典"，根据律例，拐贩妇女，若无强奸逼污及杀害等情，罪不至死，时至晚清，有人认为这样的惩处太过轻纵："拐匪即非斩人宗祀，亦必离人骨肉"，"其罪竟与杀人无异，甚或更重于杀人，是犹得曰监禁几年，罚作苦工，即可以偿其罪"③，拐贩罪大恶极，必须予以严惩。地方政府常将拐贩申请就地正法。同治八年（1869）湖广总督李鸿章在《为严查哥老会众滋事者片》中称：襄郧一带游勇土匪到处勾结，"劫掠商民财物，挟仇放火杀人以及强抢妇女轮奸嫁卖，掳提幼孩勒赎得赃，种种扰害，难以枚举"，如果只令州县照例按拟解省审勘，"非得道路弯远，疏脱堪虞"，因此，请准将湖北襄阳、郧阳所属"嗣后拿获刀痞哥匪抢劫杀人各犯，罪干斩枭斩决者，仍照同治二年奏定章程，就近由该管守道督审明确，立予就地正法，以昭炯戒"。④

光绪年间，对于灾荒中拐卖、贩卖妇女者，地方督抚多奏请就地正法。"丁戊奇荒"期间，豫、晋二省均请将贩卖之人"不拘成例"，予以严惩，奏请正法⑤。光绪三年，河南周家口匪徒季长和胆敢将逃荒妇女诱拐抢夺，抑勒逼卖，并恣意污辱，后将季长和及王辅清等七名匪徒擒获，起出妇女四十余人，河南巡抚涂宗瀛请准将匪首季长和就地正法。⑥光绪五年，游勇詹万安与专贩人口之王张氏贩卖妇女，并有烙伤幼女等情，山西巡抚曾国荃奏准将詹万安就地正法，王张氏递回河南原籍，交地方官永远监禁。⑦光绪十年（1884），湖北省奏定章程："湖北省囤卖妇女，于湖河港汊中，停舟以待。遇有妇女误坐其船，则载之远扬；夫男同行，多被戕害；又有逼勒本夫嫁卖，妇女一入其手，逼奸逼嫁，俯首相从。否则逞其凶焰，加以凌虐。似此淫恶不法，为害地方，实较诸寻常抢夺诱卖妇女之案情节为重。为首之犯，均照强盗及窝盗例，拟斩立决，就地正法"⑧。光绪十四年，湖北钟祥人沈老三邀同盛发先等将乐黄氏、孙王氏等妇女诱拐押逼至汉川县，价卖与人，或为妻妾，

---

① 一史馆藏：端方档，来153号，第113件。
② 一史馆藏：端方档，来258号，第47件。
③《申报》光绪十六年九月二十一日。
④ 方裕谨：《同治年间哥老会史料》，《历史档案》1998年第4期。
⑤《申报》光绪五年七月初八日。
⑥《清德宗实录》卷八十。
⑦《清德宗实录》卷九十六。
⑧《大清会典事例》，卷七九六，第715页。

或为婢女,巡抚奎斌即援照此章程,将首犯沈老三就地正法。《申报》认为,拐卖妇女之案之所以猖獗,拐匪之所以无所忌惮,正是因为地方官办理"太宽故也",相关律例虽然严苛,但是地方官不能实力奉行,对于"犯案匪徒,往往仅以枷责了事",因此赞扬奎斌"办理此案如此雷厉风行,则匪徒必且有闻而胆落,不敢复逞其故"①。此外,光绪十三年,两广总督张之洞奏准,广东略卖人口出洋之风日炽,请复就地正法旧章,从重办理。②

3. 司法审判中的灵活性

灾荒中的人口买卖,情况复杂,妇女再嫁或重新许配容易造成灾后民间礼法秩序的失控。比如,再卖已许配人家的幼女,便极易导致前夫执词具控,"又滋案牍之烦"。处理相关事务和案件时,必须注意灵活性。针对饥荒之年发生的拐案,地方官也强调,在具体审理的过程中,应甄别具体情况,"凡事不可执一而论"③。比如,有一种情形是:"荒年乏食,弃妻不顾,任其另嫁,及年景转丰,则又以拐卖发妻具控,索还妻子者,随处有之。"光绪二十六年,本夫陈世德于四年后诬控闽福成诱拐其妻,欲领荒年已弃之妻,其间陈朱氏已与闽福成育有一女,两任县官都断妇归本夫,但是名吏樊增祥认为,"前后两任其抱定死例,断归本夫","大谬矣"。为官者"第一要体人情",陈世德"凶荒抛弃,早无结发之情,陌路相逢,顿起图讹之念,观其四年之久,从不追寻,可见此时坚欲得妻,正为多得钱文之计",所以将陈重责百板,枷号十日,并昭示以后有荒年弃妻,妻在后夫家已生子女者,均照此案办理,以"彰公道而顺人情"④。可见,区分灾荒中的拐卖与正常买卖,是地方官审理相关案件时尤应注意的事项。对于拐案中被拐女性的去向,官府也应从保护女性安全的角度出发。光绪四年,有拐贩从山东灾区拐骗六名妇女,至浙江鄞县被抓获,地方官查知六名妇女家内均无亲族,情愿当官择配,将其中两名女子立刻配人,"本夫具有娶作正堂甘结",其余四口也托人日后嫁配。

余　论

拐卖妇女的犯罪活动在历史上长期存在,晚清自然灾害严重,更为拐卖妇女犯罪的猖獗提供了土壤。如前所述,这一时期,中央到地方政府为打击拐卖妇女犯罪做出了积极努力,国家立法细密而烦琐,再加以"就地正法"等的实施,既说明当时拐卖妇女现象的严重性,也反映了朝廷对拐贩予以严惩的态度。清末法律改革中,周馥、沈家本等呼吁禁止买卖人口,《大清现行

---

① 《申报》光绪年十一月二十一日。
② 《清德宗实录》卷二三八。
③ 樊增祥:《樊山政书》卷十,中华书局2007年版,第279页。
④ 樊增祥:《樊山政书》卷七,中华书局2007年版,第181页。

刑律》将买卖人口予以严禁，相关的讨论和立法的变化，反映了法律的进步。从具体的司法实践来看，地方官对灾荒时期的人口买卖案件讲求灵活处理，这些对安定灾区社会秩序的确发挥了一定积极作用。不过，从法律的实施来看，晚清官场贪劣成风，日益腐败的吏治易使严刑峻法成为具文。光绪三年，《北华捷报》曾把那些"大权在握的官员"喻之为"人形蝗虫"，形容他们对赈灾有百害而无一利。有的官兵本身就是贩卖妇女的积极参与者。光绪初年华北大旱灾中，有贩子在江苏清江、浦口等地将贩来妇女数十成群分藏舟中，直驶江左，一路从未见有查察而截留者，官府种种文告至此不过形同具文[①]。有的官吏徇私枉法，欺上瞒下。光绪四年，安徽桐城17人贩卖妇女20多人至太和县，被拘拿管押，县令因奉河南巡抚涂宗瀛札，欲将拐贩严办，却被一个叫吴广文的下属"瞻徇乡谊，再四说情"，不久人贩携妇女全部出境[②]。光绪三十二年江皖水灾中，解救被卖妇女的过程中亦充斥着舞弊行为。据《大公报》载："探闻目前有某侍御奏参江北一带放赈之委员有侵吞赈款之事，且有奸民拐卖灾区妇女，竟有地方官从中受贿不究等情"[③]。严格执法没有落实的空间，再加以国家财力人力的匮乏，因此，光绪年间，才有民间义赈人士针对被买妇女所进行的更大规模的收赎活动。

（作者系中国政法大学人文学院历史研究所教授）

[①]《申报》光绪四年四月二十九日。
[②]《申报》光绪四年十二月二十六日。
[③]《大公报》光绪三十三年三月三日。

魏晋复仇文学作品中的司法审判及其叙写

罗世琴

复仇是中国古代文学中经常出现的主题之一,由"父兄之仇""兄弟之仇"的血亲复仇到"交游之仇""弑君之仇"的非血缘关系复仇故事,在各类史书中有淋漓尽致的记叙。魏晋时期,由于律法制度的进一步专门规约,复仇行为受到一定局限,但在当时的文学作品中仍有大量的以复仇为主题的叙写。

一、魏晋复仇司法审判的文学叙写

表面上,在一个有相关法律制度的社会,复仇行为与对复仇者的司法审判从意愿上并不趋同,采取复仇行为则意味着置司法审判于不顾,审判则是为了对复仇行为进行以法律为准的裁决。然而魏晋时期的文学作品中,复仇与司法审判构成一种相消相长的特殊互补形式,复仇者复仇的坚定意志与其复仇得以实现后所受司法审判的过程,往往都成为作品描绘的重心。其基本模式可分两类进行探讨:

第一,复仇后审判模式。

这种模式的创作内容大多有本事可考,多写前代之人、前代之事,创作手段上对音乐仍有一定依赖。

曹植《精微篇》中有苏来卿因复父仇受刑而亡与女休复仇得赦的叙写:"关东有贤女,自字苏来卿,壮年报父仇,身没垂功名。女休逢赦书,白刃几在颈。俱上列仙籍,去死独就生。"[1]

左延年《秦女休行》专写女休,主人公女休"为宗行报仇",杀死仇人,"左执白杨刃,右据宛鲁矛。仇家便东南,仆僵秦女休",成功复仇。其后,诗歌详细展开了对其复仇行为审判、服刑及结果,比复仇过程的描写更为详尽:

关吏呵问女休,女休前置辞:"平生为燕王妇,于今为诏狱囚。平生

---

[1] 赵幼文:《曹植集校注》,人民文学出版社1984年版,第332页。

衣参差,当今无领襦。明知杀人当死,兄言(怏怏)'怏怏',弟言无道忧。女休坚词为宗报仇,死不疑。"杀人都市中,徼我都巷西。丞卿罗东向坐,女休凄凄曳梏前。两徒夹我持刀,刀五尺余。刀未下,朣胧击鼓赦书下。^①

女休对自己复仇行为的申辩内容可分为三个层次:其一,复仇造成的生活影响。对于女休,杀人的负面影响显而易见,复仇前以"燕王妇"身份过着衣食无忧的生活,复仇后成"诏狱囚",基本生活也无法保障,过着"无领襦"的艰难日子。倘若不复仇,就不会有如此落差。其二,不得已而复仇。女休复仇,是因为家族中再无人能承担如此重任,兄长只知郁闷愁容,小弟浑噩无知,女休责无旁贷。可见,复仇的困难并非源自仇家,而是复仇者自身家庭原因。其三,复仇无悔。虽然有上述落差与困境,女休并未选择放弃,而是更进一步坚定了复仇的决心,"为宗报仇,死不疑"。

与左延年所作不同,傅玄《秦女休行》一开始就着力强调仇之深、仇人与复仇者之间强弱势力的反差:"父母家有重怨,仇人暴且强。虽有男兄弟,志弱不能当。"以至于主人公为复仇不得不采取一些策略:"烈女念此痛,丹心为寸伤。外若无意者,内潜思无方。"这种强弱实力对比下的复仇过程也相当惨烈,傅玄在描写复仇过程之后,也集中描写了审判过程:"烈女直造县门,云父不幸遭祸殃。今仇身以分裂,虽死情益扬。杀人当伏法,义不苟活辱旧章。县令解印绶,令我伤心不忍听。刑部垂头塞耳,令我吏举不能成。烈著希代之绩,义立无穷之名。"^②

与左延年诗相比,傅玄《秦女休行》不但专写复仇者的申辩,还特地叙写了执法官吏听闻事件过程与申辩后的态度和举动。前人多以傅玄诗模拟左延年诗,所歌咏为一事,胡适《白话文学史》认为:"左延年与傅玄所作《秦女休行》的材料都是大致根据于这种民间的传说的。这种传说——故事诗——流传在民间,东添一句,西改一句,'母题'(motif)虽未大变,而情节已大变了。左延年所采的是这个故事的前期状态;傅玄所采的已经是后期状态了,已是'义声驰雍良'以后的民间版本了。流传越久,枝叶添的越多,描写的越细碎。故傅玄写烈女杀仇人与自首两点比左延年详细的多。"^③

胡适正是以两首诗中官吏对复仇者的态度与行为,以及对复仇事件的审判结果作为两首诗所歌咏内容本事的判断标准之一。

从文学叙写与创作的角度,晋代类似的女子复仇故事流传很广,皇甫谧作《列女传》,将娥亲复仇的审判、执法官员的感动、娥亲欲伏法而不得的过程叙写得更为详细。然而,这些故事仅见文艺作品的转述叙写,魏晋史册所

---

① 郭茂倩:《乐府诗集》卷六十一,中华书局 1979 年版,第 886 页。
② 郭茂倩:《乐府诗集》卷六十一,中华书局 1979 年版,第 887 页。
③ 胡适:《白话文学史》,东方出版社 2012 年版,第 66 页。

载当时女子复仇的故事却几乎找不到。

第二，通过审判实现复仇的模式。

当复仇行动由于各种缘由无法实现时，司法审判又会成为实现复仇的中介。在这一叙写模式中，往往是复仇者受冤屈——包括在前期审判过程中所受冤屈——从而引发带有复仇性质的申诉，最终实现正义审判，平复冤仇。魏晋时期这类文学叙写的着力点往往集中于两个方面：其一是终极审判的正义性，其二是复仇目标的转移。

干宝《搜神记》载东海孝妇故事：

> 汉时，东海孝妇，养姑甚谨。姑曰："妇养我勤苦，我已老，何惜余年，久累年少。"遂自缢死。其女告官云："妇杀我母。"官收系之。拷掠毒治，孝妇不堪苦楚，自诬服之。时于公为狱吏，曰："此妇养姑十余年，以孝闻彻，必不杀也。"太守不听。于公争，不得理，抱其狱词，哭于府而去。自后郡中枯旱，三年不雨。后太守至，于公曰："孝妇不当死，前太守枉杀之，咎当在此。"太守即时身祭孝妇冢，因表其墓。天立雨，岁大熟。《长老传》云："孝妇名周青，青将死，车载十丈竹竿，以悬五旛。立誓于众曰：'青若有罪，愿杀，血当顺下；青若枉死，血当逆流。'既行刑已，其血青黄，缘旛竹而上极标，又缘旛而下云。"①

故事中东海孝妇蒙冤，前任太守作为执法者未能伸张正义是极其关键的因素。因此需要进行一次具有正义性质的审判，也即后任太守"实时身祭孝妇冢，因表其墓"。这虽然不是当事人本人对簿公堂，但后任太守以执法人的身份给予了一个正义的认证，从而取得了与审判同等效力的结果。尤为值得注意的是此时的复仇并不是指向前任太守或某一个人，而是具有一定的普遍指向性，因此复仇方式为"郡中枯旱，三年不雨"，复仇成功，一切回归常态，"天立雨，岁大熟"。此故事《汉书·于定国传》有记载，此处虽也出现"于公"，但侧重角度已经发生了转变：《汉书》中，是为表现于定国其人的正义明断，故事的主人公是于定国；此处则以东海孝妇为主人公，又加入了"长老传云"的一段记载，进一步突出了周青"冤"的成分。这也是汉代史传文学中的复仇与魏晋时期诗歌小说类文学作品中的复仇的主要区别之一。

同样，谢承《后汉书·周敞传》对苏娥故事的记载非常简单："苍梧广信女子苏娥，行宿鹊巢亭，为亭长龚寿所杀，及婢，致富，取财物，埋置楼下。交阯刺史周敞行部宿亭，觉寿奸罪，奏之，杀寿。"此事《列异传》中记载

---

① 干宝：《搜神记》卷十一，影印文渊阁四库全书（册 1042），台湾商务印书馆 2008 年版，第 421 页。

略同。两处记载中周敞"杀寿",是执法官吏主动审理的结果,而这一过程在《搜神记》卷十六所载则变成了女主人公复仇故事:

> 汉,九江何(周)敞,……夜犹未半,有一女从楼下出,呼曰:"妾姓苏,名娥,字始珠,本居广信县修里人。早失父母,又无兄弟,嫁与同县施氏,薄命夫死,有杂缯帛百二十匹,及婢一人,名致富,妾孤穷羸弱,不能自振;欲之傍县卖缯,从同县男子王伯赁牛车一乘,直钱万二千,载妾并缯,令致富执辔,乃以前年四月十日到此亭外。于时日已向暮,行人断绝,不敢复进,因即留止,致富暴得腹痛。妾之亭长舍乞浆,取火,亭长龚寿,操戈持戟,来至车旁,问妾曰:'夫人从何所来?车上所载何物?丈夫安在?何故独行?'妾应曰:'何劳问之?'寿因持妾臂曰:'少年爱有色,冀可乐也。'妾惧怖不从,寿即持刀刺胁下,一创,立死。又刺致富,亦死。寿掘楼下,合埋妾在下,婢在上,取财物去。杀牛,烧车,车缸及牛骨,贮亭东空井中。妾既冤死,痛感皇天,无所告诉,故来自归于明使君。"敞曰:"今欲发出汝尸,以何为验?"女曰:"妾上下着白衣,青丝履,犹未朽也,愿访乡里,以骸骨归死夫。"掘之,果然。敞乃驰还,遣吏捕捉,拷问,具服。下广信县验问,与娥语合。寿父母兄弟,悉捕系狱。敞表寿,常律,杀人不至族诛,然寿为恶首,隐密数年,王法自所不免。令鬼神诉者,千载无一,请皆斩之,以明鬼神,以助阴诛。上报,听之。①

通过细节叙写,已由前书所载的一件普通再审案例变为女子借执法官审判复仇案:加入了女子在请求正义审判时的辩辞,着力刻画了周敞在获得主要案情后的验证过程,详细记载了案件审理的结果。足见,《搜神记》对这一故事进行的加工主要集中于以文学描绘方式突出法律因素。

除了亲属复仇并受到审判外,魏晋时期复仇文学的另一个显著特点是依靠执法官员的明断正义实现怨仇报复,而复仇方式也由手刃仇家转化为多元复仇。

当执法的官员能伸张正义,在案件的审判过程中平复冤屈,同时也完成复仇。如《列异传》载魏公子无忌审鹞杀鸠事,②《搜神记》卷十一载严遵闻道傍女子哭声不哀事。③当执法官员不能伸张正义,在具体审判过程中,出现如

---

① 干宝:《搜神记》卷十一,影印文渊阁四库全书(册1042),台湾商务印书馆2008年版,第443页。
② 郑学弢:《列异传第五种》,文化艺术出版社1988年版,第12页。
③ 干宝:《搜神记》卷十一,影印文渊阁四库全书(册1042),台湾商务印书馆2008年版,第423页。

《搜神记》卷一载汉阴生"长吏知之,械收系,著桎梏……又械欲杀之"的情形,就会引发"洒之者家,屋室自坏,杀十数人"的复仇转移,① 即便不是现实世界中的复仇,也会通过天道获得正义支持。文学作品中还会出现主张正义的天或伸张正义的侠客来完成复仇,如《搜神记》卷二谢尚绝后就是因天道进行复仇式审判的结果②。

由上不难发现,魏晋时期复仇主题文学作品中所写审判的实际作用从一定程度上存有矛盾:一方面,司法审判是对主人公的复仇进行律法为依据的处罚——从效果上,往往反衬出主人公的复仇被宽恕的理由;另一方面,由于以律法为依据的审判,执法者又在帮助复仇者完成复仇行动,也即复仇行动由于各种缘由无法实现时,司法审判能实现正义复仇。

二、魏晋复仇文学中的司法审判依据

魏晋复仇文学中,复仇往往与执法官员的审判裁决相联系,这与当时对复仇的频繁立法以及当时的司法审理程序有关。

复仇杀人曾经是"在没有统一且强有力的公权力维持社会和平和秩序的历史条件下","维系和平的根本制度"。③ 汉刘邦"约法三章"之一"杀人者死,伤人及盗抵罪"条,④ 汉章帝、成帝时对该条年龄的细化⑤,东汉桓谭上书:"今宜申明旧令,若已伏官诛而私相伤杀者,虽一身逃亡,皆徙家属于边"⑥,都未将复仇杀人专列,复仇杀人的情形是否一定就包含于上述"杀人者""相伤者"中,也有待商榷。《九朝律考》言:"汉时官不忌报仇,民家皆高楼鼓其上,有急即上楼击鼓,以告邑里,令救助。"⑦ 认为汉代对复私仇并无任何法律层面的限制。

汉末"魏武重法术,天下贵刑名",人们对律法问题有了更新认识。曹操《拜高柔为理曹掾令》:"夫治定之化,以礼为首,拨乱之政,以刑为先。"⑧ 将"礼"与"刑"分立并列,实则强调并提升了"刑"的地位。王粲《难钟荀太

---

① 干宝:《搜神记》卷一,影印文渊阁四库全书(册1042),台湾商务印书馆2008年版,第369页。
② 干宝:《搜神记》卷二,影印文渊阁四库全书(册1042),台湾商务印书馆2008年版,第377页。
③ 苏力:《法律与文学:以中国传统戏剧为材料》,生活·读书·新知三联书店2006年版,第61页。
④ 司马迁:《史记·高祖本纪》,中华书局1982年版,第362页。
⑤《汉书·宣帝纪》元康四年(前62)诏:"自今以来,诸年八十以上,非诬告杀伤人,它皆勿坐。"《汉书·刑法志》成帝鸿嘉元年(前20)定令:"年未满七岁,贼斗杀人及犯殊死者,上请廷尉以闻,得减死。"班固:《汉书》,中华书局1962年版,第258、1106页。
⑥ 范晔:《后汉书·桓谭传》,中华书局1962年版,第958页。
⑦ 程树德:《九朝律考》,中华书局1963年版,第107页。
⑧ 陈寿:《三国志·魏书·高柔传》,中华书局1982年版,第683页。

平论》:"岂亿兆之民,历数十年,而无一人犯罪,一物失所哉! 谓之无者,'尽信书'之谓也。"① 直指礼在社会治理中的局限性。人们不再一味强调礼至上,相反,开始关注法治的重要性。

对复仇明确提出严格禁止的,当属曹氏父子。建安十年(205),曹操破袁谭、平冀州后,明确发出复仇禁令:"民不得复私仇,禁厚葬,皆一之于法。"② 将复仇与厚葬相提并论,这二者,本是大家族表现凝聚力极其重要的两个方面,曹操一并禁止。

曹丕曾下《禁复雠诏》:"丧乱以来,兵革纵横,天下之人,多相残害者。昔田横杀郦商之兄,张步害伏湛之子,汉氏二祖下诏,使不得相仇。今兵戎始息,宇内初定。民之存者,非流亡之孤,则锋刃之馀。当相亲爱,养老长幼。自今以后,宿有仇怨者,皆不得相仇。"③

《太平御览·仇雠》载:"魏文帝《杂诏》曰:丧乱以来,兵革纵横,天下之人,多相杀害,昔贾复、寇恂私相怨憾,至怀手剑之忿。光武召而和之,卒共同舆而载。"④

黄初四年(223)诏:"丧乱以来,兵革未戢,天下之人互相残杀,今海内初定,敢有私复仇者,皆族之。"⑤

曹丕所提及的几个汉代的复仇事件,"田横杀郦商之兄,张步害伏湛之子"都是皇帝权威裁断而阻止复仇的行为。贾复、寇恂事虽然已构成"至怀手剑之忿"的复仇倾向,但结果却是"和"而不复仇。或以第三方施压放弃复仇,或因第三方协调而和解,这是当时避免复仇的典型处理方式。基于此,曹丕认为"宿有仇怨"其实都可以化解,实在不可通过化解方式避免的蓄意复仇行为,就可以用最为严厉的刑罚手段——"族之"——定罪,通过这种强制要求的形式进一步限制复仇。与之相对的是,下《禁复仇诏》第二年(黄初五年),曹丕又下《轻刑诏》,提出"广议轻刑以惠百姓"。对比两年间先后两次有关刑罚的诏书,前者目的在于"重刑",后者目的在于"轻刑",貌似冲突,实则反映出有"慕通达"之称的曹丕虽然极力维护自己"圣"君的形象,但在复仇一事上,处罚不减轻反而加重,其通过法治杜绝复私仇的决心可窥一斑。

曹操和曹丕只是以通告方式宣布对复仇行为量刑定罪,至魏明帝曹睿令人修改律法,制定《魏律》,在序言中正式提出复仇杀人的法律责任:

"贼斗杀人,以劾而亡,许依古义,听子弟得追杀之。会赦及过误相杀,

---

① 《汉魏六朝百三家集》卷二十九,文渊阁四库全书(册472),商务印书馆影印,第76页。
② 陈寿:《三国志·魏书·武帝纪》,中华书局1982年版,第27页。
③ 《汉魏六朝百三家集》卷二十九,文渊阁四库全书(册472),商务印书馆影印,第29页。
④ 李昉等:《太平御览·人事部》,中华书局影印本1960年版,第2208页。
⑤ 陈寿:《三国志·魏书·文帝纪》,中华书局1982年版,第82页。

不得报仇,所以止杀害也。"①

这可以算是曹丕诏书的补充,非常明晰地规定了可以复仇与不可复仇的具体条件。允许复仇的条件为:其一,这种复仇前的命案是"贼斗"所致。"两讼相趣谓之斗","无变斩击谓之贼"。②其产生的原因与国家利益、集体利益甚至家族利益等毫不相关。其二,有"劾"的过程。即凶犯已被告发于官,命案已经进入了法律审理的范围。其三,因"劾"而"亡"。凶犯不但没有自首情节,听闻官方通缉的风声后,反而逃亡。足见,从律法角度,这有三重罪:故意杀人、不从官令、出逃。当这三个条件同时具备时,容许复仇。所谓"依古义",也包括依《公羊传·定公四年》所言:"父不受诛,子复仇可也。父受诛,子复仇,推刃之道也。复仇不除害,朋友相卫而不相迿,古之道也。"③这是对伍子胥杀楚为父复仇一事进行的评价,可见,在上述三种情况同时存在的前提下,死者近亲属和朋友都可以复仇。相应,不允许复仇的前提为:其一,已经过法律裁判,明确认定应当对复仇者赦免宽刑的;其二,过失杀人。二者具备其一,就不可再追究复仇。此时并不考虑"弗共戴天"或"不反兵"的礼之"古义",其目的只是为了人们之间不再形成相互残害、复仇不已的恶性循环。这从一定程度上无疑将律法的地位提升到了"古义"之上,体现出明显的法治精神。

《宋书》载,宋元嘉年间,任司徒左长史的傅隆对一民间案件做出初步审理意见时,曾提及"旧令":

> 隆议之曰:"旧令云,'杀人父母,徙之二千里外'。不施父子孙祖明矣。……令亦云,'凡流徙者,同籍亲近欲相随者,听之'。此又大通情体,因亲以教爱者也。"④

一般认为此处所依据的"旧令",当为《晋律》内容。则"杀人父母,徙之二千里外"而且"同籍亲近"可以"相随",则是对复仇杀人"移乡避仇"的处理方式,这样既照顾了礼,又从客观条件上维护了律法的执行。对禁止复仇而言,无疑是较为有效的一个解决办法。

当时的北方十六国也曾有类似禁令,姚苌统治前秦也曾担心战争时期人们因复私仇形成内乱,下书禁止:"南羌窦鸯率户五千来降,拜安西将军。苌下书,有复私仇者,皆诛之。"⑤

---

① 房玄龄:《晋书·刑法》,中华书局1974年版,第923页。
② 房玄龄:《晋书·刑法》,中华书局1974年版,第928页。
③《左传纪事本末》,影印文渊阁四库全书(册369),台湾商务印书馆2008年版,第503页。
④ 沈约:《宋书·博隆传》,中华书局1983年版,第1550页。
⑤ 房玄龄:《晋书·姚苌传》,中华书局1974年版。

这些律法禁令的颁发对两汉以来复仇风气的约束起到了明显作用，"魏晋南北朝时期所见文献记载的复仇事件却大大少于秦汉时期"的原因"应当视为历朝历代不断明令禁止复仇的显著效果"。①

魏晋时期不仅从立法角度明确提出禁止复仇，还进行相应宣传，使律令人皆共知。晋武帝司马炎就曾在新律法颁布以后"亲自临讲，使裴楷执读"。②

除专门的司法组织外，当时中书省、尚书省官吏也兼管刑事。审判、检察和司法行政都由地方官兼任，因此当时州刺史、郡太守、县令皆可以进行司法审判工作。因此，复仇的民事案件的审判也是乡县、郡州、朝廷依次上报裁决。

若遇皇帝临讼，皇帝所决便超越前期所有审判结果，成为最终审决。魏晋时期皇帝听讼事很多，如曹魏黄初五年："五月，有司以公卿朝朔望日，因奏疑事，听断大政，论辨得失。"③皇帝干预司法审判虽然不及南朝普遍，也经常出现，如魏明帝曹睿于太和三年（229）："冬十月，改平望观曰听讼观。帝常言：'狱者天下之性命也，每断大狱常幸观临听之。'"④晋武帝司马炎颁布《泰始律》后，于泰始四年（268）十二月："庚寅，帝临听讼观，录廷尉洛阳狱囚，亲平决焉。"又于五年春正月、十年六月分别"临听讼观录囚徒，多所原遣"。⑤桓玄称帝后也"临听讼观阅囚徒，罪无轻重，多被原放。有干舆乞者，时或恤之。其好行小惠如此。"⑥

三、魏晋复仇文学中的司法审判叙写特点

其一，以现世流行的书写形式叙写非现世的题材。

由于魏晋时期对复私仇进行了明确而严格的律法规约，社会上属于民间复私仇的实例与前代相比少之又少，人们所谈论的有关复仇话题自然而然地逐渐聚焦于前朝旧事，这些古事一般都有一定的历史基础，经过民间的口头加工，然后才成为文人笔下的文学创作素材。曹植《精微篇》写七则故事，其中四则为先秦故事，两则为西汉故事，当代学界多以为女休事"极可能亦西汉事"。⑦郭茂倩《乐府诗集》："《秦女休行》，左延年辞，大略言女休为燕王妇，为宗报仇，杀人都市，虽被囚系，终以赦宥，得宽刑戮也。晋傅玄云

---

① 粮满仓：《从魏晋南北朝复仇现象看"礼"对"法"的影响》，《求是学刊》2013 年第 5 期。
② 房玄龄：《晋书·刑法》，中华书局 1974 年版，第 298 页。
③ 陈寿：《三国志·魏书·文帝纪》，中华书局 1982 年版，第 84 页。
④ 郑樵：《通志·魏纪》，（台北）新兴书局 1965 年版，第 146 页。
⑤ 房玄龄：《晋书·武帝纪》，中华书局 1974 年版，第 58 页。
⑥ 房玄龄：《晋书·桓玄传》，中华书局 1974 年版，第 2596 页。
⑦ 徐公持：《魏晋文学史》，人民文学出版社 1999 年版，第 154 页。

'庞氏有烈妇',亦言杀人抱怨,以烈义称,与古词义同而事异。"[①]萧涤非《汉魏六朝乐府文学史》以为左延年所作也是"借古题以咏古事之类",傅玄所作庞娥事"实为汉末魏晋间最流行之故事"。[②]葛晓音《左延年〈秦女休行〉本事新探》认为左延年诗本事当为顺帝阳嘉时的缑玉复仇事,[③]陶元珍《傅玄〈秦女休行〉本事考》认为傅玄诗本事当为酒泉庞涓母赵娥事。[④]干宝整理《搜神记》序言"今之所集,设有承于前载者""若使采访近世之事"。[⑤]可见,前人著作和时人采集是《搜神记》故事的主要来源,前文中出现的于公、周敞、严遵等,便是前朝古事改编的痕迹。

虽然所写素材为非现世的前朝旧事,在创作体裁的选用上,却又采用在当时极为流行的文体叙写。沈约《宋书·乐志》以为曹植《精微篇》当《关东有贤女》,应归入《汉鼙舞歌》之一。曹植自己说这是"依前曲,改作新歌五篇"[⑥]。左延年,李白拟《秦女休行》称其为魏协律都尉,《三国志·魏志·乐志》尚书卢毓奏称"协律中郎将左延年",史载其人"妙于音,咸善郑声,其好古存正莫及(杜)夔"[⑦],他曾于魏黄初间"以新声被宠",魏明帝曹睿时期颇受重用,太和年间改制杜夔所整理古曲,"更自作声节",使"其名虽存,而声实异"。[⑧]傅玄,晋初重臣,曾改制晋初雅乐,其乐府诗创作多拘于模拟,但也不乏新篇,《秦女休行》便是一例。魏晋小说流行,志怪是极其重要的一个部分,多以短篇叙神怪之事,《列异传》《搜神记》便是其中最为重要的代表。

可见,魏晋复仇主题文学作品从选材上以古事为主要叙写对象,在创作形式的选择上,则往往采用当时较为流行的体裁,也即以新辞书古事。不能在现世复仇,才会用当下最为流行的歌辞形式、小说形式叙写前代复仇。古事的主人公为魏晋时人熟知,其结局也为魏晋时人熟知,而具体的过程却有可能少为人知。魏晋时期有关复仇的文学作品着力强调司法审判的过程,正是当时社会对复仇有所规约有所限制的时代特征的体现。

其二,注重塑造"知法"的复仇主人公形象。

成功复仇的主人公对自身复仇行为的后果有非常清醒的认识,女休"明知杀人当死",傅玄笔下主人公言"杀人当伏法",皇甫谧笔下娥亲言:"今仇

---

① 郭茂倩:《乐府诗集》卷六十一,中华书局1979年版,第886页。
② 萧涤非:《汉魏六朝乐府文学史》,人民文学出版社1984年版,第180页。
③ 葛晓音:《左延年〈秦女休行〉本事新探》,《苏州大学学报(哲学社会科学版)》1984年第4期。
④ 陶元珍:《傅玄〈秦女休行〉本事考》,《经世季刊》1942年第3期。
⑤ 干宝:《搜神记·原序》,影印文渊阁四库全书(册1042),台湾商务印书馆2008年版,第366页。
⑥ 曹植:《鼙舞诗序》:"故汉灵帝西园鼓吹有李坚者,能鼙舞古曲,多谬误。故依前曲作新歌五篇。"房玄龄:《晋书·乐志》,中华书局1974年版,第710页。
⑦ 陈寿:《三国志·魏书·高柔传》,中华书局1982年版,第80页。
⑧ 房玄龄:《晋书·乐志》,中华书局1974年版,第684页。

人已雪，死则妾分。"主人公并非过失杀人或无相关知识，而是在清醒地认识到行为后果的前提下，故意杀人。但在复仇后，又往往归于理性，能依照法律程序报官处理。

主人公们都成功复仇并受到了法律审判，虽然审判后受刑与恕刑的结果各不相同，但都是通过专门的司法机构或最高审判权威得出结果。复仇后主人公所采取的方式也不尽相同，女休复仇后西行归家，而傅玄笔下的主人公则是"直造县门"，两个人面对法律审判的时候都对自己的行为进行了一定申辩。《列女传》中的娥亲不但报官，还强调了自己对朝廷法律的信任："枉法逃死，非妾本心……乞得归法，以全国体。虽复万死，於娥亲毕足，不敢贪生为明廷负也。"坚信即便自己被处以极刑，朝廷法律也是绝对公正公平，自己也不会因为个体的生命而辜负朝廷法律的威严。

主人公受到委屈，首先想到的也是通过法律去处理，《搜神记》中那些蒙冤的主人公，即便身亡，也要找到清正的官吏，以期通过官方的明断是非，平复怨仇。

基于清醒的认识，通过报官的方式寻找最终的解决途径，正是当时有律可循的反映。

其三，注重描绘司法审判过程的细节问题。

魏晋文学不但写复仇的古事，其详细描写审判过程时的一些细节问题也值得关注。

文帝曹丕黄初四年下《禁复仇诏》，曹植《精微篇》明确点出创作时间为"黄初发和气"，黄初年号共计七年（220—226年），当代学界多以此诗作于黄初六年[①]，相距极近。观曹丕诏书，主要目的在于通过和解与严刑两个途径来制止社会中的复仇之风，观曹植《精微篇》中的两个复仇人物，显然是经过了筛选，除了勇气感人外，还特地突出对其行为的处理结果。诗中并未叙写两位女子复仇的具体过程，也未叙写二人明知杀人当死但死而无憾的坚决态度，相反，对于其伏法处理的结果，却进行了一定程度的强调：苏来卿因复仇被处刑，名列"仙籍"；女休在已受刑伏法过程中，在"白刃几在颈"时"逢赦书"，何其侥幸。

左延年《秦女休行》相比曹植笔下的人物，加入了更多细节：首先，复仇不逃亡，"西门""西上""西巷"多次出现方位名词，就是刻意突出女休知道"明知杀人当死"，必然要接受法律处置，没有必要逃亡到离家很远的地方去，而是选择归家。其次，"上山四五里"，"时人都市中，徼我都巷西"，强调进入司法审判过程的速度非常快，而一旦进入法律程序，女休的态度是选择伏法，"死不疑"，而非逃避。再次，女休被审判时进行了申辩，实际上是为了突出其

---

① 赵幼文：《曹植集校注》，人民文学出版社1984年版，第332页。

复仇是否属于受刑范围。女休复仇前的争斗,是否为"贼斗杀人",不得而知,但女休在受"劾"前后并无任何逃亡痕迹,相反,却选择为自己尽可能申辩,通过审判程序为自己宽刑。既然这次复仇有准备、有预谋且非过误杀人,能救她的,只能是"赦书",故而,女休最终被恕刑的结果,不只是与曹植的叙写达成统一,事实上也完全符合当时对复仇的立法与司法审判程序。

傅玄、皇甫谧生活地域相近,所生活时代又相同,故而在创作中以不同文体叙写在当时广为流传的前代旧事,一文一诗。除所选题材相同,二者都极力刻画了仇敌的嚣张气焰,或曰"仇人暴且强""怨家如平常",或曰"防备懈弛""更乘马带刀,乡人皆畏惮之"。这与晋代律法对复仇相对宽松的审理方式又相应。仇人的彪悍与无所忌,恰恰是获得审判同情一个极其重要的方面,也是当时感动执法官员、获得广泛同情的基础。

《搜神记》中,对法律的审判程序也有非常明显的细节叙写,如卷六记载"有三男共取一妇,生四子,及至将分妻子而不可均"时,首先"乃致争讼","廷尉范延寿断之",范虽然作出了初步判断,"此非人类,当以禽兽从母不从父也"。但他也没有直接的决定权,于是"请戮三男,以儿还母"。卷十五两家争复活的女子不决,"于是相讼",郡县不能决,以谳廷尉,强调了法律审判层层决断的特点。

可见,同样是对复仇事件的叙写,创作者所处的时代不同,即便同样的古事、同样的结果,具体的过程和切入视角、细节处理方式却都有不同,如曹丕和左延年对女休这一主人公的叙写。作者叙写时着力铺叙和刻画之处,也是最能体现文学创作的时代之处。魏晋时期有关复仇主题中的司法审判叙写,其实是当时立法与司法对复仇问题逐步完善规约历程的一个见证。在不修改前代结果的前提下,加入对司法审判过程的详细叙写,并非当下社会的实际反映,也并未刻意强调"礼"大于"法",或突出"礼"向现有的立法内容、司法程序挑战,而恰恰是当时社会禁止复仇、复仇伏法现实的反映。

这些文学作品,不但不与当时法律规范与具体执行过程相悖,相反,往往会得到朝廷的默许甚至支持,因为从某种角度,这些作品以其特定的细节处理方式,使文章叙写的内容不但与当时的律法冲突甚少,相反,还能起到对法律规定间接的宣传普及作用。这或也可视为在一个有律法、社会很少复仇事件的社会里,复仇的文学作品流传甚广的原因;也可以解释这些在有律法的社会中专写复仇的文学作品的创作者,大多都为官或在社会中有一定地位的原因。

(作者系中国政法大学人文学院中文系副教授)

文学、舆情与案件：
近代化视野下的多元公案书写
——以小说《春阿氏》为中心

崔蕴华

一

　　文本的意义由何决定？编纂者、阅读者抑或批评者？这是令文艺评论家着迷的问题。尤其当书写的文学作品涉及历史记载时，围绕虚构与真实、修辞与实录等的讨论益加丰富。而当文学描述遭遇时事案件与报刊舆论的多重语境时，其意义恐似"狂欢的文本"令人炫目。长篇小说《春阿氏》便是这样一部多元意义叠加的文本典范。《春阿氏》写作于民国元年（1912），民国二年由爱国白话报馆刊印，题名《时事小说春阿氏》，作者署名冷佛。小说此后多次再版，甚至京剧、评剧均有改编演出，可谓传播甚广。[①] 此书距今已经过去了一百多年，几乎尘封于岁月深处，鲜有人问津。近些年来逐渐有学者开始关注它。文学学者从其京味语言、旗人风俗等方面进行分析，突出其作为早期京味文学的文学价值；[②] 此外，也有法学学者从清末律法的角度对其中所涉案件进行分析。[③] 小说情节源于当时真实案件。光绪三十二年五月二十七日，即1906年7月19日，满族姑娘三蝶儿受母命嫁给镶黄旗下文光之子春英为妻，成为春阿氏。婚后数月，春英半夜被人以刀杀死于床上，春阿氏被夫家以谋杀亲夫之罪扭送至官府。左翼正翼尉乌珍接到此案去现场勘察，并提审春阿氏。春阿氏坚称自己与夫口角误杀了对方，要求速死。之后此案又

---

　　① 如京剧《春阿氏》，又名《冤怨缘》，该剧为京剧名伶碧云霞（张君秋之岳母）于新世界首演时装新戏。1957年北京戏曲编委会将其作为重要资料油印100册保存，流传稀少。
　　② 文学分析参见葛永海：《试论早期京味小说的市井情味——以〈小额〉〈春阿氏为例〉》，《北京社会科学》2004年第4期；张菊玲《清末民初旗人的京话小说》，《中国文化研究》1999年第1期。
　　③ 对于该案，已经有一些法学家撰文评论，参见徐忠明：《办成疑案：对春阿氏杀夫案的新文化史分析》，载氏：《案例、故事与明清时期的司法文化》，法律出版社2006年版，第108—141页；叶玲：《清末司法变革困境分析——从春阿氏一案说起》，《平原大学学报》2007年第1期；张从容《疑案、存案、结案——从春阿氏看清代疑案了结技术》，《法制与社会发展》2006年第4期。

经步军统领衙门及法部审理，最终移交大理院，大理院以疑案将春阿氏"监候待质"。1908 年春阿氏病死于狱中。此案一出，一时轰动朝野，不仅小说、戏曲进行改编，甚至当时的一些报纸如《京话时报》《大公报》等亦积极参与案情的讨论。

文学、报纸、法律等诸多"解释性群体"的参与，使得此事件成为众声喧哗的多元"文本"实践。它已超越"时事小说"的范畴，彰显出不同"解释性群体"的意义。"解释性群体"这一概念来自美国文学批评家斯坦利·费希（Stanley Fish），他认为作品的意义是由群体而非作品本身或单个读者得出的。这些群体不是客观公正的而是带利益性的，他们并非站在中立立场，因为他们是一个有特殊目的和目标的利益群。① 通读小说《春阿氏》，我们发现，不同的解释性群体对于案件的叙述立场可谓不尽相同。当基本的叙述形式不变时，文献的记录却被各种群体加以重写与重构。我们可以将不同的解释性群体比喻成块状结构，法律体系从最初纳入案件到最后处理完案件是一个垂直的条，同时各种不同层面的内部和外部解释性群体是横向的块。② 那么，春阿氏案件从进入司法程序开始到侦查、询问、定案、结案可以视为一条垂直的"线"，而从案件开始，报纸的密切参与、民众的激愤情绪、律学家的理性分析、侦探的隐秘侦查、文学家的哀情写作、戏曲的舞台吟唱等均可视为横向的"块"，它们共同解释并丰富了真实的春阿氏案件。

二

小说《春阿氏》共十八回，前九回详细描述了案件的发生及审理细节。从文本大量引用案件判决及褶子等可看出作者的用心，那便是借助小说重构或重建真实的法律场景。应该说，此案与清末的"杨乃武与小白菜"案件一样，均为轰动一时的名案。不过，两者仍有很多不同。杨案涉及官员十分之多，案件更为复杂，牵连出清末官场的无数潜规则。在各种文献记载及文学描述中均可看到对审案官员无能与腐败的强烈批判。换句话而言，因为杨案牵扯了巨大的官场关系网络而困难重重。《春阿氏》一案，虽然也多少能让人看到官员审案的延宕及皇权参与的弊端，但是，从小说的描写及清末档案来看，此案并不涉及官员腐败、官官相护或腐败等常见情形。

我们先看看审案官员及相关审理程序。最初接手案件的是负责满族事务的官员左翼正翼尉——乌珍，案发后他第一个赶到现场勘探。小说这样描写

---

① Stanley Fish, *Is There a Text in This Class? The Authority of Interpretative Communities*, Harvard University Press, p. 14.

② ［美］欧中坦：《解释性群体：清朝的法律与文学》，王冰如译，《南京大学法律评论》2006 年春季号，第 117 页。

他："话说左翼正翼尉，姓申，官名乌珍，表字恪谨，是正白旗汉军旗人。学识过人，处事公正。对于地方上，极其热心。在前清来季，官至民政部侍郎、九门提督，是时在翼尉任内。因京城警察，正在初创之时，便就着旧时捕务，斟酌损益，把翼下的技勇兵，编成队伍，打算人渐次改良，以为扩充警察的预备。是日查夜回宅，忽有厢黄满官厅，前来报称：该甲喇所属菊儿胡同内，小菊儿胡同住户文姓家内，有儿媳阿氏不知所因何故，将伊子春英砍伤身死。乌公见报之后，忙的盼咐小队，将文家一干人证一并带翼，并传谕该甲喇，好好的看护尸场。……又想着社会风俗，极端鄙陋，事关重大，不能不确实访查。"①他办案十分谨慎，先去仔细勘察，而后再拘案鞫讯，可谓十分尽心。当案件审理中出现拿捏不准时他又"选派精明侦探"四处访查。并请友人市隐、淡然与自己一起商榷、讨论。当有民众及报纸认为春阿氏冤枉应将其释放时，乌公说"阿氏屈不屈，是法律上的事，不能以哲理论断"（第六回）。

在深入调查中，文光的妾盖九城及文光好友普云逐渐引起了人们的疑心，尤其市隐、淡然两人认为，盖九城本是妓女，风流成性，嫁入文家后又与普云嘻嘻哈哈，两人一定有私情，为掩盖私情而杀死文光之子春英并嫁祸春阿氏。这种推论十分符合传统语境下的案件审理进路与民众的道德诉求。我们在无数包公案、施公案等作品中会见到类似的道德评判方式，只要案件中出现长相贼眉鼠眼或风流妩媚的多半是犯罪嫌疑人。而在《春阿氏》中面对众人对盖九城杀人的怀疑，乌公却说："这事可不能仓卒，一生评论非到盖棺时，不能论定。究竟这件事，尚无一定结果，你焉能速下断语。"简短的话语中充满了冷静与谨慎，这在传统公案叙述中是极少有的。

案件之后又提交到法部，法部官员蔡硕甫又亲临现场侦查，并询问各位亲属。每一位亲属的陈述都不尽相同：死者的父亲文光叹气哀声，认为儿子儿媳关系不错，儿媳应该是误杀儿子；死者的亲生母亲托氏认定是儿媳杀死儿子；死者的庶母即盖九城则在旁冷嘲热讽，大骂春阿氏；死者的奶奶则在悲痛孙子死去的同时也怜悯孙媳，认为孙媳不可能是杀人凶手。而春阿氏本人除了哭仍是低头啜泣，一会说自己还不如早死，一会说是自己误杀。在此情形下，案件仍无法水落石出，蔡硕甫又命令巡警厅探访局慧甫、砺寰、黄增元三人调查文光的亲友和春阿氏的家庭背景。同时，刑部承审官员宫道仁也提出让社会上的侦探介入案件调查中，他说"全此案中真相，非用侦探调查，不能明晰。若仅据阿氏口供，万难断拟"，对此葛尚书深表赞同，并提出"另叫各界人士，指出错谬来。方为合法。如今朝廷上锐意图强，力除旧弊，倘书役皂隶们再有虐待犯人及受贿循私等情，必须查明究办，勿稍循隐。"② 可

---

① 冷佛：《时事小说春阿氏》第三回，爱国白话报馆刊，民国二年（1913）。
② 冷佛：《时事小说春阿氏》第七回，爱国白话报馆刊，民国二年（1913）。

见除了社会热心人士苏市隐等人之外,还有体制内外不少系统的人或明或暗合力调查此事,呈现出晚清法律叙述的多元风姿。

就在春阿氏案件审理柳暗花明之际,晚清司法体制的改革也拉开序幕。当年(1906)9月1日清廷发布《宣示预备立宪先行厘定官制谕》。9月20日,裁定方案为"刑部着改为法部,专任司法。大理寺着改为大理院,专任审判",① 法部与大理院成立之后,两者却也开始了争夺权限的斗争。法部力求沿袭刑部旧有的司法权,而大理院则强调审判权应包括对案件的受理、复核等各项权力,维持司法独立②。1907年4月13日,大理院和法部办理移交,此案交由大理院办理。大理院经过详细推鞫并与法部、侦探等多方合议,案件并没有实质性突破,大理院张侍郎于是向葛尚书提出有关此案的解决方案:

> 古来疑狱,有监候待质之法,现在之现行例,强盗无自认口供,贼迹未明,盗伙又决无证明者,得引监候处决。则服制人命案件,其人已认死罪,虽未便遽行定诚,似可援监候处次之例,仿照办理,葛公等亦深以为然。随令司员等先与侦察机关缮具公文,令其妥派侦探,细心采访。并令官道仁等查检旧时例案,有与此案相同者,好援例比拟,具奏请旨。③

此案由此以疑案上报,春阿氏随后被押入大狱,等待最终结果。然而此时因案件延宕,遭到了皇帝的严厉训斥。小说中提到的上谕申斥与文件记载是一致的。此时案件悬而未决,再拖延下去,对于朝廷威信及律法体系而言均不是什么好事。皇帝的参与也推动此案由进一步审理的疑案一变而为可以结案的疑案。在此,皇帝成为威力极大的"一个人的解释性群体","以律和清楚但又狭窄的建立解释性规则的源头为基础,制定的文本只为一个观众——皇帝。皇帝,带着决定使判决生效的理解,制定了最后的文本。"④ 不久,大理院向皇帝上报了二次复奏的奏折:

大理院谨奏:

> 为审讯杀夫犯妇,他无证佐,谨就现供,酌拟办法,由咨改奏,恭折仰祈圣鉴事。准步军统领衙门咨送文光报称,伊子春英被伊儿媳春阿氏砍伤身死一案,当将人犯解部审讯。春阿氏初则赖称伊夫春英,因撞

---

① 故宫明清档案部编:《清末筹备立宪档案史料》(上),中华书局1979年版,第471页。
② 范忠信、陈景良主编:《中国法制史》,北京大学出版社2010年版,第403页。
③ 冷佛:《时事小说春阿氏》第九回,爱国白话报馆刊,民国二年(1913)。
④ [美]欧中坦:《解释性群体:清朝的法律与文学》,王冰如译,《南京大学法律评论》2006年春季号。

见文光之妾范氏与普云通奸，被文范氏谋杀毙命，迨提同环质，审系虚诬。始据供认自寻短见，以致误伤春英身死。法部恐案情不实，未及讯结，移交到院。臣定成等督饬进派谳员，详慎讯鞫。春阿氏始犹藉词狡赖。当查照法部卷宗，严行驳诘。复自认误杀属实。臣院曾于上月十六日，历陈前后讯供情形，并声明严饬承审各员。予限讯鞫，如有别情发觉，自当据实推求。如春阿氏始终坚执一词，亦当酌取现供，会同法部拟议具奏等因。奏奉。

谕旨：知道了，钦此。钦遵在案。

阿氏坚认委因在家受气，欲自行抹脖，以致刀口误碰伤春英身死，并无别情。当饬取具现供，臣等详加查阅。据春阿氏供，系镶黄旗满洲松昆佐领下阿洪阿之女，伊父早年病故，有兄常禄充录巡警。光绪三十二年三月间，由伊母阿德氏主婚，将伊嫁给本旗普津佐领下马甲春英为妻。过门后夫妇和睦，夫翁文光系领催，祖婆母德瑞氏，二婆母文范氏，及夫弟春霖，夫妹大正、二正，均待伊素好。大婆母文托氏，系春英亲母，平日管束较严。家内早晚两餐，俱由伊做饭。自祖婆母以下衣服，皆由伊浆洗。伊平素做事迟慢，每早梳头稍迟，即被大婆母斥骂。间逢家内诸人脱换衣服，浆洗过多不能早完，亦屡经大婆母斥责。因此常怀愁急。是年五月二十日后，大婆母因母家堂伯病故，定期接三。当给伊孝衣数件，嘱令浆洗，至晚尚未洗完。大婆母严加责言，伊自思过门不及百日，屡被谴责，嗣后何以过度。不如乘间寻死，免得日后受气。二十七日早饭后，大婆母带同伊及大正至堂舅家吊丧，会见各门亲戚。以伊系属新妇，同声夸好。大婆母声称做事无能，有何好处。伊愈加气闷。傍晚时夫翁走至，将三事毕，大婆母天气炎热，堂舅家房屋过窄，商令夫翁将伊带回。伊随同夫翁坐车回归。至九点钟后，伊在厨房收拾家具。瞥见菜刀一把，触此寻死情由，念不如自行抹脖，较为干净。将刀携回自己屋内，掖在铺褥底下。移时春英回房，搭铺睡宿。上房堂屋门亦已关闭。伊仍在厨房温水洗脸。完后回至屋内，见春英侧身向里睡熟。维时约近十二点钟，全家及院邻均已睡静。伊将菜刀取出，提在手内，走近春英床边，向之愁叹。忽见春英翻身转动，伊心内发慌，站立不稳，扑在春英身上，以致刀口碰伤其咽喉太近，春英哼喊一声，滚跌床下。伊见其颈脖冒血，慌急无措，赶即跑出，投入食水缸内，致头上扁方，磕伤左额角。后伊夫翁等将伊救醒，听闻春英业已身死。文范氏略称，须留活口。伊心怀忿恨，时伊母阿德氏闻信前来，询问杀死春英情由。伊声称情愿与之抵命。当由夫翁报案，将伊带至厅上。眼同相验后，解交步军统领衙门送部移交过院。今蒙讯问，伊夫春英咽喉受伤身死，实因伊自寻短见，以致误行碰伤。尽情急投入缸内，委无别故。……

> 臣等再四斟酌，拟请援强盗伙决无证、一时难于定谳之例，将该犯妇春阿氏改为监禁，仍由臣等随时详细访查。倘日后发露真情，或另出有凭证，仍可据实定断；如始终无从发觉，即将该犯妇永远监禁，遇赦不赦，似于服制人命重案更昭郑重。①

上述奏折用语谨慎、细致，看似合情合理，却也让人有一头雾水之感。有学者认为，判决书内容含混，而处理疑案的技艺则十分高超。② 这些奏折、判决书等是法官这一解释性群体处理案件风格的极佳体现，它将上谕之意、官员之思、民众之情进行了不露痕迹的杂糅，最终融合成官员自己的审判策略与文化意涵。"因为他们适用着最普通的准则，并且分享着制作判决书的策略。每个解释性群体有意义的作品正成为公众关于社会状态、法律固有的公平与提供审判的功能、法律在维护社会秩序方面的作用与功效等方面意见的大集合。"③

上述引文均来自小说，查有关此案的档案，与小说记载是一致的。北京第一历史档案馆藏法部档案编号 24313 的封面记有"法部审录司京畿科汇案大理院知照春阿氏杀死亲夫等十四起存案事光绪三十四年（1908）四月起至宣统元年（1909）四月十八日止"。④ 另外，北京大学图书馆藏《司法奏底》第 16 册题为光绪三十三年三月"大理院谨奏为办理旗民现审案件照章将收审日期按月具奏一次恭褶仰祈圣鉴事"，该褶中便有"文光报儿媳春阿氏将伊子春英砍伤身死"案，到院时间："三月十六日"；审理机构："刑科第四庭"；情况："正在审讯"。可以说，小说在有意通过真实的审理程序及相关判决书的实录增强叙述的法律功能与社会功能。

平心而论，此案的审理已经比之前有所进步。小说第七回一个叫德树堂的巡捕认为，"如今的年月不像从先。早年营翼办案，满是一个套子"。清末新政及司法改革前后，僵硬老化的办案模式逐渐被打破，出现一些新的气象。小说叙述将法律文献串联在文本中时，虽然也对审判的最终结局感到遗憾，但并没有谴责审案官员的审查能力，更没有提及官员腐败等常见的官场黑暗。⑤ 从初审官员乌珍到最高审判机构大理院的官员都是睽情度理，全心办

---

① 冷佛：《时事小说春阿氏》第十六回，爱国白话报馆刊，民国二年（1913）。
② 张从容：《疑案、存案、结案——从春阿氏看清代疑案了结技术》，《法制与社会发展》2006年第4期。
③ [美] 欧中坦：《解释性群体：清朝的法律与文学》，王冰如译，《南京大学法律评论》2006年春季号，第130页。
④ 徐忠明：《办成疑案：对春阿氏杀夫案的新文化史分析》一文对其所涉法部档案有详细分析。参见徐忠明：《案例、故事与明清时期的司法文化》，法律出版社2006年版，第108—141页。
⑤ 笔者并不认同有些学者对此案所作的道德性评判："上自刑部堂官，下至狱卒皂隶，无一不是昏聩凶横，贪赃枉法，残忍狡诈。公堂上动辄非刑，昼夜熬审，牢狱里虐待无休，视同狗彘。清王朝的整个司法制度，实与人间地狱无异。"

案。不过，最终结果仍不尽如人意，成为疑案。尤其令人扼腕叹息的是，结案之后没多久，春阿氏就病逝于狱中。从小说对乌公、宫道仁等官员的审案品格来看，已经不再是传统公案故事中"英雄式的司法正义"或"幻想式的司法正义"了。传统叙述中的司法正义塑造主持正义之神话性的人物，拥有着超越现实的能力。而且在整个办案过程中，当遭遇事实上绝无可能突破的困境时，它可以经由一种想象式方式顷刻将问题解决。①

春阿氏之死让我们不得不对整体的文化语境及体制进行反思与考虑。案件的遗憾性结局并非官员无能的结果，而是当所有官员尽力却仍无法完美结案时，反而彰显出整体时代的困境与尴尬。其中，皇权与官僚体系的矛盾便是主要症结所在。大理院是在预备立宪的背景下形成的，由于晚清立宪是君主立宪，君主总揽司法与立法权，故大理院定位仍是代表君主意志的办事机构，与传统刑部一样，所拟死罪案件必须经皇帝审批才能最终判决，这变相剥夺了大理院的最高司法审判权。这多少加重了其传统特色，减少了大理院设立的近代气象。② 小说的高明之处在于，没有将案件描写成当时流行的谴责小说，而是在晚清律法变革之际展现人类文明中的生存困境，这比任何的简单谴责都要深刻。其次，导致案件结局的很重要原因在于春阿氏本人。当案件审理处于疑惑不决的关键当口，她仍然坚持自己"误杀"丈夫，这也或多或少为案件寻找真凶带来了一定的麻烦。且看小说第七回宫大人对春阿氏的堂审：

> 当日升了公座，提取春阿氏过堂。先把阿氏上下打量一回，见她两道似乎非瘦的笼烟眉，一双半醉半醒的秋水眼，腮如带愧，唇若含嗔，羞羞涩涩的，跪倒案前。宫道仁见此光景，心里好生疑惑。暗想我为官多年，所通谋害亲夫，或因奸致死本夫的案子，不知凡几。无论他如何凶悍，到了公堂之上，没有不露出几分形色的，怎么这个妇人，这样自如，莫非是被人陷害，屈打成招吗？因问道："你现在多大年岁？"皂隶亦喝道："你今年多大岁数？"阿氏低头道："十九岁。"宫道仁道："你把你丈夫怎么害的？你要据实说来，"阿氏迟了半晌，细声细气回道："那天我行情回来，忽然一阵迷糊。一心打算寻死，不想我丈夫醒了，我当时碰他一下，不想就碰死了。"宫道仁摇首道："不能。不能。你说的这样话，蒙不得人。无缘无故，你为什么寻死呢？"阿氏又回道："我想我活着无味，不如死了倒干净。所以那日晚上，决定要寻死。"宫道仁道："案到这里来，不比别处。你若说出实话，我可以设法救你。你若一味撒谎，或是胡拉乱扯，谋害亲夫四个字，实在打不得。你若说出真话；谁把你丈夫害的，

---

① 王瑷玲：《洗冤补恨：清初公案剧之艺术特质与其文化意涵》，熊秉真编：《让证据说话·中国篇》，（台北）麦田出版公司2001年版，第25页。

② 韩涛：《晚清大理院：中国最早的最高法院》，北京大学出版社2012年版，第360页。

一定要谁给抵偿,把你脱出来,不干你事。一来你丈夫的仇,你也给报啦。二来你母亲,也免得着急。你放着节孝两字,不留个好名,偏要往谋害亲夫的罪名上说,这不是胡涂人吗?"皂隶亦劝道:"老爷这样恩典,你还不实说吗?"阿氏听到此处,呜呜地哭了。迟了半日道:"我是该死的人,此时只求一死,大人不必问了。"说罢,泪流不止。宫道仁再三询问,仍然不说。问到极处,只说是惟求一死,请毋深究。急得宫道仁无法可问,看她情形,实不似杀人凶犯。有心用刑,又有些不忍。随令左右皂隶,先将阿氏带下。①

宫道仁在审理中一再强调要春阿氏"说出真话",不要将罪名扣在自己身上。春阿氏依然延续前几次审问的消极状态,在呜呜的哭声中坚持自己"该死",其余闭口不谈。这让宫道仁十分着急又不忍用刑,于是案件就这样延宕了下来。

三

就在案件审理的同时,近代中国的另一重要解释性群体参与到了事件的"同步直播"当中,这便是以《京话日报》与《大公报》等为代表的近代媒体。近代中国早期的报纸多由传教士或商人主办,前者主要是有关教会活动,后者主要是有关商业信息,此外还有买办阶级的人办报纸,属于边缘性报刊。而到了20世纪初,由于政治改革运动的推动,报刊数量激增。这些新办报纸的创始人多为士绅等知识分子群体,成为精英报刊。其内容多以时局政治文化等为主,具有强烈的现世精神与启蒙意识,形成了近代转型时期的公共舆论。②晚清至民初,大量报纸的出现与清末的立宪思潮密切相关。以梁启超、张謇为代表的海内外立宪派先后创立报纸。除了梁启超创办的《新民晚报》外,还有上面所提及的《京话日报》及《大公报》均与立宪等时代思潮相关。③《京话日报》于光绪三十年(1904)8月16日在北京创刊,创办人彭翼仲,编辑吴子箴、春治先等。该报以"输进文明、改良风俗,以开通社会多数人之智识"为宗旨,是清末以城市居民为主要对象的小型白话报,通篇概用京话。因宣传预备立宪,反对慈禧专权,1906年被查禁,辛亥革命后复刊。④而《大公

---

① 冷佛:《时事小说春阿氏》第七回,爱国白话报馆刊,民国二年(1913)。
② 张灏:《中国近代思想史的转型时代》,《幽暗意识与民主传统》,新星出版社2006年版,第134—135页。
③ 参见郑大华:《晚清思想史》,湖南师大出版社2005年版,第408页。
④ 对该报的研究,参见李娟:《彭翼仲案与1906年前后北京地区的社会舆论》,北京师范大学2006年硕士论文。

报》更是大家所熟悉的启蒙色彩浓厚的近代知名报纸。

媒体以其独特的力量将春阿氏事件的珍贵资料及进展刊登出来,从而将其制造成了媒介事件。春阿氏一案案发和审理期间,从光绪三十二年六月至八月,《京话日报》连篇累牍地刊登有关春阿氏案情的消息报导、读者来函及质疑文章,扮演了一个推波助澜的厉害角色。① 天津《大公报》也进行跟踪报导,如光绪三十二年六月二十日(1906年8月9日)全文转录验尸报告;同年六月二十六日《大公报》又报导"疑案已邀天听"。在媒体的关注之下,此案成为当时的社会热点,北京地区的坊间茶肆无不热议春阿氏案件。《京话日报》则在编辑按语中大胆阐述了对清末律法改定的看法,甚至还充分动用媒体力量对案件进行调查,试图以媒介之力监督司法:

> 现在中国改定法律,为自强的转机。外人的眼光都注重在我们的刑法上,故此不嫌麻烦,极力调查这回事,并不是为一人一家的曲直。如果春阿氏实在冤枉,提督衙门的黑暗,也未免太无天理了!还求知道底细的人,再与本馆来信。如有真凭实据,本馆敢担争论的责任。

《京话日报》试图以更平民化的姿态参与案件,编辑的阐释与读者的回馈共同构建起了交流式的"公共话语空间"。值得注意的是,该报一开始便摆出自身的道德姿态,即善恶对立的姿态。在报纸的阐释中,春阿氏是善良而被冤枉的,官府审理机构则是贪赃枉法充满邪恶的。案件初期,《京话日报》刊出的编者按便明确表达了这一态度:"春阿氏的冤枉,京城已经传遍,事关人命,本馆可不敢硬下断语。究竟有什么凭据,有甚么见证,知道底细的人,请多多来信,以便查考。"之后,《京话日报》不断收到许多读者来函,很多人在报上发表了自己的看法。总体而言,这些读者看法与报纸观念不谋而合,具有高度的一致性。大量读者均替春阿氏声冤,"替'盖九城'分辩的,只有一两信"。

报纸来函甚至还用各种方式"想象"或"考证"出案件之所以冤的细节内幕。据有些了解内情的读者来信说,春阿氏承认杀夫有罪,实是法庭上严刑逼供的结果,"熬审阿氏,用的非刑很是残忍,熏硫黄,拧麻辫子,跪锁,死过去三次,并无口供。后来又收拾她母亲,老太太受刑不过,就叫女儿屈招。阿氏说道:'自己的本意,宁可死在当堂,决不死在法场。如今怕连累母亲,不能不尽这点孝心,只好屈认就是了。'"有三封来信揭露,承审官员这样虐待春阿氏,"屈打成招",是因为收受了贿赂。"人人传说,承审官使了四百两银子,所以才这样判断"。就连收受贿赂的承审官员,也是有名有姓

---

① 阎红生:《春阿氏案与清末民初社会》,《民国要案寻踪》,江苏古籍出版社1996年版。

的,"一个姓朱,一个姓钟,还有科房的刘某,全都使了钱,是一个窦姓给拉的纤"。据说这"承审官朱、钟二人,都是穷极了的人。钟姓有个外号,叫作'穷钟'。人命重案,竟敢贪图贿赂,真是大胆!"① 这些热情洋溢、细节逼真的读者信件似乎让人们已经看到了案件的"实情"。但是,正如今天网络时代大量网民对某一事件的夸大评价与"拍砖",这些都是一种民间情绪的激烈反应,无关真假。换句话说,报纸等媒介呈现的信息往往不具有事实的真实性,而是以一种话语狂欢的方式承载了民间舆情与司法想象。

小说《春阿氏》的作者冷佛本人正是报界精英。这也许算是一种巧合。冷佛,原名王冷佛,生卒年不详,北京内务府旗籍,早年在《公益报》做编辑,民国初年转为《爱国白话报》编辑,之后不久,又去沈阳《大北新报》工作。② 也许是多年报人的职业习惯,冷佛在小说中多次主动提到了报纸媒体与案件的微妙关系。小说第四回案件审理刚刚开始,主管官员乌公手下两名探子连升、钰福在暗访过程中偶然看到了媒体的报道:

> 连升、钰福等,却是有心探访。一面要了菜饭,又向走堂的借取日报,要看是怎么登的。走堂的去了半日,举着报纸过来,口里嘟嘟念念,向连升道:"喝,这张报可了不得,自要是注销来,这家儿就了不了,打头人这样儿好哇,洋报上什么都敢说,哪怕是王爷中堂呢。自要是有不好儿,他真敢往实里说?喝,好家伙,比都察院的御史,还透着霸道呢。"说罢。又赞道:"嘿,好吗。"连升接了一看,果见报纸上,本京新闻栏内,有一条谋害亲夫的新闻,正是小菊儿胡同文光家内的事情。润喜、钰福二人也抢着要看,连升道:"咳,别抢。我念给你们听罢。"说着,把报上话语坷坷坎坎的,念了一遍。又向钰福道:"嘿,怎么样?要是赌东儿的话,管保你输了罢。"钰福也满脸发火,因为报上新闻,亦如此说,也不敢再三分辩了。四人胡乱着吃了早饭,又忙着洗手漱口,一同回翼,把所见所闻的事情,当日回了协尉,由协尉福寿报告乌公。③

在连升、钰福等官府探子眼中,报纸的报道多少带点"霸道"的意思。他们把相关报道带回府中给乌公看,由此各级官员开始认真对待报纸。官员们把阿氏口供,誊清了几份,送到各报馆宣布,好令各界人士详知内容。但是,官府的主动姿态并没有带来预期的良好互动,"不想自把连日口供登报之

---

① 以上参考阎红生:《春阿氏案与清末民初社会》,《民国要案寻踪》,江苏古籍出版社1996年版。
② 关纪新:《欲引人心之趋向——关于清末民初满族报人小说家蔡友梅与王冷佛》,《满语研究》2011年第2期。
③ 冷佛:《时事小说春阿氏》第四回,爱国白话报馆刊,民国二年(1913)。

后，惹起各界人士指出提督衙门种种的错谬来"①。鹤公看到报纸也有苦无处诉，无奈地对乌公说："恪谨，你看见没有，白话报上把我们损苦了，硬说我们翼里，不会办事。其实我们翼里，哪有审判的权力呀！"而乌公的回答则较为平静："你不要专看报纸，从来市井上，没有真是非。我们当去的差事，要想着如人之意，恐怕不能。古人说：岂能尽如人意，但求无愧我心。那真是有定力的话。若是一大吠影，群吠声，那还有公理吗？。"②

乌公的看法多少代表了作者冷佛的态度。冷佛在各大报馆工作多年，作为一名资深报人，他在小说中并没有夸大报纸的力量，也没有简单认同报纸的宣传姿态。他已经意识到，报纸一方面用舆情表达了民众的情绪与良好愿望，另一方面，报纸可能也会对案件起到一定的非理性的消极作用。这种官府内的解释性群体态度多少是对"媒介"群体态度的一种消解。之后，乌公手下探子钰福也有类似态度表达。当有友人告诉他："你看见没有？帽儿胡同西口，贴了些匿名揭帖，帖上话语，骂是提督衙门，说承审司员，有个叫金某的，不问案由，胆敢以非刑拷问，屈打成招。看的主儿，全都极其愤懑，很替阿氏不平。你说北衙门里，有多么事恶。"又有人对他说："听说北衙门的司官，昨天在什刹海饭庄子，要贿赂报馆的主笔。主笔不受，今天在白话报上。又给和盘托出了，你说有多么笑话呀！"钰福以一句"衙门的官事，本来是瞎闹。报馆的新闻，也不可当作真事"轻松作答。在乌公与钰福眼中，衙门的事是"胡闹"，报纸的新闻"不可当真"，那么，什么是真实的情感呈现呢？也许，当超越"衙门"的体制空间与"报馆"的舆论空间时，另一种审美的空间会彰显出无尽的魅力。

四

最后还是回归最受欢迎的另一解释性群体——文学。无论庭审实录还是报刊舆论，其局限显而易见。前者受众面极小，后者则受时效性影响。而文学则充分发挥自己在故事叙述中的优势以审美性的话语诗化地阐释了"缺失"的心灵空间。由此，不同的解释性群体往往汇集于文学之中，呈现丰富的人文蕴涵。晚清受人瞩目的四大案件几乎全部是通过文艺作品才被民众所了解，也只有通过文艺，百年后的我们才能在大众化阅读中感受鲜活的艺术魅力。可以试想，没有杨乃武的各种小说、评书、电影、戏剧、电视剧，此案可能仅仅成为法律史家的学术研究对象，无法如此深入人心。很多律法知识也是通过文艺而逐渐渗透入民间的。"法律知识从宗教仪式、集市上的表演、市面

---

① 冷佛：《时事小说春阿氏》第五回，爱国白话报馆刊，民国二年（1913）。
② 冷佛：《时事小说春阿氏》第六回，爱国白话报馆刊，民国二年（1913）。

上的说书者、小说以及审判自身等各种没有异议的公开途径而来。因此，尽管普通民众缺少讼师所掌握的程序细节、也不及刑部官员精通案件档案及案件分析，但他们已远非对作出审判决定无知的解释者。"① 由此，法律与文学这两大解释性群体以独特的方式得以交汇。

小说往往以制造叙述迷宫来彰显自身的阐释魅力。民国二年爱国白话报馆刊印的《春阿氏》中有当年"参与"此案的一位高人苏市隐所作弁言，叙述了不为人知的案件审理之外的情形："今春偶与天津大侦探家张君谈及此案，岂料张君曾任此案侦探专员。驻京三月，费无量数脑浆，始获其中真相。报告上而此案遂以终结。据张君所述，其事之因因果果、虚虚实实既足以使人惊愕不已，而其情之哀哀艳艳、沉沉痛痛，尤足以使人为之悲悼，为之惋惜、终日不能去怀。……因将张君之言笔之于册……爱国白话报社太璞、冷佛两君所见，为之拍案称奇。……夫此案既奇，乃沉沦十载，竟假不佞与张君、冷佛、太璞数人之力，发现而流布之。"②

上述记载告诉我们，当年春阿氏案件审理过程中有一位叫张瑞珊的大侦探家秘密参与，暗中调查取证，获得很多内幕。之后张氏将此案细节讲述给苏市隐，苏市隐又将故事讲述给爱国白话报社的冷佛，最终由冷佛编纂整理成书。冷佛在故事第一回所讲创作缘由也证实了上述记载：

  有春阿氏谋害亲夫一案，各处的传闻不一。各报纸的新闻，也有记载失实的地方。现经市隐先生把此案的前因后果，调查明确，并嘱余编作小说。余浣蔷读罢，始知这案中真相，实在可惊！可愕！可哭！可泣！兹特稍加点缀，编为说部，公诸社会，想阅者亦必骇愕称奇，伤心坠泪也。③

民国二年版的《春阿氏》中还有春阿氏肖像以及审理此案的沈家本肖像，足以看出此书作者的良苦用心。以案件参与者的讲述使小说"还原现场"，以当事人的肖像照片呈现逼真的视觉效果。不过，苏市隐是否真如其在弁言中所云"当日曾应当事某公之托，以私人资格，数往调查"无从考察；而天津侦探张瑞珊是否真正介入案件的调查之中也无史料可以旁证。笔者揣测，小说层层罗列如此繁杂的叙述层面，更多的是一种文学艺术创作的需要。上述几个人物其实很可能就是一个人，当写作者幻化成以上不同身份时，拥有了讲述的无穷魅力：

---

① [美] 欧中坦：《解释性群体：清朝的法律与文学》，王冰如译，《南京大学法律评论》2006年春季号，第 131 页。
② 冷佛：《时事小说春阿氏》之"弁言"，爱国白话报馆刊，民国二年（1913）。
③ 冷佛：《时事小说春阿氏》第一回，爱国白话报馆刊，民国二年（1913）。

张瑞珊（任此案侦探专员） 苏市隐（受人之托秘密调查此案）
创作者
太璞（报人，将此事登报） 冷佛（报人，将此事编成小说）

　　创作者试图通过多重叙述来复原案件，不过，作者也清醒地知道，此书既为小说，则不能不"略加渲染"。尤其是小说后半部分描摹春阿氏的少女生活、描绘春英被杀场景及玉吉殉情而亡的情节已经完全是文学虚构了。

　　作为与法律、报纸不同的解释性群体，文学拥有自身独特的阐释空间。整个小说从开场到终篇始终呈现一种娓娓道来闲谈式的叙述姿态。故事以苏市隐、原淡然两人在普云楼相聚展开情节。这两个人物乃为小说而设，两人名字中已经显出超然的处世风范与性情。一个是城市隐者，大隐隐于市；一个是淡泊名利，洒脱旷达。这两个人物也许暗示小说一种超然的叙述姿态。两人在闲谈中偶遇友人普二，普二不经意间提到自己正在给文家帮忙借孝衣，因为文家的一个亲戚去世，全家人都要去吊丧。这里叙述娓娓道来，似乎在闲谈一个市井故事、一个满族家庭的日常生活。而恰恰就在春阿氏随公婆去吊丧回来的当晚，春英被杀死。这种缓中藏急的叙述实为传统小说中常见的"忙中闲笔"之法，将作品的整体节奏拿捏得缓急有致。

　　全书临近结尾处，以大侦探家张瑞珊与几位友人的谈话收束全文。当真实案件纳入闲谈之笔时，颇有三国"古今多少事，尽付笑谈中"的古典意境。张与苏市隐、慧甫、乌公几人吃酒聊天，张将自己跟踪春阿氏表弟聂玉吉最后得以查清真凶乃玉吉之事娓娓道来，引得众人一片赞叹。乌公此时也将自己从审理案件之初到结案时的日记展示给大家，日记中已经记明玉吉乃是真凶。至此，作为体制内官员的陈述与体制外侦探的调查不谋而合。众人从案件谈到旧式的婚姻制度、甚至谈到春阿氏与玉吉两人的关系问题。在众声喧哗中，乌珍最后说：

　　　　可笑京城地方，只知新衙门好，旧衙门腐败，哪知道事在人为，有我在提署一天，就叫这些官人实力办事，亦不必仿照外洋，讲究浮面儿。先从骨子里下手，没什么办不到的事。再说西洋侦探，也不过细心调查，能够一见则明就是了。究实那调查手续，并不是纸上文章，可以形容的。我以为中国侦探，只可惜没人作小说。果真要编出书来，一定比西洋侦探案，不在少处。①

　　这段闲谈实非等闲之笔。它似乎在告诉读者，新式文明虽好，旧式文明

---

① 冷佛：《时事小说春阿氏》第十八回，爱国白话报馆刊，民国二年（1913）。

也有其益处，不可简单废之。无论新旧还是要看其中"人的作为"。作为清末一名普通的满族官员，乌公除了关心案情，竟然也对流行的侦探文学阐述了自己的"文学主张"：只要努力，本土的文学一定会超过西洋文学。这种结论实为创作者的文学诉求与企望。清末开始流行的"福尔摩斯探案集"大大丰富了国人的文学想象，锻炼了民众的推理能力。从第一本西洋侦探小说1872年出版、流行到《春阿氏》付梓之时已经过去了三十余年，当初阅读的狂热已逐渐沉淀为更深层的文化思考。20世纪初，很多文人开始以自己的创作实践来完成本土的文学实验。

《春阿氏》复杂之处在于，既有传统公案官员主审的路数，又添加了西方侦探文学侦探断案的因子，这种双重书写恰到好处地统一于作品中，颇具近代文化气息。整体故事不再有善恶报应、神鬼相助等传统窠臼，对审案官员也不再过于突出其或清或贪的两极道德色彩。侦探的介入也为小说增添了几缕新意。但是，整体而言，其叙述仍裹挟着评书式的本土话语风范。对春阿氏情感的描绘更是缠绵凄婉，具有浓重的古典底色。虽然官员主审案件与侦探协助调查的双重书写很难对小说进行归类，笔者仍愿意将其列入近代公案文学之列，因为乌公的预言突出了一种本土优越意识，是一种文化"维模"（latency pattern maintena）。"维模"是由美国著名社会学家帕森斯在其行动体系理论中提出的全新概念，之后也被大量借用到文化领域之中。文化维模指的是本土文化对外来文化进行过滤及选择性接受，从而达到自我保护的目的。《春阿氏》以独特的书写方式将西方文化吸纳整合入本土文化之中，呈现公案与侦探结合的近代公案书写风范。

小说第十到十八章以细腻的文笔再现了春阿氏从闺中少女到婚后怨妇再到犯罪嫌疑人的过程。这种文学性"填补"正是其最具魅力之处，同时也与前九章的法律叙写形成太极式的对立统一关系。这些是法部档案中无法看到、报纸媒介中缺失的审美维度与情感空间。春阿氏乳名三蝶儿，自幼父亲去世，母亲德氏抚养其长大。其母"言容郑重，举止凛然。在家教训子女，决不少假辞色。其对于亲戚故旧，也是冷气凌人，毫没有和霭气。以故那亲戚朋友，都笑她老人板儿，德氏亦并不介意。"德氏从妹额氏生有一儿一女。其子聂玉吉幼而聪敏，长而好学，气宇轩轩，不可一世。两家隔墙而居。三蝶儿与聂玉吉耳鬓厮磨，感情深厚。数年后，有媒人为三蝶儿说亲，德氏应允，三蝶儿暗中得知，由此抑郁寡欢。不久聂玉吉家中惨遭变故，家境愈发凄凉。一次三蝶儿与表妹丽格去舅舅家办事，路过聂玉吉家，进去一看，破桌冷炕，霉味四散，遂感叹不已。两人久未相见，相顾凄然：

> 玉吉亦无限伤惨，低头滚下泪来。因恐三蝶儿看见，惹她难受，转身便出去了。三蝶儿亦无限伤心，望着玉吉出去，扭头以手帕擦泪。因恐

丽格看破，遂揉眼道："眼里好疼，多管是沙子迷了。"说着，只见两只杏眼，立时红肿。蕙儿道："许是眉毛倒了。你看你这鼻涕。"三蝶儿一面擦泪，又醒了鼻涕，哑着嗓音道："梁妈，咱们几年没见了。"说罢，哽咽起来，把蕙儿、丽格等都闹得慌了，惟有梁妈心里，略明其意，随笑道："姑娘是记错了。常在一处的人，若偶然离了，就像许久不见似的，其实才一年多的光影。"……丽格饮了口水，听了蕙儿的话，着实惨切，随向三蝶儿丢个眼色，要她赶紧告辞，免令蕙儿伤感。不想此时三蝶儿两眼直勾勾，望着墙壁，心却没在这里。丽格与梁妈说话儿，并未听见。一手挪过茶壶，正欲到茶，不意花的一响，倒得满了碗，连桌上都是水了。梁妈嗳吗一声，走来擦水。三蝶儿亦不甚介意，只见茶碗里，满是茶叶末子。端起碗来，一饮而尽。蕙儿嚷一声道："姐姐是傻子不成，怎么连茶叶亦咽了？"三蝶儿恍然醒悟，忙用手巾角擦抹嘴唇，引得梁妈、丽格大笑不止。玉吉亦自外走来，欲留三蝶儿等在此吃饭。三蝶儿痴痴怔怔，没得话说。①

此段描写家境惨淡之后两人见面的激动、凄凉、欲言又止乃至痴傻，颇为传神。这种小儿女情怀令人想起《红楼梦》中的宝玉与黛玉。《春阿氏》随处可见对《红楼梦》的模拟，如三蝶儿月夜听曲，当听到《西厢记》中一段"夜深香露散宫处，帘幕东风静。拜罢也斜将曲槛凭，长吁了两三声。剔团明月如圆镜，又不见轻云薄雾。都只是香烟人气，两股几风，氤氲得不分明"时感概不已。崔莺莺月夜降香，却无法表达内心情感。张生隔墙也无法见到玉人。此情此景都似乎在暗示三蝶儿与玉吉两人的微妙情感。借曲达情，情思萦逗，缠绵固结，颇似红楼梦第二十三回《西厢记妙词通细语牡丹亭艳曲警芳心》。从《西厢记》到《红楼梦》再到《春阿氏》，形成文学中独特的互文性。互文性是指"较晚的文本对较早的文本特征的同化"。从《西厢记》开始，中国长篇叙述性文学中已经逐渐形成女性面对爱情的共同化叙述风格。月夜感叹、花园伤怀、听曲悟情成为明清文学常见的审美情境与叙述场域。较晚的文本对较早的文本逐渐趋同，从而形成对"文学代码和惯例的一种共同积累的参与"②。

小说《春阿氏》为我们戏剧性地重构了春英被杀死当晚的情形，很多学者包括法学家也十分赞同这一推测。小说告诉我们，新婚后不久春阿氏去亲戚家吊丧，偶然见到了聂玉吉，春阿氏凄婉的眼神似乎多少流露出几丝无奈。而聂玉吉又恰巧从别处听说春阿氏在夫家的悲凉境遇。于是他怒不可遏，遂于当晚闯入春阿氏房中，将春英杀死。作为应受惩罚的杀人犯，聂玉吉在法律上的形象应该是单一的。闯入—砍人—逃走，如此而已。这种法律形象是

---

① 冷佛：《时事小说春阿氏》第十二回，爱国白话报馆刊，民国二年（1913）。
② ［美］M. H. 艾布拉姆斯：《欧美文学术语辞典》，朱金鹏、朱荔译，北京大学出版社1990年版，第373页。

"一种无视个体犯罪的相关品行、记录或特定罪行情形的程序排除了在最终确定死刑之外考虑仁慈的可能性,排除了考虑来源于多种人类弱点的减轻因素的可能。它不是将所有犯了规定罪行的人看作独特的人类个体,而是看作没有脸庞的、无法分辨的、将要遭受死刑无情惩罚的大众成员。"① 当文学语言恢复了日常生活的完整语境,我们看到的却是与之不一样的活生生的情感个体、一个独特的伦理形象。

春阿氏、聂玉吉这些个体生命的细致书写与情感建构,以审美的方式呈现了鲜活的生命形态。春阿氏的凄婉、含蓄、泪水、悲情……,玉吉的爱恋、无奈、放弃、激愤甚至走向犯罪的冲动与实施……这些个体叹息点染出丰厚的伦理信息。玉吉杀人后一时着慌逃走,当得知春阿氏被捕入狱后他也曾想到自首,但又考虑:

> 神天有鉴,不是玉吉不义,作事不光明。我若出头投案,死何惜足。但恐牵连姐姐,落个不贞不淑之名,陷入同谋杀夫之罪。但愿神天默佑,由始而终,那么叫姐姐抵了偿,好歹保存住了名誉,我便实时死了,也是乐的。祝告已毕,站在文家门内,泪在眼眶内,含了许多,此时方才滴下。迟了一会,心里悠悠荡荡,不知去往何方才是正路。②

如若投案,不仅他与春阿氏双双性命搭进去,而且更重要的是会毁掉春阿氏的名誉,毁掉两人幼小无猜逐渐建立起来的纯真情感!这当然也是春阿氏不愿看到的。由此,也能理解春阿氏在庭审中的无数次"哭泣""垂泪不语"。在得知春阿氏病逝狱中后,终日躲避流浪的玉吉此生再无牵挂,于荒坟处上吊自杀,终于安心地踏上了"此生未种相思草,来世当为姊妹花"追寻精神挚友的路途。这些个体的哀怨与伦理叹息成为文学这一解释性群体的文化标识,它丰富了阅读者的审美体验。正如学者所云,小说阅读是一种对人类价值观的生动提醒,是一种使我们成为更完整人类的评价性能力的实践。小说阅读并不能提供给我们关于社会正义的全部故事,但是它能够成为一座同时通向正义图景和实践图景的桥梁。进而言之,"文学想象同时是公民身份理论和公民身份实践必不可少的一部分"③

(作者系中国政法大学人文学院中文系教授)

---

① 伍德森(Woodson V.)语,转引自[美]玛莎·努斯鲍姆:《诗性正义:文学想象与公共生活》,丁晓东译,北京大学出版社2010年版,第115页。
② 冷佛:《时事小说春阿氏》第十五回,爱国白话报馆刊,民国二年(1913)。
③ [美]玛莎·努斯鲍姆:《诗性正义:文学想象与公共生活》,丁晓东译,北京大学出版社2010年版,第48页。

欲望与法治

——读刘震云《我不是潘金莲》

黄 涛

引 子

与一般的上访故事相比，《我不是潘金莲》中的上访者李雪莲实现了一般上访者无法实现的成就，她在全国人民代表大会期间潜伏进了人民大会堂，惊动了中央领导，造就了"千古奇事"①。这个不寻常的上访故事使人觉得刘震云不是为了单纯讲述李雪莲的上访故事，而是要将这段上访故事提升到中国古典时代申冤故事的层次。在古典的申冤故事中，彰显的是正义最终实现的道理，但奇怪的是，在《我不是潘金莲》这部小说中，却似乎与正义的实现没有关系。很明显，窦娥也好，小白菜也好，最终都以沉冤得雪而告终，但《我不是潘金莲》的女主人公李雪莲最终并未沉冤得雪，甚至，这里似乎看不到她的冤情。因此，同古代的那些著名的申冤故事相比，这里讲述的就是一个离奇的上访故事，一个没有冤情的申冤故事。这是刘震云小说真正令人吃惊的地方，一个申冤的故事，却自始至终没有冤情，那么，这个故事还是一个真正意义上的告状故事吗？

一、李雪莲离婚

说李雪莲的申冤故事自始至终没有冤情，要从她的离婚开始讲起。在国家抓计划生育抓得很紧的时代，李雪莲和自己的丈夫决定假离婚，这样就可以生下腹中的孩子，而又不影响时为化肥厂职工的秦玉河的工作，于是他们跑到镇政府办了离婚。李雪莲不知道，离婚的动机虽然是假的，但离婚证却在法律上是有效的。她更不知道，丈夫在假离婚之后马上找到另一个人结婚。小说中没有说她感到愤怒，而是说她"咽不下这口气"，因为当初离婚的

---

① 刘震云：《我不是潘金莲》，长江文艺出版社2012年版，第97页，以下仅随文标注页码。

主意,还是她自己想出来,她感到"窝囊","一口气忍不下,就想要杀了秦玉河"。

对于伤害过自己的人,李雪莲最初的动机就是杀了他,杀人似乎是她能够想到的惩罚一个人的唯一方式。她不止一次地动过杀人的念头,后来,在法院院长、县长和市长那里上访未果被关进拘留所之后,她出来的第一件事情也是想杀人。为了杀自己忘恩负义的前夫,她做了准备,她凭借自己的色相找到一位姓胡的屠夫做帮手,但没有想到前夫出了差。在别人的点拨之下,她明白了一个道理,这就是,"惩罚一个人,有比杀了他更好的办法。把人杀了,事情还是稀里糊涂;闹他个天翻地覆,闹他个妻离子散,却能把颠倒的事情再颠倒过来。不是为了颠倒这件事,是为了颠倒事里被颠倒的理。"

但究竟怎样一个闹法呢?李雪莲想到的是"告状"。小说中没有使用如今流行的"诉讼"一词,尽管在1991年的时候已经有了《中华人民共和国民事诉讼法》,并且在90年代初期,在小说中已经有了诉讼这样的词语,比如说著名的《万家诉讼》。小说家刘震云在这部小说中使用的"告状"一词,既包含了我们平时所说的诉讼,也包含了上访。告状是一个有非常古典味道的词语,在李雪莲的世界中,告状不是为了寻求正义,实现权利,她一开始就不是为了实现自己的权利而起诉,而是为了惩罚自己的前夫。对于李雪莲而言,告状就是一种"闹",这是除了杀人之外惩罚一个人的好办法,这是一种古典时代的观念,在中国传统社会中,与告状相关的人物都有很强烈的贬义色彩,比如说讼棍。因此,在她看来,告状就是对秦玉河的惩罚。她还没有意识到,在现代社会,民事诉讼不包含惩罚的成分,诉讼也不是一种闹,而是实现自己被损害的民事权利,给她的遭受损害的权利给予救济。诉讼也的确是为了找到一个理,但是,诉讼能够支持她的理并不是要把颠倒的理再颠倒过来,她显然不懂得现代社会的权利所表达的道理,权利意味着意思自治,意味着人格之间的平等。诉讼的目的当然不是为了惩罚,在婚姻家庭关系中,这类惩罚性的条款当然也有,但是要对方有明显的过错。因此,很显然,她所想要的那种理无法通过诉讼来得到解决。

小说中一个地方甚至明确谈到了法制概念。这就是,法院院长王公道对李雪莲说,"秦玉河这个龟孙,如果放到清朝,我早把他枪毙了,无非现在讲个法制"。(页112)在县长郑重建议采取强制方式来处理李雪莲的时候,王公道说,没有犯罪事实,因此不能抓人(页119—120)。由此看来,在对待李雪莲这件事情上,官方还是遵守了法律的程序,也因此,告状是在当代法治社会背景下的发生的。当然,对于现代法治的种种道理,李雪莲并不清楚,她想要通过起诉判决自己的离婚是假离婚。这样在她看来就是对她前夫的惩罚,就是把被颠倒的事中颠倒的理再颠倒过来。很显然无法在这里达到她的目的,因为,从法律上来说,她已经离婚了。在拐弯镇政府的民政助理老古面前,她声称自己和丈夫感情破裂，老古依法为他们办理了离婚手续，在那个时候，他们夫妻俩是没有异议的。因此，她的诉求显然得不到支持，对此，法官王公道不是没有提示她（页19），但是，王公道告诉他，当年他们为了多生一个娃，假离婚，这就违反了计划生育政策，如果一旦追究下来，"行政会介入，会罚款，会开除公职。"（页21）这就使她更坚定了尽管麻烦但却值得的想法，她之所以诉讼的目的，正是为了惩罚她忘恩负义的前夫。这样一来不就达到了闹的目的了吗？因此，其实她的有关离婚的诉讼要求的根本就不是权利，她仅仅是心有不甘而已。她和秦玉河的感情已经破裂了，她诉诸法院不是为了挽回已经失去的感情，而是要惩罚秦玉河。从这个意义上，诉讼对李雪莲来说和对我们来说有着不同的意义，诉讼对于她来说是为了惩罚。

李雪莲不是对现代诉讼一无所知，按照诉讼程序，她提交诉状，交了诉讼费，还参加了开庭，秦玉河没有到庭，因为他委托了律师。她甚至咨询了律师，她的起诉书是城北的"老钱律师事务所"的老钱写的。不仅如此，她还懂得利用现代法律的规定，否则她就不会去采取假离婚的办法（实际上，现实生活中也有一些夫妻，为了规避关于商品房限购的规定而假离婚，多购房产的），由此看来，她并非不知道离婚意味着什么。但她对于法律的理解，看来仅仅停留在从工具上使用而已。对于现代法治的道理，她很显然是不懂的。她的官司输了，她想重打官司。这是朴素的想法，但她不知道怎么做，法官王公道也没有和她说清楚。用法言法语来说，她不懂得自己有上诉的权利。她找的贾庭长也没有告诉她。这个姓贾的庭长故意没有告诉她相关的诉讼程序，因为他"知道这是桩难缠的案子，比案子更难缠的，是告状的人，比人更难缠的是，一眼就能看出，这妇女不懂法律程序，而把一整套法律程序讲清楚，比断一件案子还难。"（页36）其实，告诉李雪莲如何上诉并不难。如果李雪莲知道，她也许还会再请姓钱的律师写上诉状。

二、前两次告状

没有人告诉李雪莲一审判决可以上诉，因此，她没有诉诸上诉程序并不奇怪，她转而想要找到一个能推翻一审判决的人。但是没有人告诉李雪莲推翻一审的判决该如何去做，她就只能去找那些有可能推翻王公道判决书的人，于是开始了她在小说中的第一次上访。为了推翻这个判决，她先后去找了法院院长荀正义、县长史为民、市长蔡富邦，很自然地，在这些官员们看来，她的事不过是小事，是家事，因此并未给予积极处理，李雪莲第一次上访过程中，采取的最极端的行动是在市政府面前喊冤，结果恰好遇到市里搞"精神文明城市"创建活动，她被以"扰乱社会秩序罪"关进了拘留所。

这是李雪莲为了推翻自己的判决书的第一次上访，这次上访毫无所获，除了让自己因为上访得名之外，其他的收获就是被关了几天拘留所。从拘留所出来之后的李雪莲，想明白了一件事，她本来想要折腾前夫秦玉河，但最终折腾的反而是自己，她想要放弃告状。她之所以告状不是为了要和秦玉河复婚，而是想要把事情说清楚，明确当初离婚是假，是秦玉河欺骗了自己，但这个要求无法通过法律得到满足，既然法律不支持自己，她想到的是去找秦玉河，只要秦玉河亲口承认，她从此就偃旗息鼓。在李雪莲看来，搞清楚了事情的真假就是将已经颠倒的理颠倒过来。但是，没有想到这个秦玉河不仅否认有这件事，指责她胡搅蛮缠，而且说她早就跟人胡搞男女关系，新婚晚上就知道她已经不是处女。说到这里，秦玉河说了一句刺激她的话："我咋觉得你是潘金莲呢？"这是小说中第一次提到"潘金莲"。

秦玉河说李雪莲是潘金莲是当着众人说的，李雪莲觉得这些人会将这个说法传出去。在中国人的文化词汇中，潘金莲这个词等同于风流成性，说一个女人是潘金莲，无疑是说她不检点，这个潘金莲的名号会不胫而走，她的未来因此就完了，世上有谁会娶一个潘金莲呢？本来李雪莲是要放弃告状的，眼下她又产生了告状的想法。过去的告状是为了证明离婚的真假，为了惩罚秦玉河，而这次的告状是为了证明她不是潘金莲，证明自身的清白。在这里，小说的名称第一次出现。用法言法语来说，这就是涉及名誉权，但很明显，李雪莲并没有意识到这是对自己名誉权的侵犯，可以提起新的诉讼。她没有想过提起诉讼，而是决定继续折腾下去，她想起，从县里到市里，能够告状的地方都告遍了，她突然想到了要直接状告到北京，她觉得只有在那里才有明白人，在北京才能将真的东西当成真的，把假的当成是假的。

李雪莲为何要选择进京上访，小说中也没有提起，从古代的窦娥到现代的李雪莲，似乎都有一个共同的属性，就是上京城告状。在李雪莲看来，北京才能识别真假，才能为自己讨回公道；在李雪莲看来，北京是公正的符号，自己所在的县、市都不是。她自比窦娥，显然是搞错了，她不知道有关窦娥的具体故事，而仅是因为被人说成是潘金莲，觉得受到了极大的伤害。这次她的目的不是要搞清楚自己的离婚究竟是真是假，而是要澄清自己不是潘金莲。这个诉求当然就显得很奇怪，她清楚地知道自己的离婚当然是假的，自己也不是潘金莲。她的目的不是叫自己相信，而是要让别人相信。但她手中只有一张真的离婚证，还有一张判决书，这个离婚证决定了她的判决，她的诉求无法实现。

李雪莲进京上访，正好赶上了全国人民代表大会在北京召开，她不知道什么是全国人民代表大会，但却知道人民大会堂，知道全国人民代表大会一定在这里召开，她懂得如果趁着全国人民代表大会的召开，到天安门广场上去静坐，就一定能够引起重视。她举目无亲，幸好得到了一位在省驻京办工作的老同学赵大头的支持。没有想到，一个偶然的机会，她有机会乘着驻京办们的代表们的专车来到了人民大会堂,在这个国家最高权力机关的所在地,举起了诉状喊冤,最终惊动了中央领导,也激怒了省长储清廉,结果从法官王公道、专委董宪法到县长史为民和市长蔡富邦全部撤销职务。

　　实际上,李雪莲的进京上访,大闹人民大会堂是一个偶然,如果赵大头不在驻京办工作,如果她没有机会在驻京办借宿,也就进不了人民大会堂,她的事也就不会惊动中央领导,审理她案件的法官到市长也就不会被撤职。因此,她的这次上访纯粹是运气所致,小说中没有讲述到任何上访的机构,小说中讲述的故事太过传奇色彩。李雪莲的进京告状,似乎是古典中国社会告御状的延伸,为什么到了北京才有真假,为什么在下面的机构就无法获得真假?李雪莲没有选择上诉,也没有去咨询律师,而是选择了找一个能够推翻判决的人。李雪莲因此就是生活在现代法治之外的一个小妇人,她不懂得现代法治的道理,她只认为在自己身上,假的成了真的,理被颠倒了,她想要的是惩罚她忘恩负义的前夫秦玉河。而惩罚最好的办法就是告状。如果告状成功就是对于秦玉河的惩罚,告状失败就表明那些当官的人和秦玉河是一伙的。小说中除了对一审的描述中出现了诉状、去银行交诉讼费这样的字眼之外,没有任何现代法治的味道。

　　在她还没有进京告状之前,或者说在那些官员并没有被撤销职务之前,尽管她的告状已经有名了,但没有人真正在乎她的告状。那些官员们没有人主动地走到她的身边来询问她的案件。颠倒来自于中央领导对这个案件的关注,这个关注是偶然的,这个关注使一个简单案件变成了具有政治意义的事件。省长储清廉的政治前途因这件事产生了影响,法官、专员、法院院长、县长和市长,凡是与这个案件接触过的官员都被撤职。李雪莲因此出了名。但她的诉求显然没有得到解决,她的目的不是要这些官员都得到处理,她一开始的诉求就是要惩罚秦玉河,但秦玉河还逍遥法外。因此,她还要继续告状。

三、后两次告状

　　小说中记录的李雪莲的第三次告状是喜剧性的。在接下来的十九个年头中,在每年的人大会议期间她都要去告状。实际上在这三次告状之前她已经告了二十次。除了第一次,其他都没有成功。她的算术本上记录了这二十年来告状的细节。但她不明白的是,尽管她从来没有成功过,为何从省里到市里到县里的各级政府,都对她的告状草木皆兵。但今年她不准备告状了,她不告状的原因有两点;第一,一个她幻想的可信任的人,但其实不是一个人,而是一头牛。这头牛曾经见证了她和秦玉河假离婚的真相。她神经质地和牛儿进行了两次幻想中的对话,在谈话中,牛相信她的话,并且暗示她不要继续告状了，相对于人来说，她似乎更相信牛。现在牛死了，从此见识真相的人也就没有了。牛的死去，使她在告状这件事情上陷入了绝望。从表面上看，这里说的是她和牛之间的谈话，其实说的是幻想的信任。

比幻想的信任更重要的当然是现实的信任。她之所以放弃告状，当然不是因为牛的话，而是因为中学同学赵大头对她表达的爱意。这个赵大头曾经对她表达过爱意，并且也是促使前一次她进京告状成功的人，当初如果不是赵大头收留，她就进不了驻京办，就没有机会进入人民大会堂，也就不可能有各级官员的被撤职。牛死的第二天，赵大头来找她，她问赵大头的第一件事仍然是相信不相信牛的话，这表达了她心中对于信任的期待。赵大头劝她不要去告状，而是和自己一起过日子。

李雪莲决定不去告状了，但官员们却着急了。第二章一上来的叙事和第一章的叙事恰好颠倒过来。在第一章中，是李雪莲走了三十多里路，半夜去敲法官王公道的门，在第二章一上来，则是王公道半夜去敲李雪莲家的门。之前是李雪莲要王公道帮忙处理自己假离婚，而眼下则是王公道请李雪莲不要再去告状。李雪莲的告状成了当地官员的心病，因为她告状曾经撤过市长县长法院院长一干人，新来的县长郑重不理解为什么当地的官员这么怕李雪莲告状，对于郑重来说，处理这件事情不难，他曾经成功地解决了他之前任职所在县的一个土地拆迁补偿的上访事件。在那里他采取了强制镇压的办法，甚至动用了警力和枪支，开枪之后流弹还伤了人。平息了事件，得到了市长马文彬的重视。在郑重看来，所有的告状都可以采取类似的方法来解决。他本来也想用类似方式来解决李雪莲的告状，但却没有法律上的理由。但是，根据郑重处理类似事情的习惯，他是不会惧怕这个爱告状的妇人的。

如果没有市长马文彬的电话，郑重不会把李雪莲当回事。马文彬在电话里其实也没有多说什么，不过是说了一句话"我去北京参加人代会，李雪莲就不要去了"。今年的人代会比往年更为特别，因为是换届年。于是他就和王公道去见李雪莲。李雪莲仍然表达了自己放弃告状的想法，郑重要求她在保证书上签名。但遭到了李雪莲的拒绝，因为在她看来，签了保证书，就意味着自己二十年来的告状都错了。她知道这个保证书的意义，"现在是个形式，将来一出事，你们拿着这张纸，就能把我抓起来"。（页123）既然保证书不签，接下来郑重想到的是协议。这就表明他还是像处理土地拆迁时的做法一样，先谈判签协议。当年的纠纷就在于政府与农民达不成协议。（页116）但没有想到，这一下激怒了李雪莲，"本来我今年不想告状了，你们要这么逼我，那我告诉你们，我改主意了，今年我还得去告状"。事关重大，市长马文彬批评了郑重，只好亲自出马来劝说李雪莲，但是说来说去，就说到了李雪莲听了牛的话不再告状的事情。这是一件奇怪的事，马文彬想要知道其中的究竟，他们并不理解李雪莲在此所说的听牛的话，是因为希望得到信任，他们把李雪莲宁肯听牛的话，也不愿意听政府的话，理解成了认为各级领导连畜生都不如。（页141）但是在李雪莲看来，这些官员们口口声声觉得她冤，但平时不来帮忙解决事情，一到开人代会，就接二连三地来，为的是糊弄她。马文彬的劝说最终以失败告终。于是在马文彬的暗示之下，将李雪莲监视看管起来，阻止她进京告状。

李雪莲的这次告状，不是因为秦玉河，而恰恰是因为县长郑重和市长马文彬的劝说和对于她的监视和阻止，在她看来，这就意味着政府把自己当坏人监管起来，他们之所以要过来劝说自己，是因为怕丢了乌纱帽。李雪莲充分地意识到告状的意义何在。这次激发起她告状的，不是她和秦玉河之间的事情，"原来不告状是为了自个儿，现在不告状就成了窝囊废……原来告状是为了告秦玉河，现在告状是为了告这些贪官污吏。既然他们把我当成了坏人，我不能让他们消停"（页161）于是，她决定从监管中逃出来，进京告状。

但凭她一人之力，无法逃脱公安部门的监管，她需要找一个帮手，这个帮手就是赵大头，在赵大头的帮助下，李雪莲最终跑了出来。而且赵大头还和她说陪她进京告状。李雪莲非常感动，她答应这回告状回来，就和赵大头结婚。

当初她产生放弃告状的想法，除了那头牛之外，也有赵大头的原因。赵大头当面表达了对她的爱意，尽管她觉得很突然，但却感激赵大头的勇气，因为当别人说她是潘金莲的时候，他却敢面对面地说要娶她的话。"李雪莲真动了心思"（页152）这是这么多年来，她第一次开始摆脱过去，面对未来。在二十年前，她也动过一回心思，想要了结过去，开辟未来。（页63）但那个时候，前夫秦玉河的一句"我咋觉得你是潘金莲呢"激怒了她，使她决意进行告状。在这二十年的告状生涯中，赵大头是唯一让她温暖的一个男人，在当初第一次进京告状的时候，她已经看到了赵大头的老实。现在这个老实人愿意娶她，并且愿意陪她一同告状，她心中十分感激和温暖，乃至于产生了放弃告状的想法。

真正说来，李雪莲的这次告状不能算是心意已决。尽管郑重和马文彬的话激怒了她，但用她自己的话来说，这次告状完全是被逼的，因此，她的这一次告状就没有过去那么有力量，她感激赵大头，因此接受了和赵大头的温存，赵大头劝她放弃告状，"你已经折腾了二十年；为了一口气，再折腾二十年，咱都七老八十了。跟他们置气没啥，不是白白耽误了咱们自个儿的好事？"（页176）李雪莲不是不知道这一点，当赵大头问她究竟是愿意跟亲人在一起，还是愿意跟仇人在一起时，她毫不犹豫地选择了和亲人在一起，这就表明她愿意结束这种毫无意义的告状生涯。她最终同意了赵大头的提议，放弃告状，但是要折腾这些当官的一回。

如果事情到此为止的话，那么，《我不是潘金莲》这部小说就要到此为止了。按照赵大头的设想"咱们没去北京,他们在北京哪里找得着?越找不着,他们越着急"。这原本是一个非常具有喜剧性的结局。如果小说在这里停止的话,那么,这将是一个喜剧般的结局。这就是一方面,在北京,一群人正在四处寻找李雪莲,在另一方面,在某个地方,李雪莲和赵大头过上了舒服和自由的生活。这将是非常具有讽刺意义的一幕。它同样会使我们对于目前的信访现象产生深入的思考。但是小说并没有在此停笔。小说家刘震云的叙事策略让我们看到了人性中更为深入的东西。

赵大头建议和李雪莲去一趟泰山,看日出风景。这是一个好提议,于是两人一同前往泰山。在这里两个人心情愉悦,开始回忆人生,回忆起两个人交往的一幕幕,也想起了目前的处境,在这里我们第一次看到了李雪莲敞开内心,她谈到了儿女,谈到了儿子尽管多年不在身边,但却在人群中认出了她,还给了她两百块钱,谈到这里时,李雪莲第一次落泪。小说中在这里描述了李雪莲细腻的情感,她想要给赵大头买一件毛衣。清早出门时,李雪莲看到赵大头打了个冷战,接着不住地打喷嚏,于是想着给他买件毛衣。小说叙事中的这一件不经意的小事,其实表明了李雪莲想要过正常人的幸福生活的强烈意愿。这是新生活的开始。从此她是不是潘金莲不重要了。

然而,没有想到这是噩梦的开始,她给赵大头买完毛衣回饭馆时,在房门外听到了赵大头正在和人打电话,听完赵大头对电话那头的人说的话,她的脑袋轰的一声炸了。原来这个赵大头是在拿自己的告状和人做交易。如果自己不告状,那么,他儿子的工作就可以得到解决。赵大头欺骗了她。

其实赵大头当面向她表示要娶她的时候,并不是完全受对她的喜欢驱使。("我现在犯愁的,主要还不是没老婆,而是儿子整天跟我闹。"页191)。在县城当厨子的赵大头有一个买生姜的好友老贾,老贾的儿子贾聪明在县法院审判委员会当专委,已经有三年了。半年前,法院的一个副院长退休了,空出了位置,贾聪明想要填补这个空缺。但是专委无职无权,况且家里也没有多大的经济能力,卖生姜的父亲提出了一个策略,这就是"照我卖假酒的经验,如想让别人给你办事,除了让他得利,如他有啥难事和急事,你帮他解决了,他接着给你办事,比给他送钱还管用"(页188)。贾聪明从自己的父亲那里得知赵大头对李雪莲的好感和两人之间的交往,并且得知赵大头的儿子在畜牧局当临时工,一心想要转正,但一直转不了。贾聪明看出了可以进行交易的空间,如果赵大头和李雪莲结婚,那么,李雪莲也就闹不起来了。("而把李雪莲搞定,不让她告状,除了劝解和盯梢,让她跟别人结婚,不也是个法子吗?她闹的是跟前夫离婚的事,到底是真离婚还是假离婚,如她跟另一个人结了婚,过去的案底不都不成立了吗?她闹的是前夫说她是潘金莲,潘金莲另嫁他人,不也等于妓女从良了吗?潘金莲也不是潘金莲了。"页189)。如果搞定了李雪莲,不就搞定了让县长郑重头疼的事情?这样自己竟选法院副院长的事情也就有了指望了,不仅如此,赵大头儿子的工作也解决了。这是一个非常精明的方案,其中的每一方都可以得到各自的利益。赵大头不仅可以解决儿子工作的事情,而且可以得到一个老婆,不仅如此,这个贾聪明还给了赵大头一个承诺,如果他当上了法院的副院长,"从今往后,法院不等于是咱爷俩儿开的吗?"

这正是一桩净赚不赔的生意,其实,贾聪明当时就是这么一说,他没有太把这件事放在心上。但没有想到赵大头却非常积极,说了这话的第二天晚上,赵大头就过来了,说要办这件事,因为他的儿子听说可以让自己的工作转正,那就逼着他来办。很明显,赵大头将同李雪莲的结婚看成了一桩生意,这桩生意稳赚不赔,"办成,咱们一步登天;办不成,咱身上也掉不下一块肉",(页193)很显然,赵大头并不在意李雪莲的情感,并没有意识到这样做给李雪莲带来的心理伤害。他越来越急切地想要促成这件事,没有想到,他竟然办成了。贾聪明一见两人成了,急切地想要邀功请赏,他于是绕过法院院长王公道,而直接将这件事汇报给了县长郑重,并故意夸大说,为了这事,自己花了两年的工夫。这明显是他的夸大,是为了凸显自己在这件事情上的功劳,从而为自己当上法院副院长增加筹码。但是,他却忘记了自己对赵大头的承诺,这就是给赵大头的儿子解决工作的事情。赵大头那边急了,便直接打来电话质问,没有想到这个电话被给自己买毛衣的李雪莲听到了。

受到欺骗的李雪莲出离愤怒了,她本来以为赵大头是真心和她结婚,但没有想到赵大头和官员一起联合起来骗自己,而且这回是骗了自己的身子,这就再一次地将李雪莲置于她之前的处境中。当初李雪莲之所以要进京告状,是因为秦玉河欺骗了她,辜负了她,背叛了她,如今,当她想要将自己托付给赵大头的时候,她再一次地受到了欺骗。和当时对于秦玉河一样,她首先想到的是杀了赵大头,她走到一个肉摊前面,抄起一把尖刀就向赵大头的胸口捅去。但杀人未果,她于是宣告要将告状进行到底。(页201)这是《我不是潘金莲》这部小说中所记录的最后一次告状。

因为赵大头的欺骗,李雪莲再一次告状。她和赵大头一分手,她的行踪就没有人可以掌握了。一时间,县里的官员们乱了方寸。他们开始部署,如何赶在人民代表大会结束之前,抓住李雪莲,否则,如果她闯入会场,又不知有多少官员被撤职。县里派了法院和公安两支队伍,分别进北京围堵李雪莲。为此干部们紧张到了极点,甚至到了精神恍惚的境地。其实,李雪莲没有能够及时赶到北京,因为她病了,她的生病不完全是因为劳累的原因,更是因为赵大头和政府官员们联合起来欺骗她,使她感觉受到了极大的侮辱。"她二十年告状的原因之一,就是秦玉河说她是潘金莲;过去二十年不是潘金莲,如果让赵大头上了身,倒成了潘金莲了。"(页230)在她看来,这次告状不是告赵大头,而是要告那些官员,这次的告状不为自己的名誉,倘若如此，她应该是找赵大头，而是因为这些官员们，如果没有官员们，就不会有赵大头对她的欺骗，她就不至于变成真正的潘金莲。身体的劳累加上气愤，她生病了。在一家乡镇的卫生院里，她昏迷了四天，等她醒来的时候，她意识到再有四天人代会就闭幕了。于是她急着出院。但她身上没有带足够的钱，只好去找在北京工作的姨表弟乐小义，在那里被县里来的人抓住了。并且看到了自己的儿子秦有才，从那里得知，秦玉河已经车祸去世。而此时，人代会议结束了。

秦玉河车祸去世，也就意味着李雪莲的告状没有了由头（页 249）。其实最后的这一次告状与秦玉河并没有太大关系，如果没有赵大头对她的欺骗，她就不会来告状。李雪莲的告状看起来如同一出闹剧，导致她每一次告状的理由也不同，第一次是为了推翻法官的一审判决，第二次是因为秦玉河的一番话激怒了她，第三次是因为县长和市长逼了他，最后则是因为赵大头对于她的欺骗。

四、欲望与法治

李雪莲究竟是一个怎样的人？她将一件小事最终闹成了一件惊动中央领导的大事。除了她的运气之外，她也是一个非常聪明的人。从表面上看，她的脾气倔强甚至胡搅蛮缠，一直穷追不舍。但实际上，她的聪明是一开始就显示出来的。不同于《万家诉讼》中的秋菊，秋菊要的仅仅是说法，因此，当警察们将村长带走的时候，她是一脸的困惑。由此就引出了苏力教授有关秋菊打官司的思考，认为在秋菊那里，出现了一种不同于现代法治的期待，并且主张我们应该尊重这种期待，并由此开辟了一个法治的本土资源的空间。但在李雪莲这里却不同，她生活在镇上，是一个卖酱油的小摊贩（页 21），在告状这件事情上，她并不在乎旁人的说法。甚至她告状这件事还得到了闺蜜孟兰芝的支持，孟兰芝说她是一个"遇事不怕事"的人（页 26）。她唯一的心结就是从小到大在自己身边长大的女儿也不理解她，因此，早早就出嫁了，并且很少来看她。（页 181）

李雪莲是一个懂得生活和算计的小妇人。在起诉秦玉河之前，她准备了七件事，小说意味深长地将这七件事单列一节。这七件事尽管琐碎，却能看出一个城镇小妇人的精明。第一件事情是洗澡。为什么要洗澡呢？小说中说她自生下孩子，只顾惦着杀秦玉河，两个月没有洗澡，身上都馊了，但洗澡绝不是为了清洁，她对搓澡的那个大嫂说，自己之所以要搓澡，是要办一件大事（所谓的大事就是和秦玉河打官司，与他重新结婚，再离婚），很显然，洗澡不是为了清除污秽，而是有利于办事。出了澡堂子来到镇上，她遇到了卖肉的老胡，洗澡的魅力就散发出来了，"老胡盯住李雪莲看。李雪莲刚洗过澡，脸蛋红扑扑的，一头浓密的头发，绾起来顶在头顶，正往下滴水，生完孩子不久，奶是涨的；浑身上下，散发着体香和奶香"。（页24）浑身散发的性的气息对老胡是极大的诱惑，但李雪莲这时并不求他，反而是老胡一个劲儿地想要帮李雪莲做打人和杀人的事情。第二件事是改发型，剪掉长尾松，改为短发。为什么要改发型呢？是为了方便和秦玉河打架，"长发易被人抓住，短发易于摆脱；摆脱后，转身一脚，踢住他的下裆。"（页25）。第三件事是买了一身新衣裳。"与人打官司，就要常常见人，不能显得太邋遢；太邋遢，人不成个样子，更像被人甩了，去年的假离婚更说不清了。"第四件事是花了四十五块钱，买了一双运动鞋，"高帮，双排十六个气眼"，买鞋的目的是她觉得，"与秦玉河折腾起来，免不了多走路"。第五件事是卖猪。卖猪是因为打官司需要钱，也因为没有人照看它们。并且，她故意没有把猪卖给老胡，而是卖给了另一个镇上的老邓。第六件事是托付孩子。她的孩子才两个月大，她选择托付给自己的中学同学孟兰芝，因为她觉得孟兰芝是生死之交，值得托付，还因为孟兰芝也刚生下一个孩子，胸中有奶。最后一件事情是拜菩萨，因为她想到，自己之前只顾准备人与人之间的事情，忘了世界上还有神这回事。她于是来到菩萨面前，求菩萨让秦玉河家破人亡、不得好死。

这七件事都表现了她的精明和懂得算计的性格，实际上，这样的性格从一开始就呈现给我们，她在晚上去找法官王公道，提着老母鸡和一袋芝麻，对于董宪法，她也做了同样的事情。她懂得进京告状就会得到她想要的真理，甚至懂得应该去市政府门口、去人民大会堂静坐。她知道想要求人办事就得有付出，她的身体和色相是她的筹码，她懂得利用卖猪肉的老胡、驻京办厨子赵大头。甚至她像记账本一样记录了她的告状经历，在她家的墙头有一个小学生的算术本，这个算术本上记录了她二十年来的告状经历，记录了她告状去过的所有地方，见过的所有人，桩桩件件，细节记得牢靠，像生意人做买卖一样。由此可见，她把生意中的种种思维都运用到了自己的上访过程中。

李雪莲其实不信神，她更相信自己，小说的最终，秦玉河因为车祸而死，可以说她在神面前的许愿最终应验了。按照中国社会的习俗，神实现了许愿是要还的。李雪莲听说前夫秦玉河车祸死亡的消息之后，没有想到去还愿，而是脑袋"轰的一声炸了"。为什么，这是因为她想到了，没有了秦玉河，她的告状就没有了缘由。（页248）相对于神的护佑，她更看重自己告状的结果。

由此可见，李雪莲是一个极其具有现代品质的城镇小妇人，她的目的非常明确，就是为了惩罚秦玉河。她之所以上访，是因为她的诉讼输了，因为她始终觉得理站在自己一边，认为判决她输了官司的法官就是贪赃枉法。她不是没有现代法治中的一些常识，比如说，她当初想要通过假离婚来规避计划生育政策，已经表明了她其实懂得现代法律的一些规定，比如说，对阻止她进京的小警察，她威胁他说自己要上吊，并在遗书上记下他的警号，说自己的死是他逼的。但很奇怪，她缺乏对现代法治的常识，她不懂得推翻判决书，可以上诉，尽管她也曾经咨询过钱律师，请人写过诉状，去银行缴纳过诉讼费。

在李雪莲的生活中，有严重的信任危机，以她的精明和能干，原本可以过上幸福的生活。导致李雪莲告状的原因，或者小说中所说的颠倒的事中颠倒的理，是当年她和前夫的假离婚最终变成了真离婚。假离婚变成真离婚，原因在于秦玉河的背叛，夫妻两个的信任不在了，秦玉河转而找了新的女人。试想一下，如果两个人之间有信任的话，他们会成功地规避计划生育的法律，就像镇上的兽医赵火车一样。因此，这个颠倒的事中的颠倒的理，其实就是信任与背叛。承认当初的离婚是假离婚，那么，也就明确了秦玉河的背叛。对于背叛的人要有惩罚，这是李雪莲想要寻回的理。

李雪莲认为这个理要到法院去讲，要到行政机关去讲，她对于法院和行政机关有一种强烈的依赖。但是她不知道，现代的行政机关和法院无法帮助她确认背叛者，更不用说帮助她惩罚这个背叛者，她因此无法通过法院和行政机构找到这种失去的信任。

李雪莲的精神世界是混乱的，她没有能够坚持她的诉求，原本是要惩罚秦玉河，在同行政机构的人员打交道之后，她却转过来，产生了告行政机构的想法（页249）。但其实她的情感是一致的。她产生告官员的想法其实很早就有了，这就是，她觉得一审判决中并没有给她应有的理。这个判决无法确认她的离婚就是假离婚。一审判决无法对于她和她前夫秦玉河的信任问题作出裁判。现代法治系统下，无法对于人与人之间的信任问题作出判断。

也许有人认为，如果当初法院满足了她的要求，如果各级行政机构对她的要求给出了满意的解决，就不会有她后面的一而再、再而三的告状。但回头来看，这不是她告状的最初动因，她告状最初的动因是为了惩罚前夫秦玉河，对秦玉河的惩罚是因为他打破了最初的信任关系，因此，惩罚就应当是对于秦玉河的背信弃义进行惩罚。但现代法治无法提供这种惩罚，且不说她和他前夫之间当初的假离婚是为了达到一个非法的目的。她要告的法院和行政机关在秦玉河应该受到惩罚的问题上并没有任何偏袒，对于小说中李雪莲接触过的那些法院和行政机关来说，我们充其量只能说他们不够热情，他们不止一次地说李雪莲是"刁民"，认为她是一个难缠的人，纠缠于芝麻大的小事不放。但由于现有的考核机制的原因，他们又拿这个"刁民"没有办法，不能只把"刁民"一抓了事，实际上，如果行政机构采取了这种办法，也就不会有后面的故事。因此，小说家刘震云并非为了单纯地揭示我们的法院和行政机构未能正确处理好同民众诉求之间的关系，比如说，在对于李雪莲的案件中，少了一份热情。实际上，那些官员们之前之所以拒绝她，不是有意要针对她和排斥他，官员系统的不了了之，在小说中讲述史为民的章节中表达得很清楚,是因为他们觉得离婚的事情不应该和政府闹,是她和丈夫两个人之间的事情。换言之,是家事,而自古以来就有"清官难断家务事"的说法,这次的上访最终以被抓紧拘留所告终。但其实抓她进拘留所也并非蔡富邦市长的本意。不过是因为三天之后,市里就要进行精神文明城市验收,她在市政府门口静坐,会对验收产生不利影响。

官员们在此之前都是消极地面对李雪莲,因为在他们看来,这是芝麻大的小事,直到李雪莲进京告状,惊动中央领导。事情才颠倒过来,变成了大事。但另一方面,在现代法治的框架之下,李雪莲的诉求又无法得到解决,因为他们不能在法律之外对秦玉河进行惩罚。实际上,在李雪莲的上访故事中,秦玉河始终是缺场的。在整个上访过程中,没有人真正关心李雪莲究竟为什么上访,他们在乎的是李雪莲上访本身。她的上访成了一个符号。她最初因为市里要进行精神文明城市验收而被抓进看守所,其实已经透露出了这一点,因为这个时候的上访,会具有政治上的影响。

前一次她的成功上访给各级官员们造成了恐慌,如果她成功地再进一次人民大会堂,那么,又会将从上到下的官员一撸到底。于是我们就看到了一个奇怪的现象,当官员们主动接近李雪莲时,实际上不是来自李雪莲的诉求本身。官员们之所以接近李雪莲是因为他们的恐慌。

官员们的恐慌不是从李雪莲告状的一开始就有的,而是她进了人民大会堂,导致一干人的职务被撤之后才产生的。法官王公道就是曾经被撤职的人,二十年之后,他还是当上了当地法院的院长,二十年之后,李雪莲本来已经放弃了告状的想法,但王公道对于她的想法表示怀疑,认为不过是一种缓兵之计,李雪莲根本就不可能放弃告状。王公道对于李雪莲的不信任来自一种恐慌,这种恐慌可以从他和新来的县长郑重之间的谈话中看出来。"领导的心思,也像李雪莲的心思一样,咱也猜不透,您以为撤干部领导会心疼呢?中国什么都缺,就是不缺干部;撤一批,人家正好换上一批自己的人。"(页118)

令官员们恐慌的因此就是组织措施,这就是被撤职。而与采取组织措施相关的就是政治观念。这个政治观念最初通过中央领导人的口说出来,后来在马文彬对郑重的训话中再度出现。这个政治观念的内涵无非是两点:第一,不信任人民,站到了人民的对立面。第二是政治影响,尤其是在全国人大会议期间。尤其是在互联网和微博时代,这样的影响会更大。不过,这一次官员们的恐慌还有更重大的理由,这就是今年是换届年。换届意味着李雪莲的告状还影响到某些人的政治前途,就像她在二十年前的告状影响过某些人的政治前途一样。因此,说到底,官员们的恐慌就在于对于自身职务的关切。被撤职意味着政治生命的终结,被采取组织措施,成为官场上的杀手锏。这一杀手锏对于县长郑重来说特别有效,市长马文彬善于用这个杀手锏,他在干部任用方面的讲话是非常有技巧的（页127）。在李雪莲逃出公安人员的监控之后，市长马文彬给郑重打了电话，电话中说到了对他"有些失望"，他就已经出了一身冷汗，接下来马文彬强调自己在北京开人代会期间，不希望在那里看到李雪莲，挂完电话后，郑重发现"自己的衬衣衬裤，从里到外都湿透了"。不仅市长善于运用组织措施，而且县法院院长王公道也善于运用。

在某种意义上，正是这种恐惧在推动着李雪莲的上访。其实在二十年后，她本来已经决定过自己的平静日子，不再上访，但在这种恐惧笼罩下的官员们却并不相信她不再上访的选择，二十年前从市长到基层法官一撸到底的往事仍然萦绕在他们的心头。在这种恐惧的支配下，他们开始主动接近李雪莲，令李雪莲反感。这种恐惧阻碍了他们和李雪莲之间的信任。

李雪莲是一个漂亮的妇人，至少在她告状的一开始是，那时她才29岁。她也是一个非常有生活情趣的人，即便她常年告状在外，但家里仍然收拾得干干净净，甚至贴着墙院还种了两趟花，让人感觉不到是一个告状的人家。然而，这个精明的、懂得生活的妇人，为何一定要坚持对前夫的惩罚呢？为何不选择去过一种更好的生活呢？在李雪莲的生活中，很少有得到心理安慰的地方。在打官司这件事情上，只有孟兰芝支持过她，孟兰芝也是一个家庭生活不太幸福的女人，经常遭到家庭暴力。在她长达二十年的告状生涯中，只有家中的两头牛给过她心理安慰，因为当初她和前夫秦玉河在商量假离婚时，牛是唯一的见证者，她同牛有过两次幻想的谈话，她相信牛给她的暗示，她决定放弃告状了。但是，没有人相信这一点，没有人感受到牛对于她的意义，对于发生在二十年前的那次和前夫的谈话，除非前夫承认，或者除非有一个见证人，否则她是无法证明的。在对牛谈话这件事情上，体现了李雪莲身上的信任危机。"让李雪莲生气的是，全世界这么多人，怎么就没人信李雪莲一回呢？或者，怎么都不如一头牛呢？"（页147）其实，有关牛的谈话，赵大头是听懂了的，李雪莲在赵大头身上感到了一种信任，感受到了一种人与人之间的温暖。在泰山脚下，他们两人有过一场推心置腹的交谈，甚至可以说是将自己后面的生活托付给了赵大头，她对赵大头的体贴，有如一个妻子对丈夫的体贴，但是赵大头却只是为了拿这种感情做交易。这是导致她决意告状到底的原因。

因此，导致李雪莲坚持告状的，不是行政官员的贪赃枉法，而是李雪莲的生活中缺乏信任，她试图通过诉讼，诉诸行政机构获得的正是这种信任，她要惩罚的是秦玉河的背叛行为，她之所以要告那些官员们，是因为这些官员们只是担心自己的职位，而根本不关心她的案件，以及在她的案件中失去的那种信任，甚至在这些官员和她之间也缺乏信任，不仅如此，这些官员们还利用了她对于赵大头的信任。从这个意义上讲，李雪莲的上访，在性质上就不同于窦娥的申冤和小白菜的申冤。她的告状是为了通过法律，通过行政机构，找到失去的信任。然而，现代的法治无法给她提供这种信任，在一套由证据法和程序法建构的现代法治中，并不能够提供给公民这种信任。不仅如此，当她不想继续告状、放弃告状的时候，却没有人相信她。

李雪莲之所以要上访，不是为了实现自己的权利，而是为了找回已经失去的信任，惩罚破坏这种信任的人。具体来说，她的告状是因为她的丈夫的背叛，是因为假离婚变成了真离婚，是因为她的前夫秦玉河对她的一句侮辱性的话，她的告状不是为了名誉权，她不懂得有名誉权这回事，她一直追求事情的真相，目的是惩罚背信弃义者，一旦确定了真相，她的丈夫就成了背信弃义者。然而，没有人相信她的话，甚至质疑她的话，她转而告那些政府官员，正是因为他们就和她的前夫一样，在这里也没有人给她信任。并且不仅是没有给她信任，而且还对她不信任，真正使她下定决心告官员的，是这些官员们因为恐慌而加剧了她的不信任，让她觉得这些官员和秦玉河、赵大头都是一类人。

李雪莲的上访的开始就是她产生不信任的开始，她不信任法官王公道的判决，她去找董宪法。在董宪法那里受阻碍之后，她去找的都是带"长"的官员——法院院长、县长、市长。为什么要找这些人，因为这些人官大，是管事的，仿佛只有在这些人那里才有信任存在。很显然她不认为法院是说理的地方，也就是说，法院不如那些带长的官员可信，因此，接下来她就将法院抛弃在一边，找法院院长，然后是县长和市长。甚至后来，她觉得县长和市长都不可信任，只有北京才能信任，因此去北京上访。她的算术本里面记录的上访都是去北京的上访。在她看来，只有北京才能发现什么是真，什么是假，仿佛只有在北京才有信任存在。对于基层政府的不信任也是可以在《我不是潘金莲》这部小说中所能够找到的一条线索。

因此，从这个角度来看，《我不是潘金莲》讲述的就是一个信任的故事，讲述的是人与人之间的信任，讲述的是公民与政府之间的信任。上访的开端是没有信任，推动上访的是缺乏信任。开启这个故事的，是因为李雪莲前夫的背叛，李雪莲想要惩罚背叛她的前夫，她所寻求的是信任。然而，她不能通过法律体系获得这种信任，或者说，现代的法律体系无法给她这种信任。于是，她的告状甚至在很大程度上不是通过法律秩序来解决，小说自始至终没有说到制度，这里没有制度，这里仅仅有的是一群人，这是一群热衷于利益的算计和追逐的人。在利益算计和追逐的背后，缺乏人与人之间的彼此信任。

这种算计始终弥漫在整个小说中，当李雪莲为了推翻自己的判决，而去法院寻求帮助时，她首先被一个姓贾的庭长推给了一个不喜欢法院工作的、并且人缘不那么好的专委董宪法，而贾庭长之所以要将她的案件推给董宪法，"并不是他跟董宪法过不去，而是他不敢推给别的上级，如几个副院长，更不敢推给院长;何况他平日就爱跟董宪法斗嘴;两人见面,不骂嘴不打招呼,昨天晚上,老贾又在酒桌上和董宪法斗过酒;便想将这气继续斗下去"。这种人与人之间的算计基本上可以在这部小说中的每一页中找到,可以说是市场时代人们追求自己权利的一个缩影。

有关买卖的场景在这本小说中多次出现。比如说,李雪莲其实就是一个生意人,在整个上访过程中,她的精明和算计更多是生意人的思维,比如说她和胡屠户的交易,拿自己的色相换胡屠户来帮她杀人。而专委董宪法最喜欢的其实也是去市场做生意。王公道被李雪莲几番折腾,萌生的想法也是去做生意。最终,史为民真正地做成了生意,成了真正的生意人。镇长赖小毛、县长郑重、市长马文彬和蔡富邦、省长储清廉这些人,都是在算计,都是为了避免李雪莲的告状给自己的政治前途带来影响,而最终导致李雪莲最后一次进京的则是赵大头和贾聪明之间的交易。看清楚这一点,《我不是潘金莲》其实描述的就是市场时代的交易。李雪莲其实是人生生意场上的失意者,一个孤独者,在小说中所描述的她的情感世界中,没有让她感觉温馨的地方,她的确想过和赵大头过一辈子,但没有想到最终是一个圈套。如果赵大头和她的结婚是没有条件的,不是拿这个去为自己的儿子找工作做交易,这个上访案也就会喜剧般结束了。

李雪莲的整个上访过程因此就是通过这种各方的利益算计推动向前的。上访成了利益的竞技场,也因此缺少了温情脉脉,而变得有些戏谑,缺乏了上访的严肃性,本来,上访是为了实现被他人恣意剥夺的权利,是为了监督政府权力的滥用,但是在这部小说中,上访却成了一群人满足自身利益的工具。整个上访过程结束于秦玉河的死亡,一旦秦玉河死亡,告状就没有了由头。结束上访的因此就是一种偶然事件,是秦玉河遭遇的偶然车祸。

整个上访过程的戏谑性并未因李雪莲的上访失败而告终,如果仅仅停留在这个失败上面,这个结局多少是悲剧性的,李雪莲最终决定自杀,她不知不觉地走到了一块采摘园,在自杀的关头被采摘园的老板救下,采摘园老板指责她不应该在自己的园子里自杀,因为死了人就没有人来这里了。采摘园的老板建议她去对面自己的竞争者的采摘园自杀,反正想死,换一棵树,耽误不了多大工夫,这样也是帮自己做了一件好事。有关李雪莲告状的结束仍然是算计,没有人与人之间的信任与温情,上访者的死亡不过是他者的工具。不过这个结尾似乎也传递了另一重意思,不要在一棵树上吊死,其实人原本还可以有许多选择,原本还可以有希望,李雪莲所想要获得的信任其实在其他地方就有,她的姨表弟乐小义就是一个仁义之人,他在李雪莲最困难的时候拿钱给她交了医药费,并且收留她在自己身边一起做生意。

结　语

　　作家刘震云在构想李雪莲上访故事的时候，很显然知道很多当代中国的上访故事。我们可以将李雪莲的告状视为对当前信访制度的大胆批评，在这部小说中，各级官员的言行举止鲜活地呈现出了一幕幕官场现形记，我们也可以认为这部小说反映了当下信访者自身的问题，的确有一部分上访者胡搅蛮缠，将芝麻大的小事变成大事，唯恐天下不乱。但是，无论是从哪一方面讲，似乎都不能穷尽他的这部小说想要传达给我们的真实意图。作为小说家的刘震云将上述印象都整合到了这部小说中，让人各取所需，也让人一时间摸不着头脑。这部讲述信访故事的小说中，法治似乎是缺场的。这里所讲述的不是制度，而是人的欲望，法治被人的欲望所吞噬，对于正义的寻求结果成了各方的交易。

　　令人奇怪的是，李雪莲的上访失败不是《我不是潘金莲》这部小说的结尾，这部作品有一个奇怪的结构，李雪莲的告状其实是前两章的内容，但这两章的标题却是"序言"。而且，这部小说没有结尾，全书只有三章，第三章就是题为"正文：玩呢"的那一章，相对于作为序言的前两章来说，作为正文的第三章篇幅极其简短。这的确是值得我们思考的事。我们通常的写作习惯是将重要的事情、实质性的内容放在正文中说，这个太过简短的正文是不是暗示着其实没有任何重要的事情和实质性的内容？

　　在作为正文的第三章中，上访成了主角史为民从北京回到他所居住的小城的手段。但是，他恰恰是在李雪莲的上访过程中被处理的官员，在他担任县长时，因为没有妥善解决李雪莲的事，最后被撤职。但这位曾经的史县长并没有像李雪莲一样四处申冤，而是过起了滋润的和悠闲的饭铺老板的生活。

　　有关史为民借助截访者在春运期间回乡的故事其实并不稀奇，我们早就听说过不少在春节期间因为买票无法回家而利用截访者最终顺利回乡的事。但是，刘震云的叙事的巧妙就在于：第一，正文部分中将上访作为手段或者工具，将上访当儿戏来加以利用的上访者，其实也不是一个真正的上访者，因此就和前面的序言中讲述的上访故事一样，这里都没有真正的上访者，整个上访过程因此完全是凭借着官员们的恐惧被启动的。第二，同样是上访，同样是作为工具，但是为何在史为民这里，上访成了一件儿戏，而在李雪莲那里，却如此悲怆呢？史为民在被撤职之后，也曾经大呼冤枉，并且大骂也要告状去。他终究告了一回状，但目的却是为了在春运车票紧张的时候，及时赶回家中打一场麻将。与史为民相类似的还有一个人，这就是专委董宪法，董宪法其实对于法院的工作毫无兴趣，相对于法律工作来说，"董宪法觉得，牲口市上的牲口牙子，与人在袖子里捏手、撮合双方买卖，都比法院的工作强。"（页33）这是一个巨大的反讽。被去职，高高兴兴，唯一不闹不哭的人

就是他。他听完了文件传达，转身就走出来，边走边说，去求，早不想跟你们玩了，我到集上当牲口牙子去。（页103）

小说中讲述的史为民的上访故事完全变成了玩笑，这里没有任何的严肃性。这种玩笑或者严肃性的缺乏也体现在刘震云有意地设计的人名上面，例如王公道（枉公道）、贾聪明（假聪明）等，这些与上访联系起来的人名有着讽刺和戏谑的风格。上访在《我不是潘金莲》这本书中成了各方可以利用的工具，其实，对李雪莲来说，上访对她来说也是游戏，她不过是借此表达她对一个缺乏信任的世界的愤怒而已。

（作者系华东政法大学政治学与公共管理学院副教授）

肯定性行动与逆向歧视

——美国最高法院的宪法解释

胡小进

2003年6月23日，美国联邦最高法院就质疑密歇根大学招生政策的两件案子分别作出判决：在格鲁特案[①]中赞成密歇根大学法学院落实"肯定性行动（affirmative action）"的录取政策，允许该校法学院为实现学生构成的多元化采取"特殊措施"；在格拉茨案[②]中否决了该校的本科生招生方案，因为该方案给少数族裔学生直接加20分。一个赞成，一个否定，同一性质的问题，不同的判决结果，既反映了最高法院的两难处境，也体现出肯定性行动的微妙地位。那么，到底何为肯定性行动？肯定性行动对美国社会有何影响？如何评价肯定性行动？肯定性行动是否构成所谓的逆向歧视？这正是本文试图回答的问题。

一、肯定性行动的由来

肯定性行动是指照顾少数族裔与弱势群体的特殊优惠措施，由美国政府倡导推行，主要集中于入学与就业等领域。据考证，"肯定性行动"一词可能最早出现于该国1935年的《全国劳工关系法》，但当时的意思是禁止私营企业主歧视工会会员，与后来的肯定性行动关系不大。第一次将肯定性行动与种族联系起来的是富兰克林·罗斯福总统1941年签署的8802号行政命令（Executive Order 8802，又名 Fair Employment Act），该命令禁止国防工程承包商雇佣工人时，采取种族、肤色、信仰、籍贯等方面的歧视措施，并成立公平就业委员会，调查类似的歧视行为。[③] "二战"结束后，哈里·杜鲁门总统于1946年12月5日发布9808号行政命令，成立总统民权委员会，调查种族关

[①] 详见 *Grutter v. Bollinger*, 539 U.S. 244 (2003).
[②] 详见 *Gratz v. Bollinger*, 539 U.S. 306, 348 (2003).
[③] 张立平：《论肯定性行动》，《太平洋学报》2001年第3期。

系,以便制定改善种族关系的具体措施。1948年2月2日,杜鲁门总统在致国会的国情咨文中表示,保护民权是"民有"政府的职责,取消联邦政府内部(9880号行政命令)以及军队中的种族隔离(9881号行政命令),就是他改善种族关系的行动之一。但是由于南方白人的阻挠与朝鲜战争的冲击,杜鲁门总统的努力收效甚微。

在1960年代之前,尽管美国的民权进程非常缓慢,但是"二战"激发了少数族裔的权利意识,罗斯福、杜鲁门两位民主党总统更是有意无意地鼓励他们争取自己的权利。1961年3月6日,另一位民主党总统约翰·肯尼迪签发10925号行政命令,第一次明确要求联邦政府实施肯定性行动。该命令决定建立总统平等就业机会委员会(EEOC),消除政府内部以及相关企业中的就业歧视,并要求与政府订立合同的承包商,不能以种族、信仰、肤色或民族血统而歧视任何雇员或求职者;承包商应采取肯定性行动,保证求职者的录用与雇员的晋升不涉及他们的种族、信仰、肤色或民族血统。① 很明显,这里的"肯定性行动"还不是一个专门用语,只是要求政府与相关承包商采取积极措施,促进平等就业。

值得注意的是,无论是罗斯福的8802号行政命令,还是肯尼迪的10925号行政命令,都只是总统的命令,不是国会的正式立法,缺乏相应的授权。没有国会的拨款,经费与人员都得不到保障,无法有效地实施肯定性行动。简单地讲,这一时期的肯定性行动还不具备明确的法律基础。

真正为肯定性行动提供法律依据的是《1964年民权法》,该法第二部分全面禁止在旅馆、饭店、戏院、体育馆等公共场合与公共设施实行以种族、民族血统和宗教为理由的歧视行为,并宣布州与地方政府制定的此类歧视性法律无效;第四部分禁止在公立学校实行种族隔离,保证个人不因其种族、肤色、宗教信仰与来源国,而丧失平等的受教育机会;第六部分禁止在联邦财政资助的项目和活动中,以种族、肤色和民族血统为由进行歧视;第七部分禁止从事州际商务的企业在就业问题上对工人进行种族、族裔与性别歧视。

《1964年民权法》的通过,既是1960年代民权运动的结晶,也是这一时期民权运动的高潮。蔓延全国的游行示威使美国人开始正视种族隔阂,偶像总统约翰·肯尼迪之死,则让他们深刻反思美国社会所面临的问题。民主党总统林登·约翰逊继承约翰·肯尼迪的遗志,不但促使国会通过《1964年民权法》,而且签署了肯定性行动历史上的关键性文件:11246号行政命令。该命令不但重申了政府合同中的反歧视规定,要求政府与相关企业采取肯定性的

---

① 任东来:《"肯定性行动"与美国政治》,《太平洋学报》1996年第1期;华涛:《约翰逊总统与美国"肯定性行动"的确立》,《世界历史》1999年第4期。

照顾措施,而且根据《1964 年民权法》的授权,建立了独立于总统之外的专门机构(联邦合同项目履行办公室,OFCCP),负责执行该法与总统的行政命令。随后,约翰逊总统又于 1967 年发布 11375 号行政命令,将性别歧视也纳入肯定性行动范畴。①

此后,共和党的尼克松总统又颁布指导性原则,为肯定性行动提出具体数字目标与时间表,设定联邦工程中少数族裔与女性工人的最低比例。卡特总统则秉承民主党传统,注重解决性别歧视、黑人教育、公共住房方面的问题。与此同时,国会也行动起来,通过一系列的消除学校隔离、为少数族裔预留公共工程、促进两性平等的立法。1960 年代末到 1980 年代初也因此成为美国肯定性行动的兴盛时期。②

但是,这种照顾传统弱势群体的做法,有时候必然要以牺牲强势群体的利益为代价。在美国这样一个倡导个人权利、公平竞争的开放社会,不可能不引起争议。反对一方认为,肯定性行动按族裔与性别划线,不加区分地将所有的少数族裔与妇女都列入照顾范围,不符合自由、平等的立国精神,在升学与就业中为他们预留名额,更是对白人与男性的歧视。由于在先前的美国历史上,受歧视的一直是少数族裔与女性,因此,这种由肯定性行动导致的新的不平等状况又被称为"逆向歧视(reverse discrimination)"。赞成者则相信,长期的隔离与歧视,使少数族裔与妇女处于十分不利的竞争地位,如果不加以照顾,根本不存在所谓的公平竞争,也不能保证美国社会的长期自由与稳定;肯定性行动并不构成对白人与男性的逆向歧视。自 1980 年代里根总统入住白宫、保守势力回潮以来,双方之间的争论愈演愈烈,不但在总统、国会议员选举过程中唇枪舌剑,还不时对簿公堂,将美国联邦最高法院引入政治争论的风口浪尖。

对于肯定性行动的历史背景、前后经过,美国学者有很详细的研究;③ 有些学者还更进一步,从具体案例出发研究肯定性行动在不同领域的作用与争议。④ 中文世界里,任东来、赵薇较早注意到肯定性行动的影响,并专门撰文

---

① 任东来:《"肯定性行动"与美国政治》,《太平洋学报》1996 年第 1 期;华涛:《约翰逊总统与美国"肯定性行动"的确立》,《世界历史》1999 年第 4 期。

② 张立平:《论肯定性行动》,《太平洋学报》2001 年第 3 期。

③ Philip F. Rubio, *A history of Affirmative Action, 1619-2000*, University Press of Mississippi, 2001; Terry H. Anderson, *The Pursuit of Fairness: A History of Affirmative Action*, Oxford University Press, 2004; Kevin L. Yuill, *Richard Nixon and the Rise of Affirmative Action: The Pursuit of Racial Equality in an Era of Limits*, Rowman & Littlefield Publishers, Inc., 2006.

④ Ron Simmons, *Affirmative Action: Conflict and Change in Higher Education after Bakke*, Schenkman Pub. Co., 1982; Anthony A. Peacock, *Affirmative Action and Representation: Shaw v. Reno and the Future of Voting Rights*, Carolina Academic Press, 1997.

介绍;① 旅美学者王希、邱小平的专著② 中也有大段论述;在前几年出版的《美国宪政历程——影响美国的 25 个司法大案》一书中,任东来、陈伟等也将最高法院判决的肯定性行动个案列为专章,从政治与法律的角度详加分析。③ 但是,在中文著述中,尚无学者将最高法院的主要肯定性行动判决单列出来,反思肯定性行动的性质与前景。因此,本文从教育与工作两方面入手,论述美国最高法院的相关重要判决,试图阐明肯定性行动的根本性质与内在矛盾。

二、肯定性行动与高等教育

美国的中小学教育由地方政府管理,学生一般按学区入学,联邦法院只是命令用校车接送学生,以促进种族融合,不存在预留名额或加分问题,与肯定性行动关系不大。教育领域的肯定性行动主要涉及的是高等教育,尤其是接受政府资助的公立大学。

最先受到最高法院审查的是华盛顿大学法学院的录取政策,该院的肯定性行动方案允许少数族裔学生以较低的法学院入学考试(LSAT)成绩进学院念书,一位白人学生因此未被录取。他认为,学院的录取政策对其构成逆向歧视,提起诉讼,初审法院支持了他的请求,华盛顿大学法学院虽然录取了他,但同时请求最高法院重审此案。当案子进入最高法院时,他已完成最后一年的学业,可以顺利毕业。最高法院的多数大法官因此认为该案已经无意义(mootness)④,拒绝重审。⑤

但是,正如持异议的大法官所预料的那样,这种问题还会再来。此后不到四年,在巴基案⑥ 中,最高法院又一次面对大学实施肯定性行动方案所带来的逆向歧视问题。艾伦·巴基(Allen Bakke)是经历过越战的白人老兵,连续两年申请加州大学(戴维斯)医学院,均遭拒绝,但入学成绩和学分绩比他低的几位少数族裔(主要是黑人)却被录取了。原因是,医学院在当年的 100 名招生名额中,为黑人等少数族裔预留了 16 个特别名额。巴基认为,这种牺

---

① 任东来:《"肯定性行动"与美国政治》,《太平洋学报》1996 年第 1 期;赵薇:《论"肯定性行动"对美国教育和就业的影响》,《外国问题研究》1996 年第 1 期。
② 王希:《原则与妥协:美国宪法的精神与实践》,北京大学出版社 2000 年版;邱小平:《法律的平等保护——美国宪法第十四修正案第一款研究》,北京大学出版社 2005 年版。
③ 任东来、陈伟、白雪峰等:《美国宪政历程——影响美国的 25 个司法大案》,中国法制出版社 2004 年版,第 383—397 页。
④ 根据最高法院审判规则与惯例,如果争议提出的时间太晚,涉及的问题已经没有意义,可以驳回上诉人的案件;如果相关事实或法律发生变化,已不存在真实的冲突或实际的案件与争议,也可以将案子驳回。详见 David M. O'Brien, *Storm Center: The Supreme Court in American Politics*, W. W. Norton & Company, 2005, pp. 174-175.
⑤ 详见 *De Funis v. Odegaard*, 416 U. S. 312 (1974)。
⑥ 详见 *Regents of the University of California v. Bakke*, 438 U.S. 265 (1978)。

牲白人利益照顾少数族裔的措施，实际上是新的种族偏见。于是，他将加州大学告上法院，控告其逆向歧视，违反了《1964年民权法》和第十四修正案的平等保护条款。1978年，案子进入最高法院。①

由于该案事关高等教育领域肯定性行动的生死存亡，与青年人的未来息息相关，引起美国社会的广泛关注，120个组织给最高法院提交了58个法庭之友辩诉状②：83个组织支持加州大学，32个支持巴基，还有5个希望最高法院不要受理此案。③面对如此敏感的问题，最高法院九位大法官的意见非常不一致，其中四位开明派大法官认为，设置特别名额是为了有效地铲除种族歧视的恶果，真正体现了宪法第十四修正案的平等保护精神，应予以支持。另外四位保守派大法官则强调《1964年民权法》禁止的是一切种族歧视，也就是说既不能歧视黑人，也不能歧视白人；特别名额违反了民权法的规定，加州大学应该录取巴基。面对僵局，第九位大法官刘易斯·鲍威尔（Lewis Powell, Jr.）显示了高超的妥协技巧。一方面，他从第十四修正案出发，认为特别名额制度违反了对个人权利的平等保护；另一方面，从第一修正案言论自由推导出来的学术自由出发，他又认为，加州大学可以将族裔背景作为招生时的附加因素（plus），加以考虑。④鲍威尔实际上采取的是具体否定、抽象肯定的策略：加州大学考虑族裔因素没错，错就错在不该将族裔作为首要的衡量标准。宪法本身并非"不分肤色"，只有当学院与大学是为了实现整体学生的多元化时，实施肯定性行动方案才是可取的。

巴基如愿以偿地进入了医学院，但巴基案带来的影响却要一直持续下去。很多人认为最高法院是在釜底抽薪，肯定性行动前景堪忧。但最高法院的大法官们很清醒，巴基案只不过是否决了少数族裔入学中的配额制，只是肯定性行动的一部分而已，还有就业、升职、工程招标等方面的争议等着他们去解释。

---

① 任东来、陈伟、白雪峰等：《美国宪政历程——影响美国的25个司法大案》，中国法制出版社2004年版，第383—397页。

② amicus curiae briefs，最初，法庭之友辩护状是为了提供法院正式辩护状没有涉及的论据与数据，后来，各种利益集团却以此作为宣传各自政治主张的重要途径，促使法院作出自己希望的判决。法庭之友辩护状数量的多少同时也反映出案件的受关注程度，在美国历史上，巴基案是收到最多法庭之友辩诉状的案件之一。

③ David M. O'Brien, Storm Center: The Supreme Court in American Politics, W. W. Norton & Company, 2005, p. 223.

④ 鲍威尔代表法院宣布这一裁决，但是，法院并没有发表自己的意见，而形成"一案各表"的多元意见。除了鲍威尔的意见书外，四位开明派大法官发表了一篇对判决部分同意、部分反对的意见书，并各自又写了进一步阐述自己立场的意见书。其中一位大法官的个人意见书，得到了三位保守派大法官的赞同，他们对判决结果表示部分同意、部分反对。David M. O'Brien, Storm Center: The Supreme Court in American Politics, W. W. Norton & Company, 2005, pp. 289-291.

三、工作方面的肯定性行动

从个人的角度讲，接受高等教育的目的首先是为了谋取更好的工作，没有公平竞争的就业、经营环境，同样不会有自由与可持续发展的社会。但是，与高等教育中的肯定性行动一样，就业、升职、工程招标等方面也存在预留名额式的照顾政策。最高法院对巴基案的模糊判决，鼓励了自认为受到逆向歧视的白人与男性，他们决定质疑工作方面的肯定性行动。巴基案判决一年后，最高法院又遇到了涉及少数族裔的就业、升职问题的韦伯案。

韦伯案起源于路易斯安那州的一家铝业化工公司，该公司39%的工人是黑人，但只有1.83%的黑人是熟练工人。为了使黑人熟练工人的比例与黑人工人的总体比例相称，该公司将一半的培训名额留给了黑人工人。作为一名白人工人，布雷恩·韦伯（Brain Weber）因此没能获得平等的培训机会，于是将公司告上法院。在法院的多数意见中，开明派大法官威廉·布伦南（William J. Brennan, Jr.）认为，铝业公司预留培训名额完全是私人雇主的自愿行为（而非州政府行为），不在《1964年民权法》第七部分的禁止之列；该培训计划也没有要求解雇白人并以黑人取代之，没有对白人的晋升造成实质性障碍。①

与韦伯案类似的是最高法院1987年判决的帕拉代斯案。该案涉及另一个南部州亚拉巴马州警察局黑人警察的比例问题。早在1972年，地区法院发现该局成立几十年来从未有过正式的黑人巡警时，就要求该局尽力改进这一现状，但收效甚微。直到1982年，该局也只有四名黑人警官，而且警衔都很低。地区法院于是下令，在以后的一段时间内，该局每提升一名白人警官，也应相应地提升一名黑人警官。尽管里根当局明确反对这种严格的种族配额制，但最高法院还是以5比4表示支持。在法院多数意见中，布伦南强调，亚拉巴马州长期歧视黑人导致的恶果，只有通过这种措施才能有效地消除；当黑人警官达到一定数量时，配额会自动停止，因此，不会给无辜的白人警官带来过多的负担。但有些大法官却认为，即使采取其他不那么激进的手段，一样可以达到缓解歧视的效果。②

除了族裔方面的矫正措施外，性别优待也是"肯定性行动"的一项重要内容。在与帕拉代斯案同一年判决的约翰逊案中，最高法院就遇到了这样的问题。1978年，加州圣克拉拉县（Santa Clara County）交通局采取了一项肯定性措施：在晋升职务时，应考虑族裔、性别、是否残疾等因素。1979年底，该局的一个技术职位空缺，在申请这一职位的人中，保罗·约翰逊（Paul Johnson）与另外一个女雇员资历相当，但约翰逊最终没能如愿，原因是该局

---

① 详见 United Steelworkers of America v. Weber, 443 U.S. 193 (1979).
② 详见 United States v. Paradise, 480 U.S. 149 (1987).

的女性技术人员太少，根据 1978 年的规定，应优先考虑女性雇员。约翰逊自然不服，一直将官司打到最高法院。布伦南大法官在多数意见中重申了韦伯案的立场：在传统上受隔离的工种（指技术职位）中，女技术人员与女雇员完全不成比例，采取女性优先措施正是为了达到《1964 年民权法》第七部分减少歧视的要求；况且，该项措施也只是要求在同等条件下优先考虑女性，性别只是诸多因素之一，不会妨碍男性雇员的升职机会。[①]

　　黑人、女性在就业中享受优待，与他们往日所遭受的歧视紧密相关。与单个黑人、女性一样，少数族裔所开办的企业，在传统的政治环境中，也很难拿到订单，资本和技术都很缺乏。为了从根本上提高少数族裔地位，联邦政府决定扶持他们所开办的企业。1977 年国会通过《公共工程就业法》（*Public Works Employment Act*），其中的少数族裔企业（minority business enterprises, MBEs）条款规定，凡受联邦政府资助的工程项目，必须预留 10% 给少数族裔企业；少数族裔企业指的是，企业 50% 以上的股份为黑人、西裔、亚裔、土著、爱斯基摩人或阿留申人所有。由于少数族裔企业的竞争力普遍比白人企业低，白人企业家自然难以接受这种预留措施，面对失去的工程合同，他们希望最高法院能推翻这一立法。1980 年，在富利洛夫案中，最高法院首次对少数族裔企业合同预留问题作出解释，法院多数意见有限度地支持了联邦立法，认为预留工程合同是实现政府紧迫利益的必要手段，但这种预留措施与政府目标之间应该紧密相连。[②] 法院意见的言外之意是，政府完全可以采取更温和的手段，来达到扶持少数族裔企业、消除歧视的目的。

　　大法官们对富利洛夫案的判决鼓舞了各州和地方政府，它们纷纷采取类似措施促进本地少数族裔企业的发展。弗吉尼亚的里士满就是一例，1983 年，该市议会通过一项立法，要求本市的一级承包商，将至少 30% 的二级承包合同交给一个或多个少数族裔企业。由于这一规定，克罗森公司（J. A. Croson Co.）失去了本应得到的承包合同，于是将市政府告上法庭。最高法院推翻了里士满市 30% 的预留方案。在法院多数意见中，桑德拉·戴·奥康纳（Sandra Day O'Connor）大法官指出，虽然里士满市议会充分享有通过立法纠正歧视的权力，但统计资料显示，该市的少数族裔企业非常少，这样大比例的预留会让这些企业大发横财，这显然有失公平，也有违第十四修正案对州的限制；况且，以种族分类为基础的优待，仿佛是一种恩惠，有可能给受惠者带来耻辱感，加深他们的自卑，并导致种族敌视；因此，以种族为基础的立法，即使是出于善良的救济性目的，也应该与紧迫的公共利益紧密相连。[③]

　　奥康纳实际上是要求对待优待案像对待歧视案一样，采取严格审查标准。

[①] 详见 *Johnson v. Transportation Agency of Santa Clara County, California*, 480 U.S. 616 (1987).
[②] 详见 *Fullilove v. Klutznick*, 448 U.S. 448 (1980).
[③] 详见 *Richmond v. J. A. Croson Co.*, 488 U.S. 469 (1989).

以布伦南为代表的三位自由派大法官自然不能同意,他们认为这是一种明显的倒退。在次年涉及联邦立法的地铁广播公司案中,即将退休的布伦南大法官发出了"天鹅绝唱":广播电台的多元化像巴基案中的学生构成多元化一样,符合紧迫的公共利益,联邦政府优待少数族裔电台并不违宪;联邦政府与州政府权限不同,对待联邦立法,应适用更宽松的审查标准。[1]布伦南的意思很明确:克罗森公司案中针对州政府预留措施的严格审查标准,并不适用于本案中的联邦立法。

1991年,继布伦南与另一位开明派大法官相继退休,离开最高法院,取代他们的是老布什总统任命的两位保守派大法官。最高法院中主张严格审查肯定性行动的大法官占据多数,联邦政府的工程预留措施前景不妙。果不其然,在1995年的佩纳案中,奥康纳大法官就在法院多数意见中认为,任何政府的种族立法都必须符合三个条件:怀疑主义——接受必要的、最彻底的审查;连贯性——不论是歧视还是优待,都应同样对待;一致性——对联邦政府与州政府一视同仁。因此,对于联邦政府的种族优待措施,也应严格审查。[2]

四、反思

佩纳案的判决结果固然与最高法院的人事变动直接相关,更与美国当时的社会政治氛围密不可分。经过1960—1970年代风起云涌、激情澎湃的民权运动后,1980与1990年代的美国社会渐渐归于保守与平静。1992年,《华尔街日报》和美国广播公司一项民意调查显示,三分之二的美国人认为肯定性行动政策已完成其历史使命,今后,美国政府无需为补偿过去的歧视而特别照顾黑人等少数族裔。[3]1996年底,加州通过公投(Proposition 209),一致决定,在公共就业、教育、工程等方面,州政府不应基于种族、性别、肤色、族裔或原始国籍,歧视或优待任何个人或团体。次年,巴基案的发生地——往日肯定性行动的急先锋加州大学校董会,投票通过决议,宣布加州大学今后在招生、雇佣、工程招标时,不再照顾少数族裔和女性,从而使加州大学成为美国第一个公开宣布废除肯定性行动政策的公立机构。2006年11月,密歇根州也通过一项提案(Proposal 2),全面废除肯定性行动,少数族裔与女性将不再仅仅因为自己的身份原因而获得眷顾。此前,华盛顿州已经通过了类似的决议。

加州大学之所以敢为天下先,实际上与白人在加州人口的比例已跌落到50%左右有直接关系。由于白人在加州即将成为少数族裔,白人也将有同等

---

[1] 详见 *Metro Broadcasting v. Federal Communications Commission*, 497 U.S. 547 (1990).

[2] 详见 *Adarand Constructor, Inc. v. Pena*, 515 U.S. 200 (1995).

[3] 任东来、陈伟、白雪峰等:《美国宪政历程——影响美国的25个司法大案》,中国法制出版社2004年版,第401页。

权利要求肯定性行动政策的特殊照顾。如此一来，肯定性行动将失去原来的意义。但是，华盛顿与密歇根等州并不存在类似情况，这两个州废除肯定性行动，不能不引人深思。

第一，肯定性行动的道德性与法律性。肯定性行动的目的，是要照顾处于弱势地位的少数族裔与女性，补偿过去的歧视给他们带来的损失，实际上是社会中的强势者为曾经遭受他们欺压、歧视的弱势者"还债""赎罪"，具有浓厚的道德色彩。但是联邦政府却通过一系列的行政命令与国会立法，将这种道德诉求上升为法律规范，以国家强制力量保证实施。道德与法律是两种不同的社会规范，但在肯定性行动问题上却混在了一起，这正是肯定性行动引发争论的理论症结。

第二，肯定性行动与大学、企业的社会责任。美国的大学中，相当一部分是私立的，如果政府的捐助没有附加条件，这些大学完全可以不必理会联邦政府的肯定性行动计划。但是，肯定性行动不单单是一种法律规范，也是一种道德诉求。即便是哈佛、耶鲁这样的私立名校，也十分注重招收少数族裔学生，在它们看来，学生族裔的多元化，既是一种招生政策，体现出大学的兼容并包，使不同族裔、国籍的学生学会相互理解、相互尊重；也是一份社会责任，表明精英大学才是社会的良心，有责任引领社会发展的方向，促进社会进步。同样，美国的企业，尤其是势力雄厚的大企业，都非常重视员工的多元化，并以此作为自己回报社会的一种方式。

第三，肯定性行动与社会和谐。肯定性行动的目的，本来是要缩小族裔差距，实现不同族裔平等、和谐相处。但是，按族裔贴标签，一刀切，无疑更强调了少数族裔的弱者身份。正如奥康纳大法官在克罗森公司案中所言，"以种族分类为基础的优待，仿佛是一种恩惠，有可能给受惠者带来耻辱感，加深他们的自卑，并导致种族敌视"。还有些人，一心只想着肯定性行动的照顾，不思进取，懒散成性，印证与加深其他人的偏见。由此可见，单纯的肯定性行动并不能保证社会各族裔之间的和谐相处。美国最高法院也认识到这一点，越来越倾向于否定预留名额式的肯定性行动方案。

第四，肯定性行动与逆向歧视。不可否认，肯定性行动确实构成了某种程度的逆向歧视——不合理但却必要的歧视。存在的不一定合理，美国历史上对黑人、女性的歧视，不合理，但长期存在。如今，对白人、男性的逆向歧视，同样不合理，但同样必将存在一段时期。就像奥康纳在格鲁特案中所说的那样，"我们希望，从现在开始，25 年后不必再使用种族优待措施"[①]。

（作者系中国政法大学人文学院历史研究所教授）

---

① David M. O'Brien, *Storm Center: The Supreme Court in American Politics*, W. W. Norton & Company, 2005, p.292.

会议综述

中国政法大学首届政治哲学和法哲学会议综述

陈 聪　王盛蕾

2018年10月20日，由中国政法大学人文学院哲学系主办的首届"政治哲学和法哲学"论坛在中国政法大学昌平校区逸夫楼召开。来自北京大学、中国人民大学、中国政法大学、华东师范大学、北京化工大学、天津理工大学、商务印书馆等单位的二十余位专家学者及部分师生参与了本次盛会。中国政法大学人文学院文兵教授和宫睿副教授担任会议主持。参会学者主要讨论了以下问题。

一、不同视角下的政治哲学和法哲学

北京大学哲学系徐龙飞教授谈论的是托马斯·阿奎那的神学与国家政治思想。作为神学家和哲学家，阿奎那能够清晰地分辨神学和哲学，他从神学中的上帝论、创世论、救赎论、人文论和基督论等几个小的主题进入哲学（法哲学）。例如上帝，在神学意义上指的是三位一体；在哲学上则可以看作是最基本的哲学出发点；在法学领域，则把上帝理解为绝对精神，理解为万物的初始原则，是一切秩序的基础、出发点、目的和保障，由此出发引出永恒法、自然法和人法。首先，永恒法即上帝的意志，这点继承了罗马法的原则。永恒法是一切法的基础，它设置在神性之中。其次，自然法由永恒法发展而来。自然法是人的自然理性的产物，是人在自然状态中不言自明的自然秩序。不同于霍布斯的自然状态，这里的自然状态指代原初人本善的状态。这里对自然法的这种定义也和罗马法不谋而合，因为罗马法也具有认识论的特性。现今英美法系的判例法继承了罗马法此品性，即通过不同的案例抽象出普遍使用的法则，这是认知绝对精神的过程和结果。最后，在发展过程中仅自然法的约束是远远不够的，需要有新的秩序保障正义和价值，因此，具体的人法——实证法应运而生，以此来保障正义价值付诸实施。实证法，即人所设置的法。它的目的在于保障自然法正义价值的顺利实施。与此同时自然法和实证法有很多相通的地方，例如：不可杀人、不可偷盗。这些在宗教戒律、自然法和实证法中都有相似的规定，由此可见人在本性上是一致的。自然法和神法必须要由实证法来保障。

北京大学德国研究中心谷裕教授就17世纪巴洛克戏剧中的君主形象进行了介绍。巴洛克戏剧是以1648年到18世纪初在豪华的舞台装置上表演重大历史人物历史事件的宫廷政治大戏，演出对象是君主和学生（尤其是邦国中的政治、法律人才）。巴洛克戏剧是当时社会公共政治生活的一部分。在戏剧中呈现的君主形象意在宣扬君主应当具备的德性，隐藏在其背后的是深刻的政治哲学问题，作者通过塑造不同的君主形象来宣扬不同的政治主张。戏剧作者大多是哲学家、神学家、外交家、法学家等参与政治实践的人，不同于后期囿于国家视野的作者，这个时期的作者拥有的是欧洲视野，将欧洲视作一个整体。作者们通过使用丰富的形象塑造出了不同的政治模型，自觉演绎出某种理论以应对当时社会存在的问题。通过这种戏剧文学的形式展现出的内容层次丰富、问题复杂。谷裕教授以三部戏剧讨论了三种君主形象：虔诚的化身、殉道者以及政治理性、国家理性代言人。第一个是耶稣会戏剧——阿旺希尼的《君士坦丁大帝》，讲述的是公元三四世纪时期君士坦丁大帝奠定基督教在全欧洲的地位的故事，宣扬了一种君主需要具有的虔诚的德性。第二部是格吕菲乌斯的《查理·斯图亚特》，这部剧取材自一个重大政治事件——英国国王查理一世在王宫宴会厅被当众砍头，塑造了一位临危不惧慷慨赴死，并誓死维护神权的君主形象。第三部是罗恩施坦塑造的《埃及女王》——克利奥帕特拉，取材自古埃及的历史故事，以亚克兴海战为背景，宣扬君主应当具备的基督教美德，旨在捍卫神圣君权，宣扬政治理智。上述例子是为了表明应当在什么样的语境下理解戏剧。围绕君主的性质和来源，谷裕教授认为可以分为三种派别：首先是耶稣会主义，对应皇权，反对绝对君主制，强调君权的来源是君权神授。君权民权的关系是主权在民，赞同弑君，表明国家理性受基督教伦理约束。其次是共和主义（宪政主义）对应的等级制度，代表小贵族、市民阶级，反对绝对的君主制，其代表人物是马基雅维利，这种思想延续了中世纪自然法宣扬的主权在民思想，指出君民之间是契约关系，违约便可以弑君，体现出国家理性是有约束的政治权谋。最后是邦国的君主制，主张君权神授，强调君权直接来自神的恩宠，从而使君权摆脱教会的控制，体现出君权与民权的关系是主权在君，所以君主拥有绝对的权力，人民不得反抗不可弑君，仅在一定情况下拥有消极反抗权。

中国政法大学人文学院倪寿鹏副教授的发言是从马克思主义角度看待政治哲学，题目为《马克思哲学视野下的正义理论》。他首先介绍了马克思主义政治哲学的发展历程：马克思主义政治哲学早期研究中心在欧洲大陆，在20世纪70年代开始向英美学界转移，并受英美学界的影响，产生了分析学派的马克思主义。分析学派的马克思主义前期试图使用分析方法来澄清马克思的历史唯物主义的合理内核,发展到后期,学科内部开始出现政治哲学转向。这一学科的内部转向引发了极大的争议,如何在马克思主义的经典理论框架下,重构马克思主义政治哲学成为一个世界性难题。尤其是分析学派的马克思主义拒斥辩证法,崇奉实证的科学主义思想,但在这种解读模式下重构马克思主义政治哲学十分困难。与此形成鲜明对照的是,我国受二十世纪七八十年代实践唯物主义、价值哲学等理论研究勃兴的影响,客观上为重构马克思主义规范政治理论提供了准备。目前中国理论界反思和建构马克思主义政治哲学主要是通过以下三个步骤:其一是通过对历史唯物主义这一马克思哲学的存在论基础进行重新阐释来确立价值论、正义论和政治哲学在马克思主义理论中的合法地位。这一工作李德顺、俞吾金等学界前辈已经奠定了颇为可观的基础。其二是通过与当代西方政治哲学的代表人物罗尔斯的理论进行对话,逐步明确一种可能的马克思主义政治哲学的理论倾向和特征。学界普遍认为罗尔斯的思想带有一定的社会主义色彩,对马克思和罗尔斯进行比较研究极具可行性,而罗尔斯对政治哲学史的梳理过程中也涉及了对马克思的系统理解,并且罗尔斯在构想正义原则时对马克思的思想也进行了汲取和提炼,这些都为重新确立马克思主义政治哲学提供了可能。其三是通过研究柯亨、布坎南、佩弗、尼尔森等人对罗尔斯正义论的"左翼修正"方案,立足国内马克思主义哲学原理的原创性成果,构建马克思主义正义论乃至政治哲学的具体内容。

二、政治哲学和法哲学的正当性问题

正当性与合法性在政治哲学和法哲学中是一组重要的概念,北京大学哲学系韩水法教授介绍了马克斯·韦伯与施密特对这组概念的论述。首先韦伯在《经济与社会》等论著中将正当性与合法性做了明确区分和系统讨论。韦伯认为,政治秩序有正当的和合法的两种类型。最早在《社会学基本概念》中韦伯认为正当秩序有两种类型,一种是常规的,即继承的、既定的、不言自明的,另一种是法律的,即外在的、有专门人员在维持秩序的。从这样的论述看来,韦伯认为正当是高于法的,因为在这里,他将正当作为法的基础。而后韦伯在其论著中又阐述了正当的四种基础:其一是基于传统的,即社会先前存在的祖宗之法、习惯法;其二是基于情感的,尤其是基于信仰的;其三是基于价值合理性,即民众认同其价值的;最后是基于成文法实证法的,除此外还有基于利益的和基于权威而被迫接受的。从这里也可以印证韦伯的观点,他认为合法性是正当性的一种,居于正当性之下。在统治的类型中,韦伯再次阐明正当性的统治类型有三种:合法的统治(法律规定的)、合理的统治（现代的统治形式，有官僚体系的）、神力或超凡魅力的统治。韦伯的学生施密特在正当性和合法性的基础上分析当时的议会政治。施密特认为韦伯仅仅讨论了正当性和合法性形式方面的意义，这是有失恰当的，例如当时的魏玛宪法本身在正当性方面有问题，即使它一定是合法的。施密特借此来批评当时的议会制度和自由主义，他的观点在于首先要正确区分正当性和合法性，同时强调现代民主政治必须具有正当性和合法性的同质性。这对当时社会党派林立和多元化的背景产生了深远影响，由于当时的社会没有经过充分的整合，缺乏内核的一致性与凝聚性，整个社会是由外在力量捆绑起来的，这样的社会极易崩溃。施密特的讨论极具前瞻性，具有深远的当代意义。

中国人民大学哲学系欧阳谦教授的发言内容围绕"文化政治的正义逻辑"展开，他指出文化政治是从阶级政治和政党政治发展而来的一种新的政治类型，近些年来在西方比较流行。此次发言共谈及文化政治的四个问题，第一是文化政治的两个面向：政治活动的非阶级化、非政党化倾向和政治活动的价值导向流变。第二是文化政治的背景问题，主要涉及三个方面：首先，文化政治是在西方马克思主义，尤其是葛兰西所提出的领导权概念的基础上产生；其次，文化政治起源于20世纪30年代到50年代，在面对纳粹起源去找寻美国社会繁荣稳定的原因时所产生的一种文化主义的社会批判思维；最后是20世纪60年代广泛兴起的新社会运动。第三，文化政治的逻辑发展趋势是舍弃了传统的政党政治和阶级政治，从过去整齐划一的政治思考转向多元差异的思考。第四，文化政治的新形态如下：通过一种团体性、局部化的形式展开，最终表现为一种对政治进行微调的新的斗争形态——非暴力、合法的群体性活动。由此引发出欧阳谦教授对社会变化的新定义：它决不是骤然突变，而是全方位、微观的实现。

三、政治哲学和法哲学的转型问题

华东师范大学哲学系应奇教授以《哲学的转型与法哲学的转型》为题展开了深奥的论证。他以《东西方哲学年鉴》中的德国哲学研究的当代意义的三个特征（历史和传统的特征、介于科学与宗教之间的特征、对于极端的新开端的特征）为引子，以法哲学原理现实化过程中所遇到的问题为切入点，阐释了法哲学原理的两个偏见：有意或无意地达到了一种反民主的结论；主张把论证步骤重新与逻辑学的对应部分关联起来才能理解法哲学原理。从这两个偏见出发得出了对待法哲学的两个不同策略——直接现代化和间接现代化。由于这两个策略都存在一些问题，导致了我们在它们之间的摇摆不定，由此引出了当代政治哲学与法哲学转型的焦点问题——如何以一个恰当的方式进行处理。对此，四川大学贺念在《"里德学派"：为新联邦德国奠基的

"公民性哲学"》一文中指出,以德国阿希姆·里德(Joachim Ritter)为代表的自由保守主义认为政治哲学应当被理解为一种更好的国家秩序,而不是乌托邦。民主、自由、人权,这些概念应当从原来的视野回归到公平性的基础上。相应地,对于过去和未来的关系,应奇教授认为,我们既不能简单地返回到传统的自然当中,也不能通过暴力革命走向未来的乌托邦,而是应当追求一种亚里士多德式的均衡。这意味着我们应当同时走向过去和未来,一方面强调保护现代性的成果,另一方面要看到进步之中固有的危机,这一看法同时也迎合了当下"减半"的现代化的思潮。

中国政法大学人文学院吴照玉讲师的报告是通过苏格兰的启蒙运动来分析分配正义的现代化转型问题。她指出:亚里士多德是第一位系统阐释分配正义的思想家,后世在一定程度上都受其影响。但亚氏的这一理论与现今的分配正义的概念在内涵上出现了分异,该分异的关键点在于"分配正义与财产权发生了关联"。亚里士多德的分配正义主要侧重于对政治权利或荣誉的分配,现代社会则把对公共财物的分配摆在了首要地位。这一转变是怎样发生的呢?可以说18世纪的苏格兰启蒙运动中的两位思想家休谟和斯密作出了突出的贡献。在休谟和斯密生活的那个年代,苏格兰的商业贸易得到了快速发展,人们逐渐开始寻求为财产的稳定占有确立合法性的基础。在这一背景下,休谟提出了财产的稳定占有是一切正义的首要原则这一观点,为现代的分配正义打下了初步基础。斯密进一步把关注点聚焦在商业社会中的交换正义上,即通过自由竞争和自由贸易去实现交易、分配正义,这使得财产分配的重要性进一步提高。这两位思想家的观点都对现代社会中关于财产权的讨论产生了很深远的影响。

四、科技进步对政治哲学和法哲学的影响

商务印书馆副总编辑陈小文的题目十分前沿——"实践理性第一原则与人工智能的未来"。陈小文先生指出,所谓实践理性的第一原则即托马斯·阿奎那在《神学大全》中提到的指向行动的理性所把握到的首要事物——善,简言之就是以善的理论为基础的"行善避害"理论。在此基础上,进一步推导出个体意义上的"趋利避害"理论,并从趋利避害的角度探讨了人工智能的未来,即人与人工智能的关系问题。他指出,因为个人是有限的,趋利避害是人最原初和最本能的生存在世的第一原则,所以,人工智能的出现和发展是人类个人趋利避害的结果。从这一角度上讲,人类不会让机器人取代自己。这一过程中,正是人的理性在发挥趋利避害的作用,所谓"害",就是个体的有限性,个人的消亡;"利"就是灵魂不朽;人工智能的目的就是用一种相对意义上的"无限"去取代生命的有限。因此,人工智能的最终目的并不是为

了取代人，相反，它只不过是人类的工具，用来帮助人类突破个体的有限性，实现利益的最大化，因此人工智能是人类朝着理想方向发展的必然结果。

北京化工大学文法学院崔伟奇教授的报告内容主要围绕科学技术的发展对法哲学和政治哲学所提出的新挑战展开。他指出：在政治哲学和法哲学当中，自由是一个最高的原则；20世纪60年代以后，随着后现代思潮的兴起，知识生产成为一个社会发展的主要动力。当下，知识生产意义上的科学越来越主导我们这个社会，随之也带来了许多麻烦，那么如何避免相关的知识对人类造成不可控的破坏就成为摆在我们面前的一个难题。后现代思潮似乎对于传统科学观的解构起到了很好的积极作用，但它并没有解决科学知识的正当性和合法性问题。虽然现代的知识发展越来越平权化，但我们依然无法判断，长远来说哪些知识会给我们带来好处或坏处。为此，崔伟奇教授提出：我们需要借助理查德·罗蒂的反讽的自由主义观点，正确评估科学知识的价值，建构出新的原则来克服当下的困境。我们可以向倾向于将理性判断和社会性判断结合的美国学者学习，但这一理论存在如何发挥自由的正面价值来克服自由主义本身所具有的自我批评的困局，这些问题依旧需要我们进一步去研究和探讨。

（陈聪系中国政法大学人文学院博士研究生；
王盛蕾系中国政法大学人文学院博士研究生）

世界哲学大会法哲学专场研讨会综述

陆帅文　李　璐

2018年8月13日至20日，第24届世界哲学大会在北京举行。在为期8天的"哲学周"里，来自121个国家和地区的6000余名哲学家代表和哲学爱好者在超过1000场次的学术活动中，围绕"学以成人"的主题，彼此聆听、深度对话。其中，中国政法大学哲学系教授文兵主持了法哲学专场研讨会中的两场。众多法哲学界的专家、学者等欢聚一堂，从不同的视角探讨法哲学中横亘古今的基本命题，在思想的交流与碰撞中深化了对法哲学命题的理解与感悟。本次法哲学专场研讨会主要聚焦于三个方面的法哲学主题，即法的渊源、法的历史和法的价值。

一、困惑与思辨：法的渊源探讨

从历史脉络上来看，法的渊源理论经历了从神学光环笼罩再拉回到世俗权力的统治之下，与政治权力如影随形。法的渊源的变迁导源于人的价值理念的变迁，人们不再仅仅服从于外物，而更加服从于内心。

法的效力源于国家，这是当代大多数人的共识。但是，我们对于这种效力的服从是基于事实上的服从还是价值上的接受和认同呢？中国政法大学博士后张蝶发言的题目是《黑格尔对契约论国家学说的批判》。她指出，罗尔斯在《正义论》中审视并重新阐发了契约论，以此作为其正义理论建构的基础，用他自己的话来说，就是要建立一种"使传统的社会契约论更为概括和抽象的正义论"。罗尔斯将契约论重新带回到了当今哲学的主流话语之中。而黑格尔在《法哲学原理》中，对契约论国家学说的考察与罗尔斯走了一条完全不同的道路，为我们提供了一个新的视角。黑格尔对契约论国家学说的批判始终秉持着两大原则：原则一，基于对契约从人的任性出发这一本质属性的理解，对契约进行了去神圣性与真理性的处理，也就消解了契约国家的合法性；原则二，将国家合法性的问题从认识论层面转换到存在论层面，并在国家自身的绝对性之中，找到了其合法性的依据。因为我们首先已经生活于国家之中，然后才是对国家问题的思考。由此，在黑格尔那里，国家权威与习俗权威就具有了相同的逻辑结构。习俗已然为人们所接受，所以习俗本身就是自我权威的保障。它首先具有存在论层面的意义，然后才具有认识论层面的意义。同理，我们必须服从国家权威，因为它是国家权威。国家权威的绝对性正是其自身合法性的保障。而契约论提出的出于对普遍意志的服从而服从国家权威的主张，是一种经过了我们主体性调停的服从，这并不是真正的服从，而只是紧跟我们的判断力而已。黑格尔批判契约论的主张将国家首先看作认识对象而不是存在本身。

意大利都灵大学—德国柏林洪堡大学联合培养的哲学博士曼努尔·狄译尼（Manuel Disegni），其报告的题目为《The Meaning of Dualism in Law and State Theory》（《法与国家理论中二元论的意义》）。狄泽尼博士首先指出，他将要阐述的观点是基于德国法学家卡尔·施密特1914年的作品《国家的价值与个人的意义》。在这本书中，施密特论述了法律的基础，并驳斥了法律奠基于权力的观点。权力理论主张所有法律都是事实的权力关系的结果，并最终以暴力为基础。法律理论与之截然相反。在严格区分"实然"和"应然"的前提下，法律无法从事实中推出，而是规范。换言之，法律理论凭借"应当"来证立现有法律秩序的正当化。接着，狄泽尼博士论述道，二元论不仅存在于施密特对法律的理解中，而且存在于他对国家的思考中。作为法律和现实之间的中间点，国家本身包含两个要素，一个是规范性的，一个是经验性的。国家从纯粹的规范中获得权威和合法性，但其权力是建立在经验力量的基础上的，经验手段中最强的是强制。因此，法律秩序整体以及每个单一的法律规则本身都包含着双重性：纯粹的规范与必要的命令和胁迫。狄泽尼博士最后指出，深入了解施密特的思想对我们思考当今世界局势大有裨益。

接下来，来自俄罗斯的安德烈·维诺格拉多夫（Andrei Vinogradov）教授作了题为《The Border Between Form and Content in the Views of I. A. Ilyin about the Agent of Law》（《伊林的法律行动者观念中形式与内容之间的界限》）的发言。维诺格拉多夫教授首先大致介绍了俄罗斯20世纪初的思想家伊林（Ilyin）的生平和著作，指出其法律思想占有十分重要的地位。接着，维诺格拉多夫教授阐述了伊林思想中"形式"和"内容"之间的区别，并指出伊林法律思想中所要解决的重要问题是，法律如何才能成为真实的，而非单纯的虚构。法律之所以是真实的，理由不可能是任何外在要素，乃是因为法律的行动者（agent）在灵魂深处能做出判断，即作为个体（individual）的行动者看到了人的尊严所在。通过法律行动者的这种认可，法律才不仅仅是被人们所被动同意，而是被人们所主动认同。而在伊林看来，这些法律思想又与其所阐释的道德和宗教思想紧密相连。维诺格拉多夫教授最后指出，我们应该从伊林的思想中汲取法律之真正精神。

二、回溯与观照：法的历史考察

法的历史既涉及宏观层面上关于法的一般性、普世性的涵义和理念，同时也涉及微观层面上不同历史时期、不同国家、不同地域的具体法律制度的设计问题。透过微观和宏观层面的双重视角，我们能够看到法的更真实的现实形态。

重庆大学—莱顿大学联合培养博士于璐从西方罗马法律思想中关于法的定义出发，作了题为《ius 和 lex 概念辨析》的发言。在西方法制传统中，有两个表示法的概念的拉丁词，它们的发展历史与罗马法一样长：ius 和 lex。可以说，ius 和 lex 之间的关系史完全是古代和现代罗马法的发展史。于璐博士通过罗马法学家的论述，判别 ius 和 lex 的超历史的哲学内涵。ius 和 lex 这对概念在法哲学中的重要意义在于，在每种语言中，这对词都显示了一系列法学对比，例如：总的法律体系与单个法条的对比，传统的法律手段和新法令的对比，法的伦理纬度和强制维度的对比，法作为实现个人自由的手段和作为管理方针的对比。由此可见，很多法学术语的概念性对比都与 ius 和 lex 的区分和词义演变有关。但无论 ius 和 lex 在西方法制传统中的用法如何变幻莫测，法学家都始终力图保持 ius 作为抽象的整体上的法的概念和 lex 作为具体的特定法规之间的根本区别。如今，学者们几乎已经广泛采纳：法学理论的内核并不在于 lex，而在于 ius。"法律"一词不应当从某项单个法条的意义上来理解（例如，一项特殊的法令或者规定），而应当被看作任何法规的主体，这种主体可以从其他同类主体中区分出来，尤其是从其他相关的社会体系中区分出来——例如社会共同的风俗或者道德。

大连理工大学教授刘艺工则从中国古代的法律思想出发，作了题为《法家法治思想探析》的发言。他认为，法家学派发端于春秋，兴起于战国，主张富国强兵和以法治国。韩非提出的一整套关于国家治理的理论和方法，为建立中央集权的秦朝提供了有效的理论依据，汉朝也继承了集权体制和法制，这构成了中国古代社会的政治与法制的基础。在中国的法制发展史上，儒家强调礼治，法家强调法治，汉代以后的中国法律思想呈现出外儒内法的局面。

武汉大学哲学学院讲师陈晓杰，其报告的题目为《The Paradox of "Gentleman Would Not Consider the Matters out of His Position"》（《从法哲学的角度看"君子思不出其位"的悖论》）。他指出，比利时法哲学家达班（Jean Dabin）曾提出"与职能相关的诸权利（droits fonctionnels）"与"职能权（droits-fonction）"，中国传统社会的儒学官僚看似也可以套用此二分法：他们对本职工作的履行属于前者，而讨论与参与国家大事之权利则属于后者。对于后者，在古代通称为"言事"，其实在秦汉帝国时代开始就有设立"言官"，这些看似"言论自由"的表象下，如果我们仔细检视其历史的具体脉络，就会发现中国的特殊性所在。以"君子思不出其位"这一《论语》中即已出现的话语为关键词，以《基本古籍库》为检索范围，笔者以明代为考察对象，归纳并分析、考察了明代政治史话语中围绕"非言官之臣僚是否可以被允许参与讨论不属于其本职工作的国家事务"这一问题所展开的话语策略以及内在逻辑。笔者分析出四种不同的"出位言事者"自我辩护的策略，并指出只有最后一种既"言事乃天下之公"才与达班所说的"职能权"略接近，但即便如此，包括顾宪成等"进步"士人依然认定，军国大事之决定权应由皇权独揽，由此也就从未跳出古代"兼听独断"的政治理念。

三、融汇与碰撞：法的价值探析

公平正义自古而今一直都是法律赋予自己的永恒使命。自从近代资本主义打碎了封建制度的旧机器，唤醒和解放了人性，自由平等就与公正联系在了一起，互为表里，共同构筑了法的价值体系中最根本的基石。正是因为法律的价值能够反映人内心最真挚的欲望，因此法律也成为衡量人的价值的标尺。

中央财经大学副教授郑玉双发言的题目是《价值一体性命题的法哲学批判》。他指出，在哈特《法律的概念》出版以来，法律实证主义的发展进入了一个全新的领域，并主导了英美法哲学近六七十年的讨论主题和方式。从实质主张上来看，法律实证主义的核心性命题体现为哈特的承认规则命题、拉兹的法律权威命题和夏皮罗的社会规划命题等，但在近几年，法律实证主义的主要发展趋向在于在方法论问题上对自身进行捍卫。这个趋向背后的主要动力在于德沃金持续不断地就方法论问题对法律实证主义进行批判。在德沃金看来，法律实证主义对法律的本质问题所做的探讨在方法论上采取一种二阶的、价值中立的方法论立场，这是完全错误的。德沃金在《刺猬的正义》中捍卫了价值一体性这个核心命题，并将之适用于道德、伦理、政治和法律各个领域，为实践领域中的价值之间的相互支持和促进进行辩护。德沃金将人的实践视为解释性实践，意味着我们要对实践与价值之间的关系进行建构性解释，通过建构性解释寻找价值世界的更好面向。根据德沃金关于价值、责任和尊严等概念的阐释，道德和法律实践都是同一个价值系统的一部分，在这个系统中，各种价值之间并非相互冲突，而是相互支持和相互促进。德沃金对法律实证主义构成了严重的挑战。按照价值一体性命题的主张，法哲学探讨的二阶方法论是错误的，因为这种价值中立的立场无法进入价值世界的建构性层面，本质上是怀疑主义的。在价值一体性命题之下，法律实证主义的方法论主张遭遇很大挑战。如何能够回应德沃金价值一体性命题的挑战，决定了法律实证主义接下来的发展方向。目前已经有一些回应，但回应方式并不有力。目前来看最好的出路是将法律的本质探究视为元规范性探究。一般法理学是元规范性探究，是对规范世界的解释和说明，为规范世界提供概念工具，因此其立场上是中立的，理论层次上是二阶的。元规范性探究并不需要预设任何价值立场，无论是法律的规范性还是法律与道德之间的关系，虽然都涉及价值判断问题，但对这些问题的元规范性探究是在一个更为宏大的理论工程之中，这些问题都不需要预设价值判断。将一般法理学视为元规范性探究，相比于之前的理论，其优势在于为法哲学所关注的基本命题提供元规范性层面的支持，结合形而上学、语义学和心理学等视角对于法律的本质和实践方式的思想和讨论如何符合于现实实在的探究。

上海社会科学院哲学所助理研究员薛丹妮作了题为《关于当代私有产权的哲学反思》的发言。她认为，私人财产所有权指涉关于物的人与人之间的社会关系，是一项有限的公民社会法权，而非无限的天赋自然人权，并且私人财产所有权在当代社会的进一步扩展与完善须考虑平等正义原则，以解决不公正的经济不平等为目的的税收再分配整体并不会对私人财产所有权造成侵犯。以诺齐克为代表的自由至上主义正是由于不当地将私人财产所有权预设为纯粹私人且绝对完全的自然权利，才导致了似乎无从解决的"私人财产所有权神圣不可侵犯"的私人权利正义与以再分配方式解决经济不平等的社会平等正义之间的矛盾。并且，前者试图回到近代自然法传统中寻找证成根据的路径亦是行不通的，从格劳秀斯到休谟均在人对物的天赋自然占有以及使用与私人财产所有权之间进行了明确区分，加之基于他们对社会性旨归的自然法与人性社会性本性的理解，私人财产所有权于其而言也并非纯粹私人性与绝对排他性的对财产的完全权利。

土耳其安卡拉（Ankara）大学法哲学兼伦理学教授居里兹·韦乌尔（Gulriz Uygur）作了题为《The Job of the Judge in the Crisis Times》（《危机时刻法官的职责》）的发言。韦乌尔教授指出，危机时刻是由一些错误的决定带来的，这些错误往往来自一些本来可以避免的错误，或者来自本来可以察觉到甚至避免的片面或狭隘。认识到这个事实意味着目前的危机确实到了需要作出决定的时刻，一个作出正确决定的时刻，一个需要去纠正过去的错误并恢复存在于错误决定之前的团结与和谐的时刻。她提出了"为了克服这一危机，我们同样需要危机"的核心论点。她主要从两个方面展开：第一个问题是关于法律性质的问题；第二个问题是，什么是司法工作的危机，这与法律的性质有何关系。在该问题的语境下，她试图以批判的视角来解释法官的工作。她区分了危机概念中包含的负面和正面意义。负面意义源自希腊语"分离"。通过援用胡塞尔和努斯鲍姆的哲学理论，她从理论和实践两个方面揭示了负面意义上的危机概念。克服危机概念负面意义的办法只有诉诸危机概念正面积极的意义，而这一点又与亚里士多德的公民理论紧密相连。与负面的危机概念相关联的是非理性的恐惧;而与正面危机概念相关联的是理性的批判能力。我们可以把两种危机的含义联系起来。换言之,为了克服消极危机,我们需要积极的危机。在危机的条件下,法官的工作并不容易,难以确定正确的行为方式。但法官的职责正在于坚守自己的批判能力,在危机时刻坚持捍卫正义,而不被负面的危机所影响。

(陆帅文系中国政法大学人文学院硕士研究生;
李璐系中国政法大学人文学院哲学系讲师)